高等教育行政管理实话说

◎荣仕星／著

上卷

GAODENGJIAOYU
XINGZHENGGUANLI
SHIHUASHUO

中央民族大学出版社
China Minzu University Press

图书在版编目(CIP)数据

高等教育行政管理实话说:全2卷/荣仕星著. —北京:中央民族大学出版社,2015.6

ISBN 978-7-5660-0999-9

Ⅰ.①高… Ⅱ.①荣… Ⅲ.①少数民族教育—高等教育—教育行政—行政管理—研究 Ⅳ.①G759.2

中国版本图书馆CIP数据核字(2015)第127595号

高等教育行政管理实话说(上下卷)

著　　者　荣仕星
责任编辑　覃录辉　邓小飞
封面设计　布拉格
出 版 者　中央民族大学出版社
　　　　　北京市海淀区中关村南大街27号　邮编:100081
　　　　　电话:68472815(发行部)　传真:68932751(发行部)
　　　　　　　　68932218(总编室)　　　　68932447(办公室)
发 行 者　全国各地新华书店
印 刷 者　北京振兴源印务有限公司
开　　本　787×1092(毫米)　1/16　印张:46
字　　数　950千字
版　　次　2015年7月第1版　2015年7月第1次印刷
书　　号　ISBN 978-7-5660-0999-9
定　　价　98.00元(上下卷)

自　序

我从事高等教育的行政管理，经历了三所不同层次的大学，即广西民族学院、中央民族大学、宁夏大学，先后担任这三所大学的校长、党委书记，管理十五年之久，付出了我的心血，与广大教职工共同创建了一个又一个的里程碑。其中，最值得提及的是三件大事：一是提高了广西民族学院的学历层次，1998 年获得了国家教育部批准的硕士学位授予权，成为高等教育地方重点建设的大学；二是把地处西北的宁夏大学带入了中国高等教育的“211”工程重点大学的建设行列；三是开创了中央民族大学“985”工程一流大学建设的新篇章。

最近，我把从事这三所大学行政管理工作的有关经验、做法、措施、成效的讲话、演说、总结报告等汇集成册，分为上、下两卷，书名定为《高等教育行政管理实话说》，共 95 万字。成书的目的，是供广大读者、高等教育管理研究者、实际管理者学习共勉，共同为我国高等教育的建设和发展贡献微薄之力。

荣仕星

2014 年 10 月 18 日

目　录

打牢基础，奋力提高广西民族学院的学历层次

广西民族学院教代会第二届第三次全体会议闭幕词

各位代表、同志们：

我院教代会第二届第三次全体会议，在学院党委和大会主席团的领导下，经过全体代表和大会工作人员的共同努力，已经圆满地完成了预定的各项议程，今天就要闭幕了。

这次会议，全体代表认真讨论、审议并原则通过了韦日科院长做的《适应市场需要，深化教育改革，培养民族地区跨世纪的一代新人》的工作报告，认真讨论和审议了《系部主任、教研室主任岗位职责和工作规范》、《教师岗位职责及工作规范》等6个关于深化教育改革的重要文件；会上，代表们还听取了覃乃文副院长关于财务工作情况汇报和梁学强总经理关于经济技术开发公司工作情况汇报，听取了主席团秘书长邝远槐同志关于二届二次会议提案处理及落实情况的汇报。会议完成了预定的任务，达到了预期的目的。

这次会议总结了我院两年来的教学、科研和行政后勤等各方面工作所取得的成绩，明确了我院今后一个时期的奋斗目标和主要任务。会议期间，代表们提出了很多宝贵的意见和积极的建议，自始至终洋溢着民主的气氛，充满着改革进取的精神，真正体现了代表们主人翁的高度责任感。这对于深化我院教学、科研以及其他各项工作的改革，完成《广西民族学院1994—2000年改革与发展纲要》提出的奋斗目标，把我院办成培养社会主义建设者和接班人的坚强阵地，必将起到积极的促进作用。这次代表大会闭幕后，学院领导和有关职能部门要认真研究代表的提案、意见和建议，对其中能解决的问题，要采取措施加以解决，对条件尚未成熟，目前难以解决或不能解决的问题要通过适当的方式向代表作出说明和解释。

我们希望，代表们散会回去后，要继续履行自己的职责，积极宣传和认真贯彻这次代表大会的精神，努力完成大会提出的各项任务。要坚持“稳定局面，深化改革，提高质量”的方针，扎扎实实地把学院的各项改革工作做好。

各位代表、同志们，我们面临的任务是艰巨而光荣的，在前进道路上一定还会遇到许多困难。但我们相信，经过全体师生员工的共同努力，我院改革与发展的目标一定能够实现，教学、科研、行政后勤等各方面的改革必将取得更大的成绩。让我们在邓小平建设有中国特色社会主义理论和党的基本路线指导下，在学院党委的领导下，团结一致，振奋精神，克服困难，勤奋工作，为把我院到20世纪末办成万人民族大学而奋斗！

现在我宣布，广西民族学院教代会第二届第三次全体会议胜利闭幕。

（作于1994年12月23日，作者时任广西民族学院副院长）

加强校园治理整顿

由于我院在一定程度上存在脏、乱、差等现象，污染了教学环境，因此必须加强校园治理整顿。加强校园治理整顿，关键是做到确立一个中心，采取两个措施，实行三个结合，做到四个到位，创造五个优，提倡六个心，实现七个统一。这就是我院治理整顿“一二三四五六七”的总体构思。

一个中心，就是一个领导中心。学院成立了校园管理委员会，统一领导开展我院治理整顿工作。

两个措施，就是坚持说服教育的措施和强硬执行的措施。对于学院里一些违法违纪的现象，学院主张先采取以教育为主的说服措施，给这部分行为主体改过的机会，但对于一部分顽固分子则坚决予以惩罚。

三个结合，即专门小组与群众管理结合，突击行动与长期管理相结合，分片包干与集中相结合。

四个到位，指思想到位，任务到位，人员到位，奖惩到位。把具体任务落实到单位、个人，并辅以一定的奖惩制度。全体师生员工要在思想上把治理整顿当成一件大事来抓。

五个优，即优美的环境，优秀质量，优良秩序，优质服务，优化管理。通过治理整顿，要把我院建设成为一流的校园，不仅有一个适宜的学习、工作环境，还要有与之配套的一流服务和管理。

六个心，整顿中树立信心，献爱心，有耐心，有恒心，下决心，下狠心。校园的治理整顿工作是一件持久性工作，要有整顿必成的信心，坚持不懈的恒心和耐心。在实施过程中，还要有与逆反思想、行动作斗争的决心。

七统一，就是统一领导，统一部署，统一指挥，统一任务，统一行动，统一检查，统一验收，从宏观上进行集中领导，统一规划，全盘布局。

（这是1995年9月20日《广西民族学院报》记者就如何加强校园治理整顿问题的采访记录，作者时任广西民族学院副院长）

鼓实劲　办实事　讲实效

制定本学期学院党委工作要点和行政工作要点的指导思想刚才已进行了详细的说明，本学期应该着力抓好以下八个方面的工作：一是抓好理论学习，认真组织师生学习邓小平建设有中国特色社会主义理论，提高思想道德水平；二是抓好两项工程，即抓好“三严四自”工程和文明修身工程；三是成立三个工作小组，包括申报硕士学位授予权工作小组、庆祝建院45周年筹备小组、科研发展规划小组；四是开好六个会议，即校友代表座谈会、庆祝教师节大会、教代会、科研奖励颁奖会、教学经验交流会、青年教师代表座谈会；五是办好八件事：（1）抓好教学工作，提高教学质量；（2）抓好科研工作；（3）加强师资队伍建设；（4）努力搞好后勤服务工作；（5）搞好创收和校办工作；（6）做好思想政治工作；（7）进一步建立健全各项规章制度；（8）搞好校园综合治理。

全院师生员工要树立“民院是我家，人人都爱它”的全局思想，讲学习，讲政治，讲正气，讲团结，讲奉献，鼓实劲，办实事，高效率搞好教学和各项工作。

（这是作者在1996年秋季开学前广西民族学院召开的全院中层领导干部会议上的讲话。作者时任广西民族学院院长。参见1996年9月25日第117期《广西民族学院报》）

45 周年院庆筹备工作要做到“四个到位”

明年 3 月 19 日是我院创建 45 周年纪念日，我院定于 5 月 18 日隆重举行庆祝活动，届时将邀请上级领导、海内外嘉宾和全体校友前来参加庆典，共商学院大计。

我们要通过举办庆祝活动，全面总结 40 多年来的办学成就和办学经验，坚持正确的办学方向，明确今后的奋斗目标；增强全院师生员工的向心力和凝聚力，充分调动师生员工支持和参与改革的积极性；建立健全各项规章制度，依法治校，从严管理，强化树立良好的校风、教风和学风；全面提高教学管理水平和教育质量，培养有理想、有道德、有文化、有纪律的新型大学生；大力推动科研工作的开展，不断提高科研成果的水平和档次，逐步形成我院的科研优势和特色；加强校园基本建设，创造文明、卫生、优美的育人环境。同时，我们还要通过这次院庆活动，加强与校友广泛而密切的联系，动员广大校友为母校献计献策，借助校友的力量促进我院的改革与发展，实现我院“九五”计划和 2010 年远景目标。

举办 45 周年院庆活动是我院发展史上的一件大事，筹备工作任务重，时间紧，牵涉面广，责任重大，因此，全体筹备委员会和各工作小组、各系部筹备分会一定要团结协作，全力以赴，而且还要做到“四个到位”。

一、时间到位：工作再忙也不能影响筹备工作，也要做好安排，集中时间和精力把筹备工作做好；二、人员到位：需要抽调的人员就坚决抽调，任何部门和单位都不能以任何理由拒绝抽调人员；三是责任到位：要落实任务，明确责任，按照工作计划紧张而有序地开展筹备工作，哪方面的工作出问题拖后腿，就追究有关负责人和具体工作人员的责任；四是检查到位：筹委会办公室要按要求对各小组、各系部筹备分会的工作认真督促检查，保证工作进度和各项任务的完成。

为了更好地开展筹备工作，学院领导已决定拨出 5 万元专用款给筹备会做活动经费，希望参加筹备工作的全体同志不辜负全院师生的重托！

（这是作者在广西民族学院 45 周年院庆筹委会首次会议上的发言。时任广西民族学院院长、院庆筹备委员会主任。参见 1996 年 10 月 8 日《广西民族学院报》院庆专版）

深化改革，提高质量，培养跨世纪的少数民族合格人才

各位代表、同志们：

广西民族学院第三届教代会第一次全体会议今天开幕了。这次会议，是动员全院教职工在邓小平建设有中国特色的社会主义理论指导下，认真贯彻落实党的十四届六中全会精神以及我院“九五”计划和2010年发展规划的目标、加快改革与发展的步伐、把一个较高水平的民族高等教育带入21世纪的一次十分重要的会议，也是我院教职工参与管理，实现管理民主化的一次重要会议。

现我代表学院，向第三届教代会第一次全体会议报告作工作报告，报告的题目是：《深化改革，提高质量，培养跨世纪的少数民族合格人才》，请代表们审议。

两年来的工作回顾

一、坚持从民族地区对人才需要出发，积极稳妥地进行教学改革，不断提高办学效益和教学质量

1. 调整专业设置　增强适应性

我院根据民族地区经济建设和社会发展需要，坚持按照“保护、创新、发展”的调整专业结构方针，加快了专业改造的步伐。如具有民族特色、区位优势和学科优势的民族学专业，过去为国家、为学院做出了很大贡献，在区内外有较大的影响，目前社会需求发生了变化，但国内外的经验表明，这专业现在和将来都有存在的必要，我们列为重点保护。实践证明，这做法是正确的，今年我院民族学科被区人民政府列入“广西211”工程，五年内获国家拨款500万元，成为全区高校的重点学科之一。对一些适应面窄、社会需求量少的老专业予以改造，拓宽专业面。两年来，先后申请开设15个普高本专科专业，经过调整，目前学院本专科专业已达27个，其中本科19个，专业结构已取得明显效果，尽管今年招生实行

“并轨制”，但报考我院的学生仍十分踊跃，多数专业第一志愿的考生录不完，个别专业填报人数超过招生指标的几倍，改变了过去招生工作的被动局面，提高了办学的活力和效益。

2. 优化课程结构　更新教学内容

我院按照拓宽知识面，增强适应性，培养知识与能力结合、基础与应用并重的人才需求，适时调整课程结构，增加适用性课程，对一些传统的基础课程，则注意补充更新教学内容。组织各系部专业教师，按照专业培养目标规格和教学要求，修订、编写教材大纲。同时严格教材选用的审批程序，把好教材质量关。另外还适当增加与之配套的专业选修课，充分挖掘教师的潜力，按需开课，不因人设课，以拓宽学生的知识面。计算机应用与英语是学生立足社会、开拓事业的基本能力，是现代化建设人才的必备条件。我们以专业基础课为主体，以计算机和外语为两翼，在全院普高本专科中普遍开设计算机和英语课程，增加授课和操作时数。同时积极鼓励各单位自筹资金购买计算机，据不完全统计，目前全院有计算机达 619 台，在学生中基本普及了计算机教学。为了使学生能顺利通过英语级别考试，除学院加强英语教学的学习和管理以外，有的系部还举办了英语三、四、六级考试强化辅导班，学生参加学习也非常踊跃。今年全院有 335 名学生通过英语三、四级考试。

3. 推行主辅修制，试行学分制

近两年来，我院把竞争机制引入教与学两个方面，调动广大师生的积极性，在竞争中求发展、求提高。我们要求学生在主修一个专业的同时，可以申请辅修另一个相近的专业。目前开设了计算机应用与维护、国际贸易、企业管理 3 个辅修专业，学生学完辅修专业一定数量的必修课程，成绩合格，发辅修证明。这对于调动学生的学习积极性，培养社会需要的知识面较广的新型人才起到了积极作用。

我们还制定了《广西民族学院学分制试行办法》，在 95 级学生中试行学分制。按照专业的要求，规定一定的学分，让学生在选择学习时间、学习方法、课程、教师等等方面有较大的自由度，有助于学生根据自身的不同情况，发展自己的个性，塑造自己的形象。同时，对教师也是一个压力，促使教师不断努力，提高教学质量，增强所授课的吸引力，逐步改变过去教学中书本为主、课堂为主、教师为主、学生完全处于被动的现象。

4. 加强实践环节　强化能力培养

我院注意在教学实践环节中，抓好教学计划中的实验课程、教育实习和毕业实践。根据各专业的实际情况，采取集中和分散的实习形式。如物理系计算机应用与维护专业的实习，在条件较好的实习单位采用分散实习，无条件的采用集中在实验室实习，这样使学生都有充分的实习机会，提高学生实际操作的能力。政治系采取多种措施培养学生的实际工作能力，增加学年论文。专科生在毕业实习的基础上，要求写出论文式的实习报告。学院还认真抓好假期学生社会实践活动，提倡尽可能结合专业，就近就便参加社会实践工作，服务社会，接触工农，增长才干。

二、科研工作和校办产业取得了一定的成效和有益的经验

我院的科研工作，按“民族性、地方性、适用性”的原则进行，发展与民族地区乡镇企业的科技合作研究，实现教学、科研、社会实践三结合，重点扶持民族学科，大力开展应用研究。

学院近三年来，科研经费的投入总计达375.8万元，平均每年投入科研经费125.3万元。去年参加科研的人数达130多人，发表学术论文288篇，出版专著、编著、教材32部，其中有2项科研成果获自治区、国家部委的奖励，有9项科研成果获区教委奖励。为了促进科研工作，去年以来发放科研津贴、奖励、超科研工作量奖、优秀科研成果奖励等31.4万元，较好地调动教师从事科研工作的积极性。去年学院投资60万元装备图书馆现代化管理系统，现第一期工程已完成并投入使用，目前图书检索、查询和借阅已实现电脑化管理，并已与广西大学等高校图书馆联网，扩大了图书情报资源及利用渠道。

我院校办产业起步较晚，基础差，经济效益低。为了理顺体制，加强校办产业的管理，提高经济效益，去年学院成立了校产办公室，负责全院校产规划、管理、投资论证和签订协议工作。今年建造了旱冰馆并开始营业；完成南墙礼堂旁舗面工程和进行招租工作；进行游泳池的改建工作；现正在设计和筹建南墙东面铺面和十字路商业楼，预计明年初招租和营业。一年来，校产办收回各种租金16万多元上交学院。院经济开发公司去年上交学院47万元，（含返回职工工资11万元）。总之，我院校办产业基础薄弱、投入少、规模不大，但经过努力，取得了一定经济效益，为进一步搞好校办产业积累了正反两方面的经验。

三、积极推进内部管理体制改革，调动了教职工的积极性

1. 实行中层行政领导干部的聘任制

我院从去年底开始，根据平等竞争、择优聘任的原则，在全院首次实行中层行政领导聘任制，聘任期一般为四年，根据岗位需求，允许低职高

聘，也可高职低聘。应聘者经过竞聘演说、民主推荐和广泛听取意见、组织人事部门考察、党委集体讨论决定等程序。共聘任中层行政领导干部108人，其中女性为24人，占22.2%，少数民族56人，占51.8%，平均年龄为41.6岁，比聘任前下降四岁。通过公开聘任，保证了选拔干部具有较高的政治、业务素质，增强了干部的竞争意识和紧迫感、责任感，得到了多数群众的信任，有效地促进干部队伍的建设。我院按照明确职能、理顺关系、精干高效、协调统一的原则，结合我院的实际进行机构改革，现有6个单位分别合署办公，实行一套人马两套牌子；明确9个挂靠机构，进一步理顺了关系；同时成立了学院人才交流中心，负责管理妥善安排聘余人员。

2. 后勤管理改革不断深化，逐步转换机制

我们按小机关、多实体、大服务的原则，将总务处三个服务部按其功能和特点分别实行经营服务型管理和经费、任务承包管理，逐步加大经营服务的比重，扩大服务范围与职能。五坡学生食堂今年实行了分组承包经营管理，初步取得了较好的效果。两年来，饮食服务部自筹资金109.6万元购买饮具设备。同时节约运输费11万元、水电费4万元和管理费6万元。水电维修服务部，根据全院的用电用水量，将用电用水指标分解到各单位和学生宿舍，制定了水电量化管理试行方案。该部还主动到供电局、自来水公司查账，为学院追回多收超指标电费1.7万元。汽车运输服务部不仅完成院内运输任务，保证了教学、科研和行政用车，同时，还承担对外维修业务，成立了汽车修理厂。校医院为了堵塞漏洞，合理地使用和负担公费医疗，去年重新修改了公费医疗管理办法，逐步完善了公费医疗管理制度，并查处不该报销的医药费3.3万元，为学院节约了开支。

3. 实行教师超工作量奖和院内岗位职务津贴，改革学生助学金制度

我们对教师实行超工作量奖，去年以来核发教师超工作量奖金167.5万元。同时对教职工的岗位和职务实行津贴补助，按在工作的岗位和职务，以及承担工作量确定。管理干部的岗位津贴根据所担任的职务和出勤率确定，工勤人员的岗位津贴根据其岗位技术级别和出勤率确定。经过工作业绩的考核，称职者发给津贴补助，不称职者不予发放，进一步调动了教职工的积极性。去年以来我院共发放岗位、职务津贴11.3万元。

我们还改革了学生的助学金制度，实行了贷学金和奖学金相结合的制度，逐步改变了不管思想好与差、学习优与劣、家庭困难大与小都普遍享受同样档次待遇的情况。对家庭经济困难的特困生学费实行“缓、减、免”的政策，学院每年拨出10多万元补助特困生。同时我们投入100万元

（教委下拨 50 万元，学院 50 万元），设立“特困生勤工助学基金”，用每年的利息补助特困生。并在院内清洁卫生、教室管理、图书馆、实验室设立了勤工助学岗位，安排了 120 多名特困生。通过“以工代赈”的方式解决特困生的困难，保证了家境困难而有培养前途的少数民族学生不会因为交不起学费而影响其学习深造，不仅调动了学生学习的自觉性，而且培养了学生的劳动观念。

四、加强师资队伍的建设，增强自身凝聚力

我院当前的师资队伍正进入新老交替的关键时期，为建设一支素质较高、结构合理、优化精干、充满活力的师资队伍，近两年来，我们主要抓住了如下工作：

一是抓学科带头人的培养。我们在加强学科建设的同时，以稳定与加强学科带头人为重点，确定了一批素质好、专业基础扎实、潜力大、在教学科研中有显著成绩的中青年教师为学术带头人。目前我院有副教授以上 278 人，其中 35 岁以下的副教授有 6 人，40 岁以下的副教授有 23 人、正教授 1 人，并逐步提高中青年骨干教师晋升教授的比例。在跨世纪人才培养方面，学院确定了 13 位青年教师为“广西民族学院跨世纪人才”，他们学术造诣较深，科研成果丰硕，均是本学科的骨干和带头人。

二是加强青年教师的培养。我们提出：让青年教师多有用武之地，少有后顾之忧。在工作上，让青年教师勇挑担子，在教学科研等方面发挥作用。两年来学院共拨出 50 多万元经费作为教师培训经费，选派了 83 名青年骨干到国内外重点院校进修，还选派了 12 名教师特别是青年教师到区内贫困县挂职和锻炼。对政治表现好、业务上有成就的教师，通过竞聘，大胆选拔到系部、教研室担任领导职务，实行“双肩挑”。同时积极扶持青年教师开展科研工作，只要开出的课题被专家评审认为有价值的，学院均设法给予经费资助，有的还申请国家、自治区专项基金。学院还设立了《青年教师科研奖励基金》，有效地调动了青年教师在教学、科研方面的积极性。在住房方面，两年来兴建了三幢 118 套二类和三类住宅，基本缓解了青年教师住房紧张的矛盾。

三是广开渠道，多方吸收人才。我院不仅选留好本院优秀毕业生，还从社会上和区内外院校吸收急需的优秀人才。两年来，我院从区内外 20 多所高校以及企事业单位调进教师 59 人，其中本科生 45 人，博士、硕士研究生 12 人，副教授 2 人。同时我院还聘任了 58 名具有高级职称、专业水平较高的企事业领导、知名专家、学者担任我院兼职教授、名誉教授和客

座教授。为了缓解师资队伍“断层”的矛盾，我们还做好部分学术带头人的延聘和返聘工作，充分调动老教师的积极性，继续发挥他们的传、帮、带的作用，保证了我院教师队伍的群体优势。

五、多种渠道筹措办学经费，教职工生活和办学条件有了明显的改善

我院的办学经费仍然以国家财政拨款为主，但今年来国家财政拨给我院的办学经费有限，如去年除了拨给的预算包干基数以外，还缺额高达517万元。

为了弥补办学经费的不足，我们通过开办助学班和各种非学历教育的短训班，努力争取政府专项拨款，校办产业收入，向银行贷款，争取社会捐资助学、引进资金等多种渠道筹措办学经费。去年以来，我们通过多种渠道筹措资金达1178.1万元。

由于多形式、多渠道筹措办学经费，大大缓解了学院办学经费严重不足的局面，办学条件、教职工生活条件得到明显的改善，实实在在为群众办了实事。一是增加了教学、科研和图书馆资料经费的投入，1995年这三项经费共投入239.7万元；二是兴建了一批教学和住宅用房：1994—1995年完工的基建工程5460平方米，投资约261.5万元（学院自筹130多万元，教职工自筹130多万元），这是我院历史上建筑面积最多的时期；三是投入110万元，新建250KW发电机房，兴建1200m^3的蓄水池和加压泵房各一座，新铺供水干管1030米，初步解决我院多年来用电和高层用水难的问题；四是投入100万元建立图书馆现代化管理系统及更新理科设备，投入20万元新建一个计算机房。五是投入维修、整治校园、修复南墙共30多万元；六是垫付了去年高达100万元的公费医疗超支款；七是保证了教职工的各种政策性补贴的发放，共计111.7万元；八是提高了教职工的福利待遇，去年以来发放课酬、岗位、职务津贴278.8万元，（不含各单位发放的各种奖金、课酬、劳务费）稳定了教职工队伍；九是在今年教师节慰问教职工24.1万元，发放离退休生活补贴费44.9万元，共计69万元；十是投入6万元安装了800户有线电视。

六、国际交流与合作有了很大发展

我院坚持了国际教育交流必须为学院的教学、科研服务，必须在讲政治、讲社会效益的同时注重经济效益的指导思想。两年来，制定和完善有关政策，通过多种渠道、积极主动扩大对外交流。学院保持与国外300多

所大学和学术机构的友好合作关系。去年以来接待了来自美国、加拿大、英国、法国、俄罗斯、捷克、澳大利亚、日本、印度、泰国、越南和香港的代表团、组62个，共428人次，我院派出11个团、组共27人次到国外访问或参加国际学术会议，并派出38人到美国、澳大利亚、泰国、越南进行短期或长期进修。加强了与美国哥伦比亚学院、大峡谷大学、辛普森大学、泰国碧武里师范学院、朱拉隆功大学的联系，促成了与越南河内国家大学、外语学院合作协议的延签。今年在我院的日本、法国、美国、俄罗斯、越南等国留学生76人。目前仍在校学习的有47人。

我院还加强了对外汉语教学工作，今年与北京语言文化大学签订了联合招留学生的协议，成立了“北京语言文化大学南宁教学部”。学院拨款3.8万元，装配对外汉语教学中心语言实验室，为留学生创造了一个比较好的学习环境。

七、党的建设和思想政治工作有了明显的增强

我院在上级党委的领导下，认真学习建设有中国特色的社会主义理论，全面贯彻执行党的教育方针，以加强和改进党的建设和思想政治工作为保证，促进了学院各项工作持续稳定地向前发展。两年来，学院党委切实加强新时期党的基层组织建设，系统地组织党员学习党章，加强党的基本知识宣传教育。组织教职工学习《邓小平文选》和《邓小平同志建设有中国特色的社会主义理论学习纲要》。同时，加强领导班子的建设，坚持了三个提倡，即提倡对重大问题求得共识，顾全大局；提倡互通情报，沟通思想；提倡以事业为重，相互谅解、相互支持，团结协调。学院党政领导，每学期开学初，深入系部调查了解，听取有关教学等情况的汇报，解决存在问题。并恢复了院领导群众接待日。党委十分重视办好党校，分期分批轮训党员和入党积极分子。去年以来，办了10期党校，共培训党员干部2200多人次、入党积极分子2401人，发展新党员451人，其中学生党员430人，教职工党员21人。

在思想政治教育方面党委十分注意分析和掌握社会主义市场经济条件下民族学生的特点，结合各个时期的中心工作，确定不同的教育重点，使思想政治教育系列化、多样化、网络化。同时还加强和改进德育课的教学、引导和帮助学生树立正确的世界观、人生观和价值观，增强学生抵制拜金主义、享乐主义、极端个人主义等腐朽思想侵蚀的能力。学院还在学生中举行学术讲座，演讲、朗诵、辩论、文艺演出、体育比赛、升国旗等活动。请英模先进事迹报告团做报告。举办反法西斯战争暨抗日战争胜利

五十周年系列纪念活动。开展了“文明修身工程”等活动。还在教职工中开展了“三严四自工程”活动。这些内容丰富多彩、形式各异的有益活动，使师生在参与活动中自觉不自觉地受到教育和熏陶，从而优化了育人环境，促进了精神文明建设。去年自治区把我院列为爱国主义教育基地。

由于学院党委努力营造了一个良好的政治氛围，学院出现了团结奋进、积极向上的局面。近年来，广西连续遇上特大洪灾，为了帮助广西灾区人民抗洪救灾、重建家园，我院教职工连续多次踊跃向灾区人民捐钱捐物。一年多以来，我院共捐扶贫、希望工程、抗洪救济款达 21.3 万元，捐物 7288 件。在教职工和学生中也涌现出大批的先进分子。

去年我院获区高校工委授予的优秀党务工作者 2 人，优秀党员 7 人。被我院评为优秀党务工作者 6 人、优秀党员 33 人。今年我院有 56 人获优秀教学工作者、有 13 人获优秀教学管理工作者，有 5 人获教学工作标兵，有 2 人获教学管埋上作标兵。1994—1996 两年学年度，我院学生获国家级奖励的有 3 人；获区级奖励的有 91 人，获院级奖励的有 2828 人。其中全国三好学生 1 人，区三好学生 24 人，区优秀毕业生 24 人，区优秀学生干部 14 人。院优秀毕业生 59 人、三好标兵 44 人、三好学生 78 人。同时大学生青年志愿者活动在我院蓬勃发展。去年全院师生为挽救政治系韦健同学的生命，捐款 3 万余元，还有 400 多名同学加入了 95 南宁市无偿献血的行列。

两年来我院所取得成就的根本原因，在于坚定不移地走建设有中国特色社会主义道路，认真贯彻《中国教育改革与发展纲要》，以解放思想转变观念为先导，以深化改革为动力，以学科建设和教学改革为核心，以人事制度改革和提高办学效益为重点，以加强和改进党的建设和思想政治工作为保证，促进学院各项工作的发展，以加强和改进党的建设和思想政治工作为保证，促进学院各项工作的发展，使办学的整体水平跃上一个新的台阶。

各位代表、同志们：

我们在肯定成绩的同时，也要看到前进中还有不少问题和困难。突出的是：学院的改革和发展同民族地区经济建设社会发展仍不相适应，缺乏全面向社会自主办学的活力和动力；旧的专业改造和新专业建设、教学内容与教学方法的改革步伐不够快；教职工队伍的整体素质和教学质量亟待提高；教育经费投入不足、教学仪器设备陈旧落后、办学条件有待进一步改善；科研水平较低，校办产业效益差。这些问题的产生，虽然有客观原因，但也反映了我们工作中的缺点和不足。我们要认真总结经验，改进工作，在改革和发展中采取有效措施，切实加以解决。

今后的任务

我们正处于世纪之交的历史性转折，面对这样的伟大转折，在“九五”期间，我院发展的目标是：通过改革和发展，到20世纪末，把我院建设成为以本科教育为主，适当发展研究生教育、专科教育和大学预科教育，文理工管理经法商多学科综合性的、水平较高的、具有民族特色的广西民族大学。

根据上述总目标，重点抓好如下几方面的工作：

一、认真学习邓小平关于建设有中国特色的社会主义理论，贯彻落实党的十四届六中全会精神，组织教职工认真学习，坚决贯彻中共中央关于加强社会主义精神文明建设若干重要问题的决议

围绕总目标和要求，把精神文明建设提到更突出的地位，制定具体规划，把长远目标同阶段性任务结合起来，重在建设，务实求效。对党员干部，特别是领导干部要进行以讲学习、讲政治、讲正气为主要内容的党性党风教育。对青年学生加强思想道德教育，帮助他们树立远大理想，培育优良品德。要从大局着眼，认真解决当前精神文明建设中教职工普遍关心的重要问题，进一步开创我院精神文明建设新局面。

二、继续深化教育改革，提高教学质量

逐步建立起在国家宏观指导下，主动适应社会主义市场经济需要，面向社会自主办学的新体制。进一步调整专业结构、加强学科建设。按照“基础宽厚、支柱坚实”八字方针安排教学，更新教学内容，改进教学方法。建立良好的教学整体环境，增强对学生的能力培养和实践锻炼。要逐步实行院系三级管理，改革教学管理体系，按专业与学科大类组成若干个学院，争取成为学位授予单位和设立若干个硕士点，在此基础上把广西民族学院更名为广西民族大学。

三、抓紧科研工作的改革，形成和发展自己的特色和个性，扬长避短，以局部优势取胜

理科在保证基础研究的基础上，重点发展应用开发研究。文科科研要加强对现实问题的研究，开拓新的领域，开发文化产业，发展应用科学。

力争年均拿出一两项有影响的社科成果和效益显著的自然科学成果。同时要搞好实验室、图书馆的建设，更好地为教学、科研服务。

四、加强教职工队伍特别是骨干教师和干部队伍的建设

选拔培养学科带头人和跨世纪人才，加大人才工程培养的投入，多方位培养青年教师。解决青年教师队伍不够稳和使用、培养方面存在的问题。继续采取优惠政策，引入急需的高级人才。要加强政工、行政、后勤管理人员的培训，不断提高他们的政治业务素质和管理能力，建立起一支结构合理、素质较高、相对稳定的教职工队伍。

五、继续进行内部管理和后勤管理体制的改革

努力发展校办产业，积极挖掘潜力，扩大成人学历教育以及自考班、专业证书和各类培养班的招生，继续采取社会捐资、引进外资、银行贷款等方式，多渠道筹集办学资金，努力改善办学条件。

六、大力加强国际间的合作交流

通过各种渠道积极扩大对外联系，争取与国外大学合作培养人才。在巩固和发展与东南亚各国的关系同时，注意建立和发展与欧洲国家和日本等国的友好合作关系，积极争取招收更多的留学生，加大聘请来院长、短期讲学和合作研究的外国专家人数。同时积极争取和选派更多的骨干教师到国外进修和讲学，不断提高我院在国际上的知名度。

各位代表、同志们！

最近党的十四届六中全会通过的《中共中央关于加强社会主义精神文明建设若干重要问题的决议》，为进一步加强社会主义精神文明建设、促进社会全面发展，送来了一股强劲的东风。我们是精神文明的传播者和建设者，我们肩负着培养民族地区跨世纪一代人才的重任，希望通过这次会议，动员全院教职工团结起来，在邓小平建设有中国特色社会主义理论和党的十四届六中全会精神的指引下，艰苦奋斗，开拓创新，为实现我院“九五”计划和2010年发展规划的目标，争取教育改革的更大胜利而奋斗！

（这是作者1996年10月29日向广西民族学院第三届教代会第一次全体会议提交的学院工作报告）

把我院的思想宣传工作提高到新的水平

我院的思想宣传工作，一是要以深入学习邓小平建设有中国特色的社会主义理论和党的十四届六中全会精神为主要内容，紧紧围绕香港回归祖国这件大事，对师生员工进行爱国主义教育，激发爱国热情。以贯彻党的十四届六中全会精神，迎接党的十五大的召开为契机，搞好我院各项工作。二是思想宣传工作要与党中央保持一致，以正确的舆论引导人，坚持社会主义的政治方向。三是思想宣传工作要面向群众，服务群众，服务于学院改革发展和培育四有新人的大局。四是鼓实劲，使思想宣传工作生动活泼、有效。五是加强宣传队伍建设，思想宣传工作不仅仅是宣传部门的事，而且是各单位领导的重要工作。因此，各单位领导要高度重视思想宣传工作，做到有计划、有部署、有落实、有检查。希望在新的一年里，思想宣传工作能提高到新的水平、上新的台阶。

（这是作者在 1997 年 2 月 26 日广西民族学院党委宣传部召开的思想宣传工作座谈会上的讲话。参见 1997 年 3 月 25 日《广西民族学院报》，第 122 期，第 0098 号，第一版）

围绕一个中心　突出三个重点
努力搞好新学期各项工作

上学期我们认真组织师生员工进行政治理论学习，深入扎实地开展“三严四自”工程的学习，实施文明修身工程，全面加强思想政治工作和德育工作，学生的文明意识和道德意识有了明显的提高，深化教育改革，全面提高教学质量和办学效益，召开了教学经验交流和表彰大会，获自治区优秀教学成果奖六项，排在全区高校第三位。深入开展科研工作，科研成果显著，获省部级奖、区社科联社会科学优秀成果奖 18 项，为历年最多。图书馆图书资料实现计算机管理，校园计算机网已基本建成，校园综合治理和环境卫生取得了初步成效。基本完成了全员的聘任工作和教师资格的确定工作。成立院庆筹备组，扎实地开展了各项筹备工作。加强了成人教育的管理，保证了质量。国际交流进一步扩大，召开了第三届教代会暨院工会第七次代表大会，进一步调动了教职工民主办学和民主监督的积极性。这些成绩的取得，是领导和广大教职工共同努力的结果，也是各部门团结协作的结果。

新学期的工作，就是认清形势，围绕一个中心，突出三个重点，抓好十二个方面的工作，明确六个新举措。认清形势，就是要认清 1997 年是我党和中华民族历史上很不平凡的一年，我国将恢复对香港行使主权和党的十五大召开，这是举世瞩目的，关系全局的两件大事。这对我院的发展是一个契机，我们要以高昂的热情、积极的态度和优异的成绩，迎接香港回归祖国、党的十五大召开和我院创建45 周年。围绕一个中心，就是围绕教学科研这个中心。突出三个重点：一要全面加强社会主义精神文明建设；二要抓好院庆45 周年各项筹备工作；三要抓管理促效益，全面提高管理水平。抓好十二个方面的工作：第一，加强政治理论学习，全面推进精神文明建设；第二，抓好政治思想和德育工作；第三，坚持党要管党，抓好党的建设；第四，抓教学改革，提高教学质量；第五，加大科研力度，科研工作要上新台阶；第六，实施人才发展战略；第七，抓制度建设，提高管理水平；第八，进行后勤改革，搞好后勤服务；第九，拓宽经费来源渠道，筹措办学经费；第十，加强校园综合治理，建设文明校园；第十一，积极筹备院庆的各项工作，确保院庆顺利、隆重。第十二，各部门抓好日常管理工作。本学期党政工作计划中有六项新的举措：一是实施我院人才发展战略，搞三个工程，即名师工程、优秀管理人才工程、学生尖子工程。二是建立领导班子思想政治建设责任制；三是用制度化促进“三风”建设，即以管理制度促进校风的更好转变，以考核制度促进教师教风、干部作风和会风的更好转变，以考试制度促进学风更好转变。四是开展系列学术讲座，做到周周有学术报告，活跃校园学术气氛。五是加强审计监督，堵塞漏洞；六是副高以上职称人员今年底要在一定范围内进行述职。

如何贯彻本学期党政工作计划？一是各部门领导要提高对贯彻执行学院党政两个工作要点重要性的认识；二是贯彻落实两个工作要点，做到四个到位，即思想到位、人员到位、措施到位、效果到位；三是各职能部门要明确任务、团结协作、共同努力，我们的任务是能完成的，目标一定能达到。四是按工作要点要求，有计划有步骤的展开工作，务必件件落实，加强监督检查。五是要讲政治、讲纪律、讲政策，对工作要有事业心和高度的责任感。一级管一级，一级对一级负责。只要我们一如既往地工作，十二个方面的工作一定能够完成。

（这是作者在广西民族学院新学期中层领导干部会上的讲话摘要，参见《广西民族学院报》1997 年 3 月 25 日第 122 期，第 0098 号，第二、三版）

加强我院党风廉政建设

要搞好我院的纪检监察工作，必须做到四个到位：一是认识到位，要提高对反腐败和加强党风廉政建设重要性的认识；二是学习到位，要认真学习党的纪律，学习有关政策规定、法律法规；三是教育到位，各级党组织对广大干部一定要严格要求、严格管理、严格监督、严格教育；四是工作到位，通过加强纪检监察工作，并落实到实际工作当中，推动我院各项工作的开展。

（这是作者在1997年4月2日广西民族学院纪检监察工作会议上的发言摘要）

为建设高水平有民族特色的综合性大学而奋斗

——在庆祝广西民族学院建院45周年大会上的讲话

各位领导、各位来宾、各位校友，老师们，同学们：

正当全国人民以高昂的斗志、扎实的工作、崭新的面貌迎接香港回归和党的十五大召开之际，我们迎来了建院45周年。今天我们怀着喜悦的心情，在这里隆重集会，共同庆祝。我谨代表广西民族学院党政领导，代表全院各族师生员工，向光临我们今天盛会的各级领导、各兄弟院校的代表、校友代表以及来自越南、泰国、美国的贵宾表示热烈的欢迎和衷心的感谢！向所有关心、支持、帮助我院发展与建设的社会各界人士致以崇高的敬意和真诚的感谢！向在各条战线上辛勤工作、积极进取、为母校争光、为各族团结进步事业做出贡献的校友们表示亲切的慰问！

同志们，朋友们，我院创建于1952年3月19日。建院以来，特别是九十年代以来，我院在党的教育方针和邓小平同志建设有中国特色的社会主义理论指引下，全院师生同心同德，解放思想，抓住机遇，大胆改革，走上了快速发展的轨道。目前学院共有15个系部，1个成人教育学院，4个教学中心，13个研究所，15个实验室，有普通高等教育本专科专业37个，成人高等教育本专科专业34个，形成了文理工经管兼有的多学科专业结构。有壮、汉、苗、瑶、侗等17个民族学生9000多人。学院占地面积80万平方米，建筑面积16.5万平方米；图书馆和各系部资料室藏书118万册，图书馆检索、查询和借阅已实现电脑化管理；教学实验设备较先进，其中教学计算机就达645台，各系部和机关单位均配置了计算机；校园网一期工程已竣工，即将与国际高速信息公路接轨。教师队伍日益壮大，建院时只有24名教职工，现有在职教职工1048人，离退休教职工407人，其中正高职称53人，副高职称235人，中级职称368人，助教221人，另有客座、兼职教授56人；有一批博士、硕士、院跨世纪中青年骨干教师和享有国家级政府特殊津贴专家，形成了一支年龄层次和学科结构较合理、有较高学术水平、教学经验丰富的教师队伍。我院是自治区对外开放重点单位，至今已有50多个国家和地区的专家、学者和社会各阶层人士来院进行学术交流和参观访问，还同美、法、英、日、泰、越等国家10多所大学、学术机构建立了人员和学术交流关系，从1985年起，先后有200多所外国留学生到我院学习，学院先后派出100多名专家、教授和中青年教师到国外高校留学、进修、讲学、参加学术活动。

建院以来共培养了20多个民族的党政干部和各类专业人才4.5万多人，他们遍布八桂大地，大多数已成为广西各条战线的骨干，不少人成为专家、教授、作家和诗人；在广西的地、市、县领导干部中，我院毕业生占有较大比例；有的成为中国人民解放军的将领，有的当上全国劳模、优秀教师和先进工作者。他们为祖国的繁荣和富强、各民族的团结进步作出了积极贡献。

由于我院办学成绩显著，为民族地区经济建设、社会发展和民族团结进步事业作出了突出的贡献，曾被中组部、中宣部、国家教委授予“党的建设和思想政治工作先进集体”，连续三次被评为“广西壮族自治区民族团结进步先进集体”。

广西民族学院创建45年来，在办学方向、教育体制、教学科研、行政管理、党的建设和思想政治工作等方面形成了自己的特色，积累了许多有价值的经验，归结起来，最基本的一条就是，全面贯彻党的教育方针和民族政策，面向广西少数民族和民族地区办学，为民族地区培养合格的人才。具体而言：

1. **深化教学、科研改革，提高办学效益与质量。**在招生上，我们采取特殊照顾政策，保证各少数民族学生都有上大学的机会，还设置大学预科部，采取特殊措施帮助少数民族学生打好专业基础。按照“保护、改造、创新、发展”的方针，调整学科专业结构，提高办学活力与效益。优化课程结构，更新了教学内容，目前全院开设各类课程1000多门，其中应用性课程400多门；在本专科中普遍开设了计算机和英语课程。评定了一批重点学科和重点课程，其中民族学被评为自治区重点学科，民族理论与民族政策、写作学被评为自治区重点课程，行政管理等六个学科评定为院级重点学科。在教学方法上，重视形象性、直观性和实践性教学环节。试行了学分制、主辅修制、全院性系列选修课制，开展了课程评估，建立了试题库，严格考试管理，促进了教风、学风的好转。科研工作坚持面向经济建设、面向民族地区，突出“民族性、地方性、适用性”的原则，在进行基础理论研究的同时，加强了应用研究和技术开发。近十年来，共完成科研项目2000多项，公开发表学术论文1万多篇，出版专著、译著、教材980

部，其中100多项科研成果获自治区和国家部委奖励；1996年，我院获自治区优秀教学成果奖7项，在全区高校排第三，获自治区第五届社科优秀成果奖21项，位于全区高校第三名；1997年3月获区教委社科优秀成果奖10项，居全区高校首位。

2. **积极推进内部管理体制改革，充分调动教职工的积极性。**1996年，在全院公开聘任中层领导干部，对全院专业技术人员、非领导职务管理干部和工人实行全员聘任，同时成立院人才交流中心，妥善安排和管理聘余人员；对机构进行了改革，六个单位合署办公；按小机关、多实体、大服务的原则，改革了后勤管理体制。

3. **加强教师队伍建设，提高教学水平。**通过选拔学科带头人、加强青年教师的培养、广开渠道引进人才等措施，造就了一支素质较高、结构合理、优化精干、充满活力的师资队伍。

4. **多渠道筹集办学资金，改善了办学条件，增大了教学、科研和图书资料的投入。**

5. **从严治校，优化育人环境。**我们历来注重从严治校，致力良好校风的建设，逐步建立和形成了“团结、勤奋、求实、创新”的校风。

6. **加强党的建设和思想政治工作，保证办学的社会主义方向。**我院坚持以邓小平同志建设有中国特色的社会主义理论武装全院师生头脑，重视领导干部队伍建设，努力培养少数民族干部；加强党风党纪教育，促进党风和廉政建设；建设好基层党组织，发挥党组织的战斗堡垒作用和党员的先锋模范作用；近年来，把党员发展重点放在中青年教师和大学生身上，使学生党员比率保持在7—9%之间，高时达到11.2%，居全国高校的前列。针对少数民族学生特点开展思想政治工作，落实德育首要位置，注意把思想教育与解决学生实际困难结合起来，对特困生学费实行“缓、减、免”的政策，近年来，学院每年拨出10万元补助特困生，并投入150多万元设立“特困生勤工助学基金”，使家庭困难而又有培养前途的学生不因为交不起学费而影响学习。

同志们，朋友们，我院是自治区四所重点建设的普通高校之一，也是广西唯一的综合性民族高等院校，担负着为民族地区培养高级专门人才的重任，新的形势对我院提出更高的要求。我们正处在一个世纪之交的历史性转折时期，面对新的挑战与机遇，我院的发展目标是：通过改革和发展，到20世纪末把握元建设成为多层次、多学科、高水平的有民族特色的综合性大学。根据这个总目标，要着重抓好以下几个方面的工作：

1. **继续深化教育改革，努力提高教学质量和办学效益。**扩大办学规模，到2000年，在校生达到万人以上；把广西民族学院改民为广西民族大学，下设若干个二级学院，实行校、院、系三级管理体制。积极创造条件把我院增列为硕士学位授予权单位，争取在“九五”期间在若干个专业招收一定数量的研究生。

2. **科研工作要有新突破**。建立健全科研管理体制和科研激励机制，加大科研投入，重点扶持和资助有影响的社科成果和效益显著的自然科学成果。建设好一批自治区级、院级重点学科，并以此为龙头带动其他学科的发展。

3. **建设一支高素质的教师队伍**。实施“名师工程”、“跨世纪人才工程”、“优秀管理人才工程”，以三个人才工程为基础，建立起一支结构合理、素质较高、相对稳定的教职工队伍。

4. **扩大国际交流合作**。在巩固好发展东南亚各国关系的同时，大力发展与欧美、日本等国家的友好合作关系；积极招收更多的留学生，选派更多的骨干教师到国外进修和讲学。

5. **坚定不移地贯彻落实党的民族政策，努力把我院办成一所党和人民信得过得高水平的综合性民族大学，源源不断地为民族地区培养和输送大批合格的现代化建设人才。**

同志们、朋友们，回首过去，成果辉煌，展望未来，前程似锦。在邓小平同志建设有中国特色社会主义理论的指导下，我院将以崭新的面貌迎接21世纪的到来！我们一定要团结勤奋，求实创新，为建设高水平有民族特色的综合性大学而努力奋斗！

（庆祝广西民族学院建院45周年大会于1997年5月18日上午在本学院体育场召开）

努力做好新学期各项工作

新学期的党政工作要以邓小平建设有中国特色的社会主义理论为指导，抓好四件事，做好十个方面的工作，并采取六个新措施，确保党政工作计划的顺利完成，以优异的成绩迎接党的十五大和我院的第六届党代会的召开。

抓好四件事：一是开好我院第六次党代会；二是争上硕士学位授予权单位和授予权点；三是创建南宁市文明单位；四是建立健全规章制度，提高管理制度化、科学化水平。

做好十方面的工作：一是加强党的建设和思想政治工作；二是教学质量和办学效益要明显的提高；三是科研要争上新项目、上新水平、出新成果；四是认真实施“人才发展战略”的三个管理办法（名师工程、优秀管理人才工程、尖子学生工程）；五是做好教职工年终考核工作和中层领导、副高以上人员的述职；六是严格执行会议的考核制度和公务督办制度；七是后勤改革的重点是抓食堂的管理质量和服务质量的提高，认真实行水电量化的管理，争上基建项目。八是广开言路，拓宽办学经费渠道；九是认真整治、绿化美化校园环境；十是扩大对外开放，促进我院的国际教育的交流与合作。

六个新措施：一是成立广西民族学院文明单位建设委员会，争创南宁市文明单位的称号；二是成立重点学科重点课程建设指导委员会，进一步提高教学质量；三是建立应届毕业生报考研究生奖励制度，凡考上研究生的，每人给予800—1000元奖励；四是实行科研成果积分的管理办法，各类职称教师的科研成果实行量化管理；五是本学期开始实施“人才发展战略”的三个管理办法；六是举办行政系统办文办事的培训班，整理、编印我院办文办事的规章制度。

完成党政工作计划的有利条件：一是香港回归祖国，我国国际地位的提高，综合国力的增强，民族精神的振奋，造成了国际环境有利于我国发展的大气候；二是党的十五大的召开，将有新的精神出台，这给教育改革带来新的契机；三是成功举办了院庆45周年庆典活动，提高了学院的社会地位，扩大了学院的社会影响，为学院的改革与发展提供了良好的内部和外部的条件；四是学院班子的团结协作，广大教职工的齐心合力，是我院事业发展的重要条件；五是学院筹措了一定的经费，为学院的基本建设提供了物质保证。

如何贯彻落实学院党政工作计划？一是各部门的领导要统一认识，明确任务，解放思想，认真执行学院党政工作要点；二是学院布置的各项工作一定要抓紧抓实抓出成效；三是团结一致，树立信心，务必求胜，夺取新学期工作的新胜利。

（此文为作者在新学期中层领导干部会上的讲话）

在庆祝教师节暨表彰大会上的讲话

各位老师、同志们：

今天，我院隆重举行庆祝我国第13个教师节，借教师节这个机会，我代表学院党政领导向为推进民族教育事业辛勤工作的全体教师和教育工作者致以节日的祝贺和亲切的慰问！向所有关心、支持我院教育事业的同志们、朋友们表示衷心的感谢！

几年来，随着我国政治、经济、教育、科技体制改革的不断深化，我院在改革办学体制、管理体制、招生和毕业生就业制度、学校内部管理体制方面都取得了较大的成绩，教学质量、办学水平和办学效益不断提高。特别是1996年我院获得了自治区优秀教学成果7项的奖励，在全区高校排名第三；广西第五届社会科学优秀成果奖，我院获得21项，居全区高校第三位；今年3月份我院获得区教委社会科学优秀成果奖7项，在全区排位第一名。在学校的基本建设方面，包括道路的建设，教师宿舍的兴建，教学楼、学生宿舍的装修，老干活动中心的建设，教学用的语音室建设等等都取得较大的成绩。我们学院每前进一步，每项成就，都凝聚着教师们的心血，融汇着教师们艰辛劳动和创造。在这里，我们向全体教师道一声谢！同志们辛苦了，党和人民谢谢你们，全体学生和家长们谢谢你们。人民教师的光辉业绩必将彪炳千秋、永载史册。

教师是人类灵魂的工程师，教师工作是人类社会中光荣而又崇高的职业。我院全体教职员工，担负着培养民族地区各类高级人才，推动民族地区的经济和社会发展的重任，多年来，他们在各自的岗位上默默无闻地工作着，不争名，不求利，不怕苦，不怕累，甘做人梯、无私奉献，呕心沥血、教书育人，表现出社会主义的道德情操和高尚品格。今年，我院有6名教师评上了院“师德标兵”；有32名教师评上学院优秀班主任；有9名教师荣获院优秀教学成果奖。可以说，没有这些同志和全体教职员工的努力，就没有我们广西民族学院的今天，我们学院的教学楼、科研等各项工作要想上档次、上水平、出成绩就非常困难，要想实现我院“九五”计划和2010年远景发展规划更无从谈起。只有全院教职员工的共同努力，才能取得伟大的成绩。

今年5月18日的建院45周年庆典活动，盛况空前，取得圆满成功，这是我院各项成绩的一个展示。所以，人民教师劳苦功高、功德无量。在此，我代表学院向获得各种荣誉称号的同志表示热烈的祝贺并致以崇高的敬意。我们希望受表彰的同志谦虚谨慎、戒骄戒躁、继续努力、开拓前进，为进一步搞好我院的教学、科研、管理、服务工作做出新的贡献。全院教职工要向他们学习，为推进我院的教育改革和发展做出更大的贡献。

当前，我国正处于不断深化改革的关键时刻，全国上下正为实现我国国民经济和社会发展“九五”计划和2010年远景目标而努力奋斗，其中，“科教兴国”的提出表明了教育在我国处于重要地位，是兴国之本。我们广大教职工肩负着迎接21世纪挑战的历史性任务，我们要认真学习江泽民同志在中央党校省部级干部进修班毕业典礼上的讲话和《教育法》、《教师法》，并落实到实处；加强领导班子和干部队伍的思想作风建设，引导全体教职员工树立正确的世界观、人生观和价值观。加强教师职业道德修养，端正教风，以身作则，为人师表，切实负起教书育人，管理育人，服务育人责任，把德育和思想政治工作贯穿和渗透到各项工作的全过程。我院各级领导，院工会及有关职能部门，要时刻关心职工生活，根据党和国家的有关政策和我院的实际情况，努力解决教职工在进修提高、职称评定、住房、子女教育、生活等方面的各种实际问题，保障教师权益、提高教师地位。特别要注意改善中青年教师的工作、学习和生活条件，为教师排忧解难。

同志们，在过几天，也就是9月12日，20世纪我党最后一次重大会议十五大将在北京隆重召开，这是承前启后、继往开来的会议，将为我国在下个世纪描绘一幅更加绚丽多彩的蓝图。12月份，我院也将召开第六届党代会，为我院下一步工作做好更坚实的准备。世纪之交的机遇与挑战，赋予人民教师和教育战线的全体同志光荣而又艰巨的任务。希望全体教师和教育工作者，要充分认识到自己所肩负的历史重任，认真学习贯彻《纲要》、《教师法》、《教育法》，做教书育人、为人师表的模范。让我们在以邓小平同志建设有中国特色的社会主义理论及“科教兴国”战略思想的指导下，在以江泽民同志为领导核心的党中央领导下，为培养跨世纪的少数民族人才，为争创南宁市文明单位，争得硕士学位授予权而做出新的贡献。我们相信，在自治区各党政领导的支持、关怀和我院全体教职员工的共同努力下，我们民族学院一定会越办越好。

最后，祝大家节日愉快、身体健康、工作顺利！

谢谢大家！

（作于1997年9月10日）

以高度的使命感和责任心，推动我院教育事业的发展

国家教育部教学评价专家组自5月14日进校以来，开展了紧张、有序、高效的工作。专家组的工作可以用一句话来概括："时间短、接触广、了解深、查得细、评得准、效率高"。他们高效务实的工作作风，给我们留下了深刻的印象。那我们应该向专家组学习什么呢？学习"四个高"和"四种精神"。

第一，高效率高质量。从短短的三天时间里，也就是15、16、17日三天，专家组总共开了19次座谈会、汇报会。共对19个系部处室检查指导工作，检查了十几个实验室，听了8位老师的课，查阅了99卷评价原始材料和大量的备查材料，还核查了大量的教学计划、教学管理文件，在时间短、任务重的情况下，工作井井有条，忙而不乱，安排非常紧凑，效率非常高。

第二，高度的使命感和责任心。专家组怀着一种推进教学事业的心情，负着国家教育部的使命来到我们民族学院，对我院的办学指导思想、学院的定位以及专业建设、学科的建设、师资的建设和实验室的建设提出很好的建议，这完全是为了促进民族教育事业的发展，也是本着帮助我们以评促建，以建促改的意图，重在建设的方针，推进我院教育事业的发展。

第三，求真求实的精神，也就是认认真真的科学态度。无论是开座谈会，还是查文件，都是一丝不苟，认认真真。姜尚谦组长曾经说过："我最反对搞形式主义，搞花架子。"所以，专家组对教学计划，包括课程安排表都看得仔细，检查得十分认真。

第四，爱岗敬业的精神。专家组成员都是有关学科的专家，对教育非常熟悉，他们的言行充分体现了热爱教育事业和对这次评价高度负责的精神。不辞劳苦，连续作战，夜以继日，超负荷的工作，高强度的劳动，没有一股敬业爱岗的精神是不行的，这一点值得全院教职工学习。

第五，无私奉献的精神。专家组成员是从各个学校抽来的专家，他们工作不分份内份外，不分上班下班，星期六星期日也不休息，不计任何报

酬，常常工作到深夜。他们主要是为了教育事业的发展，为了帮助我们学院搞好工作，改进工作。

第六，团结协作的精神。专家组成员来自不同的单位，他们统一领导，分工协作，关系融洽，各具专长，又互尊互敬，形成了一个富有战斗力的整体，完成了国家教育部委派的教学评价的任务。

以上几点，无一不值得我们学习。我们要把专家组的四种精神贯彻落实到教学、科研、行政管理当中去，以促进我院各项工作的开展。

这次顺利完成国家教育部对我院进行本科教学的评估，是全院师生上下团结一致，共同协作的结果，也是专家组给予我们具体指导的结果。我在这里代表全院师生员工对专家组的全体成员表示崇高的敬意和衷心的感谢。

（这是在1998年5月18日专家组通报教学评价意见上的讲话，作者时任广西民族学院院长。参见《广西民族学院报》1998年5月25日，第132期）

中国共产党广西民族学院第六次代表大会开幕词

各位代表、同志们：

中国共产党广西民族学院第六次代表大会今天在这里隆重开幕了。这次代表大会的主要议程有：一、听取和审议中共广西民族学院第五届委员会的工作报告；二、听取和审议中共广西民族学院纪律检查委员会的工作报告；三、选举中共广西民族学院第六届委员会；四、选举中共广西民族学院纪律检查委员会。

同志们，我院第五次党员代表大会是1993年12月召开的，至今已经四年多了。几年来，我们在学院党委的领导下，坚定不移的执行党的十一届三中全会以来的路线、方针、政策，贯彻“抓住机遇、深化改革、扩大开放、促进发展、保持稳定”的基本方针，坚持用邓小平理论武装广大党员和全体师生员工思想，坚持教学改革地位不动摇，从严治党，不断加强党的建设和思想政治工作，各方面都取得了很大成绩，这是全院共产党员和广大师生员工共同奋斗的结果。在这里，请允许我以大会的名义，向全体共产党员和全院师生员工，向支持、关心我院工作，并为我院做出贡献的全体老同志，表示衷心的感谢！

同志们，这次代表大会是在全面贯彻落实党的十五大会议精神，改革进入攻坚阶段，全党全国人民在以江泽民同志为核心的党中央领导下，高举邓小平理论伟大旗帜，把建设中国特色社会主义事业全面推向21世纪的新形势下召开的具有跨世纪意义的重要会议。这次大会主要任务是：高举邓小平理论伟大旗帜，以党的十五大精神为指导方针，实事求是地总结第五次党代会以来的基本经验，确定今后四年我院工作的奋斗目标和主要任务，选举产生新一届党委会和纪委会，动员全体共产党员和广大师生员工，为实现新的改革和目标，把我院建设成为具有地方特色和民族特色的综合性大学而奋斗。

同志们，中华民族的全面振兴关键在党，我们民院的兴旺发达关键也在党。我们这次代表大会肩负的任务是光荣的，责任是很大的。我们相信，出席这次大会的 108 位代表，一定能够不辜负全院共产党员的重托，不辜负全院各族师生员工的希望，把这次代表大会开成一个团结的大会，鼓劲的大会，胜利的大会。

预祝大会圆满成功！

（作于 1998 年 6 月 25 日）

在广西民族学院综合档案室定级考评会上的讲话

自治区档案局、自治区教育厅领导，各位专家，同志们：

我首先代表广西民族学院党政领导和全体师生员工，对前来参加定级考评的各位领导和专家表示热烈的欢迎和衷心感谢！

今天上午，自治区档案局、自治区专家考评组已对我院的档案工作进行了考评，刚才专家考评组又通报了考评结果。这次定级考评，对于改进我院档案工作，提高我院档案质量和管理水平，都将起到非常积极的促进作用。

我院于1952年创办至今已有46年历史，档案工作也已有46年的历史。我院于1983年开设了档案学专业，是全区高校中唯一开设这一专业的院校。早在几年前，我们就提出了档案工作定级目标，但由于种种原因，这一目标一直没有实现，比先进院校落后了一大步。这与我院的办学历史、地位、影响和开设档案学专业这一事实是很不相称的。为了尽快实现定级目标，我们从去年开始采取了一系列措施，加大了整改力度，经过学院各方面的共同努力，特别是综合档案室全体同志的艰苦工作，我院档案工作有了明显的改观和进步，可以说上了一个新的台阶。但正如专家考评组指出的，我院档案工作虽然上了等级，也还存在着不少问题，这些问题，我们将认真进行研究，采取措施予以解决。比如电脑问题，我已同意给综合档案室配备一台586电脑；库房问题，昨天上午我已在学院党政联席会议上提出来，准备在办公楼后扩建，把综合档案室从图书馆搬过来，一是改善库房条件，二是便于档案的保护、管理和综合利用。我们将采取积极的措施，认真做好我院档案工作。

在这里，我要特别感谢自治区档案局、自治区教育厅领导和有关业务部门领导。多年来你们十分关心、支持我院的档案工作，并多次派专家来我院具体指导档案工作整改，提出宝贵的意见和建议。如果没有你们热情的关心、支持和帮助，我们的档案工作肯定没有今天这样的进步。希望自治区档案局、自治区教育厅领导、有关业务部门领导和各位专家今后继续关心、支持和指导我院档案工作。我们将在三年的基础上，不断改进工作，创造条件，争取在两、三年内评上二级，百尺竿头，更进一步！

今天，参加定级考评大会的有我院各单位主管档案工作的领导和全体专、兼职档案员，还有历史和档案系的领导和档案系专业课教师，趁此机会，我再谈几点意见。

一、要统一思想，正确认识档案工作的地位和作用

档案是历史的真实记录和重要文献，是保存和传播人类文明的重要载体；档案工作是维护党和国家历史真实面貌的重要事业，是党和国家各项事业发展必不可少的基础和重要环节。江泽民总书记说过：“档案工作是各项事业发展的一个重要基础，这个基础不牢固，将来我们是要负历史责任的”。他还说：“档案工作有它的特点，就是平时不起眼，也不引人注目，但是，一旦你需要时，如果平时工作没做好，临渴掘井，就悔之晚矣！”档案工作不仅关系到今天，而且关系到长远，关系到我们民族历史和文化的继承、流传和发展，是关系到千秋万代的事业。档案事业是伴随着其他事业的发展而发展的。今天，我们各项事业蓬勃发展，各方面的改革不断深化和推进，档案事业也在不断地发展和提高，因此，做好档案工作比过去任何时候都更为重要。高校的档案工作，还是衡量高校教育质量和管理水平的一个重要标志，加强对档案的收集、整理工作，有效地保护和利用档案，对于促进我院的改革与发展具有十分重要的现实意义。比如，在事关我院生死存亡的本科教学工作评价中，档案就起了非常重要的作用，我院能够顺利通过国家教育部专家组的合格评价，档案工作也立下了汗马功劳。因此，我们一定要统一思想，切实提高对档案工作重要性的认识，不能认为档案工作是无足轻重的软任务，甚至认为可有可无。各单位领导特别是主管档案工作的领导和兼职档案员，要把档案工作列入自己的工作计划和议事日程，还要作为年终考核的一项重要内容。

二、要真抓实干，认真做好一年一度的立卷归档工作

立卷归档是一项重要的日常性工作，也是机关工作的一项基本任务。国家颁布的许多法律、法规和学院的规章制度对这项工作都做了明确的规定和具体的要求，我院许多单位基本上都能按照这些规定和要求去做。但也有一些单位在这方面的工作做得比较差，甚至院办和综合档案室反复通知和督促都不交上来，或者交来了却残缺不全。这次检查结果表明，我院的档案收集齐全率只有85%，而按规定必须达到90%以上。从档案类别来看，基建档案、设备档案、科研档案、照片档案等都是薄弱环节。今后各

单位一定要按上级和学院的有关规定，按时把每年形成的档案整理好移交给综合档案室，不能以任何理由和借口拒绝移交档案，暂时不能移交的，要做出合理的说明，并经过院办主任批准。从今年起，学院将对各单位的档案收集、整理、移交情况进行公开通报，做得好的给予表扬，做得差的进行批评，严重失职的要给予必要的纪律处分。学院下决心要把这个问题解决好。

三、档案工作人员要加强学习，不断提高业务水平

档案工作人员业务水平的高低，直接影响到我院档案工作的质量和管理水平，因此要把学习业务当成一项经常性的工作，必要时要把兼职档案员集中起来进行培训，请专家来讲课。从今年5月份国家教育部专家组对我院进行本科教学评价所暴露出来的一些问题看，我们的档案工作人员，特别是一些兼职档案员的业务素质亟待提高。比如专家组到一些系部检查教学档案时，有的档案根本没有保存，有的则没有很好的整理、归类和立卷，存放十分凌乱，找半天都找不出来。这既是对档案工作重视不够的表现，也和兼职档案员的业务素质不高有直接关系。因此，一定要加强业务学习，切实提高档案工作人员的业务水平和工作能力。

四、要以这次考评定级为契机，进一步促进我院的档案工作

自治区档案局、自治区教育厅考评组在这次考评中提出的问题，综合档案室要进行认真的研究，尽快制订出整改方案，报学院审定后组织实施。我们要采取积极措施，加强档案工作的整改步伐，不断提高案卷质量和管理水平，充分发挥档案的利用价值和效益，为我院的改革和发展事业提供有效的服务。从现在起，我们还要定出新的升级目标，以全面推动我院档案工作向前发展。

最后，我再次向自治区档案局和自治区教育厅领导、有关业务部门领导和各位专家表示衷心的感谢！

（作于1998年6月30日）

改革开放，我院成绩显著

广西民族学院在党的十一届三中全会以来，特别是邓小平南巡讲话以后，全院的师生员工解放思想，抓住机遇，大胆改革，勇于创新，使学院教育改革走上了快速发展的道路。

一、扩大了办学规模，提高了办学层次

我院在邓小平南巡讲话以后，随着改革开放不断深入，进一步鲜明地确立了学院的定位：立足于广西，服务民族地区，以本科教育为主，适当发展研究生教育、专科教育、预科教育、成人教育和留学生教育，把学院建设成居于同类院校先进行列，在区内外和东南亚有一定影响，水平较高，效益较好，具有鲜明民族特色的综合性大学。

根据培养面向21世纪合格的各类少数民族人才，并为广西民族地区经济建设和社会发展服务的要求，我院办学规模逐年扩大，从1991年的9个教学系部扩大到现在14个教学系部，1个成人学院，13个研究处，4个教学中心，78个教研室和15个实验室。全日制在校生已由1991年的2022人（其中本科生1303人，专科719人）扩大到现在5500多人，（其中本科生3500多人，专科生1300多人，预科生640多人），比1991年增加了一倍多。另有函授本专科生3000多人，留学生80余人。目前在校有壮、汉、瑶、苗、侗、京、毛南、仫佬、回、彝、水、黎、布依、满、土家等17个民族的学生就读，少数民族学生占学生总数的80%以上。

提高办学层次，为民族地区培养各类专门人才。我院由50年代以短期培训干部为主发展到现在有民族预科、大学专科、大学本科和硕士研究生等教育层次，其中大学本科教育是主体，干部培训和民族预科是特殊层次。1983年干部培训转为正规化学历教育。1998年6月国务院学位委员会批准我院新增硕士学位授予单位并下达《民族学》、《中国少数民族语言文学（壮语文）》为硕士学位授权学科、专业，目前我院正式对外招收硕士研究生，为民族地区培养高层次人才。

二、调整专业结构，增强适应性

为使专业结构更好地适应民族地区经济建设和社会发展的需要，我院十分重视素质培养的宽口径专业教育和调整，制订了“保护、改造、创新、发展”的专业调整方针，即对一些具有民族特色、区位优势和学科优势、在区内外有影响的专业予以保护；对一些适应面窄、社会需求量少的长线专业予以改造，积极创造条件增设新专业，发展体现现代科技水平的应用专业；同时，适时地把一批原有的专科升为本科专业。1998 年，我院又根据国家教委制定的新专业目录，对现有的专业进行规范性调整，目前共设有 21 个本科专业、9 个专科专业，分属于哲学、经济学、法学、文学、史学、理学、工学、教育学、管理学等九大学科门类。同时，抓好重点课程建设，以此为龙头带动一般学科和课程建设。评定首批重点学科 7 个，重点课程 22 门。其中民族学被评为自治区重点学科，民族理论与民族政策、写作被评为自治区重点课程，行政管理专业被列为自治区重点改革试点专业。民族学和中国少数民族语言文学（壮）专业为硕士学位授予权的学科专业。目前我院专业结构趋向合理，办学活力明显增强，规模和效益得到了同步提高。

三、教育科研成果日益显著

学院十分重视科研工作，拥有一支水平较高的老、中、青相结合的科研队伍，并在民族性、地方性、应用性等方面形成了自己的科研优势和特色，积极为民族地区的经济建设和社会发展服务。近年来，科研项目增加，年科研费从 1991 年的 11 万元增长到 1997 年的 75 万元（含科研项目资助经费），并获得了一批高水平的科学研究成果，有的学科在国内外处于领先地位，在国际上也有一定影响。其中教育科学研究，共获自治区区级科研项目 16 项，其中一等奖 1 项、二等奖 4 项、三等奖 11 项。1997 年评出院级优秀教学成果 18 项，获广西普通高校优秀教学成果奖 1 项；二等奖 2 项、三等奖 3 项，获自治区优秀教材奖 1 项；社会科学和自然科学研究成果也显著。近两年来，发表学术论文 675 篇、出版学术著作 59 本，有 22 项成果获省部级奖励，有 18 项获区教育厅奖励，其中 1996 年获广西第五届社科优秀成果奖 21 项，获奖项数名列广西高校第三名；1997 年广西高校人文社会科学优秀成果奖 11 项，获奖项数居高校第一位。学院组织评选 1994 年—1997 年“徐新田”科研奖 37 项。

四、师资队伍建设不断加强

学院建立了一支素质较高、结构趋于合理的师资队伍，在500多名教师中，有教授35人、副教授174人、讲师229人，其中有13名享受政府特殊津贴的专家。

为了稳定队伍、优化结构、改善条件、提高质量的师资队伍建设目标，学院一是制定青年教师培训计划，在科研上给予支持、生活上给予关心。近年来，学院每年送培训的青年教师均在40人以上，1997年送培的青年教师56人，培训经费每年均超过30万元。在科研上，创造条件使青年教师在本科学科研领域迅速成长。同时，还通过深化内部管理体制改革和制订导向性政策，努力使教学一线的广大老师尤其是中青年骨干教师在职称、工资、住房、工作条件等方面得到不断改善。二是选拔学科带头人和跨世纪人才。目前已选拔学科带头人21名和第二批跨世纪人才20名，成为我院教师队伍中坚力量。三是采取优惠政策，引进高学历、高职称和急需人才。学院于1993年作了《引进人才的若干决定》以后，引进和调入教师229人，其中副高职称以上9人、中级职称20人、硕士研究生44人、本科生146人。四是做好对少数因工作需要、身体状况允许、符合本人意愿的高职称老教师的延聘工作，充分发挥他们的传、帮、带作用，保证我院教师队伍的群体优势。五是聘请一批校外具有高级职称、专业水平较高的企事业领导、专家、学者担任兼职教授、名誉教授和客座教授，扩大和充实我院教学力量。

五、内部管理体制改革稳步推进

我院内部管理体制改革不断深化，力度不断加大，改革的步伐稳步推进。一是实行中层领导干部聘任制和全员聘任制。从1995年底开始，根据平等竞争、择优聘任的原则在全院公开实行中层领导干部聘任制，根据岗位、允许低职高聘，也可以高职低聘，并在聘任的基础上，重点抓了中层领导干部年终述职和群众评议制度。同时还扩大到了副高职称以上的专业人员的公开述职考核。他们的年终述职、评议和考核结果存入本人档案，直接和晋级提薪挂钩。二是改革了分配制度，实行院内岗位津贴和职务津贴，对教师实行发放课酬和超工作量奖，逐步形成适应学院特点的国家工资和院内津贴双轨运行的分配模式。三是积极推进后勤制度的改革，按照“小机关、大服务、多实体”的思路，设立了四个服务部，即：水电、饮食、运输、电信服务部。总务处与各部制定相应的承包范围，签订任务经费承包合同书，落实了各部、科、室的责、权、利，使后勤改革逐步向社会化过度迈出了一步。

六、党建和思想政治工作水平明显提高

学院历来重视思想道德建设和精神文明建设，整体规划德育体系，发扬“团结、勤奋、求实、创新”的校风，坚持教书育人，服务育人、管理育人，学生的思想政治教育工作保持在全国高校先进水平。

近年来，学院创办了党校、团校、学习马列、学习党章小组等，长期坚持不断。建设了一支政治上比较可靠的学生骨干队伍和一支专兼职相结合的政工队伍。同时，加强了新时期党的组织建设，在党员中开展学理论、学党章和“三严四自”活动，不断提高党员的政治素质，树立正确的世界观、人生观、价值观和权力观。积极发展党员，尤其是在青年教师和学生中发展党员。近年来学生党员的比例达到 7.66%，最高时达 11.2%，使德育工作有了可靠的组织基础。学院党委认真贯彻《中共中央关于进一步加强和改进学校德育工作的若干意见》和《爱国主义教育实施纲要》，结合少数民族学生的特点，颁发了《广西民族学院关于加强思想道德文化建设的意见》，围绕学院各个时期的中心工作和根本任务，确定不同的教育重点，使思想政治工作落到实处。如在学生中实施“文明修身”过程、“学生尖子”过程；开展文明宿舍、文明大学生、文明班级的评比；进行“三观”、“三德”的教育，举行学术讲座、爱国主义电影周、广场音乐会、大学生艺术节、升国旗等一系列活动；开展歌咏、演讲、朗诵、征文、书法、墙报等比赛活动；邀请著名思想教育家、模范英雄人物、全国十杰青年等作报告；组建大学生艺术团、铜管乐团、礼仪队等等。这些内容丰富多彩、形式各异的有益活动，使师生在参与活动中自觉不自觉地受到教育和熏陶，营造了良好的政治氛围，优化了育人环境。1993 年 7 月，学院被中共中央组织部、中共中央宣传部、国家教委授予“全国高校党的建设和思想政治工作先进高等学校”的光荣称号，是全国 30 所获此称号的高校之一，也是广西唯一获此殊荣的高校。近年来，学院连续三次被评为“广西壮族自治区团结进步先进集体”，两次被评为“全国民族团结进步先进集体”。1996 年学院被自治区党委列为爱国主义教育基地，1998 年被南宁市委、市政府授予“文明单位”和“社会治安综合治理模范单位”。

七、基本设施和校园建设取得重大进展，办学条件明显改善

我院近年来在国家财政拨款严重不足的情况下，通过境外企业家捐资

助学，并轨招生收费、举办大专自考助学班、招收外国留学生、校办产业和争取专项经费等多渠道筹措的办学经费相当于国家当年正常拨款的100%，使学院的基本设施和校园建设取得重大进展，办学条件有了明显改善。

——增加了建筑面积。学院建筑面积从1992年以来增加了4.2万平方米，目前学院建筑面积达19万平方米，其中1998年兴建和正在兴建教学和职工住宅用房近3万平方米，基本实现了教职工住房“解困”，学生运动场地、学生教室、学生宿舍面积均已达到和超过国家教委规定标准。

——保证了教学经费设备的投入。仅1996年和1997年教学经费分别投入了为415万元和590多万元。

——增加了教学设备和图书馆资料的投入。近年来，我院逐步加大了教学设备和图书馆资料的投入。教学科研实验设备价值1680万元，图书馆和各系部资料室藏书118万册，音像资料2700多件（套），实现了图书馆检索、查询和借阅电脑化联网管理。校园网第一期工程已投入使用。

——校园建设向全方位推进有了新的进展。我院校园建设多次受到自治区、南宁市和城北区政府的表彰，被评为“花园式单位”。从1996年开始，投入200多万元全面整治和绿化美化校园环境。1998年又进行了整体规划，全方位推进，投入了130万元，用于修建南大门、拓宽路面、修建相思湖台阶、亭阁、种植草地、美化绿化等，使校园建设迈上了一个新的台阶。

——保证了教职工各种政策性补贴的发放（指国家给政策不拨款部分）。提高了教职工的生活待遇，发放课酬、岗位和职务津贴、离退休教职员工发放生活补贴，使教职工的实际收入有所增加，生活待遇得到了提高。同时，垫付了近五年来高达300多万元的公费医疗超支款。

八、对外文化教育交流和招收留学生日益扩大

改革开放以来，学院不断扩大对外文化教育交流与合作，为建设在区内外和东南亚有一定影响、水平较高、效益较好、具有民族特色的综合性大学创造了重要条件。

学院与美国、英国、法国、日本、泰国、越南等国家和地区的10多所大学和科研机构、民间机构签订了友好合作协议，建立了学术交流与合作关系和长期书刊交换关系。学院还先后聘请了来自美国、日本、英国、法国、意大利、加拿大、澳大利亚、泰国、老挝、越南等国家和地区的80多名专家、学者来校任教、短期讲学或合作研究。学院还先后派出120多人

出国参加国际学术会议、考察，交流、合作研究和讲学。

从1986年起，学院开始接收外国留学生，接受外国留学生人数逐年增加，到现在，已接收来自美国、英国、日本、加拿大、西班牙、澳大利亚、法国、波兰、泰国和越南等国家的研修生和留学生450多名，目前在校学习的外国留学生80余人。1997年国家对外汉语教学领导小组批准，在我院设立国家HSK考点，两年来，我院组织驻邕高校的境外8个国家的考生近200人参加全国汉语水平考试（HSK），从而进一步提高了我院在国际上的知名度。

（此为广西民族学院党委书记奉江与作者联合署名的文章）

总结经验　加大力度
努力实现教育改革与发展的新突破

一、两年来的工作

第三届教代会第一次会议以来的两年，我院教职工在上级党委的领导下，解放思想，开拓进取，齐心协力，同心同德，上下一致，取得了教育改革与发展的很大成绩。教育质量、办学效益和科研水平不断提高；办学条件和教职工生活不断改善；内部管理体制和后勤改革有了良好的开端；教职工队伍建设得到了加强；全方位推进校园建设有了新的进展。我院成功地举办了建院45周年庆典活动和成功地开展了创建南宁市文明单位活动，顺利通过了国家教育部专家组对我院本科教学工作的合格评价，并获得了国务院学位委员会批准我院为硕士授予权单位。总之，这两年是我院全体教职工团结奋斗，共创辉煌的两年，是建院以来比较好的发展时期。现在，全体教职工在党的十五大和九届人大一次会议精神的鼓舞下，满怀信心，以新的精神风貌，昂首阔步地迈向二十一世纪。

（一）积极稳妥地进行教学改革，教学质量不断提高

调整专业设置，增强适应性。为了使专业结构更好地适应民族地区经济建设和社会发展的需要，我们十分注意素质培养的宽口径专业教育和调整。两年来，根据我院“保护，改进，创新，发展”的调整方针，对学院现设的本专科专业进行逐步调整。目前，学院设有22个本科专业，7个专科专业，分属管理学、经济学、法学、文学、史学、理学、工学、教育学等八大学科，2个硕士学位专业，即民族学、中国少数民族语言文学，学科门类比较齐全、专业结构趋向合理，基本上适应民族地区经济建设和社会发展的需要，办学活力明显增强。

优化课程结构，加大建设力度。根据拓宽知识面，增强适应性，培养知识与能力结合、基础与应用并重的人才需求，今年来，我们适时调整课程结构，增加应用性课程，对一些传统的基础课程，则注意更新补充教学内容。并按国家教育部颁发的专业新目录，组织人员按照科学、规范、拓宽的方针做好专业目录的修订和专业调整工作，完成了各专业377门课程

教学大纲的修订任务，并编写成册。同时，抓好重点课程建设，以此为龙头带动一般学科和课程建设。经院学术委员会评定，首批重点学科 7 个、重点课程 23 门，其中民族学被评为自治区级重点学科，民族理论与民族政策、写作学被评为自治区重点课程，行政管理专业被列为自治区重点改革试点专业。另外，严格教材选用的审批程序，把好教材质量关，选用国家教育部推荐、全国重点大学编著或使用的教材，也选用部分我院教师编著的、获省部级以上奖励的教材。还规定每个系部每学期要对 1—2 门主干课程进行教学质量评估。最近，我院通过了由区教育厅组织的广西普通高校教材工作的评估。为了拓宽学生的知识面和充分发掘教师的潜力，还开设了跨系部跨专业的全院性选修课，去年开设了 9 门选修课，有 356 名学生参加选修。成立了艺术教育教研室，开设了艺术欣赏课，受到全院学生的欢迎。两年来，我们在坚持基础课为主的原则下，大力加强了计算机和英语课程建设，增加授课和操作时数，普及了计算机教学，使我院计算机教学在全区高校中名列前茅。

加强实践环节，强化能力培养。我院重视加强教学实践环节，抓好教学计划中的实验课程、教学实习和毕业实践。1996 年学院对理科实验室建设的投入达 120 多万元，目前已有 5 个实验室通过自治区教育厅组织的合格评估。今年，学院投入实习经费 16 万元，并与区内 8 县（市）14 所中学、企业签订了协议，挂牌建立了稳定的教学实习基地，有部分系部（专业）也建立了 1—2 个较稳定的校外实习基地，有效地保证教学计划内的实验课教育实习或见习以及社会实践活动的开展。近两年，学院对越、老、泰等小语种专业的高年级学生采取分送到其母语国高校留学一年的培养方式，在很大程度上提高了他们的语言运用能力，受到了用人单位的普通好评。学院还采取集中与分散的教育实习形式，认真抓好假期学生社会实践活动，使学生有充分的实习机会，提高学生的综合素质。如中文系、政治与经济系鼓励学生在实习期间进行文学创作、新闻写作和撰写调查报告，并把优秀作品汇编成册出版。理工科的学生，结合本专业开展教育实习和科技活动，取得了较好的成绩，1996 年数学系学生参加全国建模比赛，获广西赛区三等奖和优秀奖。1997 年物理与电子工程系派出 5 个队参加第三届全国大学生电子设计大赛，获得广西赛区一等奖、二等奖各 1 个，3 个成功参赛奖。参加全国大赛评比时获全国大赛二等奖 1 个，是获得全国奖的两个广西高校之一。

规范教学管理，建立激励机制。我院有较完整规范的教学管理制度，并编印成册。两年来，根据教学的实际，又先后制订了《广西民族学院教学质量管理规程》、《广西民族学院系级教学管理水平评估方案》、《广西民族学院教研室工作条例》等10个教学管理文件，这对进一步规范教学管理，提高教学质量起到了有效的监控作用。同时建立优秀教学成果奖励制度，成立“优秀教学成果立项建设指导委员会”，定期组织教学成果立项和评奖工作，1997年评出院级优秀教学成果18项，获广西普通高校优秀教学成果一等奖1项，二等奖2项，三等奖3项。

（二）科研工作有了较大的提高，校办产业持续发展

近年来，我院科研经费的投入总计211.05万元，平均每年投入科研经费52.76万元。两年来发展学术论文1237篇，出版著作137部，有23项成果获省部级、国家级的奖励。其中1996年我院获广西第五届社科优秀成果奖21项，获奖项数名列广西高校第三名。1997年我院参加科研项目的有135人，研究项目96项，获广西高校人文社会科学优秀科研成果奖10项，获奖项数居广西高校第一位。为了促进科研工作，1996年、1997年发放科研津贴、奖励、超科研工作量奖、优秀科研成果奖等17.41万元。充分地调动了教职工科研工作的积极性。同时完成校园网第一期工程的实施工作，建立了一个以IBMRS/6000为主机，上连广西科教计算机网络中心并与国际联网相通，下借助于学院电话线与住院各单位及个人用户互联的校园网。图书馆去年购书创历史最高纪录，购买图书103110册，光盘31张，经费达到81.58万元。进一步完善了馆藏数据库，建立馆藏现刊、过刊数据库，录入数据3000多种和3万多条纪录数据，现代化程度、服务工作、信息公开都有了新的进展。目前，教职工不出院可以从图书馆光盘查阅到全国3500多种期刊的全文。

兴办校办产业是经济建设需要和培养人才的需要。但是我院受到专业结构等不利条件的限制，使校办产业起步晚、发展慢。由于经验不足，也遭受一些挫折。近两年来，校办产业得到持续的发展，理顺了与开发公司的关系，加强了校办产业的管理，使我院所属的印刷厂、饮料厂、鱼塘、铺面租金等收入达123.7万元，弥补了办学经费的不足。

（三）加强师资队伍建设，增强了自身凝聚力

我院当前的师资队伍正进入新老交替的关键时期，为了努力实现稳定队伍、优化结构、改善条件、提高质量的队伍建设目标。近两年来，我们主要抓如下工作：

一是选拔学科带头人和跨世纪人才。目前已选拔学科带头人21名，选拔了第三批跨世纪人才20名，他们学术造诣较深，科研成果丰硕，均在本学科领域发挥了骨干和带头作用。

二是加强青年教师的培养。制定了青年教师培养计划，两年来学院共拨出近 70 万元作为教师培养经费，去年选拔了 56 名中青年教师参加各种培训和进修，其中读博士生 9 人，硕士生 14 人，公派出国留学 11 人，国内访问学者 1 人，硕士课程进修班 18 人，助教进修班 8 人。在科研上，努力提高青年教师的科研水平和素质，创造条件使他们在本学科科研领域迅速成长，只要他们开出的课题被专家评审认为有价值的，学院均给予经费资助。同时，我院还通过深化内部管理体制改革和制定导向性政策，努力使教学一线的广大教师尤其是中青年骨干教师在职称、工资、住房、工作条件等方面得到不断改善。

三是采取优惠政策，多方面吸取人才。我院自从做出了《引进人才的若干决定》以后，近两年来在这方面做了大量的工作，引进和调入教师 66 人，其中本专科生 49 人，硕士研究生 9 人，副教授职称 3 人，中级职称 5 人。我院到目前为止已聘任了 58 名具有高级职称、专业水平较高的企事业领导、知名专家、学者担任兼职教授、名誉教授和客座教授。为了缓解师资队伍“断层”的矛盾，我们还做好少数因工作需要，身体健康、本人愿意的高级职称老教师的延聘和返聘工作，充分发挥他们传、帮、带作用，保证了我院教师队伍的群体优势。

（四）内部管理机制和后勤改革有了良好的开端

我院从 1995 年底开始，根据平等竞争、择优聘任的原则，在全院首次实行中层行政领导聘任制。近两年来，在聘任的基础上，重点抓了中层领导干部年终述职和群众考评制度，同时还扩大到副高以上专业人员的公开述职。他们的年终考核结果存入本人档案，直接和晋级提薪挂钩。通过了公开招聘、公开述职，保证了中层领导干部和副高以上专业人员的较高的政治业务素质，增强了他们的竞争意识和紧迫感、责任感，得到了群众的信任，有效地促进了教职工队伍的建设。

我院近两年来，积极推进后勤改革，自从设立了四个服务部（水电、饮食、运输、电信）以来，逐步向社会化迈步。去年，在原来改革的基础上按照大后勤的思路，走“小机关、多实体、大服务”的路子。总务处与各部签订了任务经费承包合同书，制定了相应的承包范围，落实了各科室责、权、利。水电服务部全面开展水电量化管理，根据院内各单位的实际使用水电情况，订出水电量化管理的指标数，有效地减少和控制了水电的流失，逐步使水电管理向市场化转变。饮食服务部开设了教职工专用餐厅，为教职工提供快餐、炒菜，免费供应汤水、调料，解决部分教职工中午用餐问题。运输服务部积极开展有偿服务，自己动手维修车辆，全年为学员补充经费3.2万元。电信服务部与市邮电局签约，进行了电话改制并由电信服务部门代管代维，逐步向社会化转轨。

（五）多渠道筹措办学经费，办学条件和教职工生活明显改善

我院的办学经费以国家财政拨款为主，但拨款仍然严重不足，从1996年我区高校实行招生“并轨”后，去年国家按照学生人数比款仅1231.85万元，专项款311.80万元，其中我院人员经费支出1138.85万元，占包干基数的92.45%，用于教学的经费十分有限，每年缺口500多万元。

为了弥补办学经费的不足，1996年学院通过争取上级多拨给专项经费、境外企业家捐资助学、并轨招生收费、举办大专自考助学班、招收外国留学生、校办产业创收等多种渠道，自筹办学经费360万元，相当于国家正常拨款的30%。1997年又通过多种渠道自筹办学经费1060万元，相当于国家当年正常拨款的100%。由于多渠道筹措办学经费，大大缓解了学院办学经费严重不足的局面，使办学条件、教职工生活条件得到了明显的改善，实实在在为群众办了实事。

一是保证了教学经费的投入。1996年教学经费投入达414.78万元，1997年教学经费投入达581.08万元。

二是增加了教学设备和图书资料的投入。1997年以来投入261.47万元，主要是用于购教学仪器设备423件、校园网建CAI多媒体教室、多媒体学术报告厅、外语系多媒语音室、图书馆图书资料和相思湖有线电视等等。

三是校园建设投入176万元。用于修建南大门，拓宽路面，修建湖边台阶、单车棚、环湖路、宣传墙报栏、改建花坛、种植草地，安装填土地段排水、浇灌系统等等。

四是维修、改造我院3个实验室，工程造价共达75万元。

五是兴建和正在兴建教学大楼、学生宿舍、教职工宿舍和维修大礼堂、办公楼，共投入经费2300万元，其中教职工集资820万元。

六是购买一批食堂设备22万元，购买B超、心电图、X光机等医疗设备50万元，购买两辆客车61.89万元，共136.89万元。

七是垫付了1996—1997年高达107.06万元的公费医疗超支款。1998年公费医疗超过41.5万元。

八是保证了教职工（包括离退人员）各种政策性补贴的发放（指国家给政策不拨款部分），1997年共计116.56万元，1998年80.05万元。两年共发放合计为196.61万元。

九是提高了教职工的福利待遇，按时发放课酬、岗位和职务津贴，

1997 年发放 158.78 万元，1998 年发放 156 万元，两年合计 314.78 万元（不含各单位发放的各种奖金、课酬、劳务费）。

十是发放各种慰问金、离退休人员生活补贴费，1997 年发放共计 71 万元，1998 年发放计 100.51 万元。两年合计 171.51 万元。

（六）进一步扩大教育的对外开放，国际交流与合作有了很大的发展

我院坚持了教育国际交流必须为教学、科研服务，在注重经济效益的同时必须讲政治、讲社会效益的指导思想。两年来制定和完善有关规章制度，通过多种渠道积极主动扩大对外交流。去年接待来自日本、法国、加拿大、英国、泰国、越南、澳门等国家和地区来访代表团、组共 13 个，86 人次。我院通过国家留学基金资助、世行贷款、广西自筹经费、国内慈善机构赞助和校级交流等形式，派出 34 名教师和学生赴英国、美国、法国、越南、老挝和泰国进行学术访问、考察和学习进修。我们通过友好关系与法国电力公司签订合作协议，我院专门为法国投资的广西来宾电厂 B 项目设立语言与管理专业培训中心，1997—1998 年度法国电力公司为该培训中心首批拨人民币 22.6 万元。我们还与泰国东方文化书院达成了在泰国建立我院招生站以及 80 人的泰国学生考察团来院访问的协议。同时我们与澳门文化司署高级公务员黄晓峰达成了在澳门我院留学生招生点以及 50 名澳门学生汉语水平考试考察团到我院参加全国汉语水平考试的协议。我们还与越南河内东方民办大学、越南劝学会教育发展互助中心和岘港总大学建立了招生与合作交流关系。去年以来在我院的美国、法国、日本、澳大利亚、泰国、越南等国留学生达 69 人，目前仍在校学习的有 70 多人。

我们还加强了对外汉语教学和全国汉语水平考试的工作，两次组织了来自南宁市 5 所大中专院校的境外 8 个国家和越南河内东方民办大学的 102 名考生参加全国汉语水平考试。

（七）党的建设和思想政治工作有了明显的加强

在上级党委的带领下，我院组织教职工认真学习邓小平理论和党的十五大、九届人大会议精神，全国贯彻执行党的教育方针，以加强和改进党的建设和思想政治工作为保证，促进了学院各项工作持续稳定地向前发展。两年来学院党委切实加强新时期党的组织建设，在党员中开展学理论，学党章活动，提高党员特别是党员干部的思想政治素质。在教职工中以端正教风和机关作风为重点的“三严四自”工程，强化教职工的职业道德教育，树立正确的世界观、人生观、价值观和权力观，增强广大教职工遵纪守法，勤政廉洁的自觉性。1997 年 3 月，中组织部全国“双学”检查组对我院的“双学”活动进行全面检查，给予高度评价，认为我院的“双学”活动抓得紧，抓得细，抓得实，过得硬，成效大。同时，党委十分重视办好党校，分期分批轮训党员和入党积极分子。两年来，办了4期党校培训班，共培训入党积极分子2937人。发展新党员486人，其中学生党员464人。教职工党员22人。

在学生思想政治教育方面，学院党委针对民族学生的特点，颁发了《广西民族学院加强思想道德文化建设的意见》，结合各个时期的中心工作，确定不同的教育重点，使思想政治工作落到实处。同时，还加强德育工作的“两课”建设，召开德育课教学与德育工作研讨会，研究“两课”教学内容的改革，增强教学的针对性和有效性。学院还在学生中实施“文明修身工程”、“学生尖子工程”，开展文明宿舍、文明大学生、文明班级、“三观”、“三德”教育。举行了学术讲座、爱国主义电影周、广场音乐会、大学生艺术节、升国旗和“迎香港回归、庆院庆”为主题的系列活动。请红岩烈士后代何凡妮作革命传统报告、全国著名思想教育家李燕杰教授作美的心灵演讲、全国十大杰出青年、十五大代表、校友龚允冲作爱国主义报告。这些内容丰富多彩、形式各异的有益活动，使师生在参与活动中自觉不自觉地受到教育和熏陶。从而优化育人环境，在教职工和学生中涌现出一大批先进分子。去年，被我院评为先进党支部的有8个、优秀党务工作者8人，优秀党员39人、反腐倡廉好党员29人。1995—1997学年度优秀班主任32人。在学生中被学院评为1996—1997学年度先进班集体21个、三好学生97人、学习优秀生18人、学习优良生199人、优秀学生干部290人、文体优秀521人、创作成果奖100人，学生科研成果奖9人。两年来，学院也荣获了多项集体荣誉称号，如国家体委授予“全国群众体育先进集体”、国家教委授予“全国高等教育自学考试工作先进单位”、自治区授予“广西壮族自治区民族团结进步先进单位”、自治区教育厅授予“全区成人高等学校教育评估优秀学校”、南宁市委市政府授予“社会治安综合治理模范单位”和“文明单位”、南宁市城北区授予“精神文明建设先进单位”等光荣称号。

各位代表，两年来所取得的一切成就，都是在上级党委领导下，全院教职工同心同德、努力奋斗的结果。所取得成就的根本原因，归结起来，就是高举邓小平理论伟大旗帜，按照“教育要面向现代化、面向世界、面向未来”的要求，把贯彻执行党的教育方针和民族政策结合起来，坚持社会主义的办学方向不动摇，坚持为民族地区培养少数民族干部和各类高级人才的宗旨不动摇，坚持教学改革的核心地位不动摇，坚持教学基本建设的优先地位不动摇，坚持提高教学质量和办学效益的根本目的不动摇。这是我们战胜一切艰难险阻，把各项工作不断推向前进的根本保证。

各位代表、同志们，我们在肯定成绩的同时，也要清醒地看到前进中还有不少问题和困难。突出的是：学院教育改革与发展同民族地区经济建设和社会发展仍不相适应，缺乏面向社会自主办学的活力和动力；面向21世纪的课程体系和教育素质亟待提高，特别教师队伍“断层”问题还比较突出，师资队伍不稳定因素也还存在；办学经费严重不足，相当一部分教学仪器设备陈旧落后，办学条件有待进一步改善；科研水平较低，校办产业效益较差。这些问题的产生，虽然有客观原因，但也反映了我们的工作中的缺点和不足，近年来虽然一直努力解决，但仍不尽如人意。继续解决这些困难和问题，仍是今后我院的艰巨任务。

二、今后的工作任务

我们正处于世纪之交的历史性转折，面对这样伟大的转折，我院工作的总体要求是：通过改革和发展，到20世纪末把我院建设成为以本科教育为主，适当发展研究生教育、专科教育、大学预科教育、成人教育和留学生教育，在区内外和东南亚有一定影响的具有民族特色和地方特色的综合性大学，争取进入全国同类高校的先进行列。

根据上述的总体要求，着重抓好以下几个方面的工作：

（一）组织教职员工认真学习邓小平理论，贯彻落实党的十五大和九届人大会议精神以及国家教委党组《关于进一步加强高等学校社会主义精神文明建设的若干意见》。

围绕总目标和要求，把精神文明建设提到更加突出的地位，要制定具体规划，重在建设，务实实效。在广大师生员工中牢固树立建设有中国特色社会主义的共同理想，牢固树立坚持党的基本路线不动摇的坚定信念。努力实现以邓小平理论为主要内容的政治理论素养的显著提高；实现以爱国奉献精神、民主法治观念职业道德和基础文明修养为主要内容的思想道德素质的显著提高；实现以内容健康、格调文雅、丰富多彩为基本要求的校园文化生活质量的显著提高；实现以优良的校风、教风、学风、良好的校园秩序和优美的校园环境为主要标志的校园文明程度的显著提高，把我院建设成为自治区文明单位。

（二）继续深化教育教学改革，提高教学质量和办学效益。

要正确处理“规模、结构、质量、效益”的关系，适当控制办学规模，集中人力、物力，根据教育部颁发的专业新目录结合我院“保护、改造、创新、发展”的调整方针，注意发展优势、抓住重点、挖掘潜力、突出特色，对我院现设专业进行调整，切实调减一些办学条件较差，毕业生供求状况不好的专业。同时要加强学科建设，按照“基础宽厚、支柱坚实”八字方针安排教学。更新教学内容，改进教学方法。加强重点学科建设，建立重点学科专项基金。营造良好的教学整体环境，增强对学生的能力培养和实践训练，全面提高学生的综合素质。改革教学管理体制，按专业与学科大类组成若干个学院，逐步实行校院系三级管理，在此基础上把广西民族学院建设成为广西民族大学。

（三）抓紧科研工作的改革，形成和发展自己的特色和个性。

以科研推动教学、深化教学改革；以科研培养人才，形成学科专业群体的高素质人才；以科研促进经济，为民族地区经济服务。理科在保证基础研究的基础上，重点发展应用开发研究，对重点项目予以重点投入。文科科研要加强对现实问题的研究，开拓新的领域，开发文化产业，发展应用教学。逐步实行课题、科研、成果、开发、产业化一条龙的运行机制。同时对科研、教学仪器设备实行集约化管理，实现资源共享。加强实验室、图书馆建设，增加投入，更好地为教学、科研服务。

（四）加强教职工队伍特别是骨干教师队伍的建设。

贯彻落实我院《关于培养跨世纪人才的暂行规定》，加大引进优秀人才特别是引进学科带头人的力度。重点抓好跨世纪人才、学科带头人的培养工作。加强对青年教师的多方位培养，提高在职教师的专业水平和科研能力，切实解决部分教师不够稳和使用、培养、生活等方面存在的问题，确保师资队伍的群体优势。要加强政工、行政、后勤管理人员的培训，不断提高他们的政治业务素质和管理能力，逐步建立起一支结构合理、素质较高，相对稳定的教职工队伍。

（五）继续进行内部管理体制的改革和多渠道筹措办学经费。

按照精简、统一、效能的原则，从加强学院机构编制管理入手，实行精兵简政，优化各类人员结构比例，充实加强教学科研一线人员，做好富余人员的分流工作，采取定向培训，即能担任教师的人员，通过培训、继续到系部担任教师；带薪分流，一部分人分流到第三产业或自谋职业；积极推进后勤管理体制、运行机制改革，走半社会化、集约化道路，通过宽松政策，实现学院后勤投资、经营主体多元化，逐步向社会化转轨。为了补充教学经费的不足，努力发展校办产业，积极挖掘潜力扩大成人学历教育以及自考班和各类培训班招生，继续采取社会捐资、引进外资、争取专项等方式，多渠道筹措办学资金，不断改善办学条件。

（六）大力加强国际间的合作与交流。

通过各种渠道积极扩大对外联系，争取与国外大学合作培养人才，巩固和发展与东南亚各国的关系，同时注意建立和发展与欧洲国家和日本等国的友好合作关系。积极争取招收更多的留学生，加大聘请来我院长、短期讲学和合作研究的外国专家人数。同时积极争取和选派更多的骨干教师到国外进修和讲学，不断提高我院在国际上的知名度。

党的十五大和九届人大会议，为我国社会主义精神文明建设和经济的进一步深化改革指明了方向，更进一步增强了我们办好广西民族学院的信心。尽管我们在今后的工作中会遇到这样那样的困难，还会面临着许多新的挑战，但是，只要我们紧紧团结在以江泽民同志为核心的党中央周围，高举邓小平理论伟大旗帜，在自治区党委、政府的领导下，依靠全体教职工，团结奋斗，勇于拼搏，我院教育改革和发展工作就一定会提高到一个新水平，一定能够为民族地区经济建设和社会发展培养高素质的各类人才，使广西民族学院自立于二十一世纪的中国民族高等学校之林。

（这是作者向广西民族学院第三届教代会第二次全体会议提交的学院工作报告）

实现教育改革与发展的新突破

一年来，坚持用邓小平理论指导民族高等教育的改革与实践，加强党的建设与思想建设工作，通过抓好“三个重点”，实现了民族学院改革与发展的新突破，通过了国家教育部本科教学评价，获得了硕士学位授予权。学院获得了自治区党委、人民政府“广西壮族自治区民族团结进步先进集体”和自治区党委组织部、宣传部、高校工委、教育厅党组“党的建设和思想政治工作先进普通高等学校”的光荣称号。

一、抓好“三个建设”

1. **把思想建设放在首位。**用邓小平理论武装师生员工的头脑，认真做好思想政治工作。在理论学习中，每个学期开学初都作出详细学习计划和要求，坚持理论学习制度、中心组学习制度、考勤考核制度、检查督促制度。在学习中做到一个联系，即理论联系实际，贯彻少而精原则；“两个下功夫”，即在全面、正确地领会和掌握党的十五大精神上下功夫。“三个新提高”，即在对邓小平理论的科学认识上、在运用邓小平理论解决实际问题的能力上、在改造主观世界的自觉性上都有新的提高。

邓小平理论“三进”工作，做到了“三加强一改进”。加强了对“三进”工作的领导，形成了各级领导、各级部门共同抓的局面。党委主要领导担任了学院“邓小平理论研究中心”主任、“思想政治教育与管理研究会”会长，1998 年上半年组织召开了德育工作研讨会，德育经验交流会，11 月份，召开了邓小平理论“三进”工作研讨会，共同研究并帮助解决教学和管理中的问题，在经费上给予支持和倾斜；加强对“两课”教师队伍的建设，送“两课”专兼职教师到区内外进修，参加社会调查等，形成了一支相对稳定的、水平较高的教师队伍；加强了教材建设，统一使用了水平较高的教材；改进了教学方法，贯彻“学马列要精要管用”、理论联系实际的原则，采取了课堂教学、课外社会调查等多种形式。在做到邓小平理论“三进”的同时，做好“三出”，即，通过进教材，加强对邓小平理论的研究，出成果，近几年，我院发表了有关邓小平理论研究的论著论文 30 多篇（部）一批论著得到了自治区教育厅的奖励；通过“进课堂”，加强对教学方法的探索，出经验，院社科部召开了邓小平理论教学经验交流会；通过“进头脑”加强对青年学生的培养，提高了青年学生学习邓小平理论积极性，加深了对社会主义初级阶段理论的理解，出人才。

思想建设是先导，正是由于我们加强了科学理论的武装工作，提高了广大师生的政治思想素质，为学院的改革发展提供了源源不断的动力。

2. **加强领导班子和基层党组织**。6 月 25—26 日，召开了院第六次党代会，大会实事求是地总结了四年来所取得的主要成绩、经验和体会。提出今后发展目标和工作计划，选出了政治坚定、业务较精、结构合理的新一届党委领导班子和几位领导。院第六次党代会的圆满成功，为学院今后的改革和发展提供了有力的组织保证；12 月 26 日召开了学院团员代表大会，选举产生新一届共青团领导班子；对院、系、教研室三级领导进行调整，充实了各级领导班子；举办了一期党员干部学习班，提高领导班子的思想政治素质；采取干部交流、助理制、下乡挂职等多种形式，使干部在实践中提高锻炼；抓了后备干部的培养和选拔工作。院党委进一步加强了党的基层组织和党员队伍建设，上半年对一些总支、支部的委员进行补选，充实了基层党组织力量；同时，院党委组织部门经常深入到基层党支部检查“三会一课”制度是否正常，并将检查结果定期通报；积极慎重在青年大学生和教职工中发展党员，去年共发展党员 287 人，其中教工 18 人，学生 269 人，是历年最多的一年；在发展党员工作中党委组织部认真对各系部门进行指导监督、检查、严把质量关；举办了 2 期入党积极分子培训班，培训了 1447 人，对他们进行党的基本知识教育；在 12 月举办了党总支、支部委员学习班，6 个总支、支部的负责人从不同角度介绍了工作经验，提高了支部领导成员的工作水平。

3. **抓好精神文明建设**。开展以师德建设和大学生基础文明建设为重点的精神文明创建活动。在教师方面，组织教职工学习《教师岗位职责和工作规范》，要求教师注重自身修养和自我形象的塑造，树立师德新形象。在学生方面，一是继续抓好“讲文明、树新风”活动。继续开展与不文明行为告别活动，开展“大学生文明行为大讨论”活动，实施“文明监督岗”、“文明卫生示范区”活动，开展“十无”校园竞赛活动；二是举办了学生干部理论学习班，请有关专家教授对学生在学习十五大文件中提出的涉及深层次的思想问题作辅导报告；三是积极组织学生参加各种有益的竞赛活动，如参加高校校园读书演讲比赛，“钦州杯”环保征文、演讲比赛等等，还举行了第十一届大学生文化艺术节，组织学生参加广西第五届大学生科技文化艺术节，获得团体第六名和最佳组织奖；四是积极开展文明宿舍竞赛活动，评出文明宿舍比例达72%；五是组织召开爱国主义教育基地座谈会，总结爱国主义教育经验；六是组织师生参加区庆40周年纪念活动，增强民族自豪感和凝聚力。

精神文明建设目标明确，措施得力，涌现出一大批先进集体和先进个人。在开展1997—1998学年学生先进集体和先进个人的评优表彰工作中，共有先进集体32个，院优秀毕业生29名，三好学生标兵27名，三好学生99名，学习优秀奖21名，学习优良奖190名，优秀学生干部272名，学术科研优秀奖4名，创造成果优秀奖76名，社会工作优秀奖389名，文体优秀奖533名。

二、落实四件大事

1. **顺利通过本科教学的合格评估**。本科教学评价工作是去年工作的一个重点，能否顺利通过教育部对我院本科教学的合格评价，关系到我院的生存与发展。由于全院师生的共同努力，顺利地获得了合格评价，教学评价给学院带来了巨大变化，成为我院46年办学历史上的一个重大转折点和里程碑。

2. **获得了硕士学位授予权**。我们通过积极争取，努力做好教学、科研以及基础设施等各方面工作，1998年6月，国务院学位办正式下文批准，我院获硕士学位授予权单位，获准招收民族学和中国少数民族语言文学（壮语文）两个硕士点，现已研究制定了招生准备工作，实现我院建院46年来硕士学位授予权零的突破。

3. **进行人事管理和后勤管理工作的改革**。根据精简、统一、效能的原则，对我院人事、后勤进行改革。

（1）完成教学科研单位科室调整以及科室教导、技术人员第二轮聘任工作。共聘任科室领导95人，专业技术人员642人，一般工作人员49人

（2）做好了“十百千人才工程”、“享受政府特殊津贴专家”、“全国有突出贡献中青年专家”、“全区有突出贡献中青年专家”、“全国优秀教师”、“全区优秀教师”、“全国民族团结进步先进集体、个人”的评选推荐工作，上报材料7人为候选人，其中4人获得称号。

（3）做好部分教职工提前晋升工资档次工作。按照区人事厅桂人发［1998］34号文规定，经过摸底调查。反复核对讨论，公布名单征求意见、最后学院审定同意上报，人事厅审批我院教职工123人提前晋升工资档次。

（4）落实人才的引进、教师考核、上岗培训进修工作。重新修订了广西民族学院关于引进人才的规定，抓住机遇，加大力度做好引进高级人才

的工作。我院共新引进的博士、硕士研究生、留学回国人员15人，提供7.2万元科研启动经费，并按规定落实了住房等生活待遇。同时本学期落实了在职教师培训、进修计划，共送培教师32人，其中委培、定向博士2人；区内研究生14人；助教班和研士研究班15人；双学位1人。

（5）推进后勤管理体制改革，逐步向社会化发展。本学期，食堂对经济方式进行了改革，以四坡食堂为试点。改变原来把大食堂分成小食堂或作业组进行承包的方式，按红白案专业分组，各组在自己的业务范围进行承包独立核算，自负盈亏，这样既避免饭菜品种重复、过剩，机械设备浪费等弊端，又调动了工人的积极性，提高了服务质量。电信服务部电话总机实行改革后，开通利润校园201学生密码账户电话和程控电话的多种服务功能，使电话容量从原来的640线（门）发展到3000门容量。同时通过改制，减少电信工作人员，从原来的10人减少到4人，实现了减人增效的目标并向社会化转轨。

（6）加强后勤设施建设，努力改善服务条件。为了解决我院高楼层用水难的问题，争取专项经费90万元，加大进水口和以旧换新、以大换小的方式对我院供水管网进行改进。本学年度饮食服务部投入90多万元，购置采购车、压面机、磨浆机、冷柜等一批饮食机械设备，同时对四坡食堂进行全面装修，改善了学生就餐环境。维修工作完成了72个专项工程，总经费达66.84万元。学校投资32万元，更新改造了院医院设备，购置两套X光机，安装了空调，装修了B超、心电图、配置室，改善了医院工作环境和师生员工的医疗条件。

（7）管理好校办产业，处理了经济开发公司债权债务、财务审计和人员分流等问题；完成了民族酒楼的出租管理工作；“相思湖书店”开始正常营业，校办产业年总收入达153万元

三、突出三个重点

1. 推进教学改革，提高了教学质量。

（1）通过深入学习邓小平理论特别是邓小平教育理论，贯彻落实第一次全国普通高等学校教学工作会议精神，在广大干部教师开展转变教育思想、更新教学观念的大讨论，进一步提高了教职工对教育、教学改革的重要性、紧迫性的认识，转变了教育观念，牢固树立了了为教学、科研服务的思想。

（2）根据国家教育部专家组对我院进行本科教学工作评价的意见，制定了整改措施，并报国家教育部。同时精心组织，扎扎实实落实整改措

施，巩固教学评价的成果。

（3）做好首届硕士研究生招生工作。制订了 1999 级研究生计划、培养方案和 25 个有关研究生教育、管理规章制度。配备了 9 名在区外有一定学术知名度的教授为我院首届研究生导师。积极做好招收研究生的宣传工作，在《光明日报》刊登招生广告。制定《关于鼓励本科应届毕业生报考研究生的暂行规定》，在报考、辅导、图书资料查阅、奖励等方面提供方便。目前报考我院民族学、中国少数民族语言文学的学科、专业的研究生共有 40 人，其中本院 21 人，区内外 19 人。

（4）及时调整专业结构，论证和申报了五个专升本的专业。

（5）以大学英语为突破口，全面提高教学质量工作。根据我院英语考试过级率低的情况，我们分别召开了学生、英语教师、系部领导等座谈会，通过调查，分析，找出存在问题，提出整改意见。并对大学英语课实行了教考分离、目标管理和经费扶持等措施，进一步调动了教师、学生的积极性。同时，利用寒假，给毕业班英语考试不及格的学生，强化英语辅导 15 天，帮助他们在毕业前通过重修考试

（6）抓计算机教学工作，改革教学考核方式，实行期中上机考试，期末加考上机操作，使学生上机操作能力大幅度提高。本年度我院共 1289 人参加全区普通高校分计算机专业计算机一级考试，机试通过 1097 人，笔试通过 721 人，获一级合格证书 721 人，合格率 56%，比全区高校平均合格率高 5 个百分点。

（7）组织开展学术讲座活动。本学期学术讲座活动，在内容上，多层次、多样化，在管理上，采取“教务处调控，院学生会组织、系学生会承办”的方式，共举办学术讲座 40 场次，参加学生达 8700 人次，取得较好的效果。

（8）加强了教学实习基地的建设，建立一批比较稳定的教学实习基地。我们经过积极联系和多方协商，与南宁一中、桂林长海机械厂、贵港市党委组织部等 24 个中学和企事业单位，签订了教学实习基地协议。这些教学基地的建立，为进一步开展我院学生教学实习和社会实践活动，提高学生的综合能力，提供了良好的保证。

（9）推进严格要求的考试制度，重点抓好考风。除了继续组织机关干部和实行交叉监考以外，本学期还组织了系部、学院两级考试巡视组，检查考试纪律和监考人员履行职责情况，严格执行学生凭证入场考试，发现学生作弊或监考老师不按要求监考，及时给予批评、制止和处分，在考试期间，共印发了四期《期末考试工作通报》，处分考试作弊学生 24 人，有

效地遏制了学生考试作弊的歪风，使作为学风重要组成部分的考风有了进一步的好转。

（10）抓好教材建设，修订和完善了管理制度，顺利通过了区教育厅组织的对我院教材工作的评估工作。

（11）加强了教学实践环节，提高了学生的综合素质。文科学生在社会调查和写作方面取得了优秀成果；理工科学生的实践环节在广西、全国赛区取得了一、二等奖的好成绩

2. 加强管理，调动教师的科研积极性。

（1）加强对科研工作管理的力度。召开了“开创我院科研工作新局面”的动员大会；讨论、制定和颁布了《广西民族学院科学研究管理暂行条例》等11个科研管理工作的文件，使科研工作逐步走向规范化、制度化的轨道。

（2）科研课题立项较多，科研成绩显著。

一是获得科研立项58项，资助人民币共47.65万元，其中国家级课题2项，自治区课题6项，学院立项课题31项，社会横向课题2项。

二是获得科研奖励40项。其中广西高校科研奖一等奖1项，二等奖2项，三等奖8项；自治区计算机推广应用奖三等奖1项，学院优秀科研成果奖一等奖1项，二等奖6项、三等奖10项；徐心田科研奖10项。数学系教师王云葵获第五届广西青年科技奖。万辅彬教授主持科技厅项目《青铜艺术铸造技术研究》，成功地复制出直径166cm重588kg的世界铜鼓之王，并参加自治区40大庆展示。我院社科联获广西社科联1998年度先进单位。

三是成功地承办了中国少数民族科技史国际会议，本次会议到会正式代表83人，收到论文76篇，这次会议在一定程度上扩大了我院对外的影响。

四是实验室建设得到了进一步加强。本年度投入实验室设备及维持费共380多万元；世行二标设备38.2万美元，新建了7个和改造了13个实验室，加快了实验室设备和教学管理设备更新改造的步伐，这是我院历年来获得此类经费最多的一年。

五是在完成学院校园网第一期工程的基础上，继续进行第二期的施工安装工作，埋设电缆，进行部分的运行工作。

六是图书馆扩大了购书渠道，建立了名人捐赠书库，延长了阅览室的开放时间和师生借阅时间，图书馆与全国高校、社会团体近200家建立了交换关系。今年购书达55.5万元，加上入书库资料1.7万多册，借还书

32.77 万册，阅览人数 21.5 万人次。

3. 加大基建和校园建设。

1998 年是我院建设历史上建设投资最大、动土最多，也是校园环境变化最大的一年。这一年学院共投资 3266 万元。其中教学经费投入 180 万元，维修改造 3 个实验室 75 万元，和扩建教学大楼、学生宿舍和教工宿舍、翻修大礼堂、办公室等，共投入 2300 万元。购买后勤设备 137 万元。1998 年完成土建面积 44722 平方米、维修路面 4049 平方米。完成了环湖路 401 米工程；扩宽了干训部至校医院、综合楼前、大礼堂旁的主干线；修建了十字路口台阶、园林工程、医交处、大礼堂前花坛景点、文化长廊和建造了 3 个凉亭等 47 项工程，使校园面貌焕然一新。

此外，国际交流工作也取得了成功。1998 年招收外国籍学生 106 人，选派到国外进修、留学的学生和教师共 47 人，派出访问讲学的教师 9 人。离退休工作、进修工作、工会工作、财务工作、计生工作、军训工作、国家安全工作、保密工作、校办产业工作、审计工作等都取得了可喜成绩！

回顾一年的工作、学院取得的成绩，是上级党委和政府及主管部门领导、支持、帮助的结果，是全院师生员工共同努力的结果。

工作中也存在一些不足：一是深入教学第一线了解情况、调查研究、解决问题做得不够；二是有的措施已经提出，但没有具体的贯彻落实，如“名师工程”、“优秀管理人才工程”等没有落到实处；教育效益和教学效益有待于提高；教学手段和方法有待于改进；师资队伍的整体素质和水平与现代化教育要求不相适应；科研水平和校办产业效益较低等。在新的一年里、我们有决心和信心克服困难和不足、把各项工作做好，以优异的成绩向中华人民共和国成立 50 周年献礼。

（这是作者在新学期工作会上对 1998 年学院党政工作的总结报告，原题为“做好‘三个三’工作，实现教育改革与发展的新突破”）

以教学科研工作为重点，全面提高教育质量和科研水平

本学期学院行政工作要点概括为：一是学习邓小平理论；二是突出两个重点（教学和科研）；三是实现六大目标，进行九项改革，做好十一项配套工作。下面就行政工作要点讲几点意见。

一、加强思想政治工作，培育良好的校风、教风和学风，确保学院的政治稳定

一个学校能否办得好，与“三风”建设有着直接的联系，只有三风搞好了，才能办好一个学校。在教风方面，教师要为人师表，言行举止要起表率作用，要求学生做到的，自己要首先做到，事事要以身作则。在学风方面，要营造浓厚的学习空气，学生要勤奋学习，刻苦钻研，激发学生的学习热情和创新精神。1999 年是跨入 21 世纪关键的一年，为了确保学院的稳定，我们一定要做好师生员工的思想政治工作。

二、采取有力措施，全面提高教育质量

教育质量是一个学校的生命线，教育质量不高我们就会丧失立足之地，因此我们各级领导要高度重视这项工作。本学期要重点抓好四个方面的工作和一个新的制度。坚持“一主两翼”的教学方针。以抓好基础课为主，突出两翼就是计算机和英语教学，采取切实有效的措施，以大学英语教学为突破口，抓好学生的英语过级考试，全面提高教学质量；做好第一批硕士研究生的招生、管理工作，同时也要做好第二批硕士学位学科、专业授权点的申报工作；做好已在批准的专科升本科的各项准备工作，上学期我们报了五个专升本的专业，目前经济信息管理已被批准了，体育专业也已口头答应了，所以要在教学计划、教材等方面做好准备；抓好各个教学环节的管理和提高工作，包括课堂讲授、课堂讨论、习题作业、论文写作、实验实习、社会调查等，教师要集中精力备好课、讲好课，进一步完善教学设施教学督导员制度，聘请有丰富教学经验的教师担任督导员，负责对教师课堂教学环节情况进行检查和评估。

三、加强科研工作，努力开创科研工作新局面

认真做好1999年度国家社会科学项目、国家自然科学基金项目、广西自然科学基金项目、教育厅高校科研项目的申报工作，力争得到多一些科研项目；继续做好各级课题结算工作，组织好申报科研项目的评奖；贯彻落实我院重新修订和制定颁发的11个科研工作管理文件，逐步实现科研工作制度化、科学化和规范化。

四、积极推进学院的各项改革

按照“机构精简、人员精干、效率提高”的目标，继续进行机构设置和人事制度的改革，强化编制管理，严格控制岗位人数，重新核定各单位人员编制，加强聘后管理，做好富余人员的分流工作。做好成人教育学院下属机构的合并工作。加速后勤服务社会化改革步伐。后勤改革要按照“事企分开，两权分离”的原则进行，改革的方向是社会化。食堂要逐步走向社会化；水电维修服务部要逐步向企业化管理过渡；汽车运输服务部要实行半企业化管理；医疗改革与社会接轨同步进行。99届学生毕业典礼也要改革，准备邀请毕业生家长参加，充分调动各方社会力量办好广西民族学院，目前各有关单位要认真做好各项筹备工作。

五、做好毕业生的推荐指导和教育工作

今年毕业生就业形势严峻，各级领导要高度重视这个工作，要多渠道推荐毕业生就业：①派人到地市县推荐学生；②在报刊上登广告宣传；③利用教师的关系；④通过校友；⑤学生自荐；⑥亲戚、朋友、同学推荐。指导和教育工作：①教育学生树立自主择业的观念；②降低就业的期望值；③先就业，不要过多强调单位的专业对口、效益好差；④树立就业的信心，敢于在人才市场中推销自己，与他人竞争；⑤不失时机地抓住机遇，创造机遇，发展机遇。

对贯彻实施党政工作要点的五点意见。①要提高对贯彻学院党政工作要点的重要性认识，把思想统一到实现学院六大目标上来，齐心协力搞好学院的各项工作。②要认真阅读、领会和掌握学院的党政工作要点，结合各单位的工作实际，制定实施党政工作的具体计划。③全院教职员工要认真履行岗位职责，为学院的建设和发展多做贡献。民族学院是个整体，是由各个部分组成的，只有每个人都履行了职责，才能推进学院的建设和发展。④扎实有效地开展“讲学习、讲政治、讲正气”的教育活动，坚定社

会主义的办学方向，树立培养社会主义建设者和接班人的观念，为少数民族地区培养合格的人才。⑤要继续发扬广西民族学院的六种精神。这就是：以民院的发展建设为己任的主人翁精神；对工作高度负责、任劳任怨的敬业精神；不甘落后，争当先进的向上精神；顾全大局，团结奋进的协作精神；把学院的整体利益和长远利益放在第一位的奉献精神；脚踏实地，不怕艰难，勇于进取的开拓精神。这六种精神体现了民院人的精神风貌，今后仍然要继续发扬。

1999 年是跨入 21 世纪，实现世纪之交关键性的一年，相信在全院师生员工的努力下，一定取得更大的佳绩。

（这是 1999 年作者在新学期工作部署会上的讲话摘要）

把教学质量和办学效益更高的广西民族学院带入21世纪

我院召开的这次教学大会是热烈的大会、鼓励的大会、奋进的大会。下面我讲三个问题：

一、各单位及个人发言、小组讨论的优点和特点

从大会发言的和讨论的情况看，概括起来有六个方面的优点和特点：

1. **主体鲜明，思路清新**。这次大会收到26分材料，有十几位同志在大会上发言，有四个方面的代表性：机关、系部、教研室和个人。大家交流了经验，介绍了做法、反映了一个主题，那就是把教学工作搞上去，把教育质量搞上去。学校以教学为中心，教师以教学为主，学生以学习为主，经过这次教学大会，已经形成了教学质量第一的思想，

2. **教学认真，初见成效**。物电系在97年电子设计比赛中获广西赛区一等奖，全国比赛二等奖。现代教育技术中心在指导学生计算机等级考试取得成绩，中文系抓住学生的新闻写作，应用写作也有很大的成效等等，教育效果已经显露出来了。

3. **措施可行，经验可学**。从大会发言和收到的材料看来，各系部提出的措施都是可行的。比如，中文系抓好基础，对于不同年级提出不同目标，民语系提出三个创新，这些措施都是很好的。

4. **各有特色，目标明确**。数学与电子工程系紧紧抓住教研室建设，外语系抓学生阅读、朗诵；民研所抓田野调查，政治与经济系与政府、企业、厂矿挂钩实习，中文系提出大写作品牌等等，目标很明确，各具特色。

5. **讨论热烈，出谋献策**。这次大会分组讨论很热烈，各单位争先发言，对提高教学质量提出了很多、很好的意见，说明我们的老师对教学是认真的，对提高教学质量是关心的。

6. **齐抓共管，配合教学**。机关部处室、总务处、图书馆，都为教学提供各方面的保障措施。总务处的承诺制、图书馆增加阅览室座位，提高藏书数量，所有这些都是围绕学院教学中心来抓，都是积极努力配合教学。

二、我院提高教学质量存在的问题和有利条件

存在的问题有四个不足、一个缺少：

第一个不足是对教学科研经费投入不足，自治区人民政府、自治区教育厅都对教育投入逐年增加，我们学院始终向教学科研倾斜，今年教务处经费在去年的经费上增加了 8 万元，科研处也增加了十多万元。尽管这样，但由于我们原来的底子比较薄，基础比较差，一些教学科研设备仍然比较陈旧。从总体上来说，投入还是不足的，我们要逐年增加教学科研经费的投入。

第二个不足的是一部分教师对教学工作的精力投入不足。有些教师备课不认真，上课不认真，没有尽到一个人民教师的责任。教师是教学当中的骨干力量，是主体，有些教师精力投入不够，对提高教学质量是有影响的，对搞好教学是有障碍的。

第三个不足是学校对教学内容和课程体系的改革力度不足。中文系汇报时说，现在已经是 1999 年了，但有些教师的教学内容还是 80 年代的内容，这怎么能跟得上形势呢？怎么能够适应社会主义经济发展的需要呢？当然这方面学校对教学内容的改革、课程体系的改革力度不够。系部、教研室及教师本人对教学内容更新、教学内容的充实和丰富也做得不够。所以，用 80 年代的讲义来教 90 年代末的学生这就不太符合了，这很难提高我们的教学质量。

第四个不足是学生对学习的投入不足。有些教师说学生的学风不好，其原因认为是重修啦、补考啦、供电不足啦等等。是不是这些原因？总的来说，我院的学风还是不够好，培养学生的个性发展、充分调动学生的积极性和创造性也没有完全做到。

“一个缺少”，就是竞争机制。教师当中的竞争机制和学生的学习激励机制，这两个机制没有建立健全。教师当中，教课达到什么样的程度，只要他上了课，工资照发奖金照拿。学生中互相激励，互相竞争不够。所以我们要建立教师教学竞争机制和制定学生的学习激励机制。

我们既要看到我们存在的问题，又要看到我们提高教学质量的有利条件。就有利条件来说，有以下几个方面：

第一，全国上下形成了质量意识要升温的气候。从党和国家领导人以及教育部的领导来看，都十分重视教育工作，把提高教学质量看成是高校的生命线，在全国范围内形成了质量意识要升温的大气候。从我们自治区来说，召开了全区高校工作会议，区党委、区人民政府和教育厅的领导都

十分重视高校工作。区党委杨基常副书记、区人民政府吴恒副主席都作了重要讲话，教育厅余益中厅长也作了重要的报告。从始至终都体现了“质量要上去，教育要改革”这个主题，围绕着如何搞好高等教育的教学和提高教学质量的问题。在广西范围内形成了质量意识要升温的中气候。从我院来说，这次召开的教学工作大会，大家议论的话题都是围绕着搞好民族学院的工作。在学院范围内关心、支持、推动教学的这种动力已经形成了，即形成了质量要升温的小气候。这样，有了大气候、中气候和小气候，全国上下都营造了一种以教学为中心的氛围，这对于我们搞好教学工作非常有利。

第二，我院明确了学校定位、办学思想和教学管理思路。我院去年通过了教育部本科教学合格的评价，在这次评价中，专家组对我院的定位、办学的指导思想给予了充分的肯定，认为我院的定位是准确的，指导思想也是明确的。教学管理的思路是以加强教研室的建设为基础，以科学开设课程、合理安排课时为尺度，以提高教学质量为目的，以抓校风、学风建设为重点，以检查、落实、强化教学管理环节为中心，以培养思想好、厚基础，素质高、能力强的复合型人才为目标。所以有了学校的定位，有了明确的指导思想，又有一个合理的教学管理思路，这对于我们搞好教学工作又是一个有利条件。

第三，我院已有 47 年的办学历史，积累了较丰富的教学经验，制定了比较科学的教学管理制度，形成了多科性的办学模式，获得了比较显著的办学成绩和办学效益。

第四，我院有一批乐于为民族高等教育事业发展作出贡献的教师。这几年来，我院涌现了一批优秀教师、教师育人的标兵。而且，绝大多数教师都是热爱、关系民族高等教育事业的发展，为民族高等教育事业的发展出谋献策，勤勤恳恳，默默耕耘，呕心沥血地培养了少数民族的干部，培养了各级各类的高级专门人才，这是我院的一批宝贵财富。

第五，我院各族大学生大多数上进心比较强，能够认真刻苦学习，吃苦耐劳，朴实肯干。近两年来我院涌现了一批尖子学生，我院毕业出去的学生都很争气，不少学生在各地、市、县担任了各级领导；在教育界成为教授、专家；在新闻单位、文坛成为优秀的新闻工作者、诗人、作家、评论家；在工厂企业也成为优秀的企业家。所以我们的学生有这个可贵之处，可塑性比较强，适应能力也比较好，这也是我们搞好教学工作，提高教学质量的有利条件。

第六，教学手段现代化有了一定的基础。我们成立现代教育技术中心，CAI 实验室目前在全区高校也是比较先进的。现在我们有理工科实验室，有 CAI 实验室，有文科的实验室。文科当中，中文、政治、历史与档案系各有一个。当然规模还不够大，还要逐步发展。这为我们的教师运用现代技术手段，投入教学，搞好教学提供了一个技术的物质条件。

第七，我院本专科专业结构进一步优化，教学实践环节进一步加强，成效比较显著。我院有两个硕士点，24 个本科专业，6 个专科专业。今年教育厅批准了我院体育专业、经济信息管理专业由专科升为本科，还有对外汉语也较强。从层次来说，有大学预科、专科、本科、硕士研究生。这也是我们的有利条件。

第八，教师申报科研课题热情比较高。各种学术专题讲座开展比较活跃，以科研促进教学质量有了良好的进展。今年我们申报的课题，无论是申报的国家课题、自治区的课题、还是学院的课题热情都很高。特别是我们通过召开了科研工作的大会以后，教师开展科研的积极性更高了，学术气氛更浓了。

第九，学院领导牢固树立以教学为中心的思想，对教学经费逐年增加拨款。

第十，教育管理体制改革迈出了可喜的一步，并取得了初步成效。我们成立了现代教育技术中心，成人教育学院的实质性合并也完成了。往后，我们还要把系部资料室和图书馆重组合并，实现资源共享，实现教育资源的优化配置。成立文科阅览室，理工科阅览室，外语阅览室，集中有限的财力购买急需的专业书籍，订购专业所需的报刊杂志，真正地体现出有专业性，真正做到为专业的建设、发展提供图书资料。

三、采取措施，把一个教学质量和办学效益更高的广西民族学院带入 21 世纪

究竟把什么样的民族学院带入 21 世纪？这是全院教职工共同关心的问题。怎样才能使我们的教学质量更高、办学效益更好呢？下面讲几点意见：

1. 以创新意识，深化我院教育教学改革。

第一，教学思想、观念上的创新。要转变教育思想和更新教育观念，树立适应知识经济时代的教育思想和观念，在知识经济时代，高等教育的功能和高校的职能在时间的空间上，就会极大地扩展，终身教育取代了一次性教育，到了下个世纪就不是一次性教育了，也不是一次性工作定终身，而是终身教育。高校将会发挥更大的作用，多种形式、多样化的人才

培养模式，将会代替单一的人才培养模式，由强调专业对口转向适应社会，特别要求培养高素质有创造性的人才。创新的教育思想应该是体现在三个结合：一是专业培养与素质教育相结合。就是强调人才的基本素质是人的全面发展的基础。要从面向21世纪人才培养目标出发，对学生进行学科专业培养的过程中要渗透道德、心理和文化素质等方面的教育，着重培养学生的社会责任感和科学实践性。二是传授知识与能力培养相结合。着重强调知识掌握与能力培养的辩证统一，要求学生不仅要有坚实的理论基础，较宽的知识面，而且要有较强的自我获取知识的能力。三是教学与科研相结合。即强调大学教育要理论联系实际，注重科学训练，掌握科学的学习方法、思维方法，研究方法，引导学生探索未知、创造新知识的意识。

21世纪各国在政治、经济、文化等方面的竞争将会越来越激烈，这种竞争的核心是人才的竞争，人才竞争的核心是人才质量的竞争。我院到21世纪要有所作为，要在广西乃至全国占有一席之地，就要努力做好各方面的工作。如果我们培养不出在广西乃至全国教育、科学、文化舞台有竞争能力的学者和专家，包括广西各地、市优秀的各级领导和厂矿企业的经理，我们民族学院能有什么作为呢？我们不但没有作为，甚至被自然淘汰。所以，提高高等教育人才培养的质量，是21世纪我院的社会地位和国内高校竞争力的关键性环节，这具有深刻的时代意义。高校法中给高校七个方面的自主权，其中就有专业设置权、招生指标的限制权等。今年区教育厅给我们有12%的招生自主权，逐步地放权，就会产生激烈的竞争。你质量上不去，就找不到学生，学生招不到，我们经费就受到限制，而且国家将逐步减少拨款，主要靠收取学生的学费。所以提高教学质量，关系到我院兴衰存亡的大事，我们要从人才的竞争和21世纪人才质量的需要的高度来认识这个问题。质量问题是学校的生命线，质量意识要升温。高等学校培养人才是根本，教学工作是主旋律，提高质量是永恒的主题。

第二，高等教育管理体制的创新。这几年来，我国高等教育管理体制改革的势头是好的。据统计，涉及管理体制改革的学校近400所，有203所学校合并成80所，103所学校实行共建，8所学校由中央部门管理转为地方管理。我区的广西大学与广西农业大学合并为新的广西大学以后，原来教育厅也想在桂林以广西师范大学为主成立新的大学。因此，我们要认清形势，要拿出一个管理体制的改革方案，大家可以提意见，如何改革？如何创新？我认为主要分两步走，一个从内部管理体制开始，首先建立二级学院，从学院到系部成立若干个工作小组，负责改革方案，尽量从科学性、可行性、合理性方面多下功夫。对我校来说，可从教育管理体制入手，有重点的突破。现在很多高校发展比较艰难，发展前景不容乐观，他们都在寻找出路。中央强调要进行高等职业技术培训，就我院目前专业来说，作为高职培训的专业没有几个，如果我们和附近的农校、机校联合起来，我们的高等职业技术专业就能搞起来。这样对他们也有利，可从中专升为大专，增强学生在人才市场竞争的实力；另一方面，也可以作为高等职业技术专业培训基地，增强我校专业的适应拓展力，发展力，我们也就真正地把一个多科性大学延伸为一个综合性的大学。这样做，我们的学生在未来高校的竞争中将会立足于不败之地。当然要走这一步，要经过论证，一定要非常慎重。

第三，学校管理制度的创新。管理制度的创新，要适应社会主义市场经济体制的建立，适应现代化建设的需要，适应职业社会化终身教育，又要适应高校在知识经济社会中起核心作用的需要。所以，我们要在投资体制、内部管理制度、招生就业制度、教师聘用制度、人事管理制度、人事管理制度、工资发放制度都要有所创新。

第四，人才培养模式的创新。世纪之交的高等教育如何适应时代的发展，为下一个世纪培养合格人才，成为国际、国内高等教育界关心的话题，也是我们所关心的问题。

人才培养形式，概括起来，有学者型的人才、有开发型的人才、有应用型的人才、有领导型的人才。各种人才的类型，既有共性、又有个性，共性有共性的培养方式，个性有个性的培养方式。从共同的培养方式来说，就是要培养基础扎实，知识面宽，能力强，素质高，勤奋奋斗创新的优秀人才，这是共同的。

第五，教学方法和教学手段的创新。课堂讲授由教师为中心到教师指导下学生为主的转化，由课堂灌输到启发式、研究、讨论和实践性的教学方法。

第六，课堂体系选择上的创新。以“三个面向”为指导，提高素质为核心，传授知识为基础，能力培养为重点。

第七，教学实践环节的创新。比如学生参与教师的科研课题、到企事业单位挂职、参加全国、全区教学实践竞赛活动等。

2. 采取措施，把广西民族学院带入 21 世纪。

全面提高教学质量，着力深化教学改革，准确把握三个关系；数量与质量关系上更加重视质量；智育和德育的关系上更加重视德育；发展与环节的关系上更加重视环节。

3. 加强教学基本建设，为民族高等教育的发展奠定基础。

要加强思想道德建设，教师要教书育人，为人师表，言谈举止要起表率作用，要有较强的责任感和事业心，要认真地搞好教学，想方设法提高教学质量；加强教学基础设施和校园环境建设；加强教学实习基地的建设。

4. 要建立我院教育质量的宏观管理体系。

5. 要高度重视教学计划的修订。

6. 各系部要选择一两个教学改革的试点项目，落实人员和任务。

7. 加强高校教材建设。

教材要选择政治方向正确、体系完整，得到专家学者的认可。

8. 认真抓好学风。

要把学生的精力集中到学习上来，全面调动学生的学习积极性和主动性。

各位老师、同志们：我相信，只要大家认真负责，以科学的态度，创新的精神投入工作，我院的教学质量、科研水平必将大幅度提高，民族学院的明天将更加灿烂辉煌。

（1998 年 6 月 23 日，广西民族学院民族学专业、中国少数民族语言文学［壮语文］专业列入国务院学位委员会《新增硕士学位授予单位及其学科、专业名单》。参见国务院学位委员会《学位［1998］46 号》文件。此为 1999 年作者在广西民族学院召开的教学工作大会所作的总结报告摘要，根据笔记、录音整理）

把地处西北的宁夏大学带入国家“211工程”重点建设行列

在宁夏大学就职大会上的演讲

各位领导、老师们、同志们：

从今天起，我就是宁夏大学的一员了。今后，我将与宁大的师生员工共同生活、学习、工作，承担学校发展的重任。在此，非常感谢中央组织部、国家民委对我的关怀和支持，感谢自治区党委对我的重视和信任，感谢宁大师生员工给我服务的机会，感谢于革胜副书记，徐松南常委、组织部部长，纪峥主任今天送我到宁夏大学上任。

从广西民族大学到中央民族大学，27年时间在高校度过，教育事业已成为我生命中的重要部分。今天自治区党委任命我为宁夏大学党委书记，重新回到曾经熟悉的校园环境工作，感到十分亲切，十分高兴。由此，我思考最多的一点是如何使宁夏大学的各项工作在原有的基础上再上一个新的台阶，为我区实现跨越式发展做出新的贡献。

在这里我谈几点体会：

第一，躬下身来再学习，打牢宁大发展基础。一个人要成才，必须打牢基础；一个学校要发展，也必须打牢基础。这个基础就是学习。学习是一种责任、一种追求、一种境界。从我个人来讲就是要进一步认真学习党的十七大和自治区第十次党代会的精神，学习党的教育方针、政策，学习高校的管理特点、管理规律和管理方法，学习老师们、同志们好的经验、好的作风。在学习中创新思路，在学习中破解难题，努力做到在思想认识上有新提高，学科、师资队伍建设上有新突破，高校思想政治工作上有新进展，教学科研管理上有新提高。同时还要带领全校师生员工向国际、国内著名高校学习，用全新的教学理念丰富、充实和提高自己，夯实发展基础。

第二，深入实际搞调研，规划宁大发展远景。我虽然担任过广西和中央民族大学两所大学的校长，积累了一定的工作经验，也取得过一些成绩。但宁大有宁大的办学特色，要使宁大实现更好更快的发展，必须加强调查研究，深入了解我们宁大的现状，包括基本情况、基础条件、优势条件、劣势条件、存在的问题，发展的长远目标和近期目标，工作的重点、难点和创新点，教职员工和学生的呼声、要求和建议。对这些都要进行认真的思考，在这个基础上以科学发展观为指导，理清发展思路，规划发展远景，认真思考“建设一个什么样的宁夏大学”和“怎样建设宁夏大学”这两个问题，精心修订和贯彻实施“三个规划”，即学校的“发展战略规划、学科建设和师资队伍建设规划、校园建设规划”。

第三，带领班子干事业，实施宁大发展战略。作为班长，首先要讲团结、讲大局、讲正气，带领校领导班子对关系学校改革与发展的重大问题做出系统的策划。一是“干好事”。加强党的领导，总揽学校发展全局，明确学校定位和方向，把全校师生员工的思想和行动凝聚到学校发展的共同目标上来，进一步提升宁大的地位和影响力，正确处理学校改革、发展和稳定的关系。二是“育好人”。努力培养学术大师、学术带头人、学术骨干和教学科研创新团队以及优秀群体，为宁夏大学的可持续发展增加后劲。三是“找好钱”。充分发挥优势，广开渠道，挖掘一切潜力，为我校争取更多的发展资金。

第四，团结师生共奋斗，打造宁大发展品牌。充分调动广大干部、教师和职工的积极性，做到内增学校的凝聚力，外增学校的影响力。努力贯彻“尊重劳动、尊重知识、尊重人才、尊重创造”的方针，促进人的全面发展，使各类专业技术人才创业有机会、干事有舞台、发展有空间，为打造宁大的专业品牌、学术品牌、学科品牌等各类品牌做出贡献。

第五，勤政廉洁严要求，树立宁大发展形象。讲党性，不断提高个人的品德修养。切实做到廉洁自律。常修为政之德，常思贪欲之害，常怀律己之心。以良好的道德风尚和人格力量影响、带动广大师生员工。要自觉主动接受监督，形成“其身正，不令而行”的生动局面，带动其他党员干部自觉接受监督，树立宁夏大学领导者的良好形象。

我也清楚地知道，以育宁书记为班长的校领导班子为宁大的建设和发展做了大量的工作，取得了很大的成绩，奠定了良好的基础，这是我下一步做好工作的重要条件。我的态度是：不忘昨天，干好今天，展望明天。我坚信，在自治区党委、政府的正确领导下，在校领导班子的共同努力下，经过全校师生员工的共同奋斗，一个具有区域特色的较高水平教学科研型的宁夏大学的建设目标一定能够实现！

谢谢大家！

（这是2008年2月29日作者就任宁夏大学党委书记时在全校干部大会上的演讲）

落实党风廉政建设责任制的重要措施

举行党风廉政建设责任书签订仪式，是落实党风廉政建设责任制的重要措施，是加强党风廉政建设和党的作风建设的重要内容，也是一项现实而紧迫的工作。我对落实党风廉政建设责任制工作提出几点意见：

一、进一步深刻理解和认识实行党风廉政建设责任制的重要意义。党风廉政建设责任制是规定各级党政领导班子和领导干部在党风廉政建设中必须履行职责的制度。它是党风廉政法规制度体系中的一项基本制度，它高度概括了“党委统一领导，党政齐抓共管，纪委组织协调，部门各负其责，依靠群众的支持和参与”的领导体制和工作机制；明确规定了“坚持从严治党、从严治政；立足教育、着眼防范；集体领导与个人分工负责相结合；谁主管，谁负责；一级抓一级，层层抓落实”的指导原则。这项制度与党风廉政其他具体制度相比，是一项具有全局性、关键性、根本性的制度，具有提纲挈领的作用。实践证明，实行党风廉政建设责任制是督促各级党政领导班子、领导干部高度重视并切实担负起党风廉政建设和反腐败工作重任的一项重要的行之有效的制度，是推进党风廉政建设和反腐败斗争的重要组织保证和制度保证。各级党政领导班子和领导干部要把实行党风廉政建设责任制作为一条政治纪律认真执行，作为一项重大政治任务必须完成好。

二、进一步明确签订党风廉政建设责任书的重要作用。签订责任书，具有约束力，有利于规范领导干部的从政行为。我校干部责任目标，内容清楚，职责明确，有利于责任人经常对照检查思想和作风方面的问题，自觉遵守廉洁自律规定，提醒正确行使权力，重大事项阳光下操作，规范化管理，能有效培养廉洁高效、勤政务实的优良作风。签订责任书，具有强制性，有利于增强领导干部的责任意识。根据责任目标，使大家明确知道，自己在党风廉政建设中所处的位置，以及承担的责任。我校领导班子及其成员是责任主体，是贯彻执行党风廉政建设责任制的领导者，同时，也是责任的承担者和履行者。这就是说权力和责任同在，权力和责任是对等统一的，领导干部必须承担和履行职责，责无旁贷，倘若我们失职，则是责任追究的对象和当事者。所以，签订责任书能使全校各级党政领导班子和领导干部自觉履行党风廉政建设职责。签订责任书，具有针对性，有利于做到“一岗双责”。根据责任目标“年初有计划，年终有报告”的规定，有利于领导干部自觉地把党风廉政建设工作的重要内容和根本措施，纳入本单位、本部门重要的议事日程，坚持与教学、科研、管理以及其他工作紧密结合，一起部署，一起落实，一起检查，一起考核，做到“两手抓，两手都要硬”。

三、切实把党风廉政建设责任制落到实处。落实党风廉政建设责任制是我们工作的难点和重点，要想把这项工作抓好、抓实、抓出成效，我们就要以“三个代表”重要思想为指导，加强党的作风建设，以新的思维、新的方法，适应学院新形势、新任务的要求，切实做到四个到位：第一，宣传教育到位。教育是多种形式的，今天也是一种宣传教育，我们在座的领导干部要积极开展贯彻执行党风廉政建设责任制的宣传教育，让广大党员干部知道、了解我校实行责任制八个配套制度的内容和要求，广泛听取群众意见，让群众参与，让群众评价，让群众监督。同时，也要针对党员干部思想实际，加强党风党性党纪教育，增强党性，增强遵纪守法的自觉性，提高拒腐防变和抵御风险的能力，树立正确的世界观、人生观和价值观。通过我们的宣传教育和扎实的工作作风，带好一方风气，促进一方发展，确保一方平安。第二，工作分工到位。要想将我校反腐倡廉任务构筑成横到边、纵到底的责任网络，还需要我们各单位、各部门“一把手”进一步将任务分解、细化，具体落实到人头上。只有这样，我校反腐倡廉任务才不会在某一层次、某一环节上出现断档，才会真正形成“谁主管，谁负责，一级抓一级，一级对一级负责，层层抓落实”的格局，防止“齐抓共管谁都不管，人人有责都不负责”的现象。第三，监督检查到位。实行党风廉政建设责任制的目的，是要建立预防机制，防止腐败现象的滋生，要通过我们的工作，特别是通过经常性的监督检查，尽可能地把有可能发生的问题以及消极腐败现象解决在萌芽状态。纪检监察部门要切实负起责任，在实行党风廉政建设责任制中做好组织协调和监督检查工作，督促我们的领导干部认真执行党风廉政建设责任制，落实党风廉政建设工作目标和分解的反腐败任务，发现问题，及时提出，采取措施，堵塞漏洞，防患于未然，为学校的发展稳定提供良好环境。第四，责任追究到位。党风廉政建设责任制的核心是责任追究，可以说没有严肃认真的责任追究，责任内容再清楚也很难认真履行，配套措施再完善也落实不了，责任考核再认真也无人重视，责任目标再明确也完成不了，责任制规定也就成了纸上谈兵。因此，要严格实行责任追究，这就要求我们的领导干部要切实履行职责，不但要管好自己，以身作则，起表率作用，而且要管好下属和身边工作人员，遵纪守法；不但要抓好业务工作，还要管事管人严格要求，发现倾向性的苗头，要敢于提出批评，纠正错误的东西，要敢于坚持原则，使我们的广大党员干部不犯错误或少犯错误，这才是对同志真正的关心和爱护。当然，如果对自己职责范围内的党风廉政建设工作敷衍了事，不抓不管，好人主义，怕得罪人，以致问题不断发生或造成恶劣影响的，应按规定予以处理，予以追究。建立和实行党风廉政建设责任制是实践“三个代表”的要求，是加强和改进党的作风建设的重要举措，是一项长期而艰巨的任务，我们要认真对待，努力做好，以保障我校教育事业更快、更好地发展。

（这是作者在2008年3月10日宁夏大学党风廉政建设责任书签订仪式上的讲话）

如何贯彻实施国家重大科技支撑项目

宁夏大学能够承担国家科技支撑计划地方重点项目具有重要意义。

一、科学研究是高校三大功能之一。科学研究和教学是相辅相成的关系，通过科学研究深化教学内容，总结教学内容，通过教学环节把知识传授给学生，培养了人才。同时，通过科学研究的成果转化为生产力，直接为社会服务，为人民服务，为经济社会发展服务。所以，高校承担科学研究是责无旁贷的历史使命。

二、能够承担国家重大科技支撑项目是我校的一个亮点。这些项目规格之高、数量之多、经费之多，这是我校历史上没有取得过的。

三、承担国家重大科技支撑项目是我校教师从事科学研究的主攻方向。

四、承担国家重大科技支撑项目有利于提高提高宁夏大学的学术地位，扩大学术影响。

五、承担国家重大科技支撑项目有利于我校教师科研团队的建设和创新精神的培养。

六、我校承担和参与的六项国家重大科技支撑项目直接为地方经济社会发展，为农业增收、农民增收提供了优质服务。每一个项目都与经济社会发展有直接关系，与百姓息息相关，意义重大。

如何贯彻实施国家重大科技支撑项目？提出六点意见：第一，要充分认识承担国家重大科技支撑项目的重要意义。我们不是代表自己，是代表国家，代表自治区、代表宁夏大学，是国家重大的历史使命。第二，要分工负责、落实责任。把责任层层分解、环环相扣、落到实处。第三，要建立督察、检查机构，跟踪项目的研究进度，重视阶段性结果和结题成果的验收工作。第四，要整合课题研究的力量，集中攻关，力保项目按时按质完成。第五，要制定项目研究工作进度表，明细项目负责人、具体要求、完成时间和成果形式。第六，要精诚团结、紧密配合、加强管理，携手共勉，务必成功。

（这是作者在2008年3月12日宁夏大学国家科技支撑计划地方重点项目启动动员会上的发言）

办好独立学院

学院几年来所取得的成绩值得肯定，一是基本建设基础比较好；二是专业建设具有了一定规模；三是领导管理体制健全；四是管理机制规范；五是在学生管理中取得了突出成绩。

对于学院今后的发展，有六点意见：一是要加强专业建设，学院应增加针对性、实用性强的本科专业数量；二是努力创造条件，进一步提高教师质量；三要做好本科教育教学工作，争取教育教学水平评估“达标”，学院要积极创造条件，努力提高教学水平；四要充分发挥学科带头人的作用，加强学科建设。同时要树立学术、教研骨干；五要加强学生管理及思想政治教育工作，树立爱校爱院的精神；六是认真总结办学经验，理清办学定位，进一步研究怎样建设西部地区具有较高水平，特色鲜明的独立学院。

（这是 2008 年 3 月 13 日下午在宁夏大学独立学院调研会上的发言摘要）

在校级领导班子民主生活会上的讲话

我是2007年7月任宁夏回族自治区党委副秘书长的，今年3月起又兼任宁夏大学党委书记。初到宁夏大学的这十几天来，我和吴世彩同志逐个深入机关、学院、教辅各单位进行调研，既是了解、熟悉情况，也是为了尽快了解和掌握学校发展的基础以及存在的主要困难和问题，以便思考和形成下一步的发展思路和工作重点。

今天是我第一次参加宁夏大学领导班子和党员领导干部民主生活会。刚才听取了大家的发言，很受启发，我有四点感受：第一，宁夏大学的班子务实，锐意进取，特别是经过四年爬坡，“十五”总体目标已基本实现，打下了坚实基础。下面，我讲几点意见。

一、思想政治建设要做到“四个坚持”

（一）坚持维护校领导班子威信。

学校的发展、进步，靠的是学校领导班子的带动。我们经常说，“火车跑得快，全靠车头带”，没有一个好的领导班子，没有一个团结奋进的领导班子，就没有学校的快速发展。所以，班子内每一个同志都有责任和义务，维护好宁夏大学的形象。在全校范围内，只有树立好领导班子的形象，才能达到“内部增强凝聚力，外部增强拓展力”，才能树立起班子在广大师生中的的影响力。陈育宁教授过去带领班子是这样的，我个人作为新班子的班长也是这么想，也要这么干。我们每一位校领导，无论是正职，还是副职，都是领导班子的一员，都要在工作当中树立这种威信，树立起这个形象。每一位校领导都代表着学校的形象，要严肃的为班子的形象负责。我们每一个同志的工作，都不是个人的事，而是校党委、行政的工作。无论是出现在机关、学院，无论对内对外，都是代表学校履行职责，行使权力，也就是说“在其位、谋其政、行其权、做其事”。认真严肃地维护好个人的形象，就是维护好校领导班子的形象。领导者有两个方面的影响力，一是权力性影响力，一旦组织任命文件下来，你就具有了权力性的影响力，从那一天起，你就具有行使职责的权力；二是权威性影响力。这不是任命或自封的，而是在实践中逐步形成的，而且是最长久的。所以，我们要把权威性的影响力和权力性的影响力二者结合起来，我们领导的影响力才能长久，才能有效力。

（二）坚持民主集中制原则。

民主集中制要在民主基础上实行集中，集中指导下实行民主。尤其是针对我们的议事来说，像我们的党委会、校长办公会、党政联席会等，无论是哪一个会议，我们都要坚持民主集中制原则。特别是对学校重大问题、重大项目、重大开支的审定、重要职务任免，都要坚持运用民主集中制。在形成决议之前，要广泛地听取意见，尤其是我们班子里的意见。但一旦形成决议，大家就要一条心。这是我们党的原则，我们班子要坚决落实的一条原则。要坚决坚持和健全民主集中制的原则，班子成员之间密切联系，积极沟通、互相补位、形成默契。在学校重大问题面前坚持集体决策，分头实施的原则。保证决策过程中人人有发言权，实施过程中人人有责任感。

（三）坚持集体领导和个人分工负责相结合的制度。

党委领导下的校长负责制，要有正确的理解，它不是党委书记领导下的校长负责制，党委书记是党委的代表，“党委领导下”是指全体党委委员领导，党委书记代表党委来做出决定。不能正确理解这一点，学校的书记、校长往往会发生一些矛盾。党委书记、副书记和其他党委委员，在这个班子里面都要行使自己的一系列权力，这些我们要明确。另外，对于高校来说，校长是法人，法人就要代表集体行使行政责任、民事责任。另外一个方面，我们每位校领导要分工负责，都要在自己的分工范围内负起责任来，工作在你的负责范围内，你就有权力行使这方面的职责，超过了你的权力范围，就要向主要领导汇报，然后进行集体决策，集体讨论，集体做出决定。我们要大胆地在自己分工范围内负起责任，责无旁贷。两周前我们作了分工之后，班子每一位领导都非常自觉地在自己分管的范围内负起了责任，有了一个好开端。一个集体，就是要靠大家分头负责，分头落实，光靠一两个人是做不好的，也是做不到的。

（四）坚持遵守政治纪律。

政治思想建设一个很重要的方面就是政治纪律。胡锦涛总书记在 2008 年 1 月 15 日中纪委二次会议上有一个讲话，其中他讲到的六个不容许；第一个是绝不容许在群众中散布违背党的理论和路线、方针、政策的言论；第二个是绝不容许发表与中央路线、方针、政策不一致的言论；第三个是绝不容许对中央的决策、部署阳奉阴违；第四个是绝不容许编造、传播政治谣言和损害我们国家的形象的言论；第五个是绝不容许泄露党和国家的秘密；第六个是绝不容许参加各种非法组织和非法活动。胡锦涛总书记这“六个不容许”讲得很清楚，我们要认真学习、领悟，对照检查，在日常工作中加以落实，不该说的不说，不该做的不做。

二、作风效能建设

自治区党委就作风效能建设提出“三服务”，“一推进”。“三服务”指的是服务发展，服务基层，服务群众。“一推进”指的是推进机关效能建设。对于我们来说，就是要服务学校的发展，服务师生员工，服务教学与科研，推进我们学校党政机关的作风效能建设。具体要做好以下六个方面。

（一）讲学习。

学习是作风效能建设的基础。在民主生活会上，我们每一个同志都提到学习，提到要通过学习实现自己的管理目标。我自己也面临着学习的要求。作为党委书记，我有义务带领大家一同深入学习党的十七大精神，学习自治区第十次党代会的精神，用理论指导我们的工作实践，把理论与实践结合起来。同时，我们要做到在学习中创新我们的思路，用新的思路创造新的发展，用大的思路创造大的发展。党委中心组要通过学习来研究、分析和解决学校发展与建设遇到的各类问题。现在，中心组的学习计划已经制定出来了，本学期有五个主题，都紧密围绕着宁夏大学的实际。比如，“建设一个什么样的宁夏大学和怎样建设好宁夏大学”，“如何适应宁夏大学由教学型大学向教学研究型大学转型”，“如何贯彻自治区道德建设年的实施意见”等。现在，本科教学评估基本得到了优秀，211 申报基本成功，在这样一个好的基础上，怎样继续推进学校的发展，关键就在于要不断学习，在学习中破解难题。第一，破解经费短缺的难题。力争在综合定额的提高上有所突破，在学费的提升上有所突破，在社会捐资助学上有所突破，在贷款贴息幅度上有所突破。第二，破解师资学历层次的难题。要下功夫提高博士在教师队伍中的比重。第三，破解学位点质量与数量上的难题。三个博士点，四十九个硕士点，对于一个即将进入 211 行列的大学来说，少了些。下一步，我们应该在博士点的量上，硕士点的质上有所提高。第四，破解管理体制的难题。要理顺管理职能，避免交叉重复管理。我在广西民族学院、中央民族大学当过校长，现在又到宁夏大学工作，宁夏大学有自己的特色和发展目标，这就要求我个人继续加强学习，通过学习深入了解、研究宁夏大学的各种情况，通过学习不断探索、实践适合宁夏大学持续发展的新思路，通过学习不断整合、更新自己多年来管理高校的经验，通过学习尽快融入到新的集体当中来，这样，才能够为宁夏大学的发展、进步做好工作。

（二）讲团结。

团结是作风效能建设的前提。我们过去取得了跨越式发展，基本实现本科教学评估优秀和211申报初步成功两个基本目标，就是因为有一个团结的班子，有一个团结的教职员工队伍。团结出凝聚力、团结出号召力、团结出战斗力，而且团结出干部。班子内部的团结，要着力做到：第一，正职全面负责而不专断，副职分工负责但不分家。强调正职全面负责而不专断，对于理顺领导班子成员之间的工作关系，具有十分重要的作用，是民主决策的前提。实行分工负责，并不是各自为政；明确职责，并不是放弃合作关系。分工并非分家。实际上分工与合作是一个问题的两个方面，它们是相互依存、相互作用的辩证统一体。分工与合作，对于领导班子内部的协调有序，具有重要的作用。第二，彼此理解、尊重，领导班子成员之间的相互理解，对于协调彼此之间的关系具有十分重要的意义。理解了，就会一通百通，赞同、支持对方的主张，并接受和容忍对方的某些不足。不理解，就会一堵百堵，产生心理障碍和对立。彼此理解了就会彼此尊重。第三，有分歧当面摆意见、反复沟通。当面摆意见，就是对人、对事要当面公开表明自己的态度、认识和主张，不回避，不含糊，不事后议论，不背后中伤。有了这样的认识，我们的班子下一步就要更加拧成一股绳，团结奋进促发展。

（三）讲服务。

服务是作风效能建设的方式。就学校内部而言，工作基本可概括为教育、管理与服务。为了提高效能建设，在全校范围内要不断加强服务意识，尤其是机关处室，个个都是窗口单位，有必要提高服务意识，有义务维护学校的形象。每一个部门要打破官本位意识，加强服务，把思路调整到为教学科研服务上、为教职员工服务上来。要杜绝“门难进，脸难看”

现象。就学校外部而言，学校要积极投入到服务地方经济社会建设中，为地方经济建设服务。

（四）讲效率。

效率是作风效能建设的目的。我们能在一天完成的事情不要办三天，一个月能干完的事情不要拖三个月。我们要有一个限时办事制，转变机关作风，提高机关办事效率。校领导、处室一样要求。要切实提高效率。

（五）讲质量。

质量是作风效能建设的重点。教学、科研、管理的质量是重点。教学质量就是要让学生吃得饱，吃的了，得到真传。科研质量就是要出成果，能应用。管理质量就是高效、有序，扎实落实。

（六）讲贡献。

贡献是作风效能建设的体现。每一个人都要考虑如何做贡献。每一个同志都要在各自的分工上搞好自己的教学、科研、管理。

三、廉政建设

（一）加强教育，提高廉洁自律的防范能力。

胡总书记在中纪委二次会议上强调重在防范、重在教育、重在标本兼治。把反腐工作向前移。他指当前腐败现象在一些部门和领域易发多发的状况仍然没有改变，出现了一些案件多发的新领域，“高校、医院单位案件呈现多发态势”。贺国强同志也明确指出“加强高校反腐倡廉建设，健全领导班子科学民主决策机制，加强对财务、基建、采购、科研经费、校办企业的管理和监督，提高校务公开制度化和规范化水平”。对此，我们要认真领会、准确把握、联系实际、自觉实践、强化教育、防微杜渐。

（二）加强修养，提高个人思想道德素质。

“修身、齐家，才能平天下”，“其身正不令则行，其身不正，虽令不从”。我们要加强自身修养，提高道德素质。政治路线一旦确定，干部就是决定因素。干部的个人修养与道德素质是干部执行路线、履行职责的基础前提。个人修养与道德素质达到了标准，在执行路线时思想上就不会偏移，在履行职责时行动上就不会有懈怠，同时，就会处理好集体与个人的关系、上下级的关系、整体与局部的关系。具备了良好的个人修养和道德素质，就会逐步树立起威信，得到大家的拥护与支持。因此，我们班子的每一个成员，务必在这方面多下些功夫，提高自己的修养与道德素质。

（三）加强监督，提高接受组织、群众监督的自觉性。

领导班子接受监督是实现政治民主的切实保证，这包括接受党内监督、行政体制监督和同事群众监督。我个人要带头做到接受监督，我从到任之际就提出不要房子、不要车子、不要票子，愿意接受大家监督。共产党人可以干几份工作，但只能拿一份工资。纪检部门注重经常督导提醒我们的干部，做到警钟长鸣，教育干部自省、自重。我们要严格执行纪律规章，能够及时发现和解决各方面存在的各种问题，就能有效预防党内违纪和行政违法违纪行为的发生。对于在监督中发现并查实的突出问题，无论涉及哪级组织，不管涉及谁，都要依纪依法严肃处理。

要坚定信心，在新的校党委、行政的领导下，我们将更加努力拼搏，构建和谐校园，为全面提升学校社会声誉做出更大的努力！

（这是作者 2008 年 3 月 18 日在宁夏大学校级领导班子民主生活会上的讲话）

建设一个什么样的宁夏大学，怎样建设宁夏大学？

现在提出讨论“建设什么样的宁夏大学，如何建设宁夏大学”，时机成熟了。首先，从教学科研的管理体制来说，已经搭起了架子。学校的校、院、系三级的管理体制已经构建起来，有了除学校的22个党政处室之外的23个学院，学科、专业点的建设已经初具大学的规模，同时，拥有比较完整的学历层次、学位层次、学科建设。其次，学位的层次比较完整。从学科的基本建设和数量来说已经形成了一定的规模，有3个博士学位授予点，有49个硕士学位授予点和4个专业硕士学位授予点，有68个学士学位授予点，专业的设置比较完整。再次，有比较完善的大学教师队伍的建设。师资的建设有了博士的学历、硕士的学历、学士的学历，从学历结构来说，三级都有了；从年龄结构来说，百分之八十是35岁以下。最后，学校的两个预期目标基本实现。这几个方面为我们讨论“怎样建设宁夏大学”提供了前提条件和时机成熟的环境。

“建设一个什么样的宁夏大学”，第一个方面是我们要了解什么是大学。大学有各种说法，古时候，大学是传道、授业、解惑的园地；是培养高级人才的园地；是知识传播、科学研究、服务社会的一个摇篮。现代的大学集中在培养人才和做学问，集中起来它的功能即是人才培养、科学研究、服务社会。宁夏大学是一个地方性的综合型的高等学校。因为从国民教育体系来说是分为这么几大类的，有教育部直属的高校，有国家部委直属的高校，第三类是地方院校。从大学的类型来说，分为综合性的高校、多科性的高校、单科性的院校。所以宁夏大学就定位为地方综合性院校，这就让我们明白我们是什么类型的。我们的拨款的渠道就是地方政府。第二个方面是建设宁夏大学应该是什么样的理念和目标，内涵功能有什么样的标准。第一，要明确我们的办学理念是培养人才，这是最基本的理念。办学的理念应该是两个方面，一个是教育的理念，一个是教学的理念。教育的理念就是把人培养成合格的建设者和接班人，也就是说培养成合格的人才。教学的理念，就是要切切实实提高我们的教学质量和教学水平。除此之外，作为学校要有管理的理念。管理理念的底线就是校训“勤学　尚

德　求是　创新”。要实现“勤学　尚德　求是　创新”，是要有一系列的管理作为支撑的，一是依法治校，二是以德治教，三是从严治学。实际就是围绕着校风、教风、学风的建设。从学校来说，要依法治校，这是个管理的理念。还要有创新的理念，我们应该提出诸如质量理校、人才强校、学术兴校的口号，这也是一种创新的理念。因为质量是一个学校发展的生命线，是发展的重要理念。人才强校，没有人才学校就不成为学校。同时，要以学术来振兴学校。要有服务的理念，一是教书育人，这就是为学生服务，一切为了学生，为了学生的一切。二是管理育人，我们的后勤、行政管理部门都是围绕着管理育人，服务育人。教师要在育人上做文章。这一切是围绕着培养什么样的人的问题。管理育人和服务育人都是围绕育人来做的。第二，目标是建设一个什么样的宁夏大学？我们提出的把学校建设成为西部地区具有区域特色的较高水平的教学研究型大学。这个目标已经有个内涵的要求，首先是区域特色，教学研究型，达到较高水平。但是最终的目标没有。从大学来说我们有三种标准，一是一流大学，二是著名大学，三是知名大学。最终的目标是我们要定为知名大学，这样的口号会更加响亮。这样就有了一个很明确的目标就是知名大学。第三，有什么样的内涵功能，一个是人才培养，有这样几种情况，一是专业的技术人才，二是专家型的管理人才，三是中高型的综合性的管理人才。这关键在于我们要把这个模式切切实实确定好，而且根据这个模式进行课程设置、组织实践活动、制定教学计划和人才培养方案。第四，科学研究。科学研究包括基础研究和应用性研究，作为大学基础性研究不要不行，大学更多的是培养一种通才，培养有更多知识面的人才，都是打基础的。从通才的角度讲，培养他的科学兴趣、科学爱好。但对于教师来说，一个学校必须考虑它的地方性、特色的应用性的方面。我校如果不为宁夏经济社会发展服务，那宁夏大学就没有地位了。很多地方都是现有大学后有城市，同时与服务型社会有直接的关系，将科学研究与服务社会联系在一块。

“怎样建设宁夏大学”，我认为，在西北地区，就要有比较强的学科建设，但学科建设立个什么样的标准？不是简单的数量增加，但是没有量的增加就不可能有质的飞跃，所以质和量互为统一，缺一不可。我们办成知名大学，必须先有量的增加，然后才能有质的突破。有了明确的标准，就有了方向，就向着这个方向去努力、去发展、去奋斗。具体怎么做：

第一个方面首先是定位。从定位来说，第一，学校的目标定位；第二，学科建设的定位；第三，学位层次的定位；第四，人才培养的定位。各个层次各个部门都要有定位。

第二个方面是我们要解放思想、发散思维、奋发图强。解放思想具体表现在有利于学校发展的我们就干，有利于改善教职员工的生活待遇的就干，有利于提高我们知名度的事情就干。

第三个方面是要突出特色，抓住重点，发挥优势。因为办一个学校，它不是面面俱到，无所不包，无所不有。要有所为有所不为，是特色的地方就突出出来。在学科当中，我们要有明确的思路，突出学校的突出学科，发挥学校的优势学科，扶植学校有地方特色的弱势学科。在课程建设上也一样，要有精品的、优良的、合格的、特色的课程，这样我们才能够真正发挥我们的优势。

第四个方面是强化自身建设，着力课程建设、学科建设和学位点建设。课程建设是围绕人才培养模式进行的。

第五个方面是强化平台。就是科学研究和实验室建设。科研平台两个，一是哲学社会科学平台，一是自然科学平台，这两个都要建设好。从研究方面来说，更要突出特色。实验室建设是很重要的平台，要加强管理。

第六各方面是强化师资队伍的建设。现在不是简单的增加博士学位的数量，要根据学科建设选择学科建设的梯队层次的配合，要有一定的筛选。结合学科建设，对急需引进的人才要考虑，不能简单搞数量的增加。要事业留人，更要感情留人。

第七个方面是强化管理。就是要整合教学科研人员，从机制和体制上来整合，采用灵活的机制，不能用固定的模式，要用流动的方式吸引人。

第八个方面是强化服务。就是一定为教学和科研服务，强化服务。要微笑服务，热情服务，周到服务，从每一件事开始为老师服务。

第九个方面就是强化学生培养。把学生培养成真正有用的人才。

第十个方面就是强化对外合作交流。不能只考虑数量多少，而要考虑实质性地合作，拓展对外交流。还有就是积极争取政府的支持和帮助。

（2008 年 3 月 19 日下午宁夏大学校党委中心组集体学习，围绕“建设一个什么样的宁夏大学，怎样建设宁夏大学”展开讨论，这是作者在会上的发言摘选）

学校如何实施思想道德建设

这个师生员工思想道德建设实施意见写得比较好，共分五个部分，对它的重要性、紧迫性，重点建设的问题、实施的措施都有了一个明确的规定，提出了各方面的要求，尤其是提出了四德的建设。

从提出思想道德建设的背景来看，全区上下都在讨论实施思想道德建设问题，自治区党委非常重视思想道德建设，在很多会议上都强调了思想道德建设是搞好各方面工作的行规。一个人连人都做不好还谈做什么工作，人做好了才能做事。在宁夏大学提出实施思想道德建设意见非常重要，尤其是学校处在关键的转型时期，也是比较困难的时期。我们经过了四年的爬坡，基本实现两个既定的目标，这就对我们的思想素质道德素质提出了更高的要求，提出问题的背景是必然的也是必要的。

要提高在我校加强实施道德建设的重要意义的认识。首先，思想道德建设是社会主义精神文明建设的核心内容。社会主义精神文明包括两方面的内容，一是思想道德建设，包括社会主义政治思想、道德面貌，社会风尚和人文的世界观，理想、情操、觉悟、理念以及组织性、纪律性的状况，归纳起来就是三个方面的建设，即思想建设、道德建设、纪律建设。其中思想建设是思想道德的核心，道德建设是思想建设的主体内容，纪律建设是思想道德建设的保证。另外一个是科学文化的建设，包括社会文化、知识之外的状况，科学、文化、艺术、卫生、体育等各项事业的发展的状况和发展水平。所以从内容方面说无论思想道德的建设还是科技文化的建设都是囊括了各个方面。一、社会主义道德建设是精神文明建设的灵魂，决定着精神文明建设的性质和方向，对社会的政治经济发展有巨大的能动作用。二、思想道德建设解决的是精神文明建设的根本问题，社会主义思想道德建设的基本任务是要坚持爱国主义、社会主义、集体主义的教育，加强社会公德、职业道德、家庭美德、个人品德的教育，引导我们树立建设中国特色社会主义的共同理想和正确的世界观、人生观和价值观。三、思想道德建设是社会主义精神文明核心价值体系的体现。精神文明的核心价值就是要开展社会主义荣辱观教育，就是胡锦涛总书记提出的八荣八耻的教育。其次，从我们学校的基本情况来看，思想道德建设是校园文化建设的内在要求。我们要建设校园文化的目标体现三个方面：文明的校园、和谐的校园、平安的校园。就是我们平时所说的具有良好的校园秩序。和谐的校园包括和谐的领导班子、和谐的教师队伍、学生团体，以及文明的环境、文明的师生员工、管理人员。平安校园也是一样的。再次，思想道德建设是营造文明校风的客观需要。校风的标准：一是文明整洁，环境优美，氛围高尚，秩序井然，团结和睦。氛围要体现出和谐的精神、人文的精神、法制的精神、民主的精神。有团结和睦的氛围。第四，思想道德建设是树立优良教风的重要途径，教风应该体现在：品德高尚，作为一个老师能否授业传道解惑，能否把他的精神食品交给学生，这个很重要也很关键，要为人师表、爱岗敬业、教书育人。还有一个是服务奉献，奉献给学校、奉献给祖国、奉献给大家、奉献给社会。第五，思想道德建设也是培育优良学风的重要措施。从学生说，我们现在说诚信成才，勤奋学习、遵纪守法、健康向上都是良好的学风。校训体现出了这几个方面。无论是从校园文化建设、校风，教风、学风都与我们的思想道德建设息息相关，紧密相连。从校风、教风、学风的结合更能体现出我们大学的特色。

学校如何实施思想道德建设？第一，开展三大活动，即大宣传、大动员、大参与。大宣传就是宣传我们学校开展的思想道德建设的活动，在网上、宣传栏、校报及各种报刊上进行广泛的宣传，让每一个老师、学生都知道学校在开展思想道德建设的新做法。大动员，可以分类进行，比如全体的学生干部、全体的老师、全体的学生，让大家都知道，自觉地投入到思想道德的建设行列中来。大参与就是说不是一个人而是全校师生员工参与。第二，实施四个工程。结合四德教育开展四个工程。礼仪工程、诚信工程、和睦工程、爱心工程。这四个工程有六个要点要明确：主题明确、目标定位要明确、标准明确、要求明确、措施明确、评价明确。每个工程要有一个方案。第三，要分内容、分层次、突出重点的建设。可以分为三大类，党员领导干部、教职工、学生，每一个的重点是不一样的。领导干部要求别人做的自己首先做到，要求别人不做的自己首先不做。其身正不令则行，其身不正，虽令不从。言必行，行必果。每一个层次的重点也是不一样的，老师要提倡爱岗敬业、学生要遵纪守法、勤奋学习。要区别对待。第四，要着力三个创新。创新思维，思维要更上形势。创新机制，机制要有保障，学风的建设、教风的建设要有机制保障。创新形式，方法、方式上要创新。如文化名人进校园、企业家进校园、校友回校园、大学生学术论坛、院士进校园、博士讲坛、教授讲坛等，围绕主题逐步开展。第五，加强领导，明确要求。思想道德建设能否搞好，关键在于领导，思想道德建设能否搞好关键在各处室，学院的书记、院长要高度重视，体现出下面的五个重：重在实际行动，不要贪大，从我们身边的每一件事情做起，从实实在在的东西做起。比如从挂牌上岗、从办公室的小事做起。重在效果。效果要结合实际，结合我们学校由教学型转向教学研究型，究竟怎么做要拿出实际的方案来。怎么主动的适应转型，结合学科、学位点的建设，在人才的配备上谁作为带头人，要体现三宽：眼界宽、思维宽阔、胸襟宽阔。结合校园建设，要做到微笑服务、周到服务、热情服务。重在领导的以身作则。首先从校领导做起，整顿歪风，做出表率。重在内心世界的改造。由被动式的执行变为主动式的执行，由不自觉的行动到自觉的行动。重在实事求是，坚持到底。

我们的思想道德建设不是摆花架子而是要实实在在地做，从每一天的科学文明生活制度做起，每一个人都要为自己打分。我们制定方案时就是从实际出发，从身边的事情做起，从平凡的事情做起，做好做扎实，我们的事情就能做好。

（这是2008 年3 月26 日下午宁夏大学校党委中心组组织讨论《关于加强师生员工思想道德建设的实施意见》会议上作者的发言）

一分一元都是一份爱心

今天，宁夏大学50周年校庆教职工爱心捐款仪式正式启动，我作为党委书记号召全校师生员工为宁夏大学的建设发展献出一份爱心。这份爱心不在乎捐多少钱，一分一元都是一份爱心，学校的荣誉碑上永远镌刻着大家的这份爱心。让我们携起手来，用实际行动真诚地祝愿学校健康快速的发展。

来吧，来吧！校领导带头捐款，处级领导跟上，全校师生员工积极捐款，共创学校明天的辉煌！

（这是作者在2008年3月28日宁夏大学建校50周年校庆教职工爱心捐款启动仪式上的动员讲话）

推进宁夏大学新的转型发展

本次培训是根据自治区党委组织部的要求，对副处级以上干部进行为期三天的脱产培训学习，我们每一位同志在前期已经深入学习的基础上，有必要更进一步结合自己的实际工作提高对十七大精神的认识与理解，从而在工作中加以落实。这可算作宁夏大学近年来对处级干部进行的第八次集中培训，这是一个很好的机制，因为“路线一旦确定下来，干部就是决定因素”，对各级干部进行理论与实践的培训，有利于我们统一思想、提高能力。

现就我本人学习十七大精神的体会同各位进行一次深入交流。不妥之处，请批评指正。

一、认真学习领会党的十七大精神

党的十七大是在我国改革开放和社会主义现代化建设关键阶段召开的一次十分重要的会议。胡锦涛总书记代表十六届中央委员会所作的报告思想深刻、内涵丰富，求真务实、主题突出、论述精辟；报告体现了继承与创新的结合、理论与实践的结合、长远规划与当前工作的结合；报告顺应了时代潮流，集中了全党智慧，凝聚了党心、民心，是面向中国、面向世界、面向未来的政治宣言和行动纲领；报告突出强调了深入贯彻落实科学发展观的重大意义和根本要求，为建设中国特色社会主义指明了方向，提出了切实可行的奋斗目标，进一步激发了全党、全国人民建设中国特色社会主义伟大事业的积极性和创造性。

在这里我想有必要先和大家探讨一下中国特色社会主义“特”在哪里？

胡锦涛总书记在十七大报告中指出：“中国特色社会主义道路之所以完全正确，之所以能够引领中国发展进步，关键在于我们既坚持了科学社会主义的基本原则，又根据我国实际和时代特征赋予其鲜明的中国特色”。那么，其中提到的中国特色社会主义的“中国特色”是什么？

与社会主义的苏联模式相比，中国特色社会主义是一种在经济、政治、文化、社会等方面都具有鲜明中国特色、符合中国国情的社会主义，是中国共产党人和中国人民基于中国国情自主探索的结果。

苏联模式的基本特征，在经济上表现为国有制为主体的单一所有制体制、全部经济生活无所不包的、政府集中管理经济和配置资源的行政命令体制。在政治上表现为以党代政、党政合一、高度集权的政治体制。在文化方面，表现为对文化领域的集中控制，人民文化需求和文化权益难以发展和保证的文化专制体制。在社会运行方面，对社会生活的全面控制压抑了社会的发育与正常运行。

相对于上述苏联模式而言，中国特色社会主义是一种新型的社会主义。这突出表现在，在经济、政治、文化、社会等方面，采取完全不同的体制。在经济体制上，与苏联模式的高度集权的行政性计划经济体制完全不同，中国特色社会主义实行社会主义市场经济体制，包括实行以公有制为主体的多种所有制经济共同发展的所有制结构，在分配上实行以按劳分配为主体的多种分配方式并存的分配制度，在资源配置上由市场机制发挥资源配置的基础性作用。在政治体制上，与苏联模式高度集权和集中的政治体制不同，中国特色社会主义实行社会主义的民主和法治，包括通过坚持和完善人民代表大会制度，中国共产党领导的多党合作和政治协商制度，民族区域自治制度及基层群众自治制度，不断推进中国特色的政治制度的发展；通过健全民主制度，丰富民主形式，拓宽民主渠道，建立公民政治参与体制；通过完善决策信息和智力支持系统，建立科学化、民主化决策体制；通过发展基层民主，建立保证人民依法直接行使民主权利的体制。在文化体制上，不同于苏联模式的文化专制体制，中国特色社会主义采取在坚持马克思主义主流意识形态前提下保证文化多样性发展的体制。在社会体制上，不同于苏联模式的垄断控制体制，中国特色社会主义大力开展社会建设，培育和规范各类社会组织，构建有利于社会和谐的社会管理与运行机制。在经济发展的基础上，更加注重社会建设，着力保障和改善民生，推进社会体制改革，扩大公共服务，完善社会管理，促进社会公平正义，努力使全体人民学有所教，劳有所得，病有所医，老有所养，住有所居，推动建设和谐社会。

在实践中，中国特色社会主义形成了顺应人类社会发展潮流、符合时代发展要求的新的发展格局。

认真学习领会十七大精神，是当前乃至今后相当长时间内的重要政治任务。十七大报告的内容博大精深，我认为应从这五个方面去理解和把握，具体说来，就是“一、二、三、四、五”。即：高举一面旗帜、突出两根支柱、把握三条原则，做到四个坚定不移、全面推进五项建设。

（一）高举一面旗帜：就是高举中国特色社会主义伟大旗帜。

十七大报告把“高举中国特色社会主义伟大旗帜”写到主标题上，鲜明指出：“中国特色社会主义伟大旗帜是当代中国发展进步的旗帜，是全党全国各族人民团结奋斗的旗帜”。旗帜问题是报告中最关键、最重要、最核心的内容。报告开宗明义向全党、全国、全世界郑重宣告：中国共产党人将坚定不移地高举中国特色社会主义伟大旗帜，继续解放思想，坚持改革开放，推动科学发展，促进社会和谐，为夺取全面建设小康社会新胜利而奋斗。郑重地回答了国内外广泛关心中国共产党人举什么旗，走什么路，以什么样的精神状态，朝着什么目标发展的重大问题。

①中国特色社会主义旗帜是我党实践经验的总结。大家知道，新时期以来，我们党对旗帜问题的提法，是有一个发展过程的。这个过程经历了六个阶段：一是 1982 年的十二大。最早的表述，应当追溯到 1982 年党的十二大开幕词。这个开幕词是邓小平同志作的。他联系我们党领导的革命和建设的正反两方面经验，语重心长地告诫全党同志：“我们的现代化建设，必须从中国的实际出发。无论是革命还是建设，都要注意学习和借鉴外国经验。但是，照抄照搬别国经验、别国模式，从来不能得到成功。这方面我们有过不少教训。把马克思主义的普遍真理同我国的具体实际结合起来，走自己的道路，建设有中国特色的社会主义，这就是我们总结长期历史经验得出的基本结论。”

可以清楚地看出，这个“基本结论”，既是我们党在新时期的理论主题和实践主题，也是我们党在新时期凝聚全国各族人民团结奋斗的前进旗帜，不断开拓符合我国国情的发展道路的前进旗帜。应当说，党的十一届三中全会开辟了改革开放历史新时期，而党的十二大则第一次明确提出了“有中国特色的社会主义”，首先举起了建设有中国特色社会主义这面伟大旗帜。

二是 1987 年的十三大。1987 年召开的党的十三大，比较系统地论述了我国社会主义初级阶段理论，概括和阐发了党的“一个中心、两个基本点”的基本路线。党的十三大还高度评价党的十一届三中全会以来党开始找到建设有中国特色社会主义道路的伟大意义，明确提出，有中国特色的社会主义是扎根于当代中国的科学社会主义，是指引我们事业前进的伟大旗帜。

三是 1992 年的十四大。到 1992 年，在邓小平同志视察南方并发表重要谈话之后召开的党的十四大，提出了“邓小平同志建设有中国特色社会主义理论”的概念，系统论述了中国特色社会主义理论的主要内容、科学体系，并提出了用这个理论武装全党的任务，从而更高地举起了建设有中国特色社会主义的伟大旗帜。

四是1997年的十五大。1997年，在邓小平同志逝世以后召开的党的十五大，开宗明义地提出高举邓小平理论伟大旗帜，把建设有中国特色社会主义事业全面推向21世纪。

五是2002年的十六大。进入新世纪，2002年召开的党的十六大，又进一步强调提出了高举邓小平理论伟大旗帜，全面贯彻“三个代表”重要思想，继往开来，与时俱进，全面建设小康社会，加快推进社会主义现代化，为开创中国特色社会主义事业新局面而奋斗。党的十六大后的5年中，我们党高举邓小平理论和“三个代表”重要思想伟大旗帜，开创了中国特色社会主义事业新局面，开拓了马克思主义中国化新境界。

六是2007年的十七大。党的十七大报告在回顾总结改革开放近30年历史进程和宝贵经验的基础上，对我们党在新时期以来建设、捍卫、发展中国特色社会主义的创新实践中，相继形成的马克思主义中国化的理论成果，作了一个完整、统一而又鲜明、准确的大整合。这就是：把邓小平理论、“三个代表”重要思想以及科学发展观等重大战略思想，统称为中国特色社会主义理论体系，使中国特色社会主义的一面旗帜、一条道路、一个理论体系成为完整的统一体；相应地，把我们党在新时期以来高举的旗帜，统称为中国特色社会主义伟大旗帜。这样的科学的整合，充分体现了我们党在新时期的实践创新和理论创新既是一以贯之、薪火相传、接力推进的，又是充满创造活力、决不停滞僵化、不断向前发展的。实践证明，高举中国特色社会主义伟大旗帜，是集我国社会主义建设58年的历史经验，特别是改革开放29年的基本经验而得出的必然结论。

②中国特色社会主义旗帜是指导我们夺取全面建设小康社会新胜利的旗帜。旗帜指引前进方向，旗帜指引胜利道路。在中国革命、建设、改革各个历史时期，我们党都鲜明地举起了代表时代进步潮流，符合人民根本利益的旗帜，动员和鼓舞人民为创造中国人民的幸福生活和中华民族的光明未来而奋斗。中国特色社会主义旗帜是当代中国发展进步的旗帜，是全党全国各族人民团结奋斗的旗帜，我们党要团结带领全国各族人民夺取全面建设小康社会新胜利，开创中国特色社会主义新局面，就必须坚定不移地高举中国特色社会主义伟大旗帜。

③中国特色社会主义旗帜是我们与时俱进的灵魂。灵魂就是理想，是信念、是信仰。立于世界民族之林的伟大民族，必须有共同的理想信念。没有共同理想信念的民族，必然是一盘散沙，没有希望。在当代中国，只

有中国特色社会主义是全国人民的共同理想信念，能凝聚人心并为之团结奋斗，实现中华民族的伟大复兴。中国特色社会主义旗帜，是与时俱进的旗帜。在新世纪新时期，我们要高举中国特色社会主义旗帜，针对新情况、新矛盾和新问题，提出新思想、新理论、新战略、新举措，使中国特色社会主义道路越走越宽广。

（二）突出两根支柱：中国特色社会主义道路；中国特色社会主义理论体系。

第一根支柱是中国特色主义道路。

十七大报告首次完整概括“中国特色社会主义道路”的内涵，即：“在中国共产党领导下，立足基本国情，以经济建设为中心，坚持四项基本原则，坚持改革开放，解放和发展社会生产力，巩固和完善社会主义制度，建设社会主义市场经济、社会主义民主政治、社会主义先进文化、社会主义和谐社会，建设富强民主文明和谐的社会主义现代化国家”。并明确指出，“在当代中国。坚持中国特色社会主义，就是真正坚持社会主义”。为什么？

①坚持走中国特色社会主义伟大道路是历史的选择。中国共产党在用马克思主义指导中国革命的过程中，认真总结各种“左”“右”倾错误的教训，艰苦探索，实事求是，创造性地将马克思主义的普遍真理同中国革命的具体实践相结合，开创了中国特色的新民主主义革命道路，实现了民族独立和人民解放。这是世界历史上的新创造。这个事实表明，适合本国特点的革命道路只能由本国人民自己根据本国国情来寻找、创造和决定。同样，适合本国特点的建设道路也只能由本国人民来探索和发现。

新中国成立后，围绕什么样的社会主义能发展中国这一问题，中国共产党人进行了艰辛的探索。既有正确处理社会主义若干重大关系和社会主义人民内部矛盾的一些成功经验，也有本本主义、教条主义、照搬别国经验和别国模式的惨痛教训。无论是成功经验还是惨痛教训，都是我们党的宝贵财富，特别是那些成功经验，为我们党带领人民走出一条中国特色社会主义道路奠定了初步基础。

党的十一届三中全会后，以邓小平同志为代表的中国共产党人以巨大的马克思主义理论勇气和政治勇气，总结历史经验，吸取历史教训，冲破“左”的教条主义禁锢，提出了“把普遍真理同我国的具体实际相结合，走自己的道路，建设中国特色社会主义”的历史命题，实现了我们党对什么是社会主义、怎样建设社会主义等问题认识的历史飞跃。我们党坚持以经济建设为中心，坚持四项基本原则，坚持改革开放，开辟了一条中国特色社会主义道路，揭开了中国特色社会主义建设的新篇章。

党的十三届四中全会以后，以江泽民同志为核心的党的第三代中央领导集体，高举邓小平理论伟大旗帜，进一步回答了什么是社会主义、怎样建设社会主义的问题，创造性地回答了建设什么样的党、怎样建设党的问题，创立了“三个代表”重要思想，进一步深化了对中国特色社会主义的认识，开创了中国特色社会主义事业新局面。

党的十六大以来，以胡锦涛同志为总书记的党中央，高举邓小平理论和“三个代表”重要思想伟大旗帜，坚持社会主义市场经济的改革方向，在全面推进社会主义经济建设、政治建设、文化建设、社会建设和党的建设的同时，不断推进党的理论创新，提出科学发展观、构建社会主义和谐社会等一系列战略思想，使中国特色社会主义理论创新和实践创新的进程不断加快，使中国特色社会主义内涵不断丰富，使中国特色社会主义道路越走越坚定。

②走中国特色社会主义道路，鲜明地回答了当代中国走什么路、举什么旗的根本问题，鲜明地指出了坚持和发展中国特色社会主义对于加快推进我国社会主义现代化的极端重要性，鲜明地表达了我们党团结带领全国各族人民坚持中国特色社会主义的坚定信念。

一个国家要实现经济社会又好又快发展，必须找到一条既适合自己国情、又符合时代要求的发展道路。一个民族要实现自己的伟大复兴，必须有共同的理想信念。中国特色社会主义道路，是我们党在长期社会主义建设实践中，历经艰辛探索而逐步开辟出来的，是一条实现中国繁荣富强和中国人民幸福安康的正确道路。中国特色社会主义共同理想，是全党全国各族人民共同奋斗的理想信念。实践充分证明，只有社会主义才能救中国，只有中国特色社会主义而没有别的什么主义才能发展中国、富强中国。在前进的道路上，无论遇到什么复杂局面，无论遇到什么风险考验，我们都必须毫不动摇地坚持和发展中国特色社会主义道路。

中国特色社会主义道路，是我国进一步实现民族振兴、国家富强、人民幸福、社会和谐的必由之路、成功之路、胜利之路，是历史的选择、人民的选择、时代的选择。我们一定要从党和国家兴旺发达和长治久安的高度，从中华民族伟大复兴的高度，进一步增强坚持走中国特色社会主义道路的自觉性和坚定性，奋力开拓中国特色社会主义更为广阔的发展前景。

③从发展的角度看，中国特色社会主义道路的主要特征可以归纳为五个方面，即科学发展、和谐发展、创新发展、共同发展及和平发展。

特征之一——科学发展。科学发展，就是坚持以人为本，注重发展的规律性和全面、协调、可持续性，走科技含量高、经济效益好、资源消耗低、环境污染小、人力资源得到充分发挥的新型工业化之路，走城乡及地区差距趋于缩小、经济社会协调、人与自然和谐、国内发展与对外开放互促的发展之路，实现经济社会又好又快的发展。这一发展特征可从五个方面来把握：一是注重客观规律，二是注重人本特性，三是注重全面提升，四是注重协调互动，五是注重持久可续。

特征之二——和谐发展。和谐发展，就是在发展经济的同时，大力促进社会全面进步，按照民主法治、公平正义、诚信友爱、充满活力、安定有序、人与自然和谐相处的总要求，构建社会主义和谐社会。党的十六届六中全会决议全面阐述了关于构建社会主义和谐社会的一系列重大问题，是引领我国和谐发展之路的纲领性文件。

特征之三——创新发展。创新发展，就是持续推动体制创新和科技创新，以改革促进发展，以科技带动发展，努力建设创新型国家。

特征之四——共同发展。共同发展，就是对内坚持公有制为主体、多种所有制经济共同发展；通过先富带后富，逐步实现全体人民的共同富裕；对外坚持实施互利共赢的开放战略，充分利用全球资源和市场，又通过自身发展和全方位、宽领域、多层次的国际互利合作，推动建设共同繁荣的和谐世界。

特征之五——和平发展。和平发展，就是实行独立自主的和平外交政策，既通过争取和平的国际环境来发展自己，又以自身发展来促进世界和平，推动建设持久和平的和谐世界。

上述五个发展基本包括了中国特色社会主义道路的主要发展特征，涵盖发展的目标和途径、发展的动力和保障、发展的外部环境和内外互动，形成一个相互联系、不可分割的整体。

第二根支柱是中国特色社会主义理论体系。

①中国特色社会主义理论体系的内容。十七大报告首次提出“中国特色社会主义理论体系”的概念，并首次将党的十一届三中全会以来的理论创新成果加以整合，提出中国特色的社会主义理论体系包括三个重要的组成部分：邓小平理论、“三个代表”重要思想以及科学发展观等一系列重要战略思想在内的科学理论体系。

邓小平理论是在社会主义遭受严重挫折、和世界先进水平距离不断拉大的基础上，中国共产党人对于如何利用市场经济体制和改革开放这两件利器，坚持、巩固和发展社会主义的深入思考。他提出的社会主义初级阶段理论和社会主义本质理论，为中国这样的国家建设现代、富强、文明的社会主义开创了一条金光大道。

“三个代表”重要思想强调我们党要始终代表中国先进社会生产力的发展要求，代表中国先进文化的前进方向，代表中国最广大人民的根本利益。这是在新的历史条件下，面对“四个多样化”的社会和思想现实，对于“建设什么样的党，怎样建设党”这一重大问题，从而间接地对“什么是社会主义，怎样建设社会主义”的社会主义首要基本问题作了进一步的回答。

十六大以来，以胡锦涛为总书记的党中央，面对新世纪新阶段我国经济社会发展出现的阶段性特征，认真分析并顺应国内外形势发展变化，抓住重要战略机遇期，坚持理论创新，先后提出了科学发展观、构建社会主义和谐社会、建设社会主义新农村、建设创新型国家、树立社会主义荣辱观、推动建设和谐世界、加强党的先进性建设等一系列重大战略思想。科学发展观等重大战略思想，是立足社会主义初级阶段的基本国情，总结我国发展实践，借鉴国内外发展经验，适应新的发展要求提出来的。它正确地对“要不要发展？什么是发展？发展为了谁？怎样才能发展？”这样四个关系到中国未来前途和命运的重大问题做出了符合马克思主义基本原理，又具有鲜明时代特色的回答。从而在新的高度上凝聚了人心，统一了思想，把人们对于社会主义的认识提高到了一个新的高度。

②这三大重要理论成果之间的关系是既一脉相承，又各具特色。说他们是一脉相承，是因为它们有着共同的理论源泉——马克思列宁主义、毛泽东思想，同处一个历史时期——社会主义初级阶段，同有一个时代主题——和平与发展，共同推动一个事业——改革开放和社会主义现代化建设，完成同一个历史任务——实现国家现代化。从理论主题上看，这条“脉”就是中国特色社会主义事业，这是千百万人民群众为之奋斗的事业，是关系到中华民族前途和命运的事业；从理论品格上看，这条“脉”就是解放思想、实事求是、与时俱进的科学思想方法，这是马克思主义具体问题具体分析的活的灵魂在今天中国社会主义实践中的具体运用，一切从实际出发，运用马克思主义基本原理根据变化了的实际情况，敢于纠正自身的失误，敢于超越自身的局限，永不停歇地进行理论创新；从理论基点来说，这条“脉”就是立足于社会主义初级阶段这一基本国情，想问题、办事情都是从这样一个基础出发，得出的思考才能符合实际情况，不说过头话，不办超越自身能力的事情；从理论目标来看，这条“脉”就是为了亿万人民群众的长远利益和根本利益奋斗，尽管时代不同了，但共产党人“立党为公，执政为民”的根本宗旨没有变，发展依靠人民，发展为了人

民，发展的成果要让广大人民群众共享依然是我们庄严的承诺。

③我个人认为，党的十七大之所以明确提出“中国特色社会主义理论体系”，一是理论发展的需要。改革开放以来，我们党不断推进马克思主义中国化，先后创立了邓小平理论、“三个代表”重要思想，提出了科学发展观等重大战略思想，实现了马克思主义中国化的第二次飞跃。可以说，从 1982 年邓小平同志提出“坚持有中国特色社会主义”的命题到今天，中国特色社会主义理论体系从无到有，逐步成熟，已经到了对这个理论体系进行概括总结的时候了。二是事业发展的需要。进入新世纪，我国社会全面深刻转型，要理顺日益复杂的社会利益关系，化解各种社会矛盾，进行改革攻坚，实现社会的科学发展与和谐运行，夺取全面建设小康社会的新胜利，都需要通过新的理论概括来指导事业发展。三是应对来自各方面干扰的需要。新世纪新阶段，我们面临的环境空前复杂，反马克思主义、反社会主义的思潮和论调从未消停过，这就要求我们党通过对中国特色社会主义理论体系的新概括，有力回击反马克思主义、反社会主义的思潮和论调。

④作为马克思主义中国化的最新成果，中国特色社会主义理论体系具有科学性、时代性、人民性、系统性、开放性、创新性的鲜明特点。它的科学性在于实事求是，符合人类社会发展规律、社会主义建设规律和共产党执政规律，符合社会主义初级阶段的基本国情；它的时代性在于揭示了时代特征，顺应了时代潮流，适应了时代需要；它的人民性在于尊重人民的主体地位，代表了最广大人民的根本利益，符合人民过上富裕、民主、文明、和谐生活的愿望；它的系统性在于涵盖了经济社会的各个方面，形成了博大精深的理论体系；它的开放性在于勇于继承传统的思想精华，勇于借鉴世界上一切优秀文明成果；它的创新性在于解放思想、与时俱进，反对僵化和停滞，不断实现自我创新，邓小平理论——“三个代表”重要思想——科学发展观，清晰地勾勒出这个理论体系的创新轨迹。

在此需要我们熟悉和掌握的两个关系：一是现在提出的中国特色社会主义理论体系与过去我们经常讲中国特色社会主义理论的关系。在十五大以前，我们党把邓小平理论称之为“建设有中国特色社会主义理论”、“邓小平建设有中国特色社会主义理论”、“中国特色社会主义理论”，那个时候是把中国特色社会主义理论与邓小平理论画等号的。后来，我们党创立了“三个代表”重要思想，提出了科学发展观等重大战略思想。在人们心目中，后两者也属于中国特色社会主义理论的范畴。这次党代会对“中国特色社会主义理论”加上了“体系”二字，形成“中国特色社会主义理论体系”的新概念。这样就把三个科学理论囊括进来，使这一概念更加准确更加科学。二是中国特色社会主义道路与中国特色社会主义理论体系的关系。我理解，坚持道路和理论体系，是高举旗帜的两个基本要求。如果说坚持理论体系是高举旗帜的理论要求，那么坚持道路则是高举旗帜的实践要求。从这个意义上说，二者是理论与实践的关系。高举旗帜，要求理论体系指导坚持道路的实践活动，同时又在坚持道路的实践活动中不断创新和发展理论体系。二者紧密结合，良性互动，就能保证我们把中国特色社会主义这个伟大旗帜高高举起。

（三）把握三条基本原则

就是坚持以马列主义、毛泽东思想、邓小平理论和“三个代表”重要思想为指导；坚持中国共产党在中国特色社会主义伟大事业中的坚强领导核心地位；坚持全心全意为人民服务根本宗旨这三条基本原则。

第一条原则：坚持以马列主义、毛泽东思想、邓小平理论和“三个代表”重要思想为指导。

十七大通过的《中国共产党章程》明确指出：“中国共产党以马列主义、毛泽东思想、邓小平理论和‘三个代表’重要思想作为自己的行动指南”。这是我们党的指导思想，也是我们的理论源泉，前进的力量源泉，不断创新的源泉。历史已经证明并将继续证明，无论什么时候，只要我们违背了马列主义、毛泽东思想、邓小平理论和“三个代表”重要思想，我们的伟大事业就会遭受挫折；只要我们坚持了马列主义、毛泽东思想、邓小平理论和“三个代表”重要思想，我们的伟大事业就能够取得成功，就能够走向辉煌。党的指导思想的发展和变迁，往往需要通过党章的形式确定下来，也可在党章的修改中表现出来。80 多年来，我们党经历了不同的历史时期，曾处在不同的社会环境下，解决过不同的问题，完成过不同的任务。随着时代条件和任务的变化，我们的党章党纲也经历了不断发展的过程。党的一大制定了《中国共产党纲领》，其中包含着党章的内容。二大制定了第一个完备的党章。如果从二大的党章算起，到十七大，我们党一共制定过八个党章（二大、六大、七大、八大、九大、十大、十一大、十二大），另外，还对党章做过八次修改。加起来，一共十七次。每次修改直到今日，明确了中国共产党坚持以马列主义、毛泽东思想、邓小平理论和“三个代表”重要思想为指导思想。这是必须坚持的一条原则。

第二条原则：坚持中国共产党在中国特色社会主义伟大事业中的坚强领导核心地位。

这是经过历史和现实证明了的，并将在未来继续被证明的正确命题。

从戊戌变法到辛亥革命，无论封建王朝的自我改良，还是资产阶级的民主革命，都没有成功地使中华民族独立富强。只有中国共产党人不负众望，在历史岁月的深处书写光荣，在民族复兴的大道上镌刻辉煌，经过无数艰难困苦，战胜不少敌人，在不断强大自己的前提下，带领亿万人民经过 28 年奋斗，终于迎来了新中国。改革开放的 29 年辉煌成就再一次证明：中国共产党是伟大的、正确的、英明的，她是用马克思主义理论武装起来的，具有非凡执政能力的，得到广大人民群众拥护的政党。一是只有坚持党的领导，才能始终保持中国特色社会主义事业的正确方向。中国特色社会主义道路是中国的必然选择。党的十一届三中全会以来，我们党根据过去几十年社会主义建设的经验教训，开始了改革开放的伟大历程。今天我们所处的时代，是一个和平与发展成为时代主题、世界多极化不可逆转和经济全球化深入发展的时代，是一个综合国力竞争日趋激烈、国际交往愈益频繁、国与国之间联系和互动越来越密切的时代，也是一个以改革创新为显著特征的时代。我们国家发展正处在改革开放的攻坚期，经济社会的转型期，各种矛盾的凸显期，同时面临着深刻变化的国际环境。在这样一个风险和机遇并存的关键发展阶段，对于我们这样一个世界上人口最多的大国，党员人数最多的大党，要保持中国特色社会主义事业沿着正确的方向前进，最重要的就是要坚决维护和服从党中央的坚强领导。二是只有坚持党的领导，才能为中国特色社会主义建设创造稳定的社会环境。进行社会主义现代化建设，需要有一个安定团结的政治局面。邓小平指出，没有一个安定团结的政治局面，就不能安下心来搞建设。过去的历史经验证明了这一点。我国是由 56 个民族组成的大家庭，各地社会发展很不平衡，经济、文化差异很大。在这种情况下推进现代化建设，社会动员程度高，社会整合力度大，社会矛盾冲突多。而一个强大的马克思主义执政党的存在，是社会稳定的根本保证。按照马克思主义建党思想建立起来的中国共产党，正是这样一个强大的执政党。它有着强大的凝聚力和战斗力，能够在全国人民中形成共同的理想信念，能够引导广大人民群众正确处理局部利益和整体利益之间以及不同局部利益之间的矛盾，及时有效地消除各种妨碍安定团结的因素。三是只有坚持党的领导才能调动各方面的积极因素搞好中国特色社会主义建设。中国特色社会主义事业是一项复杂而艰巨的事业。要顺利推进这一事业，需要实行正确的政治路线，及时调整各种政策和措施，建设一支高素质的干部队伍，充分发挥共产党员的先锋模范作用。同时，也需要团结一切可以团结的力量，调动一切积极因素，激发全国人民投身这项事业的积极性和创造性。而所有这些，都离不开党的领导。

第三条原则：坚持全心全意为人民服务的宗旨。

坚持全心全意为人民服务的宗旨，是我党区别于其他政党的根本标志，是巩固党的执政地位的现实需要，是党的各项事业取得胜利的重要保证。关注民生，关心和改善群众生活，是我们党全心全意为人民服务根本宗旨的体现，是党的群众路线的重要组成部分，是贯穿党86年历史的一根红线和优良传统，也是党赢得人民群众信任和支持的力量源泉。无论是革命战争年代，还是和平建设时期、改革开放新时期，我们党始终坚持全心全意为人民服务的根本宗旨，把实现好、维护好、发展好最广大人民的根本利益作为党和国家一切工作的出发点和落脚点，尊重人民主体地位，发挥人民首创精神，保障人民各项权益，走共同富裕道路，促进人的全面发展，做到发展为了人民，发展依靠人民，发展成果由人民共享。正因为如此，我们党才取得了中国革命、建设和改革发展的一个又一个胜利。

（四）做到四个坚定不移

就是坚定不移地解放思想、实事求是、与时俱进；坚定不移地改革开放；坚定不移地推动科学发展，促进和谐社会；坚定不移地为夺取全面建设小康社会新胜利而奋斗。

第一，坚定不移地坚持解放思想、实事求是、与时俱进。

①进一步解放思想对推进中国特色社会主义建设具有重要的指导意义。邓小平在新的历史时期，坚持和发展了毛泽东的哲学思想，在实事求是前面加上“解放思想”四个字，作为党的思想路线的完整表述。邓小平所以特别强调解放思想，是因为当代中国和当代世界都发生了巨大而深刻的变化，而人们的认识往往落后于实践，处于僵化半僵化状态，跟不上变化了的客观形势。而只有解放思想，才能摆脱这种状态，实现主观认识和客观实际相一致，达到实事求是。解放思想、实事求是思想路线的确立，为全面纠正“左”的错误，正确总结社会主义历史经验，重新探索和开拓具有中国特色的社会主义发展道路，奠定了坚实的思想基础。胡锦涛在讲话中之所以特别强调解放思想，是因为进入新世纪新阶段，我国发展面临的机遇和面对的挑战都是前所未有的；改革进入深水区，遇到的都是深层次的矛盾和问题；特别是我国经过29年跨越式的大发展，在取得历史性伟大成就的同时，存在的矛盾和问题也是最多的，西方国家几百年中分阶段出现的矛盾和问题，在我国几乎同时一次性地出现了。在这种情况下，只有解放思想，才能形成新思路，拿出新办法，去解决这些新问题。胡锦涛同志指出，解放思想，是党的思想路线的本质要求，是我们应对前进道路

上各种新情况新问题、不断开创事业新局面的一大法宝，必须坚定不移地加以坚持。

②在现阶段，进一步解放思想的主要任务就是必须破除阻碍科学发展的不合时宜的观念，就要在什么是社会主义，怎样建设社会主义，建设什么样的党，怎样建设党，实现什么样的发展，怎样发展等重大理论和实践问题上勇于探索、勇于变革、勇于创新，永不僵化，永不停滞，不畏任何风险所阻，不被任何干扰所惑，与时俱进，大胆吸收和借鉴人类社会创造的一切文明成果，坚定地走中国特色社会主义道路。

第二，坚定不移地改革开放。

报告在“改革开放的伟大历史进程”这部分中，分为十六个自然段进行论述，讲明了四层意思：

（一）报告纵论了改革开放的历史功绩、历史进程、历史地位

1. 报告用“三个面貌”的“历史性变化”评价改革开放的历史功绩。“我们即将迎来改革开放三十周年。一九七八年，我们党召开具有重大历史意义的十一届三中全会，开启了改革开放历史新时期。从那时以来，中国共产党人和中国人民以一往无前的进取精神和波澜壮阔的创新实践，谱写了中华民族自强不息、顽强奋进新的壮丽史诗，中国人民的面貌、社会主义中国的面貌、中国共产党的面貌发生了历史性变化。”

2. 报告用“三个永远铭记”概括改革开放伟大事业的从奠基（毛泽东）、开创（邓小平）、推进（江泽民）、继续推进（胡锦涛）的基本脉络。“我们要永远铭记，改革开放伟大事业，是在以毛泽东同志为核心的党的第一代中央领导集体创立毛泽东思想，带领全党全国各族人民建立新中国、取得社会主义革命和建设伟大成就以及艰辛探索社会主义建设规律取得宝贵经验的基础上进行的。”“我们要永远铭记，改革开放伟大事业，是以邓小平同志为核心的党的第二代中央领导集体带领全党全国各族人民开创的。”“我们要永远铭记，改革开放伟大事业，是以江泽民同志为核心的党的第三代中央领导集体带领全党全国各族人民继承、发展并成功推向二十一世纪的。”十六大以来，我们以邓小平理论和“三个代表”重要思想为指导，顺应国内外形势发展变化，抓住重要战略机遇期，发扬求真务实、开拓进取精神，坚持理论创新和实践创新，着力推动科学发展、促进社会和谐，完善社会主义市场经济体制，在全面建设小康社会实践中坚定不移地把改革开放伟大事业继续推向前进。

3. 报告用三个“才能发展”评价改革开放的历史地位。“只有社会主义才能救中国，只有改革开放才能发展中国、发展社会主义、发展马克思主义。”

（二）报告阐明了改革开放的目的和对改革开放的态度

1. 报告用“三个就是要”表述改革开放的目的。“改革开放是党在新的时代条件下带领人民进行的新的伟大革命，目的就是要解放和发展社会生产力，实现国家现代化，让中国人民富裕起来，振兴伟大的中华民族；就是要推动我国社会主义制度自我完善和发展，赋予社会主义新的生机活力，建设和发展中国特色社会主义；就是要在引领当代中国发展进步中加强和改进党的建设，保持和发展党的先进性，确保党始终走在时代前列。”

2. 报告用“最根本”的提法说明对改革开放的态度。改革开放作为一场新的伟大革命，不可能一帆风顺，也不可能一蹴而就。最根本的是，改革开放符合党心民心、顺应时代潮流，方向和道路是完全正确的，成效和功绩不容否定，停顿和倒退没有出路。

（三）报告概括了改革开放以来新时期的特点、成就和标志

用“三个最”概括新时期的特点、成就和标志　新时期最鲜明的特点是改革开放。新时期最显著的成就是快速发展。新时期最突出的标志是与时俱进。

（四）报告总结了改革开放的宝贵经验和根本经验

1. 用“十个结合”概括了改革开放的宝贵经验。在改革开放的历史进程中，我们党把坚持马克思主义基本原理同推进马克思主义中国化结合起来，把坚持四项基本原则同坚持改革开放结合起来，把尊重人民首创精神同加强和改善党的领导结合起来，把坚持社会主义基本制度同发展市场经济结合起来，把推动经济基础变革同推动上层建筑改革结合起来，把发展社会生产力同提高全民族文明素质结合起来，把提高效率同促进社会公平结合起来，把坚持独立自主同参与经济全球化结合起来，把促进改革发展同保持社会稳定结合起来，把推进中国特色社会主义伟大事业同推进党的建设新的伟大工程结合起来，取得了我们这样一个十几亿人口的发展中大国摆脱贫困、加快实现现代化、巩固和发展社会主义的宝贵经验。

2. 用“一条道路”一个理论体系“阐明改革开放取得一切成绩和进步的根本原因”。“改革开放以来我们取得一切成绩和进步的根本原因，归结起来就是：开辟了中国特色社会主义道路，形成了中国特色社会主义理论体系。高举中国特色社会主义伟大旗帜，最根本的就是要坚持这条道路和这个理论体系”。

第三，坚定不移地推动科学发展、促进社会和谐。

这是党中央在新世纪新阶段所提出的重大战略思想和战略决策。

①科学发展观，第一要义是发展，核心是以人为本，基本要求是全面协调可持续，根本方法是统筹兼顾，实质是又好又快的发展。坚持以科学发展观统领经济社会发展全局，我国的经济社会发展才能转向科学发展轨道，开拓科学发展的新局面。科学发展需要社会和谐，社会和谐才能促进科学发展，二者相辅相成、相互促进。

②以胡锦涛同志为总书记的党中央所以提出构建社会主义和谐社会，绝不是领导人一时心血来潮的主观臆想，而是实践提出的迫切要求。我国进入新世纪新阶段以后，经济社会发展出现了阶段性特征，一方面实现了跨越式发展，另一方面出现了许多新问题。与平民百姓生活有关的教育、住房、医疗卫生、社会保障等社会事业发展落后，不能满足人民的要求，需要加强社会建设；经济社会之间、城乡之间、区域之间发展很不平衡，要求改变这种局面，实现和谐发展；工人阶级、农民阶级和知识分子以及后来出现的新的社会阶层，相互之间的利益矛盾日益突出，需要采取正确的方法化解矛盾，实现人与社会的和谐；人口、资源、环境的压力越来越大，粗放式的经济增长方式，导致资源能源紧缺，一些地区生态破坏和环境污染严重，要求关注人与自然的和谐。我国社会主义制度的建立，党为实现社会和谐所做的努力，又为我们构建社会主义和谐社会提供了现实可能性。正是在这个大背景下，立足现实，面向长远，为实现国家和社会的长治久安，党中央提出了构建社会主义和谐社会这个伟大战略。

第四，坚定不移地为夺取全面建设小康社会新胜利而奋斗。

①胡锦涛总书记在报告中有这样一个重要论述：“我们已经朝着十六大确立的全面建设小康社会的目标迈出了坚实步伐，今后再继续努力奋斗，确保到 2020 年实现全面建成小康社会的奋斗目标”。这个论述体现了党的纲领和路线方针政策的连续性，顺应了广大人民群众过上更加美好生活的根本愿望，具有很强的感召力和凝聚力。坚持和发展中国特色社会主义，现阶段就是要努力实现全面建设小康社会的目标。强调这个“坚定不移”，对于保持党和国家事业顺利发展的大局，实现中华民族的伟大复兴至关重要。

②由贫穷、温饱、总体小康到全面小康，记录了新时期以来中国共产党带领全国人民建设中国特色社会主义的历史足迹。邓小平同志赋予“小康”以鲜明的时代内涵，常常用小康、小康水平、小康之家、小康的状态、小康的国家等概念来表达我国现代化水平和建设社会主义的基本要求。邓小平同志所说的“小康”目标，主要反映人民群众生活水平比较宽裕，就是年国民生产总值人均 800—1000 美元。党的十一届三中全会后，

以邓小平同志为代表的党中央始终坚持党的基本路线不动摇，紧紧扭住经济建设这个中心不放松，不断深化改革，扩大开放，并提出现代化建设“三步走”的发展战略，开启了中国人民告别贫穷、建设小康社会的伟大征程，带领人民取得了举世公认的现代化建设成就。2002 年，党的十六大报告正式宣布：经过全党和全国各族人民的共同努力，我们胜利实现了现代化建设“三步走”战略的第一步、第二步目标，人民生活总体上达到小康水平。这是中华民族发展史上一个新的里程碑。党的十六大郑重提出：根据十五大提出的到 2010 年、建党一百年和新中国成立一百年的发展目标，我们要在本世纪头 20 年，集中力量，全面建设惠及十几亿人口的更高水平的小康社会，使经济更加发展、民主更加健全、科教更加进步、文化更加繁荣、社会更加和谐、人民生活更加殷实。这“六个更加”是一个鼓舞人心的奋斗目标。从新世纪开始，我国进入了全面建设小康社会、加快推进社会主义现代化的新的发展阶段。全面建设小康社会是我国实施“三步走”战略的一个承上启下的重要阶段。从 1980—2050 年，是实施“三步走”战略、基本实现现代化的时期。1980—2000 年，实施第一、二步战略取得显著成就，全国人民生活总体上达到小康水平。2000—2050 年是实施第三步战略的阶段，目前分为两个阶段：2001—2020 年是全面建设小康社会的阶段；2021—2050 年是基本实现现代化的阶段。全面建设小康社会是一个促进经济、政治、文化、社会“四位一体”和人更加全面协调可持续发展的奋斗目标。实现全面建设小康社会的奋斗目标要分两步走，前十年要全面完成“十五”计划和 2010 年的奋斗目标，使经济总量、综合国力和人民生活水平再上一个大台阶，为后十年的更大发展打好基础。

综上所述，“四个坚定不移”相互联系，相互促进，缺一不可，统一于建设中国特色社会主义的伟大实践，构成新世纪新阶段坚定不移地坚持走中国特色社会主义道路的重要标志和行动指南。解放思想是中国特色社会主义道路的思想先导，改革开放是中国特色社会主义道路的强大动力，科学发展和社会和谐是中国特色社会主义道路的科学途径，全面建设小康社会是中国特色社会主义道路的目标指引。只要沿着这“四个坚定不移”所指明的方向前进，中国特色社会主义道路就会越走越坚实、越走越宽广。

（五）全面推进五项建设：经济、政治、文化、社会和党的建设。

第一项：推进社会主义市场经济建设。

①十七大报告就推进、建设和完善社会主义市场经济建设提出了八个方面的新思路、新观点：如，（1）一条伟大道路和五条具体道路。十七大

报告，在反复强调走“中国特色社会主义道路”的同时，还提出与之相配套的五条具体道路，这就是：“中国特色自主创新道路”“中国特色新兴工业化道路”“中国特色农业现代化道路”“中国特色城镇化道路”“中国特色政治发展道路”。一条伟大道路和五条具体道路的提出，说明我们党发展中国特色社会主义的框架越来越清晰，具体路径越来越明确。（2）从“经济增长方式”到“经济发展方式”。这一新提法体现了落实科学发展观的内在要求。“转变经济发展方式”强调的是在合理充分利用自然资源、保护生态环境的基础上促进经济的发展，它摒弃了“经济增长方式”中片面通过追求数量上扩张来实现更多产出的内容，涵盖了其通过经济效益上的提高来进行数量扩张，而且还包含了更加注重经济结构的调整、优化，资源利用效率的提高，生态环境的不断改善，经济增长与自然环境的协调并进，经济成果的合理分配，以及保持人与自然、人与社会、人与环境的和谐发展。（3）翻两番由“总量”到“人均”。其“新”表现为：一是这个目标强调了“人均”GDP 翻两番，就是到 2020 年人均 GDP 达到 3500 美元左右，显然是比十六大报告提出“国内生产总值到 2020 年力争比 2000 年翻两番”更高标准的小康指标。同时，我国人口较多，而且人口不断增长，经济总量增长可以表明我国国力的增强，而不能准确地反映我国城乡居民生活水平。人均 GDP 就更能反映居民在经济发展中分享成果以及居民生活质量与生活水平提高的状况，从而纠正了以往片面强调经济总量增长的观念和做法。因此，强调“人均”理念，也是以人为本、重视民生的体现。二是强调在提高发展质量的基础上实现“人均”翻两番。这就要求转变发展方式，优化结构，提高效益，降低消耗，保护环境。显然，达到这个新要求的难度更大了。在提高发展质量的基础上实现人均 GDP 翻两番，不仅将会为今后 5 年人民生活带来更为显著、更为全面的变化，而且将会改变目前我国经济发展成本和代价过大的状况。（4）把过去经常提的“四化”（工业化、城镇化、市场化、国际化）扩展为“五化”（工业化、信息化、城镇化、市场化、国际化），也反映了我们党对当今世界发展和时代特征的清醒认识。（5）首次把“提高自主创新能力，建设创新型国家”作为国家发展战略的核心，作为提高综合国力的关键，强调要坚持走中国特色自主创新道路，把增强自主创新能力贯彻到现代化建设各个方面；（6）首次提出“城乡经济社会发展一体化”的概念和目标。报告指出，走中国特色农业现代化道路，建立以工促农、以城带乡长效机制，形成城乡经济社会发展一体化新格局；（7）首次提出要“实行有利于科学发展的财税制度，建立健全资源有偿使用制度和生态环境补偿机制”。报告强调必须把建设资源节约型、环境友好型社会放在工业化、现代化发展战略的突出位置，落实到每个单位、每个家庭；（8）首次把“保护全球气候”写入党代会报告中。提出加强应对气候变化能力建设，为保护全球气候作出新贡献。这既是对全党全国人民提出的新要求，也是中国作为一个负责任大国对国际社会作出的承诺和宣示。

②《报告》围绕促进国民经济又好又快发展，从提高自主8个方面对经济建设的战略任务作出了重点部署。强调实现未来经济发展目标，关键要在转变经济发展方式、完善社会主义市场经济体制方面取得重大进展。转变发展方式和深化体制改革相辅相成、相互促进。抓好这两个重点方面，也就抓住了全部经济工作的牛鼻子。

③《报告》提出实现国民经济又好又快发展的根本途径是转变经济发展方式。主要实现以下“三个转变”。

一是促进经济增长由主要依靠投资、出口拉动向依靠消费、投资、出口协调拉动转变。目前，我国需求结构中投资率偏高、消费率较低。2006年居民消费率降到36%，成为历史上的最低点。投资与消费比例失衡，使得居民生活不能随着经济快速增长而同步提高，导致国内市场规模受限，生产能力相对过剩。消费率的持续下降，还对扩大内需造成严重制约，使得经济增长对出口的依赖程度不断提高。而外贸顺差过大和国际收支盈余过多，还会造成国内资金流动性过剩，反过来又助长了投资的高增长。因此，无论是着眼于改善民生，还是着眼于产业结构调整和国际收支平衡，都要坚持扩大国内需求，鼓励合理消费，把经济发展建立在开拓国内市场的基础上，形成消费、投资、出口协调拉动经济增长的局面，促进国民经济良性循环和人民生活水平不断提高。二是促进经济增长由主要依靠第二产业带动向依靠第一、第二、第三产业协同带动转变。近些年来，我国第一、二、三产业都有了很大发展，但仍存在农业基础薄弱、工业素质不高、服务业发展滞后等问题。2002年—2006年，全国第二产业增加值占国内生产总值的比重由44.8%上升到48.7%。目前，第三产业增加值占国内生产总值的比重只有39.5%，服务业从业人员占全部就业人口的比重只有32.2%，不仅大大低于发达国家，也明显低于发展中国家平均水平。对此，必须采取有效措施加以解决。推进产业结构优化升级，要坚持走中国特色新型工业化道路，促进信息化与工业化融合，巩固第一产业，做大第三产业，提升第二产业，发展现代产业体系。三是促进经济增长由主要依靠增加物质资源消耗向主要依靠科技进步、劳动者素质提高、管理创新转变。加快转变经济发展方式，关键是全面提高自主创新能力，促进科技成果向现实生产力转化。经过多年努力，我国科技创新取得明显成效，但从总体上看，自主创新不足，转化水平不高，劳动生产率和经济效益与国际先进水平相比还有较大差距。不论是从国际科技竞争加剧的趋势看，还是从国内低成本竞争优势减弱的现实看，都到了必须更多地依靠科技进步、劳动者素质提高和管理创新带动经济发展的历史阶段。

《报告》提出的“三个转变”，主要从需求结构、产业结构、要素结构等方面，对经济发展提出了新的更高的要求，这是当前和今后一个时期转变经济发展方式的重点任务和基本途径。加快推进“三个转变”，逐步形成速度质量效益相协调、消费投资出口相协调、人口资源环境相协调，以及城乡之间和区域之间发展相协调的新格局，将有力地促进经济发展切实转入全面协调可持续发展的轨道，实现又好又快发展的目标。

第二项推进社会主义民主政治建设。

①十七大报告对政治建设也提出八个方面新的观点。(1) 加强公民意识教育，树立社会主义民主法治、自由平等、公平正义理念。“公民意识”一词首次出现在党代会的报告中，无疑是扩大人民民主、发展社会主义民主政治的重要支撑。(2) 实行党的代表大会代表任期制，选择一些县（市、区）试行党代表大会常任制。实行党的代表大会代表任期制，有利于党代表在平时发挥监督、咨询等方面的作用；试行党代表大会常任制，有利于发挥集体智慧。我们党高度重视党内民主，在市县这一级进行党代会常任制的试点，已有很长时间了。在四川的雅安、浙江的台州这些地方，较早就已经实行党代会的常任制了。到现在，党代会的常任制已经取得了明显的效果。十七大报告中的有关措施就是根据这些试点得出的经验而作出的决策。(3) 十七大报告提出：“选拔和推荐更多优秀党外干部担任领导职务。”非中共人士担任政府部委正职，体现了我国民主政治的发展，为非中共人士进行有序的政治参与开辟了更宽广的渠道。据最新统计，目前担任县、处级以上领导职务的党外人士达到 3 万多人，其中有 18 人在最高人民法院、最高人民检察院和国务院部委办、直属局担任领导职务，有 27 个省、自治区、直辖市和 15 个副省级城市都配备了党外副省长、副市长或副主席。(4) 报告提出“人民民主是社会主义的生命。”我大致算了一下，“民主”一词在十七大报告中出现了 60 多次。这既是对人民民主价值和发展规律的深刻揭示，也是对社会主义价值和发展规律的深刻揭示。(5) “基层群众自治制度”纳入中国特色的政治制度。这是我们党不断推进社会主义政治制度自我完善和发展的生动体现。(6) 报告首次提到“社会组织”和“社会自治”概念，要求发挥社会组织在扩大群众参与、

反映群众诉求方面的积极作用，增强社会自治功能。(7) 报告首次提出行政机构“大部门体制”问题。要求抓紧制定行政管理体制改革总体方案，加大机构整合力度，探索实行职能有机统一的大部门体制，健全部门间协调配合机制。(8) 首次提出要“让权力在阳光下运行”，把这作为“确保权力正确行使”的前提和条件，并提出“要坚持用制度管权、管事、管人，建立健全决策权、执行权、监督权既相互制约又相互协调的权力结构和运行机制。”

②党的十七大报告高度概括了坚持中国特色社会主义政治发展道路的基本点，强调要坚持党的领导、人民当家作主、依法治国有机统一，坚持和完善人民代表大会制度、中国共产党领导的多党合作和政治协商制度、民族区域自治制度以及基层群众自治制度，不断推进中国特色社会主义政治制度自我完善和发展。

③坚持走中国特色政治发展道路，一方面要遵循我国政治发展的内在规律，另一方面要适应我国政治发展所处的特定环境。一是始终立足我国基本国情，使这条道路越走越实。确立正确的政治发展道路需要考虑本国国情，坚持走好正确的政治发展道路需要立足国情。如果脱离国情，再好的政治发展道路也会走入歧途，给国家和人民带来灾难。改革开放以来，我们党领导全国各族人民团结奋斗，经济建设和社会发展取得了举世瞩目的成就，民主政治建设也呈现出蓬勃生机和旺盛活力。但是，我国目前仍然处于并将长期处于社会主义初级阶段，生产力发展水平不高，民主与法制基础比较薄弱，政治文明发展起步较晚。因此，发展社会主义民主政治，不能提出过高要求，急于求成；更不能不顾国情，盲目走西方民主政治发展道路，而是要始终立足我国基本国情，坚持从实际出发，循序渐进，稳步推进。二是积极稳妥地推进政治体制改革，使这条道路越走越宽。任何一种政治发展道路都需要适应时代发展而不断调整和完善，否则就会走入死胡同。因此，坚持走中国特色政治发展道路，必须紧扣时代脉搏，适应社会发展需要，积极稳妥地推进政治体制改革，对政治权力结构、政治运行机制等进行有计划、有步骤的调整和完善，优化政治体系，调节政治关系，健全民主制度，丰富民主形式，不断扩大公民有序的政治参与，使中国特色政治发展道路永葆生机与活力。三是善于吸收和借鉴人类文明成果，使这条道路越走越活。人类文明是丰富多彩的，任何一种政治文明都不可能孤立存在，任何一条政治发展道路都不可能在荒原上独行，一部人类社会政治发展的历史就是一部不同政治文明相互影响的历史。中国特色政治发展道路是我们党按照马克思主义民主政治发展原理、

结合中国具体实际创立的，是在不断吸收和借鉴其他政治文明成果的过程中发展和完善的。当今世界，不同政治文明的因子相互渗透、融合、影响，构成了现代民主政治文明发展的重要特征。在这样的时代背景下，我们要以更加开放的胸襟和更加恢宏的气魄，积极吸收借鉴一切人类政治文明的有益成果，使中国特色政治发展道路更好地体现时代精神，体现世界民主政治发展潮流。四是推进民主政治的制度化建设，使这条道路越走越稳。如果没有科学合理的制度作保障，再好的政治发展道路也难以平稳地走下去。长期以来，我们党高度重视加强民主政治的制度建设，但目前在一些具体制度和机制方面还存在不足，不能完全适应发展社会主义民主的要求。坚持走中国特色政治发展道路，必须不断完善人民代表大会制度、中国共产党领导的多党合作和政治协商制度、民族区域自治制度，加强基层自治组织和民主管理制度建设，进一步推进我国社会主义民主的制度化、规范化和程序化，以更加健全的制度来保障人民群众进行有序的政治参与，真正行使人民当家作主的权利，从而使中国特色政治发展道路具有更加坚实的制度保障。

第三项推进社会主义先进文化建设。

①十七大报告对文化建设同样提出了八个方面的新观点、新理论。(1) 十七大报告首次在党的代表大会上向全党发出了“推动文化大发展大繁荣，兴起社会主义文化建设新高潮”的号召，强调加强对外文化交流，吸收人类优秀文化成果，提高中华文化影响力。(2) 首次使用“文化软实力”的概念。美国哈佛大学教授约瑟夫·奈曾将综合国力分为硬实力与软实力两种形态。文化软实力是国家软实力的核心因素，是指一个国家或地区文化的影响力、凝聚力和感召力。报告这一新提法，表明我们党和国家已经把提升国家文化软实力作为实现中华民族伟大复兴的新的战略着眼点，文化软实力作为现代社会发展的精神动力、智力支持和思想保证，越来越成为民族凝聚力和创造力的重要源泉，越来越成为综合国力竞争的重要因素。(3) 首次将“建设社会主义核心价值体系”纳入党代会报告中。指出社会主义核心价值体系是社会主义意识形态的本质体现，提出要切实把社会主义核心价值体系融入国民教育和精神文明建设全过程，转化为人民的自觉追求，积极探索用社会主义核心价值体系引领社会思潮的有效途径，增强社会主义意识形态的吸引力和凝聚力。(4) 报告首次使用了“思想库”一词。提出鼓励哲学社会科学界为党和人民事业发挥思想库作用，推动我国哲学社会科学优秀成果和优秀人才走向世界。(5) 首次提出“当代中国马克思主义大众化”问题。报告倡导大力推进理论创新，不断赋予

当代中国马克思主义鲜明的实践特色、民族特色、时代特色，并决定开展中国特色社会主义理论体系宣传普及活动，推动当代中国马克思主义大众化。(6) 首次将“和谐文化”写入党代会报告之中。提出“建设和谐文化，培育文明风尚”，重视城乡、区域文化协调发展，加强网络文化建设和管理，注重人文关怀和心理疏导，完善社会志愿服务体系，等等。报告鲜明提出“弘扬中华文化，建设中华民族共有精神家园”，要求全面认识祖国传统文化，取其精华，去其糟粕，使之与当代社会相适应、与现代文明相协调，保持民族性，体现时代性。(7) 报告首次使用了“文化权益”、“文化产业群”、“文化生活方式”、“文化业态”、“文化传播体系”等新名词。提出坚持把发展公益性文化事业作为保障人民基本文化权益的主要途径，加快文化产业基地和区域性特色文化产业群建设，运用高新技术创新文化生活方式，培育新的文化业态，加快构建传输快捷、覆盖广泛的文化传播体系。(8) 报告首次鲜明提出“让人民共享文化发展成果”。

②十七大报告对加强社会主义文化建设作出的新的要求和部署，给予文化建设以前所未有的重要地位。一是报告分析了推动社会主义文化大发展大繁荣的历史背景和现实依据。即“三个越来越”：当今时代，文化越来越成为民族凝聚力和创造力的重要源泉、越来越成为综合国力竞争的重要因素，丰富精神文化生活越来越成为我国人民的热切愿望。二是报告提出了推动社会主义文化大发展大繁荣的基本原则。即：坚持社会主义先进文化前进方向，始终坚持把社会效益放在首位，以保障全体人民的文化权益为宗旨。三是报告明确了推动社会主义文化大发展大繁荣的奋斗目标。即：兴起社会主义文化建设新高潮，激发全民族文化创造活力，提高国家文化软实力，使人民基本文化权益得到更好保障，使社会文化生活更加丰富多彩，使人民精神风貌更加昂扬向上。四是报告部署了推动社会主义文化大发展大繁荣的工作任务。即：建设社会主义核心价值体系，增强社会主义意识形态的吸引力和凝聚力；建设和谐文化，培育文明风尚；弘扬中华文化，建设中华民族共有精神家园；推进文化创新，增强文化发展活力。党中央把文化建设摆上如此重要的位置，充分表明以胡锦涛为总书记的党中央在新的历史起点上，从全局和战略的高度，把文化建设摆上了空前重要的位置；显示了我们党在世界文化多样性发展的进程中，不断增强中华文化的生命力、创造力和影响力的决心和信心；展示了我们党在当今经济全球化背景下，勇于和善于吸收一切优秀的外来文化，为建设中国特色社会主义新文化服务的开放心态和博大胸怀。

③实施文化建设：首先要做好环境建设。要像胡锦涛同志在十七大报

告中指出的那样：“营造有利于出精品、出人才、出效益的环境”，这是文化建设取得更大成绩的制度性保障。其次是人才储备。当前文化建设要适应日新月异的科技发展和不断变化的社会环境，需要大量掌握先进知识和思维敏捷的优秀人才，这是文化建设保持持续活力的基本条件，要尊重、重视文化人才做出的贡献。第三是精品工程。胡锦涛同志在十七大报告中要求：“创作更多反映人民主体地位和现实生活、群众喜闻乐见的优秀精神文化产品”，这是满足人民群众文化需求和体现文化竞争力的最终成果，文化作品的好坏，反映出文化建设水平的高低。

第四项推进社会主义和谐社会建设。

①十七大报告对社会建设提出了八个方面的新提法、新观点、新理论。(1) 报告首次把“社会建设”作为中国特色社会主义总体布局的一个方面写入党代会报告之中，从而使中国特色社会主义经济建设、政治建设、文化建设和社会建设“四位一体”的总体布局在党代会报告中正式得以确认。报告明确把“改善民生”作为社会建设的重点。提出必须在经济发展的基础上，更加注重社会建设，着力保障和改善民生，推进社会体制改革，扩大公共服务，完善社会管理，促进社会公平正义，努力使全体人民学有所教、劳有所得、病有所医、老有所养、住有所居。(2) 报告首次提出“建设人力资源强国”的目标。把“教育公平”提到“社会公平的重要基础”的高度，强调促进义务教育均衡发展，坚持教育公益性质，加大财政对教育投入，保障经济困难家庭、进城务工人员子女平等接受义务教育，把十六大提出的“基本普及高中阶段教育”的目标改为“加快普及高中阶段教育”，等等。(3) 报告首次提出：“以创业带动就业”，“使更多劳动者成为创业者”；“建立统一规范的人力资源市场，形成城乡劳动者平等就业的制度”；“完善面向所有困难群众的就业援助制度”，“积极做好高校毕业生就业工作”；“完善和落实国家对农民工的政策”，等等。(4) 报告改变十六大报告关于“效率优先、兼顾公平”和“初次分配注重效率，再分配注重公平”的提法，明确提出“初次分配和再分配都要处理好效率和公平的关系，再分配更加注重公平”。(5) 报告首次提出：“创造条件让更多群众拥有财产性收入”；“提高居民收入在国民收入分配中的比重，提高劳动报酬在初次分配中的比重”；“创造机会公平”；“逐步扭转收入分配差距扩大趋势”。(6) 报告首次提出要“加快建立覆盖城乡居民的社会保障体系”。报告提出，要促进企业、机关、事业单位基本养老保险制度改革；全面推进新型农村合作医疗制度建设；提高统筹层次，制定全国统一的社会保险关系转续办法；健全社会救助体系；健全廉租住房制

度，加快解决城市低收入家庭住房困难，等等。报告还把“社会救助”“慈善事业”等纳入社会保障体系之中，把基本医疗保险从“城镇职工”扩大到“城镇居民”，把最低生活保障制度的范围由“城市居民”扩大到“城乡居民”。(7) 报告首次提出“建立基本医疗卫生制度”。提出：坚持公共医疗卫生的公益性质；建设覆盖城乡居民的公共卫生服务体系、医疗服务体系、医疗保障体系、药品供应保障体系；提高重大疾病防控和突发公共卫生事件应急处置能力；加强农村三级卫生服务网络和城市社区卫生服务体系建设；深化公立医院改革；建立国家基本药物制度，等等。(8) 报告首次纳入“社会管理格局”、“社会管理体制”、“社会组织”等概念。提出要健全党委领导、政府负责、社会协同、公众参与的社会管理格局，健全基层社会管理体制，健全党和政府主导的维护群众权益机制，重视社会组织建设和管理，加强流动人口服务和管理，等等。

②所谓民生，则是指民众的基本生存和基本生活状态，以及民众的基本发展机会、基本发展能力和基本权益状况等，主要包括了由低到高的三个层面的内容：第一个层面是指民众基本生计状态的底线，这一层面上的民生问题侧重于民众的基本生存问题；第二个层面是指民众基本的发展机会、发展能力以及基础性的基本权利；第三个层面是指民众基本生存线以上的社会福利状况。在当代社会中，民生状况以及其基本结构和指标的改善与发展状况，不仅直接地反映着人民的基本生存、生活和发展的状况，而且也在很大程度上折射着一个国家其社会结构、社会秩序和社会利益关系调整与建设的合理化与优化程度，在某种程度上甚至还强烈关涉着执政党的执政基础和社会基石问题。党的十七大不仅从坚持和发展中国特色社会主义理论体系的高度对社会建设和改善民生做出了创新性的理论阐述，而且从六个方面进行了系统的工作部署，从而为我们加快推进以改善民生为重点的社会建设提供了坚实而可靠的引导与保障。

③社会建设和改善民生作为单独章节出现在我们党的代表大会的报告中，还是建国以来的第一次。这不仅凸显了社会建设和改善民生在坚持和发展中国特色社会主义伟大事业中的重要战略地位，而且也充分体现了我们党对改善民生和推进社会建设的高度重视与系统安排。党的十七大报告提出的“加快推进以改善民生为重点的社会建设”新要求和新部署，在党的十六大提出的“社会更加和谐”目标和十六届四中全会提出的“构建社会主义和谐社会”战略部署的基础上，进一步深化了我们党对中国特色社会主义本质属性的认识，进一步深化了我们党对当代中国社会建设的规律性与价值性的认识与把握。

第五项推进执政党的自身建设。

①十七大报告关于执政党的自身建设也有重大理论突破，提出九个方面的新观点、新理论、新提法。(1) 报告鲜明提出“以改革创新精神全面推进党的建设新的伟大工程”。指出：党领导的改革开放既给党注入巨大活力，也使党面临许多前所未有的新课题新考验。世情、国情、党情的发展变化，决定了以改革创新精神加强党的建设既十分重要又十分紧迫。(2) 提出了新世纪新阶段党的建设的总体目标，即：要“使党始终成为立党为公、执政为民，求真务实、改革创新，艰苦奋斗、清正廉洁，富有活力、团结和谐的马克思主义执政党。”(3) 十七大报告首次提出“深入学习贯彻中国特色社会主义理论体系”的要求，作出“在全党开展深入学习实践科学发展观活动”的重大部署。报告首次提出“要以扩大党内民主带动人民民主，以增进党内和谐促进社会和谐”，“尊重党员主体地位”，“完善党的代表大会制度，实行党的代表大会代表任期制”，等等。(4) 报告首次提出“推行地方党委讨论决定重大问题和任用重要干部票决制。”(5) 报告首次提出“探索扩大党内基层民主多种实现形式”。提出改革党内选举制度，改进候选人提名制度和选举方式，推广基层党组织领导班子成员由党员和群众公开推荐与上级党组织推荐相结合的办法，逐步扩大基层党组织领导班子直接选举范围，探索扩大党内基层民主多种实现形式。(6) 首次把“完善体现科学发展观和正确政绩观要求的干部考核评价体系”写入党代会报告中。(7) 报告还提出要扩大干部工作民主，加强干部选拔任用工作全过程监督，健全干部双重管理体制，完善适合国有企业特点的领导人员管理办法，等等。(8) 报告首次纳入“流动党员管理”、“党员动态管理机制”等内容。提出：拓宽党员服务群众渠道，构建党员联系和服务群众工作体系；加强和改进流动党员管理，加强进城务工人员中党的工作，建立健全城乡一体党员动态管理机制；以党的基层组织建设带动其他各类基层组织建设；建立健全城乡党的基层组织互帮互助机制；建立健全党内激励、关怀、帮扶机制，等等。(9) 报告鲜明提出“把反腐倡廉建设放在更加突出的位置”。提出：坚持标本兼治、综合治理、惩防并举、注重预防的方针，扎实推进惩治和预防腐败体系建设，在坚决惩治腐败的同时，更加注重治本，更加注重预防，更加注重制度建设，拓展从源头上防治腐败工作领域，并且首次把“加强廉政文化建设”写入党代会报告。

②党的十七大报告提出了全面推进党的建设新的伟大工程的总体布局和总要求，这就是：“一条主线，五项建设”——把党的执政能力建设和先进性建设作为主线，坚持党要管党、从严治党，贯彻为民、务实、清廉

的要求，以坚定理想信念为重点加强思想建设，以造就高素质党员、干部队伍为重点加强组织建设，以保持党同人民群众的血肉联系为重点加强作风建设，以健全民主集中制为重点加强制度建设，以完善惩治和预防腐败体系为重点加强反腐倡廉建设，使党始终成为立党为公、执政为民，求真务实、改革创新，艰苦奋斗、清正廉洁，富有活力、团结和谐的马克思主义政党。这个总体布局和总要求，承前启后、继往开来，体现了解放思想与实事求是的统一、发扬优良传统与坚持开拓创新的统一。围绕这个总体布局和总要求，党的十七大报告还提出了党的建设的6项任务。所有这些，构成了新的形势下以改革创新精神全面加强党的建设的行动纲领。

③新世纪新阶段，我们开展各项工作，必须更加自觉地坚持以改革创新的精神抓好党的自身建设。要注重做到“三个有机结合”：把党的先进性建设和执政能力建设有机结合起来，把党的建设优良传统和新时期的创新创造有机结合起来，把党中央的战略要求和宁夏大学的实践探索有机结合起来。要坚持把思想理论建设放在首位，全面深入学习贯彻科学发展观，进一步解放思想、求真务实；要加强党的组织建设，造就高素质的领导班子、干部队伍和党员队伍；要扎实有效推进党内民主建设，坚持党员主体地位，完善党内民主制度，使全区党员干部的创造活力充分发挥；要全面加强思想作风、学风、工作作风、领导作风和干部生活作风建设，大力改进学风和文风，反对形式主义、官僚主义和弄虚作假，反对奢侈浪费，全心全意为人民服务；要坚持不懈地进行反腐败斗争，建立健全教育、制度、监督并重的惩治和预防腐败体系，始终保持人民群众对党的信任和信心；要加强党内各项制度建设，坚持和完善民主集中制，同时深化各项决策制度、干部人事制度、基层组织制度改革，使全区各级党组织始终成为实现“两个跨越”的坚强核心和战斗堡垒。

总的来说，五项建设各有创新。“经济建设”的创新点是“又好又快”；政治建设的创新点是“积极稳妥”；“文化建设”的创新点是“大发展、大繁荣”；社会建设的创新是“更加突出”；党的建设的创新点是“保持和发展先进性”。

二、推进宁夏大学新的转型发展

这是贯彻落实十七大精神的落脚点。

在本科教学工作水平评估获得“优秀”，“211 工程”立项建设目标即将实现的喜人成绩面前，发展依然是学校的第一要务。今后三到五年内，向教学研究性大学转型就是我们的发展内容，顺利有效地转型就是发展。

我们要准确把握我国高等教育发展的趋势，准确把握宁夏大学的现实情况，抢抓机遇，乘势而上；以科学发展观引领学校向“具有区域特色的较高水平的教学研究型大学”转型。把转型发展的思想贯彻、落实到教育教学、科学研究、人才培养和管理工作中去，逐步树立教学与科研结合，教学与科研并重的办学理念。不仅要一如既往地做好人才培养教育工作，而且要把学校的发展与区域经济社会的发展紧密结合起来，努力把宁夏大学建设成自治区乃至周边地区经济社会发展的人才培养基地、科研产出与科研服务的基地，为自治区跨越式发展做出应有的贡献。今后，我们要把工作重心放到“深化发展、提高内涵”上来，把向教学研究型大学的转型当作发展的核心内容，把向教学研究型大学的转型当作提升内涵的具体抓手，扎扎实实地推进各项工作。

我们当前奋斗的目标就是：把宁夏大学建设成为“具有区域特色的较高水平的教学研究型大学”。为此，我们的主要工作就是推进学校新的转型发展。

（一）什么是教学研究型大学

目前，对什么是教学研究型大学，还没有以学术共识为基础的严格界定。一般认为，教学研究型大学是介于研究型和教学型之间的大学，是教学型大学发展的必然结果，是向研究性大学迈进的前提。教学研究型大学以培养有研究潜力、具有一定复合知识的较高级人才为主要任务，培养对象应具备较强的技术应用、技术开发能力；在培养层次上，教学研究型大学以本科教育为主，同时注重强化研究生教育；教学研究型大学的科学门类以多科性和综合性为主，学历教育是涵盖博士、硕士和学士完整层次的大学。当然，对于什么是教学研究型大学，还有一些其他观点。但是，我以为，在我校向教学研究型大学转型的过程中，我们只需找好若干个可比、可信，得到公认的参照大学来研究、界定我们自己，并定出目标，不必拘泥于理论。

（二）充分认识我校新的转型发展的重要性

1. 向教学研究型大学转型发展是我们自身发展的客观要求。

宁夏大学建校 50 年，风雨历程，几度分合，逐步壮大，几代人为之拼搏奋斗。至关重要的发展阶段就在近十年。1997 年，宁夏大学与宁夏工学院、银川师范高等专科学校（含宁夏教育学院）四校合并。2002 年，宁夏大学与宁夏农学院进行了新一轮合并，成立了新的宁夏大学。2004 年，宁夏大学成为教育部与宁夏回族自治区人民政府共建高校。近十年间，学校顺应了我国高等学校发展的潮流，抓住了一次次发展的机遇，负重拼搏。

现在学校已获得教育部本科教学水平评估优秀等次，“211 工程”立项建设目标即将实现。总结下来，经验就是“勇于进取”四个字。今天，我们站在一个新的高度、新的平台上，过多地回头和喘息只能使我们沉湎于功绩，乘势而上才是当务之急。成绩不是终点，是起点，过程才真正值得回味。我们要从过程中总结经验，继续探索，认真筹划，再上新台阶。通过转型提升内涵，通过转型提升形象，通过转型积聚力量，通过转型实现可持续性发展。

2. 向教学研究型大学转型发展是我们逐步达到“211 工程”大学基本条件的必然路径。

进入“211 工程”行列的大学，必须是高水平教学研究型大学或研究型大学。建国校长在教学工作会议上曾明确指出：尽管我们近年来，特别是“十五”以来，在办学条件、教学水平、学科建设水平、服务地方能力等方面都得到了很大提升，取得了明显进步，但是在学科特色、人才队伍、研究生培养、科技创新等一些教学研究型大学的关键指标方面，仍然与教育部的要求，与西部省部共建高校之间存在着明显差距。

4 月 7 日，教育部副部长袁贵仁在对宁夏大学进入“211 工程”行列的表态中说：宁夏大学进入“211 工程”立项行列，国务院、教育部很重视，陈至立委员、周济部长很支持，宁夏、西藏、新疆生产建设兵团、青海在进入“211 工程”立项建设时作为地区填补空白，在全国都说得通。这句话可以听出两层意思，一是教育部明确支持我们进入“211 工程”大学的行列，二是我们是以民族地区填补“211 工程”空白的身份进入的，说明我们自身实力上与“211 工程”大学还有差距与不足。具体表现在下面几方面：

（1）学位点数量少。博士学位点建设差距明显，博士后流动工作站为零，硕士学位点数量差距较大。

（2）重点学科建设力度不够（尤其是国家级重点学科数量为零）。

（3）基础科学研究基地数量不足。

（4）师资队伍建设力度还需进一步加强。体现在教师中博士学位比例明显偏低，博士生导师人数较少，还没有两院院士、“长江特聘学者”等知名专家。

（5）科研项目及经费数量少，国家级重大科研攻关项目、“863”、“973”项目较少。

所以，我们只有勤勤恳恳，兢兢业业，扎实工作，不断推进学校新的转型发展，才能使我们与即将得到的“211”名分相符合。

3. 向教学研究型大学转型发展对促进我区高等教育布局的均衡发展有重要意义。

十七大报告把关注民生摆在突出位置，又把教育摆在民生之首，提出“优先发展教育，建设人力资源强国”，“教育是民族振兴的基石”等。近年来，自治区党委、政府对教育的关注程度也逐年提高，宁夏的教育事业呈现出大发展、大进步的繁荣景象。自治区第十次党代会也明确要求“宁夏大学要争取建成具有区域特色的较高水平的综合大学，宁夏医学院要实现申博创大的目标”。对此，宁夏大学应该做好自治区高等教育的“领头雁”、“排头兵”，做好省部共建大学的本分，不负“211 工程”大学的名分，用先进的办学理念、教学水平以及管理经验，带动区内第二层次的普通高校、第三层次的高等职业学院和第四层次的民办高校共同进步，为实现自治区高等教育均衡发展做贡献。

（三）推动学校新的转型发展的途径

1. 推动学校新的转型发展要充分利用我们的现有优势。

我到任一个多月来对学校总的感受是，学校正处于一个较好的发展时期，总体形势良好，具备持续发展的条件。以下六个方面的优势要坚持，要用好。

第一，广大师生员工精神状态好，团结奋进，积极进取，保持了学校健康稳定发展的局面。尤其在学校经费相对紧张的情况下，广大教职员工依然保持着一心一意谋发展、同心同德促进步的精神状态，令人感动、敬佩。我们充分感觉到，广大教职员工对于学校的发展前景充满了信心。

第二，各级党组织机构健全，党的先锋模范作用发挥得好。在机构建设上，全校现有 21 个基层党总支部和 1 个基层党委，10 个直属党支部，171 个基层党支部（另有 29 个学生社区党支部），教职工党员 1417 名（不含离退休人员党员 631 名），占教职工总数的 52.7%；学生党员 2673 名，占学生总数 14.34%。各级党组织和党员同志勇于开展工作、乐于拼搏奉献，起到了战斗堡垒的作用，起到了先锋模范的作用。其次，在制度建设上，校党委把对教职员工的政治思想教育工作与学校的中心工作紧密结合起来，理论与实践互动，取得了良好的效果；同时，把加强和改进大学生思想政治教育工作作为学校党建工作的重中之重，出台了一系列重大措施，充分体现出了我校党的各级机构开展工作是合理而有效的。

第三，各级领导班子坚强有力，领导核心作用发挥得好。校级领导班子团结协作，年富力强，驾驭全局的能力强，群众支持拥护；各院系班子经过去年的换届聘任，能够积极带领大家共谋发展，总体情况良好。

第四，学校的办学现状已经具有一定优势，为今后较长时间的发展打下了坚实基础。重点体现在以下七个方面：一是学校的定位和办学层次逐步提升。宁夏大学是自治区重点建设的大学，是省部共建的大学，是“211 工程”立项建设目标即将实现的大学，已经成为宁夏高等教育重要的支撑力量。二是师资力量比较雄厚，各类高层次人才在区内高校居于首位。我校现有国家级有突出贡献的中青年专家 1 人，国家级教学名师 1 人，享受“政府特殊津贴”专家 23 人，教育部“新世纪优秀人才计划”8 人，入选国家“百千万人才工程”17 人，“313 人才工程”24 人，这些数量在区内高校占有绝对优势。三是学科建设和学位点建设在自治区居于最高层次。如，国家重点培育学科有 3 个，“211 工程”重点培育学科有 5 个，自治区重点学科有 17 个；博士授权点 3 个，硕士授权点 49 个，本科授权点 68 个。四是教学质量和教学水平有新的突破。教育部本科教学评估已取得了优秀，19 个观测指标 18 个达到了 A，这个突破是对我们教学质量和教学水平的充分肯定。五是科研成果项目比较多、档次比较高，并且已直接服务于宁夏经济社会的发展。同时，争取到的科研经费也有很大提高。六是办学条件和办学规模有了较大的改善。“十五”以来，宁夏大学固定资产由 2.2 亿增加到 9.1 亿。各类学生达到近 30000 多人，其中本科生 15200 人，研究生 2054 人，预科生 1440 人，成人继续教育学生 10000 多人。

2. 推动学校的转型发展要以破解难题为突破口。

在教学工作会议上我讲到，学校党、政班子正在积极筹划破解诸如经费、学历层次、学位点质量与数量和管理体制等方面存在的难题。这些都是我们现实面对的难题，也是发展道路上没法回避的难题。问题的关键就在于勇于面对、乐于筹划、勤于落实。实际上，从各个基层单位来说，也会被这样那样的难题困扰着，这时，基层班子也应该拿出干劲、想尽办法去打破困扰、破解难题。要想干事，才有可能干成事。大家要仔细思考建国校长出的选择题，是主动干，还是等着干，还是不想干。要选对答案，加以落实。这样，我们就会做到上下齐心，众人拾柴的效应就会显现，发展的瓶颈就打破了。

3. 推动学校新的转型发展要以创新为动力。

陈建国书记在自治区十届二次全体会议上讲：“不创新就没有特色，不创新就没有活力，不创新就形不成优势。全区上下要把创新的号角吹得更响”。学校要转型发展，必须勇于创新。创新要多思考，创新是为了实践；创新要杜绝翻花样，不能为了创新而创新。怎样思考，怎样实践？教学的创新要多在方法上下功夫。比如，专业怎样设置更合理，怎样教更有效。要通过创新出的好方法培养学生学习的热情、钻研的习惯、吃苦的精神等。科研的创新要注重应用。科研是教学研究型大学的一条腿，科研活动创新的成果得有应用价值，否则，这条腿是无法走路的，失去了创新的价值。管理的创新在于效能。通过创新理顺了关系、强化了协作、简化了程序、优化了措施，效能就显现出来了。

4. 推动学校新的转型发展要狠抓管理质量

要树立“管理出效益”的理念，把进一步提高管理水平作为学校新的转型发展的主要抓手之一。要进一步完善各种管理制度、管理办法，同时注重管理制度创新。要在加强教学管理、提高学工水平、改进机关作风、完善公共服务体系、总结学院实体化改革经验、推进校务公开和院务公开上展开新的思考与改进，做到各项工作规范、有序、顺畅、高效。通过抓管理质量，促进教风和学风上台阶；激发机关、院系的工作热情；提高后勤产业反哺教学、科研的能力；强化领导干部的责任意识；落实教职员工的知情权、参与权、监督权；争取群众更大、更多的支持。各单位要自检长短优劣，制定改进方案，提高管理质量，让管理出效益。

5. 推进学校新的转型发展要在特色上做文章。

我们的奋斗目标是“建设具有区域特色的较高水平的教学研究型大学”。在特色上做文章，一方面，符合我们宁夏大学的校情。“十五”以来取得了辉煌成就，但毕竟要补的历史旧账太多，就综合实力而言，我们还没有能力全方位突破。我们可以先打特色牌，在特色上取胜，通过特色逐步积累，通过特色逐步放大。这就是学校通常所说的“通过单项冠军来带动全面发展”的道理。另一方面，无论学校强与弱，都有必要抓特色。抓对了特色，学校就具备了优良的个性，这对学校内涵的提升、认知度的提升有益无害。所以，我们要转型发展，就必须做好“特色”这个文章。比如，西夏学研究、回族学研究，我们做好了，这个特色的话语权就是我们的。又如，煤化工的研究就符合宁夏资源利用向高附加值发展的政策要求。例子不用多举，道理很明了，抓特色建设，要从自治区乃至周边地区本身的特色上寻找抓手，要从对政策的把握和研究上寻找抓手。希望各相关单位多思考、要进一步多凝聚出我们的新特色学科、新研究方向。

6. 推动学校新的转型发展要以人为本。

以人为本是科学发展观的核心。“民为邦本，本固邦宁”。对学校而言，转型发展要依靠全体师生的真心支持，要仰仗全体师生的不懈奋斗，所以，学校的各项工作要处处以人为本。对待教职员工，各部门、各级领导要尊重、关心、体贴他们；实施人性化的管理、进行人性化的教育；多征求意见、听取建议，在和谐氛围下，工作才会很到位。对待学生，以人为本体现在科学地运用教育、管理和服务上。三者的关系是否达到平衡，取决于全体施教者对教育、管理和服务的认识。认识到位，学生这个群体就会积极而上进、稳定而团结。为此，施教者很有必要开展诸如典型经验的总结、工作理论的探索、学生思想特点和现状的分析以及思政管理队伍建设的研究等活动。

同时，要做到以人为本，要能够帮助师生解决遇到的具体问题。

7. 推动学校新的转型发展要以服务地方经济社会发展为重要抓手。

我们要积极参与地方经济社会的建设。参与了才有可能被认可，经常被认可就会拥有发言权。这就是“有为，才会有位；有位，才能进一步有为”。我常想，在宁夏这片土地上，各行各业在学术上、科研上、策略上有问题、有困难，应该第一个想到利用宁夏大学的力量来解决。这个应该是我们一个追求的目标。当然，这是硬功夫，靠的是实力，来不得半点假。我们农学、生物学、水利、西夏研究、回族研究已经做得较好；化工、物理电器自动化和资源环境专业也有所突破。下一步工作，一是要把优势学科力量整合好，重拳出击；二是较强学科要试探性出拳，先得些小便宜，再逐步扩展。整体而言，要把目标重点对准东部煤化工、西部葡萄产区、中部干旱带、北部盐碱地、南部特色农业与设施农业。对我校而言，这些地方应该是大有可为的。

要充分认识到，积极参与地方经济社会的建设，既是我们对国家、地方应尽的责任，又是我们创造收益、提高声望的途径，我们应该努力做好。

8. 推动学校的转型发展要摒弃小富既安的意识。

转型发展是全面发展，是大发展。转型，就是要有质的飞跃。小富既安的思想会束缚我们的思路、压抑我们的胆量。安于现状就不会去图谋发展。通过调研，我有这样一个想法，我们的新华学院、继续教育学院和职业教育学院、国际教育学院、远程教育学院、预科教育学院、高师培训中心，前期建设发展的势头良好，大多已产生了良好的效益。但是，还有发展空间，要下大功夫去拓展。新华学院，要在教学质量上下功夫，以质量保规模，为未来的生源竞争做准备。继续教育学院和高等职业技术学院，要在扩大招生规模、增加实用性专业上下功夫，要把自治区大力发展职业教育的政策用好、用足。国际教育学院，要在申报对外汉语教学专业上下功夫，主动与民委、外办联系，加大宣传，力争在招生数量上有所突破。远程教育学院，要继续扩大跨校网络选修课的范围，继续挖掘网络学历教育的潜力。预科教育学院，要进一步拓宽面向全国招生的范围，加大外校生的招生数量，建成和谐、文明、进步的民族教育基地。高师培训中心，要着力提高培训质量，扩大培训种类与项目，积极筹划申请建立西部教育计划重点高师培训基地的工作。以上这些单位，大多为学校的收入做出了不少贡献，你们要继续努力。

其他各院、单位，也要依此思考，加以落实。

现在是春暖花开的季节，一年之计在于春。我的讲话意在抛砖引玉，有诸位的支持与奋斗，我们的学校一定会完成新转型、再上新台阶。让我们为宁夏大学新的转型发展共同努力吧！

（2008 年 4 月宁夏大学根据自治区党委组织部的要求，对副处级以上干部进行为期三天的脱产培训学习，学习贯彻落实党的十七大精神。本文为 4 月 12 日作者的专题发言，原题为“认真贯彻落实党的十七大精神，推进宁夏大学新的转型发展”）

“五个好”

宁夏大学与宁夏红枸杞产业集团有限公司签订合作协议具有重要的意义，有“五个好”：

一是“好日子”。今天是 4 月 16 日，四面八方、各位朋友欢聚一堂，顺顺利利的发展。今天又是春暖花开，风和日丽，暖人心的日子。

二是“好事情”。宁夏大学与宁夏红枸杞产业集团有限公司签订合作协议，标志着校企结合的开始，标志着产学研结合的开始，而且协议内容体现出了教学、科研、产业的结合。我们相关专业的师生可到宁夏红枸杞产业集团有限公司去学习，同时，学校聘请了张金山董事长为客座教授，把张金山董事长的理论、实践经验传授给学校的相关专业，互相交流、传递经验。

三是“好开端”。宁夏红枸杞产业集团有限公司是宁夏大学启动五十年校庆捐款活动以来的第一家企业捐赠，并且高效到位，这是一个好的起点，通过宁夏红枸杞产业集团有限公司的这个义举带动社会各界对宁夏大学建设发展的支持，宁夏红枸杞产业集团有限公司带来了一个良好的开端。

四是“好朋友”。宁夏红枸杞产业集团有限公司与宁夏大学结为了朋友，以诚招天下客，以诚交天下友。双方签订了合作协议，就要敞开思想，交流经验，互相学习、帮助，共同进步。

五是“好前景”。双方签订的合作协议，对学校和企业的发展，都会有一个好的前景。宁夏红枸杞产业集团有限公司是国家农业产业化的龙头企业，在宁夏奠定了良好的基础，宁夏红已经影响到了全国、全世界。跳出宁夏看香山酒，走出全国看我们的产业，走向世界看我们的企业，祝愿宁夏红枸杞产业集团有限公司越办越好，越办越兴旺。

（2008 年 4 月 16 日下午，在宁夏大学举行宁夏大学与宁夏红枸杞产业集团有限公司建立合作关系并为学校校庆捐资仪式。宁夏红枸杞产业集团有限公司董事长、总裁张金山，常务总裁梁新永，总裁助理赵国华，总经理詹中华，专营事业部经理刘振宇，宁夏回族自治区党委副秘书长、宁夏大学党委书记荣仕星，校长何建国，副校长王燕昌、谢应忠、张成、冀永强及相关部门负责人出席了仪式。这是作者在仪式上的即席发言）

青年学生要向马克思学习什么

青年马克思主义者研究会的成立表明了我校大学生的政治理论学习由自觉的、自发的阶段向有组织的系统学习阶段的转变，标志着我校大学生政治理论学习进入一个新的发展时期。希望研究会加强马克思主义理论在我校广大青年中的学习与运用，着力培养造就一大批用马克思主义中国化的最新成果武装起来的青年马克思主义者。研究会要切实履行自己的职责，真正地将马克思主义入脑入心、入行，对马克思主义真学、真懂、真信、真用，将研究会建设成为一个思想先进、理论钻研、奋发向上、学以致用的学术团体。

1920 年 3 月，李大钊等在北京大学组织了第一个马克思主义研究会。随后，各地相继成立了以共产主义小组为核心的公开研究马克思主义的群众团体。中国共产党成立后，领导马克思主义研究会在团结教育青年，宣传研究马克思主义和十月社会主义革命的基本理论，研究中国的实际问题，培养党的干部等方面起了重要的作用。

人类历史长河中英才辈出，马克思是举世公认的哲学家、思想家、政治领袖，马克思主义一度为全世界一半以上人口所接受，并导致了全球接近一半的国家选择了社会主义制度。他的人类解放学说、革命理论、历史唯物史观、剩余价值论广泛地、深刻地、长久地影响着现代社会的政治和经济活动，不唯其信仰者，包括其反对者皆受益于他的思想智慧，直到今天。当前许多社会主义国家开始接受市场经济理论，这是各国结合自己建设和改革的实践，对马克思主义理论深化的结果。事实上，100 多年前资本主义社会就开始吸收和借鉴马克思的理论，通过国家干预，用有形的手来避免生产过剩就是明显的例证。作为一名当代青年大学生，要真正成长为一名坚定的马克思主义者，就必须首先向马克思学习，学什么呢?

一、学习马克思的科学精神

所谓科学精神，是指“从科学中凝炼和提升出来的文化精髓和价值观念体系。它源自科学活动，但又不为科学工作者所专有。它蕴涵着深刻的内容：探索未知、追求真理的理性精神，实事求是、尊重规律的严谨态度，开拓创新、勤奋不息的进取意识，独立思考、敢于怀疑的批判精神”。马克思主义的科学精神，具有以下几个特征。

1. **严谨治学的精神**。严谨治学是马克思主义这一伟大的科学理论体系得以创立的基本条件之一。马克思认为一个真正的科学家不应让自己的感情干扰研究，也不应为自己所可能得出的结论而烦恼。他在自己的研究中抱有最客观真诚的纯科学的探讨态度。他告诉保尔·拉法格（拉法格是法国最早的马克思主义理论家，1866 年担任国际委员会委员，两年后同马克思的女儿劳拉结婚，在巴黎公社时期参加了革命活动，失败后流亡国外。拉法格是这一时期法国最有独到见解的马克思主义理论家，写了大量精辟的短论和论战性文章，也发表过一些论著，如《卡尔·马克思的经济唯物主义》、《共产主义的经济演变》、《革命前后的法国语言》、《唯心史观与唯物史观》、《财产的起源和发展》等。他为后人留下了第一部马克思主义语言学著作），宁愿把自己的手稿烧掉，也不愿半生不熟的遗留于身后。他从不满足于自己的著作，事后总是要加以修改，并且总是觉得文字叙述没有达到思想所达到的高度。他对工作永远都是非常认真慎重的，他所引证的任何一件事实或任何一个数字都是得到最有威信的权威人士的证实的。马克思、恩格斯巨著《资本论》历经三个大的阶段才最终形成。在 1857 年至 1858 年的近一年的时间内，马克思创作了《政治经济学批判大纲》（即《资本论》的第一稿），第一次提出了剩余价值理论这一人类历史上的伟大发现。1867 年 9 月 14 日，《资本论》第一卷在汉堡问世，在西方引发了一场强烈的轰动。《资本论》的第二卷和第三卷由于马克思的过早逝世而未能最终完成，后经恩格斯整理和增补，分别在 1885 年和 1894 年出版，前后经过了 37 年的实践检验和政治活动的考验，并反复多次的讨论，字斟句酌的推敲，最后才得以完成。做学问、进行理论研究，最为基本的要求就是要严谨。近年来，我国的学术腐败行为愈演愈烈：科研造假司空见惯，学术丑闻纷至沓来，甚至连顶级学府的著名教授也被指抄袭和冒名出书。更令人愤慨的是这些原本应受到重罚的行为却一次又一次地被轻轻放过，直至人们不再提起。在这种无声的鼓励下，后来的腐败者勇气倍增，由此带来的消极作用更大，影响更坏。学术品格对于一个人的学术成就几乎有着决定性的意义。广大青年必须学习马克思，做一个品德高尚的学者。

2. **潜心钻研攀登科学高峰的精神**。马克思潜心钻研勇于攀登科学高峰的精神是目前许多学者所望尘莫及的。他的一生都在不停地思考，无论是晴天，还是阴天，他都从未停止过。他不惜牺牲自己的一切，包括身体、金钱、家庭生活安稳、荣华富贵的机会，多少个日日夜夜，他在烛光下剖析着资本主义，寻求着未来社会的方向。在他的努力和引导下，各国工人反对资本主义的斗争一天天地发展，终于汇成了一股社会主义运动的历史洪流。他的横空出世的巨著《共产党宣言》和《资本论》更是其毕生心血的结晶。在写《资本论》第一卷里关于英国工厂历史的时候，他把大不列颠图书馆里的蓝皮书（英国国会中的调查报告，卷帙浩繁，其中多为非常琐碎的材料和统计数据）几乎都看遍了，而他用这些资料写成的文字却只有 20 多页。马克思的一生大多数时间是深夜两三点钟才结束工作。他的大部分时间都与书为伍，他从书的海洋里去汲取人类一切文化成果，哲学、法学、历史学、经济学、语言学、诗歌、戏剧、数学、医学等等，他无所不读。在写《资本论》第二卷的过程中，为了弄清俄国的统计数字，他查阅过的书籍足有两立方米之多，同时，他从中写下了大量的摘要，并用到了第二卷的写作中。对于马克思来说，笔记是通往科学发现的可靠桥梁。

马克思学会了多种外语，能够阅读欧洲几乎一切的文字，能用德、法、英三种文字写作，其娴熟程度令精通这几国文字的人都赞叹不已。在 50 岁的时候，马克思又开始学习俄语，尽管年龄大，俄语很不容易学，但是，经过半年的努力，他已经能津津有味地阅读俄国诗人和散文家的作品了。作为青年教师，要忠诚党的教育事业，在本职岗位上树立起高度的事业心、责任心，热爱本职、忠于职守，尽心尽力、尽职尽责，真正做到“干一行，爱一行，专一行”。潜心钻研业务，乐于从教，勤奋工作，不断创新，取得新成绩。青年学生要不断学习新知识、新技能，掌握过硬的为人民服务的本领，不断适应社会的发展和时代的变化，从而促进社会的不断进步与发展。

3. **顽强拼搏坚忍不拔的精神**。坚忍不拔、奋勇拼搏是指具备挫折忍耐力、压力忍受力、自我控制力和意志力，能够在艰苦的环境下，通过自己的努力和拼搏，克服外部和自身的困难，坚持完成工作任务。为了追求人类解放，马克思付出了巨大的代价，似乎人类历史上很难有第二个人能够在如此之多的厄运面前表现出像他那样坚强的意志。他是一位知识丰富的学者，但首先是一个战士。在他的一生中，充满了各种各样的斗争，在私人方面他没有什么敌人，但是，如果什么人站在无产阶级的对立面，逆历史潮流而动，那么他就会毫不客气地同他决裂，坚决地同他进行斗争。在马克思的一生中，他曾四次被三个国家的政府驱逐出境（1845 年 2 月被逐出巴黎，1848 年 3 月被逐出比利时，1849 年 5 月被逐出普鲁士，1849 年 8 月被逐出法国）。本应属于上层社会的马克思和燕妮夫妇，婚后的生活十分贫困，尤其最后的三十多年在英国伦敦的生活，可以说是极度贫困。在贫困的生活环境中，马克思的孩子有四个未成年就死去，包括他们唯一的儿子埃德加。马克思在写给朋友的信中曾风趣地谈到自己的尴尬：“一星期以来，我已达到非常痛苦的地步：因为外衣进了当铺，我不能再出门；因为所有的食杂店都不让我们再赊账，我不能再吃肉”，“六个星期以来，特别是最近两个星期，我每天不得不奔走六个小时找那倒霉的六便士，为了能往牙齿上放点什么……”“有一个星期，燕妮不敢出门，因为一出门，周围的店家都向她讨债。”尽管生活如此艰难，但他们毫不动摇地进行革命事业。在许多关键时刻，只要他愿意，几乎马上就可以一步登天进入上流社会，成为政府高官，但他毫不犹豫地拒绝了。他还全力以赴地帮助同样贫困的其他流亡革命者，倾其所有地拿出仅有的食物招待他们。伟大的友谊和伟大的爱情在艰难的岁月里给予了马克思最大的支持，他的志同道合的朋友恩格斯在经济上始终如一地资助马克思，甚至为了赚钱而牺牲自己的研究工作，去干极不情愿的商业；燕妮对马克思的爱情忠贞不渝，这个当年令全城倾心的“迷人的公主”，为了支持丈夫的事业变卖了所有的嫁妆，始终毫无怨言地支撑着家庭的重担，同时又负责誊写马克思的手稿。他们以乐观的态度对待命运的压力，这个贫穷的家庭中仍然不时会传出夫妻为孩子们背诵文学名著的朗朗书声，背海涅的诗，背莎士比亚的戏剧台词，你背一段，我背一段，那一刻，他们把平日生活的艰难丢在脑后、丢在了九霄云外。面对政治上的巨大压力，生活上的极度贫困，面对名利诱惑，马克思表现出钢铁般坚定的意志，正如中国古人所称颂的那样，他做到了“富贵不能淫，贫贱不能移，威武不能屈”。在个人修养中，顽强拼搏、坚忍不拔是一个很重要的品质，如果我们没有恒心和毅力，就无法忍受挫折和失败，甚至在生活的道路上刚一迈步，就被逆境打倒。顽强拼搏、坚忍不拔的精神更是我们广大青年获得事业成功的基础，要正确对待成功和失败，胜不骄败不馁，在困难面前，不悲观失望，不怨天尤人；在挫折面前，自强不息，坚忍不拔，奋勇拼搏，凭着闯劲，走出困境，以顽强拼搏、坚忍不拔的精神，迎接新的挑战，永不言败。

4. **批判质疑的精神。**“批判”是一个在马克思的著作中出现频率极高的词汇。在马克思的代表作中有几部的书名就直接含有“批判”一词，如

《黑格尔法哲学批判》、《神圣家族或对批判的批判所作的批判》、《政治经济学批判》、《哥达纲领批判》等。马克思所说的批判，其实就是批评，就是对他人或自己的思想的选择和舍弃的过程，或者说是一个扬弃的过程。批评，从方法论意义上说，不只是吸收、舍弃别人思想的方法，更重要的是思想进步的必然途径。从马克思的思想发展历程来看，没有离开过批判，批判黑格尔、青年黑格尔派、费尔巴哈、蒲鲁东、巴枯宁、古典经济学家，每一步思想的进步都伴随着批判。马克思主义的三个组成部分就是在批判中吸收前人的优秀成果创立起来的。马克思主义的哲学是批判德国黑格尔的唯心论，吸收费尔巴哈唯物论的基本内核，经过自己的分析创立起来的；马克思主义政治经济学是批判地吸取了英国大卫·李嘉图古典政治经济学的优秀成果而创立起来的；马克思主义和科学社会主义是在批判地吸取法国的圣西门、傅立叶，英国的欧文等人空想社会主义的思想精华，经过自己大量的社会实践和社会调查科学论证而创立的。马克思的批判不只是针对别人，同时也是针对自己，只要看一下马克思在各个时期的手稿中对同一概念的反复研究，就可明白这一点。自我批评、自我批判，是理性的科学精神所必不可少的一个环节。它是一种可贵的精神资源，是理论自信的表现，是理论提升的重要途径。马克思主义敢于开拓创新，不断进行自我批评，是用理性的态度对待自己的理论的典范。马克思从来不把自己的理论看成最终完成的真理体系，而是看作创造性发展的科学，他说“辩证法不崇拜任何东西，按其本质来说，它是批判的和革命的。”他不但把辩证法贯彻到事物的方方面面，而且也指向自身，对自己的理论学说也采取革命的批判态度。马克思把“怀疑一切”作为自己的座右铭，我则更为他的另一句格言所深深打动：“哲学家们总是用不同的方法去认识世界，重要的是改造世界。”今天，我国已进入改革开放新时期，民主和科学得到空前的发展。但是几千年形成的旧传统仍然无处不在，仍在有意无意地束缚着人们的创造力。青年知识分子既要肯于学习科学理论知识，又重视科学实践，学会用自己的头脑思维，学会怀疑权威乃至教条，及时摆脱陈旧思想的束缚，坚持用解放思想、实事求是、与时俱进、改革创新的马克思主义精神武装自己，全面准确地理解马列主义、毛泽东思想、邓小平理论、“三个代表”的重要思想和科学发展观，依靠这种精神全面推进我国社会主义市场经济建设、社会主义政治建设、社会主义文化建设和党的建设，坚定不移地走中国特色社会主义的道路。青年学生，年轻，充满学习和工作的热情和活力，朝气蓬勃，这个年龄段更应该“解放思想，实事求是，与时俱进，改革创新”。求真务实格外重要，要明辨是非，脚踏实地，从我做起，从点滴做起，不要好高骛远。人生和学习都是一个不断积累的过程，只有一点一点地小积累，最后才会有一个大收获。“创新是一个民族进步的灵魂”，青年人是创新的主力军，我校的“挑战杯”就是鼓励大家创新。原始创新多了，我们国家的前途就更有希望了。

二、学习马克思的宽阔眼界

所谓宽广的眼界，一是有历史的深远眼光，一是有世界的全局眼光。马克思具有宽阔的眼界，他创立的马克思主义学说成为无产阶级及其政党的世界观和方法论，所反映的规律具有普遍性。

1. **宽阔的全球战略眼界。**马克思、恩格斯胸怀世界，胸怀人民，胸怀理想大志，为了人类和社会的进步，奉献自己的毕生精力。他们以解放全人类的眼界观察世界，号召“全世界无产者，联合起来”，为实现共产主义而奋斗。并且指出，科学社会主义要指导无产阶级实现自己的历史使命，就要“深入考察这一事业的历史条件以及这一事业的性质本身，从而使负有使命完成这一事业的今天受压迫的阶级认识到自己的行动的条件和性质”。按照马克思和恩格斯一贯的思想，要使无产阶级“认识到自己的行动的条件和性质”，就必须以解放全人类的眼界观察世界，科学分析、正确判断国内情况和国际形势，认清世界历史的主题和时代特征。如何考察世界所处的时代？马克思恩格斯认为，首先要深入考察整个世界的经济基础，因为“每一历史时代主要的经济生产方式和交换方式以及必然由此产生的社会结构，是该时代政治的和精神的历史所赖以确定的基础，并且只有从这一基础出发，这一历史才能得到说明”。“用马克思主义的宽广眼界观察世界”，正是当前我党实现马克思主义理论创新，在实践中坚持和丰富发展邓小平理论、“三个代表”重要思想和科学发展观的具有鲜明时代特征的重要方法论原则，也是对党的“解放思想，实事求是”思想路线的丰富和发展。用马克思主义的宽广眼界观察世界，就要加强对时代问题的研究，历史地看待时代的发展，敏锐地把握时代的变化，这是时代赋予我们青年一代的光荣使命。

2. **宽阔的科学文化眼界。**马克思认为，文化是人改造自然的劳动对象化中产生的，是以人化为基础，以人的本质或本质力量的对象化为实质的，它包括物质文化、精神文化、制度文化等因素，是一个广义的文化概念。他提出，第一，文化生产是从人的诞生开始的。第二，随着生产力的发展，社会大分工促成了物质生产和精神生产、体力活动和脑力活动之间的大分工。这不仅将文化生产纳入了社会分工的轨道，使之成为人类职业化活动的一个特殊门类，即作为文化产业的文化生产；也为各国古代文化的繁荣创造了条件，并对往后人类文化的发展产生了深远的影响。第三，世界市场和世界交往的形成是世界历史和世界文学或文化形成的前提与条件。第四，在经济全球化的条件下，各国文化中尽管某些民族性的东西在弱化，共同性和世界性的东西在日趋增长。但这并没有导致各国文化的迅速一体化、全球化。这里给我们的重要启示是，要继承和发扬中华民族的优秀传统文化，吸收世界优秀文化成果，把它们熔铸于有中国特色社会主义的文化之中，这是我们建设有中国特色社会主义文化的一个重要基础和条件。一方面要正确认识和看待资本主义文化成果，以博大的胸襟和开阔的视野，大胆吸收资本主义的一切优秀文化成果，包括科学技术、文化教育、文学艺术、思想理论，凡是一切有助于我们的社会主义建设，能丰富我们的文化生活，提高人们的精神境界，加强各国人民相互了解的新思想、新科学、新文化，我们都要博采众长，融会贯通，为我所用。另一方面要坚决抵制资本主义社会那些消极腐朽东西对我们的侵蚀。

3. **宽阔的社会实践眼界**。马克思主义实践观认为，实践是认识的来源，是认识发展的根本动力，是检验认识正确与否的唯一标准。实践与认识是辩证统一的关系，实践决定认识，认识对实践有巨大的反作用。正确的科学的认识促进实践的发展，错误的认识阻碍实践的发展。认识要随着实践的发展而不断进步。马克思主义的诞生源自于实践，马克思主义的发展依靠实践，在实践中发展问题，在实践中解决问题，从而推动世界的发展。马克思主义实践观要求我们想问题办事情，一定要坚持实践第一的原则，坚持在实践中深化认识，提升认识，发展认识。马克思要求广大青年学习共产主义决不能只限于了解共产主义著作、书本和小册子里的东西，只有把知识“融会贯通”才能真正做到按共产主义要求行动。青年大学生要坚持从实践中来与到实践中去，深入了解群众，一切要从我国的社会经济发展的实践出发，正确处理和解决社会主义建设中的各种社会矛盾。人们只有在实践中自觉地为社会服务，为人民服务，积极地为社会做出贡献，才能实现个人与社会的正确统一，实现个人的人生价值。这应当是我们追求的人生观境界。青年学生必须树立群众观点，坚持群众路线，做到相信群众，依靠群众，为人民群众的利益而奋斗。坚定地走与人民群众的实践相结合的道路。在改造客观世界的同时改造自己的主观世界。青年大学生既要学好书本知识，更要主动走出校园，积极投身于社会实践，在实践中锻炼自己，将自己学到的书本知识运用到实践中去，在实践中检验书本知识以真正做到知识的“融会贯通”，不断提高个人学以致用的能力，把自己塑造成为合格的社会主义建设者。

4. **宽阔的未来发展眼界。**马克思恩格斯在150多年前，根据资本主义时代的基本矛盾揭示的两个“必然”，大大推进了人类社会的发展，至今仍是国际社会主义运动的指导思想和理论旗帜。面对19世纪末世界形势的急剧变化，马克思预见到新的时代即将来临，在1894年9月26日致西西里岛社会党人的贺信中就曾提到“即将来临的新时代”。当今世界，科学技术迅猛发展，知识、技术创新能力已成为决定国家国际竞争实力的重要因素。面对知识经济的挑战和激烈的国际竞争，高等学校在科教兴国战略中肩负着极其重要的历史使命，即培养高级专门人才、推动科学技术进步和实现科技成果产业化的重要任务。青年教师正处在人生创造的最佳年龄时期，专业基础理论较扎实，知识面较宽，思想较活跃，创新意识和创新能力较强，是推动高等教育改革和发展的重要力量。青年学生是祖国的未来，是国家兴旺发达的希望。“未来属于青年，未来取决于青年，未来更需要青年去创造”。当前，我国社会主义现代化建设正处在关键时期，改革发展稳定的任务很重。为了实现经济社会又快又好地发展，青年一代一定要更加自觉地刻苦学习、掌握本领；更加自觉地把个人抱负同全民族的共同理想统一起来，把个人奋斗融汇到振兴中华的伟大事业中去，以刻苦学习、报效祖国的实际行动彰显人生价值和意义。

总之，对于青年大学生来讲，我们要有马克思主义者的宽广眼界，树立崇高的人生理想。年轻人非常关心祖国和民族的前途命运，这是好事情。如果我们有了宽广的眼界和理性的思维，那么我们的爱国将更加真切。青年人同时要加强化自己的使命感和责任感，应该意识到国家的前途和命运与自身前途命运是紧密相连的，具体到现实生活中，宁夏大学的明天就是我们的明天，宁夏大学的未来就是我们未来，学校的发展和我们的自身发展是一个整体，我们要关心学校的发展，大家有责任一起来建设我们的学校，这样我们才能一起拥有一个美好的未来。我们不能只读书，只关心自己的事情，“事不关己，高高挂起”，要一起共建社会主义和谐社会。

三、学习马克思的研究方法

要成为一个真正的马克思主义者，除了学习马克思所具有的科学精神和宽阔的眼界外，还必须学习其正确的研究方法。我们今天学习和研究马克思的研究方法，最根本的就是要理解和掌握马克思研究方法的现实意义，不断提高广大青年的综合分析能力。

1. **阶级分析方法**。马克思主义主张在研究历史和分析现实社会时要把阶级分析作为一种基本方法，认为在充满着矛盾的迷离混沌的阶级革命中，只有以阶级分析和阶级斗争理论作指导线索，才能发现规律性。马克思、恩格斯在《共产党宣言》里指出：到目前为止的一切社会的历史（原始公社的历史除外），都是阶级斗争的历史。自由民和奴隶、贵族和平民、领主和农奴、行会师傅和帮工，一句话，压迫者和被压迫者，始终处于相互对抗的地位，进行不断的、有时隐蔽有时公开的斗争，而每一次斗争的结局都是整个社会受到革命改造或者斗争的各阶级同归于尽……从灭亡的封建社会内部产生出来的现代资产阶级社会并没有消灭阶级矛盾。它只是用新的阶级、新的压迫条件、新的斗争形式代替了旧的。但是，我们的时代，资产阶级时代，却有一个特点：它使阶级矛盾简单化了。整个社会日益分裂为两大敌对的阵营，分裂为两大相互直接对立的阶级：资产阶级和无产阶级。列宁说：“马克思主义给我们指出了一条指导性的线索，使我们能在这种看来迷离混沌的状态中发现规律性。这条线索就是阶级斗争的理论，只有把某一社会或某几个社会的全体成员的意向的总和加以研究，才能对这些意向的结果作出科学的判断。其所以有各种矛盾的意向，是因为整个社会所形成的各阶级的生活状况和生活条件不同。”这是对马克思阶级分析法的最好评价。学习马克思的阶级分析法在今天仍具有重要意义。从举办奥运会来看，历史上社会主义苏联举办奥运会时，就遭到西方国家的普遍抵制。从中国成功申办北京奥运会以来，西方反华势力就一直在各方面对我国进行干扰破坏。为什么近期发生“3·7”南航班机爆炸未遂事件？为什么“东突”恐怖分裂势力在新疆和田、喀什等地组织大规模聚众闹事事件？为什么达赖集团“3·14”在西藏拉萨制造打砸抢烧严重暴力犯罪事件？为什么“藏独”、“东突”、“法轮功”邪教组织、“民运”要趁机破坏奥运会火炬传递活动？这一系列事件说明，西方反华势力决不会放过“千载难逢”的机会，决不会甘心看到中国共产党领导的中国社会主义崛起强大，决不会甘心让中国特色社会主义事业顺利进行，决不甘心让社会主义中国成功举办奥运会。其目的就是要否定马克思主义的指导思想，推翻中国共产党的领导，推翻社会主义制度。事实证明，西方反华势力敌视我国的立场、亡我之心不死的图谋是永远不会改变的。这也充分说明了马克思主义阶级分析方法的正确性。我们广大青年一定要通过类似事情提高认知能力，一定要把自己的事情办好，把时间和精力放到学习和科学研究中去，同党中央保持高度一致，以实际行动报效祖国。

2. **系统分析方法**。马克思系统分析法从系统观点出发，着重从系统和环境、系统和要素、要素和要素之间的相互联系、相互作用中综合地、动态地考察对象，并定量地调整和处理它们运用相应的技术手段和处理方法把整个系统逐个分成不同等级和层次结构，在动态中协调整体与部分的关系，使部分的功能和目标服从系统总体的最佳目标，以达到系统的最佳化。系统分析是对矛盾分析的丰富和发展。系统论的建立，使辩证唯物主义世界观有了更加牢固的科学基础，同时也使人们对物质世界的认识和分析方法更加宽泛和具体化。它告诉我们，对于动态事物的认识，必须从时空相关性和事物之间的普遍联系入手才能够实现。由于整体就是部分与部分之间以及整体与环境之间的相互联系构成的，因此，事物只能从整体上才能够被理解，也只有从整体的角度才能得到对事物的真实认识。

3. **辩证分析方法**。辩证法的世界观是一个动态的有机体，这个有机体内部各部分相互作用，促使有机体不断发展变化。唯物史观是一种历史观，将社会看作一个有机整体，生产力和生产关系、经济基础和上层建筑的相互作用，促使人类社会不断发展前进。从辩证法得出的认识论就是从具体事物内部的要素和联系中寻找事物的本质和发展规律。唯物史观的认识论是从社会的经济运动，而不是从意识形态来探讨社会的发展规律。从逻辑上讲，辩证法的层次比唯物史观高，唯物史观是辩证法的具体体现。从时间看，马克思先是一个唯心主义者，深受黑格尔的辩证法的影响，后来才成为唯物主义者，在研究政治经济学和社会实践中逐渐形成了唯物史观。所以，辩证法是马克思科学研究的根本方法。这也就可以解释为什么唯物史观中的人类社会构成也是一个有机的动态整体。

4. **社会调查方法**。马克思对研究材料的收集和占有，主要调查采取社会调查的方法。马克思曾给美国《纽约每日论坛报》写了几十篇关于现实经济问题的评论文章。可以想象，为了写这些文章，马克思需要收集和掌握多少现实材料。连续十余年的写作，使马克思基本上把握了世纪年代至年代的世界经济脉搏。在准备和写作《一年经济学手稿》期间，马克思作为国际工人运动的精神领袖，经常与工人运动的领导人和普通工人密切交往，这些工人既有英国的，也有其他国家流亡英国的。通过这种交往，使马克思掌握了许多有关工人阶级生活及其与资本主义矛盾的第一手材料。在《资本积累的一般规律》的一章中，马克思就详细说明了工人和难民的居住、营养情况。这是他通过社会调查方法详尽占有材料的又一重要方面。

5. **历史具体分析方法**。马克思主义的科学精神最主要的体现就是与时俱进的理论品质。马克思主义与时俱进的理论品质，是指马克思主义的基本理论及其具体结论要依时间、空间、条件的变化而发展，要结合不同民族和国家的具体实际加以运用。马克思主义自它诞生之日起，就是在根据时代的发展变化，不断适应新形势，总结新经验，提出新问题并寻求理论上的解决方法，找到适应具体历史条件的策略用于指导实践。

（这是 2008 年 4 月 23 日作者在宁夏大学青年马克思主义者研究会成立大会上的讲话）

政治辅导员应该发挥哪些作用

今天我从辅导员的角度谈谈几点意见，跟我们的辅导员谈谈心，谈谈自己的想法，谈几点意见。

一、政治辅导员在高校的地位和作用

大家知道，在宁夏大学我们的这支队伍比较大，总共是71人。我们的政治辅导员应该发挥哪些作用呢？这是我们每一个同志都首先应该明确的，我想第一点，辅导员是高校重点建设的三支队伍之一，大家知道，在高校主要有三支队伍，一支是教师队伍，第二支是行政管理队伍，第三支是政治工作队伍，辅导员是我们三支重点建设队伍之一。在学校教师队伍固然是重要的，因为教学、科研依靠教师队伍，行政管理队伍呢，也是不可或缺的，行政程序、行政的运作、行政的保障要有行政管理队伍，我们的政工队伍也是一个很重要的队伍，尤其是做学生的思想工作。教师是要给学生传授知识，我们就给传授教育，都体现出来教书育人、管理育人、教育育人，中心都是一个育人的问题，都是为培养合格的社会主义建设者和接班人，不过是分工不同，任务不同，但是中心都是培养人才。这也就是我们经常说在高校培养什么样的人以及怎样培养人，三支队伍就是肩负着党和国家的重托，都肩负着培养人才的重任。第一，辅导员是做好学生思想教育工作的基本力量，因为从学生来说，尤其是当代的大学生，思想比较复杂，又比较简单，个性比较强，但是也有他的弱点。所以对学生的教育工作，班主任、辅导员、学生工作干部行政一体化，从这方面来说呢，也是党委、学校党委、分管的党委副书记、学生工作部、校团委，下面各院系有学院的党委副书记，有班主任、辅导员。所以我们辅导员对学生的教育工作最现实，天天跟着我们学生接触，所以是做好学生思想工作基本的力量。第二，辅导员是维护学校稳定的重要力量，学校的稳定有几个方面，首先课堂上老师要教好书，但是课堂之外，第二课堂活动，校外课堂文化，校园的各种有益的活动，都是由我们辅导员去组织，比如说组织的科技文化技术节，组织文化名人走进校园，组织企业家进校园，教授进校园，组织艺术家进校园等等，这些方面的活动都需要维护，维护稳定，维护士气，维护安全，保障每一个活动。各学院的活动都与我们辅导员分不开，都与我们辅导员有直接的关系，从这方面来看，无论是从政治上、思想上、行动上与党中央保持一致，还是从学校维护稳定本身来说，辅导员都是一支重要的力量。第三，辅导员是联系学生的主要桥梁。辅导员是联系学校联系学生的主要桥梁之一，学校要颁布什么样的政策、要宣传什么，都是通过我们辅导员直接进行的，我们各位辅导员是直接执行者，学校通过我们这个联系，把学校有关的方针、政策，党中央、自治区有关的方针政策贯彻到学生，文件要传达到每一个学生，要让学生人人皆知，家喻户晓，这也是把学校、自治区党委、党中央的方针政策都贯彻到，我们起到主要的桥梁作用。这就需要发挥我们每一位政治辅导员的作用，我想，我们辅导员在学校当中的作用地位至少分这几个方面，当然还有其他的方面，由于时间的关系，就不一一列举。

二、如何做好学生的思想教育工作

我认为要做好学生的思想教育工作有五个“要”。

一是要与青年大学生交朋友。首先，在座的各位辅导员年龄与大四的学生都处在同一个年代，年龄比较接近，性格、个性、兴趣、要求和爱好都有共同点，这就是我们与青年大学生交朋友的一个很好的条件。因为我们要做好思想工作，首先一步要建立起良好的感情。青年大学生作为祖国的未来，正如毛主席所说是八九点钟的太阳，是朝气蓬勃的年代，所以我们要跟他们交朋友，建立起良好的关系。比如说，在平时的学习上、生活上、思想上多了解，多沟通，多接触，让他们感到我们是学生的良师益友，真心的爱护他、关心他、帮助他，这样他就会很自然地接触你，解除了心里面的障碍，实现了心里面的融合，消除了隔阂，消除了内心的戒备，这样朋友之间的关系就建立起来了。

二是要善于做好青年大学生的思想教育工作。现在青年人想法很多，要求也很高，也有主见，所以我们做思想教育工作就要从各个方面来考虑，要讲究方式方法，要以理服人、以德感人，说什么都要有一个理论的根据，要有事实的根据，要有法律的依据。同时我们要以德树威，从一个人的影响力来说有两个因素，一个是潜力性影响力，你们作为辅导员有一定的潜力，直接管理学生的，但是更重的还是自然性的影响力，这就靠你的品德、你的智慧、你的经验、你的能力这些综合性来体现的，没有这些方面的体现，学生也是不服你的，所以要以德树威。要以诚感人，要诚实，我们经常说以诚交天下客，以诚交天下友，要真心实意地去做好他的工作。同时，要讲究方法，不能强压，要正面的疏导。比如说，最近发生的一系列事件，3 月 7 号南航航班爆炸未遂事件，3 月 14 号拉萨发生的打砸抢烧严重暴力犯罪事件，在新疆和田、喀什发生的“东突”分子滋事预谋，在世界各国有一些“东突”分子、“藏独”分子、“法轮功”邪教组织干扰奥运会火炬传递的活动，碰到这些事情我们如何给学生讲，要正面疏导。最近发生的抵制家乐福事件，全国各地也有大大小小的游行，一方面我们要肯定学生的爱国热情，对学生的爱国热情要保护好，培养好。同时我们要告诉学生要理智、要冷静，特别是不要有偏激的行动，要相信党中央、国务院有能力、有信心处理好当前的事情，也有信心和能力举办好北京奥运会。我们要处理好自己的事情，管好自己的人，看好自己的门，办好自己的事，把自身精力投入到学习和生活中去，这就是最大的爱国、爱校、爱自己，这也是爱国的一个具体体现，所以我们任何时候都要理智。

三是要重点培养学生干部和学生骨干对象。因为学生干部生活在学生当中，有一些虽然不是学生干部，但是他在学生中间是有影响的，是民间的领头人或者说主持人，所以对这类的同学要做好重点培养。培养什么呢，培养感情、培养思想、培养他们成才，以便他们更好地为社会主义服务，为我们思想政治工作服务，为我们稳定校园服务。把他们培养好了，在我们思想政治教育工作中就会发挥很大作用。

四是要及时准确地掌握学生思想和行动的信息动态。比如说，现在学生到底想什么、做什么，我们都要了解。为什么我们要进行排查，在学生中没有修够学分的有那些人，尤其是不及格六门到十门以上的有多少人，有心理障碍的有哪些人，受过行政处分的有那些人，有其他不良行为的有那些人，在座的我们每个学院、每个班级都要了解，都要掌握，这样我们做工作才会有针对性。尤其是毕业班学生是比较突出的，不及格或好多门不及格，这就意味着他拿不到毕业证了，更拿不到学位证了，学生可能就有偏激的思想，对学费的追缴，学生可能有逆反和反抗心理，还有被处分的同学也有一些想法，所以这些方面我们要及时了解这类学生的思想和行动上的信息动态。这样就能增强思想工作的针对性和时效性。

五是要建立学生动态信息报送的直通车渠道。辅导员要联系班级内的一两个关系比较密切的学生，直接提供信息。比如说，这段时间学校发生的两件事情都顺利的排查了。第一件是 3 月 14 号拉萨发生的打砸抢烧严重暴力犯罪事件，在全国藏区都有反应，包括青海的、甘肃的、四川的、云南的都有反应，包括我们学校也有一点反应，我们预科教育学院有藏族学生，其中有一个学生有一点动向了，学生及时地告诉了学院的领导，领导及时做了工作，就化解了矛盾，没有发生意外的事情。第二件是学校里面张贴了 30 多张标语，标语及时被发现，摘了下来，信息就是由学生直接报送的。所以每一个同志都要与班级的一两个同学建立直通车渠道。我们知道，只有知己知彼，方能百战百胜，要达到敌动我知，敌未动我先知这样一个状态，这样才能打得赢。这支队伍一定要做到拉得出去、站得稳、打得赢。信息及时报送，及时了解、及时掌握，这样我们就不怕损失。就怕不知道，不知道工作就被动了。所以说建立信息报送的直通车渠道是至关重要的。

三、对辅导员的几点要求

辅导员在高校是很重要的，在我们宁夏大学要建立思想过硬、作风正派、素质能力高、打得硬仗的一支辅导员队伍，就要做到六讲。

一讲政治。讲政治这一点是非常重要的，尤其是在现在。讲政治首先要在思想上和行动上与党中央保持高度一致，与自治区党委和学校党委保持高度一致，这是对我们辅导员最基本的一个要求，也是一个最重要的要求。任何时候我们都要站在党中央、国务院的一边，都要主动、自觉地维护党中央的权威，一切有利于党中央的话我们就讲，不利于党中央的话我们不说，这一点是至关重要的。

二讲学习。我们的辅导员要多学习。学习才能拓宽思路，才能增强观察问题的能力，包括观察问题、分析问题、解决问题的能力。学习对我们来说是一种责任也是一种追求和境界，通过学习来拓宽我们的思想，了解我们的方向。一句话，通过学习练好内功，学好知识，掌握本领，做好工作。

三讲正气。我们要树立起正气，正气和歪风邪气是相对而言的，只有树立起正气才能压倒歪风邪气。任何时候都要注重几个方面，一要讲党性，二要重品行，三要重表率。作为辅导员要在学生中讲党性，要树立起自己的品行，要以身作则。有一句话讲，其身正不令而行，其身不正虽令不从。所以我们首先要做好表率，这样我们才能带领好学生，带领好一支队伍。有一句话“将熊熊一窝，兵熊熊一个”、“名师出高徒”，我们的辅导员要做英雄，要做名师，带出一批又一批好的学生。

四讲团结。我们经常说团结是凝聚力，团结出干劲，团结出战斗力。首先我们要跟学生团结好，爱护好他们，因为我们是来自五湖四海的，来自全国 19 个省区，有各个民族，所以我们要主动的做好民族团结，做好民族政策的宣传，民族知识的传授。要尊重民族，尊重民族的风俗，尊重民族的爱好，无论是大民族还是小民族，无论是发达地区还是欠发达地区，都是我们的学生，都是我们的培养对象，所以要主动搞好团结。

五讲服务。我们辅导员一是要为上级党委做好服务，把党的路线方针政策宣传到学生当中去；二是要为教学科研服务，把教学科研的秩序维护好；三是要为同学们服务，比如说同学们在生活上、学习上、就业上遇到困难，在开展第二课堂活动上有什么要求和建议，我们要主动服务。

六讲奉献。我记得美国开国总统华盛顿在就职演说中说过一句话，我作为总统首先是美利坚合众国的一个公民，不是要向国家索取什么，而是要奉献什么。我们作为宁夏大学的辅导员首先要讲为学校和国家奉献什么，然后再讲从国家得到什么，这就是我们应该遵守的基本品德，应有的高尚的素质。

总的来讲，今天我就从三个方面讲了辅导员在学校的地位和作用，怎样做好学生的思想政治教育工作，以及对你们提出的几点要求。五一、五四即将临近，从现在到 8 月 8 日北京举办奥运会，9 月 15 日宁夏大学的五十校庆，9 月 23 日宁夏回族自治区的五十大庆，在这段时间都可能有不同的情况，不稳定的因素存在的。我们要看到我们是平稳的、稳定的一个大好形势。同时我们要有忧患意识，不稳定的因素也是存在的，提高警惕，时时刻刻都要进行思想政治教育工作，不能麻痹大意，不能掉以轻心，又不能极度紧张，草木皆兵。学校党委相信你们，支持你们做好学生的工作，你们的贡献将记载到宁夏大学的历史上去。只要对宁夏大学做出了贡献，学校的领导会肯定你们的成绩，会鼓励你们的进步，支持你们的事业。

谢谢大家！

（这是 2008 年 4 月 29 日作者在宁夏大学学生安全稳定工作会议上的讲话）

宁夏大学建设发展情况调研报告

我到宁夏大学工作一个月来，所做的主要工作是调查研究，了解情况，听取意见，学习思考，同时和校领导班子的同志一道安排和落实学校当前的各项工作，进一步推进学校建设发展。通过对 21 个机关处室、23 个学院（部）、7 个科研单位、7 个教辅部门和 1 个附属单位的调查研究及召开 10 个座谈会了解的情况，结合自己的学习、思考及工作实践，形成以下调研报告：宁夏大学的优势条件、存在问题及发展思路。

一、优势条件

宁夏大学现有全日制学生 20778 人，教职工 2671 人，建筑面积达 58 万平方米，仪器设备值达到了生均 7700 余元，固定资产 9.1 亿元。“十五”期间，学校在自治区党委、政府及自治区相关厅局的正确领导和大力支持下，紧紧抓住西部大开发、合校、扩招、“一省一校”重点建设、对口支援、省部共建等有利时机，认真落实自治区党委、政府提出的“重点建设宁夏大学”和“要努力把宁夏大学办成高水平的大学”的指示，实现了协调、持续、快速发展。在博士点、国家级教学名师、国家级教学成果一等奖、国家科技进步二等奖、国家级精品课程、教育部重点实验室、教育部工程研究中心、省部共建重点实验室、教育部省属人文社科重点研究基地建设等方面取得了零的突破。通过调研，结合自己在广西民族大学和中央民族大学的经验体会，我认为，宁夏大学的优势条件体现在六个方面：

一是学校的地位和办学层次进一步提升。学校提出了在“十五”期间把宁夏大学建设成为具有区域特色的较高水平的教学研究型大学的总体目标；同时提出了两个具体目标：一是本科教学工作水平评估达到“优秀”，二是力争在教育部启动新一轮“211 工程”建设时进入“211 工程”建设行列。近日，教育部已公布我校获得本科教学工作水平评估“优秀”等次；预计今年 6 月份，我校将进入国家“211 工程”立项建设的行列，实质性地提高了学校的地位和办学层次。现在正在研究考虑“211 工程”立项建设的具体方案和教学研究型大学新的转型发展。

二是学科比较齐全。学校现有 9 大门类学科，69 个本科专业，其中大多数都是与自治区经济社会发展紧密联系的专业，有很大的优势。学校有 3 个博士点、1 个一级学科硕士点、49 个二级学科硕士点、4 个专业硕士学位点，本、硕、博的学历层次完整。学科布局合理且突出了地方特色，体现了文、理、工、农等的协调兼顾。

三是师资队伍比较强。师资队伍数量增加，结构趋于合理，具有高级职称的教师和硕士以上学历的教师分别占教师总数的 50% 和 62%，形成了以 100 多名博士和中青年教授为主体的教学科研骨干队伍，汇聚了全区专业最全、人数最多、层次最高、力量最强的教学科研队伍，拥有各类高级专家人才 49 人次，成为自治区经济建设和社会发展的重要人才库。

四是科研成果显著。科研经费总量由 2000 年的 200 余万元增加到 2007 年的 5000 万元，科研项目的层次明显提高；科研经费中横向经费比例不断增长；科研平台建设上已经有了教育部重点实验室和工程研究中心、省部共建重点实验室等；科研成果获得国家科技进步二等奖，最近又获得国家重大科技支撑计划 6 个重大项目。

五是办学条件有了较大改善。通过国债、中日政府间贷款、中央和自治区政府投入、自筹等方式，不断改善办学条件。“十五”期间，新增建筑面积 30 余万平方米，现有建筑总面积达 58 万平方米，仪器设备值达到了生均 7700 余元。固定资产由合校前的 2.2 亿元增加到 9.1 亿元。

六是领导班子团结务实奋进。在自治区党委、政府的正确领导下，学校形成了一个团结务实的领导班子，认真坚持民主集中制原则，班子的每位同志都能按照分工，主动负责，有较强的事业性和责任心。

二、存在问题

一是经费制约。主要表现在三方面：第一，日常经费不足。以近年来收支情况说明：2007 年，学校收入 22538 万元，支出 24020 万元，经费缺口达 1482 万元。2008 年，预算收入 24769.94 万元，支出 30223.40 万元，经费缺口达 5453.46 万元。第二，贷款付息负担重。学校目前贷款总额为 47803 万元（商业银行贷款 18355 万元，日本协力银行贷款 9448 万元，国家开发银行贷款 20000 万元）。从今年开始，贷款利息每年支出 3204 万元，影响了学校教学科研等正常运转。第三，欠款压力大。学校现有校内外欠款 8849 万元。

二是高层次人才不足。主要体现在两方面：第一，目前学校已有博士 109 名，占专任教师的比例不到 10%，距离教学研究型大学和“211 工程”建设的要求还有一定差距，博士生比例还需进一步提高；第二，缺乏学术骨干和学科带头人。学校至今还没有院士、长江学者等，很难形成实力较强的团队，挤进国家队行列。

三是学科水平有待进一步提高。目前，学校仅有 3 个博士点，1 个一级学科硕士点，在数量上严重不足；至今还没有国家级重点学科和重点实验室，很难适应教学研究型大学的建设需求。

四是教师参与科研的积极性有待进一步提高。目前，虽然在科研层次上有所提高，但与教学研究型大学的要求还有一定距离，教师中参与科学研究的仅占一小部分，全员参与科研、承担项目的氛围还没有形成，为地方经济社会发展服务的科研能力需要进一步提高。

五是内涵提升有待进一步提高。学校在“十一五”初期就提出了内涵发展的思路，但内涵提升还需要下更大功夫，尤其体现在公共资源的合理利用、实验室利用率的提高以及加强机关效能建设、提高管理水平等方面。

三、发展思路

“十五”期间，学校坚持了“内涵和外延相结合，以外延拓展为主”的发展思路，在提高质量的同时，主要抓了基础设施建设和办学条件改善。“十一五”期间，学校提出了“内涵与外延相结合，以内涵发展为主”的发展思路，今后工作重点放在实施“质量工程”、进一步提高教学质量上；加强科研和科技创新，提高服务地方经济建设和社会发展的能力；积极推进由教学型大学向教学研究型大学转型。

一是抓好学科、学位点建设工作。要牢牢抓住“211 工程”立项建设的有利时机，遵循“跨越、特色、集成”的原则，调整学科结构，凝炼学科方向，提高学科建设水平。在加强与创新基础学科建设的同时，重点建设好以西夏和回族研究为主要方向的少数民族历史文化与社会发展学科、以天然气与煤炭能源转化为主要方向的应用化学学科、以西部特色生物资源开发利用为主要方向的生物技术学科、以草业科学为主要方向的西部生态环境学科等4个特色优势学科群，并以此带动学科建设水平的整体发展。争取成功申报国家级学科1—2个，新增2—4个博士点、20—27个硕士点。

二是抓好师资队伍建设工作。采取多种形式，不求所有，但求所用，打破传统进人机制，加速专任教师博士化进程，建立具有较强竞争和激励机制的现代人事管理体制及完善的现代教育技术培训体系，建设一支结构优、素质好、作风正、活力强的高水平的师资队伍。力争到“十一五”末，专任教师队伍人数达到1500人左右，师生比控制在1∶16，教授达到专任教师总数的15%，副教授达到35%以上，到2015年，教师中具有博士学位教师比例达到30%，硕士以上学位教师比例达到70%以上。力争在“十一五”期间引进1—2名院士，重点引进几名学科带头人和学术领军人物，在“十二五”期间力争培养出自己的院士、长江学者。

三是做好科技服务地方工作。在服务地方经济建设和社会发展中，更加注重应用性和创新性，突出特色，发挥优势，紧密结合宁夏新型工业化道路战略部署的总体要求和宁夏能源化工基地、新材料产业基地、特色农产品生产加工基地、生态基地建设的实际需求，进一步整合校内资源，发挥骨干作用，加强校企合作，主动承担一批对区域经济、社会发展和科技进步有重要影响的应用研究项目，扎实有效地开展科学研究和科技成果转化，发挥综合性大学优势，更加注重为地方经济建设和社会发展提供切实有效的服务，以“有为”换“有位”，力争在若干个科研领域具有终审话语权。

四是进一步提高效能建设，加强管理。按照自治区党委的要求，推进机关效能建设，改进服务质量，提高办事效率，向管理要效益，重点落实好首问责任制、限时办结制和责任追究制，主动为教学科研服务、为基层服务，为广大师生员工服务。

五是抓好经费问题的解决。经费问题现在成为制约学校发展的瓶颈，将从四个方面破解难题：一是提高财政拨款标准。请求自治区政府将财政公用经费拨款标准由现在的生均1800元/学年提高到普通本专科和预科生生均4000元/学年，硕士生生均8000元/学年，博士生生均10000元/学年；二是提高生均学费标准，请求自治区政府同意实行学分制收费办法，并将学费标准由现行的生均2600元/学年提高到生均4500元/学年；三是请求解决我校的贷款及利息。借鉴自治区财政对宁夏其他高校的国家开发银行贷款利息给予贴息的做法，对我校的国家开发银行贷款给予贴息80%，年均贴息1200万元。对我校已有的基建贷款给予贴息50%，年均贴息800万元。并在自治区财政允许的情况下，给予我校贷款还本资金补贴；四是我校五十周年校庆是自治区五十大庆的一个组成部分，请求考虑给予我校校庆专项资金补贴1500万元。

今年，我校上下正在深入贯彻落实党的十七大和自治区第十次党代会精神，实践自治区高校党建会议要求，正在以实际行动迎接自治区五十周年大庆和建校五十周年，完成本科教学评估整改任务，全面实施“质量工程”，启动“211 工程”建设，为把宁夏大学建设成为具有区域特色的较高水平的教学研究型大学的发展目标而努力奋斗。

（这是作者2008年4月6日给宁夏回族自治区党委常委的调研报告）

为宁夏跨越式发展培养新型人才

一、当前我校在教学工作中存在的主要矛盾

我到宁夏大学上任之后，先后对22个党政处室、23个学院、11个科研中心以及教辅部门的工作进行了调研。一方面是认识大家，另一方面是了解情况，更重要的是为下一步提出更好的发展思路和建设目标提供依据。通过调研，我深切感到宁夏大学四年来的负重精神和爬坡干劲，评建工作取得了很大进展，也实现了我们预期的目标。前不久，教育部召开了专家评审会议，通过了对我校的评估意见，19个指标中18个达到了A，1个达到了B。总体上说，达到了“优秀”等次，这个结果教育部很快就会公布。这对我们是一个肯定，也是一种鞭策。在这样的情况下，我们既要看到我们所取得的成绩，看到我们有了良好的基础，同时也要看到我们在发展过程中还存在着问题。通过这次调研，我感到有三个矛盾是值得我们注意的。

第一，现有教学思想观念与转型教学要求的矛盾。从人才培养的层次看，教学研究型大学所培养的主要是本科生层次的人才，但同时又要加大研究生层次人才的培养。这两者是兼备的，一个是主要培养，另外一个是加大培养，两者缺一不可；从人才培养的类型看，本科层次主要是基础性、应用型人才的培养，研究生层次主要是专业性、学术型人才的培养；从人才培养的特点看，教学研究型大学主要任务是培养高级复合型人才。在这些方面，目前我们的教学思想观念还有诸多不适应，客观地说，我们还没有很充分的准备，对这方面的认识也不是完全清楚。因此，要适应我校转型的教学要求，教学活力之源在哪里呢？在于探索和创新。一是教学制度创新；二是管理体制创新；三是人才培养模式创新；四是专业课程体系创新；五是教学质量监控体系创新。（1）专门设立教学质量监控中心；（2）形成各级领导听课制度，建立学生评教、督导员评教、院系同行专家评教三位一体的教学质量评估模式；（3）以学生教学信息员、教学督导员为主要渠道的教学信息反馈模式和期初、期中、期末三段式教学检查模式。

第二，提高教学质量与教学经费严重短缺的矛盾。近年来，学校始终坚持教学经费优先保证的原则，在年度预算中逐年增加投入力度。教学经费的投入比例由 25% 提高到 37%；同时，学校把教学基本建设以专项经费的形式固定下来，即每年专业建设 100 万、课程建设 100 万、教学改革 100 万、实验室建设 150 万。这些投入虽然从比例上看也不少，但对我们这么大规模的一所大学，投入教学的经费总量还很少，很大程度上制约了教学质量的提高。关键问题是学校的办学经费严重不足，加之贷款付息负担重，还本付息资金均来源于学校学费等收入，造成学校在既定收入情况下无法保证教学科研等公用经费需求，影响了正常运转。

第三，提高教学水平与现有教师队伍建设的矛盾。要全面提高教学水平，教师队伍建设是关键因素。但由于地域经济等原因，学校的日常经费严重不足，高层次人才不足且流失严重。主要体现在三方面：第一，目前，学校已有了 100 多名博士，仅占专任教师的 10%，按照教学研究型大学和“211 工程”建设要求，博士生比例还需进一步提高；第二，人才流失严重。从调研看，学校采取了“内培外引”的措施，但由于受到待遇等限制，人才特别是高层次人才流失较为严重；第三，缺乏学术骨干和学科带头人。学校至今还没有院士、长江学者等。过去，清华大学的校长梅贻琦先生曾说过，大学者，非有大楼者谓之也，有大师者谓之也。现在我们宁夏大学有了大楼，但名师太少了，名师是高校良好的校风、严谨的教风和求是的学风形成的启动器。大学需要大师，大师成就大学，没有大师，很难形成实力较强的团队，挤进国家队行列。因此，建立一支职称结构合理、学位结构优化、学缘结构多元的高水平教师队伍，是提高教学水平、推动内涵提升的关键。目前，要下大力努力提高教职员工的津贴待遇。

提高教学水平还在于教师要努力提高讲课艺术，一是精选讲课内容：(1) 潜心备课。我备课，大致是三年一大备，年年必小备。(2) 阐明原理。专业课必须把重点放在分析和解决问题的方法论上。(3) 联系实际。实例从何来：自己的科研成果；学校的科研成果；兄弟院校的科研成果。(4) 进入前沿。教师必须适应发展形势，跟踪前沿，丰富教学内容。(5) 留有余地。大学生的自学能力有了提高，用不着什么内容都讲，可以留一些便于自学的内容让学生自学。二是重视讲课艺术：(1) 明确要求：强调课程的开拓性；重视课程的实践性；着重课程的探索性。24 字要求：掌握原理，联系实际；面向社会，加强应用；学会分析，提高能力。(2) 电子讲稿。(3) 表达清楚：声音洪亮，讲话干脆，切忌吞吐，层次分明，循序渐进，语言生动，双边调动，举一反三，实例分析，不拖课时，按时下课。（4）适当讨论，活跃课堂气氛，调动学生创新思维。（5）接轨国际。专业的核心课程、讲课的质量与水平、课时、教材、讲课方式、考试安排等应考虑与国际接轨。三是提高讲课效果。（1）突出重点；（2）讲清难点；（3）提携优生；（4）强调创新；（5）注重效果。

二、继续弘扬评建的爬坡精神，全力搞好教学工作

（一）统一思想，瞄准新目标，实现新跨越

通过这次会议，我们要进一步统一思想，形成共识：我们建设教学研究型大学，内涵提升是关键。要提升内涵，关键要在管理、质量、特色上下功夫，见成效；作为我们这样一所高校，本科教育仍然是目前我们的主要任务，保证教育的质量，关键是提高本科教育质量。高等教育担负着人才培养、科学研究、社会服务三大职能，但最主要、最根本的任务是培养高素质人才。所以说，质量是学校的生命，是高等教育发展的根本。要稳其根，固其源，就必须要强化质量意识，要围绕我们学校的“奋斗目标”开展工作，要通过全面实施质量工程，努力实现教育教学质量的新突破、科研水平的新突破、学科建设的新突破，开创学校工作的新局面。

（二）教学工作要注意处理好五个关系

第一，正确处理好规模、质量、结构、效益、特色的关系。学校发展到一定规模，质量就成了关键；要提高质量，就要按照区域、社会需求，从实际出发，调整专业、学科和教学、科研以及人才队伍的结构，提高服务地方的能力，创造办学效益。同时，一定要从地域优势出发，凝练特色、发展特色，通过特色提升竞争力和影响力。

第二，正确处理教学和科研的关系。教学研究型大学强调教学与科研并重。在高校，科学研究是源，教学是流，二者是可以协同统一的。大学教师的教学任务是将前人的科学发现、别人的科学发现以及自己的科学发现传授给学生。若没有科研，教学便是无源之水，无本之木。同时，教学内容也是科研活动的理论基础，科研活动经过实践的检验，产生新的定义、定理、定律，即理论，又可以变成新的教学内容，新的教学内容更变成了深层次科学实践活动的理论基础。从科研到教学，再从教学到科研，这种良性循环，是由大学教师来完成的。但必须肯定，高等学校首先是一个培养人的机构和场所，根本任务就是培养人才，教学是人培养过程中一个最基本、最重要的环节，因此，教学不仅是一项基础性工作，也是一项主体性工作。

第三，正确处理巩固本科教学工作水平评估结果与后续教学建设和发

展的关系。尤其要注意克服松懈情绪，防止教学工作、管理工作及其他工作退回到评估前的状态；要坚决反对妄自尊大、骄傲自满情绪。今后学校的每一项工作，都要按照评估优秀的标准来要求，否则，我们的评估就是仅为获得“优秀”结论的评估，就没有真正贯彻教育部的“二十字”方针。要正视问题和困难，坚定信心，鼓足干劲。

第四，正确处理学生全面发展与个性培养的关系。高等教育在人才培养上可以归结为两大方面的问题：“培养什么样的人”和“怎么样培养人”，即人才培养模式问题。教学研究型大学在人才培养的模式构建中，必须适合社会对人才知识面宽、应变能力强、开拓能力强，具备多种素质特征的要求。培养的人才既要具有共性，又要具有个性，具有较强的知识基础、创新精神和实践能力。现在往往强调人才培养的统一性，而忽视了学生个性发展的问题，特别是一些有专长的学生被压制和埋没了，专业兴趣没有最终转变为专业特长。

第五，正确处理知识传承与创新的关系。传授知识无疑是高等教育的一项主要任务。高等教育就在于它不仅要从分门别类的角度向学生传授普遍性知识，而且要从人类文明发展的高度系统整合本民族优秀文化和世界进步文化。通过“扬弃”，弘扬优秀，摒弃糟粕，在更高的层次上担负起知识传承的使命，尤其要担负起知识创新乃至理论创新、制度创新、科技创新的重任。因此，教学研究型大学既要重视传承，更要注重创新，做到传承与创新的统一。

（三）真抓实干，落实落实再落实

对于这次会议精神的落实，何校长已作了全面要求。这里我强调五点：

1. 要努力破解难题

一要破解经费短缺的难题。力争在学生综合定额财政拨款标准的提高上有所突破，在学费的收费标准提高上有所突破，在社会捐资助学上有所突破，在政府贷款贴息补助上有所突破；二要破解师资学历层次的难题。要下功夫提高博士在教师队伍中的比重；三要破解学位点质量与数量的难题。3 个博士点，49 个硕士点，对于一个即将进入“211 工程”建设行列的大学来说，少了些。下一步，我们应该在博士点的数量和硕士点的质量上有所提高；四要破解管理体制的难题。要理顺管理职能，避免交叉重复管理。

2. 要固化评估成果，认真抓好整改工作

在评估中，专家组在充分肯定我们取得的评建成绩的同时，提出了两点建议：一是进一步加强师资队伍建设，继续提升教师的学历层次和研究水平，加强国内外学术交流，为提升学科水平和教学水平奠定人才基础；二是进一步加强专业建设，着力巩固提高专业水平，尤其注重新办专业的建设。这是我们下一步必须重点解决的问题。要抓住教育部实施“本科教学质量与教学改革工程”的发展机遇，按照今天会议的部署和要求，认真落实整改方案。

3. 要提高工作效能，向管理要质量

向管理要质量，这是现代科学管理的重要任务。加强教学常规管理和教学管理制度建设，是一项十分重要的基础性工作和基础性建设。要尽快完善各种管理制度、管理办法。要注意制度创新，从目标管理与过程管理的有机结合上加强教学管理，确保良好的教学秩序，确保教风和学风的不断好转。近期要出台加强机关效能建设的措施，提高服务教学、科研的意识和能力。

4. 要大力加强师德建设

王燕昌副校长在报告中提出的关于师资队伍建设的“四个计划”我认为很好。我这里想特别强调的是我们教师的师德建设问题。事业留人，感情留人，待遇留人，最核心、最根本的还是事业留人。但我们需要坚持以适当的待遇留人，需要适当提高教师的收入，需要把教师的经济利益放在适当的位置。从学校实际看，首先要区分轻重缓急，积极稳妥地解决好收入分配中的突出问题。随着学校发展和财力增加，我们还要争取不断改善教职工的经济待遇。但我们不能把三留人简单化为钱留人。在大学里干事业，首先需要有对学生的爱心和高度的责任心。我们说干部心里要有学生，有教师；同样，教师心里也要有学生。有对学生发自内心的深厚爱心，才会有教书育人的高度责任心。在大学里干事业，需要有耐得住寂寞的恒心。不管怎样调整分配关系，就多数人来说，大学终究不是一个收入特别高的地方。在大学里干事业，需要加强自身修养，培养客观的思维方法。教书育人，不仅是传授知识，更重要的是授以方法，培养道德。历来对教师的要求，都是对社会各类成员中最高的，如学高身正，学为人师，行为示范。要激励教师重视教风建设，把育人工作贯穿于教学工作始终。我们还要通过知识竞赛、师德师风演讲赛，大力表彰师德标兵和学生最满意教师；通过教学名师奖、优秀青年教师日奖教金、教学成果奖的评选、优秀教师教学经验交流座谈会等活动，建立良好的师德风尚；通过组织师德师风师魂征文，编印教书育人文集和素质教育文集，组织教师道德演讲比赛等活动，弘扬优良师风，促进师德师风建设健康发展。在大学里干事业，需要有开阔的眼界和善于学习的虚心。学然后知不足，教然后知困。我们这支教师队伍，是一支很有生气的队伍，绝大部分教师兢兢业业，尽心尽责，为事业奉献，为学生示范，涌现了一批优秀教师、班主任和辅导员。同时我们也要看到，我们这支队伍，也是一支亟待提高的队伍。很多教师都面临加厚加固知识功底、提高研究能力的任务。对广大年轻教师来说，要把注意力放到提高水平、适应教学上来，真正做到站稳讲台，站好讲台，做一名合格胜任的大学教师。把宁夏大学办成一所教学研究型的大学，对我们所有同志都是一项全新的事业，是一个全新的领域，是一个学习的过程。我们要沉下心来，坚持不懈地努力学习，努力工作。

5. 要真抓实干，务求实效

能否使我们的工作富有成效，真抓实干，精心组织是很重要的一环。真抓实干，关键是在真和实上下功夫。是不是真抓实干，是个思想问题、事业心问题；能不能真抓实干，是个能力问题、水平问题。因此，既要端正态度，提高觉悟，增强事业心、责任感；又要提高水平，掌握方法，具有真才实学。只有这样，真抓实干才能富有成效。“天下大事必作于细，古今事业皆成于实”。发展要靠一个一个具体问题的解决，要靠我们狠抓落实、真抓实干才能实现。由此我们要像爱护生命一样爱护质量，切实把教学作为中心工作，把教学质量当作学校工作的生命线来抓，做到思想到位、领导到位、管理到位和经费到位。希望大家潜下心来，扑下身去，在质量、水平和特色上狠下功夫。

通过这次会议，我们一定要进一步认清校情，理清思路，着力解决问题，力争实现突破，切实落实本科教学质量和教学改革工程。校党委要求各教学单位把教学质量当作“一把手工程”来抓，把其纳入到学科建设体系中去，要充分做好宣传工作，使教学质量工程深入人心，进一步巩固本科教学工作的中心地位。要坚持搞好日常教学工作，这是提高教学质量的立足之本。要按照国家标准做好重点项目的建设，通过系统规划，找准特色，把工作落实到位。校党委希望，全校师生员工以振奋的精神、饱满的热情、严谨认真的工作态度、求真务实的作风，落实好整改方案，落实好今天会议的部署和要求。让我们携起手来，为提升宁夏大学的办学实力和办学水平共同奋斗！

（2008年4月9日宁夏大学召开教学工作会议，总结了4年评建工作的经验和成绩，安排部署2008年的教学工作。这是时任宁夏大学党委书记的作者在会上的发言）

要干干净净干事

我就学习习近平同志“领导干部要干干净净干事”谈谈自己的学习体会。

学习习近平同志“领导干部要干干净净干事”对于我校50年校庆提倡什么样的精神、激发什么样的活力、推动什么样的工作都有很重要的现实意义。

第一，什么是“干干净净”？他说，“干净”就是守得住清贫、耐得住寂寞、稳得住心神、经得住考验，严守党纪国法，自觉做到秉公用权，自觉做到不义之财不取，不义之利不沾。“干事”就是要有强烈的事业心和高度的责任感，想工作，有思路，有点子，干工作有魄力、有办法，在工作中体现一种精神、一种能力、一种追求。从两者之间的关系来看，“干净”讲的是廉洁奉公的问题，是领导干部的执政之德；“干事”讲的是勤政为民的问题，领导干部执政之要，两者相辅相成，缺一不可。他指出，“干干净净”是对领导干部党性修养、思想境界、廉洁自律的要求最朴素、最简洁的概括。我认为这主要包括这样几个方面内容：一是思想道德上的干干净净；二是行为作风上的干干净净；三是语言形象上的干干净净；四是干事过程中的干干净净，包括干事目的的干净。

第二，为什么要“干干净净”？干干净净是修身立德的重要基础；干干净净是党员干部的基本职责；干干净净是干事业的前提条件；干干净净是维护人民根本利益的必然要求。

第三，怎样做到“干干净净”？要做到五个“要”，一是要树立六种意识，即要树立信仰意识、公仆意识、自省意识、敬畏意识、程序意识、民主意识。二是要坚持不断改造主观世界，始终把思想建设放在首位，加强修养提高境界，坚定信心，正确对待得与失、正确理解苦与乐，真正要经得住考验，耐得住寂寞，守得住清贫。三是坚持严格要求自己。四是坚持注重制度的建设，真正用制度管钱、管人、管事、管物。五是要坚持自觉的接受监督。

第四，正确处理好“干净”与“干事”的关系。“干净”讲的是廉洁奉公问题，是领导干部的为官之本，也是对领导干部基本的政治要求；

“干事”实际上是讲行政文明的问题，是领导干部的执政之要，这是对干部最基本的作风要求。

第五，坚持干净干事要做到四个“要”，既要重大节又要重小节；既要掌好权又要用好权；既要有本事又要守本分；既要干成事又要不出事。

第六，坚持干净干事要处理好四个关系：一是处理好事业和家庭的关系，即大与小的关系；二是处理好集体和个人的关系，即公与私的关系；三是处理好自律与他律的关系，即严与宽的关系；四是处理好尽职和奉献的关系。

这次学习对于我们搞好宁夏大学的工作，推进我们高等教育事业的发展非常重要，我们不仅是学在口头上，而且要落在行动上，出在效果上。干干净净干事是一种责任、一种境界，也是一种追求。

（2008 年 5 月 14 日下午宁夏大学党委理论学习中心组认真学习讨论胡锦涛总书记在北京大学师生代表座谈会上的重要讲话和习近平同志在宁夏视察工作时的深刻论述。学校党政领导及学校党群、行政部门负责人参加学习。这是作者的发言摘选）

学校将尽力帮助同学们解决实际困难

地震夺去美好家园，造成人民生命、财产损失。温家宝总理在第一时间赶到灾区，部署抗震救灾；5 月 16 日胡锦涛总书记亲赴灾区指挥抗震救灾工作，令人感动。宁夏大学积极支持灾区重建，捐款 50 余万元。地震一方面是自然规律，灾害不可抗拒；另一方面，全国人民心系灾区，抗震救灾，众志成城，表现出了很强的民族凝聚力。有党中央的正确领导，有全国人民的鼎力支持，我们有信心、有能力夺取抗震救灾的最后胜利。家在灾区的学生要振奋精神，把时间、精力放在学习上，提高服务社会的本领，把家园建设得更好。要努力学习，做好工作，和全国人民一样关心家乡，用实际行动搞好学习、研究、实践，不辜负遇难亲人和学校的希望。我郑重承诺，学校将尽力帮助同学们解决实际困难。

（2008 年 5 月 18 日上午，宁夏大学校党委荣仕星书记、何健国校长、王燕昌副校长来到宁夏大学民族预科教育学院，看望了家在地震重灾区的学生，发放慰问金，并与学生座谈。这是作者在座谈会上的发言）

校友心系母校

广大校友对母校怀有一颗亲切之心，怀有盼学校快速发展的心情，校友心系母校，对建设宁夏大学充满信心和希望。学校现在有很大的优势也有不少困难。

一、宁夏大学在几个方面取得了重要突破：宁夏大学办学地位和办学层次明显提高；学科门类、学位点建设比较完备；学校的师资队伍的实力比较雄厚；科研服务地方成果显著；学校发展规模进一步扩大；办学条件的基础性建设有了明显的改善。母校在发展、在前进，在各个方面取得了很大成绩，校友应该以母校为荣。

二、学校现在面临的困难很多，资金困难，是制约学校发展的重要原因；大师级的教授、教学名师还比较少；学科建设高规格的、高层次的太少。

三、宁夏大学在不断发展，下一步学校发展的目标是把学校建设成为具有区域特色的较高水平的教学研究型大学。围绕这个目标，我们要做很多工作。

四、需要校友支持、发挥力量。第一，提高信息，沟通交流，让各位时刻掌握学校发展的动向。时刻了解学校发展的信息，掌握学校发展的趋势和方向。第二，人才支持。第三，项目上支持，共同合作，发挥更大作用。第四，资金上支持，各位校友发挥作用。第五，加强联系，校友会之间加强沟通，把我们的力量集合起来，联结起来、联系起来、联合起来，集中优势力量办好大事。

五、互相支持，共同发展。最后希望广大校友为宁夏大学未来发展献策献力，共同发展。

（2008 年 5 月 23 日上午，固原市宁夏大学校友代表、吴忠市校友代表、石嘴山市校友代表、中卫市校友代表、内蒙古阿拉善盟校友代表、银川市校友代表回访母校，并于参观校园后举行座谈会。这是座谈会上作者的简要发言）

赴灾区进行志愿服务是一项非常有意义的事情

赴灾区进行志愿服务是一项非常有意义的事情。四川地震发生后，党中央国务院高度重视，并从人力、物力、财力上予以支持，人民军队第一时间奔赴灾区，开展救援和各项社会服务工作。全国人民心系灾区，捐款捐物，全力支持。自治区上下也积极动员，组织实施，并提出了“三个一百”，即接收一百名灾区孤儿到宁夏来，接收一百名学生到宁夏上学，安排一百个床位接收灾区伤员，体现了全区回汉人民对灾区人民的深切关怀。对志愿者们提出四点希望：第一，珍惜服务机会，牢记艰巨使命，不负重托，完成好本次光荣的任务。第二，发挥专业特长，做好灾区群众的心理抚慰工作和组织上布置的其他工作。第三，树立志愿者良好形象，为宁夏争光，为宁大添彩，为自己争气。第四，圆满地、高质量地完成任务，保护好自己，平安归来。

最后，要特别嘱咐，志愿者要注意身体，注意安全。

（2008 年 6 月 2 日，宁夏大学欢送第二批赴灾区志愿者心理咨询中心张博老师、2006 级发展与教育心理学研究生郑睿、2007 级应用心理学专业研究生罗彦红，并为志愿者颁授宁夏大学校旗。这是时任校党委书记的作者的即席发言）

宁夏大学汇报材料

尊敬的刘延东国务委员，尊敬的各位领导：

在宁夏大学喜迎建校五十周年之际，刘延东国务委员莅临我校视察指导工作，是对宁夏大学全体师生员工的亲切关怀和极大鼓舞！我代表宁夏大学全体师生员工，向刘延东国务委员及各位领导表示诚挚的欢迎和衷心的感谢！

下面，我就学校建设发展情况向首长和各位领导作一简要汇报。

一、学校基本情况

宁夏大学成立于 1958 年 9 月，最初是建设在一片荒滩上，条件十分艰苦。来自全国著名高校 50 余名本科生和研究生自愿来到西北，创建了宁夏大学前身的宁夏师范学院、宁夏农学院和宁夏医学院，1962 年三院合并成立宁夏大学；1997 年和 2002 年学校又经历了两轮合并，由五所学校组建成了今天的宁夏大学。

学校现有三个校区，占地面积 2307 亩，校舍建筑面积 58 万平方米。在校教职工 2700 余人，专职教学科研人员 1300 余人，其中硕士、博士学位教师占 66%。学校面向全国 27 个省、市、自治区招生，现有全日制普通在校本科生 15000 余人、研究生 2000 余人、少数民族预科生 1400 余人、成人高等学历教育在校生 14000 余人。

学校设有 22 个学院、1 个公共教学部。现有九个学科门类中的 68 个本科专业、3 个博士点、53 个硕士点、17 个自治区级重点学科；各类科研机构 38 个，各学科领域实验室 93 个。学校公开出版学术期刊 4 种，其中《宁夏大学学报（自然科学版）》为全国中文核心期刊。各类藏书 129 余万册。固定资产 11 亿元。

二、五十年办学主要成就

五十年来，在党中央、国务院的亲切关怀下，在自治区党委、政府的正确领导和大力支持下，学校坚持立足宁夏、面向西部、服务全国，为国家培养了 8 万余名各民族高层次专业人才。特别是“十五”以来，学校认真落实自治区党委、政府“重点建设宁夏大学”和“努力把宁夏大学办成高水平大学”的决策，紧紧抓住合校、扩招、西部大开发、对口支援、省部共建等有利时机，克服困难，加快发展，实现了多项“零”的突破，形成了自身的优势和特色。进入“十一五”，学校提出“以内涵提升为主”的发展思路和把宁夏大学建设成为具有区域特色的较高水平教学研究型大学的奋斗目标。

（一）学校的地位和办学层次显著提升。2003 年经国务院学位委员会批准，获得了博士授予权单位和博士授权点；2004 年，宁夏大学成为教育部与宁夏回族自治区人民政府共建高校；学校相继在国家重点实验室培育基地、教育部重点实验室、工程研究中心、人文社科重点研究基地以及国家教学成果一等奖、国家级教学名师奖和国家级精品课程、国家科技进步二等奖等方面实现了“零”的突破；2007 年，接受了教育部本科教学工作水平评估，获得“优秀”等次。这些突破和发展，为学校内涵提升、申报“211 工程”立项建设、推进向教学研究型大学转型创造了条件。

（二）重点学科建设成效显著。重点建设了 17 个自治区重点学科，在此基础上，整合凝炼出了“中国少数民族史学理论与回族史西夏史”、“西部特色生物资源保护与利用”、“煤基绿色化学化工与节能减排”、“草业科学与生态工程”、“旱区节水灌溉与水资源调控”等 5 个拟建“211 工程”重点学科。这 5 个重点建设学科都紧密结合了宁夏的经济文化特色，也是宁夏地方经济建设的重大课题，具有明显的地域优势。同时正在积极申报“民族史学理论”、“草业科学”、“水利水电工程”等 3 个国家重点学科，形成了 3—5—17 的重点学科建设体系。

（三）科技创新和服务地方能力明显增强。搭建了 11 个科技创新平台，科研经费总量由 2000 年的 200 万元增加到 2007 年的 5000 万元，科研经费中横向经费比例不断增长。科研项目的层次明显提高，2007 年获得 6 项国家重大科技支撑计划项目。学校紧密围绕地方和国家经济建设需求，在煤化工、盐碱地改良、设施农业、干旱区节水灌溉、草业科学与生态工程应用研究及西夏学、回族学、少数民族经济研究等方面形成了优势和特色，先后与全区 5 个市、10 余个龙头企业开展了实质性合作，成为创新型宁夏建设的重要组成部分。

（四）办学条件明显改善。为了适应扩招、层次提升和“211 工程”立项建设需要，学校在建设发展经费投入不足的情况下，抢抓机遇，加快发展，新增建筑面积 30 余万平方米，仪器设备值达到生均 7700 余元。固定资产由合校前的 2.2 亿元增加到 11 亿元，为今后 30 年的发展奠定了坚实基础。

（五）为地方培养人才方面作用突出。形成了本科、硕士、博士较为完整的培养体系。我校民族预科教育学院是全国高校民族预科教育基地，为全国16所重点高校和普通高校培养民族预科生。目前学校少数民族学生占在校本科生的37%，超过了自治区少数民族人口34.5%的自然比例。在校本科生占宁夏区属高校在校本科生的67%；在校研究生数占区属高校在校研究生人数的80%以上，为宁夏高等教育事业发展做出了重要贡献。

（六）党建、思政工作务实有效。宁夏大学始终坚持党的教育方针，坚持社会主义办学方向。通过党建凝聚人心、形成合力，通过党建抓好班子、带好队伍，通过党建维护稳定、促进和谐。多年来，学校先后被评为“全国先进基层党组织”、“全国高校党的建设和思想政治教育工作先进单位”、“全国精神文明建设先进单位”、“全国民族团结进步先进集体”等。

五十年的办学成就表明，在党中央、国务院的亲切关怀下，在教育部的关心厚爱下，在自治区党委、政府的正确领导及有关部门和社会各界的大力支持下，宁夏大学抓住了机遇，走对了路子，打好了基础，实现了跨越式发展。8月15日—17日，温家宝总理考察宁夏时作出了“支持办好宁夏大学和一批重点学科”的重要指示，8月20日，国务院召开第23次常务会议，通过的“关于进一步促进宁夏经济社会发展的若干意见”又强调“支持办好宁夏大学和一批重点学科”，确实为宁夏大学今后的发展带来了宝贵的重大的历史机遇。今天，刘延东国务委员又亲临宁夏大学视察指导工作，对宁夏大学来说又是一次极大的推动和鼓舞！借此机会，我们要向各级领导、各个部门及各界人士致以最诚挚的谢意！

三、学校建设发展存在的主要困难

（一）高层次人才不足。主要体现在两方面：第一，博士学位教师比例还需进一步提高；第二，缺乏学术骨干和学科带头人。学校至今还没有院士、长江学者等，很难形成实力很强的团队。

（二）学科层次有待提高。目前，学校仅有3个博士点，1个一级学科硕士点，在数量上严重不足。特别是在国家重点学科、国家重点实验室和工程中心方面处于空白，很难适应教学研究型大学的建设要求。

（三）公共基础设施建设和公共服务体系建设有待进一步加强。目前，学校一些校舍及设施老化比较严重；已规划的部分建筑项目因资金短缺而无法动工；学校各类图书资料还不能完全满足教学、科研和师生需要；数字化校园建设也刚刚起步，有待进一步加强。

四、恳请刘延东国务委员支持解决的几个问题

（一）对宁夏大学“211 工程”立项建设给予支持。2000 年，时任中共中央政治局常委、国务院副总理的李岚清同志到校视察时作出了“中央要与宁夏共建宁夏大学，集中力量在宁夏办好一所大学”的重要指示。2001 年，宁夏大学正式启动“211 工程”立项建设申报工作。在自治区党委、政府和相关部门的高度重视和全力支持下，目前，学校所具备的条件和水平已基本符合“211 工程”立项建设要求。宁夏是全国没有“211 工程”高校的空白省区之一。我们恳请刘延东国务委员能给予进一步关心和支持，在“211 工程”三期建设新增高校中优先考虑宁夏大学，推动少数民族地区高等教育实现质的飞跃。

（二）在国家重点学科、国家重点实验室、国家工程中心建设方面给予政策倾斜。学校围绕“211 工程”立项申报，紧密结合自治区经济社会发展需求和优势，已经整合凝炼申报了中国少数民族史、草业科学、水利水电工程 3 个国家重点学科，重点培育了“西北退化生态系统恢复与重建国家重点实验室”和“煤基绿色化学化工国家工程中心”。恳请刘延东国务委员能够帮助协调相关部门，在国家重点学科、国家重点实验室、国家工程中心建设方面对宁夏大学给予政策倾斜，推动宁夏大学在这三个指标上早日实现“零”的突破。

（三）帮助学校化解债务问题。近年来，宁夏大学为了解决合校、扩招后急需改善办学条件的问题，为了补历史欠账、抓当前建设、打未来基础，在国家和自治区的支持下，抢抓机遇，贷款建设，推动发展，由此也背上了总额为 77888 万元的债务（银行借款 55733 万元，其他欠款 22155 万元）。1999 年以来，学校已支付银行借款利息 14695 万元，现每年借款利息支出近 4000 万元。这些债务已严重制约和影响了学校的正常发展。特别是随着高校培养成本的上升，在生均拨款标准和学费标准比较低的情况下，经费困难问题更加突出。为了有效解决制约学校发展的瓶颈问题，恳请刘延东国务委员能够协调有关部门帮助化解学校债务，保证学校可持续发展。

各位领导，五十年来，处于老、少、边、穷地区的宁夏大学在办学基础差、教师津贴低、学生学费低的情况下，坚守“不怕困难、不畏风寒、根深叶茂、本固枝荣”的“沙枣树”精神，以百倍的努力和百倍的付出，实现了快速发展，为自治区高等教育上水平，为全区适龄青年接受优质高等教育、促进民族和谐与共同繁荣做出了突出贡献。站在新的起点，实现新的跨越，我们的任务依然很重，我们也必须通过发展解决前进中的困

难。我们再次恳请刘延东国务委员及各位领导能够继续关怀和指导宁夏大学的建设与发展。宁夏大学也将以此为契机，进一步提高教育教学质量，突出办学特色，增强科技创新和服务地方能力，努力建设具有区域特色的较高水平教学研究型大学。

以上汇报如有不妥，敬请领导批评指正。

附录：刘延东同志在视察宁夏大学时的重要讲话

2008 年 9 月 13 日，中共中央政治局委员、国务委员刘延东视察宁夏大学，作者时任自治区党委副秘书长、宁夏大学党委书记，代表学校向领导汇报。随后，刘延东同志作了长篇讲话：

建国书记、正伟主席，宁夏大学的各位校领导、老师们、同学们：

非常高兴在宁夏大学五十周年校庆即将到来之际到学校考察，与老师、同学们见面。教师节刚过，马上又迎来中秋佳节和国庆节，我觉得在这个时候到宁夏大学来考察，非常有意义。首先我代表党中央、国务院向宁夏大学的全体师生员工表示节日的祝贺和诚挚的问候！

我是今年 3 月 18 号到国务院工作的，至今 5 个多月的时间，一直很想到西部的大学来看一看。这次来宁夏大学，是我到国务院工作以后到的第一所西部大学。刚才我参观了学校的生物技术重点实验室、能源化工重点实验室和基础物理实验中心。从一下飞机，我听建国书记和正伟主席介绍了宁夏大学的情况，刚才又听了荣仕星同志的情况汇报。虽然时间很短，但是给我留下了非常深刻的印象，特别是你们有美丽的校园，非常好的教学科研设施，在科研方面取得了很好的成绩。宁夏大学作为自治区唯一的省部共建综合性大学，与宁夏回族自治区相伴而生。建校五十年来，历届领导班子和广大师生员工，弘扬艰苦创业、奋力拼搏和敬业进取的传统，推动学校各项事业快速发展，为自治区的经济建设和社会发展做出了突出贡献。我感受比较深的有四点：

一是服务西部。几代宁大人肩负使命，无私奉献，在西部荒滩上建起了一所现代化的大学，特别是你们以为国家和民族地区培养高素质人才和提供智力支持为己任，承担自治区 80% 的博士、硕士生和 70% 本科生的培养任务，成为一个具有区域标志性的地方综合性大学。

二是彰显特色。学校着眼西部地区特有的产业结构和文化特点，形成了既与区域需求相结合，又有民族特点，应用性和服务性十分鲜明的学科体系。能源化工重点实验室所进行的项目，都是和宁夏回族自治区的经济社会发展紧密相连的。可以说，你们构建了一个符合生源实际的教育体系，在人才培养、学科建设和科技创新方面实现了重要的跨越。

三是开拓创新。你们抓住高校管理体制改革、西部大开发、对口支援和省部共建这四大机遇，积极主动地争取各个方面支持，不断提高办学水平，在博士点、国家级教学名师、国家教学成果一等奖、国家科技进步二等奖、国家重点实验室建设方面都取得了突破。

四是艰苦奋斗。学校在西部相对困难的条件下，自己动手，创造条件，特别是在自治区党委、政府的正确领导下，在各方面的大力支持下，首先是通过你们自己主观努力，推动办学条件和办学环境得到了很大的改善。现在学校办学实力明显增强。图书馆、校园网，包括我刚才看到的新建体育馆等设施，我觉得从自治区来讲很有远见，投入这样一个体育馆作为宁夏大学的体育设施，同时也向社会开放，不仅改善了学校的体育教学、体育训练条件，而且为银川地区体育事业的发展创造了条件。我觉得这些方面的基础设施确实日臻完善，整个学校呈现出一种欣欣向荣、蒸蒸日上的发展面貌。

9 月 15 日将迎来宁夏大学建校五十周年。五十年华诞也是宁夏大学未来发展的重要里程碑。宁夏大学以不平凡的发展历程抒写了扎根西部、自强不息的光辉篇章，也彰显了一代又一代宁大人艰苦创业、奋发有为的精神风貌，见证了在我国西部地区、民族地区办成大学、办好大学的历史伟业。这一成绩的取得，是自治区党委、政府和主管部门正确领导和大力支持的结果，也是宁夏大学一代又一代师生奋力拼搏、开拓进取的结果。在此，我向同志们表示衷心的感谢和崇高的敬意！

党中央、国务院高度重视宁夏的建设发展，非常关心宁夏的教育事业。前不久，国务院常务会议通过下发了《关于进一步促进宁夏经济社会发展的若干意见》，温总理在国务院常务会议上讲到，建国五十年，别的自治区中央都下过一些决定。宁夏要借五十年大庆，请中央、国务院对宁夏经济社会发展给予大力支持。《关于进一步促进宁夏经济社会发展的若干意见》，对宁夏的改革发展作了全面部署。温总理前不久到宁夏考察时也特别强调，要支持办好宁夏大学及一批重点学科，我想这些都对发展宁夏的教育事业，办好宁夏大学指明了前进方向。

自治区党委、政府高度重视和支持宁夏大学的发展。我到国务院不久，接到的第一封信就是建国同志和正伟同志联名写的，希望宁夏大学能进入“211 工程”立项建设，而且建国同志、正伟同志也多次向我表示，只要批准了，自治区党委、政府一定会全力支持办好宁夏大学。自治区党委、政府还派专人到北京，就宁夏大学“211 工程”立项问题作专门汇报，我这次又来亲眼看了，感到宁夏大学围绕“211 工程”立项建设所开展的工作是十分扎实的，也是十分有效的。

今天，我和周济同志都来了，我也十分高兴地向同志们宣布：宁夏大学将被列入“211 工程”第三期进行重点建设！“211 工程”三期建设，宁夏大学是第一个被批准的大学，很快正式通知下达后就开始启动实施各项建设项目。荣书记刚才所讲到的关于国家重点学科等问题，在批准“211 工程”立项建设之后，将来会给学校很大的支持。我相信在自治区党委、政府和各有关部门的关心支持下，宁夏大学一定会实现新的、更大的发展！

借此机会我想给同志们提几点希望：

第一，要树立大局意识，在服务经济社会发展中实现自身的更大发展。今年是改革开放三十周年，宁夏又将迎来五十周年大庆；明年是我们国家建国六十周年。现在我们国家已经站在一个新的历史发展起点，特别是这次北京奥运会的成功举办，也标志着中国正从一个大国向强国迈进。教育是国家发展和民族振兴的基石，实现中华民族的伟大复兴，高等教育具有不可替代的突出作用。党的十七大提出要继续实施科教兴国战略和人才强国战略，提出要把教育放在优先发展的战略位置。宁夏大学即将进入“211 工程”，我希望宁夏大学要以此为契机，以你们五十大庆和进入“211 工程”作为一个新的起点。要树立大局意识，肩负起光荣的历史使命，要把宁夏大学的自身发展和自治区的发展乃至整个国家的发展紧密结合起来。你们提出要发挥服务社会的功能和开放办学的思路我很赞成，希望宁夏大学在服务中彰显价值，在贡献中实现发展，培养更多、有志于西部发展的高层次、高素质人才，创造更多的适应宁夏、西部地区乃至整个国家所需要的科研成果；积极开展宏观决策咨询，为宁夏的繁荣发展提供人才保障、科技支撑和科学决策的依据；要自觉服务于国家的总体部署和西部大开发战略，为国家的现代化建设，为民族团结进步事业，为中华民族的伟大复兴做出新的更大的贡献。

第二，要树立责任意识，全面贯彻党的教育方针和民族工作方针。责任源于党和国家的要求，这是一所大学发展所必须牢牢遵循和把握的首要前提。当前，我国高等教育事业的发展也站在了一个新的起点上。党的十七大和今年的政府工作报告，对提高高等教育质量提出明确的要求，中央领导同志对发展西部民族地区教育事业也作出了一系列重要指示。希望宁夏大学认真学习领会中央精神，认真贯彻党的十七大精神，深入贯彻落实科学发展观，既要加强宏观思考和战略研究，又要抓住关键环节，重点突破，更好地承担起落实党的教育方针和民族工作方针的责任。

第三，要树立质量意识，进一步提高教育教学和人才培养质量。质量是高等教育发展到历史新阶段所必须重点抓好的课题，也是一所大学发展的生命线。从建国到现在，特别是改革开放的三十年，可以说，我国高等教育事业经历了从恢复发展到改革开放，从进入大众化到向高水平、高质量发展目标迈进的阶段。改革开放最先开始的第一步就是恢复高考，可以说高等教育对我们整个中国的改革开放开了先河，这是非常重要的突破。从拨乱反正、恢复发展、改革开放，到最近这些年来高等教育的大发展，今年录取的大学生已经达到了599万人，接近600万人，毕业生559万人，改革开放确实使整个高等教育实现了跨越式发展，进入了大众化高等教育的行列。十七大以后，我们提出要向高水平、高质量发展的目标。希望宁夏大学把教学质量放在更加突出的位置，把培养高素质、高质量人才作为中心任务，走内涵发展的道路，不是外延的扩张，而是更多的要进行内涵式发展。要坚持人才强校，抓好教师队伍建设，大力吸引、培养和使用优秀人才。要建设一支爱岗敬业、师德高尚、业务精湛的骨干教师队伍，尽最大的可能为我们的教师干事、创业提供条件。要巩固基础学科，发展优势学科，提升整个学科建设的水平。

第四，要树立特色意识，把宁夏大学建成一个有区域特色和专业特色的高水平大学。特色就是优势，就是竞争力。宁夏大学作为西部的大学、省部共建大学和少数民族学生多的大学，要坚持“有所为、有所不为”的方针，要走特色办学之路。希望学校认真总结建校五十年来建设和改革发展的成绩和经验，深入分析学校的历史底蕴、区位优势、资源条件、生源特点和学科类型，以更广阔的视野、更开放的姿态、更新的办学理念，科学准确地定位；找准未来发展的战略方向，进一步明确在什么领域、什么层次和什么范围实现突破，把宁夏大学的优势进一步发挥出来，把你们的潜力进一步挖掘出来，向特色鲜明的高水平大学迈进。所以我觉得，只有有特色才能做到高水平，这两者是连在一起的。

第五，要树立机遇意识，以“211工程”三期立项建设来促进更大发展。抓住机遇、用好机遇是一所大学加快发展的成功之道。跨入“211工程”三期建设，这是宁夏大学的重要时机，来之不易。希望同志们一定要倍加珍惜，增强加快发展的积极性和主动性，把参与“211工程”三期建设的过程转化为学习借鉴、查找不足的过程。我希望你们借改革开放三十周年、建校五十周年和进入“211工程”的机遇，开展一场大学习、大调研、大讨论、大总结、大落实。抓住这个机遇，很好地把这个过程转化成为一个创造条件、开拓前进的过程，在建设中超越和完善。特别是希望你们把建校五十周年作为弘扬传统、展示成就、总结经验、再创辉煌的重要时机和起点，把学校的发展提高到一个新的水平。

第六，要树立创新意识，在人才培养和办学模式上进行新的探索。改革开放的三十年，我们最重要的经验，就是解放思想、改革创新。在西部和民族地区建设一所高水平大学，没有现成的模式和答案，必须到实践中去摸索、去创造。所以，希望宁夏大学把改革创新的思想融入到学校建设的各个环节，不满足已有的成绩，同时要破除影响发展的体制、机制和观念的障碍，始终保持一种旺盛的生机和活力，从本地区、本校的实际出发，深入把握规律，推动教育教学改革、管理体制改革，创新人才培养模式。

另外，我还要强调一下，最近，温家宝总理主持国务院科教领导小组第一次会议，听取了教育部周济同志的汇报，决定开始制定教育改革与发展的中长期规划纲要，成立了中长期规划纲要领导小组，现在正抓紧进行这方面的工作。这件事对我们国家来讲也是一件非常大的事，是今后教育事业发展的一项重大的战略任务，主要是制定 2008 年—2020 年 12 年的教育改革与发展规划大纲。所以这次规划纲要的特点，第一，是把教育改革和发展这两者紧密结合，第二，它是个规划纲要，也就是它既有一些大的方针政策，也有具体的规划部署。所以，我建议宁夏大学也要协助做好并积极参与这项工作，要为西部地区、民族地区的教育改革和发展提出思路和建议。也希望自治区党委、政府借这次制定规划纲要的机会，在调查研究、总结经验的基础上，考虑自治区 2008 年到 2020 年 12 年的教育改革规划。我认为自治区党委和政府对教育工作非常重视，其他方面可以放一下，但是教育都全力保证。我也希望宁夏大学在这方面能够为整个国家教育改革发展规划纲要以及宁夏和西部地区教育及发展规划纲要的制定做出自己的贡献。

总的来讲，希望宁夏大学不仅要做宁夏高等教育的“排头兵”，还应该力争在西部高等教育中走在前列。宁夏确实是个好地方，也是生机勃勃、孕育着无限希望的一片热土。过去的五十年，宁夏大学实现了大建设、大发展，展望未来，宁夏大学必将创造新业绩、新辉煌。

衷心祝愿宁夏大学越办越好，也祝同学们、老师们学习进步、工作进步、生活愉快、身体健康。

谢谢大家！

新起点，新征程

——在刘延东国务委员视察宁夏大学工作会议上的发言

尊敬的延东国务委员、各位领导：

刚才，延东国务委员宣布宁夏大学正式进入“211 工程”第三期立项建设，这对宁夏大学和广大教职员工来说，是一件大喜事，是党中央、国务院给宁夏大学 50 周年校庆的一份厚重礼物，令我们非常振奋、深受鼓舞。宁夏大学进入“211 工程”第三期立项建设，不仅是宁夏大学的光荣，也是宁夏高等教育事业的里程碑，意义重大，影响深远，充分体现了党中央、国务院对宁夏、对少数民族地区的亲切关怀。宁夏大学从 2001 年开始申报“211 工程”立项建设，在党和国家的亲切关怀下，在教育部、发改委、财政部的支持下，在自治区党委、政府的正确领导下，经过八年不懈努力，我们终于实现了这一目标。这里，我代表全校教职员工对党中央、国务院的亲切关怀，对教育部、发改委、财政部的大力支持，对自治区党委、政府及各职能部门的正确领导表示衷心感谢。今天，对宁夏大学来说，是一个新的起点，宁夏大学进入“211 工程”立项建设，绝不能仅仅认为是得到了一个金字招牌，我们面临的是更大的任务和更重的责任。我们会坚决落实延东国务委员的指示精神，按照“211 工程”建设的要求，努力做好各项工作，大力加强学科建设，大力提高科研能力，全面提升师资水平，全面完善公共服务水平，努力为国家和自治区经济社会发展提供智力支撑，带领全区高等教育向更高水平迈进，为建设具有区域特色的高水平的宁夏大学而努力奋斗。

谢谢大家！

（2008 年 9 月 13 日，时任中央政治局委员、国务委员的刘延东同志视察宁夏大学，并于当日下午召开会议听取宁夏大学工作汇报。会议由时任宁夏回族自治区党委书记陈建国主持。会上，作者汇报了宁夏大学建设发展情况，刘延东国务委员发表了重要讲话，并当场宣布：宁夏大学第一个被批准进入“211 工程”第三期进行重点建设。听了刘延东国务委员的讲话后，宁夏大学在场同志非常激动，当时应主持人陈建国书记提议，作者代表宁夏大学作了即席表态发言）

以“211 工程”建设为契机，推动宁夏大学又好又快发展

9 月 13 日，宁夏大学被正式批准进入国家“211 工程”建设行列。这是我校发展史上具有里程碑意义的大事，也是宁夏回族自治区高等教育发展史上的一件大事，意味着学校发展面临着又一次宝贵的重大机遇。抓住机遇、用好机遇是一所大学加强发展的关键。13 天前，中共中央政治局委员、国务委员刘延东同志视察学校时指出：“纳入‘211 工程’的三期建设是宁夏大学的一次重大机遇，也是来之不易的。所以，希望同志们一定要更加珍惜。希望宁夏大学增加发展的积极性和主动性，把加入‘211 工程’三期建设的过程转化为学习借鉴、查找不足的过程。希望你们能借助改革开放的 30 年、建校的 50 年和进入‘211 工程’的机遇，开展一场大学习、大讨论、大落实、大作为，抓住机遇，很好地把这个过程转化成为一个创造条件、开拓前进的过程，在建设中超越和展示。特别是希望你们把建校 50 年作为弘扬传统、展示成就、总结经验、再创辉煌的重要时机，把学校的发展提高到一个新的台阶。”重温延东同志的指示，结合对我校“211 工程”建设的具体情况，下面我着重谈四个方面的认识和意见。

一、宁夏大学进入“211 工程”建设的重要意义

宁夏大学进入国家“211 工程”重点建设行列，充分体现了党中央、国务院对宁夏工作以及宁夏大学的关怀和支持，具有重要的现实意义和历史意义。将对提高宁夏大学的办学地位和高等教育水平，促进学校的学术创新能力和人才培养实力，发展科学技术和引领先进文化，更好地服务国家和地方经济建设和社会发展，具有极为重要的意义。

实施“211 工程”是党中央、国务院从我国国民经济和社会长远发展考虑所做出的一项重大战略决策，是国家推进高等教育发展所采取的重要举措，是促进高等教育与经济社会发展相适应的一项重要措施，是为实施我国经济和社会发展战略准备高层次人才的重要决策，是我国高等教育面向现代化、面向世界、面向未来，上水平、上质量、促改革、增效益的工程。目前，我国进入了构建社会主义和谐社会和建设创新型国家的新的历

史时期，从而也对高等教育发展和“211 工程”建设提出了更高的要求。今年开始实施的“211 工程”三期建设，可以说是在新的历史条件下迎接世界新科技革命挑战，继续推动高等教育改革和发展的重要举措，对于提高高等教育质量，加快高水平大学和重点学科建设，提升我国高等教育的创新能力和国际竞争力，增强为经济建设和社会发展服务的能力具有重大意义。

将宁夏大学列入“211 工程”三期建设，为学校再上新台阶，走向全国、走向世界，搭建了一个实现学校跨越式发展的新平台，是深化“省部共建模式”、落实温家宝总理“支持办好宁夏大学和一批重点学科”的指示的重要举措，体现了党中央、国务院对宁夏大学的重视，这是党和国家对西部民族地区高等教育事业高度重视和大力扶持的具体体现，不仅是宁夏大学的大事，也是宁夏回族自治区的大事。宁夏大学列入“211 工程”三期建设，必将推动学校的学科水平和整体实力提升，促进宁夏大学持续健康又好又快发展，为把宁夏大学建设成为一个具有区域特色的、专业特色的高水平的著名大学发挥积极的作用。

二、提高对“211 工程”建设的认识

“211 工程”是由国家立项面向 21 世纪重点建设 100 所左右的高等学校和一批重点学科的简称，它是我国高等教育面向现代化、面向世界、面向未来，上水平、上质量、促改革、增效益的跨世纪的高等教育发展与改革工程，可以说也是建国以来国家在高校领域的建设规模最大、投入资金最多、建设层次最高、建设成效影响最为深远的重大工程。1995 年经国务院批准“211 工程”正式启动，经过“九五”和“十五”期间的十年建设，实践证明，“211 工程”较好地推动了重点建设学校人才培养质量不断提高，学科建设取得明显成效，创新能力得到提升，一些学科接近国际先进水平，产生了一大批有影响的成果，促进了我国高等教育的整体水平的较快发展和实力明显增强。正因为如此，在今天，“211 工程”大学已经经常被大家作为我国高水平大学和高水平学科的一个代表名称。

事实上“211 工程”大学这一个提法更准确地应该说是“211 工程”重点建设大学，因为实施“211 工程”体现的是一个重点建设的思想，不是确立重点的思想，李岚清同志 1996 年 12 月在对《关于对“211 工程”预审结束后的有关工作的通知》送审稿的批示中就强调指出：“‘211 工程’重在工作，重在建设”。这就要求我们把注意力和精力重点放在建设上。对于我们宁夏大学来说，准确地认识到这样的差异是非常重要的。进

入了“211 工程”高校建设行列，对宁夏大学而言只是说明通过全校师生员工的长期努力，争取到了一次重大的发展机遇，在这样的机遇面前，我们同时也必然面临着更大的挑战。因此，进入“211 工程”建设行列，不是戴上了高水平重点大学的荣誉光环，而是争取到了来之不易的发展机遇。温家宝总理“支持办好宁夏大学和一批重点学科”的指示和刘延东国务委员的要求，是党和国家赋予我们的光荣而重大的任务。在我们面前，第一、二期进入“211 工程”建设的高校为我们树立了新的跨越标杆，而我们在建校 50 年来特别是改革开放 30 年以来取得较快发展的同时，在观念意识上、学科视野上、在人才培养的体系上、管理体制和运行机制上与“211 工程”建设大学的要求仍然存在着不少的差距。因此，“211 工程”建设对于我们宁夏大学来说，贵在机遇、重在建设，我们要从这样一个高度来提高认识，统一思想。

三、“211 工程”三期建设的总体目标和主要任务

国家确立的“211 工程”三期建设总体目标是：围绕创新型国家建设，加大学科结构调整、队伍建设和高层次创新人才培养力度，优化重点学科体系的结构和布局，使更多的学科接近或达到国际先进水平；以信息化带动教育现代化，构建具有国际先进水平的高等教育公共服务平台；进一步缩小与世界一流大学的差距，使“211 工程”学校成为培养创新人才和解决经济、科技和社会发展重大问题的基地，其中部分学校建成特色鲜明、优势突出、部分学科达到世界先进水平的国际知名大学。“211 工程”三期建设的主要任务包括三个方面：

首先是重点学科建设。这是“211 工程”建设的重点。根据教育部、国家发展改革委和财政部提出的《高等教育“211 工程”三期建设总体方案》，从全国的布局情况来看，要统筹规划、重点建设 1000 个左右与经济建设、科技进步、社会发展和国家安全紧密相关的重点学科。其中特别强调加强建设一批处于国际学科前沿的数学、物理、化学、信息、生命、空间、海洋等基础学科和社会公益性学科；一批国家发展战略急需的农业、先进制造、交通运输、信息与现代服务、能源开发与节能、资源综合利用、环境保护、公共安全和国防等领域的应用学科、高新技术和工程学科；一批重点发展的新材料、新能源等新兴交叉学科；一批与构建和谐社会和建立社会主义市场经济紧密相关的、能够回答国家发展中重大理论和实践问题的经济、政法、人文、社会等哲学社会科学学科。

第二方面的主要任务是创新人才培养和队伍建设。具体而言，一是要

适应建设创新型国家的要求，紧密结合重点学科建设，加强人才队伍和创新团队建设，着力培养学术领军人物和学术带头人；以学科为基点构筑汇聚和培养人才的高地，建设一支高水平的学术和管理队伍。二是要大力引进海外优秀拔尖人才，重点支持高校引进具有世界领先水平的年富力强的战略科学家和杰出人才。鼓励高校与国外高水平大学进行联合培养或合作研究，促进高校教师跟踪国际学术前沿。三是对创新人才培养体系建设给予了特别的重视，强调要进一步改革培养机制和人才培养模式，加强培养研究生创新能力的研究平台建设，支持优秀的在学研究生特别是博士生到国外一流学科进行访学，我们宁夏大学利用省部共建：“一省一校”对口支援的优势资源，加大学生培养的力度，拓宽学生的国际学术视野，营造有利于创新人才成长的培养环境。

第三个方面的主要任务是高等教育公共服务体系建设。重点突出加强各高等教育公共服务建设项目的整合力度，全面统筹和规划建设方案，促进项目集成式发展。强调充分利用先进的传输网络和网格技术，实现图书文献、仪器设备和优质资源共享，建设具有国际先进水平的高等教育公共服务体系。具体到各个重点建设高校，主要是要围绕上述的国家建设重点，相应地安排好校内公共服务体系建设。

为了较好地实现上面所说的建设总体目标和完成建设任务，教育部、国家发展改革委和财政部对“211 工程”三期建设提出了明确的指导思想。要求要以科学发展观为指导，以实现重点突破为目标，坚持国家战略优先与服务区域发展相结合，坚持提升学科水平与增强服务能力相结合，坚持重点建设与带动整体发展相结合，来推进高水平大学和重点学科建设，促进高等教育全面协调发展。重点学科建设要瞄准学科前沿和国家重大需求，紧密结合《国家中长期科学和技术发展规划纲要》和《中共中央关于进一步繁荣发展哲学社会科学的意见》，以及国家重大科技项目的实施，进一步优化学科结构和布局。创新人才培养和队伍建设，一方面要进一步提高师资队伍水平，造就一批学术领军人物，增强创新人才培养能力，着力提高高层次人才、特别是博士生的培养质量。

此外，推进机制体制创新，建立有利于学科发展和资源共享的运行机制，有利于人才创造性发挥的绩效考核和评价机制，营造优秀人才和重大成果脱颖而出的文化氛围，也是一个重要原则。

根据上述《高等教育“211 工程”三期建设总体方案》的精神及相关要求，综合考虑学校的办学特色和优势，结合《中共中央关于进一步繁荣发展哲学社会科学的意见》和《国家中长期科学和技术发展规划纲要

(2006—2020年)》，宁夏大学“211工程”三期建设内容主要包括中国民族史学理论与回族史西夏史、西北特色生物资源保护与利用、草业科学与生态工程、煤基化学化工与节能减排、旱区节水灌溉与水资源调控等的基础上，还要整合基础性学科、凝炼出师范教育的重点学科、形成6个重点学科建设项目，创新人才培养和队伍建设项目以及校园信息化建设、图书文献保障体系建设和仪器设备共享系统等校内公共服务体系建设三个方面。在国家发展改革委正式批复之后，我们还要对这些项目进行进一步的组织科学规划和深化细化论证，形成切实可行的项目实施任务书。

四、如何做好宁夏大学的“211工程”建设

“211工程”建设对于宁夏大学来说，是一个新的任务和挑战，我们要以科学发展观为指导，树立强烈的抢抓机遇意识，进一步开拓创新、整合资源、积极进取，以期推动学校发展不断取得新的成就。要做好宁夏大学的“211工程”建设，我想要重点抓好以下四个方面的工作：

（一）抓好人的工作

“211工程”建设，学校的发展，人才是关键。人，是学校建设的前提和归依，是学校事业之根本，是学校发展之源泉。抓好人的工作，要重点突出三个方面：首先是人的思想观念抓到位。当前，国内外高等教育发展很快，新思想、新观念、新体制和新机制的形成，将对我们教育思想与教育观念相对滞后形成很大的冲击。进一步转变教育思想，更新教育观念是我们进入“211工程”建设后所面临的重要课题。全校师生，特别是各级领导干部，要树立和坚持科学发展观，把思想认识统一到国家“211工程”建设的总体要求和学校制定的“211工程”建设规划上来，一心一意谋发展，聚精会神搞建设。重大建设项目的实施和管理，对队伍的整体素质有较高的要求，我们要争取通过“211工程”建设，在工作中锻炼队伍，使之得到一次考验，进一步提高全校教学科研队伍和管理干部队伍的工作作风、工作能力、工作水平和整体素质。其次，是把人才队伍建设放在“211工程”建设的突出位置，通过“211工程”建设，使我校的“人才强校”战略取得实实在在的成效。没有一批具有较高学术水平和攻关能力的专家学者的积极参与，我们的“211工程”建设就有可能达不到预期的建设成效。因此，我们要将工作的重点放在高水平人才的引进、培养和积极性调动、作用的充分发挥上。通过“211工程”建设项目，汇聚人才、整合队伍、提升实力，形成学校事业发展与专业人才个人的发展相统一、共促进的良好局面。再有，学术带头人、学科带头人、项目负责人以及各院

系、部门的领导干部，特别是主要领导干部，要在“211 工程”建设中发挥积极的作用，要切实对本单位、本项目的建设发展负责，将学科建设纳入校、院（系、部、所）和有关职能部门的重要工作议程，建立校（院、系）长（主任）是本单位学科建设的第一责任人的领导机制。

（二）抓好学科建设

学科建设是“211 工程”建设的重点。我们的学科建设要集中抓好以下六个方面的要害。一是要依托和整合学科资源、凝练学科方向、打造学科特色。二是要紧紧围绕“211 工程”建设形成、争取一批重大科研攻关项目，这些攻关项目，要紧紧围绕学科发展方向和国家、地方发展的战略需求，形成重拳。三是加大力度，打破原有体制、机制的限制，整合优化学科人才队伍。四是要积极整合校内外各方面的资源、加大投入力度，打造学科发展的条件保障平台。突出做好重点学科实验室的建设、学科文献资源信息保障系统的建设、科研教学实验和实习基地的建设。五是要在“211 工程”建设中，加大力度做好创新人才培养的平台建设，特别是博士学位授权点、一级学科硕士学位授权点的建设和争取，本科专业的建设要更加注重内涵和质量。六是要抓好重点建设学科的学术氛围和学术规范。

（三）加强资源整合

一是要抓好学科基础资源建设与学科水平提升方向的整合，加大力度继续通过基础学科与应用学科的结合，服务国家特别是地方经济社会文化建设发展，在服务中彰显价值，在贡献中实现发展。二是要抓好科学研究与人才培养的资源整合。通过“211 工程”支持的重大科研攻关项目的实施，带动创新人才培养的水平和质量的提升，要将“211 工程”建设与研究生教育创新计划及高等学校教学质量与教学改革工程进行有效结合。三是要统筹规划，既要突出重点，又要兼顾全局，在做好校内学科资源整合的前提下，积极整合国家与地方、校内与校外的相关资源。加强“211 工程”建设与“省部共建”、校地合作的统筹。

（四）规范制度管理，确保建设绩效的实现和最大化

“211 工程”建设是国家重点建设项目，在项目建设管理上均实行项目法人负责制、招标投标制、工程监理制和合同管理制，国务院有关部门将适时对项目进展和完成情况组织检查和验收，有严格的要求。因此，我们要严格按照国家发展和改革委员会的立项批复，强化管理，完善制度，保证建设资金按计划、有重点、分步骤、科学合理使用，保证项目建设质量，发挥资金的最大效益。

一要建立健全项目资金管理机构。为了保证学校“211 工程”三期建设项目的顺利实施和建设目标的如期实现，学校成立“211 工程”建设委员会，由党委书记担任委员会主任。学校“211 工程”建设委员会下设“211 工程”建设领导小组，校长担任组长和学校项目法人代表，副校长和有关职能部门负责人员参与组成，按照国家“211 工程”建设的方针、政策，统筹部署和指导项目建设，负责建设资金的及时到位和合理安排；制定项目执行的重大原则政策；检查监督建设项目的进展情况；组织项目验收；负责项目建设的奖惩评定和实施。学校“211 工程”建设领导小组下设“211 工程”办公室，负责各建设项目的具体管理工作，完成各项协调、组织、落实、管理、监督和服务的具体工作任务。各子项目建设单位也要组建相应的子项目建设领导小组和学术委员会，负责制定子项目建设实施方案，确定子项目的建设目标、建设内容、资金安排、建设进度等，对子项目建设全面负责。进一步完善管理体制，做到权责明确，管理清晰，保证质量，效益优先。

二是要建立完整的管理规章制度。为了保证学校“211 工程”三期建设工作有章可循，学校要按照国家“211 工程”建设的相关文件精神，制定《宁夏大学“211 工程”建设项目实施管理办法》、《宁夏大学“211 工程”建设项目专项资金财务管理办法》、《宁夏大学“211 工程”建设项目仪器设备购置与管理办法》等一系列规章制度，规范和完善“211 工程”建设的实施流程和项目管理，使学校的“211 工程”建设有章可循，操作规范。

三是要联系实际、分解任务、明确责任、有效推进。为了保证“211 工程”建设的顺利实施，学校要根据《国家发展改革委关于宁夏大学“211 工程”建设项目可行性研究报告的批复》，结合学校实际情况，实行建设项目法人责任制，采取学校项目法人组织、“211 工程”办公室、子项目建设领导小组三级管理模式。各子项目建设单位根据建设项目需要对子项目进行任务分解，确立重点建设的若干三级项目。学校项目建设法人与各子项目负责人要分别签订《宁夏大学“211 工程”建设项目任务协议书》，使项目建设责任明确，有法可依。

宁夏大学进入国家“211 工程”建设行列，是党中央、国务院对西部民族地区高等教育事业高度重视和大力扶持的具体体现，是自治区党委、政府对宁夏大学高度重视和大力扶持的具体体现，也是我校师生多年来积极进取、扎实工作的结果。当前学校正处在一个最好的发展时期，历史性的发展机遇很多，但是机遇的把握需要有所准备，发展的前提需要一定的基础和条件，我们要以“211 工程”三期建设为契机，进一步加强全校师生员工的凝聚力；继续弘扬服务西部、彰显特色、开拓创新、艰苦奋斗的精神；进一步明确学校的办学特色和办学方向，提升办学优势，使学校承担国家和地方重大建设项目的实力得到进一步增强，使学校的改革和发展事业获得一次新的促进，使全校管理干部队伍和教学科研队伍的整体素质得到进一步提高，以崭新的精神面貌和与时俱进的精神状态，树立新世纪宁夏大学发展的新形象，全面推进全校工作又好又快地发展。

（作于2008年9月26日，作者时任宁夏大学党委书记）

附录：教育部贺信

9月13日，宁夏大学被正式批准进入国家“211 工程”建设行列。9月15日，教育部发来贺信。

宁夏大学：

值此你校50周年校庆之际，谨向全校师生员工和广大校友致以热烈的祝贺和诚挚的问候！

50年来，宁夏大学全面贯彻党的教育方针，坚持社会主义办学方向，扎根西部，艰苦创业，取得了丰硕成果。近几年来，宁夏大学紧紧抓住国家实施科教兴国和人才强国战略的重大历史机遇，深化教育改革，推进体制创新，办学水平不断提升，正逐步发展成为我国西部少数民族地区高素质人才培养，高水平科学研究，以及推进高新技术发展和成果转化的重要基地，为我国社会主义现代化建设事业，特别是为宁夏回族自治区的经济发展、文化繁荣和社会进步作出了重要贡献。

希望你们认真学习贯彻党的十七大精神，全面贯彻落实科学发展观，发扬优良办学传统，立足西部，发挥特色，进一步深化改革，不断提高教育教学质量和办学水平，增强科技创新能力，为实施西部大开发战略，为实现中华民族的伟大复兴作出新的更大的贡献。

中华人民共和国教育部

2008年9月15日

在宁夏大学副处以上干部培训班的系列专题报告

开场白：非常高兴参加这样一个培训班。今天我准备给大家讲的内容是“领导班子内部协调的艺术”。为什么讲这样一个题目呢？一是考虑到这次培训班有关办公室一些具体工作，由党委办公厅的处长们同大家交流，他们长期在一线工作，既有具体丰富的理论知识，又有成熟的工作经验。二是考虑到我们办公室的同志工作的主要职责是为领导服务，学习一些领导科学方面的知识，有助于我们更好地为领导服务；三是考虑到办公室是一个培养干部的地方，凡是能在这里接受锻炼的同志今后一般都会走上领导岗位，可以说在座的大家都是未来的领导，今天给你们讲课就是给未来的领导讲课。

（一）领导班子内部协调的艺术

一个领导班子，成员间的团结一致，关系协调，性格融洽都对本单位工作的开展起着举足轻重的作用。在实践工作中，我们都有这样一种感觉，不是工作难干，而是协调难搞。常听一些干部说：我与某人性格合不来，不如分开工作好。也有个别单位的领导之间从性格差异发展到意见分歧，给工作带来不利。由于性格、文化等的差异，各人的思维水平参差不齐，考虑问题的角度就会各不相同，这就要求领导班子成员要善于学习运用内部协调的艺术搞好班子团结。

一、领导班子内部协调的重要性

领导班子内部协调是指整个集体为实现一个既定工作目标而对影响因素及相互关系进行合理的配置和调整，使之发挥最佳整体效能的过程。领导班子各方面协调一致是领导团体凝聚力的源泉之一。

（一）方向明确，思想统一

古人云：“道相同则心相知，心相知则力相合”。可见，方向认同、思想统一是班子协调有序的前提之一。一个领导集体有了明确的前进方向，必然会形成一种心理相容、感情相投的内部环境，大大增强领导班子的凝聚力，使每个领导成员的积极性、主动性和创造性都能够得到充分发挥，产生一种强大的群体效应。一个内部思想统一的领导班子，就会有明确的共同价值取向，有了共同的价值取向，也有利于在班子内部形成团队精神，使班子成员形成团结协作的工作作风，从而促进领导班子和谐。在共同价值取向的引导下，围绕共同目标，发扬团队精神，营造和谐氛围，整个领导班子的创造力、凝聚力、战斗力就会大大增强。

（二）凝聚力量，团结奋斗

每个领导班子都是由一个个有血、有肉、有思想的成员组成的，他们作为组织团体中的成员，都承担着不同的角色和责任，其积极性、责任心如何，直接关系到一个单位工作目标的实现和整个部门工作的效能，协调工作搞好了，组织内部各成员团结合作，大家心情舒畅，精神焕发，就能增强责任感和积极性，充分发挥每个人的聪明才智，使一个集体的工作充满活力。

（三）理顺关系，和谐共事

领导班子内部由于分工、利益、责任等等的不同，在现实工作中各方面产生矛盾不可避免，如果缺少协调，工作过程中就很有可能在时间、力量、要求等方面发生冲突，影响整体工作。因此，通过有效协调，就可以使各种关系得到合理调整，使各种要素得到合理配置，使各项工作得到科学合理的安排，从而建立起一种和谐共事的良好环境，使各项工作得以有条不紊地开展。

（四）发挥职能，提高效率

在一个协调有序的领导班子里，就会呈现出人人各负其责，每个成员个体的作用得到充分发挥，互相之间没有推诿、扯皮，决策迅速，运转灵活，办事效率很高的这么一个局面。举一个形象的比喻，在九牛拉车爬坡的时候，只有九牛个个使劲，且又方向一致，才能最快地到达目的地。在一个领导班子集体内部也是这样，只有各个成员密切配合，齐心协力，充分发挥好每个人的职能，整个领导集体的工作才能取得良好的效果。

（五）互相支持，共同进步

在一个领导班子中，成员之间会有不同的分工，工作会有不同的要求。同时，每个班子成员都有长处和优势，也有短处和不足。保持领导班子的协调有序，就会使班子成员之间相互尊重、相互理解、相互支持。每个班子成员都会真心尊重其他成员，虚心听取他人的意见和建议，在思想上坦诚相见、工作上和衷共济、生活上关心帮助，营造一个团结和谐、宽松融洽的环境和氛围，真正把心思和精力凝聚到干事创业上。领导成员之间通过互相学习、互相补充、互相感染，激发创新意识和创造性思维，提高领导班子总体的智力水平和创造力，创造出一流的工作业绩，磨炼出一批优秀的领导干部。

二、如何做好领导班子内部的协调

（一）着力提高领导班子“一把手”的能力

领导班子是一个群体，作为“一把手”，在这个群体中处于核心地位，起着关键作用，负有特别重要的主持全面工作的责任。无论哪项工作的开展，重大事项的落实，都需要“一把手”带头、示范、协调和推动。就一个地区、一个单位来说，工作好坏，事业发展快慢乃至兴衰荣辱，领导班子都要负责任，但“一把手”的责任尤为重大。“一把手”的工作既重要又复杂，遇到的矛盾和困难比一般领导成员要多得多，难度大得多，困难躲不过，矛盾甩不掉。因此，领导班子一把手的能力一定要提高，一把手的能力提高了，其作用要大很多。我认为，作为领导班子的一把手，要具备以下几种能力：

1. **科学判断形势的能力**。正确判断形势，把握形势的走向，是领导干部特别是一把手作出正确决策的客观依据。“凡事预则立、不预则废”。做领导工作，必须有预见性。作为“一把手”，既要立足当前，抓好当前工作，又要超前预测，谋划长远，取得领导工作的主动权。站得高、看得远，多谋善断，应当是“一把手”的特质。“帅不在勇而在多谋”，多谋的前提就是要见微知著，一叶知秋，把握事物的发展规律，把握事物发展方向。当今社会的特点是多变数、快节奏，新情况、新问题层出不穷，机遇与挑战、希望与困难并存，作为“一把手”必须有战略的头脑，敏锐的眼光，必须善于超前思维，积极主动地把握大势、辨清走势、审时度势，以增强工作的预见性、前瞻性，增强对策的超前性和决策的科学性，切实履行好“率领”、“引导”的职责。

2. **统筹全局的谋划能力**。“一把手”是管全面的，各个方面的工作都要纳入视野，不能疏忽、失察，但是需要花更多时间，下更大力气抓的、谋的则应是方向、大事、大局。谋全局、抓大事，既是“一把手”的主要职责和职能，也是“一把手”工作的突出重点。古人云：不谋全局者，不足以谋一域；不谋万世者，不足以谋一时。就是说领导者要胸有全局，抓好大事，善于解决全局性、战略性、方向性问题，决不能眉毛胡子一把抓，忙得不可开交，却事倍功半，得不偿失。“一把手”还要善于弹钢琴，既要抓住主要矛盾，突出工作重点，又要兼顾一般、兼顾面上的工作，以中心、重点工作的开展来带动其他方面的工作，做到举一反三。同时，要综观全局，统筹兼顾，合理安排各项工作，应该管的方面都关心、顾及，有问题的地方都要过问，不能只顾抓中心工作丢了一般工作，解决了主要矛盾，忽略了次要矛盾。思想不清是不称职的领导，花样过多是不成熟的领导，朝令夕改是滥用权力的领导，人云亦云是无所作为的领导。一把手可以不是最精通业务的人，但决不能做一个没有思想、没有思路的人。

3. **权衡利弊的决断能力**。一把手在班子中处于决策地位，如何正确运用决策权力，适时科学决策，对增强班子凝聚力十分重要。一把手的重要职责是作决策，即我们通常所说的“拍板”。在广泛听取各方面意见的基础上，果断作出正确的决策，是一把手的基本功，也是对其最重要的要求。从管理学的角度看，除了一把手外，领导班子其他人的职责往往都以出谋划策为主，而一把手则需要临机决断。尤其是在需要作出重大的、战略性决策的时候，可能会有多种方案，这就更需要一把手全面权衡、分析利弊、果断决策。如果一把手优柔寡断，往往会贻误时机、断送机遇，也会使得下级思想困惑、无所适从，从而坐失良机。在现代社会，信息和形势瞬息万变，机遇稍纵即逝，如果优柔寡断，就会给事业造成不可挽回的损失。因此，一把手要力求立足全局，了解实情，发扬民主，敢于拍板。既要超前思考，多方听取意见，好中选优；又要看准时机，权衡利弊，果断决策。不谋就断，等于瞎断；当断不断，必受其乱。

4. **善于组织管理的指挥能力**。领导干部的组织管理能力是一种综合性的能力，是知识、智慧、能力、经验多方面素养的集中表现，是对领导者专、才、能的要求。领导者的组织管理能力是建立在高度的思想觉悟、认真负责的工作态度和无私无畏的献身精神三者结合点上的。

一要增强协调能力。要善于处理班子成员的关系，正视彼此间的利益差距，注意综合平衡，调动各方面的积极性，真正形成一盘棋，拧成一股绳，做到目标同向、上下同心、各方同力。要树立以人为本的理念，对班子成员间、群众之间的利益矛盾，要出以公心，公平公正，既要做耐心细致的劝导说服工作，又要充分运用好政策和法律，做到有法必依，执法必严，消除不作为。要善于处理干部队伍内部的关系，对同级，要互相尊重、互相理解、互相信任，求同存异，增进团结；对下级要不偏不倚，一视同仁，奖罚有度。既要严格用制度管人管事，又要注重人文关怀，切实解决干部思想、工作、生活上的实际困难，营造一种奋发向上、团结和谐的健康氛围。

二要强化非权力影响力。“为政以德，譬若北辰，居其所而众星拱之”（《论语·为政》）。当今时代，领导干部的内在影响力日渐成为成功领导的重要标识。要提高领导干部统揽全局、整合资源的组织能力，必须十分注重培养和增强领导干部的内在影响力。要不断加强道德修养，增强人格魅力。牢固树立正确的世界观、人生观、价值观，堂堂正正，光明磊落，诚实守信，公道正派。要切实转变工作作风，坚持走群众路线，深入调查研究，充分掌握实际情况，扩大决策的群众参与面和民主化程度，广开言路，集思广益，为正确决策打下扎实基础。要尊重民意、集中民智、体察民情、解决民事，放得下架子，迈得开步子，俯得下身子，多关心群众饥渴冷暖，多解决群众实际问题，多倾听群众呼声意见，真正做到以高尚的道德影响人，以美好的情操感染人，以独特的魅力吸引人，以真诚的感情打动人，以亲和的形象凝聚人。

三要善于用人。用人首先要懂得人、理解人、经常研究人。要根据不同人的性格、特长、才干和不同特点，进行观察判别、调查了解、平衡比较等，通过对干部各方面情况的了解，达到知人、掌握人的程度，才能委派他做最能发挥其优势的工作。

5. **精于交往的人际关系能力。**领导干部的工作需要有多方面的配合，所以必须有交往的能力，包括对内对外的交往能力，必须处理好人际关系，学会同各方面的人打交道。美国约翰·麦克斯弗尔在讲到领导者应具备的品质中把优秀的人际关系能力放到很重要的位置。他说：“一个没有人际关系能力的领导者很快就失去追求者。”他还说，人们可能羡慕某一个有才华有能力的领导，但如果他没有优秀的人际关系能力，人们就不一定跟随他。跟随了他，恐怕也不会太久。人际关系说到底还是一个人缘问题，不结人缘的领导者是绝对没有人真心拥戴他的。作为一个领导者，如果很少有人跟你合作，别人不支持你，你能做好你所领导的工作吗？还有，经常要协调关系、疏通渠道、打通关节、解决难题，如果在内在外没有良好的人际关系，而光凭权力和政策能做好这些事吗？所以友谊和人际关系太重要了。那么作为一个领导者，怎样来提高人际关系的能力呢？

一是有胆略、有度量、办事果断、仗义轻财、勇于承担责任、敢挑重担、身先士卒、诚信做人，这些优秀的品质都是一个领导者有凝聚力、向心力的表现，当然也就有了人脉关系。

二是能倾听别人的良言忠告，比赠送礼物给人更能得到对方的信赖。适时赞美和表扬你的部下。你经常认可下属，下属自然也会认可你。

三是要尽最大的努力去帮助确需要你帮助的人。要知道这是拓宽人脉关系的机会。要尊敬前辈和前任以及上司，但不要使别人觉得你在装腔作势。

四是有了成绩和功劳，要与同事和下属分享，切不可抢功或将功劳占为己有。

五是不要拉帮结派，不要搞小团体，不要亲一些人，疏一些人。

六是知恩报恩、知德报德；不知好歹，不会久远。但忘恩似乎是许多人的通病，所以有恩予人，切不可图报。

七是宽以待人十分重要，待人不苛刻。切不要当众训斥下属。维系人际关系最重要的一条是诚信，言行一致胜过一打承诺。

八是对不速之客要热情接待，对陌生来客，也要以礼相待。对自己成功的事做到“成事不说”；对已经发生的事“遂事不谏”；对别人已经认识到的错误“既往不咎”。

九是最要紧的是知人善任，成败的关键不在乎你跟什么人相处，而在于你跟什么人决定要事。还可以列举许多条，还是大家自己在实际工作中去感悟。

6. **发挥合力的推动能力**。团结的、强有力的领导班子，离不开“一把手”个人才能的充分施展，也离不开班子成员集体智慧的充分发挥。

我们都见过大雁南飞时的情景，雁群在天空中飞翔，一般都是排成人字阵或一字斜阵，并定时交换左右位置。生物专家们经过研究后得出结论，即雁群这一飞行阵势是它们飞得最快最省力的方式，因为它们在飞行中后一只大雁的羽翼，能够借助于前一只大雁的羽翼所产生的空气动力，使飞行省力，一段时间后，它们交换左右位置，目的是使另一侧的羽翼也能借助于空气动力缓解疲劳。管理专家们将这种有趣的雁群飞翔阵势原理运用于管理学的研究，形象地称之为：“雁阵效应”。

候鸟的雁阵效应提示我们，一个团队要想在恶劣的优胜劣汰中保持生息，寻求生机，除了个个要竭尽全力与团队保持步调一致与默契配合以外，其中领头的大雁至关重要。既要使自己奋力朝着既定的目标一路高歌，展翅在前，还要照顾到后面的阵容和掉队者，正是靠着这股精神，才使得每一只候鸟凝成不辞劳苦的劲旅团队，长途奔波，凌空翱翔。

一般来说，“一把手”较其他成员有较高的素质、才能，应当充分加以施展，起到启迪、引导、示范的作用，但决不能忽视发挥集体的积极性和创造性。人贵有自知之明，自恃高明是大忌。如果“一把手”过高估计个人的能力和作用，低估又不注意发挥班子成员的聪明才智，唱“独角戏”，纵有三头六臂也难把工作搞好，“浑身是铁也打不了几颗钉”。

个人能力不等于整体素质，只有把整个班子成员心思凝聚在一起，把大家的智慧集中起来，把大家的冲劲调动起来，才能产生 1 +1 >2 的效果，才能创造出非凡的业绩。现实生活中，凡是协调的、富有战斗力的班子，都有一个坚强而又有凝聚力、个人有作为又能充分发挥群体优势作用的领导核心；凡是软弱涣散的班子，要么是“一把手”包揽一切，个人专断，要么是班长的核心作用发挥得不好，班子成员各自为政。如果整个班子人员离心离德、一盘散沙，不是“战斗的堡垒”，而是“在堡垒里战斗”，那就不仅不会出现 1 +1 >2 的效果，还会因内耗出现 1 +1 <2 的现象。

因此说，一个班子要想成为坚强的领导集体，“一把手”必须有很强的凝聚力、调动力和号召力，成为班子高效运转的“润滑剂”、班子亲密团结的“黏合剂”、班子潜能发挥的“催化剂”。

7. **驾驭全局的依法执政能力**。胡锦涛同志强调，依法执政是新的历史条件下马克思主义政党执政的基本方式。依法执政，就是坚持依法治国、建设社会主义法治国家，领导立法，带头守法，保证执法，不断推进国家经济、政治、文化、社会生活的法制化、规范化，以法治的理念、法治的体制、法治的程序保证党领导人民有效治理国家。要加强党对立法工作的领导，推进科学立法、民主立法，从制度上、法律上保证党的路线方针政策的贯彻实施。各级党组织都要在宪法和法律范围内活动，全体党员都要模范遵守宪法和法律。要督促和支持国家机关依法行使职权，依法推动各项工作的开展，切实维护公民的合法权益。（胡锦涛同志在 2006 年 6 月 29 日中共中央政治局第三十二次集体学习时的讲话，《成都日报》2007 年 04 月 16 日）

目前，我国社会正处于一个转型时期，人治社会逐步向法治社会过渡，而这种过渡的成功与否在很大程度上取决于依法执政的实现程度。只有依法执政，保障决策的科学性和合理性，才能避免主观随意性和盲目性，才能避免和减少各种行政违法行为给公民、法人造成的损失，并有助于提高行政效率。

俗话说，火车跑得快，全靠车头带。依法执政，责任在组织，关键在领导。因此，推进依法执政是当前摆在各级领导干部面前的一个紧迫而严峻的课题。各级领导干部特别是一把手要深刻认识推进依法执政的重要意义，从自身做起，争当依法执政的楷模。

一是把法律意识融入经济社会发展的宏观决策之中。做任何事情特别是重大决策都要从法律的角度去分析、思考、解决问题，不仅考虑经济效果、社会效果，还要考虑法律效果。公职人员的决策权属于公共权力，它是人民给予的，是法律赋予的。决策权的行使必须在法律允许的范围内，在法律规则规范下行使。不论职务有多高，权力有多重，都不能超越法律行使权力。权力是人民交给我们更好地为人民服务的，不是用来张显个人权威的，更不是用来谋私利的。只有自觉地把权力置于法律的规范下，依法行使决策权，才能保障决策的科学性、正确性、可行性，才能保障科学发展观在决策实践中得到落实。现时生活中，有的领导机关、领导干部偏离法律、偏离科学发展观盲目决策，不是完全出于无知，也不是完全不懂法，而是受一种错误的政绩观的驱使，为了急功近利，显示自己有“能力”，有“政绩”，才颠倒了权与法的关系，颠倒了个人政绩与国家和人民的长远及根本利益的关系的。错误的政绩观把个人的所谓“政绩”摆在第一位，把法律及国家和人民的长远和根本利益放在第二，只要法律妨碍了个人多出“政绩”、快出“政绩”，就会设法摆脱法律的束缚，以牺牲法律、牺牲国家和人民的长远及根本利益为代价，去攫取“政绩”。如有的违背国家土地管理法和保护基本农田的法律规定，擅自决策设立开发区和盲目扩大开发区，造成基本农田损失和土地闲置，侵害农民利益；有的在城市改造中，搞所谓“形象工程”，违背国家关于动迁管理、土地征用的法律法规，凭长官意志办事，超出财力随意拆迁，该补偿的不给予合理补偿，引起群众上访和集访，影响社会稳定，还有的地方前任建，后任扒，造成极大浪费；有的在发展工业上，违背法律规定，以牺牲资源和环境为代价，单纯追求国民生产总值增长的高速度，不该批准的项目乱批，不该上的项目乱上，造成资源浪费，环境重度污染；有的不顾法律规定，在自然利用决策上，只讲索取不讲投入，只讲利用不讲建设，超出自然承载能力和承受能力，掠夺性采矿、过度性放牧、毁灭性砍伐，造成自然环境的严重破坏。

二是身体力行，带头依法行政，严格依法办事。纵观我国近年来查处的腐败案件，绝大部分是台上一套台下一套，人前一套人后一套，完全丧失了一个领导干部应有的思想操守、精神境界，甚至丧失了一个人应秉持的做人准则和人格尊严。领导干部应从中吸取教训，按照《全面推进依法行政实施纲要》的要求，行使权力不越权，履行职责不推诿；坚持理论联系实际，重在解决依法行政工作中的实际问题，真正做到学用结合；把依法行政贯彻到政府工作全过程，善于运用法律手段解决政府管理中的各种问题和矛盾；认真对照相关法律法规，看看这样做是否符合国家的政策和法律，防止出现与法律不一致的内容；支持执法部门严格执法，不得以任何形式干预行政执法，更不能以权代法、以权压法、以权废法，在宪法和法律规定的范围内行使自己的权力，自觉维护人民群众的权益，做到清正廉洁，不贪不奢，铁面无私，执法如山。认真落实行政执法责任制，对有法不依、执法不严、失职渎职的现象，予以坚决制止，严肃处理，追究责任，创造良好的行政环境和执法氛围，积极推进依法治国进程。

三是自觉接受监督。只有实施和接受监督，才能规范领导行为，才能克服官僚主义和个人主义。这就要求领导干部必须依法行使权力，做依法行政的带头人。自觉接受监督是领导干部特别是一把手严格自律、发挥表率作用的重要途径。如果一把手只习惯于监督别人，而不愿接受他人的监督，甚至拒绝监督，就会失去控制，犯这样或那样的错误。一是要接受党内监督。一方面，通过思想汇报、民主生活会、述职报告等形式，自觉地接受同级和上级纪委的监督。同时，虚心听取班子成员和基层广大党员干部的批评意见，本着有则改之，无则加勉的态度，及时纠正自己不正确的思想和行为。要接受党外监督，经常深入基层，倾听群众的意见和反映，诚恳接受批评。广纳党外人士意见和建议，不断修正决策中的不足。要接受舆论监督，敢于正视问题，不回避矛盾，不怕曝光，使自己知对知错，更好地完成党交给的各项工作任务。同时，要不断完善党内监督、人大监督、政协的民主监督、司法监督、群众监督、新闻舆论监督以及政府系统内部监督等民主监督制度，切实做到有权必有责、用权受监督、侵权须赔偿、违法要追究。

这里，我给大家举一个案例：彭水诗案。2006 年 9 月，重庆市彭水县教委借调干部秦中飞，因一则针砭时弊的短信诗词失去了自由，涉嫌诽谤被刑拘，继而被逮捕。经舆论关注，秦中飞命运随后出现逆转，关押 29 天后被“取保候审”，再过 25 天，该案被认定为错案，秦中飞无罪，并获得了国家赔偿。这起案件被舆论称为“彭水诗案”。“彭水诗案”中秦中飞为何会获得国家赔偿，国家机关又错在哪儿？据悉，有关方面组成调查组调查后认定，这是一起政法部门不依法办案，党政领导非法干预司法的案件，最初司法机关介入，源于彭水县党政领导指示，后来对嫌疑人的处理，则是迎合党政领导意志。2006 年 12 月 8 日，重庆市委组织部已经免去了彭水县县委书记的职务。

我们通过对这个典型案例的分析，可以看出党政领导干部在处理具体行政事务时依法执政的重要性和必要性。作为领导干部，要加强学习和研究，不断解决依法治国、依法执政实践中的新情况新问题，努力从理论和实践的结合上回答推进依法治国、依法执政提出的重大理论和现实问题。否则不但会给一个领导集体带来不良后果，更会给一个单位、一个地区带来无法挽回的损失。

8. **开拓进取的创新能力。**创新是一个国家、一个民族的灵魂。改革开放30年来的实践证明，只有不断创新，才能与时俱进，提出新思路、推出新举措，开拓工作新局面。领导干部必须具有创新意识、创新能力和自我革命的勇气，思想僵化、墨守成规就会落伍。创新就是要解放思想、积极进取、勇于突破、不满足于现状、敢于打破传统束缚。

一要树立创新意识。创新意识是一切创新活动的前提。树立创新意识，必须实现观念创新，始终保持争创一流的精神状态。一个心如枯井，对任何工作、任何荣誉乃至任何利益都无所谓的人，是不可能有创新冲动与求新念头的。领导干部要着力消除妨碍与时俱进的思想观念，自觉地把思想认识从那些不合时宜的观念、做法和体制的束缚中脱离出来。不断地创新工作思路、工作方式和方法。当然，我们倡导的观念创新，不是胡思乱想，也不是以制造“轰动效应”来哗众取宠，而是要以人为本，能给事业带来实实在在发展的创新。

二要强化责任意识。创新是一种追求，它与高昂的精神状态、严谨认真的工作态度、精益求精的工作作风是紧密联系在一起的。没有强烈的进取心、事业心，缺乏崇高的使命感、责任感，就不可能有创新意识，更谈不上创新活动。所以说提高创新意识一定要强化责任意识，明白责任重于泰山，只有认识到自身肩负的责任，有进一步做好工作的愿望，才会从内心深处产生出强烈的创新欲望。

三要不断加强学习。学习是创新的基础。领导干部要进行有效创新，首先要学习学习再学习，使自己的知识不断更新，视野不断开阔，经验不断丰富，综合素质提高了，才会有创新的追求，才会有创新的能力。其次要坚持以科学理论为指导。纵观人类历史，所有的创新都是在科学理论的指导下进行的，没有科学理论的指导，创新只能是一种愿望和盲动。同时，要在继承的基础上创新。创新都是在继承前人成果的基础上进行的，不了解学科发展前沿知识和趋势，不了解所在地方经济社会发展的现状，不了解当前国内外经济社会发展的趋势，不掌握经济社会发展的科学规律，创新无从谈起。

四要有创新勇气。创新是一个破旧立新、推陈出新的利益调整过程，肯定有阻力和风险，也可能会遭遇挫折、失败，甚至会掉“乌纱帽”。勇气从哪里来？从对党的事业极端忠诚中来，从对人民群众的利益高度负责中来，从对个人正确人生价值的执着追求中来。只有以强烈的政治责任感、历史使命感、时代紧迫感和革命事业心，以敢于超过前人、永不满足现状的拼搏精神，敢闯、敢试、敢冒险才能开创新局面。古人云，苟利于民，不必法古；苟周于事，不必循旧。要创新就要有大胆的怀疑精神和批判精神，不迷信权威，不固守经验，不拘泥陈规，“不唯书，不唯上，只唯实”，在尊重事实与科学的基础上，用客观、科学的态度分析取舍，按客观规律办事。

9. **求真务实开创事业新局面的发展能力**。党的十七大报告再一次强调要坚持实事求是、求真务实的作风。这是因为，求真务实，是党的优良传统，是共产党人的政治品格，是党的活力所在；求真务实，是党的思想路线的核心内容，是加强党的执政能力建设的根本途径，是党和人民事业兴旺发达的关键。实践证明，哪里有求真务实，哪里才能增强活力，赢得主动，收获成效；哪里失去了求真务实，哪里必然丧失生机，遭遇厄运，受到惩罚。对于“一把手”来说，求真务实的过程，就是谋思路、明方向、做决策的过程，就是抓具体、抓关键、抓落实的过程。

一要有造福一方的思路。作为事业发展的决策者和带头人，领导干部担负着谋划发展、稳定一方、造福群众的重要职责。我们常讲，为官一任，造福一方，要做到这一点最根本的要求就是要具备创新的工作思路和突出的谋划能力，有打开工作新局面的魄力。立足实际，着眼未来，在继承以往好经验好做法的基础上，从习惯性的思维方式和工作方式中解放出来，在实践中不断寻求新的方法，总结新鲜经验，实现工作思路的新突破，促进一方经济社会的新发展。

二要有坚持真理的勇气。坚持真理就是坚持实事求是。古今中外，一切正直的人都有一种共同的优良品质，就是敢于坚持真理，勇于修正谬误。当年，邓小平以非凡的政治勇气，力排众议，走出姓“资”姓“社”的误区，提出发展社会主义市场经济的重大战略思想，开创了中国改革开放的新局面。这种追求真理的执着，这种坚持真理的魄力，值得我们在抓发展的过程中，认真学习继承，不断发扬光大。

三要有遵循规律的态度。规律是事物发展过程中的本质联系。规律是客观的，既不能创造，也不能消灭；不管人们承认不承认，规律总是以其铁的必然性起着作用。我们要引领时代发展，推动加快发展，就必须认识规律，掌握规律，遵循规律。近年来，我们宁夏实施的河西总排干渡槽工程、唐徕渠跨北塔湖渡槽工程和黄河标准化堤防工程，就是尊重和利用科学规律，要人水共生，化害为利，以水生财，实现人与自然和谐相处。

四要有不怕吃苦的精神。要实现领导集体确定的工作目标，不可能轻描淡写、一蹴而就。要正视现实，正视困难，发扬艰苦奋斗的精神，敢于吃苦，坚忍不拔。特别是经济欠发达地区，由于基础差，底子薄，条件少，要干成一件事，办好一件事，常常需要付出数倍于人的辛苦与努力。山东省平邑县九间棚村四面悬崖，山高涧陡，连一条下山的公路都没有，自然条件之恶劣，群众生活之艰苦，难以想象。八十年代中期，以村支书刘加坤为首的党支部下决心改善生存条件，改变贫困面貌，靠着肩挑手抬，靠着牛拉人推，靠着经年不息，靠着艰苦奋斗，把一个贫穷落后的地方，改造成为全国生态旅游胜地，演绎了现代版的愚公移山，创造了党中央倡导学习的“九间棚精神”。我们这里虽说不具备发展的先天优势，但比起当年的九间棚村还是好了许多。如果我们多一些“九间棚精神”，多一些刘加坤式的干部，实力霍邱、和谐霍邱、魅力霍邱的蓝图就会早日化作现实。

五要敢于揭示问题。一个求真务实的“一把手”，总是在肯定和发扬成绩的同时，勇于和善于揭露矛盾、解决矛盾；总是能坚持辨证、客观地看待成绩和问题，不断促进领导工作上新的水平。希望出成绩，不出问题，是各级领导班子、特别是一把手的共同愿望。一个地区、一个单位工作干出了成绩，是好事，值得总结经验，但不能“以俊遮丑”、让成绩掩盖了问题，更不能将问题和矛盾捂着、盖着，任其扩大、激化。那样是危险的，“成绩不讲跑不了，问题不讲不得了”。领导者特别是“一把手”，其重要责任就在于不断发现矛盾、揭露矛盾、解决矛盾，以此来推动事业的发展，工作上新的水平。

（二）领导班子的“一把手”要全面负责而不专断

1. **要善断，不要武断。**在决策中，由于领导成员的地位、职责、阅历、能力等诸多因素的差异，对各种决策预案往往会出现仁者见仁、智者见智的情况，这就要求一把手要准确分析形势，把握时机，敢于决断，善于决断。在大多数意见趋于一致时，能够及时地进行总结概括，组织成员进行表决，果断拍板，使决策议题转化为集体决策，决不能议而不决，延误时机。尤其是在决策一些重大突发性事件时，不能纠缠于细枝末节，而要雷厉风行，抢时间争主动，避免事态进一步扩大。在果断决策的同时一定要避免个人武断专行的倾向，不能把自己的意见强加于人，不能不顾其他成员的意见强行形成决定。特别是对难以形成共识的预案，一把手要尊重大家的意见，作冷处理，暂缓表决，给大家一个进一步调查研究和沟通意见的机会，并积极做好疏导，努力把正确的意见集中好，把分歧的意见统一好，把否定的意见说服好，为正确集中创造条件，决不能草草拍板定案。当然，作为一名主要领导，决策决断一定要讲求效率，如果今天也商量，明天也碰头，后天还琢磨，那也是会误事的。该决断的事必须果断决策，要拿得起来，放得下去。

2. **要主见，不要主观。**一班人的见解需要一把手来集中和升华，一些重大问题的意见分歧取决于一把手的辨析和判断，有关全局的战略谋划更需要一把手来思考和明察。因此，在决策过程中，一把手必须要有科学独到的见解。提出议题时，要想别人所未想，知别人所未知，言别人所未言，不能人云亦云，盲目跟风，更不能屈服于不正确的公众舆论和压力，而随意放弃正确的意见；讨论议题时，不能因为最后表态发言，就囿于其他成员的思路，而要善于从大多数趋同意见的反面去考虑决策的必要性、可行性、适时性，以提出更加周密完善的意见，引导大家进行讨论。有主见的同时又要避免主观，不能凭主观好恶发表决策意见，而要尊重决策的程序性原则，善于依据事物发展的客观规律，寻求实现主观认识符合客观实际的最佳途径，力求在吃透上情、摸清下情、掌握外情的基础上，全面、准确地获取反映客观事物本质属性的信息，并在此基础上整合信息资源、科学分析比较、权衡利弊得失，以降低决策风险，增强决策效率，使班子作出的决策都能成为上策。

3. **要冷静，不要急躁。**社会政治文明的进步，要求领导干部要在冷静中决策。“每临大事有静气”，既是对决策者素质的基本要求，又是对其政治性、原则性的重要考验。

一是当决策界线模棱两可，有边可擦时，主要领导拍板应多从原则性考虑。一要把政治性要求作为衡量决策的第一标准，把多数人的意见集中在正确原则的范围内。二要坚持先学政策后议事，先定原则后定事，准确把握政策界限，做到政策有漏洞不钻空子，过去有先例不循旧规，周围有人干不搞攀比。三要把好正确方向，善于在千变万化、错综复杂的事物面前，透过现象看本质；在大是大非面前，头脑清醒，立场坚定，旗帜鲜明，成为一班人的主心骨。

二是当受局部利益驱动，内部意见出现“一边倒”时，主要领导拍板应多从全局性考虑。树立立足全局谋局部、干好局部为全局的意识，不折不扣的贯彻落实上级的各项政策和举措；理顺思想情绪，正确对待利益关系的调整，深入细致地做思想工作，以消除矛盾，纠正偏差；充分调查、酝酿，集中正确意见，既要站在维护全局利益的高度，又要积极解决实际问题，最终形成上符合政策、下符合实际的决策。

三是当群众意见偏激，出现狂热急躁情绪时，主要领导拍板应多从长远性考虑。主要领导要科学把握民主与集中的决策界限，正确理解、科学运用好民主权利，克服独断专横和极端民主两种倾向。既要充分发扬民主，又要大胆正确集中；既要充分发挥群众参政议政的积极作用，又要注重教育疏导。

4. **要全面，不要片面。**唯物辩证法告诉我们，任何事物内部总是存在既对立、又统一，既互相排斥、又互相依存的两个方面，在一定条件下还互相转化。这就要求领导干部必须用联系的观点观察分析问题，力戒简单、片面，不能只抓一点而不及其余，要全面系统的思考问题，不顾此失彼。

一是大小两面联系，所谓大小两面联系就是不仅要看到小单位、小组织，还要看到更大的范围，如全国甚至全世界。大小两面不联系就容易产生问题，在我们现在的决策中，大小两面联系是最重要的联系。

二是长短两面联系，就是要把眼前和长远联系起来，既要看到眼前，也要看到长远。将长远目标分解成若干短期目标，每完成一个短期目标，就向长远目标靠近一步。若干个短期目标完成了，长远目标也就实现了，切忌长短分离，互不相干。

三是正负两面联系，所谓正负两面的联系就是要考虑到正负两种情况，任何决策既可能有正面的效应，也可能有反面的效应。在决策学里有一个观点是决策没有最佳决策，任何决策都可以找到他的毛病和问题，只是我们选利大弊小、利于实现我们目标的决策而已。不仅要看到决策的正面效应也要事先对负面效应有充分的认识，然后对负面的效应作出防止和解决的预案。比如，埃及的阿坝水库就可以来说明的这个问题，他们只看到建立这个水库的好处，没有考虑建这个水库建设对环境造成的影响和破坏，没有相应的预案措施在建水库的时候给她加以防止和尽早防治，所以虽然这个水库的建成有很大好处，但是对周遍的生态环境带来了极大的破坏。如果没有事先预防，事后再处理起来就非常的困难。

5. **要敢干，不要蛮干。**是说领导干部要敢字当头，有开拓创新意识，但也必须有科学精神。渔民下海，要听天气预报，以避开大风大浪；登山队行动，要选择季节，看准时机，以避开雪崩与风暴；前线打仗，要挖壕沟，掘坑道，构筑防御工事，以期用最小的伤亡换取最大的胜利。作为一名领导干部既要尊重科学，遵循规律，在战略上敢于冲锋陷阵、开拓创新，又要牢记细节显示差异、细节决定成败，在战术上做到胆大心细、深谋远虑、善做善成。大力倡导“五坚持五反对”，即坚持决策以地方的发展和群众利益为重，反对图虚名，搞“形象工程”、“面子工程”；坚持决策从实际出发，反对跟风走；坚持决策从长计议，反对短期行为；坚持发表有理有据的不同意见，反对跟着提案人的意见走；坚持从全局利益出发，反对本位主义、个人主义。如果盲目蛮干，出了问题，轻则没人同情，没人解围，工作被动，重则给事业带来损失。

6. **要行善，不要过善**。是说领导干部要有善心，施善举，不害人，但不可过分施善。施善举，就是明辨善恶，多行善事，“勿以善小而不为，勿以恶小而为之”。不害人，就是要与人为善，以善意待人，见到别人的成绩、进步就高兴，就“见贤思齐”；见到人家的缺点、错误，能善意地给予指正，予以帮助，从团结的善良意愿出发，帮助他人进步。同时，为善不能过善，行善不能良莠不分。要避免“一切为善”、“好人主义”，在歪风邪气或大是大非面前，决不可放弃原则，搞无原则让步。

（三）领导班子的“一把手”要讲党性、重品行、作表率

1. **讲党性**。讲党性，就是要坚定理想信念，牢记党的根本宗旨，做到高举旗帜，听党指挥。

一是要坚定理想信念。坚定的共产主义理想和中国特色社会主义信念，是党的思想建设的核心内容，是党的政治建设的重要组成部分，也是党员领导干部讲党性的精髓和灵魂。如果一个领导干部特别是“一把手”失去了理想信念，就等于丢掉了执政的本色和灵魂。邓小平同志说得好：“为什么我们过去能在非常困难的情况下奋斗出来，战胜千难万险使革命胜利呢？就是因为我们有理想，有马克思主义信念，有共产主义信念。”（《改革科技体制是为了解放生产力》，《邓小平文选》第3卷110页）没有这样的信念就没有一切。

二是要坚定政治立场。“一把手”要严格遵守党的政治纪律，坚决贯彻执行党的方针政策，善于从政治上观察和处理问题，在事关方向、事关原则的问题上立场坚定，在大是大非面前旗帜鲜明，在关键时刻头脑清醒，经得起各种风浪考验，始终自觉同党中央在思想上、政治上、行动上保持高度一致。

三是要坚定宗旨意识。全心全意为人民服务是党的根本宗旨，是我们党一切活动的出发点和归宿，也是对每一位领导干部的基本要求。中国特色社会主义理论体系进一步丰富了党的宗旨的思想内涵，使党的宗旨充满了时代精神。立党为公、执政为民是加强党的执政能力建设的核心内容。“一把手”一切执政活动都要从人民的意愿和利益出发，把为人民谋利益作为最根本的目的。

四是要坚定群众路线。领导干部要坚持“从群众中来，到群众中去”的工作方法，充分相信群众，依靠群众，始终保持同群众的血肉联系。要树立正确的权力观，正确认识权力从哪里来，为谁掌权，如何掌权，用什么态度掌权的问题。要从思想上解决好参加革命是为什么，现在当干部应该做什么，将来身后留点什么的问题，真正做到权为民所用，情为民所系，利为民所谋。

五是要坚定组织原则。领导干部讲党性，一个重要内容，就是要增强民主集中制的意识，懂得民主集中制的规矩，养成按照民主集中制办事的习惯，正确处理个人与组织、民主与集中、集体领导与个人分工负责的关系，防止个人专断和各自为政，反对有令不行、有禁不止，不断提高领导决策水平，维护班子的团结统一。

2. **重品德。**重品行，就是要牢固树立社会主义荣辱观，注重思想、道德修养，做到生活正派、情趣高尚。

一是低调做人。人不可自负，自负是谦虚的大敌。不论当多大的官，做出多大的成绩，获得多大的荣誉，都要保持头脑冷静，做到有自知之明。要时刻清楚，自己的能力是有限的，即便做出一些成绩，与上级的帮助和下级的支持是分不开的，不要自以为是。要牢记群众才是真正的英雄，牢记虚心使人进步，骄傲使人落后。有句话叫作“上帝让你灭亡，首先叫你猖狂”。傲气、霸气十足的领导最不得人心，老百姓最反感那些抬腿不知高低、说话不知深浅的狂妄者。低调做人，高调做事，是领导干部的基本素养。

二是好心感人。作为一个领导干部，最基本的一条就是心肠要好。要带着良心，带着感情，带着责任去做工作，以自己的好心来感动人、影响人、教育人。在工作中让干部和群众感受到自己的真诚，感受到自己的善心。要热情待人，在不违背原则的情况下，尽可能帮助干部群众解决一些涉及切身利益的事。在批评和处分干部时要从关心人、爱护人、帮助人的目的出发，而不是踩人、压人、欺负人。工作不可能不得罪人，但要以自己的良苦用心赢得干部群众的理解，以自己的赤诚善心赢得干部群众的尊重。

三是实干带人。身教重于言传。要扑下身子做工作，全神贯注干事业。能挑一百斤绝不挑九十九斤。自己做得不如人，不在人前教训人。领导要有感召力、凝聚力，关键是自己本身过得硬。人的威信是干出来的，而不是吹出来的，捧出来的。领导处处起表率作用，是个实干家，必然会影响和带动下级苦干实干。

四是严格管人。领导干部在严格要求自己的同时，要求下属也应从严。古人说：没有规矩，不成方圆。严格管人，有助于形成良好的风气、拼搏的精神。严格管人，可以带出一支有理想、有纪律、特别能战斗的队伍。管理松懈，带出的队伍必然是松松垮垮、拖拖拉拉，毫无战斗力，必定要打败仗。要表扬鼓励先进，批评惩罚落后，做到奖罚分明，不放任自流。

五是公道待人。矛盾的产生，往往是办事不公造成的。公道待人，须做到这样几点：要公正，按原则办事，按规矩办事，不搞个人说了算，提倡有主见，反对搞主观。要公平，要合乎民心，端平一碗水，握好一杆秤。要公开，办事要有透明度，让大家清楚事情的来龙去脉，不躲躲闪闪，神神秘秘。要公明，要善于明辨是非曲直，当面说你好的人未必对你是真心，当面骂你的人未必对你有坏心。要以全面、辩证、发展的观点看待人和事，不可偏听偏信。要公心，办事要出于公心，不能带成见、带倾向，更不能感情用事，要尽量排除私心杂念，一切从工作出发，一切为大局着想，营造干事创业的良好氛围

3. **作表率**。作表率，就是要时刻不忘肩负的重任，做到以身作则，加强修养，率先垂范。一个地区、一个单位风气的好坏，“一把手”有很大的责任。“上梁不正下梁歪，中梁不正倒下来”，“一把手”要树立正气，必须喊响“从我做起”、“向我看齐”，真正起到表率作用。表率是无声的命令，是最有感召力的导向，群众常讲：“村看村、户看户，群众看党员，党员看支部”。支部看什么？看的是作为一班之长的支部书记。“一把手”的表率作用如何，直接影响到班子成员乃至广大干部群众的思想和行动。“一把手”求真务实，下级就不敢搞花架子，做表面文章，搞形式主义；“一把手”刚正不阿，下级就不敢阿谀奉承。所以，树立正气，“一把手”先要一身正气，两袖清风。要求大家做的，自己首先做到；要求大家不做的，自己首先不做。“一把手”还要敢于碰硬，敢于批评不正之风，敢于抵制歪风邪气，就是对正气的弘扬，就能够赢得人心。

4. **有“五气”**：

一是有正气。没有正气，压不倒歪风邪气。扶正祛邪是一个领导班子必须坚持的重要原则，也是“一把手”的重要政治责任。在新的形势下，面对经济社会的变革转型，各种社会思潮和人们的思想空前活跃，往往泥沙俱下，鱼龙混杂，有时会导致正气不张、邪气抬头。作为一个领导集体，要有效推进物质文明、政治文明和精神文明建设，必须以身作则，率先垂范，旗帜鲜明地弘扬、扶持正气，毫不含糊地反对、抵制邪气，这对加强党的建设、端正党风和干部作风、净化社会风气、创造干事创业的良好环境，都有非常重要的意义。如果正气得不到弘扬，歪风邪气抬头，就

很难巩固和加强党的执政地位，很难激发和调动干部、群众的积极性，很难树立健康向上的社会风尚，势必会妨碍一个地区、一个单位的事业发展。

二是有才气。没有才气，镇不住庸俗之气。才气是领导干部成就事业的基石。国以才立，政以才治，业以才兴。领导干部要有才气既是工作的需要，也是时代的需求。历史已经证明，有才无德的干部，往往是成事不足、败事有余；有德无才的干部，大多碌碌无为，一事无成。才，是领导干部称职履责的必要条件。“德高足以服人，才高足以率人”，有才气的领导博学多识、明察善断，善于驾驭全局，应对复杂局面；相反，才气平平的领导则往往优柔寡断，难成大器。因此，作为一名领导干部，特别是一把手，要采取多种形式，勤读书、多学习、广历练、常思考，拓宽视野，优化素质，丰富自己的才气，真正做到“腹有诗书气自华”，主持工作，驾驭局面，游刃有余，成竹在胸。

三是有霸气。没有霸气，就打不掉流氓匪气。这里所说的霸气不是那种不讲民主、目空一切、唯我独尊的霸气，而是一种“我能、我行、我成功”的强势心态，一个意志坚强的强者。如，我们在平常的工作中经常遇到这样一些人，他们从不按规矩办事，欺强凌弱，精于钻政策空子，善于找领导的软处，但凡有一点事情不合他的意愿就找领导闹事。对这样一些人如果处理不当或一味地想息事宁人就会影响一个单位的风气，影响一个领导干部的威信。对类似的事情就要以你的“霸气”对付这种“赖气”。身为党的领导干部，具备这种坚强意志的霸气是必备不可少的表现，在困难面前不退缩、不逃避，迎难而上，勇往直前。在碰到挫折和失败的时候，调节自己的消极情绪，控制自己的言行，不骄傲，不自满，以顽强的精神，百折不挠的毅力，战胜挫折和困难，实现自己的目标。

四是有锐气。没有锐气，摆脱不掉灰心丧气。就是要有一股子劲，始终保持一种向上的进取态势，保持高昂的工作热情和工作韧劲。成绩面前不忘乎所以，困难面前不灰心丧气。不断适应新形势，研究新情况，解决新问题。有锐气，才能有所作为，有所建树。历史已经证明并将继续证明，只有那些敢为天下先的人，才能推动事业的发展，才能创造出不平凡的业绩；那些因循守旧、瞻前顾后的人，只能迟滞事业的发展，成为历史前进的绊脚石。

五是有静气。没有静气，克服不了浮躁之气。领导干部常常工作繁忙，事务缠身，容易产生浮躁之气，这对科学决策和潜心干事业都是十分不利的。因此，领导者要善于以静制动、以不变应万变，说到底就是要学会去浮躁以养静气，始终保持从容淡定，心境平和的精神境界。古有“每临大事有静气，不信今时无古贤”（心远：《中外期刊文萃》2004 年 16 期）之说，由此可见，静气不仅是一种修养，也是一种智慧，是一种驾驭主观的能力，它是建立在良好的心理素质之上，建立在丰富经验基础之上，建立在过人智慧和勇气之上，建立在超人的意志力之上的一种人格力量。当领导者面临重大突发事件时，若能保持良好的心理状态，理性应对，做到淡定自如、临危不惧、举重若轻，不仅能给自己一个静心思考应对的机会，也能增强身边干部群众战胜困难、解决矛盾的勇气和信心。

（四）领导班子成员要明确分工，履行职责，各负其责

1. **要科学、合理分工**。领导班子的集体力量最终要通过领导成员个人的工作来体现，所以领导成员之间必须存在适当的分工。在工作中不但要明确一把手的责任，而且要确定其他领导成员的责任；不但要明确领导成员应履行的一般职责，而且要对临时性重要工作确定各自的职责；不但要有时间上的限制，而且要有质量上、数量上的要求，真正使班子定的事情件件有人负责、有人落实。

民主集中制是我党长期实行的一种工作方法，是一种合理的、科学的、优越的组织原则和领导制度，建设团结和谐的领导班子必须加强以民主集中制为核心的制度建设，为班子成员建立和谐共事、平等相处的良好平台。一方面通过执行集体领导、民主集中、个别酝酿、会议决定的议事程序和规则，充分发挥每位成员在管理中的积极性、创造性、能动性，集中班子成员群体的智慧，达到科学决策的目的。另一方面每位班子成员都要从大局来考虑自己所分管的工作，不能把分工作为分权，在自己的自留地抛开集体领导；同时要大胆工作，创造性的工作，争做勇挑重担的好干部，特别是对一些棘手的工作、热点问题要敢做、敢为、敢负责任，而不上交矛盾，用换位思考和批评与自我批评的方法来解决，形成班子成员政治上互相信任，思想上互相交流，工作上互相配合，生活上互相关心的良好局面。

2. **要认真履行职责**。领导干部必须把抓落实作为履行职责的核心内容。协助主要领导抓好自己的分管工作，履行好自己的职责。俗话说，“天下大事必作于细，古今事业必成于实”。抓落实是一个老生常谈的话题，但又是摆在我们面前一个亟待解决的突出问题，因为在我们的党员干部中仍不同程度地存在不善抓落实、不会抓落实、不愿抓落实的“顽疾”。从某种意义上讲，干部的素质强弱、水平高低、能力大小，主要取决于抓落实的态度、速度和力度。一个合格的、优秀的领导干部，首先必须是一个抓落实的行家里手，必须是一个脚踏实地的实干家。所谓抓落实，实际上就是把决策付诸行动，进而取得预期效果的实践过程。想不想抓落实，会不会抓落实，能不能抓落实，是对一个党员干部思想认识、工作方法、综合素质和精神状态的一个最实际的检验，是个人品德、才能、知识、经验等各种因素的综合反映。

第一，要敏于行，增强抓落实的敏锐性。一是要有敏锐的政治头脑。善于站在讲政治的高度看问题，做到见事早、定位准、有主见，运筹于前，把握战机，不失时机。二是有敏锐的洞察力。思维有超前性和预见性，善于用马克思主义的宽广眼界观察、认识世界，善于从战略高度观察、提出并解决问题。三是有敏捷的行动。每当一项工作来临，在第一时间就作出反应，既要善于举重若轻，更要善于举轻若重。

第二，要谋在先，增强抓落实的创造性。一是作好决策谋划。工作中少讲“不能办”，多想“怎么干”，少讲“困难多”，多想“办法多”，在学习调研的基础上切实找准上级精神与本地实际、群众愿望的最佳结合点，努力在结合中出思路，在创新中出特色，在落实中出实绩。二是搞好力量调配。要学会谋篇布局、排兵布阵，凝聚方方面面的力量，切实做到思想上合心，同心同德共事；决策上合谋，集中智慧想事；工作上合拍，齐心协力干事，努力形成抓落实的强大合力。三是走好群众路线。办法在实践中，点子在群众中。要重视和善于调动群众的积极性，把群众的智慧集中起来、挖掘出来，依靠广大群众的力量抓好工作落实。

第三，要快制胜，增强抓落实的时效性。当前，“拖”已成为抓落实的一大“顽疾”：问题由小拖大，局面由稳拖乱，矛盾由简单拖复杂。根治这一“顽疾”，必须以快制“拖”。为此，要切实增强抓落实的压力感和紧迫感，只要是应该解决的问题，干部群众有要求的要马上办，基层建设有需要的要主动办，在职权范围内能办到的要大胆办，重点难点问题要寻找突破口力争办，真正做到环环紧扣、层层推进，有序地把各项工作推向深入。

第四，要重过程，增强抓落实的实效性。一是抓全程。落实是一项系统工程，既要重视抓开局，也要重视抓过程、抓结尾。不能容易的就抓，难抓的就放，“硬骨头”就绕，搞半截子工程。二是抓全面。不能只抓点、不抓面，或者以点代面、以点掩面，要通过在各个领域树一批典型，抓一批重点，以点带面，推动全局。三是抓死角。既要发挥优势，趋利避害，又要紧盯薄弱环节，查漏补缺，切实做到统筹兼顾、抓主抓重、扬长避短、全盘推进。四是抓到底。抓而不紧等于没抓，抓而不实等于白抓。抓落实必须有坚韧不拔的意志和一竿子插到底的精神，目标一旦确定，任务一旦明确，就要锲而不舍，一刻也不懈怠，一刻也不停顿，一刻也不放松，一步一个脚印地把工作推向前进。

3. **要落实责任制。**《三国演义》中诸葛亮斩马谡的故事可谓流传千古，用今天的话讲就是领导带头落实“责任追究制”，敢于在错误面前承担责任，错了该查处的查处，该承担责任的承担责任，不管你是亲朋好友，还是铁哥们，都一视同仁。这样的领导才能有威信，才能叫人服你。

马谡失守街亭以后，作为上级部门的主管领导，诸葛亮有难以推卸的领导责任，但在问题的处理上，诸葛亮一不徇私情，严肃执法；二不推卸责任，主动承担，上书后主，自贬三级。这样，众将皆服，马谡亦服罪。三国的故事自警于今天，现实生活中的“马谡”不乏其人，领导“马谡”的上级执法不严，是因为有的下属与自己关系不错，处理起来拉不下情面；有的是对下属的错误有直接的领导责任，害怕牵连自己，保“马谡”就等于保自己，再严重的事情也轻描淡写，下不为例。这样有损于我们的事业，有损于我们党在人民群众中的威望。

建立严格的责任制，关键是要付诸行动。在当前公务员队伍中，要一切按照党的路线、方针、政策行事，出现了错误，直接领导者首先要按照责任追究制追究自己的领导责任，然后再把板子打到当事人身上，实行等权监督。这样，大家才能郑重其事地履行责任，谁的责任谁负，层层落实把关，才能培养出敢打硬仗，能打胜仗的公务员队伍，才能树立党和政府在人民群众中的威信。作为领导干部，必须清醒地认识到，权力越大，责任越大；地位越高，责任越重。

落实责任制决不能讲特殊。每个人只能是各项建设的策划者、参与者，不能做旁观者；要以强烈的事业心和高度的责任感对待自己的工作，勤于做事、敢于担当，各负其责、守土有责，责权统一、尽职尽责。只有通过具有高度责任感的领导干部以实际行动团结带领广大干部共同努力，才能把我们所在的部门建成一个生机勃勃、与时俱进的和谐集体。

（五）领导班子成员分工不分家，互相协作，共同干事

1. **要胸怀大局：分工不分家。**领导班子要做好工作，就要既有分工又有合作。只讲分工不讲合作，就会削弱团结，工作就会顾此失彼；片面强调合作没有分工，就会责任不明，缺乏效率。只有每个班子成员都找准自己的位置，坚持合作与分工的统一，按照集体的决定与分工，恪尽职守，做好本职工作，同时又胸怀全局，关心支持其他成员分管的工作，分工不分家，补台不拆台，才能团结一致、形成合力。

一是要正确认识局部和全局的关系。一方面，全局是由一个个局部组成的，局部会对全局产生影响；另一方面，局部只是全局的一部分，如果两者发生矛盾，局部应当服从全局。有些事情，从局部来看是可行的，而从全局来看是不可行的，就应当以局部服从全局；反之也一样，从局部看是不可行的，而在全局看来是可行的，也应当以局部服从全局。相对于整个单位工作大局来说，各处室都是局部，如果全局利益受到损害，最终局部利益也保不住。要维护本单位工作大局，办成一些大事，保持社会团结和谐，必须有统一意志、统一行动。如果各自为政、各行其是，出现一盘散沙的局面，那就不仅什么事情也办不成，而且会给部门和单位带来严重后果。

二是要增强大局意识。工作只有分工不同，没有贵贱高低之分，班子里每个成员都要牢记，不管什么人，不论职务大小，分管何种工作，都是为了全局工作。因为分工，每个领导岗位工作的特点不同，工作对象和范围就有差异，每个领导的工作情况就会因接触的对象不同而产生不同的评价和反映。这就要求班子成员在自己活动较多的对象和范围中间替别人给予解释和宣传，给予充分理解。无论是在哪个岗位上工作，无论做什么事情，都必须自觉地与班子保持高度一致，都必须自觉维护班子的权威，坚持少数服从多数、下级服从上级、局部服从全局、小道理服从大道理，确保本单位本部门工作目标的实现。

三是要树立一盘棋的思想。要明确地意识到所分管的工作都是一个单位的有机组成部分，是服从全局，服务整体的，不能因个人分管工作的利益而牺牲全局利益，要力保协调一致，配合默契，以保证全局各项工作目标的实现。决不能借口小集体特殊性而有令不行、有禁不止，甚至搞上有政策、下有对策。有些领导干部只顾自己不顾大局，只顾团体不顾整体，不适当地强调分管单位的特殊性，希望全局利益服从他们的局部利益，因而给全局造成了损害。每一个成员必须成为遵守党的纪律的模范，成为维护全局利益、整体利益的模范。

2. **要互相协作：合唱不独唱。**互相协作是领导班子团结和谐的一个重要标志。在一个领导班子中，成员之间会有不同的分工，工作会有不同的要求。每个班子成员都要唱好岗位主角，演好整体配角，同心协力。一个班子中，只要有一个人较劲，许多事情就会不欢而散，搞不好团结。在现实中，班子成员中配合协调好的单位，班子就团结和谐，工作成效就显著。

第一，互信是班子成员之间协调互动的黏合剂。古人云：人无信不立。在一个班子里，如果每位成员都是互相信任的，大家处事处人就都容易，即使相互之间有什么误解，也可以包涵，一笑泯之。如果班子成员之间互相信任程度不高，大家就很容易相互猜忌，难以团结协作，可见诚实守信是做人的基本道德，也是班子成员合作共事的基础。因此，我们班子每位成员都要培养和坚持以诚待人，以德取信的良好习惯，相互之间要开诚布公合作。不打小算盘，不搞小动作，做到可信、可亲，要真正在思想上坦诚相待，消除戒备心理，实现同舟共济。在感情上充分尊重，相互理解，实现情感认同。在工作上协调一致、密切配合，实现风雨无阻。这样班子才会产生巨大的诚信效益。即：你放心我安心，你安心我放心。

第二，互谅是班子成员之间协调互动的润滑剂。班子产生内耗的原因从实践上看主要有以下几点：一是角色上的差异性。班子成员由于分工不同，看问题的角度常常不一样。如果只相信自己不理解别人，各执一端，自以为是，甚至互相拆台，那就容易形成内耗。二是责任上的差异性。班子成员中有的负重要责任，有的负次要责任，负重要责任的很自然地想到要以自己为中心，希望其他成员积极配合，如果配合不积极，就会认为不支持自己工作。而负次要责任的往往重视自己的责任田，如果认为其他成员对自己的责任田不重视，就难以对其做到倾囊相助。三是方法上的差异性。班子成员在实践中养成的工作习惯和工作方法各不相同。有的注重理性，有的偏重于感性，有的擅长表扬鼓励，有的着重于批评鞭策，有的善于客观指导，有的则重视具体操作等。这些本来可以互补的方法，一旦彼此不愿适应，就会变得互相掣肘。四是作风上的差异。在班子成员中，有的讲究实际，不太注重形式，有的要求严格，雷厉风行，有的比较宽容，提倡自觉，有的比较坦率，直来直去，有的比较含蓄，只说三分话等。在实际工作中，如果班子成员之间工作差异过大，彼此之间就会产生矛盾。因此，我们班子每位成员都要善于换位思考，做到互相尊重、互相容忍。各先敬一分，互相体谅、互相支持，各先让一分，共同营造团结和谐共进的良好氛围。

第三，互补是班子成员之间协调互动的营养剂。班子成员之间由于学识水平、知识结构、性格趋向、气质谈吐、人生经历、实践经验等方面的差别，讨论和处理同一问题时表现出较大的差异。如果不能实现年龄互补、知识互补、经验互补、性格互补、气质互补，就很难形成一盘棋，拧成一股绳，聚集产生合力。要有群体意识，要重视众人拾柴火焰高的功效，同船共渡。要履行好自己的职责，体现自身的价值，做到在决策上积极献策进言，在工作上积极补位搭台，把精力放在对大局的把握和控制上，从而实现彼此间的相辅相成。

第四，互助是班子成员之间协调互动的助燃剂。在班子建设中，有一句话说得很实在，叫相互补台，好戏连台，相互拆台，一起垮台。堡垒最容易从内部攻破，因此，班子成员之间应相互辅助，当其他成员遇到难题时，决不能袖手旁观，而要积极帮助其分析情况，优化方案，但要注意掌握好分寸和尺度，要把握好时机和方法，避免产生负效应；当其他成员出现失误或差错时，应主动、默契配合，在完成与其他成员分管工作有密切联系的工作时，要主动征求对方意见，争取对方的配合和帮助；当自己分管的工作与全局工作存在冲突时，要以全局的利益为重，主动让步，先共同完成紧急的和有利于提升整体形象的事宜。同时，班子成员之间还应加强合作。要努力保持各方面的协调一致，配合默契，主动把方便让给别人，把困难留给自己，以保证全局工作目标必须顺利实现。当交叉性的工作出现失误时，主动揽过，承担责任，多做自我批评，班子成员之间只有工作上相互支持，政治上相互关心，生活上相互帮助，才能不断加深友谊，成员之间的关系才会密切、融洽，才能真正风雨同舟，和衷共济。共同增进班子团结和谐，共同推动事业发展。

3. **要共同干事：合力不单干。**谋求领导班子共同干事、形成合力，是一个系统工程，涉及到许多方面，在实际工作中，我认为应抓住四个方面：

一是要正确处理相互间的关系。一方面要讲换位思考，多理解支持，班子成员在思考和研究问题时，要设身处地为他人着想，这样，班子成员之间才能互相理解、互相配合、相得益彰。另一方面要讲以诚相见，班子成员彼此间感情真挚、推心置腹、互相信任就能激发自尊心、自信心和成就感，形成一种向心力，做到心往一处想，劲往一处使，形成强大合力。否则，彼此间缺乏信任，甚至互相猜疑，就容易产生离心力。

二是加强经常性的沟通和交流，形成工作中的共识。领导成员之间能否融洽团结、相互合作是能否形成班子最佳合力的关键所在。掌握这个关键的“秘诀”之一，就是相互之间经常地进行工作沟通和协调。如遇急需处理的问题，分管同志不在，可由其他同志代理，但处理后要及时通气，即使正职也应如此；在涉及面较大的问题做到“三通气”，即正职与副职通气，相互工作者之间通气，党政领导通气。

三是“一把手”要发挥好核心作用。“一把手”是领导班子中的核心人物，其作用发挥的怎样，直接影响班子战斗力的强弱。“一把手”要明确自己的地位，在不断提高自身素质的基础上，努力提高带班的工作艺术。正确处理好个人与集体的关系，既要发挥个人的作用，更要发挥集体的智慧；要勇于开展批评与自我批评，敢于负责，不争功诿过。同时，对班子成员的缺点或错误，要讲究方式和方法。如，能在会下解决的问题就不要拿到会上来解决；对本人已认识到的问题，就不一定要再重复；两个人之间的问题尽量促使两人自己去解决。

四是要营造民主、和谐的氛围。在领导班子中讲民主，倡导民主讨论的风气，就是要弘扬民主精神、民主作风与坚持民主方法。它既是执行民主集中制的重要前提，又是博采众长、集班子群体之智慧的重要手段，还是衡量一个班子是否有朝气和活力的重要标志。领导班子在讨论决策问题时，充分发扬民主，畅所欲言，各抒己见，才能议出真知灼见，使领导班子在认识上和行动上形成高度一致，提高班子的战斗力。

（六）领导班子成员要心胸宽阔，思路宽阔，眼界宽阔

中共中央政治局委员、中央书记处书记、中央组织部部长李源潮在浦东、井冈山、延安干部学院举行2008年春季开学典礼上勉励学员作“眼界宽、胸襟宽、思路宽”的领导干部。每个领导班子要用开阔的眼界、开阔的思路、开阔的胸襟来研究问题，谋划工作，推动发展。

1. **心胸宽阔**。宽广的胸襟，是各级领导干部必备的政治修养。古语中有“雅量”一词，还有“度量大似海”、“宰相肚里能撑船”的说法，这都是倡导人们特别是从政为官的人，要有容人容事气度的。

党的各级领导干部无论职务多高，也无论在何时何地，都是人民的公仆，因此都必须要有为民造福的胸襟。对人民负责，为百姓谋利，是为政者的责任和义务。领导干部心中装着群众，真正做到万事民为先，才能知荣辱，明是非，才能正确对待个人的进退得失，保持“心底无私天地宽”的精神境界。领导干部要有为民的胸襟，才能够善于听取不同的意见，“只要你说得对，我们就照你说的办”，为人民利益坚持对的，改正错的，在班子中互相宽容，互相谦让，互相帮助，互相扶持，而不会因为一时意见不合就闹矛盾，影响班子的团结和谐。那些经常产生内耗的班子，无一不是因领导干部思想境界不高，一事当前先替自己打算的私心杂念作祟，由此滋生出一些说不清道不明的恩恩怨怨的。领导干部有了为民造福的宽广胸襟，就会虚怀若谷，经常看到自己的不足，保持积极进取奋发有为的精神状态，把精力放在为民谋利上来，而没有心思去追求那些自私庸俗的利益。

实事求是，是我们党的一贯作风，是党的思想路线的核心，因此，要有求真务实的胸襟，也是对领导干部为官从政的基本要求。但在现实生活中，要真正做到求真务实确非易事。有了求真务实胸襟，才能心怀坦荡，不唯书不唯上只唯实，才能在推进各项工作时更好地把握规律性，增强主动性，减少盲目性，克服片面性。想问题，订计划，作决策，办事情，都要从当地当时的实际出发，防止和克服急于求成、急功近利的心态和做法，老老实实地艰苦创业，踏踏实实地推动发展。有了求真务实胸襟，才能坚持说实话，办实事，出实招，求实效，把工作的着力点放在促进发展和和谐社会建设上，把精力放在解决群众反映强烈的现实问题上，把心思放在利长远打基础的事情上，创造实实在在的工作业绩。

作为党政主要领导，要善于处理各种关系，这就要求班长必须要有广阔的眼界，宽阔的胸怀，豁达的肚量，要能容得下人，容得了事，能够团结和自己意见不同的人一道工作。要有宰相肚里能撑船的大度，在班子内部既要讲感情，更要讲原则，不讲感情就没有凝聚力，不讲原则则没有战斗力。要能容人之短，不以一时一事论英雄，不以小恶掩大德。还要能容人之长，不去想所谓的“功高欺主”，怕日后自己的地位受到威胁而不用甚至压制人才。

2. **思路宽阔**。思路宽，就是要有全局观、长远观，特别是要有战略的眼光；就是要树立科学的发展观、正确的政绩观，以人为本，以民为本；就是要把握多向思维的方法，遵循趋势，把握规律。

宽广的思路，需要进一步解放思想。思想解放不解放，决定着思路宽广不宽广。面对新问题和新困难，思路决定着出路，新思路就是新出路，大思路就是大出路，解放思想大胆走新路、走大路，路才能越走越宽。要把新思路变成新出路，就必须充分发挥创造性。如果总是“上面怎么说，自己怎么做，上面说多少，自己做多少”，照搬照抄，人云亦云，因循守旧，墨守成规，新思路就难以发挥出应有效应。勇于走新路还要立足一个“快”字，对发展机遇认识要快，对上面政策理解要快，对新生事物接受要快，落实新思路行动要快。要把解放思想作为永久的主题，贯穿于发展的始终。

宽广的思路，需要冲破传统思维方式的桎梏。几千年、几百年、几十年形成的思维习惯具有很大的惯性和定势，在特定的历史条件和区域环境下形成的思维方式，有相当一部分在新的时代潮流面前已成为束缚思维的误区。有这样一个故事：内地山坡上，放羊娃在玩耍，羊群在悠闲地吃草。或问：“放羊干啥?”“卖钱。”“有钱干啥?”“盖房。”“盖房干啥?”“娶媳妇。”“娶媳妇干啥?”“生娃。”“生娃干啥?”“放羊。”这“羊的怪圈”正是封闭性思维的生动写照。要顺应时代的发展，要跟上时代的潮流，就必须突破“羊的怪圈”，就必须冲破传统思维方式的桎梏，只有这样，才能使思维在更广阔的天地翱翔，才能使思路在创新的发展中宽广。

宽广的思路，需要不断地推陈出新。就是既继承前人，又不因循守旧；借鉴别人，又有所独创；努力做到观察形势有新视角，推进工作有新思路，解决问题有新办法，使各项工作体现时代性，把握规律性，富于创造性。有新思想、新精神者，往往是先例破坏者，这也是一个探索的过程，不会总是一帆风顺，有可能失败，有可能暂时不被人理解和接受。作为领导干部，要有要敢想、敢试、敢干，敢于负责、敢顶压力、敢担风险。要认真研究和思考本部门本行业本单位面临的新情况、新问题，把握发展趋势，探索新办法，总结新经验，不断推进思路创新、措施创新、机制创新。

3. **眼界宽阔**。眼界宽，就是要全面认识和把握事物的客观规律，不能“只见树木，不见森林”；就是要有“会当凌绝顶，一览众山小”的气概，登高望远，谋划长远；就是要“不为浮云遮望眼”，善于审时度势，把握发展趋势，在更为广阔的空间中搏击，奋勇争先。

宽阔的眼界，来源于广博的知识。广博的知识来源于持之以恒地学习。古人云：“吾生而有涯，而知也无涯。”“人不可以不学，犹鱼之不可以无水。”随着时代发展和社会进步，新事物、新情况层出不穷，新知识、新技术不断出现，要求领导干部必须开阔视野，更新观念，不断学习新知识，掌握新本领。学习非一朝一夕之事，不可能毕其功于一役，要懂得学则成、不学则殆的道理，增强学则进、不学则退的危机感，发扬时不我待、“不教一日闲过”的精神，树立终身学习的观念，养成勤于读书、勤于思考的习惯。联合国教科文组织出版的《学会生存》一书提出：“未来的文盲，不再是不识字的人，而是没有学会怎样学习的人。”要摒弃唯学历的陈旧观念。学历并不代表永远拥有新的知识，随着时间的推移，学历只会变为一个符号。一个拥有较高文凭和学历的人，如果停滞不前，就会落伍，就难以跟上潮流、胜任工作、获得进步。现实生活中，有些干部，满足于现有知识，满足于已有经验，习惯于吃老本，重交往应酬，少学习研究，不思进取，结果是不进则退，知识和本领逐渐处于弱化状态，最终会陷入严重的“知识恐慌”和“本领危机”。面对新形势、新任务，领导干部必须清醒地看到自己眼界、知识、能力有许多不适应的地方，并把这种忧患意识转化为学习的紧迫感和自觉性，落实到勤奋学习的自觉行动上。学习要有针对性，要讲求实效，要建立优化的“T”型知识结构。“T”字中的一横表示有较宽的知识面，一竖则表示有足够的知识深度，它意味着要以广博的知识为基础，紧密结合改革开放和现代化建设的实践，立足本职工作实际，有效地把精力集中到学以致用这个中心上。

宽阔的眼界，拓展于具体的实践。宽阔的眼界不仅要在学习中获得，更要在具体的实践中得到证明、完善和拓展。一个人有了广博的知识，只把它束之高阁，而不应用于实践，那么再好的知识也不会有用；如果一个人勤于实践但没有宽阔的眼界和丰厚的知识储备，那么只能是盲目的实践。只有将宽阔的眼界、广博的知识与具体的实践相结合，做到知行合一，才能在实践中使知识得到丰富和发展，使眼界变得更加宽阔。古人云“知之维艰，行之维艰”。作为领导干部，在推进社会主义现代化建设的伟大实践中，要善于对形势进行分析和判断，要善于把握事物发展的总体规律，放眼长远，着眼大局，把自己所从事的工作始终置于党和国家事业发展的大背景下去思考，把本地、本单位、本部门的工作始终放在上级的总体工作部署中去推动，勇于实践，善于实践，在实践中丰富自己的知识，在实践中拓展自己的眼界。

宽阔的眼界，需要冲破狭隘圈圈的束缚。成语“井底之蛙”、“坐井观天”都是比喻眼界狭隘、见识短浅的人。定居在井底的青蛙，起居劳作、娱乐偷闲都在那一个小小的蜗居里，从不跨出井栏一步；它坐在井里看天，天只有井口那么大，不知道井外还有辽阔天地、浩瀚大海；它为独占这个领地而心满意足、得意洋洋，自然不会有宽阔的眼界。要想拥有宽阔的眼界，就必须摆脱“井底之蛙”的封闭和狭隘。每一位领导干部都要顺应历史与时代的潮流，走出狭隘的怪圈，冲破传统的思维定势，用世界的眼光看待事物，用发展的眼光看待问题，联系实际，放眼未来，开阔眼界。

（七）正确处理领导班子成员之间的关系

1. **处理好党政一把手之间的关系。**党政一把手肩负着“带班子”、“管队伍”的重任，在领导班子中处于核心和主导地位，是领导班子整体的“主心骨”和“排头兵”。党政一把手如何分工合作、正确履行各自的职责，直接影响领导班子整体水平的发挥，关系着事业和单位的兴衰。在实践中我感到主要应把握好以下几个方面。

第一，共同的事业是党政一把手团结协作的前提。团结的基础是事业，一切要从有利于事业出发，一切要以事业为重，决不能计较个人的名利和得失。在工作中要多想组织的信任，群众的期望，事业的压力和责任，少想或不想个人的东西。一是要相互尊重，不要总以一把手自居。要平等相待，合作共事。二是要各负其责，协调一致，共谋事业。三是要敢于负责，勇于承担责任，在关键时候要推功揽过，切忌推过揽功。四是有了矛盾和纠葛，首先要想到事业，这样心胸就开阔，境界就升华，就不会争个人是非，计较个人得失，就会自觉以党和人民的利益为重，以推动工作、加快事业发展为重，矛盾也就会迎刃而解。

第二，健全的制度是党政一把手团结协作的保证。党政一把手以及党政班子的工作要做到协调一致，运行顺畅，必须建立和完善领导工作的规则、规范。依照《中国共产党章程》的规定："实行党委领导下的行政领导人负责制的事业单位中的党的基层组织，对重大问题进行讨论和做出决定，同时保证行政领导人充分行使自己的职权"。通过健全各项制度，进一步明确党政工作的职责和运行关系、主要任务、议事规则及有关程序，对领导工作的基本原则和思想作风方面做出具体规定，真正做到用制度管权、管事、管人。

第三，必备的素质是党政一把手团结协作的基础。要做好党政一把手的工作，正确履行好各自的职责，就必须具备党政一把手所要求的素质和能力，在重大原则问题上必须达成共识，这是合作共事的基础。我认为作为一把手应具备以下五种素质和能力：一是自觉运用马克思主义基本理论研究和解决问题，始终保持政治上的清醒和坚定，具有统揽全局的能力；二是坚持贯彻民主集中制，善于把党的路线方针政策与本单位实际相结合，具有开拓创新的能力；三是能够用良好的人格风范凝聚人，善于做思想政治工作，具有组织协调能力；四是坚持任人唯贤，善于发现和使用人才，具有知人善任的能力；五是敢于正视各种矛盾，善于发现和解决问题，具有处理突发复杂事件的应变能力。

第四，相互的诚信是党政一把手团结协作的灵魂。一要彼此尊重，平等相待。大家都是为了国家、人民的事业走到一起来的，彼此之间基本志向是一致的，人格是平等的，只有尊重别人，平等相待，才会有融洽和谐的同志关系。二要真诚相待，不要权术。互相真心实意地沟通，才能以心换心，使彼此关系纯洁亲密、淳朴美好。三要相互信任，守信用，不猜疑。孔子说；"人而无信，不知其可"。同事相交，失去了信任，就失去了一切。守信，是立身处事之本。四要为人正直，光明正大。正直正派，是做人的基本道理，是赢得信赖的基石。正直正派，就要言行一致，不能说的一套做的又是一套；正直正派，是有道德、有力量的表现。五要相互关心、相互学习，彼此宽容。要在政治、思想、工作、生活各方面相互关心爱护，相互支持帮助，注重友谊，不勾心斗角、相互倾轧。

第五，及时的沟通是党政一把手团结协作的关键。党政一把手在履行各自职责时，由于在知识、经验、观念、成长经历等方面存在着较大的差异，观察问题的角度和处理问题的方法也就会存在不同，工作中可能会有这样或那样的不同意见，也是正常的现象，处理得当，可以集思广益，有助于整体工作目标的顺利实现。党政一把手对问题有不同意见和看法不要紧，关键是如何解决这些差异或矛盾。要在服从组织原则的条件下，以事业为本，识大体，顾大局，求大同，存小异，形成共识，把不同的意见综合为统一意志，共同出色地完成好本职工作。一是要经常交心，二是要通气，三是要谋事。交心即交流思想，包括交换相互持有的意见，而且越是不同意见越要当面交换；通气即相互通报情况、信息，只有掌握的情况大体一致，才能有统一认识；谋事即琢磨事，不琢磨人。如果一个领导班子的所有成员都在谋事和做事，其他问题就会少得多。

2. **处理好正职与副职之间的关系**。正职要处理好与副职的关系，善于调动一班人的积极性。正职是班子中的班长、核心，一定要有良好的民主作风，要为副职做表率。平时正职要经常与副职就重大问题交换意见，班子会上要充分启发副职发表意见，实行正确的集中。

一要以身作则，以良好的人格风范影响副职。正职作为“一班之长”，其表率作用影响和决定着班子整体效能的发挥。应时时为班子成员作出表率。希望副职做到的，自己应该首先做到；制止副职去做的，自己首先不做。要善于用自己的人格魅力影响和感召副职、以“身正”而感召“令行”。

二要充分信任，该放手的放手让副职去做。对按照分工应由副职负责的工作，自己不插手、不干预。这样才能使副职真正感受到正职对自己的信任，更加认真负责地履行好自己的责任，充分发挥出自己的聪明才智，干好事业。

三要积极支持、关心爱护副职。副职一般工作在组织的第一线，独当一面，遇到的困难和矛盾大都比较具体，自身回旋的余地较小。当副职在工作上遇到困难时，正职给以及时、有力的支持。一旦副职在工作中出现失误，正职要勇于站出来，让其放下包袱，以利再战。这不仅能表现正职宽容大度的气量，而且还会使副职产生安全感和归属感，有利于更好地开展工作和促进团结协作。与此同时，正职对副职在生活上也要体贴，如对副职的身体健康、思想状况、家庭困难等予以关注和帮助。切实帮助解决一些困难，为其排除后顾之忧；主动与副职加强思想沟通、消除其思想障碍。

四要认真指导、协调、督促检查副职的工作。正职要总揽全局，对副职所分管的工作要站在全局的角度，予以具体指导，对几个副职间需配合的工作及时协调。同时，正职不能放弃对副职的管理责任，应要求副职参加正常的组织生活，遵守各项工作纪律，开展批评与自我批评，尤其在当前反腐败斗争形势仍很严重的情况下，这一问题更应引起重视。

副职要自觉地当好助手。正职与副职是相互联系和相互制约的关系，副职也应该从自己的角度，自觉主动地协调与正职的关系。副职要明确自己的职责和工作范围，按分工协作的原则，大胆行使和运用自己的职权，把自己该管的工作管好，该做的事情做好。明智的副职，应该明确自己的从属地位，认识到副职是协助正职工作、作为助手配备的。因此，应自觉维护正职的核心地位，置身于其领导之下，积极主动配合，把握分寸尺度，努力工作。做到既到位，又不越位，真正成为正职的左膀右臂。在工作中，要善于发现问题，及时主动向正职提醒，防止顾此失彼，从而在工作中形成正职和副职之间的优势互补。这种优势互补，正是维持一个领导班子有效运转的关键。

3. **处理好副职与副职之间的关系。**副职之间要密切配合、相互支持，增强班子的整体合力。要围绕大局做好协调配合，避免各自为政。要相互衔接，对一些带有交叉性的工作要齐心协力地干好。要相互支持，互通有无，调剂余缺，在人、财、物等方面给对方提供必要的帮助。要相互提醒，对其他副职工作中可能出现的疏漏及群众的意见等，要及时提醒。

一是尊重与沟通是副职之间和谐相处的基础。在领导班子内部，各副职虽然在排名上有先后之分，但地位上却无上下之别，不存在领导与被领导的关系。同级之间要充分相信、尊重对方、体谅对方的感受，维护对方的形象；其他副职分管的工作，原则上不插手、不干涉；办事要注意不越位、不越权，不要轻易评价其他副职所分管的工作；当同级之间出现对问题的看法不一致的情况时，要抱着学习的态度，进行换位思考，善于求同存异；年轻副职要多向年长副职请教，不能认为自己学历高、能力强、前途广而不接受年长者的指点；年长者要虚怀若谷，不能动辄以老资历来“挤”年轻副职。副职之间要加强沟通，以利于共同事业的发展。

二是竞争与支持是副职之间和谐相处的活力。副职都是班子的重要成员，彼此之间既是自然的合作者，又是潜在的竞争者，这是正常的，也是整个领导班子充满生机和活力的源泉。副职间的竞争应当是方向一致、目标一致基础上的竞争，竞争的落脚点应放在“争边、争繁、争难、争险”上。所谓“争边”，就是一些虽然地处边缘地带，但是工作起来很复杂，做好了不显功，做不好过失却很大，处在交叉性边缘地带的工作。副职对此应该抓争做，不要踢皮球；所谓“争繁”，就是对那些容易束缚“一把手”复杂的事务性工作，副职应主动承揽过来，以便“一把手”集中精力谋全局、抓大事；所谓“争难”，就是副职要敢于做棘手的工作，敢于挺身而出，在风口浪尖上拼搏；所谓争险，就是一些偶然的突发事件发生，出现险情时，副职应不讲分工，不计个人安危，敢于挺身而出。

三是相辅与合作是副职之间和谐相处的重点。工作中副职之间应相互辅助。当任何副职遇到难题时，决不能袖手旁观，而要积极帮其分析情况，优化方案，但要注意不越位不揽权，要掌握好分寸和尺度，把握好时机和方法，避免产生负效应；当其他副职出现失误或差错时，应主动默契配合，在完成与其他副职分管的工作有紧密联系的工作时，要主动征求对方意见，争取对方的配合。副职之间还要加强合作。由于分管工作不同，副职之间在工作上有时会出现矛盾，这时，副职不仅要把自己分管的工作做好，而且还要努力保持各方面的协调一致、配合默契，主动把方便让给别人，把困难留给自己，以保证全局工作目标的顺利实现。

（二）领导干部与上级协调的艺术

社会成员只要区分为领导者和被领导者，上下级关系就必然存在。绝大多数的领导者都有自己的上级，连长上面有营长，营长上面有团长，团长上面有师长，乡长上面有县长，县长上面有省长；科长上面有处长，处长上面有局长，如此等等，不胜枚举。尤其是现代社会，位至极尊的领导者属凤毛麟角。研究和探讨领导者对上级协调，很有必要。这种必要性，取决于上级所处的特殊地位，以及由这种特殊地位所拥有的领导权。

领导者每天都可能处在错综复杂的关系中，摩擦和矛盾是经常发生的。处理这些关系，需要领导者进行协调，从中理出头绪，进行必要的思想沟通和疏导，巧妙地缓冲、化解和消除各种不利因素。协调指的是把那些所有个人的努力拧成一股绳并指导它们去实现一项共同目标的活动。通过协调，使班子成员之间、领导部属之间统一思想、统一意志、统一步调，从而形成一个上下团结、和谐相处的生动局面。美国著名的心理学家和人际关系学家卡耐基说过："组织的第一个原则就是协调。"他认为：协调是一个首要的法则，进行组织工作的必要性是这个法则的要求。（程舟群：《和谐校园视野下的高校领导班子建设》，《宁波通讯》2007 年第 3 期）有一位名人说过，领导工作有 60% 是用在各方面的协调上。所以，我们说善于协调各方面的关系，是领导艺术的一个重要方面，也是领导者的一个重要任务。从某种意义上说领导的关键就是协调，协调无方，不是合格的领导者。事实上，每一位领导者，他的周围都有一个工作关系环境，包括与上级、下级同级之间的关系。同时不管他是哪一个层次的领导者，都同时扮演上级、下级、同级的多种角色。作为一个组织和个人，处处需要沟通协调，对上要汇报，对下要交流，左右要协调。协调是讲方法的，也就是要有协调的艺术。领导者的协调艺术涉及部门协调、利益协调、工作协调、环境协调和人际关系协调等项内容，其中协调人际关系的艺术是重点，包括处理好与上级、与下级及与同事的关系。

一、领导干部与上级协调的重要性

任何一名领导者之上，还会有领导他的人，绝大多数领导者在做别人上司的时候，都无法避免地受到上司的检测、考察。作为领导者，正确处理同上级的关系，对自己更好地完成工作任务和个人更快地成长进步，将产生重要的作用和影响。

（一）得到上级的支持和帮助

领导者在实际工作中，经常会与自己的上级发生联系。处理好与上级的关系，会更大限度地取得上级导的理解、信任、支持和帮助。

领导者的工作大都是在其上级的直接领导和指导下进行和完成的。上级处于指挥地位，起主导作用，其对部下的信任程度和支持与否，很大程度上取决于彼此的交往与关系。如果能平衡好与上级的关系，那么上下级之间关系就比较融洽，心理距离就会缩短，感情因素就会增加，上级领导会从多方面给部下创造和提供方便。社会学理论认为，人们在品评某个领导时，不仅注意其自身的知识、水平、素质、能力，而且还关注他的社会关系，特别是他与上级的关系。一般地说，上级信赖和支持的领导者，往往更具权威性、号召力和影响力，其工作和成绩容易被上级领导所肯定，其能力和才华容易被上级领导所看重，即使出现一些曲折和闪失，也容易得到上级领导的谅解。（王敬瑞：《芝麻官悟语》第 5 页）

在工作环境内的人际关系中，领导者对更上一级领导起着承上启下的桥梁作用，对于下级则起着组织、指挥、调度、控制、协调、平衡的纽带作用。领导者可以凭借自己的有利地位，按照工作的需要和自己的意愿去调整、改善和加强工作环境内的人际关系。下级只有理顺同上级的关系，才有可能为自己争取到一个良好的人际关系环境。同样，物质条件是每个人顺利开展工作的重要因素，物质条件的获得，离不开上级的理解、支持和帮助。下级同上级关系处理的好坏，往往在很大程度上决定着上级能否理解并支持下级的事业，从而对下级获得物质条件的机会产生影响。同时，下级在工作中的任何创意、计划、方案要想得到顺利推行，首先要得到领导的支持。搞好与上级领导的协调，不但能在上级领导心目中留下良好印象，上级领导还会为下级的工作出主意想办法，提供各种方便条件。对于同一项工作，上级领导是支持还是反对，其绩效大不一样，协调好与上级的关系，可以收到“事半功倍”的效果。

（二）得到上的级的信任和器重

决定一个人升迁的因素概括起来有两类：一是主观因素，主要指一个人的思想素质、业务能力、性格及身心健康等；二是客观因素，主要指一个人所处社会的政治状况、周围环境及工作环境等。上级关系属于客观因素的范畴，作为社会组织的主导力量，掌握着对下级的培养、鉴别、选拔和使用等权力，在很大程度上决定着下级的命运。当一个下级在工作中得到上级的充分信任，那就意味着自己的工作能力得到了上级的肯定，容易得到领导的器重和获得升迁机会。在整个领导体系中，上级处于核心位置，其对下级的信任程度和支持与否，既取决于下级的素质和工作表现，也取决于彼此的交往和关系。如果下级不能处理好与上级的关系，不仅不能留下好印象、失去对你的信赖，而且会失去更多的支持、指导和帮助。在一般情况下，得到上级信赖和支持的领导者往往更具权威性、号召力和影响力，能够赢得下级更多的拥戴和追随。反之，则相反。

（三）得到上级的谅解和爱护

这里所说的谅解和爱护，主要是指对下级心理方面的关怀。上下级关系对于一个人的心理健康十分重要。美国心理学家马斯洛认为，人的需要是分层次的，其中“自尊”和“自我实现”是较高层次的需求。（中国人力资源开发网管理→人生哲理《西方经典激励理论之四：马斯洛的需求层次理论》）下级如果能从上级那里获得“自尊”和“自我实现”的需求，做到襟怀坦白、言行一致、表里如一，保持一种健康的心态，对自己的身心是十分有益的；相反，则容易出现疲惫衰老、人格变形、自暴自弃、心理变态等病态心理。诚如我国著名心理学家丁瓒教授所说：“人类心理的适应，最主要的就是对于人际关系的适应。所以人类的心理病态，主要是由于这人际关系的失调而来。”而上级关系在所有人际关系中，又居于重要地位。在现实生活中，有的下级由于善于处理与上级的关系，从上级那里得到了“尊重”和“自我实现”，心理状态比较健康；而有的人则不能获得精神满足和需求，出现心理变态，不仅影响自身的工作和发展，同时对身心健康带来负效应。

（四）得到上级的肯定和表彰

根据心理学的观点，下级与上级关系处理得越好，他与上级的心理距离也就越近，他的成绩和能力就越容易被上级发现，并得到认同，即使出现曲折，上级也容易理解。一般情况下，上级总是选择那些在他看来既有工作能力和成绩，又同自己关系较近的下级作为培养和使用的目标，尤其是在下级能力和成绩相当的情况下，上下级关系更能成为下级能否被培养和使用的决定因素。实践证明，在同等情况下，处理好了与上级的关系，上级领导会在精神和物质方面给予更多的鼓励、指导和帮助。再加上个人主观意愿的努力，其成绩、能力、才华就容易被上级所发现、得到上级的肯定，从而更快更好地迈向成功，否则，会适得其反。

（五）赢得下级更多的拥戴

领导者与上级领导关系的好坏，也会影响到下级对自己的尊重。协调好与上级的关系，也往往能够得到部属更多的尊重和追随，产生一呼百应、一应百从的效果。如果得不到上级领导的信任和支持，那么下级也会疏远你，这会给工作带来很多的困难。

二、领导干部怎样协调好与上级的关系

下级要协调好同上级的关系，不仅需要坚持原则，更需要讲究方法和艺术，这是由上下级关系建立过程的错综复杂所决定的。由于现实中具体环境、具体人物等因素的不同，下级协调同上级关系的方法和艺术亦会有所不同。

（一）坚持服从上级领导不表面

服从，即下级必须坚决服从上级的决定，不得以任何借口拒不执行，也不得随心所欲，各取所需。从一定意义上说，没有服从就没有领导，没有服从就形不成统一的意志和力量，任何事业都难成就。

1. **服从上级领导，维护大局。**在我国，人民是国家的主人，国家权力属于人民，下级与上级的根本利益完全一致，上下级关系中的服从虽有强制性，但没有统治和压迫的性质。这种服从的强制性完全是事业的需要，是维护工作大局的需要。一般来说，下级容易做到尊重上级领导，问题是当遇到上级领导有明显弱点或者业务不熟，甚至工作能力不如自己的上级领导的时候，作为被领导者如何对待，这是对下级能否自觉尊重领导的一个考验。如果下级缺乏自知之明，就可能自觉不自觉地流露出瞧不起上级领导、贬低上级领导的情绪，这不仅有损于领导者的威信，伤害与上级领导的关系，而且对全局工作不利。如果上级领导明显不称职，作为下级可以按照组织原则，通过正常渠道，向更上一级组织提出意见，但在上级领导未离开现岗位之前，仍然应该维护他的威信，尊重他的人格，支持他的工作。这才是一个领导干部应持的正确态度，是觉悟高的表现。

当然我们这里讲的服从，其大前提就是确认上级的指示、决定符合党的基本路线和人民的根本利益。这就要求我们在坚持服从原则时，注意把服从上级领导同服从中央领导统一起来，把对上级负责同对人民负责统一起来。当发现上级领导的指示、决定与中央的路线方针政策有矛盾时，要及时向上级领导反映，并要坚决按照中央路线方针政策指导自己的工作；当发现上级领导的指示、决定不符合客观实际，执行起来不利于党的事业时，也应积极向更上一级的领导反映，申明看法，敦请上级领导修改指示决定。下级自觉做到这一点是很容易的，它不仅需要智慧、才能，而且更需要勇气和胆识。

以大局为重，不计较个人得失。平衡与上级的关系，实际上是正确处理大局与局部的关系，平衡点在大局方面。为此，要着眼于大局，以大局

为重。从根本上说，大局利益与局部利益、个人利益应是一致的，但在具体问题或具体表现形式上，往往会发生矛盾和冲突。作为领导者，对大局的利益要自觉服从，有时甚至应牺牲局部利益。

2. **真心尊重上级领导，主动维护领导的形象。**尊重是沟通双方情感、建立融洽人际关系的前提和条件。对于上级领导来说，尊重需要的心理更强，因为尊重是提高领导者威望，增强领导控制力和驾驭能力，保证工作顺利开展的精神力量。任何一个领导者，如果失去了下级对自己的尊重，那就不可能有较高的威望和较强的号召力、凝聚力，因而也就不可能真正发挥领导者的作用。尊重是相互的，下级领导尊重上级领导不仅是满足上级领导心理需求的需要，而且也是下级获得上级领导尊重的需要。当然，下级对上级的尊重，应当以事业为重，坚持组织原则，决不能有任何个人的不良动机。

一是要由衷地尊重。在一个组织系统中，上级和下级的最佳关系就是形成和谐默契的关爱与尊重的关系。下级对上级的尊重不仅体现在态度和表象上，而且应该是由衷的、真诚的，体现在下属的思维方式、行为方式和心理活动上。对下级而言，尊重上级，可以赢得理解、赢得支持、赢得机遇。所以，尊重上级是组织系统对下级的内在要求，是下级为自己创造宽松的工作环境的需要，是形成系统凝聚力和战斗力的需要。

二是要维护领导权威。这是与上级相处的关键。上级在整个组织系统中是一个重要的角色，他不仅仅代表个人，而且代表一级组织，所以维护领导权威就是维护组织权威。第一，要服从指挥，执行命令，有令不行，有禁不止，是对领导权威的最大损害；一切行动听指挥，是维护领导权威的最好形式。第二，角色互换，体谅难处，这是对下级的基本要求。作为下级，要充分体谅上级的难处，自己能办的事情就不要推给上级。第三，主动揽过，无意争功，这是维护领导权威的艺术。工作上有了失误，只要不是原则性的，作为下级，就要主动承担责任，因为领导肩负重任，维护领导的权威和良好形象是一个下级应有之举；工作上有了成绩，要把功劳记在上级的身上，把“发好球”的机会让给领导，因为上级在组织中所起的作用是主要的、决定性的。

三是帮助上级领导树立威信。不要通过贬低上级来抬高自己，说话要注意场合和分寸。比如给上级提意见最好在非正式场合、以非工作角色在私下谈，上级回旋余地大，有利于保留领导尊严。

3. **全力以赴承担上级领导委托的任务。**搞好工作，力争显著的政绩，这是大家的共同愿望，作为上级领导，总是希望下属出色地完成各项任务，成为自己的得力助手和骨干。因此，积极努力地做好工作，尽职尽责，为上级领导分忧解难，是下级处理好与上级领导关系的一条重要方法。具体要有“快、准、细、实、勤”的特点和作风。

“快”就是能迅速领会领导意图，反应快，行动快；办事干净利索，雷厉风行；办事过程中遇到困难，要积极发挥主观能动性，想办法解决；办事要有头有尾，及时报告办的结果。

“准”，就是提供情况准，不能含糊其辞；领会上级领导意图准，不能似是而非，更不能歪嘴和尚念经，曲解上级领导的意图。

“细”，就是工作要认真细致，一丝不苟。做到：考虑问题多向思维，提出建议多种方案，起草文件反复推敲，答复问题掌握分寸，安排工作多方商量，评估工作不走极端。“细”，还要注意对一些政策和业务性强的工作，及时向上级领导讲清政策、规定，阐明利弊关系，提醒领导慎重决策。

“实”，就是工作要扎实，要“到位”，落到实处。领导机关干部一定要有甘当无名英雄的思想，干工作不图虚名，少说多做，默默实干，总结经验不掺水分，反映情况不掺个人恩怨，不把计划当结果，不把预测当现实，一步一个脚印地做好工作。

“勤”，就是开动脑筋、勤想事，不能满足于“领导交给啥就干好啥”，而应具备超前意识，有预见性和创造性，时刻想着自己应该干什么，领导需要的情况能提前准备好，基层提出要解决的问题能首先想到。不但有责任向上级反映真实情况，而且有义务向领导提出自己的建议。要善于把上级的方针、政策和指示具体化，既谋大略，又干实事，不懒惰，不“甩手”。自觉做到贯彻上级指示有措施，紧贴中心提建议。

4. **正确评价上级领导的领导水平和工作成绩。**上级作决策、订计划、实施指挥，囿于各种限制，难免会出现失误。发现领导失误之后，不能为讨上级欢心，按其所好，助其蔓延，也不能害怕上级不高兴，沉默不语，而应当及时指出，使失误尽快得到纠正。这样才能减少损失，否则，错误的决策、计划蔓延发展，总有一天不仅要祸及组织，而且会祸及自身。

当然，指出上级的错误不一定非要用逆耳之言。有些人认为“忠言逆耳利于行，良药苦口利于病”，但是他们不知道，如果能达到治病的目的，忠言不逆耳、良药不苦口岂不是更好。指出上级的失误，不一定开口就大讲其弊，开口就说人家错了，有时上级心理不一定承受得了，不妨采取点“以迂为直”的战术，走走迂回路线，这样有可能收到更好的效果。触砻说赵太后，通篇没有逆耳之言，没用激烈言辞，在和谐、友好的气氛中，成功地帮助太后纠正了失误。他的批评方法值得借鉴。指出上级失误不能是竹筒倒豆子，倾完拉倒，要考虑怎样才能让上级接受。否则，批评完了，或者发了一通牢骚，不仅不起任何积极作用，而且还会增加摩擦和冲突。对上级的失误，还应该提倡“补台”精神，帮助上级弥补缺陷，不能站在旁边看笑话，甚至讽刺。这种消极的交往态度会使上下级关系紧张和冷漠。对上级工作如果有什么好的建议，要及时提出来，提建议时要防止使用胁迫性的口气和方式，胁迫上级接受往往会适得其反。

5. **熟悉上级的心理特征，进行正常的心理沟通。**与上级交往同与其他人交往一样，都需要进行心理沟通。上级也是人，同样存在七情六欲，不熟悉上级的心理特征，就不能进行良好的情感交流，达不到情感的一致性。上级与下级的工作关系，不能完全抛开情感关系。上下级之间双方心理上接近与相互帮促，会减少互相之间的摩擦事件和冲突，反之，情感差异很大，就免不了要发生心理碰撞，影响工作关系。了解、熟悉上级的心理特征是为了更好地处理工作关系，不应当怀有个人动机，投其所好，以达到取悦上级之目的。领导者的工作需要得到上级的支持和帮助，为了组织的共同目标对上级有时要进行建议和规劝，这些离开良好的心理沟通是无法奏效的。社会心理学研究认为，交往频率对建立人际关系具有重要作用。对上级不交往，采取回避态度，很难和上级的认识取得一致，没有一致的认识，相互之间的支持、协调、配合都将大受影响。

6. **正确对待成绩，不计较个人得失。**许多下属容易犯的一个错误就是一旦做出成绩，就觉得自己高大无比，谁都可以不放在眼里，觉得自己就是单位的顶梁柱，缺了自己单位就会运转不灵。更有甚者，到处宣扬自己的成绩，将所有的功劳都划归自己的名下，完全将上级和同事置之度外。殊不知，这样做的后果就是将自己逼进死胡同，没有了退路，为自己树立了更多的“敌人”。

一个做大事的人，一个有远见的人，是不会计较个人得失的，他们有着成熟的心理，懂得调整心态来应对各种情况的出现，并把这种情况控制在别人心理可以承受的范围之内。作为下级，一定要有这样的心理，那就是你的功劳有自己的一半，更有上级的一半。虽然看起来工作是你做的，但是上级的指导和配合同样是必不可少的。所以，你必须端正自己的心态来面对取得的成绩。在遇到困难时，你想得到上级的帮助，那么在取得成绩时，同样要想到上级的帮助。你的这种大度心理会为你赢得上级的好感。

有的时候，对于工作上取得的某些成绩，要把功劳让给上级，千万不要对外公开宣扬你向上级让出去的功劳，否则你的善意将会化为乌有。

（二）认真执行上级领导指示不应付

上级在领导活动中占据主导地位，但下级并不是完全消极、被动的因素，上级的一切意愿、决策只有通过下级的行动才能实现。下级要多站在上级角度想问题，多在工作上给上级以支持和帮助，使上级工作更有成绩。上级由于工作成绩带来的心理满足感，进而对下级产生的器重和信任感，是维持良好的上下级关系的重要基础。

一是态度要明确坚决。在实际工作中，要当个积极的执行者，对上级的决议、指示和下达的各项任务，不仅要坚决贯彻执行，而且要在不违背上级精神的基础上，结合各自从事实际工作情况，制定出切合实际的实施方案，圆满地富有创造性地完成上级交给的工作任务。切忌照抄照转，防止工作一般化。对上级的决策，不应随意挑剔。按理说，上级决策前，应事先征求下级的意见，但有时也很难做得周全，这就要求下级谅解。如果上级决策前未征求下级的意见或征求后也未采纳，在这种情况下，上级一旦做出决策，下级就应积极贯彻执行，而不应消极应付。有的人喜欢拿上级作陪衬，自吹自擂，这在客观上贬低了上级的作用，实际上对自己的工作也十分不利。

二是要认真负责检查和落实。遇到矛盾要设法解决，不上交。工作中遇到一些难以预料的比较棘手的麻烦时，要冷静思考，认真分析，采取多种方式予以解决，通过不断解决错综复杂的矛盾，锻炼自己，提高自己。对属于自己工作范围内的矛盾，尽快解决，不能让其激化；对超出职责范围但自己又有能力解决的矛盾，要协调有关部门想方设法解决，不能回避，把矛盾推给他人；当遇到涉及全局性的矛盾时，要积极争取上级的支持，尽力解决，不能把矛盾推给上级领导。

三是要及时汇报，认真总结经验教训。上级决策的依据来自于下级。每个下级都有责任向领导反映真实情况。那种华而不实、好大喜功、报喜不报忧的不良作风，会给党的事业带来不可弥补的损失。我们应本着对上级负责，对党和人民负责的精神，当一个诚实的信息员，如实反映基层情况和其他有关重要信息，以便领导了解和掌握全面、真实的情况。

（三）严格在自己的职权范围办事不越位

“越位”主要是指领导者不该说的说，不该管的管，不该做的做，实际权力超越职位权力。在实际工作中，下级一定要摆正位置，辅助而不越位，尽力而不越权。事实证明，越位和越权的下级是不能和上级协调好关系的。

1. **摆正自己的位置，明确自己处在被领导的地位。**在单位这个大舞台中，每个身处其中的人都扮演着一种角色，这个角色规定了你的职责范围和权限，限定了你的定位。下级就是下级，上级就是上级，每个人都不能超越这个角色，否则会造成角色紊乱，导致角色冲突。因此，要想扮演好这个角色，要想让自己扮演的角色出彩儿，就必须认清自己的角色，将自己的心理定位在与自己的角色相符的尺度上。这样，才能真正融入自己角色的心里，才能真正用心演好这个角色。否则，一旦有了超越角色的心理作祟，你必将受到规则的惩罚。

在实际工作中，作为下级，就要把自己放在有下级的位置，明白自己是处于被领导的角色，不能因为一时的得意而超越这种定位。在与上级的相处中，更是要严格掌握这种定位，把握住自己不越位。要正确认识自己的角色地位，把握自己的角色心理，做到出力而不越位。因为，从某种角度看，你是在给上级领导工作，为上级负责，所做的一切都是上级交给的任务。所以应时刻有想着上级，尊重上级，甘心为上级效力的心理。越是长得高大的树木，越要埋下头来，而不至于被风吹折。越是才华出众，越是要谨慎地处理同上级领导的关系。目中无人、骄傲自大，往往会给自己带来诸多不利。恃才傲物，就是不会善待自己的职位，不会善待自己的才能，超越了自己的位置。一个有着目无上级心理的下级，最终吃亏的只能是自己。

2. **正确履职，明确自己的职、责、权。**作为下级，必须以全局利益为重，努力践行自己的职责，默默无闻地做好本职工作。

一是明确职能。要牢固树立下级是上级指挥下的一员，就是配角，就是参谋和助手。一方面要多请示汇报，主动向上级提出自己的建议和设想，协助上级谋划好全局，不折不扣的完成好赋予的各项工作。另一方面，对职权范围内的工作要尽可能多地向上级请示汇报，下级有什么意图，及时领会并传达到所主管的部门。对职权以外的工作，尽可能多了解，但不去插手，更不应干预，而是积极地支持并帮助协调。

二是明确责任。在工作中要有勇于负责的精神，该抓的就抓，该管的就管，该讲的就讲，不当滑头，不做老好人，特别是对那些棘手的事，辛苦的事，要勇于打头阵，想方设法为上级解套，带头维护上级的权威，树立上级的形象，使上级领导有更多的时间谋划全局抓大事。

三是明确权力。在工作上既不能越权也不能撒权，既不能代替上级，也不能纯粹把自己当成一方大员。要注意从全局上思考问题，在没有上级委托和同意的情况下，不参与应由上级出面做的事情，不讲应由上级讲的话，防止上下级之间的不协调，不统一。

四是积极补位。常言道“相互补台都上台，相互拆台都垮台”。作为下级必须做到与上级拧成一股绳，不挑拨是非，不乱加猜疑，不做不利于上下级团结的事，不说有损于上级形象的话。当自己的想法与上级意见有分歧时，要多反思自己有何考虑不周的问题，多体谅上级拍板定案的难处，做到大事讲原则，小事讲风格。

3. 遵守职责规范，出力而不越位。对上级以诚相待，不争名、不争利，不赶风头，不抢镜头，摆正位置，调整好心态

（1）**决策不要越位**。不同层次上的领导者的决策权限是不一样的。有些决策必须由上级做出，下级超越权限擅自做出，就是越位。处于不同层次的领导，其决策权限是不一样的，不能有超越权限的心理，擅自做主。重要事务，及时请示。在处理涉及全局或者涉及其他组织的事务时，下级要及时向上级请示，由上级来决策和定夺，切勿擅自做主，以免因站位不同而考虑欠周、失之偏颇，给全局工作带来不利影响。

（2）**表态不要越位**。表明对某件事的基本态度，一般与一定的身份相联系，如果超越身份，胡乱表态，是不负责任的表现，是无效的。在对某事表明基本态度时，有的下级超越身份，抢先表态或胡乱表态，使上级领导不好决断。作为下级，在上级授权后方可表态。在未征得上级许可的情况下，如确需表态，则应申明是自己的意见，不代表上级。因此，作为下级不能超越自己的权限越位表态，自以为是，目无领导，喧宾夺主，表现自己，结果可能是吃力不讨好，不但会破坏与上级领导的关系，而且也会在下级和同事中造成狂妄自大的不良影响。

（3）**干工作不要越位**。各级领导是有明确分工的，处于不同层次和履行不同分工的上级，其职权是不一样的。作为下级要在心里明白，哪些工作应该由谁干，既有明确的规定，也有它的潜规则，这里面有时也有几分奥妙，抢先去做本来由上级出面做更合适的工作，就会造成干工作越位。如确需下级代表上级去做，下级应事先征求上级的意见，并按其要求去做，不可有越位行为，否则会费力不讨好。

（4）**公共场合接待不要越位**。在公开或正式场合，一般的上级都有讨厌下级抢镜头、抢次序的心理。有些场合，应适当突出上级。参加一些活动，上级领导应走在前面，给的镜头多些，让领导处在比较突出的位置，下级不应当同上级去争镜头。尤其是一些上级平时与下级距离过近，界限不分明，随随便便，甚至称兄道弟，把下级惯坏了，下级心目中的“上级意识”淡薄了，遇到正规场合，就可能伤害上级的尊严。有些场合，如应

酬客人、参加宴会，应适当突出上级领导（如走在前面、位置居中等），不能有过多显示自己的心理。

（5）**答复问题不要越位**。有些问题的答复，需要相应的权威，擅自答复由上级答复更合适的问题，也是越位。凡是总结性的话，归纳性的话，决定性的话，定调子的话，要注意留给上级去说，避免“功高盖主”之嫌，保持谦逊的美德和宽阔的胸怀。

（6）**向上级汇报不要越位**。要按权限和程序汇报工作，不要随便越级请示汇报，应按权限和程序办事，属于谁管就找谁。一般程序是，先找直接上级，再找更高一级上级；先找主管上级，再找全面负责的上级，不要动不动就绕开直接上级，去越级请示汇报工作；动不动就撇开主管上级，去找全面负责的上级。有的人凡事好越级，好找“一把手”，似乎找的“官”越大，效果就越好。殊不知这样往往引起直接上级和具体负责人的不满，有时使你的事情更不容易办成。

（四）坚持原则，真心实意帮助领导不献媚

领导者对上级领导的尊重和帮助，维护上级领导的威望，绝不是随声附和，阿谀奉承，更不是溜须拍马，搞人身依附，而是要坚持党性原则为上。现实生活中有个别领导者见到上级领导就卑躬屈膝，身不由己，甚至降低人格，竭力讨好，还有个别领导者在与上级领导交往中，通过请客送礼、打小报告来表现自己，以求得到赏识，这些都是把上下级关系庸俗化的表现。只要我们的态度是有礼的、谦恭的、诚实地表达我们自己的看法，真心实意地去帮助领导，反而比一味奉承献媚，随声附和，更能得到对方的重视。

1. **换位思考，设身处地为上级领导着想**。第一，理解领导的用意。爬过山的人都有经验，上到不同的高度看同一风景感觉是完全不同的，当领导的站在他的位置看问题与每个人站在个人的角度看问题结果是不一样的。领导需要搞平衡，需要协调，应该理解。领导的决策有时会损害到自己的利益，当下属的要从大局出发，怀着善解人意的心态考虑问题，服从命令。第二，正确对待领导的错误。领导也是人，也有七情六欲，也有长处与短处，优势与劣势，没必要求全责备。作为下属应该以开放的心态去对待领导可能犯的错误和过失，设身处地去理解领导的意图。第三，正确面对领导的批评。尤其是面对上级领导的批评时，作为下属更要给予适当的体谅。有时领导批评的态度可能生硬一些，言辞过激一些，方式欠妥一些，但下属应当认识到，上级的出发点是好的，是为了工作，为了大局，为了避免不良影响或造成更大的损失，是为了帮助和挽救下属；有时也不妨做换位思考，设身处地地从上级的角度考虑问题，如果我是领导，会怎样对待犯了错误的下属？能够丧失原则、放任自流、姑息迁就吗？这样一来，往往就会心平气和，正视自己的缺点和错误了。

2. **尽心尽力，帮助上级领导排忧解难。**积极发挥自己的主观能动性，在工作、学习、生活等各个方面为上级领导分忧解难，是领导者协调好与上级领导关系的重要方面。

（1）**工作上尽力支持和帮助。**上下级关系表面上看是隶属关系，从本质上说是工作关系，做好自己的本职工作就是对上级领导的最大支持。

一是要有责任感。在上级的眼中，一个有责任感的下级都是一个值得信赖的下级。这个责任感既表现在你平常的本职工作中，就是要积极主动地与上级进行沟通，定期汇报工作进度，尤其是对工作有重大影响的因素，作为下属更应该通过不断沟通，充分理解上级的意思和要求。不忙的时候，为上级分劳分忧，主动要求上级增加任务，帮助上级或周围同事完成一些工作。

二是要敢于主动揽过。作为一个下级，必须有这样的心理准备，那就是在公事上，上级的过错就是你的过错，上级的困难就是你的困难，当上级不方便出面时，你要有挺身而出替上级分忧和敢于主动揽过的心理能力。一般来说，上级有愿意做大事，不愿意做小事的心理。上级的主要职责是“管”而不是“干”，是过问“大”事而不拘泥于小事。因此，在实际工作中，大多数小事都由下级来做。同样的，上级有愿意做“好人”，而不愿意做“恶人”的心理。在工作中矛盾和冲突是不可避免的，此时上级最需要下级挺身而出，敢于主动揽过。作为下级，除了严重性、原则性错误以外，在某些特殊情况下，出于对工作和上级领导负责的目的，要敢于负责任，敢于面对问题，把过失揽到自己身上，有利于维护上级的权威和尊严，把大事化小，小事化了，不影响工作的正常开展，可以适当地代为受过。

三是想领导之所想。遇到难题不绕道，想为上级所想，急为上级所急。通常情况下，上级所做的工作很多，但并不是每件事情都愿意自己亲自去做或出面。这时，就需要下级去代劳，替上级将棘手的事情办好，替上级排忧解难。作为上级，无论是在公事还是私事方面，都有遇到困难的时候，但身为上级有时由于心理的原因，又不好直接让下级来出面帮助自己，这时候，作为下级，应该主动伸出援助之手，而不要等到上级最后开口才去做。聪明的下级不但应该主动帮助遇到困难的上级，还应有“知恩不图报”的心理，这样才能真正赢得上级的信赖和赏识。

四是要学会为上级解围。听到别人对上级领导多有抱怨时，要勇敢地提醒这些共事的伙伴，不要忘了上级领导的优点。要学会鼓励抱怨的人采取具有建设性的方式来表达意见，而不要只会宣泄不满的情绪。除此之外，还要有能力处理各种麻烦。对有些问题，上级领导出于种种考虑，不宜出面解决或公开表态。这时要不怕麻烦，协同上级领导一道把问题处理好。有两点要注意：其一，须得到领导的授权和指示；其二，不论处理结果如何，要以恰当的方式向上级领导汇报。

（2）理论学习上建言献策，甘当无名英雄。在这方面要多替领导出主意、想办法。一要使上级感到，下属在指导思想和大目标上和上级保持一致，完全是出于公心。二要使上级感到，下属在思想方式上能够大胆创新，勇于开拓，既考虑本职工作，又站在宏观位置，替上级领导出点子，想办法。三要使上级感到，下属在行为方式上，能够积极出谋划策，畅所欲言，所提出的不同意见，并不是为了“出风头”，而正是为了维护上级的威信。四要使上级感到，下属在心理活动上，对自己布置的每项工作，做出的每项决策，都认真“想”过，并且在尽力贯彻执行，至于在某个具体问题上提出的修正意见，也是经过下属认真“思索”后提出来的合理意见。总之，下属只要能使上级从内心产生上述感觉，建立协调的上下级关系就不会感到困难。

（3）生活上热情关心和爱护。对那种给自己关心的人，谁都会给予好感并且愿意与之为伍的。同样，一个肯随时关切上级生活的下属，在上级眼中毋宁是最值得给予提升的部下。同时，上级领导有时由于忙于工作而无暇顾及生活方面的事情，为人下属者，一定不要吝惜这种探问平安的电话、力所能的帮助。当然，这种帮助必须注意到时效性，除了例行关心灾害、生日和探病的事外，对于上级家的喜庆也要给予关注。上下级之间彼此关心和爱护，是相互尊重的重要表现。下级在日常生活中对上级多给以关心和爱护，不仅是尊重上级的重要表现，也是拉近上下级之间心理距离行之有效的方法。

3. **加强学习，善于领会上级领导的意图，努力将上级领导的设想变为现实。**每个人在不同的环境下都会有不同的、复杂的心理状况。比如，作为一个上级在面对自己的下级时，有时是为了显示自己的权威，有时是有意考验下级的能力，有时是刻意给下级出难题等等。在不同的情况下，他的心理状态是截然不同的。那么，作为一个下级，就要学会在不同的情况下用心揣摩上级的真正意图，分析上级之所以这样做的真正心理，这样你才能真正正确地领会上级的想法，才不会背离上级的真正意图，才能把工作做到位，才能想上级所想，甚至把工作做到上级的前头，争取更多的时间。

在你工作的经历中，你会发现，上级在布置任务时，往往出于各种原因的考虑，不会把话说得很直接，甚至，有时候似乎说得还很意犹未尽，这是作为上级的考虑和领导方法。但是，作为下级，一定要有这样的心理准备，那就是不要只听上级的表面意思，还要学会用心分析其背后的意思，分析上级工作布置中包含的潜台词。

许多下级会犯这样的错误，当上级不满意他的工作结果时，他会理直气壮地说：“当时你就是这样要求的呀?”但事实上，如果上级真的是这样要求的，而你又是完全按照他的要求来做的，那他就不会表现出这样的疑问。上级之所以有这样的疑问，就是因为你没有用心分析其后面的意思，你没有达到上级真正要求达到的结果和目的。上级需要的不是“应声虫”，而是一个能够真正了解他内心所想的得力下级。那么，作为下级，你必须了解上级的这种心理要求，你要具备这样的心理能力，才能达到“只可意会不需言传”的效果。有句俗话叫“锣鼓听声，听话听音。”上级的一句话背后，可能包含着不止一种意思，你作为下级要想真正了解上级的意思，就必须用心分析上级的用意。

领导者在和上级领导相处中还要主动适应上级领导的工作习惯和特点，有的上级领导直率爽快，工作雷厉风行，有的严谨细致，工作稳重踏实，作为下级必须细心观察，做到心中有数，要尊重上级领导的工作习惯，主动适应上级领导的工作特点，这样才能更好地理顺上下级工作关系，达到良好的工作效果。

（五）实干巧干，干出成绩不浮夸

容易引起领导重视、得到领导支持的通常都是那些敬业爱岗、积极进取、事业心比较强的下级。所以，作为一个下级要想取得领导的支持，就要努力工作并作出一定成绩来，这是争取领导支持的基础。

1. **接受上级领导下达的任务后，要脚踏实地地苦干、实干、巧干。**在上级任务下达后，作为下级，要注重实干、少提口号，静下心来、扑下身子，多到第一线和矛盾多的地方去，一个问题一个问题解决，一个环节一个环节地推进，通过苦干、实干、巧干，夙兴夜寐地干，把领导布置的各项工作落到实处，把上级领导确定的目标尽快变为现实。

一是超前谋划，牢牢把握工作的主动权。对工作早介入、早研究、早规划，对工作的每一个阶段、每一个环节考虑周全，把工作中可能遇到的困难估计得充分一些，把应对困难的措施考虑得全面一些，做到心中有数，有条不紊。

二是加强学习，提高本领。真抓实干、务求实效，是需要本领的。本领从那里来？主要是靠学习得来。学习的方法多种多样，但主要是向实践学，向群众学，向书本学。古人所谓“读万卷书、行万里路”，就是指要把向实践学习和向书本学习结合起来。对我们来说，更经常的是要向实践学习。现在是一个知识爆炸的时代，人类社会的知识每隔 5 到 7 年就要翻一番，不学习就要落后，不学习就不会工作。

三是注重调查研究。我们强调实干、苦干、巧干，是在客观准确地把握现实情况的基础上，绝不是不加调查，一味地傻干、蛮干、乱干，也不是浮光掠影、蜻蜓点水。作为领导干部，真抓实干、求真务实，必须把调查研究放在第一位，自己动手开展调查研究，深入实际，认真“解剖麻雀”，准确把握基层的实际情况，真正了解人民群众的需求和愿望，把握人民群众最关心、最直接、最现实的利益问题，从实际出发制定出正确的政策和策略。

四是着力解决突出问题。要不怕苦不怕难，敢于直面困难，直面矛盾，正视问题，敢于到条件艰苦、环境复杂、矛盾集中的地方去，与群众一起研究办法，采取措施，努力打开工作局面，切实解决好人民群众最现实、最直接、最关心的利益问题。只有抓住重点，求得突破，才能带动全局工作的顺利开展，也才能有效地完成上级领导交办的任务。

五是大胆创新。在完成上级领导交办的具体工作中肯定会遇到不少新情况新问题，这就要求下级必须不断地研究新情况，解决新问题，根据实践的要求不断开拓创新。要敢于打破一些传统的老思想、老观念、老框框，更新观念，树立开放包容的意识，进一步解放思想，树立世界的眼光，发展的眼光。按照科学发展观的要求，完善体制机制，完善各项工作制度，对工作中发现的一些带有普遍性、经常性的问题，从机制、体制上查找原因，找准症结，加以完善。

六是抓好落实。没有落实，一切都是空谈。革命先驱李大钊说，“凡事都要脚踏实地去做，不驰于空想，不骛于虚声，而唯以求真的态度做踏实的功夫。以此态度求学，则真理可明；以此态度做事，则功业可就。”千道理、万道理，落实才是硬道理。完成上级领导交办的任务，关键是要抓落实。第一，要以身作则带头抓落实，带动干部群众抓落实。第二，要讲究科学方法，按规律办事，避免盲目蛮干。第三，要大胆起用实干型人才，把那些抓落实不找借口、干工作不讲条件，长期在条件艰苦、矛盾较多、困难较大的地方和单位实干苦干的人选拔到各级领导岗位上来，形成风清气正的选人用人环境。第四，建立健全一整套抓落实的制度，用制度来保证抓落实。

2. **干出成绩后，对上级领导要如实汇报，切不可报喜不报忧，更不能谎报成绩，搞浮夸。**如今，在我们的各级干部中，存在着不少报喜不报忧的倾向。有的向上级汇报工作讲成绩浓墨重彩，讲问题轻描淡写，更有甚者，不仅不报忧，还粉饰现实，掩盖真相。产生这种现象的原因，一方面是由于地位的差距，下级怕得罪上级，向上级反映情况往往有“报喜不报忧、有埋伏”的现象。另一方面是上级不深入下级了解情况解决问题，而是爱摆架子发号施令，甚至对下级动辄严厉训斥，这样很容易使一部分下级对上级采取敬畏的态度，于是出现了虚假的信息。

这种报喜不报忧的做法后患无穷：第一，报喜不报忧容易造成领导者决策失误。领导者的决策必须建立在对实际情况准确把握的基础上，虚假的信息必然会对领导者决策产生误导，以致造成决策的偏差，贻误解决问题的时机，使小矛盾变成大矛盾，小错酿成大祸，从而给党和人民的事业造成重大损失。第二，报喜不报忧会掩藏问题，形成隐患。只报喜不报忧，一片颂扬之声，到处轻歌曼舞，就会使领导者感觉形势一片大好，从而产生麻痹和轻敌心理，对问题视而不见，从而造成隐患。第三，报喜不报忧会败坏社会风气。报喜不报忧往往意味着对成绩的无限放大，对问题的极度缩小，背离实事求是的思想路线，不利于求真务实和诚实守信社会风尚的形成。

古人说：“生于忧患，死于安乐”。对报喜不报忧的现象，我们当心生警惕，并努力克服。作为下属，只报喜不报忧，是急功近利、对党和人民事业不负责任的表现。对于党员干部来说，一定要加强党性修养和世界观的改造，树立正确的名利观、权力观、政绩观，坚持立党为公、执政为民，摒弃私心杂念，不仅要善于发现问题，更要敢于讲真话、报实情。只有时刻不忘自己的使命，忠于职守，才能使我们的各级干部保持一颗警醒之心，及时化解矛盾和问题，使我们的社会得到持久而和谐的发展。

3. **要树立正确的政绩观，为人民办实事，做好事，解难题。**“为官一任，造福一方”，是古已有之的为官之道。作为共产党的领导干部，对这样的古训自然有着更为深刻的体验。正因为如此，我们党的干部特别是领导干部，都把在任期间能够干出一番事业，创造一番业绩，为百姓谋得一些福祉，作为自己从政为官的追求。应当说，作为共产党员，特别是党的领导干部，拥有这样的追求是应该的。但是，为什么而建立政绩，应该追求什么样的政绩，又该怎样取得政绩？面对这一系列的问题，并不是每个党员、每个领导干部都清楚的，或者说看法都是正确的。对这一系列问题的认识，也就构成了政绩观。政绩观有正确的，有不正确的，也有十分错误的。

所谓政绩，按字面的解释当是指领导干部履行职责所取得的绩效。（马甫祥：《领导干部要树立正确的政绩观》中国共产党新闻网）所谓政绩观，是指人们对政绩的总的看法。领导干部肩负着党组织的期望和人民的期待，在任期间通过扎实而勤奋的工作，做出突出贡献，留下突出政绩，这是任何一个有责任心、事业心的领导干部应该有的追求，同时也是一个干部德才素质的综合反映和对其进行评价的依据。可以说，政绩观正确与否，不仅影响到一个地区、一个单位、一个部门的事业的顺利发展，影响干群关系，也会影响到领导干部本人的健康成长。

正确的政绩观所倡导的政绩的取得，靠的就是实干，靠的就是科学，靠的就是群众的支持。这就要求我们的干部，在创造政绩的过程中，一是要坚持实事求是，想问题、作决策、办事情，一定要从实际出发，充分考虑群众的意愿和承受能力；二是要持科学的工作态度，按客观规律、按规矩、按规则办事，坚决防止和克服主观随意性和经验主义；三是要坚持求真务实、埋头苦干的作风。世界上的事情都是干出来的，不干，半点马克思主义也没有。各级干部都要充分认识求真务实、狠抓落实的极端重要性，把抓落实作为一个极其严肃的政治问题来对待，在抓落实的实践中创造实实在在的政绩。应当说，当前，我国的发展正处在一个关键时期，改革已经触及一些深层次的矛盾和问题，有待我们去破解。各级领导干部应勇于面对现实，承担责任，破解这些重大疑难问题，就是在创造真正的政绩。

（六）平等对待上级领导不偏心

不论人们的职务高低都是平等的，有尊严的。作为下级应从工作出发，对上级领导成员平等对待，亲疏有度，建立和发展正常的关系，实行“等距离外交”，而不应从个人目的私利出发，戴“有色眼镜”看待上级领导，攀一方踩一方。这无论是对工作、对上级、对下级关系，都有害无益。那么如何实行“等距外交”呢？

1. **在工作上要一样支持。**凡上级，都是部属的上级管理者。作为部属，要对他们一视同仁，一样对待，而不应该因人而异，“看人下菜碟”。在现实生活中，我们看到，有个别人从个人意气或个人好恶出发，对某些上司的工作能给以积极协助和大力支持，而对另一些上司的工作，则袖手旁观，不予协助，不予支持，甚至故意出难题、拆台。有的人往往好把眼睛盯在个别上司身上，而把其他管理成员排除在视野之外，这种“非等距外交”的做法是不明智的。个体固然有作用，但同管理群体相比又差得多，只能是一比几（甚或十几）。因此，凡事只注重个体而忽视了集体，无疑是“捡了芝麻，丢了西瓜”，有时甚至连“芝麻”也捡不着。你只看重个别上级，其他上级可能鄙视你的为人而不愿给你办事。而你所看重的个别上级，也可能感到满足你的要求阻力太大或“牺牲”太大而无法给你办，从而使你在个别人身上的努力也宣告落空。

2. **在组织上要一样服从。**下级服从上级，这是一条组织原则。这里的上级，是就管理群体而言，包括每个成员，而不是只指某一个个体或几个人。有的人把上级这个概念中所包含的群体和个体割裂开来，把服从上级变成了服从合自己意的上级；而对不合自己意的上级，则说的话不愿听，交办的任务不愿干，甚至公开对抗，拒绝接受。这既是无政府主义的表现，也是“非等距外交”的表现，是组织原则所不能允许的。作为下级绝不能按照职务高低或亲疏状况来决定自己的服从程度，听大的不听小的，听近的不听远的。

3. **在思想上要一样汇报。**一个下级的思想动态是上级所时刻关心的。上级对部属思想脉搏的掌握程度如何，直接决定着上级的思想政治工作能否奏效，能否统一部属思想，团结大家步调一致地进行工作。因此，作为下级要经常将个人的工作、思想及其它一些情况，能及时地、经常地与上司沟通。这样会使你与上司的心理距离逐步缩小，与上司的感情逐步加深，从而使相互关系处于和谐融洽之中。但要看到，一个人的成长进步离不开管理群体的指导和帮助，一个人被提拔重用离不开管理群体的良好印象。因此，在向上级汇报个人思想时，也不能专找“管用的”上级，而是要让众多的上级了解你，取得全面的领导威信，这样才有利于我们从更多的上级那里获得帮助和指导，从而使自己更快成长。

4. **在态度上要一样对待。**对上级保持等距，还表现在态度上。有的人对负主要责任的上级，对主管自己的上级，对认为自己“有用”的上级，在态度上表现得十分热情，“热”到了沸点；而对于副职，对于非主管上级，对于认为自己“无用”的上级，在态度上则表现得比较冷淡，甚至“冷”到了零下。如此“冷热”不均，往往导致受到冷淡的上级对你不满，在工作上当然得不到他的帮助。因此，作为部属，对任何上级都要不卑不亢，同样热情，同样对待。切忌因人而异，“冷热”过度。

5. **在生活上要一样照顾。**对待上级在生活上的要求是否给以满足，不能仅从要求者一个人角度考虑，也不能从自己的好恶来考虑，还要从本单位、本部门的全局来衡量，防止出现不公现象。务使条件基本相同的人，不分亲疏远近，都能得到大致相同的物质的或精神的满足。如果不是这样，甲满足了，条件强过甲的乙反而没给满足；或者条件相仿，和自己关系近的、掌握权力的上级满足了，和自己关系远的、不掌实权的不给满足，这样，势必满足一个人，挫伤一大片，并且会大大降低自己的威信。

（七）正确地处理同领导的关系不张扬

领导对下级的信任是对下级各方面能力和为人的肯定，作为下级一定要把这种良好关系处理好，比平时更要谨言慎行，切不可以此为抬高自己的资本。

1. **要克服高人一等的心理。**在上级身边工作的下级，权力不大，但影响大；职位不高，但消息多。正因为如此，往往使其自觉不自觉地产生了一种优越心理。随着时间的推移，这种心理往往会导致行动上的随便、高傲，甚至骄横。有一些下级，一旦得知上级研究决定了某件事，他马上像吃了兴奋剂一样，到处口若悬河地乱吹一气，生怕别人不知道。似乎不这样做，就不足以证明他的身份。其实这种想法是大错特错的。由于工作关系，你比别人掌握更多的机密，但这根本不足以成为你炫耀自己的本钱。相反，此举不仅不能提高你的身份，而且可能会危及你原本的职位。因而要克服这种不应有的优越心理，正确认识自己的位置，增强责任感，保守机密。

2. **要经得起诱惑。**一些人想让你喝得酩酊大醉，实际上是想使你“酒后吐真言”；他们上门给你馈赠重礼，是希望从你嘴里掏出实情；他们好像在与你闲聊，实际上是一步步引你上钩让你进入他们的圈套，从而了解到他们所需要的情况。因此，作为一个好的下级，必须经得起金钱、美色、威吓、人情等的考验，始终不失志、不失态、不失言。要做到这几点其实也并非很难，一方面要不断提高自控能力，另一方面要少管“闲事”。由于你与上级有一种特殊的关系，所以求你办事、打听消息的人一定会不少。在这种情况下，你要抱着“多一事不如少一事”的态度，尽量不主动找事、不主动揽事，因为多管“闲事”往往免不了会涉及应该保守的秘密。只有做到不该管的事坚决不管，你才能有效地保守秘密。同时，要学会正确表达，有句话叫“说者无心，听者有意”。特别是在上级身边工作的下级，人家知道你掌握不少机密，有时会有目的地与你接触，你不注意说漏了嘴，别人就会如获至宝。因此，可以多用一些含糊的词，以便达到似是而非、模棱两可的语言效果。这样做不是狡猾，只是不得已而为之。

3. **上级要求保密的事一定要保密。**上级要求下级保密的事，除了工作的事项外，可能还有一些属于上级私人的秘密。一是对上级领导酝酿但未做出最后决定的事项要守口如瓶。特别是对一些不能扩大知晓范围的事，不能随意透露。二是不传闲话，坚决反对和抵制自由主义，特别是涉及到上级领导之间的分歧，领导对下级的一些评价、看法等，不能传播，更不能搞阴一套、阳一套的两面派作风。三是对上级的失误和缺陷要保密。当上级工作上产生失误时，要设身处地为他着想，此时作为好的下级，应该多做工作以弥补上级的失误，而绝不应该把上级的失误当作小道消息四处传播。对于上级素养上存在的缺陷，更应该区别情况，从关心、爱护上级的角度给予提醒，而绝不应该嘲笑、挖苦。四是对上级个人的私事要保密。特别对上级个人生活上、心理上、婚姻上、子女教育上等有难言之隐的事情，更应该注意保密。

记得一位名人说过，任何人在贴身侍从眼里都成不了英雄。也就是说，侍从跟随上级时间久了，什么也瞒不了他的眼睛，尤其对上级的缺点和不足也比一般人看得更清楚。因此，下级要从维护上级形象的角度出发，学习上级的长处，坦然对待上级的缺点。这样做，必然会赢得上级的信任和支持，才能使上下级关系变得愈融洽。

4. **不要声张**。当你发现自己被上级“利用”了以后，千万不要大喊大叫、怒不可遏，一副非要澄清事实不可的样子。这样不留余地、四处声张，只会将上级逼上“绝路”，使你处于更加不利的地位。俗话说：“光棍不斗势力”，你要学会忍耐，等待解决问题的最佳机会。实际上，最明智的举措就是不声张、不宣扬，无声地承受下来，静悄悄地来解决问题。一旦声张，你就会得不偿失，不但失去的回不来，甚至还会失去更多。当然，在适当的场合、适当时机，适度地向外宣扬自己被上级利用了，是一种向上级施加压力的方式，但在多数情况下只会是适得其反。这样做其实上是在败坏上级的名誉，而名誉又关系到上级的权威，因此，这种行为是上级不能容忍的。倘若如此，很可能他会怀恨在心，日后会尽量想办法惩罚你。这样一来，不但你的损失无法得到补偿，而且还会因此而失去上级的信任。从这个角度上说，对外宣扬所造成的后果相当严重。你也不要奢望上级会屈从于你的压力。除非是事关重大，否则他是不会向你公开屈服的，因为这样正是给了别人口实。很可能上级会私下安抚住你，然后再找机会把你这个麻烦给处理掉。公开叫嚷被上级利用的人，一般而言也不会得到别人的真心同情。更可能的情况是，同级们聚在一起，幸灾乐祸地将你引为笑柄。如果说你的宣传确实产生了什么效果的话，那就是证明了你的愚蠢。别人会认为你是罪有应得，是过分贪婪所得到的报应。这样，你不但不会得到同情，反而会受到猜测和攻击。如果你真是一名无辜的受害者，那么大家都会心知肚明，即使你不去宣扬也会博得众人的同情。因此，权衡各种利弊后，你还是应该尽量秘密地解决为好。秘密地解决问题、不气势逼人，一方面会使你避免出丑；另一方面也会使事态向好的方向发展。这恐怕比“针尖对麦芒”地争个鱼死网破要好多了。

5. **保持距离**。如果你的上级对待下级的方式非常民主，他愿意聆听下级的意见，愿意与下级沟通交流并保持良好的上下级关系；如果你的上级性格温和，待人充满温情；如果你的上级非常器重你，经常带你出席各种社交场合……那么，你千万不要得寸进尺。与上级保持适度的距离对你有百利而无一害。如果你曾经是或正在成为上级的密友或哥们，你更应该把握好尺度。如果常常当着其他人的面与上级称兄道弟，以显示出你与上级的特殊关系，那么，从现在起，你应当意识到这种行为是相当危险的。再民主的上级也需要一定的威严，即需要一定的上级形象。当众与上级称兄道弟很可能会降低上级的威信，损害上级的形象，从而导致上级的命令得不到很好的贯彻执行。当上级发现他的工作越来越难做，而你却是损害他威严的“元凶”时，你的结局很可能是被上级疏远或者被调离。

（三）领导干部与同级协调的艺术

相互合作，共同发展，是现代社会的显著特征之一，合作共事能力也是现代人的重要能力。（周奉，《甘肃日报》2008 年4 月1 日）合作共事离不开有效的协调，尤其是负有一定责任的领导干部，只有不断增强与人的协作意识，提高合作共事能力，才能出智慧，出成绩，服务社会，造福人民，并在健康的沃土上实现自我，发展自我。对同级领导干部来说，相互之间关系和睦融洽，协调有序，工作氛围健康向上，对每个人都是莫大的好事，对工作的开展也会产生良好的影响。

一、领导干部与同级协调的重要性

常言道：家和万事兴。一个单位一个部门也是一样，领导间团结友爱、和睦相处是集体凝聚的源泉所在。

（一）合作共事的重要基础——能够与同级建立起一种和谐共赢的关系

同级与上下级相比，具有两点明显的不同：其一，在同级之间，不像上下级那样具有领导权和统御权；其二，所谓“同级”意味着他们之间，既是天然的“合作者”，又是潜在的“竞争者”。

领导干部个人的力量非常有限，不可能去独身创天下，只有诚心的去和同级合作，懂得在工作中学会用他人之长处来补自己的短处，本着在合作中互惠互利的心态，才能使双方在合作中得到彼此的支持与共进。诺贝尔经济学奖获得者莱因哈特·赛尔顿教授有一个著名的“博弈”理论。假设有一场比赛，参与者可以选择与对手是合作还是竞争。如果采取合作策略，可以像鸽子一样瓜分战利品，那么对手之间浪费时间和精力的争斗不存在了；如果采取竞争策略，像老鹰一样互相争斗，那么胜利者往往只有一个，而且即使是获得胜利，也要被啄掉不少羽毛。（胡慧平：《职场竞争：合作才能双赢》，《劳动报》2005 年 4 月 5 日）邦尼人力定律也这样说：“一个人一分钟可以挖一个洞，60 个人一秒钟挖不了一个洞。”（企业信息化与知识管理中心网 http：//www. myikmc. com 发布，2008 年 1 月 22 日）现代社会中追求的是团队合作精神。其实，在人类社会中，这种利他的范例也很多。改革开放后出现的“温州模式”其实就是合作共赢、互利共生的典范。因为你并非完美无缺，只有让你的合作者生活得更好，你也才能更好地生活。仔细想一想，我们与同级的关系不也是一种互通有无，共同发展的关系吗？

所以，不论对个人还是对单位，单纯的竞争只能导致关系恶化，使成长停滞；只有互相合作，才能真正做到双赢。从工作的角度看，许多工作常常是相互依存的，同级之间相互搞好协作，互相学习、互相补充、互相感染，激发创新意识和创造性思维，就能共同把工作做好，提高一个单位的总体工作水平，创造出一流的工作业绩，磨练出一批优秀的领导干部。从个人角度看，每个人都有长处和优势，也有短处和不足，保持同级间的协调，彼此之间就会相互尊重、相互理解、相互支持，虚心听取他人的意见和建议，在思想上坦诚相见、工作上和衷共济、生活上关心帮助，营造一个团结和谐、宽松融洽的环境和氛围，真正把心思和精力凝聚到干事创业上。

（二）合作共事的重要保障——赢得同级的支持与配合

在一个单位或集体，同级领导干部之间承担着不同的工作，工作会有不同的要求，通常情况下是按照分工各司其职、各负其责。但我们知道，事物是普遍联系的，分工只是相对的，这就是常说的“分工不分家”，就是既划分责任范围，又互相合作。一个领导者往往分管一个或者几个方面的工作，但在完成工作的过程中，又必然涉及其他方面或者其他部门，需要其他领导者的配合和协作。

每年的秋季都能看到大雁从北向南以“V”字形作长途迁徙。大雁在飞行的时候，“V”字形的队列很少发生改变，而头雁必须经常地进行更换。头雁对于雁群的飞行起到了巨大的作用。头雁在向前开路的时候，大雁的身体以及展开的羽翼能够使左右两面形成真空。其他的大雁在头雁的左右两面的真空区域里飞行，那就相当于搭乘一辆已经开动的班车一样，自己不用费多大的力气就能向前行进。看来，成群的大雁以“V”字形进行长途迁徙，要比一只大雁单独飞行省很多力气，而且也能够飞得更远。

在一个组织、一个集体中，同级领导者之间的关系失调，领导者的各项职能就不可能很好发挥，各方面的工作就难以密切配合。在这种情况下不可能有正常的工作秩序，也就谈不上提高工作效率，因此，忽视同级领导者间的协调和和谐，是什么事也办不了的。一个企业是这样，一个部门和单位是这样，一个社区乃至家庭是这样，整个社会也是这样。只有和谐，才能形成合力，把事情办好。作为领导者，其中一项重要职责，就是善于与同级领导者构建和谐的人际关系，赢得同级的积极支持和配合，把各方面的积极性和创造性统一起来，为共同的目标而一致行动。其实，支持别人的工作，也就等于帮助了自己。不帮助别人的人，就不会得到别人的支持。

（三）合作共事的重要成效——促使自己的工作顺利开展，取得良好政绩

同级之间是同僚关系，是“手指”之间的关系。同级之间密切配合，相互支持，才能五指并拢，形成拳头，增强整体合力，决不能“拳头不硬指头硬”。历史上赵国的“将相和”，如果没有蔺相如的忍辱求全，退车入巷，廉颇的知错即改，负荆请罪，就不可能有赵国的强盛。合则盛，分则衰，大到一个国家，小到一个班子，莫不如此。领导者与领导者之间，有时候会发生责任轻重的冲突，这时候，也只有领导者真诚协作，多做工作，多承担责任，相互帮助，才能共渡难关，进而实现每一个个体的目标。

有一个故事：小猴和小鹿在河边散步，看到河对岸有一棵结满果实的桃树。小猴说：“我先看到桃树的，桃子应该归我。”说着就要过河，但小猴个矮，走到河中间，被水冲到下游的礁石上去了。小鹿说：“是我先看到的，应该归我。”说着就过河去了。小鹿到了桃树下，不会爬树，怎么也够不着桃子，只得回来了。这时身边的柳树对小鹿和小猴说：“你们要改掉自私的坏毛病，团结起来才能吃到桃子。”于是，小鹿帮助小猴过了河，来到桃树下。小猴爬上桃树，摘了许多桃子，自己一半，分给小鹿一半。他俩吃得饱饱的，高高兴兴地回家了。

小猴与小鹿，就其个体而言，尽管都有自己的特长，都想实现得到桃子的心愿，可是它们都没有好好地想一想，如果只靠“单枪匹马”是摘不到桃子的。然而，一旦他们组成了一个相互协作的团队后，帮助了别人就是帮助了自己，这样一来，就能通过与同事的合作来实现自己的理想。因此，要勇于与自己竞争，乐于与同伴合作。美国加州大学查尔斯·加菲尔德教授曾对各行各业一千五百名事业上有成就的人进行研究，结果表明，这些人成功的经验之一，就是他们勇于与自己竞争，乐于与同事协作。他们懂得，集体的智慧更利于解决棘手的问题，而不必担心别人胜过自己，更不用去想如何打败别人。

二、领导干部怎样协调好与同级的关系

由于同级间既合作又竞争的复杂而微妙的关系，在现实生活中，往往难以和睦共事，甚至关系搞得比较僵。其实，协调同级关系和协调各种人际关系也是有规律可循的。

（一）真诚尊重不自傲

尊重是合作共事的纽带。同级领导者之间相互尊重，对于协调彼此的关系，推进一个单位的发展也是相当重要的。只有互相尊重，才能互相信任、平等合作，形成一种融洽的关系。爱因斯坦说：“期望得到赞许和尊重，它根深蒂固的存在于人的本性中，要是没有这种精神刺激，人类合作就完全不可能。”（周奉真：《增强合作共事能力》甘肃日报，2008 年 4 月 1 日）足见相互尊重对合作共事是多么重要。

1. **尊重同级的职权，人格和劳动成果。**尊重是互相的，古语云：“敬人者人恒敬之。”只有尊重别人，才能受到别人的尊重。领导者要使同级尊重自己，就必须首先尊重同级的人格，敬重同级的工作和劳动，认同同级的作用。因为自己的狂妄自大而伤害到了别人的自尊心，就不可能得到别人的尊重。但是，现实中的有些领导者总喜欢单方面地要求别人尊重自己，却不懂得在要求别人的尊重的同时也应该尊重别人。唯我独尊，还喜欢随意指使别人、贬损别人，让别人难堪，这样的人，等待他的就是得不到别人的尊重。

不同的行为会引起不同的行为反应和感情体验，领导者尤其要克服自傲心理、树立平等合作的观念，尊重同级，努力做到“你敬人一尺，人自敬你一丈”，这样你就不愁别人不尊重你了。尊重别人不是对别人的恩惠，而是别人应获得的基本权利，要善于站在对方的角度，感同身受，推己及人；要善于欣赏、接纳他人，由衷地赞美别人的优点长处，允许他人有超越自己的地方。每个人都有长处，也有短处，不可能事事都超越别人，特别是同级之间，对别人与自己不同的地方，要能接纳，不排斥，不藐视，唯其如此，才能得到别人的尊重和支持。

当然，同级领导者在出身、社会关系、资历、工作能力、工作实绩等方面的差异是客观存在的，有的出身“高贵”，有的“背景”、“后台”硬；有的出身贫寒，既无“背景”，也无“后台”；有的资历深、经验丰富；有的阅历浅、缺乏经验；有的工作能力强，成绩突出；有的工作能力稍弱，建树不大。不容否认，这些差异的客观存在确实容易使条件优越者产生自傲心理，从而给互相尊重、平等合作造成很大的障碍。但是要实现相互尊重、平等合作，就必须首先消除这种自以为是的优越心理。一个班子，一个集体，虽然各人的能力有大小、职务有高低，分工有不同，但在人格上大家都是平等的，既不能妄自菲薄，也不能妄自尊大。为此就需要正确地评价自己和正确地评价别人，要善于发现别人的长处，找出别人超过自己的地方，有意识地放大别人的优点；要善于拿自己的短处与别人的长处相比较，发现自己的不足，以自己的缺点警醒自己，从而克服自傲心理，培养平等观念。

2. **与同级建立感情，发展感情，加深感情。**同级之间良好感情的增进，首先在于主动沟通。实践证明，大凡善于主动沟通的领导者，都容易被对方理解和信任，彼此之间的“心理防线”都容易迅速消除。相反，领导者之间缺乏主动沟通精神，彼此“各揣心腹事”，最容易发生心理冲突，造成“僵局”。在这种情况下，最需要一个主动者，首先敞开心扉，疏通情感交流的渠道。若此，对方也会逐步开启“心理门户”。这样“一来一往”，感情自然会逐渐增强。

同级相处有一条基本的原则，就是搞好协调并不单纯为了追求“正确”，更多的时候，应该在追求“正确”的同时，兼顾“合作”和“情面”。与同级建立感情、发展感情、加深感情有许多事需要去做，但一定不能伤害感情，最重要的就是一定要维护同级的面子。俗话说：“树活靠树皮，人活靠脸皮”。“面子”在人际交往中是十分重要的。因而一旦“面子”受到损害，人们就会毫不犹豫地去维护，而那些损害自己“面子”的人，也会被当作一定程度上不足够尊重自己的人来对待。因此，在与同级相处时，“面子”问题是需要被首先考虑的重要因素之一。为了维系同级间的感情，不要做有损同级“面子”的事，不要说有损同级“面子”的话，并且还要想办法给同级“面子”，让他感受到来自同级间的“人情”。当然，在考虑给同级“面子”的同时，要以不违反党纪国法和原则为前提，为了同级的“面子”违法乱纪、置原则于不顾，这样的做法是不可取的。在与同事相处中，你不妨也说些“看在某某的面子上”的话，做些“看在某某面子上”的事，当然这都是要以不能违背工作原则为前提的。这对于增进双方的感情、融洽整个组织的气氛都是非常有益的。

这里有一个事例：某厂二车间的一位主任，有一次下夜班回家，走到厂门口时，发现有一名本厂工人鬼鬼祟祟，手里还提着一包东西，想趁门卫不注意溜出去。这位主任当即叫住那名工人，对他手里的包进行检查，检查后发现包里是一些机器零件，原来这名工人想将这些零件偷出去卖掉。这位主任本想马上报告保卫处，但一问这名工人，得知他是一车间的。而这时厂里正在开展“技术大比武”，一旦让厂里知道这件事，一车间的成绩肯定要受影响，而且还可能引起一车间主任的猜疑，认为他是在关键时刻给自己“下绊子”。因此，这位主任没有报告保卫处，而是将此事交给一车间主任处理。一车间主任严肃处理了那名工人，同时对他的那位同级深表感激，因为他给了他“面子”，使他在关键时刻没有丢掉名誉。

从那以后，他们成了事业上的好搭档。这样处理事情的方式也许不那么“合法”，但却很“合情”，不仅解决了问题，还给足了同级“面子”，并为自己赢得了职场同盟，可谓是一举多得。

3. **同级间要互相理解，互相信任，互相支持。**同级领导的各个成员，在开展工作的时候，由于诸方面的原因，难免会发生一些误解和分歧，影响着相互之间的关系。如何解决这种经常遇到的症结，防止矛盾的进一步扩大，这就要求同级领导的各成员能够自觉地做到互相理解、互相信任、互相支持。

相互理解就是尽量从对方所处的位置去看待问题。根据有关调查，同级领导中各成员不协调的重要因素之一，就是相互之间缺乏理解。而坦诚则是通过自我表露为他人提供理解的条件，是理解的一把钥匙。彼此之间增加了理解，关系也就会愈加融洽，工作也就会互相支持。同级领导之间如果不能做到互相理解和尊重，在一些问题的看法和处理上就可能会发生矛盾，积少成多，久而久之就可能产生冲突。拿破仑·希尔曾指出，要试着去了解别人，就要从他的观点去看待问题。这样做能创造生活奇迹，不仅使你得到友谊，而且能减少人际交往中的摩擦和困难，同时也能促进同级之间的平等合作。有时，同级可能完全错了，但由于他还没有这样的意识，所以并不认错。此时，先不要指责他，而要试着站在他的立场上去了解他的想法。同级之所以坚持自己的立场，一定有他的原因。你尽力去找出那个隐藏的原因，就等于拥有了理解他的行为的钥匙。把你对自己事情的浓厚兴趣与对其他事情的漠不关心的态度，互相做个比较，那么你才会明白“横看成岭侧成峰，远近高低各不同”的道理。在吉拉德·黎仁柏的《打入别人的心》一书中有这样一段话：“在你表现出你认为别人的观念和感觉同你自己的观念和感觉一样重要时，谈话才会有融洽的气氛。在开始谈话的时候，要让对方提出谈话的目的或方向。如果你是听者，你要以你所听到的话来约束自己的言语。如果对方是听者，接受他的观点将会鼓励他打开心扉来接受你的观念”。这话用在处理同级关系上同样适用，要想让同级敞开心扉，你就必须尊重他，以平等的姿态接受他。

相互信任是合作共事的基石。没有信任，不可共事，更难做事。有些领导者，他们往往只考虑到自己或某个部门的利益，而没有全局观念，因此有什么有利的事情都不愿告诉别人，生怕别人抢了去，他们习惯于孤军奋战，不愿意取得“外援”。即使原本有人出于好意，真心想帮他一把，但是由于他不愿透露消息，所以别人也无法着手帮忙。有事不说，首先就是对别人的不信任。一个不信任别人的人，别人自然也不会信任他，更不会将他当作朋友和事业上理想的合作伙伴，结果只能是自我孤立起来。

互相支持就是同级间要注意搞好协调配合，相互衔接，相互提醒，切实做到分工不分家。同级领导之间固然有一定的分工，但分工与协作往往很难分开。没有分工，就谈不上协作，反之，没有协作，分工也不会落到实处。这是现代化大生产条件下工作职能结构的一个显著特点。如果以分工为理由不在工作上互相帮助，特别是在困难之时伸出友谊和支援之手，相互之间就会缺乏凝聚力，不可能建立起真正的友谊，也就谈不到什么理解、尊重和信任，彼此的隔阂就可能加深。当其他成员工作中遇到了困难，或是遇到了挫折时，不能认为与己无关，袖手旁观，置之不理。若遇到职责上交叉或一些需要共同处理的事务，在搞好本职工作的前提下，对这些交叉工作要争着上，抢着干，防止出现责任真空；对需要交叉处理的事务，应当尽量协商去解决，不要擅自做主处理，否则，就会影响同级之间的关系，造成工作上的困难。同级领导之间最忌互不服气，互相嫉妒，以至相互拆台，如果同级之间老是你不服我，我看不上你，互不尊重互不支持，工作就没有做好的希望。

4. **要本分，不要插手同级的工作。**一般来说，每个领导者在一定范围内都有明确分工，都有自己的分工职责和职权范围，各司其职，在一定的权限范围内自己处理自己分管的工作。如果其他领导不适当地插手别人职责范围内的工作，就会影响人家工作的质量、效率，有时可能会打乱别人的工作部署，这样，自然会引起同级的不满。从情绪角度来看，不适当地涉足别人的“领地”，会伤害别人的感情。每个人对自己都有着一定的自信，大部分人愿意独立地、出色地完成自己职权范围内的工作。这不仅是一种责任心，事业心，也是自尊、自爱的表现。当他对自己的计划，设想充满信心时，有人向他“提供”了不必要的“帮忙”，显然会伤害他的自尊心，以为对方对他不信任、怀疑他的能力、怀疑他的计划的成功率，因此也容易发生不愉快的事情。因此，不随意干预、随便议论和评论别人的工作既是一个组织原则，也体现出领导者的修养。应当分清职责，掌握分寸，不争权力，不推责任。属于别人职权之内的事，决不干预，属于自己的责任，也决不推诿。本应由自己分管的工作，决不请别人点头画圈；本来不应由自己处理的事情，也决不争着要管。特别是那种好事就争，难事就推的行为，是破坏同级间相互协助的腐蚀剂，必须坚决防止和克服。在有能力和必须帮助他人工作时，一定要掌握好分寸和尺度，掌握好时机和方法，避免产生负效应。

5. **善于调节补台，不拆台。**同级领导干部既是竞争对手，更是合作的伙伴，应坦然地投身到与同级的公平竞争和热诚合作之中，见贤思齐，见不贤而思警。要互相补台，千万不能拆台。对于同级遇到的困难和工作中出现的疏漏，不能站在一旁袖手旁观看笑话，更不能火上浇油添灾难，即使同级有对不起你的地方，也要以不计较之心帮助别人，以不隐匿之心规劝别人，以不干涉之心尊重别人，和同级携手并肩完成上级赋予的使命。一是对自己主管范围内的工作主动与其他同级领导商讨、交流，积极主动征询意见，采纳他们合理的建议，特别是对需要交叉处理的事件，更是尽量做到协商解决，不擅自做主；二是对其他同志主管的工作，也积极当好参谋，提出合理中肯的意见，不搞事不关己，高高挂起。三是当发现其他同志在工作中出现错误苗头时，及时地给予提醒，防止酿成大错。四是同级之间出现矛盾和分歧时，要从团结的愿望出发，一般问题不斤斤计较，是非问题坚持原则，多做自我批评，少找别人毛病，求同存异，主动化解。不能到正职和上级那里去做夸大其词的汇报，更不能把班子矛盾到基层和群众中公开化，而影响领导集体整体形象。五是不能对同级的成绩讥笑挖苦，对同级的挫折幸灾乐祸，对同级的困难置之不理，否则就会伤害对方的情感，影响彼此之间的关系。

6. **正确对待反对者**。同级领导中，一个人的意见、所作所为、言谈举止等，总会得到一些人的拥护，同时也可能遇到一些人的反对。支持自己，未必说明自己英明正确，反对自己，也未必意味着自己所作所为是一团糟或者表明反对者的完全错误。这里要靠实践来验证。问题是，就一般人的感情来说，对支持自己的人似乎感情更为贴近一些，而对反对自己的人好像不大顺眼。特别是自己的正确意见或做法，不为他人所理解而遭受到意外的反对时往往表现得更为突出，耿耿于怀几成常事。这时，最容易“一面倒”，或亲近或疏远，界限分明。作为一个领导干部，在同级领导的这种态度面前，若无坦荡之胸襟，豁达之气度，容人之风格，便会丧失处理的公心，而以个人好恶取代之。

（二）真心待人不虚伪

任何一个领导者，都期望有一个良好的人际环境，期望与其他同级和睦相处，在心情舒畅的环境下工作。而要达到这个目的，就要以诚相待、与人为善，以自己的“诚心”和“善意”去换取他人的“实意”和“友善”。

1. **要真心相爱，以心换心**。真心相爱，就是时时处处理解人、关怀人、爱护人，有一副好心肠。与同事相处的过程中，要多换位思考，多替对方着想，“己所不欲勿施于人”。特别是发生矛盾时，应当从自己的欲望、感情、意志、追求等方面，设身处地为对方考虑，这样，人与人之间就能增进理解，相互体贴和帮助，为共同的工作目标而努力。

站在对方的立场看问题，满足对方的需求，是不变的成功之道。汽车大王亨利·福特曾说过这样的至理名言：如果成功有什么秘诀的话，那就是站在对方的立场来看问题，并满足对方的需要。工作中，同级领导干部之间不免会有摩擦，这时大家试着冷静一下，把自己摆在对方的位置上来处理这个问题，换位思考。这样不仅可以使你消除心中积怨和愤恨，更能促使同级之间的关系和谐。如果在工作中只顾自己办事方便、顺利，而不去考虑对方的心理，就很容易产生矛盾，而且事情也不会像自己想得那样顺利。因为，心里只想着自己没想到他人，自己高兴别人未必也高兴；自觉困难，别人可能感觉容易，凡事只从自己角度考虑，矛盾和烦恼就会接踵而来。因此，作为同级，我们没有理由苛求人家为自己尽忠效力。在发生误解和争执的时候，一定要换个角度、站在对方的立场上为人家想想，理解一下人家的处境，感受对方的心理，就能够以更好、更富有人情味的方法解决问题，也更能加深双方的友谊。只有这样，才能真正做到同级之间平等相处，密切合作。

2. **要真诚相待，以诚感人。**古人云：“精诚所至，金石为开”，“诚之所感，触处皆通”。意思是说，只要真心实意以诚相待地对待别人，就会使人感化，无论在什么地方、什么情况下，都能把事情办好。要诚实为本，不欺骗他人。在与同级共事时要光明磊落、实实在在，一是一，二是二，不要小聪明，不玩弄权术。当同级取得成绩、事业得到发展时，应真诚地感到欣慰并表示祝贺；当同级遭受挫折时，应当主动地予以关心和表示同情；当同级遇到困难时，应当积极地帮助加以克服。更重要的是当对方遇到挫折或工作上出了“漏洞”，最需求你帮助的关键时刻，如果你及时给予相应的支持和帮助，这是最有价值并最能产生“奇效”的。

要“关键时刻送温暖”。就是指在对方最需要你的时刻及时给予相应的支持和帮助，它是与“雨后送伞”相反的“雪中送炭”。这样做，不仅能及时解决对方的困难或问题，还会使对方倍加珍视和感激。同级之间需要支持和帮助的“关键时刻”表现在各个方面，如工作出了“漏洞”需要“补救”时；遇到难题拿不出主意时；新上任的领导情况不熟时；受到打击身陷逆境时，以及生活上遇到某些困难时等等。在这种情况下，给予及时热情的支持或帮助，对方是难以忘怀的。

当然，我们说“关键时刻送温暖”并不意味着平时可以不关心其痛痒，而只是强调不要忽视放过“关键时刻”。同级之间互相支持和帮助的价值不仅取决于对方的需求强度，还取决于支持和帮助的内容。如果内容的“性向”与对方的需求不符或相反，也会降低其价值，甚至出现“负值”。这就是说，同级之间的支持和帮助，不仅有一个动机和时机问题，也有一个针对性问题。注意了这些问题，同级关系并不难处。

3. **要真话相对，与人为善。**领导干部应把善待他人作为与同级相处过程中遵守的一条基本准则，只有处处与人为善，严于律己，宽以待人，才能建立起与人和睦相处的基础。在很多时候，你怎么对待别人，别人就会怎么对待你。

古代思想家老子说得好：上善若水。是的，“水溶万物而不争”，与人为善者与水一样能溶解万事万物，化解人间恩仇；“海纳百川，有容乃大”，与人为善者能包容一切，胸怀博大；“水质透明，清澈见底”，与人为善者白日为善，夜来省己，心如明镜…… 这个道理就是要求我们要待人如待己。

在当今这样一个需要合作的社会中，人与人之间更是一种互动的关系。只有去善待别人、帮助别人，才能处理好人际关系，从而获得他人的愉快合作。与人为善是做人的一种积极和有意义的行为，它可以为自己创造一个宽松和谐的人际环境，使自己有一个发展个性和创造力的自由天地，并享受到一种施惠与人的快乐，从而有助于个人的身心健康。现实生活中，有些人不讨人喜欢，甚至四面楚歌，主要原因不是大家故意和他们过不去，而是他们在与人相处时总是自以为是，对别人百般挑剔，随意指责，人为地制造矛盾。

要给别人留有余地。人的脚踏踩的地方，不过几寸大小，可是在咫尺宽的山路上行走时，很容易跌落于山崖之下，从碗口粗细的独木桥上过河时，常常会坠入河中，这是为什么呢？是因为脚的旁边已经没有余地。人若想在社会上站稳脚跟，也是这个道理。对于喜欢“仰天大笑出门去”的年轻领导来说，谨慎言行，多为对方留下一些余地，是很重要的。余地是相互的，留给别人的同时，也留给了自己。这是人与人交往的基本规范和总体要求，也是领导者处理同事之间关系一个很重要的原则。

（三）积极配合不设障

俗话说：“孤掌难鸣。”作为一名领导者应该谦虚谨慎，增强协作和配合，全力地去支持别人，也尽量求得其他同级领导者的支持、积极配合。配合，既要有合作精神，又要有补台意识。任何一个部门及领导者，都需要其他部门和领导的配合，那种“鸡犬之声相闻，老死不相往来”的状况和“各人自扫门前雪，莫管他人瓦上霜”的做法是不可取的。同级之间应当积极主动配合，以求取得最佳整体效应。同级之间还应当相互支持和关心。当同级有错误时，应当尽力挽救一下；当同级出了纰漏时，应当主动地弥补一下，而不能视而不见，见而不帮，帮而不力，更不能看笑话或“落井下石”。

1. **要有大局意识和集体主义精神**。在多数情况下，同级之间是一种分工与合作的关系，虽然都不抓全局性工作，但都应有全局观念。具备大局意识，善于把握大局，这是做好整体工作的根本要求和重要保证。认识大局、把握大局、服从和服务大局，是一种觉悟，是把集体智慧和力量集中到总体要求上来的保证，是形成合力、群力与凝聚力的坚定基础。

对一个地方一个单位而言，局部或是一个方面的工作只能是总体要求的一部分。干好一个方面的工作，没有大局意识不行。因为大局是一个系统，大局意识是一个系统意识。只有胸中有大局，将自己所负担的责任与大局联系起来，认清自己的方位，才能工作得有方向、有意义、有章法、有轻重缓急。如果对一些看似不起眼，实则关乎全局的事处置不当，也会造成重大的负面影响。强调大局意识，是因为大局往往表现在“牵一发而动全身”的一些关键时机、关键事件、关键问题上。如果不能把智慧和力量集中用来解决关键问题，那总体要求也就实现不了。

任何一个地方和单位的工作都是一个有机整体，有其内在联系，因而你不仅要关心和熟悉自己分管的工作，还应关心和了解同级分管的工作和全局工作。这就要求我们要有全局观念，以积极的态度去关心同级的工作，关心全局的工作，平时要多留意事关全局的重大问题，并加以认真思考和研究，站在全局的立场上，客观地向班子集体或同级提出建设性意见，态度不可偏激，说话留有余地，既把观点表明又考虑对方的接受程度，态度上积极不消极，方法上适度不过度。这样不但有利于正确决定的形成，也有利于整体决策水平的提高。

对同级间出现的矛盾和分歧，要从维持团结、顾全大局的良好愿望出发，坚持做到“是非问题弄清楚，一般问题不在乎”。涉及大是大非问题，要坚持原则，不妥协，不让步，但要讲究方法，避免言辞过激，伤害对方的感情。还要注意不要把矛盾公开化，把领导班子内部的某些分歧扩散、传染给职工群众。

对一些鸡毛蒜皮的小事琐事，应采取不细究、不计较的态度，严于律己，宽以待人，谦和忍让，豁达大度。古人曰：“能下人者，其志必高，其所致必远。”许多事例都说明，忍让是达到大度的重要条件。因为只有忍让，才不会激化矛盾；只有自己心境平和，思维沉静有序，才能打动别人的心，使矛盾得到稳妥的解决。忍让是不做蠢事的要素。“小不忍则乱大谋”，就是说的这个道理。领导者不仅要做到小忍小让，而且在必要时还要做到大忍大让。对于一些意外的伤害，只要不是故意的，就不必太“较真儿”。别人说了自己的坏话，背后议论了几句，也不要当真。有时，有人给出了难题，故意“将”自己的“军”，也不要看得太过分，权且把它当作锻炼自己的机会。至于对其他成员的工作方法、性格特征、兴趣爱好，更不能简单地予以否定，觉得这也看不惯，那也看不惯，只要不涉及工作中的大是大非和个人品质问题，就要在心理上予以最大限度的认可，行为与之协调适应，避免造成相互间的对立或者是分裂。

自己的一言一行都要从整体出发，顾全大局。如果同级工作出现失误，应该积极负责地加以弥补，切勿对其进行指责；如果在哪一方面或环节上出现了空档，要主动关心和补上，切勿坐视不管；如果出现了意见分歧，要主动协调，帮助解决，切不可在一边看热闹。有时为了整个集体的利益，甚至要抑制自己的某些习性，使自己的兴趣、爱好、作风、方式等个性融合在集体乐意接受的环境中，真正做到和大家意合情投。

2. **要经常与同级相互沟通信息，交流思想。**同级之间既然在工作上有着密切的联系，那么就要保持经常通气，及时沟通情况，才可能进行有效的合作，达到彼此了解，互相信任。因此，工作再忙，也不要“忘”了主动向同级提供有用的资料、信息、情况和建议。只要你能够坚持下去，就一定能够赢得同级的“感激”和“回报”。实践证明，善于沟通容易被对方理解和信任，彼此之间的心理防线也容易迅速消除。相反，同级之间缺乏相互沟通的愿望，彼此间“脸上笑呵呵，怀里揣秤砣”，最容易发生心理冲突，怨恨猜忌，造成僵局。事实上，同级间发生不团结的现象，主要表现为在重大原则上有分歧的少，思想感情上有隔阂的多，故意拆台的少，合作不密切的多；制造事端的少，处理矛盾不妥、方法不当的多。只要同级之间经常注意沟通思想，就可以减少矛盾，消除不必要的猜忌，增进感情，加强团结。

在与同级的沟通过程中要特别注意以下几点：①要善于选择最适于交谈的时机和场合以及最容易引起对方兴趣的话题。②交谈时，不论对方态度如何，都要谦虚、诚恳并贯穿交谈的始终。③要讲究语言艺术。尽量选择“商量式”、“调剂式”、“安慰式”、“互酬式”等语言，并注意分寸。④即使谈话不成功，也不要丧失信心，要善于总结经验，寻找机会再谈。因为“成功常常存在于再坚持一下的努力之中”。⑤交谈中，要善于体察对方的心理变化。当对方对某一话题或某一句话产生共鸣时，应因势利导，迅速向广度和深度扩展；当对方对某一问题表现冷淡或反感时，应机智地改变话题。这时可转谈对方最关心或最感兴趣的问题。

前面讲过，在同级的内心世界里，必然存在着渴望“合作”，又警觉“竞争”的复杂心理。精明者应想方设法尽力避免诱发对方的警觉“竞争”变态心理，通过思想沟通使对方深信：自己积极做好本职工作，主要是出于高度的事业心和责任感，而绝无半点“压倒”同级的私念。自己每取得一点成绩，都将它看作是同级之间的密切配合，共同努力的结果，而决不以此为资本，向同级显示自己的高明。对于同级取得的成绩，就和自己取得的成绩一样，同样感到由衷的高兴。

3. **要克服主观主义的工作方法，多采纳同级的正确建议和意见。**问计于人，畅通言路，对于领导干部来说是必须掌握的工作方法。古人云：“乘众人之智者，既无往而不任也；用众人之力者，既无往而不胜也。”然而在现实生活中，一些领导干部习惯于带框框看问题，凭想象办事情、想问题、做决策，忽视客观实际，不考虑区情、行情，脱离行业和单位实情，命令主义、家长作风严重，甚至搞主观臆造、虚假浮夸，结果在实践中四处碰壁，吃尽苦头，甚至栽了跟头。这种主观主义是与实事求是及按规律办事背道而驰的观念。还有少数领导干部或认为排位在前、认为资历较老、认为能力强、水平高，以此为本钱，放不下架子，不懂得“问计于人，借力而上”这个道理。

在一个单位的同级领导中，有的可能由于在本单位工作时间长，对情况掌握较为全面，积累了丰富的工作经验，有自己独特的工作方法；有的可能对上级的政策了解得比较透彻，对做好某一方面工作有高明之见。可以说，他们当中蕴含着无穷的智慧和力量。作为领导者一定要增强主动意识，改进方式，畅通交流渠道，主动征求其他领导者对自己工作和作风上的意见和建议，学习他人的长处，避免决策失误和工作走弯路，也可以主动给其他领导者提出意见和建议，以共同提高。反之，如果自以为是，自高自大目空一切，只能阻碍自己的发展，失去自身的权威与同级的支持。

4. **在同级求助时要尽量帮助，不要互相设立关卡，要有宽容精神。**俗话说：一个篱笆三个桩，一个好汉三个帮。任何一个人的进步都离不开他人的帮助。对同级给予无私的帮助和宽容是成熟的表现，是一种高尚的品德。

有的学者曾讲过班子“瑜亮现象”，就是指班子中年龄相近、经历相似、潜力相同的中青年干部，存在比较难共事的现象。可以不客气地说其中的主要原因是嫉妒心理在作怪。具体表现为：自己不求进取或能力不如对方，又怕对方超过自己，而一旦超过了自己，就妒火中烧，似乎我不行你也不行才好。于是“事修而谤兴，德高而毁来”。可见，嫉妒既是打击他人积极性、上进心的“矛枪”，又是保护自己怠惰和落后的“盾牌”。荀子曾指出：“士有妒友，则贤交不亲，君有妒臣，则贤人不至。”一个嫉妒现象严重的领导集体，常常是先进不“先”，落后不“后”，正气不高，邪气兴盛，团结涣散，“内耗”丛生，工作难有起色。

和嫉妒心理相反的品格是人的胸怀。我们不难发现，在一个班子成员中，谁最有可能成为将来的一把手，除了能力较强、业绩突出、群众公认外，还取决于是否有宽阔的心胸。这里也有一个小故事：从前，有位年老的国王，决定把王位传给三个儿子当中的一个。于是，他把三个儿子叫来说：“我老了，决定把王位传给你们当中的一个，你们出去外面一年，回来后告诉我，你们在一年内所做的最高尚的事情。只有那个真正做过高尚事情的人，才能继承我的王位。”一年后，三个儿子回到了国王跟前，告诉自己一年来的收获。大儿子说：“我曾经遇到一个陌生人，他托我把一袋金币交给住在另一个镇的儿子，我到那个镇时，把金币原封不动地交给他的儿子。”国王说：“你做得很对，但诚实是你做人应有的品德，不能称得上是高尚的事情。”二儿子说：“我到一个村庄，刚好碰到一伙强盗打劫，我冲上去帮村民们赶走强盗，保护了他们的财产。”国王说：“你做得很对，但救人是你的责任，还称不上是高尚的事情。”三儿子迟疑地说：“我有一个仇人，他千方百计地想陷害我，有好几次，我差点就死在他的手上。在我的旅行中，有一个晚上，我独自骑马走在悬崖边，发现我的仇人正睡在一棵大树下，我只要轻轻一推，他就会掉下悬崖摔死。但我没这样做，而是叫醒他，告诉他睡在这里很危险，并劝告他继续走路。后来，当我下马准备过一条河时，一只老虎突然从旁边的树林窜出来，扑上我，正当绝望时，我的仇人从后面赶过来，一刀杀死老虎。我问他为什么要救我，他说，你的仁爱化解了我的仇恨。我觉得一年当中没做什么大事。”国王严肃地说：“不，能帮助自己的仇人，是一件高尚而神圣的事，从今天起，我就把王位传给你。”这个故事说明，真正做大事的人、真正与众不同的人，应该懂得化干戈为玉帛、用仁爱去化解仇恨；说明了我们的领导干部要有高尚的品德，有仁爱之心。

在相互帮助的基础上，对待同级还要有一种理解和宽容之心。人与人的合作离不开宽容意识，人们的性格不同，个性各异，对事物的见解各不相同，如果缺少宽容意识，人人各执己见，见面只能争吵，哪里还能在一起合作共事，创造性地开展工作呢？合作共事，尤其是领导干部，不但要有宽广的胸襟，懂得尊重和欣赏别人多姿多彩的个性，还要有谅解和包容别人的缺点、不足的大气，做到容人、容事。惟宽可以容人，惟厚可以载物。把自己看得轻些，把别人看得重些，你为别人打一扇窗，别人就能为你打开一扇门。宽容精神能消除彼此的敌视、猜忌、误解，春风化雨，使你的同级成为工作上密切合作的同事，生活上是相互关照的朋友。

（四）虚心互学不自傲

在现实生活中，人与人之间确实能力有大小之分，水平有高低之别，领导集体整体结构优化了并不等于个体没有差异，这就要求领导者要虚心学习同级优良的工作经验和方法，学习同级工作中的长处和优点，取长补短，以增长才干，共同进步。

1. **互相学习，合作共进。**俗话说：“尺有所短，寸有所长”。每个人的知识结构和认知能力都是有限的，不可能包容万千，全知全会，你在这个领域是行家里手，在另一个领域就可能是门外汉。领导者一定要树立“人人都有长处，人人都是老师”的求知意识，自觉防止“水平不高、架子不小”的不良作风，主动放下架子，抹开面子，向同级虚心请教，采纳同级的建议和意见，不断克服自身认知的局限性，不断提高水平，增强能力，与同事合作干事，共同进步。因此，我们应该明白，为了实现一定的目标，首先应该从心理上端正态度，认识到一个人的力量毕竟有限，只有承认了个人智能与体能的局限性，懂得与同事们进行合作的重要性，在与同事相处的时候才能够有效地以合作伙伴的巨大优势来弥补自己的缺陷、使自身的力量得到质的飞跃，才能使自己能够应付来自于各方面的各种挑战。

在这方面要学习刘少奇同志。他在《论共产党员的修养》中说：“他们要发展自己，提高自己就必须同时发展别人，提高整个劳动阶级的地位。他们在思想上、政治上、工作上不甘心落后，而有极高的前进心，但是他们同时又尊敬、爱护和帮助在这些方面强过自己的人，而努力向他们学习，绝无嫉妒之心。”同级处在同一起跑线上，存在着竞争，由于资历、阅历和受教育程度等方面的不同，每个人在能力、水平、气质、修养等方面都存在着一定的差异。对此，应当积极地向贤者看齐，虚心拜贤者为师，切忌以己之长比人之短，拿己之优比人之劣；更不能嫉贤妒能，采取不正当的方式和手段“挤”别人，来个“我不行你也别行，我不强你也别强”。不要怕别人超过自己，不要看到别人在某些方面比自己强，就心生不快，搞得关系紧张，影响工作。

我曾认识一位相当一级的领导干部，他看到一位同级在报纸上发表的一篇文章，感到写得很好，就亲自一笔一画的全都抄写在自己的本子上，这种虚心学习的精神使我油然产生敬意。当然，时间不长，这位领导干部就又提拔到更高一级的领导岗位上去了。象这样的领导干部往往更能得到广大群众和同级的佩服和信赖、尊敬。领导者切不可学“武大郎”，唯恐下级比自己长得“高”，唯恐别人有比自己强的地方。而这样的领导干部肯定难以得到群众的信赖，也注定是兔子尾巴——长不了。领导如果能虚心向同级学习则更显得谦虚、大度和良好的个人品行。

2. **善于借鉴，取长补短。**同级之间要善于取他人之长补己之短，大凡善于以己之长补他人之短的领导成员，其同级关系都很好。

在同级之间，尽管总体工作能力和水平不相上下，但在某一方面却会有长短、优劣之别。有的擅长写文字材料，有的擅长语言表达，有的擅长处理各种事务，有的擅长协调处理上下左右的各种关系，有的擅长调查研究抓典型，指导基层等，这些都是我们“身边的老师”。包括如何听汇报，如何到一线查实情，看现场等问题，都有学问在里边。现在有的人总是对“远来的和尚，外来的经”津津乐道，对身边的“和尚”则不屑一顾，常常是“墙内开花，墙外看”，这山比着那山高，不知自己就在其山中。正如戴尔·卡耐基所说“我们不少的人，总是梦想着天边一座奇妙的玫瑰园，却偏偏不去欣赏今天就开放在我们窗口的玫瑰。”（张合颍：《领导干部要从读无字书中得到提高》，安徽药品食品监督局网学习园地局 > 长论坛 > http：//www.ada.gov.cn/2008 - 08 - 25）这似乎成了人们的一种通病，对看多了，看习惯了的东西，就会熟视无睹。有道是“高山不拒微尘，故而成其高；大海不拒细流，故而成其大”。作为一名领导干部，不能自认为优人一格、高人一等，要放下架子、俯下身子，以一个学生、一个求知者的姿态，热心、虚心、真心地听取来自同级领导者的意见，不断地修正自身存在的问题和缺点，吸收同级的长处，努力提高自己的能力。

3. **多表扬同级，少张扬自己。**日常生活中不难发现有这样的领导者，他虽然思路敏捷，知识丰富，但一说话就让人感到他的狂妄，使人很难接受他的观点和建议。这种人多数是因为太爱表现自己，总想让别人知道自己很有能力，处处想显示自己的优越感，自以为从而能获得他人的敬佩和认可，结果却往往适得其反，使自己在同级中遭受孤立。我们常说，人与人之间理应是平等和互惠的，这就是我们所说的“投之以桃，报之以李”。那些谦让、豁达，能平等待人的人总能赢得别人的尊敬，而那些妄自尊大的人总会引起别人的反感，使人对其敬而远之，厌而弃之，并最终使自己走到孤立无援的地步。

法国哲学家罗西法古说：“如果你要得到仇人，就表现得比你的仇人优越吧；如果你要得到朋友，就要让你的朋友表现得比你优越。”让别人表现得比自己优越，是一种策略；不要表现得比别人优越，则是一种态度、一种涵养、一种平等待人的处世方法。这句话在处理同级领导者的关系中尤为适用。

在认识自己时，应该少看长处，多看不足，不要因为取得一点成绩，就忘乎所以，沾沾自喜。与此相反，对待同级，应多看长处，少看不足，尤其不要在不适宜的场合随便议论同级分管的工作，不仅自己要做到这一点，而且要教育下属也做到这一点。只有这样，才能在同级之间，形成互相信任，互相和谐的气氛。

（五）共享利益不贪功

要用和谐思维方式来对待同级间的利益关系。所谓和谐思维方式，就是以和谐为基本原则和价值取向，揭示和谐性、平衡性、协调性、有序性、互补性在事物发展中的作用，并以追求事物和谐发展为目的的一种思维方式或思维模式。其立足点是对他人个性和利益的尊重，着眼的是双方的互谅互让及和睦相处，追求的是各方利益的妥帖实现和互动共赢。就是当事业取得一定成就时，不能因自己一得之功而把功劳全揽在自己身上，出现一些失误全推到别人身上，这样做容易造成矛盾，容易破坏领导集体团结的局面。

1. **共享利益不贪功是领导者应有的品格。**拥有淡泊名利的品质，是领导者构建和谐人际关系的重要保证。领导者之间，有时候免不了有利益冲突，比如政治荣誉的归属和经济收益的分配。这时候，领导者就要谦虚，主动礼让，不要争功，更不要揽利。一个有作为的领导干部是不会斤斤计较个人得失和争功诿过，有能谅人之短、补人之过、助人为乐、见功就让的高尚风格，善用一种对待同事开放、包容、接纳和关怀的方式与同级相处。俗话说，孤掌难鸣，独木不成林。要做成一件事，尤其是比较复杂、规模较大、具有开创性的事情，需要众人分工协作、合作努力才能实现。每一位领导者都要懂得个人在事业上的成功不是那一个人的功劳，而是团队的智慧、力量和努力，是集体智慧和协同作战的结晶。这就要求领导者要不断提高个人修养，不做损人利己之事，在工作上，不要因为自己的利益得失而同其他同事斤斤计较。

2. **在成绩和荣誉面前多想到他人，少考虑自己。**历史上，一些智谋超群的人，往往为了社稷江山，而甘心先忍辱退让，不惜牺牲眼前利益。楚汉相争，刘邦开初实力无法与项羽抗衡，他委曲求全，先让项羽一步，

“鸿门宴”脱身后得到喘息、发展、壮大，最后直逼项羽兵败垓下，建立了刘汉天下。印度圣雄甘地，为了以不流血的方式使印度脱离殖民统治，自己先甘心忍受绝食、坐牢的痛苦。他的暂时忍让，终于争得了印度民族的觉醒和国家的光荣独立。正面典型如此，反面教训也不少。李自成进北京后，手下将领没有想也没有做到“欲争先让”，而都是争，争功劳、争官位、争房子、争银子，争得不亦乐乎，结果不几天就被清军赶出北京，很快土崩瓦解。对于每个领导者来讲，要争得大家信任，实现自己的政治抱负，就必须先让出一些物质待遇，先让出一些荣誉光环。要首先满足部下的一些物质需求和精神需求，这样，就会产生凝聚力，形成亲和力，增强战斗力。只要团队精神振奋，工作热情高涨，事业就会兴旺发达，领导者的政绩也就不争而得。

在利益分配上，要照顾到各个方面，千万不可一人独占。设身处地替别人着想，肯定别人做出的成绩，给别人一些甜头，匀给别人一些好处，既缓解了矛盾安定了人心，又赢得了尊敬，结局会比较圆满。实际上，人们在工作中都存在一种互相联系、互助互帮的关系。领导者在完成主管工作的过程中，自然也离不开其他人的支持和帮助，更离不开属下积极性和创造性的发挥。一切功绩的取得，应是大家共同努力的结果，作为领导者不能因为自己处于关键位置、发挥重大作用，就把功劳和成绩都算到自己的账上。如果这样做是不得人心的。聪明的领导者在荣誉和成绩面前都是极为谦虚的。特别是在遇到名利之争时，领导者更应先人后己，做到共享利益不贪功。一旦领导者能在成绩和荣誉面前发扬风格，就一定能得到同事和下属的信赖和支持。

3. **迎难而上，把困难留给自己，把方便留给他人，真正做到推功揽过**。在实际工作中，领导者要敢于承担自己在执行任务中所犯错误的责任。这个任务只要是通过集体研究确定的，只要是执行组织通过的决策、计划，在执行中或执行后果上出了问题的，自己要主动承担责任，不能推诿于人。古往今来，就有那么一种人，他们总是成绩归自己，错误归别人。唐代就有个苏味道，官居宰相之位，却什么事都不负责任，处理问题从不明确表态，遇事要滑头；而不少正直的领导者，具有铁肩担义的精神，他们在困难面前，“我来上”，而在责任面前，“我来负”，“有了成绩，他们去领奖，出了问题我去检讨”的勇于负责精神，这是很有气度的。

4. **正确处理共享利益的关系**。任何一个单位和地方，工作的推进和事业的发展都是各种主客观条件综合作用的结果，成绩之中包含着集体的努力，也凝结着个人的贡献。但从总体上看，个人的能力是有限的，集体的力量是无穷的，仅靠个人的单打独斗，没有集体的团结奋斗，是不可能办成大事、成就伟业的。涓涓之水只有汇入大海才不会干涸，一人之力只有融入集体才更有分量。因此，在成绩和荣誉面前，我们应当始终牢记“事情是大家干的”，不忘“荣誉归于集体”，不能把功劳都记在自己的账上。天不言自高，地不言自厚。越是饱满的谷穗，越是谦逊地低下头。注意摆正自己的位置，把“我”放到“我们”之中，多做事，多尽责，不争功，有利于事业的发展，有利于个人的进步。所取得的成绩中，如有同事的合作或帮助，就不要独占成绩，贪同事之功。同事取得的成绩中，你没有贡献或有很少的帮助，就不要去争功劳，抢荣誉，更不要私下向同事索要报答。礼让、大度是与同事和睦相处的关键，对成绩的取得，领导和同事心中自有评判，是你的终归是你的，不是你的争抢的结果只能使自己一无所获、名誉扫地。总之，共享利益不是说不讲自己的个人利益，不争功也不是说不顾事实地把功劳完全让给他人，而是说不要把功劳往自己身上堆，把责任往他人身上推。

（五）善于自制不冲动

领导者在协调工作中，常常会遇到不被人理解的事情，听到各种各样的议论，遇到这些情况时首先要沉着冷静。要认真听取别人的意见，对于正确的意见，要及时采纳，使自己的协调工作计划更加完善；对于不正确的意见，也要保持正确的态度，有理、有据、有节地进行批驳。善于自觉克制、约束自己是领导干部道德品质和基本素质的体现。

1. **遇事要冷静分析，注意观察，不要激动。**《论语》中的“言寡尤，行寡悔”这句话，告诉我们做事要先往远处想想，谨慎再谨慎，以求避免对他人的伤害，减少自己日后的悔恨。遇事沉着冷静，调查分析事件真相，不盲目下结论，不急的事情可冷处理。所谓：“兼听则明，偏听则暗，是为官之道。”一个内外失调的人是没有资格成为好的领导者。

每个人的情绪都会有所起伏。在与同级相处的时候，学会控制情绪是你成功与快乐的要诀。从心理学的角度来看，所有的情绪，特别是不愉快的情绪，都应该等它消了才会好。动感情是消耗精力的以及毫无益处的。平常所碰到的事情或大或小，或者间接或者直接，其中涉及原则的事情本来没有多少，在那些无关痛痒的小事上不要和同级斤斤计较，更不能感情用事。例如，某个同级对某个问题发表了自己的看法，尽管他的观点过于偏颇，你也不用情绪激昂地去和他辩出个胜负来，因为一句话两句话而伤了同事间的感情，对彼此间的心理造成伤害，实在是没什么必要。

如果一个人不能控制自己的情绪，那么就难免为别人的过错和无知生气。生气再生大一点，就变成了“愤怒”。俗话说“气能伤身”，当你生气而且情绪激动的时候，往往瞳孔会扩大，心跳会加快，呼吸也会急促，动脉收缩等等，有的人生气时咬牙切齿，浑身发抖……这时，非常容易感情用事，结果害人害己，产生了不能弥补的遗憾。

在工作中，每个人都会遇到心理问题，感到不顺心、不如意。这时，我们只有保持心胸宽阔的态度，冷静处理，才能把问题圆满解决。那么，具体应该怎样做呢？一是忘掉旧怨新仇，化“敌”为友，握手言欢，和同事愉快合作。大家保持健康的心态，和睦相处，才能减少人际摩擦，增强集体凝聚力。心中无芥蒂，脸上有笑容。二是忘掉自己的资历，从“元老”二字中解脱出来。保持进取精神和饱满的工作热情，别躺在“功劳簿”上睡大觉。和新人友好相处，同甘共乐。三是忘掉在工作中所有的不顺心。将种种不愉快、不顺畅的事统统抛之脑后。四是用平常心看待工作中的得失。工作受挫不可怕，斗志消亡才可悲。应抱着“这不是失败，只是暂时未成功”的心态，持之以恒地努力，困难定会迎刃而解。在与同事的交往中，忘掉工作中的积怨、挫折、烦恼吧！保持快乐，何乐而不“忘”呢？

2. **处事要沉着应对，站稳阵脚，拿出切实有效的对策。**用哲学的话说，我们生活在一个充满冲突的世界，很难想象工作中完全没有冲突对立的情况。我们的兴趣、渴望与嗜好可能与人有冲突；我们的标准与期望都不相同。在这个世上有太多的事情偶尔就是会出现对立的情况，这几乎是不可避免的。领导者之间的关系也是一样，同在一起工作没有矛盾也是不可能的。但如何对待冲突，处理矛盾却是一门学问，许多人都相信，杰出的领导者就是那种能控制住私人情感，以高度的理智，不温不火地做出决策的人。

一是控制感情。既然对立是无法避免的，就不必要将这样的事情看成像是战争，或是伤感情、有压力、失望的事。其实我们可以很沉着而有效地应付出现的矛盾，这样不但能达到你的目的，而且能让你们在个人或工作领域中更接近。

二是妥善解决。想要解决这种矛盾与对立，就要在坚定中带有沉着与尊敬之心。你要想着一定能找到解决之道，把事情处理得很好。与其想着遣责与过失，不如想想双方的无辜。与其运用一定会引起防御心的句子如：“你完全弄错了！我们要好好谈谈！”不如试着和颜悦色地说：“我有点搞不懂，你能帮我弄清楚吗？”

三是做出对策。比语言还重要的是你的感觉。虽然不是每次都能做到，但是如果可以，千万不要在你生气或充满压力时与人对立。最好是等到你冷静下来，你的理智清醒时，再来处理。其实，大多数人都是很理性、尊重人，也愿意倾听的，只要他们碰到的对象是冷静、镇定，说话诚心诚意的人。因此，与人意见不统一时，试着用别人的观点来看问题，不行时，先谈意见一致的目标，再说不同的方法。用争执和吵闹的方法去说服对方，不如用称赞和欣赏的策略去同化对方。

当你能沉着应付对立的情况时，不但很快会有结果，你的压力也会消失了。换句话说，沉着的心灵同时也是轻松的，就算是面对最困难的情况也不会慌乱。无论你要做的是什么，你总能保持沉着冷静，这会使你觉得心安理得。

3. **平时保持心平气和，良好心态，以理智战胜感情冲动。**喜怒哀乐，人之常情。同级之间由于性格、修养、思维方式、生活方式等不尽相同，发生某些摩擦或冲突是难免的，愤怒情绪的出现也是可以理解的。但我们一定要明白，作为一名领导干部决不能轻易发怒，使自己失去理智，带着情绪工作，这是非常有害的。如《三国演义》中的张飞为造白袍怒责部下，结果被范疆、张达切了脑袋；刘备怒气难抑，率兵亲征，又被东吴火烧连营。第四次中东战争中，以色列 190 装甲旅旅长阿萨夫·亚古里与埃军第二步兵师先头部队遭遇时，因三次进攻均未成功，便恼羞成怒，把剩余的 85 辆坦克孤注一掷，结果中计惨败。这方面的事例举不胜举。《孙子兵法·火攻篇》中指出：“主不可以怒而兴师，将不可以愠而致战”。这虽然强调的是临敌制怒，但对处理好同级关系同样富有启发。

制怒并不是一件容易的事，它是一个人以理智战胜感情冲动的过程。善于制怒不仅需有“忍人所不能忍”的宽广胸怀和以大局为重的精神境界，而且还需要有强烈的自我控制意识。特别是当你的同级别有用心搞“小动作”时更是如此。善于制怒并不意味着凡是怒都制，它与“适时愤怒”并不矛盾。西德总理艾德诺同美国总统艾森豪威尔见面时说了一句令人深思的话，即“人要能愤怒”。当然，这里的愤怒不是私愤，而是公愤，对于领导者来说，就是对某些人违反党纪国法以权谋私等行为的愤慨。

（六）处理分歧不计较

由于人们的文化传统、心理结构、家庭出身、所受的教育、所站的立场、所处的地位、所持世界观价值观人生观等各个方面的不同，他们对世界上的同一事物、同一问题的理解、看法、观点有差异，存在意见分歧是难免的，也是非常正常合理的现象。“横看成岭侧成峰，远近高低各不同”，世界上许多事情、问题，即使是同一个人，站在不同的角度看，以不同的尺度来衡量，都会得出不同的结论，何况是不同的人呢？上级与下级之间有分歧，同级之间也有分歧。这种工作中的分歧很正常，关键是要处理好。

1. **“治人”与“治己”相结合。**同级之间发生矛盾，原因常是多方面的。其中既有自身的原因，也有对方的原因，还可能有“第三者”的原因。因此，要解决这种矛盾，作为矛盾的双方，都应首先从“治己”开始，调节自己情绪，控制自己的感情，寻找自身的原因，确定解决矛盾的最佳姿态。即使造成矛盾的主要原因在对方也应如此。“治己”既是“治人”的前提，又是“治人”的策略。在多数情况下，通过“治己”都能产生强烈的“治人效应”，进而使矛盾化解。当然，这里强调首先“治己”，并不意味着对对方的问题作无原则的迁就。对大是大非问题，需要在坚持原则基础上，把“治己”与“治人”巧妙地结合起来。

2. **居“中”与有“度”相结合。**对涉及大是大非问题的矛盾和分歧，要坚持原则，不妥协，不让步，但要讲究方法，避免言辞过急，伤害对方的感情。同时，还要注意不把矛盾公开化，不把领导内部的某些分歧扩散、传染给群众。对一些鸡毛蒜皮的小事，应采取不细究、不计较的态度，同级之间应经常沟通思想，建立和谐的感情氛围。俗话说：“让三分风平浪静，退一步海阔天空”。在小事上，在一些无原则的问题上，只要有一方知道妥协让步，不管退的、让的是真是假，事情就会变得顺利许多，沟通也会容易些，人和人之间也显得和睦融洽。让三分给别人，常能使彼此都获得更大的天空。当你主动让一步、退三分，对方的感觉好了，问题也就得到了解决，你也做到了以退为进。当然，提倡在有些事上讲点让步策略，并不是无原则的迁就。

3. **“回避”与“等待”相结合。**对短期内不致造成严重后果的问题，有时则可采取“冷处理”。特别是当双方情绪急躁、头脑不冷静时，对别人的批评会感到厌烦，甚至产生敌意，这时更要冷静。“冷处理”绝非搁置不管，更不是大事化小，小事化了，不了了之；而是要创造有利时机，待条件成熟，立即着手解决。如果你碰到了对你的主要观点强烈反对的人，一个聪明的方法就是把这个问题延缓一下，不必急于解决，这可以使他和你都有了更多的机会去重新考虑、反省自己的看法、观点。

4. **“求同”与“存异”相结合。**对有些问题的认识，由于人们的视角不同，往往很难达到绝对一致、完全统一，那么为了避免无谓的争执，就可以求同存异，寻求双方的相似点、共同点或同意的中间地带，也就是找到“交集”，找到共同兴趣、共同利益所在，回避一切可能产生坏联想的东西，抓住一切能够引起美好感觉的题材，而把双方的分歧放置一旁。相似点、共同点和“交集”在哪里？它可以是信念、观点、价值观相近，文化和教育相近；它可以是兴趣、爱好相近、相投；它可以是个性（气质、性格）相投，年龄、经历、社会地位、社会利益相近，也可以是其他方面有共同点，这就在于你善于寻找。寻找过去交往的共同点：共同的兴趣，共同的爱好，共同的观点；寻找现实交往的共同点：共同利益，共同责任，共同目标；寻找未来交往的共同点：共同命运，共同前途，共同合作关系。

（七）批评帮助不挖苦

同级领导之间开展批评是非常重要的，但要收到良好的批评效果并不是一件容易的事。这里既需要有“团结——批评——团结”的良好愿望，又需要讲究艺术。

1. **事实要清楚**。党内开展批评是严肃的政治生活，因此批评者对自己的行为要负责任。开展批评时，你要想到自己对事实掌握了没有？对事实分析了没有？你要批评的这种错误是客观造成的还是主观造成的？是好心做了错事、说了错话还是有意这么做的？都要区分清楚。党内批评虽然言者无罪，但从有利于党内团结和同志的进步角度出发，批评者应当防止无的放矢、道听途说、捕风捉影，也不能凭主观猜测和臆断，更要反对无中生有，恶意伤人。

2. **目的要明确**。批评的目的是为了帮助同级发现失误与问题，引导同级对错误行为进行补救，但不能不指出改正的具体方法，只是单纯的指责这不对，那也不对，这种批评是没有用的。在开展批评的过程中，注重摆事实、讲道理，通过实事求是的析事明理，用事实本身去说服人，把“错在哪里”、“为什么错”讲透，要提出改正错误的条件和意义，使对方觉得改正有益。同时，批评不应该使同级的注意力长久地集中在一些过失上，除了善意的批评之外，还应帮助同级指出错在哪里，应如何弥补，下步的工作应如何去做。你所批评的行为也必须是可以修正的，如果根本不能修正，请免开尊口。

3. **态度要诚恳**。态度是一个人对某一对象所持有的评价与行为倾向，态度真诚与否往往能影响人的认识、情感和意志活动。批评也是对人所持态度的一种反映，只有以真诚的态度进行批评，才能唤起对方的真诚感和信任感，从而愉快地接受批评。相反，如果批评的态度不真诚，往往会使对方产生冷漠、疑虑不安等消极情绪甚而反感，这样就很难使人愉快地接受批评。假如你心中不高兴，不可在言语态度上流露出来，特别注意不要流露讥讽、歧视、反感、敌意等情绪。在实施批评时以友好助人的真诚态度，做到不讽刺、不挖苦、不整人、不报复，切记“人非圣贤”这句至理名言。对有些错误要批评，有些错误要容忍，有些错误既要批评又要容忍，至少是暂时容忍，这样才更有利于同级关系的和谐与稳定。

4. **善于突出表扬**。著名教育家陈鹤琴说：“无论什么人，受激励而改过，是很容易的，受责骂而改过，比较起来是不大容易的”。因此，我们不妨用表扬代替批评或批评前先表扬，不失为一种良策，既维护了同级的自尊心，又让其真正感觉到自己存在的错误。使用此法，需先从受批评者身上找到闪光点，再一分为二地分析问题。表扬要恰如其分，批评不轻描淡写，做到良药甜口，忠言顺耳。这里的表扬是策略，批评是目的，所谓“醉翁之意不在酒”。

5. **善于暗示启发**。间接暗示性的批评是指领导者用语言、神态、人格等暗示手段进行批评的一种方式，以含蓄深刻的语言使被批评者在思考中接受批评信息，以致醒悟。美国著名成人教育家戴尔·卡耐基提出了改变人的九种方法，其中一条是间接地指出他人的错处。

6. **措辞要恰当**。“良言一句三冬暖，恶语伤心六月寒”，批评要亲切、文明、和缓，力戒刻薄蛮横、讽刺挖苦。要用“我想”、“我觉得”来讲，不要用责备或傲慢的语言。不宜作结论式或“定性”式评语，如“你不诚实”、“不正派”等等。同时对其错误只能“画龙点睛”，点到为止，切忌“画蛇添足”。应尽量针对共同目标而发，措辞方面强调合作，避免对方的竞争心理和嫉妒心理，勿使对方感到你是“拆他台”或“与他争风”。

7. **位置要平等**。同级间的相互批评，切忌使对方有居高临下的感觉。要强调对方的错误对双方都有危害，使其明白如果不改时，他自己也受他拖累，改了对双方都有益，这虽有些埋怨的意思，但他决不会说你在“多管闲事。”要尽力使对方相信你不是“越界”去干涉他和有意挑剔他，而是真正在关心他。否则，即使你是出于一片好意，也常容易被对方认为你是“多管闲事”、“自以为高明”或“故意和他过不去。”

8. **时机要适合**。等候最适合的时机再发表批评，冲口而出的批评常不受控制，因而影响批评效果。时机往往是事物发展的连接点和变化的关节点，抓住时机就是抓关键、抓要害。批评只有时机恰当，才能取得事半功倍的效果。一般来说，人在工作中确实出现错误时，要及时批评，这样才能使人们利用记忆表象再现原来事物的形象，进而使不良的思想和行为及时得到制止。如果批评时过境迁，就很容易使不良的思想和行为得不到及时制止而不断发展，甚至酿成大错。要做到这一点就必须有较强的时机观，要在症状已经显现、负面影响已经初露端倪时，在最小范围内及时提出批评意见，把损失和影响减少到最小程度。

（四）领导干部与下级协调的艺术

在做好同上级领导、同级领导协调的同时，同样要掌握好与下级协调的艺术，从而营造一个有利于工作的氛围。领导协调下级关系的目的是为调动部下的积极性和能动性，充分发挥下级的作用，获得下级对自己工作的支持。

一、领导干部与下级协调的重要性

在实际工作中，与下级的协调是必不可少的。从某种意义上说，协调得好不好，对一个部门或单位的工作有很大的影响。关系协调得好，单位内部就能团结稳定，有利于工作的开展，反之亦然。

（一）争得下级的拥护，从而保证聚精会神搞建设，一心一意谋发展

创造干事创业的环境，是领导者构建和谐人际关系的根本目标。在一个组织、一个集体中，要保持人与人之间的密切联系和交往，把人心凝聚在一起，形成合力，调动成员的积极性，共同的事业是重要基础。常言说："好花须有绿叶扶"，"好汉须有朋友帮"。领导者善于处理好与被领导者的关系，从而赢得他们的衷心拥护和全力支持，使上下精诚团结，通力合作，是干好事业的关键。

协调好与下级的关系，上下级之间就会融洽，心理距离就会缩短，感情因素就会增强，下级就会真心诚意地跟随你，自觉自愿地执行你的命令，即使工作繁重，任务艰巨，也会毫无怨言地与你同舟共济，共渡难关。而如果关系协调得不好，就不可能获得下级支持，反而在平时或关键时刻会看你的笑话，帮你的倒忙。

美国克莱斯勒汽车公司总经理李·艾柯卡是知名度很高的世界经济强人，他之所以使一个濒临倒闭的企业扭亏为盈，其中一个很重要的原因在于他善于调整他与下属之间的关系。他常说，我真希望有所学校能教会人们怎样去同被管理者打交道，倾听他们的意见。（李啸尘：《新人力资源管理》，中华企管网 http：//www. qg. com. cn）在一个组织中，上级与下级关系融洽，有利于管理方针、目标的实现。无数事实证明，一个领导者如果不善于处理与被领导者的关系，难以赢得被领导者的衷心拥护和支持，他们甚至"釜底抽薪"，拆自己的台。离开了被领导者的支持与合作，领导者则将一事无成。

日本松下集团可以说是世界顶尖企业，不愁技术，不愁工人，不愁销售，可集团总裁松下幸之助还是十分愿意倾听下属们的意见。有时还和员工共同探讨，采纳合理化建议。时至今日，松下集团这一优良传统一直保留下来，使该企业能够长时间立于不败之地。

（二）善于调动下级的积极性、主动性和创造性

在一个组织、一个集体中，人与人之间的关系失调，领导者的组织、计划、控制、协调等领导职能就不可能很好发挥，各方面的工作就难以密切配合。在这种情况下不可能有正常的工作秩序，也就谈不上提高工作效率，因此，忽视人际关系的协调和社会环境的和谐，是什么事也办不了的。一个企业是这样，一个部门和单位是这样，一个社区乃至家庭是这样，整个社会也是这样。只有和谐，才能形成合力，把事情办好。作为领导者，其中一项重要职责，就是善于构建和谐的人际关系，把各方面的积极性和创造性统一起来，为共同的目标而一致行动。

唐太宗曾经有评价隋文帝的一段言论，可谓经典之至：“此人秉性极为精细，可是头脑并不明智。头脑昏暗则思考问题就阴塞不通，过分的精细就对事情多有怀疑。所以他会以为天下人都不可信，凡事都亲自决断，既劳心费力，又没有把事情办得全都合理。大臣们既然知道了皇上的心意，也就不再敢直言不讳，天下这样广大，事务如此繁多，怎么能由一个人独自决断呢?”（参见《旧唐书》卷三《太宗本纪》）可见，在那时候唐太宗就已经深深体会到，要成就一番大业，光靠自己孤军奋战是行不通的，还必须懂得调动各方面的积极性。

遗憾的是在纵观历史的时候，我们还是发现如隋文帝一样“费力不讨好”的人大有人在，比如，那个高明的秦始皇就曾经用衡器称量过奏章，魏明帝也曾经亲自检查下发的文书等等。而唐太宗的高明之处，就在于他不但能够认识前人的谬误，并且能够在他们的基础上，采取“选天下之才，为天下之务”的用人治国之道。他认为国家如同一部机器，各个职能部门中的官员是这架机器上的各个部件。只有各级官员都能各司其职，各负其责，国家机器才能够运转良好。因此我们说，有了唐太宗的英明，贞观之治便必然在历史的长河中发出璀璨光彩。

其实，大到一个国家，小到一个单位，一个企业的兴衰，莫不都是如此。善于借助别人力量的领导，影响力大，人气旺盛，事业成就也大；反之，凡事都不放心，凡人都不放心，最后必然成为孤家寡人，难成大事。在我们周围，的确也有一些单位和部门不管什么大事小情都必经“一把手”亲力亲为。“一把手”对事必躬亲也习以为常，把“负全责”单纯地理解成“全负责”。这种大包大揽、越俎代庖的结果必然导致：一是“一把手”由于疲于繁杂的琐碎事务而影响重大事件的决策；二是会使下属由于“一把手”的过分干涉而生不被信任的心理，主观能动作用难以发挥；三是会使“一把手”本人在失去民主监督的情况下，成了“一霸手”，失误和腐败在所难免。长此以往，后果不堪设想。

由此可见，作为领导者只有充分借助各种人才的智慧和力量，特别是协调好同下级的关系，使他们明确分工，各司其职，各负其责，才能把一个国家、一个地区、一个单位建设好。

（三）有利于发现人才，培养人才和使用人才

发挥个人潜能，干一番事业，实现人生抱负，是每一个人特别是优秀人才的人生价值取向。全面建设小康社会，推进社会主义现代化新的伟大实践，为一切有志之士提供了施展才干、实现人生抱负的广阔舞台。成功的领导者首先要善于引导下属明确所从事工作在整个单位的重要位置，充分认识自身的社会价值，增强责任感和使命感。把所从事的事业作为自己的立身之本。其次要尽可能熟悉了解下属各自的情况，用其所长，交任务，压担子，做到适岗适位，人尽其才，才尽其用。同时还要竭尽所能地创造条件，让下属在宽松、宽容的环境中工作，让他们有苦练“内功”的动力而无应付“内耗”的压力，有专心“谋事”的成就感而无分心“谋人”的疲惫感。这就是一个思想活跃、气氛和谐、感情融洽、充满活力的战斗集体。任何领域都是如此，作为一个明智的领导者，应该尽可能最大限度地“人尽其才，物尽其用”，以便使自己从繁杂的事务中解脱出来，更好地去筹划美好的未来。

二、领导干部怎样协调好与下级的关系

（一）平等待人不偏见

要求上级公道正派，是下级的共同心理和普遍愿望。社会学理论告诉我们，当领导公正地对待下级时，下级就心情舒畅，工作积极性就会增强；反之如领导不公正地对待下级，亲疏明显，下级就情绪低落，工作积极性就受到挫伤，甚至会导致与领导冲撞或抵触。因此，领导者在平衡下级关系中，必须坚持不论亲疏，一碗水端平。现在，有的单位团结和谐，富有凝聚力，有的单位则矛盾重重，关系紧张，犹如一盘散沙。之所以造成两种不同结果，与上级领导者是否公道正派有直接关系。俗话说：“领导偏心，部属寒心”。人是有社会性的，一个人一旦发现自己同他人处在不平等地位，其积极性就会受到极大压抑。如果领导日常不能对下属一视同仁、公平对待，而是有亲有疏，厚此薄彼，就会产生极大的消极因素：

获得宠爱者自是心花怒放，甚而恃宠傲物，但其他人势必会怨声载道，情绪抵触，工作消极，这样既害同志，又造距离。不搞亲亲疏疏，是沟通平等化、公开化的关键所在。主要是指上级对下级要以礼相待，平等相处。年轻领导干部在工作中一方面要认真履行自己的“领导”使命，另一方面要注意尊重下级。只有尊重下级，才能够和下级在感情上引起共鸣，才能够有较多的共同语言，取得行动上的一致和思想上的统一。领导干部必须去掉高高在上的冷漠心理，平等待人。领导对下属时刻要有平等的心态，平等地处理每一件事，公平地评价每一个干部。同时，领导干部还要把自己看作集体的普通一员，与所有的干部职工平等相处，这样才能形成一个风雨同舟、荣辱与共的集体。

1. **领导干部要抛弃等级意识和家长作风。**在领导干部队伍中，职务高低，资历深浅，年龄大小，这是客观存在的，但这并不意味着贡献的大小，更不意味谁的职位高，“真理”就在谁的手里，不应由此形成等级障碍。在有些领导同志的眼里，下级不仅是职位比自己低，而且人格也比自己低，知识水平和工作能力等等都比自己低，因而看不起下级、轻视下级。他们在上级面前毕恭毕敬，笑脸相迎，对下级却颐指气使，吆五喝六，尤其在一些公众场合，为显示自己的权威，常常自觉不自觉地大声指责甚至辱骂下级，摆出一副不可一世的样子。其实这样做，不仅是错误的，而且是可笑的和肤浅的。出现这种情况，一方面是缺乏自知之明。有些中层领导者，总认为自己既然能成为下级的上级，就一定比所有的下级都高明，就一定比每一位下级的所有方面都高明。因而在下级面前自认为高人一等，自以为是，唯我独尊。另一方面是缺乏知人之明。有些领导者常以自己的长处去比较下级的短处，这样越比越觉得自己高明，越比越觉下级愚笨，越比越感到自己正确，越比越感到下级错误，等等，在这样的领导者的眼里，下级往往一无是处。凡事都要一人说了算，听不进任何不同意见，家长作风十足。

一个高明的领导，必是一个低调的领导，也是一个亲民的领导。他拥有权力，但并不把权力当武器，强迫下级接受他的领导。

一是能与下级一道成长。领导者应明白这样一个道理，下级的优秀出众，不仅是自己事业发展的可靠保证，而且也是推动自己快速进步成长的强大推动力量。正如学生要饮一碗水，教师（练）必须要有一桶水或一挑水一样，下级要饮一碗水，上级也要有一桶水或一挑水，如果你没有那么多，你就要千方百计地提高自己，充实自己，丰富自己，健全自己，才不愧为人师，不愧为领导。与下级共同成长进步是一种胸怀，一种气度，一种眼界，一种境界，一种责任，堪称卓越的领导。

二是关心下属的成功。其实，中外古今，下级不必不如上级，上级不必贤于下级，是一个普遍的现实。差别在于，优秀的上级仍忠于传业、授道、解惑，使下级健康快速成长，以甘为人梯的精神为下级的上进铺路搭桥；而拙劣的上级，则如武大郎一般，千方百计地压制下级，以下级的萎靡不振、缺知少识来烘托自己作为教练或上级的英明、正确、伟岸。压制下级成长的上级是不得人心的上级，是不明智的上级，也是不称职的上级。压制下级成长，事实上等于在压制自己成长，在压制自己的事业的进步。更何况一旦下级不堪压制，其反抗压制的方式也会使你处于防不胜防的困难境地。古人认为，能育贤、养贤、用贤、荐贤，本身即是一种大贤大德。中层领导者要学会修炼这样的大贤与大德，一者为自己，二者为他人，三者为事业的兴盛，一举而三得，何乐而不为？

三是会鼓励下属。要在第一时间肯定下属的价值，每一名下属员工都希望自己的意见想法被管理者重视，都希望自己的能力和价值得到管理者的认可。一旦他们感觉到自己是很重要的，被重视的，被尊重的，他们工作的热情就会高涨，潜在的创造力就会发挥出来。一个问候、一张笑脸、一个赞许的眼神，看似一件小事，却传递着领导的人性关爱，加深着上下级之间的水乳关系。它在下级心里产生的反馈效应、感激效应并不小。管理心理学认为：鼓励是激发人的动机的心理过程，能够让受激励的人处于一个被上级、被他人认同、关怀的兴奋状态之中。（丁玉莲：《论双因素理论在科研管理中的运用》，《教育与职业》2006 年第 15 期）金钱并不是激励的唯一手段，精神激励有时能收到异乎寻常的效果。一般说来，下级很在乎领导对自己的印象、评价和态度，他们的企盼常常很“低微”。哪怕上级的一个脸色、一个眼色、一个招呼、一个赞许，都能在他们心目中激起感激的涟漪、感恩的热浪。受激励的人，常常会高兴好几天。古人说：“士为知己者死”。尊重对方的人格、关心人的生存状态，可以让人产生神奇的力量，就是这个道理。

2. **领导干部要平等对待下级**。当一名合格的领导者，首先要学会平等对待下级。应该明白，虽然人的职位有高下，能力有大小，但其尊严是平等的，包括人格上，政治上，工作上的平等，要意识到自己与下属只是分工不同，在人格上绝无高低贵贱之分，不能把与下属的关系当成主仆关系，言谈举止要平易随和，让下属如沐春风，处处能感觉到人格的平等。平等待人，是一种自信心、自爱心和自尊心的外在表现。能平等对待下级的人，往往也能平等地对待同级与上级，做到不卑不亢。靠自己的真才实学赢得中层职位的人应如此，靠等级授权获得中层职位的人更应如此。靠等级授权取得中层职位的有些人，容易眼睛向上、密切联系领导而疏远群众，如果不能做到尊重下级，平等地对待下级，虚心向下级学习，那么就难以赢得下级的尊重与信任，就无法有效地对下级行使领导之权。下级也会瞧不起你、疏远你，使你无法完成中层职位所赋予的职责与任务。

心理学认为，当下级的自尊心受到上级的尊重和平等对待时，就会产生一种向心力、合作感，从而自觉地与上级保持一致。所以，领导者如能在严格管理的同时尊重部属的人格，做到平易近人、礼贤下士，而不是摆“官”架子、盛气凌人，霸气十足，那他就能赢得部下的拥戴，被下属引为“知己”，从而努力做好上级分派给自己的工作。

平等地对待下级，既是一种态度，也是一种素质。一般而言，能平等待人尤其是平等对待下属的领导者，往往心胸开阔，思想开明，思维健全，具有听取不同意见、容纳不同意见的雅量和民主素养；具有心灵澄明、精神自由的文明品质；具有尊重不同见解、不同族群的法制意识；具有尊重他人、理解他人、关心他人的人文品格和人本观念。这样的领导者，一般不会在下属中搞亲疏，或搞以人画线，因而能建立起上下级之间、领导与群众之间的和谐关系，使一个单位或部门的民主管理、人本管理、民主决策等等，在其所在的部门或单位里比较能取得实质性的进展，学习型组织所需要的“深度汇谈”等等也较易在其单位得到推广与落实。

能否以尊重的态度平等地对待下级，是衡量一个领导者品位高下的一种重要尺度。真正称得上优秀并能走向卓越的领导者，是懂得设身处地、换位思考问题的。因为相对上级领导者而言，你是下级，因而也希望得到上层领导者对自己的尊重与平等对待。将心比心，己所不欲、勿施于人，不希望上层领导者怎样对待自己，就一定不要把自己所不希望上层领导者加之于自己身上的东西再加之于自己的下级身上。不能百年媳妇熬成婆，却又以婆婆的态度方式去对待自己的儿媳妇（下级）。

在日常工作中，上级与下级，部门与部门之间出现意见或分歧是难免的。上级领导在协调这类问题时，应依据分歧的客观情况，从维护大局、有利于工作出发，客观公正地协调，决不能从个人好恶出发，厚此薄彼，偏心偏向。尤其要防止对有“背景”的偏袒，对无“背景”的打压的现象。

3. **领导干部不要拉心腹，搞小圈子，建立帮派体系。**有一句顺口溜“三五成群搞帮派，看谁不爽就淘汰；同志之情弥足惜，制造隔阂不应该”说的就是职场上的拉帮结派，这在古时候，也许就是小人之间的“朋党”。

“小人与小人，以同利为朋”，“小人所好者利禄也，所贪者，货财也”（欧阳修：《朋党论》。）有一则成语叫“结党营私”，凡是拉帮结派的，其出发点总是为了“营私”。“官靠商富，商靠官发”，他们相互利用，彼此勾结，沆瀣一气，形成了一个个的“小圈子”。

搞“小圈子”和帮派的，往往利用同学、老乡、战友等关系，搞亲亲疏疏、团团伙伙，甚至拉帮结派、党同伐异，结成一荣俱荣、一损俱损的“铁哥们”。他们在圈子内，只讲义气，不讲纪律，视规章为儿戏，拿原则做交易，把严肃的程序变成纯粹的过场，成为合法程序下的腐败。

有人这样形容拉帮结派造成的恶果：“表扬了吹牛拍马的，提拔了指鹿为马的，累死了当牛做马的”。

应该说，由于各人素质不同，利益不等，自我修养不一，每个单位都有一些或大或小的“帮派”势力，作为领导者如果不慎就会稀里糊涂地上了“贼船”。领导者盲目地加入某一伙，就等于自动地成了另一派的敌人。而最好的办法是：弄清单位的各种复杂关系，分析利弊，保持中立，不至于因某一派失利而受损。

任何部门、任何单位的领导者，事实上无时不刻都在面临着怎样巧妙处理与各种“帮派”之间的关系问题。既然这个问题存在，我们就不应该回避它，就应该认真地研究一下妥善处理的方法。其实，巧妙与各种“帮派”周旋是一门艺术。因此，领导者在处理这一问题时，必须首先承认以下客观事实：各种“帮派”的产生，既非一朝一夕，它的消失，也决非短期内就能办到。各种“帮派”既然在复杂的环境中生存下来，就必有其存在的理由。每一种“帮派”，都能在组织管理中发挥其特有的作用。每一种“帮派”，都能对其他“帮派”，甚至对领导者自身，产生微妙的影响和牵制作用。每一种“帮派”，都有起核心作用的代表人物。这些代表人物，有的可能抛头露面，有的也可能“谦虚”地躲在人群里。各种“帮派”之间，既相容，又排他；既对立，又统一；既协调合作，又分道扬镳，往往呈现出复杂的排列组合格局。某一种“帮派”的壮大，就意味着必有另一种或若干种“帮派”的削弱，这种发展趋势达到一定程度，原有的平衡关系就会被打破，随之产生另一种新的平衡关系。任何“帮派”都不能永远正确，如同任何人都不会一贯正确一样。领导者与各种“帮派”之间，存在着法定的领导与被领导的关系。这种关系不是不可改变的，尤其是当领导者出现重大失误时，上级组织很可能挑选某种“帮派”的代表人物来担任新的领导者。

领导者要妥善地处理好同各种派别之间的关系，就必须对各种“帮派”存在的理由和作用，做到心中有数，了如指掌。然后，根据组织管理活动的需要，区别对待，用其所长，灵活巧妙地运用每一种“帮派”，让他们充分发挥自己的特殊作用。

领导者应该始终居于支配全局的有利地位，高瞻远瞩，居高临下，对各种“帮派”起到领导、协调、引导、监督、制约的作用。为了做到这一点，就必须遵循“不偏不倚，一视同仁”的原则，使各种“帮派”都感到你没有倾向性，是他们可以信赖的领导者。

倘若领导真的一屁股坐在某一种“帮派”的板凳上，那么，他就立即会招致以下一系列意想不到的恶果：（1）使自己沦为某种“帮派”的袒护者。（2）无法再对各种“帮派”发挥协调平衡作用，只能对某种“帮派”发挥有限的影响作用，况且，自己的所作所为还将受到这种“帮派”的强大影响和制约。（3）人为地在自己面前树立众多的对立面。（4）激化各种“帮派”之间的关系，严重破坏整个管理机器的正常运转。（5）最终动摇自己的领导地位，导致另一位能为各种“帮派”所接受的新领导者来取代自己。

由此可见，只有凌驾于各种“帮派”之上，不偏不倚，秉公处事，巧妙、灵活地按动每个“琴键”，是各类领导者实行有效领导的一条重要原则。

（二）发扬民主不专断

发扬民主调劲。兼听则明，偏信则暗。一把手要广泛听取方方面面的意见和建议，与班子成员之间架起一座相互理解和信任的桥梁，使部下心里有话敢说出来，腹内存计敢献出来，造成一种畅所欲言、集思广益的生动局面。这样，部下的心就顺了，劲就大了。反之，一把手高高在上，置部下的意见和建议于不顾，搞一言堂，部下有意见和建议不敢说或不愿说，肚里装的是怨气，嘴上发的是牢骚，这样就会形成一盘散沙，什么事也干不成。所以，发扬民主，广开言路，虚心倾听，合理采纳，是一把手调劲的又一种主要方式。

1. **发扬民主作风，深入基层多听意见。**上下级关系，不仅是一种领导与被领导的关系，而且还是一种平等的民主关系。要把实行和发扬民主作为平衡下级关系的出发点，遇事同大家商量，鼓励下级发表自己的见解，善于听取下级的意见，尤其是要听取不同的意见，不搞“一言堂”，更不能武断专制，搞家长作风。这样有利于增进上下级之间的团结，构筑轻松和谐的工作环境。

一个部门或单位的领导，每天都会听到来自内外部的一些言论。这些言论，有的让你欣慰，有的让你心烦。该如何看待和对待这些言论，对于一个领导者来说，不仅是一个自我态度的展示问题，更是一个基本素质的展现问题。一个称职的领导，不会因听到悦耳的赞歌就沾沾自喜，也不会因听到逆耳的忠言而耿耿于怀。为避免使自己成为“孤家寡人”，要注重走群众路线，经常深入到基层，广交朋友，广开视听，本着“兼听则明，偏听则暗”的准则，注意集中智慧，不断完善自己的领导水平。通过交真友，真交友，谈真心，吐真言，来获得一些在办公室里无法获得的“金玉良言”。这样做，不仅丝毫不会降低自己的群众威信，相反地，由于领导者树立了公仆意识，把集中群众智慧作为出发点，把发挥群众作用作为立足点，把维护群众利益作为落脚点，无形中拉近了与群众的距离，同时也在群众中树立起了威望。

俗话说：“要知朝中事，请问山中人”。古代许多有作为的皇帝经常微服私访，这样也是为了听到百姓的心声，真正体察民情。作为一名领导干部，如果长年累月窝在机关，高高在上，只满足于打电话，听汇报，看材料，是不可能了解到实情，听到真话的。只有眼睛向下，扑下身子，深入基层，深入第一线，才能听到基层干部和百姓的心声。

2. **坚持民主集中制原则，做到谋得充分，断得坚决。**在处理与下级关系中，必须坚持民主集中制。民主和集中是研究问题的程序，也是领导者必须把握好的关键点。研究要发扬民主，就是广泛听取方方面面的意见，召开各种座谈会、论证会、听证会，听一听各界群众的意见，听一听专家学者的意见，听一听上级领导的意见，听一听相关部门的意见，让大家畅所欲言，各抒己见。在广泛民主的基础上，适时集中，形成方案，提交正式会议，集体讨论做出决策，决策的结果形成文件或决定，最后颁布实施。

作为决策者，尤其是一把手要善于吸纳大家的意见，设定多个方案，权衡利弊，在综合比较的基础上，进行拍板，才是果断决策的正确方法，才能尽可能地避免决策失误而造成难以挽回的损失。没有民主就没有群众基础，而没有集中就谈不上领导权威。在发扬民主的同时还要注重集中，善于把握全局，调控整体，对下级意见，该接受的接受，该采纳的采纳，该解释的解释，不人云亦云。

一个坚强有力的战斗群体必须以民主集中制为基础。具体工作中，要认真贯彻民主集中制原则，不仅要实行集体领导制，而且还必须坚持分工负责制，真正做到谁主管谁负责，民主气氛浓，集中制约强，使每个成员都能快节奏、高效率、创造性地做好分管工作。例如在人员调整调动、任务指标分配和重大财物使用等方面，都要事先召开领导会议，广泛发扬民主，由集体进行讨论决定，决不能像楚霸王那样独断专行。善于吸纳他人意见，特别是正确意见，不以个人的想法取而代之，这是主要领导走群众路线、发扬民主风气、不搞“一言堂”的基本准则。但在实际工作中，往往会遇到班子成员意见分歧、观点不一致、重大问题决策难的情形，需要“一把手”拿出一个大家都能信服、都能接受的决断来。这就要求“一把手”在平时的工作中必须要搞好调查研究，掌握第一手材料，取得决策的发言权和主动权。这样，对看准的问题，即使意见不一致，也能善于决策，敢于决策，果断决策，避免所议事项，久议未果，推来推去，贻误工作。

3. **要实事求是，具有敢于改正自己错误的勇气。**有道是：人非圣贤，孰能无过？作为一个领导干部，在其工作过程中走几步弯路，说几句错话，做几件错事，甚至犯几次错误都是很正常的，关键是要勇于面对错误，敢于改正错误。在如何对待错误这个问题上，往往能体现一个干部素质的高低。

古代的干部，权位最高者莫过于“相”。关于“相”，民间有“宰相肚里能撑船”的旧训。何为宰相肚里能撑船？古人极言“宰相”胸怀之大也。此句民谚，深刻揭示出封建中国最朴素的好官理念，那就是：一个有资格为相的人，不光要有非凡的才能，更要有博大的胸怀，容得下错误，容得下委屈，容得下批评。

现在有些干部，往往只容得下自己的错误，容不得别人犯错误；容得下亲戚朋友的委屈，却容不得人民大众的委屈。他们听得惯歌功颂德奉承拍马，可总喝不惯苦口良药。面对民众的批评，面对民众的指责，他们不是勇于承担错误，深深反省自身的过失，积极寻求改正之道。反而拼命狡辩，拼命抵赖，甚至利用手中的权力，拼命为自己解脱。这既反映出他们官品的低劣，更反映出他们人格的卑下。

毛泽东曾经说过：直面错误只是改正错误的开始。一个连自己错误都不敢面对、都害怕面对的官员，他们能够改正自己的错误么？

（三）上下沟通不堵塞

俗语说，灯不拨不亮，话不说不明。领导干部要发挥领导作用，一刻也离不开与下级进行及时有效的沟通。沟通好，二者可以和睦共事，同心同德，形成强大的合力，推动事业走向成功。反之，则会造成人际关系紧张，甚至产生对立情绪，导致人心涣散，一盘散沙，一事无成。

1. **工作沟通，布置任务，得于落实。**上下级沟通的实质就是要使下级明白上级的意图和安排，上级领导了解下级工作的完成情况，促进各项工作的顺利开展。沟通使领导行为具有良好的合作氛围和渠道，促进领导决策的顺利实施，最终得以落实。

一是领导者要认识到工作沟通的重要性，并把这种思想付诸行动。如果领导者通过自己的言行认可了上下级的工作沟通，这种观念会逐渐渗透到组织的各个环节中去。

二是提高沟通的心理水平。要克服沟通的障碍必须注意以下心理因素的作用。首先，在沟通过程中要认真感知，集中注意力，以便信息准确而又及时地传递和接受，避免信息错传和接受时减少信息的损失。其次，增强记忆的准确性是消除沟通障碍的有效心理措施，记忆准确性水平高，传递信息可靠，接受信息也准确。第三、提高思维能力和水平是提高沟通效果的重要心理因素，高的思维能力和水平对于正确地传递、接受和理解信息，起着重要的作用。第四、培养镇定情绪和良好的心理气氛，创造一个相互信任、有利于沟通的小环境，有助于下属真实地传递信息和正确地判断信息，避免因偏激而歪曲信息。

三是正确地使用语言文字。语言文字运用得是否恰当直接影响沟通的效果。使用语言文字时要简洁、明确，叙事说理要言之有据，条理清楚，富于逻辑性；措辞得当，通俗易懂，不要滥用辞藻，不要讲空话、套话。非专业性沟通时，少用专业性术语。可以借助手势语言和表情动作，以增强沟通的生动性和形象性，使对方容易接受。

四是学会有效的倾听。有效的倾听能增加信息交流双方的信任感，是克服沟通障碍的重要条件。一要使用目光接触；二要展现赞许性地点头和恰当的面部表情；三是避免分心的举动或手势；四要提出意见，以显示自己充分聆听的心理提问。五要复述，用自己的话重述对方所说的内容；六要有耐心，不要随意插话：七不要妄加批评和争论；八使听者与说者的角色顺利转换。

2. **思想沟通，贯彻意图，统一认识。**与下属沟通思想，是领导工作的重要一环。作为领导，要实现自己的意图，必须与属下取得沟通，沟通使领导者能够更加准确地了解信息，预防盲目。

实现思想沟通，主要是通过以心换心，用情感打动对方的心灵，唤起他们的积极性。有这样一个故事，一个人在森林里迷路，经过很多次努力总是走不出去，后来又绕回了原地。这时他遇到了另一个旅人，于是向他问路，那人说他自己也迷了路，走了很多路还是出不去。于是他们俩一起找出路，互相帮助着记下走过的地方，克服困难，他们忘记了疲劳和饥饿，终于走出了森林。

其实，人生就像一座森林，我们总会迷失或疑虑，而如果我们能够分享彼此的经验和感觉，我们就会觉得人生旅程没有那么糟，有时我们还能找到更好的道路，更好的方式。这就是沟通的作用。

当上下级在日常关系中发生一些问题的时候，如果仔细想一想导致问题的主要原因，通常都会想到同一个答案，就是：我们是没有良好的沟通习惯。这是真的！我们很少告诉对方自己的感受，也绝少仔细去听对方究竟要说什么。

在与下属的交往中，最重要的关系就是分享和沟通。当然，这不只限定于你对某个下属的感觉而已，还包括你的希望、恐惧和难题。如果你把所有的想法都锁在内心里，你自己不但会因而心胸狭窄和沮丧，那些跟你亲近的下属们也无法适时地给予你帮助、同情或支持。

要尽力启发下属敢讲话，特别是敢发表不同意见。听取别人谈话，要平静安详，专注耐心，不可左右环顾，心不在焉，使下属局促尴尬。而轻易打断谈话，当场尖刻反驳，更为领导者与下属沟通之大忌。

3. **生活沟通，建立感情，增进友谊。**同下属在生活上多沟通可以为你增加一份人情味，架起沟通桥梁。它可以有助于上下双方找到共同点，并在心理上强化这种共同认识，从而消除隔膜，缩小距离。

历史上最好的例子是拿破仑与他下属的关系。拿破仑非常了解他的下属，能叫出手下全部军官的名字。他喜欢在军营中走动，遇见某个军官时，马上就会用他的名字跟他打招呼，谈论这名军官参加过的某场战斗或军事调动，并不失时机地询问士兵的家乡、妻子和家庭情况。这些做法使他的下属非常吃惊，他们的最高统帅竟然对他们的个人情况了如指掌。军官和士兵在同拿破仑的交谈中备受鼓舞，因而对拿破仑忠心耿耿，以至血洒疆场。在现实生活中我们也经常遇见有许多身居高位的人物，会记得只见过一两次面的下属的名字。在乘坐电梯或门口遇见时，点头微笑之余，叫出下属的名字，会令下属激动不已。

上司要赢得下属的心悦诚服，一定要动之以情。所谓以情动人，则不外乎亲切的话语及优厚的待遇，尤其是话语。要记得下属的姓名，每天早上打招呼时，如果亲切地呼唤出下属的名字再加上一个微笑，这名下属当天的工作效率一定会大大提高，他会感到，上司是记得我的，我得好好干！

对待下属，还要关心他们的生活，聆听他们的忧虑，他们的起居饮食都要考虑周全。人非草木，孰能无情。情感为人类所独具，在人类的生活中起着巨大的作用。人的任何认识和行动，都是在一定的情感推动下完成的。积极的情感可以焕发出惊人的力量去克服困难，消极的情感则会大大妨碍工作的进行。

情感具有极大的激励作用，是人的行为最直接的一种激励因素。上下级之间感情融洽，这是一种比什么都重要的巨大力量，它可以大大地推动工作的进展。建立感情，增进友谊。对下属主动问寒问暖，关心其切身利益，了解其疾苦，解决其困难，把关心爱护渗透到生活的点点滴滴，达到“润物细无声”的效果。

当下属主动找到你时，有可能是他需要你的支持，或者需要你的建议，同样也有可能是你们之间的工作存在需要澄清的误会等等。在这些情况下，应用倾听去发现问题之所在十分重要，它将决定有效沟通能否顺利实现、沟通后事情能否得到真正解决。所谓倾听，就是一定要在交流中“用心”去听和理解下属想要表达的意思。抓住下属话语、表情的细节并从中解读同事的真意

4. **学习沟通，交流体会，汇集智慧**。沟通的过程是汲取智慧的过程。如好的方法、主意、决策雏形等都可以由沟通中得。一个成功的领导者，往往不是一开始即具备非凡的能力，而是不断地向他人学习，吸取别人的长处，从学习的过程中一步一步地完善和发展自己的领导才能。所谓“成功是经验的累积”便是这个意思。在日常工作中，每一位下属都可以找出他们的长处，通过有效地沟通，谦虚地向他们学习，尽管他们是下属。同下属在学习方面的交流中应做到：

一要营造氛围。上级领导干部要在发扬民主、加强沟通方面率先垂范，自己带头讲真话、听实话，学会倾听、乐于倾听不同阶层、不同人群的诉求和意见，做到察民情、知民意、晓民声。要以“言者无罪、闻者足戒”的胸襟，让想说的多说，不敢说的大胆说，不愿说的主动说，形成“知无不言，言无不尽”的良好氛围。

二要畅通渠道。当前，我们正处于改革发展的关键时期，新情况、新问题层出不穷，领导干部都难免有把握不准、考虑不周的时候，时刻需要认真听取方方面面的真知灼见。沟通不能因一时、一事或一项工作而限制，不能只做表面文章，要形成一种深入了解民情、充分反映民意、广泛集中民智的决策机制和长效机制，始终敞开大门，始终保持言路畅通。

三要讲究方式。许多下属身处基层或一线，领导干部要想听真话、实话，更要讲究沟通方式，更要多深入基层、深入一线、深入实际，多调查、多了解，主动和下属交流，用诚心去打动他们，用耐心去开导他们，

使那些藏在心里、卡在喉头、憋在嘴边的肺腑之言倾情而出，这样才能真真切切听到逆耳忠言、有益谏言。

四要态度诚恳。作为上级领导要想下级真心地和你交流思想必须用一颗真诚的心去感化他，而不是让人感觉你是在公事公办。相信大家对三国演义刘备三顾茅庐的非常熟悉吧。诸葛亮之所以愿意把自己治国之策和盘托出，关键就在于刘备的真诚感动了他。同样，对于一个上级领导者来说，如果在和下级交流时，能够让人感觉到你的真诚，并且被你的真诚所打动，又何愁下级不真心实意地同你交心呢？

换言之，就是必须学会倾听各种不同的声音才能不辱使命。要想通过沟通清除工作中的摩擦和障碍，应该注意在沟通中非常重要的一个环节，那就是真诚。

（四）信任用人不怀疑

作为领导者的助手，下属是执行者。领导者拥有得力的执行者，便如虎添翼，工作等于干好了一半。而这一切，也恰好是领导者借力而行的源泉。用人就是发挥人的特长和调动人的积极性以推进事务的过程。用人素质体现在慧眼识才的洞察力、用心育才的态度和大胆用才的气魄的能力要素上，即选择、培养和使用人才的基本要素。领导干部的主要职能首先是用好人，推进工作，其次是出好点子定目标。可见用什么人，怎样用人是至关重要的。因此，作为领导干部必须深刻理解：“世界一切事物，人是第一可宝贵的因素”和“能攻心斗智则矛盾自消，不审时度势必宽严皆误”的哲理和道理。必须坚持人事相宜的程序原则、德才标准的质量原则、管住要人的数量原则、物质手段与管理体制相结合的环境原则和用人所长与容人所短的信任原则。

1. **职责范围，不要干预**。凡属下级职责范围内的工作，应放手让他们去做，让他们有职有权，不能包办代替。对下级，主要是及时为其定出方向、目标；既讲原则，又教方法，加强督促、检查和指导，帮助他们解决问题，为他们工作创造有利条件。但现实中，也有一些单位的领导干劲很足，精力充沛，处事明快，每天忙得不亦乐乎，但他们总是大事小事一把抓，事必躬亲，即使让下属自己做一些小事，也是不放心，处处过问。这只能说明领导对下属极不信任，不敢放手让下属自己做事。这样的话，不仅窒息了下属的活力，自己也孤掌难鸣，事倍功半，不会有好的成绩。把一些重要的事情交给下属去做，体现他们的能力和重要性，这一举动恰恰表现你对下属的信任，其他任何的方式，都不如这种领导方式来得直接、有效。而且领导人也能有精力和时间去处理更重要的事，这何乐而不为呢？放手，就是放手让下属独立思考、独立工作、独立解决问题，在下属分管的工作中不乱插手。但当下属遇到困难时，领导者要主动出谋划策，帮助解决；当情况紧急下属来不及向领导者请示报告而自行处理问题时，领导者要给予谅解；当下属工作上出现差错时，领导者要对下属加以引导，耐心帮助；在处理问题时，只要下属没有违反原则，领导就不要轻易否定。总之，作为领导者，要放手让下属大胆地去干，千万不能使下属缩手缩脚、左右为难、无所适从，否则久而久之，下属的主动性就会弱化，斗志就会衰退，内在的动力和潜能就发挥不出来，从而造成工作上的低标准、低效率。因此，领导者只有真正对下属放手了，下属才能更好地履行自己的职责，行使自己手中的权力，同时，也才能更好地对领导负责。

与下属要建立起一种相互信任的关系，对分管工作在总体把握上出主意、出思路，在具体问题的处理上，则应放心放手地让下属去干，相信下属能把事情办好。副职越放手，往往下属对你越负责，如此去激励下属领导干部的工作热情和创造精神，达到下属自我领导的领导最高境界。

在工作上，副职不可随便干预和插手下属权限范围的事情，更不要越俎代庖，代行下属职责之内的工作；也不要越过下级直接处理本应由他们出面处理的事务。随便插手和干预，既会破坏下属的自主能力和责任心，造成下属对你的依赖心理，还会使下属威信受到伤害，影响他们今后的工作。因此，副职不要把自己分管部门和单位的具体事务当作本职工作去处理，不要错以把持当支持。

2. **知人善任，视能授权**。知人善任是领导者权力分配中的用人艺术。知人，就是要求能历史地、全面地了解别人的长处、短处，或优点、缺点。善任，就是能够科学地、合理地任用人才，授以权力，以做到人尽其才，才尽其用，从而有效地发挥人才的作用。知人是善任的必要前提。知人难，难在言行有虚有实；善任难，难在容人之短用其所长；知人善任更加难，难在既知人又善任。领导者如何才能做到知人善任、择人授权呢？

一是适当原则。授权要适当，首先对下属的授权既不能过轻，也不能过重。过轻，达不到充分激发下属积极性的目的，不利于下属尽职尽责；过重，就会大权旁落，出现难以收拾的局面。管仲在《七法》中说："重在下，则令不行"。就是说下级的权力过大，超出了合理范围，那么国家的政策法规就不能顺利贯彻执行。其次，不能超负荷授权，要看下属的承受能力授权。换句话说，授权者必须向被授权者明确所授事项的目标、任务、职责和范围。对被授权者所授的工作量不要超过被授权者的能力、体力所能承受的限度。若授权没有明确的目标职务，被授权者在工作中摸不着边际，无所适从，整个组织就会失去战斗力，甚至造成混乱。有的权力尽管不重，也不能把许许多多权力一古脑儿推给下属，弄得下属顾此失彼，手足无措。最后，视组织大小、任务轻重、业务性质授权。单位大、任务重、工作距离远、专业性强的应该多授权，但领导者要能够弄清问题、把握局面、作出正确决策。

二是可控原则。授权不仅要适当，还要可控。正确的授权，不是放任、撒手不管，而是保留某种控制权。通过这种可控性，把领导者与下属有机地联系起来。没有可控性的授权是弃权。这种可控性表现在两个方面：一方面，领导者握有主动性、灵活性，授权的范围、时间由领导者灵活掌握；另一方面，虽然授权一般应相对稳定，但也可根据实际需要随时调整，做到能放能收，能扩大能缩小。

三是带责原则。授权的同时明确下属的责任，这就是带责授权的原则。领导者若明确地将权与责同时授予下属，不仅可促使下属完成工作任务，而且还可以堵塞有权不负责或滥用权力的漏洞。带责授权，应向下属交代清楚权限范围，这样做有利于下级正确行使自己的职权，更好地实现领导者授权的目的。领导者带责授权时，要注意不能授出最终权力和责任。领导者要明确自己的职责范围，凡是属于自己职权范围的事、涉及有关组织的全局性问题，比如管理全局的集中指挥权、总的经济预算审批、决定组织的目标、任务和发展方向问题等，不可轻易授权。再比如说，就同一方面或系统的工作，向两个或两个以上下属授权，必须注意使后果责任落在一个人身上，让其中领受权力较高的那个人承担后果责任。这样可使下属各司其职，各守其位，各负其责，避免扯皮和争功诿过。

四是信任原则。领导者对于将要被授权的下属一定要有全面了解和考察。考察的方式可以让他当助理或其他“代理职务”试用一段时间，以便继续观察了解后再决定是否可以授权，以避免授权后不合适而造成不必要的损失。认为可以信任者，则“疑人不用，用人不疑”。一旦相信下属，就不要零零碎碎地授权，应一次授予的权力，就一次授下去。授权后，就不能大事小事都干预，事无巨细都过问。

贯彻信任原则，要做到下属职权范围内的事让人家说了算，只要不违背大的原则，就要支持下属工作。对于出现的小的失误，要采取宽容态度，允许失败，允许有小的差错。领导者一旦选中得力的部下，就不要为其他声音所扰，应倚重有加，无所顾忌。人们感到最扫兴的就是“吃力不讨好”，只要下级忠心一片，即使方法效果欠佳，也要多加鼓励，而不要迁怒于人。这样部下下次才会更加卖力做事，否则会失去人心。

五是整体原则。授权的目的在于让下属分担更多的责任。授权后，领导者要尽力发挥统帅综合才能，协调各方面力量，使各局部的发展更好地服从于整体目标。为此，成功的领导者要把最大限度地向下级授权和保证指挥全局的权力高度集中辩证地结合起来。不能把有关全局的最后决策权、管理全局的集中指挥权、主要部门的人事任免权和财权随意授权下属。否则，领导者就会对整个组织系统失去控制，导致另一种失职。高明领导者应做到“大权独揽，小权分散，办也有决，不离原则”，在处理大权与小权、集权与分权的关系上，能真正显示出一个领导者的授权艺术的高低。

六是考绩原则。权力授出，就要留心定期对下属进行考核，对下属的用权情况做出恰如其分的评价，并与下属的利益结合起来。考绩不要急于求成，也不要求全责备，要看工作的质量，是否扎扎实实，认真细致，是否有实效。考绩既要看近期的业绩，也要看远期的业绩；既看全局，又看局部。对于近期得实惠、长远招灾祸的工作不能予以肯定，这是短期的行为。只要不是下属故意搞的，就要耐心帮助下属纠正。

授权是一门领导艺术，涉及范围广泛，比如说用人权、办事权、经济权。但是，无论哪种授权，领导者都要注意一些问题，并在巧妙地授权操作之中表现高度的艺术性。

3. **充分信任，放手管理。**领导者只有充分信赖下属，关心下属，才能赢得下属的支持。信赖的基础是相互了解，了解下属才能关心下属，关心下属才能赢得下属的支持，赢得下属的支持才能成就大事。

与上级领导相比较而言，有的领导者的权力并不算大，于是很多领导就舍不得再向下面分权，其实这样做是十分错误的，而这种情形比较普遍。一个权力大的部门，领导者自顾不暇，每个人都能够轻易分到很大的权力，部门成员往往皆大欢喜，彼此团结合作；而一个权力小的部门，领导者觉得自己的权力已经相当小了，就舍不得给下级分权，这个部门的成员必然会有不满情绪，严重时会影响团结和工作。领导者如果不给下属一定的权力，那么下属会有不满情绪。而且，下属就像在前线战斗一样，没有足够的动力，怎么能够顺利完成战斗任务呢？“又要马儿跑得好，又要马儿不吃草”，这怎么可能呢

国际知名企业的领导者也十分重视情感管理，并把人性渗透到管理之中，融情感于理性。“用人之神”松下幸之助时刻不忘与员工进行感情沟通。他认为，企业是人做出来的，带人要带心。作为一名领导者，最不能得罪的，就是广大的人心。能否掌握住人心，往往关系到事业的成败。他

时常向登门求教的后辈年轻企业家说：“一方面，你要管理得当，别伤害大家的上进心；另一方面，又要表现出自己对大家的关心。在下了一道命令之后，自己也要投身到职员中去，跟大家共同分担责任，这样才能获得大家的信赖，事业才有前途可言。”（韩志金：《信赖是一项重要存款》，《市场报》2002 年 09 月 19 日第八版）管仲认为，事无巨细，人君都要亲自过问，这是人君自恃其贤。可管理的幅度理论又告诉我们，任何一个人的管理容量都是有限的，领导必须选择一些人以分其所辖之人、所管之事，贤者也必须如此。而且，愈是贤者，愈是善于放手授权。作为一个领导者，特别是高层的领导者，应该懂得“放手授权”、“将在外君命有所不受”的道理，应该清楚哪些事应该自己管，哪些事应该交给下属去管。对于自己应管的事要努力管好，对于应由下属管的事就要选贤任能、大胆放手。

4. **适度控制，适当放权。**俗话说，“一个篱笆三个桩，一个好汉三个帮”。组织活动错综复杂，工作繁重而又具体，高明的“一把手”都懂得要做好工作，必须学会授权艺术。因此，“一把手”要冲破繁杂事务的包围，充分信赖和依靠班子成员在职责范围内处事用权，使他们各司其职，各尽其责，各展其才。掌握授权的艺术必须做到：一要统揽不包揽，领导者应善于抓好全局性的大事，突出重点、主攻难点、善抓热点。严格实行集体领导下的分工负责制，日常事务让副手们去办，使其各司其职、各负其责，而不可事无巨细、事必躬亲。二要放手不撒手。“一张一弛，文武之道”。领导班子的“一把手”要合理安排工作，做到松紧适宜，紧张有序。人们常说，“正职不放手，副手难动手；正职能放手，副手成高手”。“一把手”应努力成为“帅才”，善于发挥“帅”的作用，充分信任、支持和鼓励副手大胆工作。但是，放手又不等于撒手。“一把手”要对每个副手的工作状况、做出的成绩，都应心中有数，及时进行检查和指导，帮助他们解决工作中的疑难问题，充分调动每个班子成员的积极性。

要使下属的创造性得到充分调动，领导者必须对下属放权。放手、放心是放权的真正体现。放权，就是让下属员工在自己职权范围内行使自己的权力，不受任何干涉。有些领导者什么都要自己说了算，使下属迈不开步、走不动路，作用很难发挥，干不好有失职之责，干好了怕有越权之嫌，到头来，下属成了聋子的耳朵，领导者也成了孤家寡人。放权是对下属的一种锻炼和提高，更是一种培养，只有真正对下属放权，才能充分调动下属的工作积极性和创造性。要发挥部下的积极性和作用，就必须让他们有职有权。一般来说，一把手对部下越信任，就越愿意给部下放权让权；一把手越是放权让权，部下的积极性就越高。因此，要舍得把权力下移，尤其是一部分人权、财权等实权。同时，一把手在工作上要给下级创造良好的环境，尤其是要放手让部下独立地办些大事和有影响的事，办好了要鼓励表扬，办糟了要帮助部下寻找原因，并敢于站出来为部下承担责任。这样，下级才干得放心，干得尽心，干得顺心。一把手放权让权，部下会从内心里感到领导对自己的信任，从而更加积极负责地工作。大家都负责会比一个人或少数人负责的作用大得多。

5. **虚怀宽宏，雍容大度。**虚怀宽宏不仅是指领导者在进行权力分配时要容人之短以用人之长，更指领导者在权力分配后，能对下属的小是小非和暂时性失误宽宏对待。“小不忍则乱大谋”，虚怀若谷、大度宽容，不仅是领导者的重要思想作风，又是一种高明的无形的谋略手段和领导艺术。

纵观我国古代历史，大凡比较开明、有所作为的政治家，一般对部属佐僚的失礼、失态之处及所犯的细小过失，都能够宽容相对，正确处理，颇得人心。总之，领导者要不计一己之恩怨好恶，不计一时一事之得失，着眼大局，放眼未来，虚怀宽宏，雍容大度，这样必能感召部属，赢得人心。

要使下属能在必要的时候贡献力量，领导者必须容下属之过。容过，就是对下属所犯的错误要能够体谅。容过，体现的是领导者的一种风度和胸怀，也是一种高超的领导艺术。领导者要为下属创造一个宽松和谐的工作环境，当下属员工在工作中有过失时，作为领导者，要主动揽过，承担责任，千万不能抓住不放，使下属抬不起头来，否则，下属员工就无法继续开展工作。但容过不等于放任，下属有了过失，领导者要积极帮助其查找原因、总结经验，使其走出失败和挫折的阴影，把挫折转化为新的动力。

承担责任，当分管工作出现重大失误时，要与下属一道同舟共济，主动做好工作尽量减小负面影响，同时勇于面对自己应该承担的责任，以人格力量影响下属、激励下属。

6. **适当超脱，抓住重点。**领导者权力分配是领导者的一种重要的超脱艺术。一个领导者如果长期身陷日常琐事，势必疏于领导职守。头痛医头，脚痛医脚，顾东而西乱，顾西而东扰，事倍功半。

领导者必须披荆斩棘、拨冗去繁，择人授权。“会当凌绝顶”，方能“一览众山小”，只有“更上一层楼”，方能“欲穷千里目”。领导者只有通过对琐事的超脱，才能做到干本职工作游刃有余，取得较佳领导效果。

超脱是一门学问，是一门艺术。超脱不能走极端。不理“朝政”，怠于职守不是超脱；脱离基层、脱离群众也不是领导者的超脱。超脱艺术的运用要“因地”、“因形”、“因人”制宜。如不同层次、不同工作属性、不同能力和经验的领导者，超脱艺术运用的幅度是不相同的。

领导者要善于在实践中摸索出适合自己现在工作岗位的超脱幅度。但总的说来，高层领导者超脱的幅度要大，主要精力应集中在研究大系统的长远发展战略上；低层（基层）领导者超脱的幅度要小，主要精力应集中在协调关系，求得与大系统的同步发展上；中层领导者超脱的幅度和主要精力运用可介乎两者之间。就不同工作属性而言，地方各级领导者超脱的幅度要大，注重长远发展目标，纵向职能部门的领导者超脱幅度要小，注重上下各种关系的协调。

（五）支持工作不计较

1. **对下级的请示报告要及时答复，以利于下级开展工作，提高办事效率。**及时答复下级反映的问题，容易赢得威信。

一是主动解决。一位有进取心的领导在平时的工作中应该不断地发现并处理部门中存在的种种问题，排除隐患，虽然这些问题在当时看起来是微不足道的。但是在一定条件下，很可能扩散到不可收拾的地方，领导者应及时找到问题，探明病因，而不应该让问题扩大化时再去设法解决，为下属创造一个较为有利的工作环境。

二是讲信用，讲实效。好的领导应绝不轻易许愿，更不会“封官许愿”但总是言出必信，即使作过暗示，也会信守诺言。这样做，虽然有些下属因未得到许诺而失望，但在大家知道这位领导者是“金口玉言”说话算数，必然得到众人崇敬，自然会获得威望。

三是防止嫉妒。任何优秀的领导者，总是爱才，惜才如命的人。一位领导者，如果自己不能胜任工作，又嫉妒下属的才干，发展的必然结果是优秀的人才被排挤殆尽，剩下的全是碌碌无为的庸才。长此以往，不利于本单位、部门的发展。

2. **对下级布置工作任务要明确具体，并提供必要的支持条件，以利于下级顺利的完成任务。**作为领导，在给下属安排工作时应该向其明确任务完成的标准、时间、期限，如果是重大工作还应该让下属了解此项工作的目的和意义，如果可能，还可以提醒其一些应该注意的事项，在下属的工作出现困难时给予适当的指导。此外，在工作计划的执行过程中如果因为一些非计划因素或临时情况导致工作进程中断，无法保证工作如期完成时要掌握最新的工作进程，及时进行工作调整。

一个无能的领导，不仅不能对下属的工作起到推动的作用，而且会妨碍他下属的工作，不用说，在一个单位里这样的领导越多，肯定是效率越低，这类领导只知道以妨碍别人的工作来显示自己的权威，来满足自己的虚荣心，而没有想到这样做正是在减少自己的工作业绩。你想想，你的下属不能把工作做好，你的领导会对你满意吗?

为了避免这种局面，作为领导一定要注意隔一段时间就要有意识的强制自己反省一阵子，不要只顾胡乱忙。要自我检讨，看是否自己经常妨碍下属的工作了。是否应给他们一些支持和帮助，精神上的鼓励，他们也是很需要的。如果答案是肯定的，就应立即改变立场，赶紧转妨碍为大力支持，切莫再固执己见，只有如此才能赢得下属的好看法和信赖，要知道作为一个领导，这些对你可是最重要的，若是众人背叛了自己，自己成了一个光杆司令，奋斗多年取得的成绩，也有失去的可能。

因为，作为一个领导要全力支持你下属的工作，妨碍你的下属，就是妨碍你自己。

3. 对下级平时要严格要求，工作上出了问题要主动承担责任，不要责备，以利于下级振作精神，努力搞好工作。

要使下属能在必要的时候贡献力量，领导者必须容下属之过。容过，就是对下属所犯的错误要能够体谅。容过，体现的是领导者的一种风度和胸怀，也是一种高超的领导艺术。领导者要为下属创造一个宽松和谐的工作环境，当下属员工在工作中有过失时，作为领导者，要主动揽过，承担责任，千万不能抓住不放，使下属抬不起头来，否则，下属员工就无法继续开展工作。但容过不等于放任，下属有了过失，领导者要积极帮助其查找原因、总结经验，使其走出失败和挫折的阴影，把挫折转化为新的动力。

作为领导者，不仅要让下属分享你的胜利成果，更重要的是当下属办砸了事，犯了错，领导者要主动承担责任为其开脱，并鼓励他重新振作起来，千万不能将其一棍子打死，或者采取落井下石的态度不管不问。勇于负责，承担起领导者应负的责任，下属会更加钦佩。人们都欣赏和钦佩那些敢作敢当、勇于承担责任的人，尤其是在武侠剧中，这样的人都是“大侠”级的人物，是人们行为做事的楷模。同样，在一个单位里，下属们也希望自己的上级领导是敢作敢当并能勇于承担责任的“大侠”。自古以来，敢于承担最大责任的人，才有可能获得最大的成就。把过错归于下属，或怀疑下属没有按决策办事，或指责下属的能力，极易失人心，失威信，这是领导者的大忌。一个不敢负责，有了功劳就往自己身上揽，有了错误就推个一干二净的人，有可能在某段时间里风光无限，却永无可能到达更高的位置、承担更重的责任。因为他从一开始就不想担负这样的担子。

对待下属所犯的小错误，有时候要睁一只眼，闭一只眼。对于一些无关紧要无伤大雅的过失，应尽量不予计较。

（六）关心下级不冷淡

作为领导干部，对下属既要严格要求，又要关心爱护。对下属的爱护，是维系领导者和部属之间团结的重要纽带。一把手对部下政治上要关怀，生活上要关心。不能光使用，不照顾。要叫马儿跑得好，还得给马儿多吃草。人心换人心，萝卜换大葱。上级只有对下级工作和生活上关心，提供必要的精神鼓励和物质待遇，下级才会有积极性。一把手要当部下的知情人和贴心人，要知道部下有什么困难，在想什么、盼什么，并且有针对性地努力满足他们的正当要求，下级便会干劲倍增，积极地创造性地做好工作。

关心部属，是平衡下级关系的基本要求。从政治上、思想上、工作上、生活上关心部属，是领导者平衡下级关系的基本功。有的领导往往抓具体工作多，过问思想少；使用部下多，帮助部下少；严格要求多，关心体贴少。这样时间一长，部属就可能产生牢骚和不满，对领导者产生这样那样的偏见，挫伤部属的工作积极性，疏远领导与部属的关系。因此，作为领导者，对部属的思想状况和心理需求，要尽量做到了如指掌，真心实意地为他们办实事，在不违反政策原则的情况下，尽可能地满足部属的要求。只要尽心尽力关心部下，即使有些事做不到也会得到部属的理解。爱心就是有一副好心肠。善待下级，爱护下级，是领导者的基本人品。领导者要主动关心人，关照人，爱护人，体贴人，不随随便便训斥人，不思思谋谋算计人。下级有事，只要不违反原则，应尽量热情帮助解决；下级有错，只要不是原则性错误，应尽量宽容处理。

1. **关心下级的政治前途**。政治上关心，就要关心下属的政治学习、思想进步，帮助他们创造一个好的工作、学习条件，使其不断提高政治素质和思想理论水平，正确引导他们在努力工作的基础上不断成长进步，即上级对下级要在政治上关心和帮助下级的进步。领导者既要给下级压担子，又要注意培养提高他们的马列主义水平、工作能力和业务水平，使他们逐步成长起来。对符合干部“四化”标准的，该提拔的应提拔；符合党员条件的，该发展的要及时发展；对有缺点和错误的同志，要从团结的愿望出发，帮助他们改正，并给以改正的机会；对待犯错误的同志，不能迁就、纵容和包庇，也不能一棍子打死，不给出路，要尽可能地拉他们一把，帮助他们分析犯错误的原因，总结经验，汲取教训，继续前进。

作为领导者，要善于识别人才，爱惜人才，重用人才，关心下属的成长和进步。

一是豁达大度。能容难容之事，能听难听之话，能吃难吃之亏。具体讲：一是容言。正反两方面的话都要听得进去。不能听到好话就笑，听到恶话就跳。二是容过。人各有所长，各有所短。作为领导者要多看下属的长处，少看下属的短处，多看长处会愈看愈顺，多看短处会愈看愈厌。三是容人。特别是能容与自己意见相左甚至竭力反对自己的人，不以个人好恶论亲疏，不以个人恩怨定去留。四是容超。要善于发现和培养人才，敢于让别人超过自己。要像教师对待学生那样，唯求“青出于蓝而胜于蓝”，把下级超过自己当作无上荣光之事。

二是不求全责备。从人才学的角度看，由于人的经历、学识、性格、行为、能力及兴趣爱好等诸方面的差异，人才就有所谓帅才、将才、相才之分，有所谓能才和专才之别。在选拔和使用人才时，要知人善任，量才使用，求贤不求全。选才要坚持德才兼备，但并非求全责备，不能因瑕弃瑜。要求能人而不是去求完人，要重人才但不能苛求全才。追求完人在理论上是形而上学的，在实践中是机械教条的。古人有言：水至清则无鱼，人至察则无徒。寻求完人自己可能成为孤家寡人。美国著名管理学家杜拉克有一段很精辟的论述：“倘若所有的人没有短处，其结果至多是一个平平凡凡的组织。所谓样样都是，必然一无是处，才能越高的人，其缺点也可能越明显。有高峰必有深谷，谁也不可能是十全十美。”（王任之：《搞好管理须知人善任》，《信息导刊》2005 年第 38 期）因此，正确地使用人才就是要根据每个人的特点，用其所长，避其所短，大才大用，中才中用，小才小用。这样，才能人尽其才，才尽其用。要尽量做到：对有争议的人辩证看，对有失误的人全面看，对有棱角的人从本质看，对资历浅的人从发展看。这才是科学的用人之道。

三是要看实绩。西汉著名思想家董仲舒说过：功盛者赏显，罪多者罚重。不能致功，虽有贤名，不予之赏。这表明古代有识之士是非常重视官吏的政绩考核的。现在，考核任用干部仍然要重实绩。实绩就是用实干精神和实际本领创造出来的工作业绩。这些业绩能看得见、摸得着，能给老百姓带来真真切切的实惠，能让老百姓实实在在地感受到社会进步和生活水平的提高。要凭实绩用干部，而不能片面强调年龄、强调文凭、强调考试成绩。

2. **关心下级的业务工作。**热忱待部下。热忱是形成感情力量的前提。和蔼可亲，用一颗滚烫的心感染和温暖部下的心，就会使人感到亲切轻松无拘束，可以直抒己见，推心置腹。或者用“换位”的方法，设身处地地为部下考虑问题，这样就容易理解对方的处境，很快缩短思想距离，部下就会打开思想闸门，把心底的话讲出来。热忱能解开思想疙瘩，热忱能点燃希望之火，热忱能催人奋发上进。乐于帮助部下。任何一个人都会或多或少遇到一些困难，需要领导出面帮助。作为一个领导者，要增进与部下的思想感情，必须从多方面加以关心：在政治上关心和帮助他们提高思想觉悟，使其不断进步；在业务上关心和帮助他们提高工作水平，使其成才立业；在生活上关心和帮助他们解决遇到的困难，排除后顾之忧。特别是对那些处于相对后进状态、精神负担较重的部下，领导者更应该乐于接触，用无微不至的关怀感化他们，用精神的甘露慰藉他们，鼓起他们上进的勇气。树木的成长需要肥沃的土壤，人才的成长需要适宜的环境。明智的领导者总是根据人才成长的不同阶段为人才创造一个适宜的环境。在人才未显之时，给人才创造一个脱颖而出的机遇，搭造一个施展才华的平台，让人才脱颖而出，一展才华。

战国时期的平原君赵胜如果不是给毛遂提供一个参与说服楚王结盟的机遇，恐怕毛遂还是一个默默无闻的小人物，同时也没有赵楚联盟，赵国获救。齐宣王更聪明，他为了聚集人才，在国都的西门外建造一座大学堂，专门接纳往来的学者，不分国籍，只要是有真才实学，一律赐为上大夫，根据才学给予任用。这座大学堂最兴盛时，达数千人，造成了一个人才呈集束型涌现的局面。在什么时候、什么阶段采用什么手段、什么方式选拔和培养下属，把发展潜力巨大、德才兼备的优秀人才挖掘出来，并加以培养，是所有领导者一项艰巨而又实际的工作。

3. **关心下级的家庭、生活状况。**上下级关系密切的程度与领导者关心自己利益的程度成反比，与关心下级和群众利益的程度成正比。因此，一个领导者要尽可能多地关心下级生活，为他们排忧解难，使他们处处、时时、事事感到组织和领导的温暖。生活上帮助，就要关心下属的家庭生活，尤其是那些在“冷门”单位工作的干部和下属中对自己要求比较严格、不愿轻易麻烦组织、麻烦领导、家庭又确有困难的同志，更要帮助他们排忧解难。有些问题的解决也要像抓工作那样亲自过问，抓好落实，尽量不让“老实人”吃亏。

4. **不要强求下级做不愿做或根本做不到的事。**领导者在要求下级做事的过程中，要考虑到对方的实际能力，看人家是否能办得到。如果下属诚心诚意向你表示他爱莫能助，就不能强求。假如下属能办到而不愿帮忙，也不能因下属不帮忙就给人难堪。下属不愿意帮忙肯定有不愿意的理由，领导者就应该体谅下属，另想办法。如果下属有顾虑，就应给下属充分的考虑时间，千万不能因下属一时没有答应便意气用事，强人所难。一位心理学家说："牺牲别人去做一件有利于自己的事已经不妥当，硬把这件事当作是对别人的一种慷慨施予，就是无可饶恕的自欺欺人行为。而且，到头来必定会失败的。"

（七）批评有度不过分

批评的目的是为了限制、制止或纠正某些不正确的行为，预防类似的问题再出现。批语是为了帮助下属认识并改正错误，重新回到正确的轨道上来。因此作为领导者，必须学习研究这门领导艺术，讲究批评方法，增强批评实效。

一忌怒发冲冠。通常情况下，当下属有缺点和毛病或犯了错误时，作为领导者既生气又着急，这在情理之中。此时要注意克制情绪，决不能大发雷霆，拍桌子摔凳子，吹胡子瞪眼睛。否则，不但达不到批评的目的，反而引起被批评者不满，会因领导者对被批评者的人格不尊重而产生对立情绪，与批评的目的适得其反。

二忌恶语伤人。"良言入耳三冬暖，恶语伤人六月寒"。批评时要心平气和地摆事实、讲道理，循循善诱，和风细语而不要幸灾乐祸、故意挑剔，更不能尖酸刻薄、讽刺挖苦、满口脏话、污辱人格，或拿对方的过失当话柄和笑料，让对方产生逆反心理。

三忌全盘否定。对犯有错误的下属的错误行为，要恰如其分地指出来，是什么性质就说什么性质，有多少就说多少，不能夸大其词，否定一切。忌用"不可救药"、"朽木不可雕"之类言语，让对方看不到任何希望。

四忌以权压人。作为一名领导有权对下属进行批评，纠正下级的错误，但不能依仗权势来压制下属，居高临下，盛气凌人。常说"我不听你解释，都是你的错，你不服不行"甚至说："你这是目无领导"等等，或以处分、撤职和调动工作来威胁。强制、机械地控制人的行为，压制人的需求，只可能暂时回避和掩盖问题，不能从根本上、良性的角度解决问题。采用这种压服的手段，往往越压越不服，最终导致领导行为的严重失效。

五忌重翻旧账。批评应针对当前所发生的问题、就事论事，帮助下属提高认识、改正错误，做好思想工作，不应把过去发生的问题和已经处理完的拉扯出来翻旧账。这种翻老账式的批评很伤下属的自尊心，也是做领导的一大忌。

六忌不顾场合。对下属所犯的错误一般不要当众批评，特别是不要当他的下级的面批评。别人在场批评时会增加他的心理负担，会使他面子过不去，因此在批评下属时，一定要注意场合，不能随心所欲，张口就来。

七忌推卸责任。下属有了缺点，常常与领导平时教育有关，即使是完全由当事人负责的问题，领导者也应负教育不够、监督不力的责任。所以当下属犯了错误时，在批评当事人的同事，合情合理地承担责任揽些过，这样批评才有说服力。

八忌不分对象。由于一个人的阅历、环境、知识、性格等不同，其行为举止，道德修养也不完全一样，接受批评的态度和方式也迥然不同，这就要求领导者根据批评对象的不同特点，采用不同的批评方式，具体问题具体分析，不能穿新鞋走老路，要对症下药。

九忌没完没了。对下属的批评，不能单单靠数量业取胜。即使是好话，被说上好儿遍之后，也会令听者生厌的，更何况还是逆耳之言了。一次批评能起效果就适可而止，无休止地唠唠叨叨只会适得其反。

（八）全面提高不偏废

就是领导干部要全面提高自身的素质，扩大自己对下属的非权力影响力。非权力影响力是影响力中最富潜能和弹性的力，对于一个领导者来说，提高其非权力影响力，在对下级的协调中就会达到很好的效果。

1. **良好的官德**。良好的官德是提高非权力性影响力的前提性因素。领导干部如果官德成了“短板”，即使有再大的权力，属下和群众也不会心服口服，执行命令就会缺少主动性、积极性和创造性，最终影响工作开展。官德既包括政治品格，也包括道德品质。讲政治品格，就要有坚定的政治信念、正确的政治方向、鲜明的政治立场、敏锐的政治眼光，坚持原则，秉公执政，办事公道，赏罚分明；要树立科学的世界观、价值观、人生观和正确的权力观、利益观、地位观，坚持小道理服从大道理、局部服从全局、个人服从组织，始终做到忠诚于党和人民的事业。讲道德品质，就要带头践行社会主义核心价值体系，模范遵守社会公德、职业道德、家庭美德，讲操守、重品行，以高尚的道德情操，树立起共产党人的良好形象；要注意培养健康的生活情趣，保持高尚的精神追求，明辨是非，克己慎行，正确选择个人爱好，提高文化素养，摆脱低级趣味，决不沉溺于灯红酒绿、流连于声色犬马；要慎重对待朋友，坚持择善而交，注意净化自己的社交圈。

2. **高尚的人格**。人格的力量是巨大的。为官必先做人，没有一流的人品做底子，为官就没有底气。人格品行不是建立在职位、权力基础之上的，而是在高尚的境界中产生的，它在下属和群众心理上的作用是权力、职位所不能替代的。领导干部品格高尚，自然会受到部属的敬重和信赖；人格猥琐、品行不端的人，能力再强，水平再高，也难以服人，难当重任。领导干部要十分注意自己的人格修养，培养高尚的人品，无论在工作中还是在生活中，都要严格要求自己，时刻注意检点自己的言行，不为名所累，不为利所缚，不为欲所获，常怀律己之心，常除非分之想，常修为官之德，始终保持思想道德上的纯洁性，为部属树立好的榜样，赢得大家的信任。要锻造宽阔的胸襟，具有“海纳百川，有容乃大”的思想和气度，能容人、能团结人，努力与上级、同级和下级搞好团结。要保持自励的心态，时常用远大的理想，高尚的品德，先进的人物激励自己，奋力拼搏，积极进取；经常警示和告诫自己，警钟长鸣，防微杜渐，一尘不染。这样的领导一定会赢得部属和群众的好评和尊敬。

3. **渊博的学识**。知识是构成领导者非权力性影响力的基础。在知识爆炸的时代，不努力学习，知识贫乏，业务不精，就有被时代淘汰的危险，影响力更无从谈起。“知识就是力量”，对领导干部而言，渊博的学识本身就是一种吸引群众、影响群众的强大力量。一个具有较宽知识面且在某一方面有专长的领导者，会使被领导者产生信服感。领导者广博的知识使部下增见识、释疑难、排忧愁、长志气，且心悦诚服地听从教诲，服从领导。领导干部必须发扬虚心好学、对知识永不满足、学习永无止境的精神，努力学理论、学知识、学科技，坚持把学与思、学与用统一起来，把向书本学习与向实践学习、向基层学习、向人民群众学习结合起来，努力做到学以致用，用以促学，学用相长，不断扩大和充实自身的知识面，提高自己的文化品位，以广博的知识增强影响力和感召力，以适应推动经济社会又好又快发展的需要。

4. **超群的才能**。领导者的卓越才干，是构成非权力影响力的重要因素。领导活动是一项极其复杂的系统工程，一个合格的领导干部，必须具有高人一筹的才能。实践证明，才能的强与弱，决定着领导活动的成败，影响着部属的工作信心，关联着领导者的威望。领导干部要适应时代的需要，履行好肩负的职责，就必须加强自身能力的锻炼和培养，使自己成为真正的内行领导，把崇高的思想品德和卓越的领导才能有机地结合起来，努力提高科学判断形势的能力，正确把握时代发展要求，善于进行理论思维和战略思维；提高驾驭复杂局面的能力，处变不惊，从容应对；提高科学决策的能力，善于发现问题、分析问题和解决问题；提高组织指挥的能力，简捷明快，少走弯路，力求事半功倍，等等。只有在领导工作的各个环节都能表现出高超的领导水平，才能令部属敬服和信任。

5. **深厚的情感**。上下级之间、领导与群众之间在工作和学习中建立的同志式感情，是维系一个部门和单位凝聚力的重要因素。作为一个领导者，要想赢得部属和群众的爱戴和拥护，就应当以理服人，以情感人，善于用情感来提高自己的影响力，凝聚部属和群众的智慧和力量。要做到尊重人、理解人、关心人、体贴人、爱护人，与部属和群众打成一片，对下和蔼可亲；要善于倾听群众呼声，为群众办实事，想群众之所想，急群众之所急，办群众之所需；要体恤民情，关心群众疾苦，时刻把人民群众的冷暖挂在心上，当群众有困难时，能伸出热情的手，及时给予帮助和扶持。有了这种感情，领导和下级以及群众就能同甘共苦，心往一处想，劲往一处使，就能无往而不胜。

6. **牢靠的信用**。“诚实”、“守信”是做人的基本准则，是人与人交往的基础。最容易损害领导威信的，莫过于被人发现他在欺骗、吹牛、搞鬼、不守诺言。领导干部要以自己的诚信换取别人的信任，协调配合，合作共事，带领大家做好工作，就必须做到“言必信，行必果”。所谓“言必信”，就是说话一定要讲信用，不食言，不说空话、大话；说了就要算，信守诺言；对做不到的事，决不要许诺，既已许诺，就一定要兑现；工作上出现了差错，首先要从深层次去考虑自身的原因和失误，并站在全局的高度，勇于承担责任，主动揽过；对下级、同级要诚实、坦率，一是一，二是二，不当面一套，背后一套。所谓“行必果”，就是行动一定要坚毅果断、善始善终，不能说了不算，定了不办，虎头蛇尾，半途而废。只有这样，才能获得人们的信赖，形成自己的领导权威。

7. **务实的作风**。求真务实，是领导干部良好的工作作风，也是领导干部赢得部属和群众信任、尊重的必要条件。夸夸其谈，“唱功”好、“做功”差的干部，部属和群众最反感。领导干部弘扬求真务实之风，就要突出一个“干”字，在“真干”、“齐干”、“敢干”、“巧干”上下功夫。“真干”，就要怀着对人民群众的深厚感情，把人民群众最盼、最急、最怨的事办好，真心实意地为老百姓多办实事，多解忧愁，为老百姓谋到实实在在的利益；“齐干”，就要坚持群众路线，密切联系群众，善于组织和发动群众，对干部群众个人的积极性进行正确引导，努力把干部群众的智慧和力量凝聚到共同的发展上来；“敢干”，就要创造性地解决问题，积极鼓励创新的思维和创新的举措，允许并宽容在创新过程中出现的正常失误；“巧干”，就要尊重和依靠科学，讲究工作的方式方法解决问题，力求使每一个决策、每一项措施都有足够的科学依据，都能够经得起科学和实践的检验。

8. **公道的言行**。公道正派是我们党的优良传统，也是领导干部的行为规范和政治责任。“民不服吾能，而服吾公”，公道才能赢得民心，正派才能获得信任。领导干部坚持公道正派，首先思想要纯正，时刻想到自己是人民的公仆，坚定立党为公、执政为民的思想，凡事都要出于公心，而不是围绕着个人的功名利禄打转转。其次是品行要端正，要站得正、行得正，说话使人相信，办事让人放心。再次是处事要公正，正确对待名利，坚持原则，严格按客观事实处理事情，以公正换人心。实践证明，待人处事上搞小圈子的人，圈子会越搞越小，干不成大事；只有待人处事公道正派，才能把人心聚到一起，成就大事业。

9. **突出的政绩**。为官一任就要造福一方。如果为官熟年，江山不改，面貌依旧，不但非权利性影响力丧失殆尽，职权影响力也将难以保证。领导干部要获得非权利性影响力，就必须既要充分发挥自己的聪明才干，又要善于吸收人民群众的集体智慧；既要带领群众大胆地闯，大胆地干，又要善于扎实工作，一步一个脚印，真抓实干，创造佳绩。要始终坚持以人为本，摒弃单纯追求经济增长的观念，树立经济社会全面发展的观念；摒弃单纯追求局部利益的观念，树立全局协调发展的观念；摒弃单纯追求眼前发展的观念，树立经济、社会、生态可持续发展的观念，探索走出一条生产发展、生活富裕、生态良好的文明发展道路，创造出经得起群众、实践和历史检验的政绩。只有这样，才能增强影响力，取信于民。

10. **廉洁的操守**。“公生明，廉生威。”作为一名领导干部，其威信的高与低，影响力的大与小，在很大程度上是以廉洁为尺度的。领导干部要牢记自己的权力是人民赋予的，只有运用这种权力更好地为人民办事的义务，而没有利用它谋取私利的权力。要时时处处严格要求自己，经受住考验，挡得住诱惑，耐得住清贫，努力做到自重、自警、自励，坚决抵制各种腐朽思想的侵蚀，以廉洁的形象树立起真正的威信。

我所讲的内容到此结束，不足之处请大家批评指正。祝大家工作、学习、生活愉快。谢谢！

（这是作者在干部培训班所作的系列讲座讲稿。另在宁夏回族自治区党委办公厅举办的全区秘书工作培训班讲授过。作者时任宁夏大学党委书记，中共宁夏回族自治区党委副秘书长）

我们要向余秋里同志学习什么

——在青年学生思想政治教育座谈会上的讲话

最近，自治区党委领导要求各县、市、厅、局以上领导干部认真阅读学习《部长与国家》一书。我用了将近一周时间仔细阅读了原著，读后受到了很大的震撼和激励。在此之余，我一直在思考一个问题，这就是作为党的领导干部应该向余秋里同志学习什么？

余秋里同志在向全体石油工人作报告时说：“我们就是要有一个朝气蓬勃的精神面貌！就是要有冲天的革命干劲！我们的主席早就说过，人就是要有点精神，没有精神的人是干不出什么名堂的！没有干劲的人，半点马克思主义也没有！我们就是要马克思主义、毛泽东思想！就是要干出大名堂！干出让全世界都感到震惊的大名堂”！和千千万万优秀的共产党员一样，余秋里同志以伟大的革命精神从事革命工作，把自己的一切都融入了党和人民的事业。我们向余秋里学习，就是要学习他的革命精神。

一是对党和人民无限忠诚的战斗精神。

余秋里同志一生追求事业的生命痕迹，浸透着一个光明磊落的共产党人对党对人民事业的无限忠诚。余秋里同志早年从江西参加革命，长征中作战英勇，不幸身负重伤，失去了左手。抗日战争中他身先士卒抗击侵略者，成为闻名中外的独臂中将。解放后，他亲自组织东北、华北等地区的石油勘探会战，先后发现并建成大庆、胜利、大港、辽河、任丘、中原等一批油田，实现了中国人民彻底改变石油工业落后面貌的愿望。“独臂将军”余秋里带领石油工人立下了卓著的功勋！当余秋里接受党和人民交给他的任务时，无论是流血的战斗还是艰辛的会战，无论有多么大的艰难险阻，他都以最大的忠诚，义无反顾，勇往直前，直到取得最后胜利，绝不回头。

二是能打硬仗勇挑重担的奉献精神。

对于上级赋予的任务，余秋里同志总是明确表示：坚决完成任务，粉身碎骨，在所不辞，决不辜负组织的信任！这种敢当重任勇挑重担的态度，可以说是余秋里同志一生精神状态的写照。面对工作中遇到的诸多困难，余秋里同志从不上交矛盾，推卸责任，尽量不向国家伸手。东北石油大会战正值我国三年困难时期，许多一线工人因饥饿出现浮肿，有人建议向中央求援，但余秋里同志却说“没用。主席和总理要管全国几亿人的饿肚皮问题，一些省的情况比我们还要困难……”。在他的领导下，石油会战区积极组织工人自力更生，采取各种措施，很好地解决了人们的生产、生活问题。

三是不怕困难勇往直前的创业精神。

余秋里在长期革命斗争中，形成了困难面前不低头、不信邪、不怕压的坚强性格，困难越大越能展示其大智大勇。1959 年的东北石油大会战是在国家处于经济困难时期，在“上有蓝天一顶，下有草原一片”的艰苦环境中展开的。面对重重困难，他提出：“有条件要上，没有条件创造条件也要上!”这句话里包含更多的是一种精神，一种发挥人的能动性的精神，一种藐视一切困难的大无畏精神，其本身就是在科学地争取条件的过程。这句话也激励着广大职工发扬艰苦创业的精神，不等不靠，顽强奋战，克服一个又一个困难，以最快的速度、最高的水平建成大庆油田。

余秋里同志在与下属谈到干部作风时说：“上梁不正下梁歪，干部作风不好，带出的必然是稀拉松垮的队伍。”我们向余秋里同志学习，就要学习他的工作作风。

一是见地独特、方法讲究的工作作风。

抗战时期，余秋里就创造性地开展“官教兵、兵教兵、兵教官、互教互学”的群众性练兵活动，极大地提高了部队训练质量，得到毛泽东及中央军委的赞扬。在担任石油部长期间，他运用解放军“支部建在连上”的经验，在钻井队和石油厂矿的基层单位普遍建立了党支部，设立了政治指导员；组织广大干部、工人和科技人员学习《实践论》、《矛盾论》，提倡和培养“三老四严”和“四个一样”的作风。通过加强政治思想工作，使会战队伍万众一心，提高了凝聚力和战斗力。他注意发现典型，树立样板，培养了以“铁人”王进喜为代表的一大批英雄模范人物，以此来推动工作迅速开展。特别是关于“一口井出油并不等于是一个构造出油，几个构造出油并不等于连片有油，一时高产并不等于是能够长期高产”的论断堪称经典。正如本书作者评价：这三句话深刻阐明了人与自然之间相互认识与理解的哲学关系，而且它还揭示了科学与自然之间的均衡和不均衡的统一问题，以及它们之间必须共同遵循的基本规律。

二是雷厉风行、以身作则的工作作风。

余秋里同志在军旅生涯中讲究从严治军、雷厉风行的作风，他把这种作风也带到了干其他事业上。在他看来，如果没有令行禁止、雷厉风行的作风，没有快刀斩乱麻、干脆利落处理问题的方式，则很可能在清谈中、犹豫迟疑中、左顾右盼中，丧失难得的机遇，从而一事无成。在工作中他总是率先垂范，要求群众做到的，自己首先做到；要求群众不做的，自己带头不做。“严，就可以出责任心、出战斗力、出规格、出高标准、出办法、出风气；严，可以使自由主义、个人主义没有市场，可以把歪风邪气打倒，保证思想上、政治上一致，还可以保证团结”。工作、学习、生活中他从不讲特殊，在石油大会战的日子里，他和普通工人同甘共苦，并要求机关干部下到一线，与工人同吃同住。透过一个个感人的故事和那些豪气冲天的语言，我们看到的是一个信念坚定、理想崇高、自加压力、锐意进取、只争朝夕、雷厉风行的共产党人形象。领导以身作则，是成事的重要前提。成为一名合格领导干部的要素很多，但雷厉风行和以身作则的作风显然是不可或缺的。

三是虚心学习、发扬民主的工作作风。

如何找油源、扩大开采是余秋里担任石油部长时思考的主题。有时深夜起床，专门去请教地质部部长李四光。他还经常向同事请教，向一线工人学习。通过虚心学习，将军在较短时间内就全面熟悉和掌握了石油工作。在一次技术座谈会上，对开发一个新油田，他一下子列出了要弄清 13 种资料，将军如熟诵军事术语一样娴熟地数列石油地质专业，令在场的专家和勘探队干部职工代表感叹不已：乖乖，余部长什么时候也成石油专家了！经过科学分析，他最后下定决心，亲自带上康世恩，率领数万名石油大军，开进东北松辽平原，展开了一场震惊中外的石油大会战。针对石油会战初期少数人情绪不稳，干部缺乏管理经验的实际，他充分发扬民主，放手发动群众，要求大家对会战的各项工作提意见。对上、对下、对个人、对单位，从生产到生活，有啥提啥。十几天里，就提了几万条意见，主要集中在基层干部身上。通过启发和引导，使广大职工群众正确认识了社会主义建设中的困难，坚定了搞好石油大会战的信心和决心。作为党的领导干部，一定要像余秋里那样，有甘当小学生的态度，有虚心听取不同意见的胸怀。唯有如此，才能不断地提高自己，充分调动一切力量完成组织交办的任务。

2008 年个人述职报告

2008 年是不同寻常的一年。我在宁夏挂职期间，按照中组部下派时的动员要求和自治区党委、政府的要求，认真踏实地工作，做出了一些成绩，总结了一些体会。现述职如下：

一、参加理论学习和组织活动，着力提高科学发展能力

（一）坚持以马克思主义武装头脑，提高理论水平，宣传群众。2008 年，区党委办公厅中心理论组组织了 9 次集中学习，宁夏大学党委中心理论组组织了 5 次集中学习，我都参加了，每次学习都能认真研读，认真写读书笔记，认真准备发言稿。其中，4 月 18 日，在区党委办公厅中心理论组以“转变作风，干干净净干事”为主题的学习中，我深切地谈了领导干部想干事，肯干事，干成事，不出事的体会；5 月 14 日，在区党委办公厅中心理论组布置阅读《部长与国家》一书的学习交流中，我做了题为《我们要向余秋里同志学习什么?》的重点发言，论述了向余秋里同志学习“三种精神，三种作风”，这篇文章被刊登在宁党办发［2008］22 号文件上，供干部学习交流；7 月 7 日，在全区秘书工作培训班上，我作了题为《领导班子内部协调艺术论》的专题报告，赢得广大学员的普遍认可和赞许；8 月 7 日，党委办公厅中心理论组组织以“社会主义核心价值体系及其建设”为主题的集体学习，我作了交流发言，论述了马克思主义指导地位，中国特色社会主义共同理想，以爱国主义为核心的民族精神和以改革创新为核心的时代精神，社会主义荣辱观等主要内容及其相互关系；9 月 4 日，党委办公厅中心理论组组织以“树立马克思主义民族观”为主题的集体学习，我作了题为《中国特色社会主义民族政策》的辅导报告，被刊登在宁党办发［2008］32 号文件上，供干部学习交流；10 月 18 日，在宁夏大学中心理论组学习中，我作了题为《坚持育人为本、树立和落实高等教育全面协调可持续的发展观》，11 月 12 日《宁夏日报》理论版以党委中心组的名义刊登了这篇文章。此外还在宁夏大学中心组学习讨论中作了重点讲话和总结发言，对马克思主义理论做到真学、真懂、真信、真用。

（二）认真贯彻区党委十届三、四、五、六、七次全体会议精神，积

极认真做好各项工作。我在 2008 年参加了自治区党委十届三、四、五、六、七次全体委员会（扩大）会议及自治区政协九届一次会议的组织活动。值得一提的有两件事：一是十届六次全委（扩大）会议后，我立即回宁夏大学传达中央领导的重要讲话和中共中央关于农村改革发展的若干问题的决定精神，结合宁夏农业改革和发展，经过校党委认真研究，提出了《宁夏大学关于以实际行动落实十七届三中全会精神参与自治区农业和农村改革发展的意见》，自治区领导陈建国、王正伟、于革胜等对《意见》做出了重要批示，目前学校正在抓紧与自治区相关部门对接，进一步明确各项措施，推动项目落实；二是在区政协九届一次会议中，我被选举为大会副秘书长，参与整个大会的组织活动，其中我提出对于《政治决议》的三处修改意见都被主席团采纳。

（三）带领中央和国家机关赴宁夏挂职团到六盘山等革命老区参观学习，继承和发扬红军长征精神。我在领导和带领中央和国家机关赴宁夏挂职团的过程中，主要做了两件事：一是与区党委组织部组织挂职干部赴六盘山等地考察学习，接受革命传统再教育。通过这次考察学习，同志们对宁夏区情民意和党在宁夏活动的历史及民族区域自治制度的沿革有了全面了解和更真切的感受，深刻体会到了马克思主义的科学性和强大生命力，进一步坚实了艰苦奋斗的思想基础，强化了信仰意识、工作意识、自省意识、敬畏意识、程序意识和民主意识，对自己学习宁夏、服务宁夏、发展宁夏的职责有了更生动的体验，进一步增强挂职工作的责任感和使命感，带着真心、真情、真劲，为宁夏的跨越式发展贡献自己的力量；二是组织挂职干部为同来宁夏挂职的安书明同志的捐款。7 月 24 日，挂职干部，石嘴山市惠农区党委常委、副区长安书明同志忽发脑干梗。25 日，我获悉情况后迅速指派挂职干部代表随自治区党委组织部和石嘴山市、惠农区的领导奔赴西安，了解病情，慰问家属，并提议每个挂职干部自己拿出一个月的挂职工作补贴，向安书明同志捐款共 12000 元，派专人送至其家属手中。经过治疗，现已康复出院。

二、认真履行岗位职责，全力以赴推动科学发展

在宁夏挂职，我担任自治区党委副秘书长职务，主要分管自治区保密局和档案局，兼任宁夏大学党委书记，主持校党委和校学术委员会工作。

（一）努力开创我区保密工作和档案工作新局面

分管区保密工作主要抓了五件事：

1. 深入调研，为新形势下的保密工作建言献策。为深化落实《中共中

央办公厅、国务院办公厅〈关于加强中央和国家机关保密工作的意见〉的通知》精神，根据自治区党委刘晓滨常委的批示，我带领自治区保密局深入基层进行调研，主持召开区直机关和企事业单位有关人员两个调研座谈会，就当前我区保密工作中存在的突出问题和薄弱环节展开了广泛讨论，提出了一些好的思路和对策，形成了《关于加强我区新形势下保密工作的意见》，这个《意见》成为当前和今后一个时期宁夏回族自治区保密工作的指导性文件。

2. 在全区开展了计算机信息系统安全保密专项检查。针对我区计算机信息系统安全保密工作专项检查中暴露存在的薄弱环节和不可忽视的问题，我立即提议把检查情况向自治区党委进行汇报。建国书记、革胜副书记、晓滨常委就此分别作出重要批示。根据领导批示精神，我要求自治区保密局对专项检查中问题比较突出的单位逐一进行检查验收，并对问题严重的单位进行查处，同时在全区通报专项检查情况。这些工作对加强我区涉密信息系统和移动存储介质的保密管理起到积极的推动作用。

3. 认真贯彻落实中央领导和中办的指示精神。10 月下旬，中央保密委员会《关于学习贯彻胡锦涛总书记重要批示的通知》和《中共中央保密委员会会议纪要》下发后，我立即与自治区保密局协商研究贯彻意见，在第一时间向陈建国书记、刘晓滨常委作了汇报，提出建议，迅速对全区的传达学习作出部署。在此基础上，要求自治区保密局结合宁夏实际，制定了《关于贯彻落实胡锦涛总书记重要批示和中央保密委员会第一次会议精神的意见》，为全区学习贯彻相关精神提供了保证。

4. 指导保密宣传教育和培训工作。在开展深入学习实践科学发展观活动中，要求自治区保密局进一步加大保密宣传和教育培训力度，突出重点，创新载体，注重宣传教育的针对性和实效性。一是加强对保密干部和涉密人员的培训教育，增强保密意识，提高保密技能，为做好宁夏的保密工作奠定基础；二是在保密宣传形式上积极尝试，寻求突破。结合纪念《保密法》颁布 20 周年，从 9 月中旬开始，通过《宁夏新闻网》和《宁夏党建网》登载了保密法律知识竞赛试题，举办宁夏“移动杯”保密知识答题竞赛活动，共收到区内外竞赛答卷 4 万余份。12 月 10 日，又成功举办了宁夏“移动杯”保密法律知识竞赛区直机关预选赛，我亲临现场指导观看比赛。通过竞赛活动，加深保密干部和涉密人员对保密法规的理解，进一步增强新形势下保密工作责任感和使命感。

5. 重视保密基础设施建设。今年 8 月，在西安召开的全国涉密载体销毁会议结束后，我对保密局的同志提出要求，针对宁夏地域小的特点，认真做好前期考察调研工作，结合宁夏实际，摸清情况，计算全区涉密载体年销毁数量，提出专项报告。同时我还与区保密局的领导一道积极争取经费，落实场地，加快我区涉密载体销毁中心建设步伐。经过积极努力，多方争取，销毁中心场地、开办经费得以落实。目前该项目正在进行中。

分管区档案工作主要抓了三件事：

1. 指导区档案局做好“五服务”，加强“四建设”工作。“五服务”即：（1）为政务公开工作服务。2008 年 5 月 1 日起正式实施的《政府信息公开条例》，将档案馆列为政府信息公开查询场地之一。区档案馆将“已公开现行文件利用服务中心”整体迁入自治区政府服务中心，成为自治区服务中心 32 个窗口之一。截至 2008 年 11 月，区档案局已向社会各界提供各类已公开现行文件 1764 件，创历史最多数量；（2）为民生档案工作服务。指导自治区档案局起草了《关于加强我区民生档案工作的实施意见》，将民生档案工作作为建设“平安宁夏”、“幸福宁夏”、“和谐宁夏”的主要组成部分和档案工作的主要内容，针对利用率较高的招工、职称、人事等民生档案，建立了民生档案专题目录，增强了提供利用的针对性和时效性；（3）为经济建设服务。一是重大建设项目档案工作。以宁东能源化工基地重大建设项目档案工作为重点，积极做好档案管理工作。二是农业农村档案工作。指导市县档案局（馆）建立了农业特色、集体林权制度改革、村镇建设、农业生产经营等档案；（4）为机关工作服务。指导区档案局（馆）出台了《机关档案规范化管理办法》，采取抓试点，抓系统，整体推进的方式，规范了机关档案管理，提高了档案的有效利用；（5）做好档案提供利用服务。指导自治区档案局（馆）拍摄了《档案馆中的宁夏50年》，出版了《党和国家领导人在宁夏》，编辑了《中国二十世纪百年图鉴·宁夏卷》，利用档案资料编写了大量史料文章，为各行各业提供了大量档案资料、照片。

“四建设”即：（1）加强档案资源建设。一是重大活动档案管理；二是征集西夏档案文献；三是接受征集档案。（2）加强档案基础建设。指导自治区和银川市档案馆合建新馆的工作，目前已办理了“建设项目选址意见书”、“建设项目环境影响评估意见”、“建设项目用地初审意见”、“建设项目初审意见”等审批工作。（3）加强档案信息化建设。一是基本完成“区直机关电子公文综合管理应用系统”项目建设；二是建立了自治区档案馆主要档案全文数据库；三是开始了宁夏新闻联播的视频采集工作。（4）加强档案干部队伍建设。一是档案局开展深入学习实践科学发展观活动；二是妥善解决了区档案局信息工作人员参照公务员管理问题，理顺了关系，解除了矛盾，稳定了人心，提高了凝聚力和战斗力；三是积极开办档案专业1期继续教育培训班和3期岗位培训班。

2. 指导和组织举办了“西北地区第十五次档案工作协作会”。我出席了会议并讲了话。主持召开了“自治区档案馆建设五十周年庆祝大会”，取得圆满成功。

3. 监督和指导选拔任用干部。经自治区党委组织部批准，在办公厅办公室直接组织下，我严格要求区档案局领导要按照干部选拔任用条件、资格、程序办事，经过干部选拔动员会、民主测评、民主推选、组织考察、张榜公示、局务会议审定等相关工作，现已完成晋升2名主任科员，8名副主任科员，3名副处长（副调），4名处长（正处级），一名副局长（正处级），已报区党委组织部审批。此项工作进行十分顺利，主要体现四个特点：一是坚持德才兼备的用人原则；二是程序公开公正的原则；三是强调群众基础，从选拔干部的推荐票数来看，不论是民主推选还是个人谈话推荐都要比较集中；四是选拔任用结果群众普遍认可，没有不良反映。

（二）争取机遇，抓住机遇，用好机遇，发展机遇，奋力推进宁夏大学新发展

1. 深入调查研究，掌握第一手资料。我2月29日到宁夏大学担任党委书记后，3月1日开始逐个深入全校23个学院、22个机关处室及科研、教辅单位进行调研，形成了《宁夏大学的现状、存在问题及发展思路》的调研报告，分送区党委13个常委审阅，得到了他们的充分肯定，有的领导还作了专门的批示。这为我在宁夏大学有效开展工作打下了良好基础。

2. 着眼科学发展，力抓五件大事。通过深入调研，我认真分析了宁夏大学面临的形势、困难和任务，对下一步的发展有了明确思路，抓住五件影响全局的大事，全力推进。一是顺利实现“211工程”立项建设目标。紧紧抓住国务院正式启动“211工程”三期建设的最后机会，一方面按照“211工程”建设要求，抓紧建设，积极完善，做好了充分准备；另一方面，我们用万分的热情和脚踏实地的工作作风，积极主动向自治区党委、政府汇报工作，讲清形势，表明态度，争取到了最大支持：建国书记、正伟主席联名致信刘延东国务委员，自治区政府有关领导先后两次带领自治区相关部门和我们学校领导到有关部委汇报工作，争取支持。9月13日，中共中央政治局委员、国务委员刘延东同志视察学校，正式宣布宁夏大学进入国家“211工程”三期进行重点建设，实现了宁夏大学发展的一次重大突破。以此为契机，经过充分调研、论证，确定了“十大工程”，全面推进“211工程”建设，学校的发展进入了一个新的层次、新的阶段。二是精心筹备、组织，圆满完成宁夏大学50周年校庆活动。以此为契机，全面总结办学经验，进一步明确发展思路，统一了思想，凝聚了人心，增强了信心，扩大了影响。三是组织制定和实施“十大项目”。自治区五十大庆前夕，温家宝总理视察宁夏时作出“支持办好宁夏大学和一批重点学科”的重要指示，之后，国务院《关于进一步促进宁夏经济社会发展的若干意见》进一步明确提出：“支持办好宁夏大学和一批当地产业发展急需的重点学科，提高教育质量和创新能力”。这为宁夏大学的发展带来了新的重大机遇。我与党委一班人立即行动，围绕落实温总理重要指示精神和国务院《若干意见》，在全校开展了大调研、大讨论，确定了“十大建设项目工程”，积极与国家有关部委及自治区有关部门对接，寻求支持，推动落实，各项工作很快全面铺开，已经有了良好开端。四是认真组织开展深入学习实践科学发展观活动。根据自治区党委的统一部署，宁夏大学作为全区5个试点单位之一，参加第一批学习实践活动。我与校党委一班人科学设计，精心组织，学习实践活动有序开展，取得了实效，得到了自治区第四指导检查组的充分肯定。更重要的是以此为契机，在全校广泛开展了大学习、大调研、大讨论、大落实活动，进一步把握了校情，对学校发展进行了科学定位，找准了问题，明确了措施，统一了思想。五是积极行动筹措经费。对于学校来说，目前最大的难题就是经费短缺问题。从我到宁夏大学工作以来，我们整个班子一直在想尽一切办法来缓解经费困难的问题，因为这个问题解决不好，学校的发展总是缺乏后劲，将直接影响学校下一步的可持续发展。经过这些日子的努力，目前经费短缺已有缓解，已见成效，前景乐观。

3. 抓住关键环节，着力提升内涵。全面推进“211 工程”建设，必须依据“211 工程”建设标准和要求，重新审视学校发展的体制机制等问题，紧紧抓住关键环节，找准着力点，做到有的放矢，方能立见成效。为此，我把着力点放在五个方面：一是提出和推进教师“博士化工程”。大力实施“稳才引才”工程和学历提升计划，并从“211 工程”建设新的需求出发，提出了教师“博士化工程”的建设要求，创造一切条件鼓励教师提高学历，争取一切机会引进高层次人才，同时积极争取加入国家教师国际化培养工程，并向自治区党委、政府提出高校引进高层次人才的意见建议。二是进一步统筹博士点、硕士点、学士学位专业的建设，策划组织申报硕士点和博士点，各项准备工作已基本就绪，力争有所突破。三是统筹协调学科建设。学科建设是“211 工程”建设的基础。我进一步分析了学科建设现状，按照“211 工程”建设要求，着力解决影响学科建设的深层次问题，提出了保证重点，突出特色，辐射一般，带动全面的学科建设思路，注重协调解决好课程、专业、学科建设的关系以及学科建设与教学科研的关系。进一步加强基础学科建设，整合全校12个师范类基础专业，形成了师范教育“211工程”重点建设学科，使学校“211工程”重点建设学科增加到6个，学科发展比较协调。目前正在加紧申报3个国家重点学科，力争实现突破；6个“211工程”重点建设学科也正在统筹发展。四是加强科技创新团队建设。科技创新团队是学校科技上水平的必然选择。今年，我提出重新整合遴选科技创新团队的思路，在全校申报的基础上，主持召开了创新团队评审会，审定了6个校级科技创新团队，重点建设，为申报自治区、国家科技创新团队做好准备。五是大力推进人才培养模式创新。坚持以人为本，体现在高校，最根本的就是要坚持育人为本，把提高育人质量作为发展的生命线。“211工程”建设对人才培养模式提出了新的要求。在我的提议和指导下，研究制定符合“211工程”建设要求的新的各类人才培养方案，从课程、专业、学科设置、评价体系等方面进行全方位的调整、优化和创新。

4. 加强党的建设，构建和谐环境。作为党委书记，我始终坚持通过党建抓班子、带队伍，通过党建凝聚力量、促进和谐。重点抓了五个方面：一是着力建设班子，带好队伍。对校领导班子成员充分信任，放手使用，既落实分工负责，又强调密切配合，在班子中形成了良好的工作氛围和工作作风，每位领导成员独当一面的能力明显提高，相互配合和支持的意识增强，得到了群众的信任和拥护。坚持干部选拔任用工作条例，做好中层领导干部的选拔聘任，使一批年轻干部走上了领导岗位，成为学校快速发展的骨干力量。二是努力创建全国文明单位。今年是全国文明单位申报年，我积极指导学校精神文明建设指导委员会组织开展全国文明单位申报工作。经自治区精神文明建设指导委员会组织评审并经自治区党委常委会讨论批准上报国家文明委。经评审，宁夏大学获得了全国文明单位的荣誉称号。三是着力实施管理效能建设。按照“211工程”建设要求，我指导建立了“首问责任制”、“服务承诺制”和“限时办结制”等，推行了挂牌上岗，加强了岗位管理，强化了制度管理。四是领导和组织了学校抗震救灾等重大活动。“5·12”特大地震给人民生命财产造成巨大损失。全校上下积极响应党和政府的号召，纷纷为灾区捐款捐物，我以个人名义捐款2000元，另交特殊党费3000元。同时先后派出两批师生志愿者服务队赴灾区参与抗震救灾，受到银川市红十字会的表扬和感谢。接见和组织了奥运师生志愿者和自治区五十大庆志愿者，为北京奥运和自治区五十大庆做出了贡献。五是着力改善教职工工作和生活待遇。面对宁夏大学教职工津贴待遇比较低的现状，在我的指导和主持下，学校正在抓紧论证制订校内津贴分配新方案，提高教职工生活待遇即可兑现。

三、充分发扬民主，认真贯彻执行民主集中制

一年来，我和党委一班人自觉贯彻民主集中制，努力健全党委领导体制，完善工作机制。一是进一步规范和完善党委班子内部工作分工，议事、决策规则和程序，进一步明确党委会、党政联系会议、校长办公会议职责，凡属重大问题、重大项目、重大资金支付和重要人事任免，都由党委会集体研究决定；二是党委会讨论研究重大问题，如 50 周年校庆活动的筹备组织、学校“211 工程”立项建设等，大家畅所欲言，充分讨论，努力做到科学决策、民主决策、依法决策。党委班子成员相互信任，相互支持，班子团结协作，凝心聚力，大家心情舒畅；三是注意发挥总揽全局、协调各方的作用，在研究一些涉及学校建设和发展的重大问题尤其是涉及教职工切身利益的问题，如岗位设置和聘用问题，教职工岗位津贴的分配方案等，都请各学院书记、院长，各处室负责人，各民主党派、政协委员、人大代表参加座谈，听取意见和建议，发挥各界人士建言献策的作用。

四、严格执行党风廉政建设责任制，坚持廉洁从政

我和党委一班人认真执行中纪委二次会议精神和胡锦涛总书记的重要讲话精神，注意加强党性修养，自觉遵守廉洁自律的有关规定，对各部门、各学院的党风廉政建设认真抓。就个人而言，在领导岗位上注意维护自己身正廉洁的形象，遵守党在廉政方面的各项要求，按照中央、自治区党委有关廉政建设的制度要求自己，不搞特殊化，决不以权谋私，注意管好配偶、子女及身边工作人员，不允许他们打着我的旗号办私事，自觉接受党组织和群众的监督，当好表率，没有出现问题。就全校党风廉政建设来讲，我主要抓了两方面：一是加强学校民主管理和监督。健全了校务公开，建立了二级教代会制度，发挥党内监督、行政监督和群众监督的作用，促进了依法治校；二是认真执行《宁夏大学党风廉政建设责任制》以及内部审计工作等规定，加强了对学校决策、用人、基建、采购、招生、收费等工作的监督，推动了学校廉政建设和管理工作的规范化。

五、工作中存在的问题及整改措施

（一）存在问题

1. 学校现有管理体制与“211 工程”有不适应的地方。学科建设体制

和人才队伍建设机制创新方面还需要进一步研究；学校经费困难的局面还没有明显好转，这方面还需多研究，多出举措。

2. 深入教学科研单位一线了解情况不够经常。我到任宁夏大学时曾到23个学院、科研机构、教辅单位和22个行政处室搞调研，了解和掌握第一手资料，并形成了调研报告，为后来的工作提供了依据。但此后下学院、基层单位搞调研就少了些，也没有到课堂听老师讲课，浮在面上开会布置工作的多，组织学校大型活动的多，深入学生食堂、宿舍也较少，在关心学生的生活方面做得很不够。召开民主生活会后，我将做好计划，深入教学科研一线调查研究，做到心中有数，以更好更快地推动学校各项工作顺利发展。

3. 与中层领导干部、教授、博士生学历教师个别谈心不够全面。我校现有中层领导干部268人，正教授178人，博士生学历教师138人。这些干部和教师都是学校办学的骨干力量，学校建设与发展依靠他们的推动，但这批人在想什么，在干什么，他们当中的每个人都有哪些优点、特点和缺点，他们的工作、学习、生活状态怎么样，我不是完全了解他们的情况。我们常说的政策留人、感情留人、事业留人、待遇留人也不可能做到完全到位，更不能很好地发挥他们的优势和特点。作为学校党委书记是有责任与他们经常开展谈心活动，及时了解他们的情况，因事择人、因人制宜地发挥他们各自的作用，让他们为建设具有区域特色的高水平著名大学而努力奋斗。

（二）整改措施

1. 转变发展观念。结合正在开展的学习实践活动，进一步转变发展观念，解放思想，深刻认识高等教育管理规律和特点，更加注重科学发展，下大力气把全校的思想和行动统一到党中央、自治区党委的大政方针上来，集中到学校科学发展思路和发展任务上来，转变到推进“211工程”建设的要求上来，转变到实施“十大项目”的各项措施上来，转变到实现区域特色高水平著名大学的目标上来，增强贯彻落实科学发展观的自觉性和坚定性。

2. 创新发展模式。下一步我们必须按照“211工程”建设新的发展要求，着力创新发展模式，主要包括人才培养模式创新，内部管理模式创新，专业、学科建设模式创新，人才队伍建设模式创新，机构设置和人员编制模式创新，创新平台建设和科技开发模式创新，岗位管理与分配模式创新，招生模式创新、廉政建设体制机制创新等。

3. 增强发展能力。要以学习实践科学发展观为契机，进一步加强各级领导班子建设，抓好人的工作，抓好能力建设。要着力提高四个能力：一是提高办好现代化大学的认知能力；二是提高对现代化大学的管理能力；三是提高领导班子自身建设的能力；四是提高把握机遇、推动科学发展的能力。

4. 破解发展难题。为了确保学校可持续发展，必须采取积极措施，用超常规的办法，千方百计破解发展难题，在切实解决影响和制约学校科学发展的突出问题，努力解决师生员工最关心、最直接、最现实的利益问题上下功夫。在这次认真查找、集中梳理问题的基础上，中层以上领导班子和领导干部要带头按照科学发展观的要求，重点解决好“六个难题”：一是明确学校发展思路和发展战略；二是全力抓好“211 工程”建设方案落实；二是提升教育教学质量和科技创新、服务地方能力；四是大力加强和改进大学生思想政治教育工作；五是推进和谐校园建设，解决师生员工最关心、最直接、最现实的利益问题；六是创新科学发展的体制机制。

5. 提高发展质量。要实现由规模发展向质量提高为主的根本性转变，进一步强化质量意识。首先，要重视提高教育质量。高校本科和研究生教育质量是科学发展的根本，要认真实施好质量工程，系统总结并统筹教学方法和教学质量，提出全面提高教学质量的理论体系和运行框架，指导教学工作，提升教学水平；要进一步加强和注重师资队伍的建设和培养，提供必要的条件和积极的职称、职务晋升政策，让其潜心钻研教学，从根本上提高教学水平和质量。我们现在的教学质量，问题并非只是一些学生厌学、学风不正的方面，教师水平不高、态度欠正的问题也不能忽视；其次，要重视提高管理质量。科学发展，基础是科学管理。要切实解决与“211 工程”建设要求不相适应的管理体制机制问题，我们目前正在开展管理效能建设工作；第三，要重视提高教职员工的工作、生活质量。要采取有力措施，逐步提高教职工的福利待遇，改善工作学习条件，为人的全面发展创造良好环境。

六、工作体会

（一）认真调查研究，掌握情况是做好工作的重要基础。宁夏地处我国西北，是一个回族自治区，有其自身的地域、文化、历史特点。来宁夏挂职对我来说是一次新的挑战和经历。挂职自治区党委副秘书长，分管保密和档案工作，对我来说也是全新的工作。面对新的工作、新的环境、新的情况，我首先要做的是带领相关部门的同志深入基层调查研究，搞清现状，找准问题，共同研究，提出举措，全面推开。兼任宁夏大学党委书记后，虽然此前我先后在广西民族大学、中央民族大学担任过校长职务，对民族高等教育办学规律和高校发展有很多认识和体会，也有比较丰富的工作经验，但宁夏大学作为西部少数民族地区的一所地方高校，又必然会有其自身的实际情况和特点。如果对这些认识不深，把握不准，也很难提出科学的思路和有效的举措。因此，上任伊始，我即深入全校每一个学院和部门，用近一个月的时间了解情况，听取意见。通过归纳、分析、整理，很快对宁夏大学的总体现状、特点、困难等有了全面掌握，在此基础上经过认真思考、研究，形成了调研报告，并在班子中达成了共识。我的体会是，认真开展调查研究为我迅速打开新的工作局面、推进科学发展提供了重要基础。

（二）争取机遇，抓住机遇，发展机遇是做好工作的重要条件。2008年，对宁夏大学来说，难事多，大事多，喜事也多。学校面临历史性的重大机遇，同时也面临诸多困难和挑战。国家启动“211 工程”三期建设，是宁夏大学进入该工程的最后机会；温家宝总理“支持办好宁夏大学及一批重点学科”重要指示和国务院《关于进一步促进宁夏经济社会发展的若干意见》，为宁夏大学的发展带来了历史性的重大机遇。而学校多年来形成的债务以及内涵建设方面的薄弱环节成为制约学校进一步发展的主要瓶颈。面对这样的情况，如何破解难题，用好机遇，推进学校又好又快发展，是我上任宁夏大学党委书记后首先面临的问题。在深入调研和分析之后，我在班子中提出，必须扭住发展不放松，始终把发展作为办学兴校的第一要务，争取机遇，抓住机遇，用好机遇，发展机遇，用发展的决心凝聚力量，用发展的思路鼓舞人心，用发展的举措破解难题，破解难题就是发展，争取突破就是跨越。这一思想在班子中达成了共识，班子成员个个行动，在全校开展大调研、大讨论，形成了符合学校发展实际的思路和举措，得到了全校的认可，变成了全校行动，各项工作迅速铺开，“211 工程”成功立项，围绕落实温家宝总理指示精神，破解发展难题，推进“211 工程”建设的“十大建设项目工程”逐步推开，有了良好开端，形成了新的发展局面。

（三）扭住中心，推动全局是做好工作的重要方法。坚持以人为本体现在高校，最根本的就是要坚持育人为本，把提高育人质量作为发展的生命线，把教学科研作为学校的中心工作。宁夏大学进入国家“211 工程”建设行列，学校的发展进入了一个新的层次，对人才培养、科学研究等提出了新的标准。如何统筹好中心与全局的关系至关重要。“211 工程”建设的核心是学科建设，而学科发展的基础离不开专业建设和教学质量。事实上，学校的一切工作都要围绕培养什么人、怎样培养人；办什么样的大学，怎样办好大学的问题展开，通过教学、科研质量和水平的提升，带动全面发展。对于这一点，我们班子在认识上是明确的。我们按照“211 工程”建设要求，重新审视和评价学校的人才培养方案，并开始着手研究制定符合“211 工程”建设要求的新的各类人才培养方案，从课程、专业、学科设置、评价体系等方面进行全方位的调整、优化和创新。扭住中心，推动全局是做好工作的重要方法，这也是我的体会之一。

（四）凝心聚力，发挥全员激情是做好工作的重要保证。我刚到宁夏大学工作的时候，学校刚刚顺利迎接教育部本科教学工作水平评估，实现了“达优”目标。通过四年爬坡，目标终于实现，这个时候的全校上下，或多或少有一些观望、等待甚至松懈情绪，加之多年来学校因贷款建设，利息挤占了正常事业经费，也影响了教职工津贴，全校对此反映比较大。面对这一情况，我和班子的同志认真研究分析，提出必须进一步正视困难，迎难而上，一方面千方百计缓解经费困难的状况，为学校的发展提供后劲，改善教职工待遇，理顺情绪；另一方面要尽快确立新的目标，明确新的思路，坚定信心，鼓舞干劲，发挥全员激情，推动学校新一轮的发展。为此，这一年来，班子成员齐行动，多方争取，着力化解学校债务。在前期工作的基础上，我们向自治区政府呈报了《关于化解债务问题相关措施的报告》，王正伟主席做出批示：一是贷款利息请财政尽快研究解决；二是短贷变长贷请商行予以支持；三是调整学费请物价局尽快研究解决；四是新增贷款请与发改委、开行商量解决。经过多方争取、多方努力，2008 年，学校经费运作情况有了较大改观，教职工的津贴调整近日亦可兑现。同时，我们通过校内外大调研、大讨论，对学校的建设发展进行了新的定位，确立了新的目标，调动了全校的积极性，形成了良好的工作局面。

（五）沟通情况，安民告示是做好工作的重要途径。要最大限度地调动教职工参与学校建设发展的积极性，很重要的一条是要坚持民主管理，保证教职工了解学校工作、参与学校发展的途径，把教职工的知情权、参与权落到实处。为了做好这方面的工作，今年，我倡导重新修订了《宁夏大学校务公开实施细则》，建立了二级教代会制度，进一步扩大民主管理途径。同时，对一些重大问题，特别是事关教职工切身利益的问题，利用各种途径及时向教职工通报，向离退休老同志通报，向民主党派、无党派人士、人大代表、政协委员通报，争取理解和支持。

（此为作者挂职宁夏的述职报告，作于2009年1月4日。挂职工作获得宁夏回族自治区党委的充分肯定。自治区领导分别在报告上批示：

宁夏回族自治区党委常委、书记陈建国书记批示："仕星同志在宁夏挂职两年间，勤勤恳恳，努力工作，为宁夏的发展尽心尽力，做出自己的贡献，我向仕星同志表示感谢，致以崇高敬意"！

宁夏回族自治区党委常委、副书记、自治区人民政府主席王正伟批示："荣仕星同志在宁挂职期间，尽职尽责，尽心尽力，体现了强烈的事业心和责任感，工作中具有大局意识、政治意识，理论功底实，工作能力强，为人正派，善于协调处理复杂问题，善于把中央精神与民族地区实际结合起来创造性地工作，善于团结带领一班人努力工作，为宁夏的发展特色作出了重要贡献"。

宁夏回族自治区党委常委、副书记于革胜批示："看了仕星同志的述职报告，很受教育和鼓舞。报告充分体现了务实、开拓、创新的精神和发展理念。今年的多项工作，特别是宁夏大学的建设和发展取得了令人鼓舞的进步。完全赞成报告中分析指出的今后工作意见。望继续努力，按照科学发展的要求，进一步提升发展思路，创新体制机制，突出重点，扎实工作，力争明年取得更大的成绩"。

宁夏回族自治区党委常委、组织部长徐松南批示："仕星在宁挂职期间，克服困难、勤恳工作。所负责的工作都取得了显著的成效，应将仕星同志的工作情况向民委考察组认真介绍"。

宁夏回族自治区党委常委、统战部长马金虎批示："荣仕星同志是带着真心、真情、真劲到宁夏挂职的，没有辜负中组部、国家民委的要求，也没有辜负宁夏人民对他的期望。值得肯定赞扬"。）

高等教育行政管理实话说

◎荣仕星／著

下卷

GAODENGJIAOYU
XINGZHENGGUANLI
SHIHUASHUO

中央民族大学出版社
China Minzu University Press

图书在版编目(CIP)数据

高等教育行政管理实话说:全2卷/荣仕星著. —北京:中央民族大学出版社,2015.6

ISBN 978-7-5660-0999-9

Ⅰ.①高… Ⅱ.①荣… Ⅲ.①少数民族教育—高等教育—教育行政—行政管理—研究 Ⅳ.①G759.2

中国版本图书馆CIP数据核字(2015)第127595号

高等教育行政管理实话说(上下卷)

著　　者　荣仕星
责任编辑　覃录辉　邓小飞
封面设计　布拉格
出 版 者　中央民族大学出版社
　　　　　北京市海淀区中关村南大街27号　邮编:100081
　　　　　电话:68472815(发行部)　传真:68932751(发行部)
　　　　　　　68932218(总编室)　　　　68932447(办公室)
发 行 者　全国各地新华书店
印 刷 者　北京振兴源印务有限公司
开　　本　787×1092(毫米)　1/16　　印张:46
字　　数　950千字
版　　次　2015年7月第1版　2015年7月第1次印刷
书　　号　ISBN 978-7-5660-0999-9
定　　价　98.00元(上下卷)

自 序

我从事高等教育的行政管理，经历了三所不同层次的大学，即广西民族学院、中央民族大学、宁夏大学，先后担任这三所大学的校长、党委书记，管理十五年之久，付出了我的心血，与广大教职工共同创建了一个又一个的里程碑。其中，最值得提及的是三件大事：一是提高了广西民族学院的学历层次，1998 年获得了国家教育部批准的硕士学位授予权，成为高等教育地方重点建设的大学；二是把地处西北的宁夏大学带入了中国高等教育的“211”工程重点大学的建设行列；三是开创了中央民族大学“985”工程一流大学建设的新篇章。

最近，我把从事这三所大学行政管理工作的有关经验、做法、措施、成效的讲话、演说、总结报告等汇集成册，分为上、下两卷，书名定为《高等教育行政管理实话说》，共 95 万字。成书的目的，是供广大读者、高等教育管理研究者、实际管理者学习共勉，共同为我国高等教育的建设和发展贡献微薄之力。

荣仕星

2014 年 10 月 18 日

目　录

开创中央民族大学“985 工程”一流大学重点建设新篇章

在中央民族大学就职大会上的讲话

尊敬的各位领导、各位老师、同志们：

我从广西民族学院院长转到中央民族大学校长的岗位上，自然有许许多多的想法，想得最多最集中的问题就是如何当好中央民族大学的校长，才能做到无愧于国家民委领导对我的重视、信任和支持；无愧于中央民族大学全体师生员工对我寄予的希望。现在，历史的重任已落定我肩上，有压力有困难也有前景。我将如何挑起这副重担呢？我的态度是：新官做新事不忘昨天，干好今天，展望明天。深入调查研究，虚心听取教职工的意见和建议，了解和掌握情况，认真总结经验教训，是经验，就要坚持发扬；是教训，就要引以为戒；是缺点，就要加以改正，一切从新的开始。在其位，谋其政，行其权，不管在我的面前遇到多么大的困难、问题和矛盾，我都要知难而进，不回避问题，不躲开矛盾，而是和大家共同解决、处理问题和矛盾。我做人的原则是：堂堂正正做人，明明白白做官，扎扎实实做事。我相信，在国家民委党组的领导、重视、支持和指导下，只要学校党政领导团结协作、努力奋斗，只要全校师生员工拥护、支持和积极工作，我是有信心和决心办好中央民族大学的事情的。我为官的宗旨是：为官之本在于造福一方；为官之理在于服务奉献；为官之德在于清正廉洁；为宫之义在于严明法纪；为官之绩在于改革创新。下面我将这五点展开谈一谈，不对之处请大家批评指正。

（一）为官之本在于造福一方。我既然担任了中央民族大学校长这个官，就有责任造福中央民族大学，为学校的建设与发展鼓实劲、出实招、办实事、求实效，为培养少数民族干部和各类高级人才作出积极贡献。

（二）为官之理在于服务奉献。说实话，要当好中央民族大学的校长，就要有吃苦、服务、奉献的精神。我从广西民族学院院长到中央民族大学校长，岗位、环境变化了，但职责、级别没有变。我既不想图名图利，也不想清闲，只想到中央民族大学来吃苦，在这个大舞台发挥更大的作用，做好服务和奉献。我心里非常明白，要真正搞好民大的工作，特别是富有成效的工作，是有难度的，是要吃苦的，是要付出代价的。但我作为壮族的儿子是不怕吃苦的。我能从广西民族学院的一个壮族学生成长为广西民族学院院长，这个过程就包含着许多辛酸苦辣，包含着奋斗、奋斗、再奋斗的血泪和汗水，包含着党和人民的重视、培养和关心、支持和帮助。然而，今天我成名了，当了校长，当了教授、研究生导师，享受国务院政府特殊津贴专家的待遇，我没有理由不为人民服务，没有理由不办好中央民族大学，带领各民族师生走进新世纪。

（三）为官之德在于清正廉洁。当官必须以清廉为准则，我作为校长，今后更要认真地讲学习、讲政治、讲正气，更要注重自己的世界观改造，注重个人的思想道德修养，防腐拒变，努力做到以身作则、清正廉明、公道正派、明辨是非、当官为民，做一个群众信赖的校长。

（四）为官之义在于严明法纪。当官不严明法纪，就会产生“有法不依，执法不严，违法不究”的现象，就会出现混乱的局面。因此，我们必须严格执行学校的各种规章制度和管理制度。制度是要大家共同遵守、共同执行的。当然，领导带头是关键。常言道：其身正，令行禁止；其身不正，虽令不从。所以，关键在于领导秉公办事，不徇私情，执法严明，正气才能上升，歪风邪气才能压下去，事情就能办好。我将会和其他校领导一起，坚决执行党的教育方针和民族政策，依法治校。只有严明法纪、依法治校，才能顺利而富有成效地开展工作。我相信，教职工一定会支持我们校领导依法治校，因为民大是大家的，大家的事情大家做，需要大家共同奋斗，共同去实践，共同去完成，校兴我荣，校衰我耻，学校的兴衰与每一个教职工的利益息息相关。所以，支持我们校领导依法治校，是大家的共同心愿和要求。大家都是民大这个大家庭的成员，都是来自全国各个民族，都是为了共同搞好中央民族大学的工作，全面推进民族高等教育事业向前发展，为民族团结、民族进步、民族繁荣作出积极贡献。

（五）为官之绩在于改革创新。做官要有政绩，就要改革创新，任何守旧的思想、封闭的思想、满足现状不求进取的思想都是要不得的。现在我们已经迎来一个新世纪，我在思考，在21世纪，中央民族大学究竟处在什么地位？发挥什么作用呢？我想，这也是大家共同关注和思考的问题。我认为，要把中央民族大学真正办成全国民族院校的领头雁，办成名副其实的全国“211工程”的重点大学。要实现这个目标，需要我们特别是我这个校长，以改革创新的精神去对待和处理每一件事，做好做实每一件事。只有这样，我们学校才能生机勃勃、兴旺发达。

最后，我用一副对联来结束我的思想汇报：肝胆相照齐心合开民大万里船；荣辱与共携手同创民大千秋业。横批是：共兴民大。

祝愿各位老师、同志们在千禧年健康快乐，工作顺利，生活幸福！

（原载《中央民族大学周报》2000年1月14日，第499期）

中央民族大学的现状、改革及发展思路

——我的调研报告

（2000 年 1 月）

我从 1 月 6 日上任后，就着手进行调研工作。在春节前的 20 多天时间里先后听取了全校 66 个单位的汇报，走访了校内的著名专家学者和历任的校领导，分别召开了中青年骨干教师、离退休干部和各民主党派负责人、各级人大代表、政协委员的座谈会，听取了他们对学校工作的意见。此外，还查看了校园的建筑、设备和环境。通过调查研究，使我对中央民族大学的情况有了初步的了解和认识，增强了信心，并形成了进一步努力办好学校的想法。现将我的调查与思考汇报如下：

一、中央民族大学的特色与优势

办学特色是一所学校得以存在和发展的重要根据，有特色才会形成自己的优势，有优势才能发展，有特色和优势才能在国家教育体系中处于不可取代的地位，发挥应有的作用。中央民族大学的特色和优势主要表现在以下方面：

（一）中央民族大学是中国共产党为解决国内民族问题而创立的高等学府，在学校发展的各个历史阶段都得到了党和政府的高度重视和亲切关怀，毛泽东主席生前曾同周恩来、朱德、刘少奇等老一辈无产阶级革命家一起先后 14 次接见了师生员工的代表。党的第二代、第三代领导集体也十分关注学校的发展，党和国家的领导人多次到校视察。1994 年 2 月 20 日，江泽民总书记亲自为学校题写了校名。这些已成为学校宝贵的精神财富和鼓舞各族师生员工进一步办好学校的巨大力量。

（二）中央民族大学是中国少数民族教育的最高学府，是全国民族院校中唯一一所国家“211 工程”重点建设的大学。学校现有博士后流动站 1 个、博士点 5 个、硕士点 23 个、国家级重点学科 1 个、部委级重点学科 4 个、国家文科基础学科人才培养和科学研究基地 2 个。学校设有 33 个本科专业和 17 个专科专业，覆盖了 10 个学科门类，是全国民族院校中专业设置最多、人才培养层次最高的学校。学校每年面向全国近 30 个省、市、自治区招生，学生民族成分始终保持在 50 个左右，因而，是民族院校中服务范围最广、民族成分最全的学校。

（三）中央民族大学拥有一支高素质、高水平、民族成分众多的师资队伍。学校现有教学科研人员716人，其中具有正高职称的80人、具有副高职称的236人、具有中级职称的353人。在这支队伍中有博士生导师18人、硕士生导师120人、享受政府特殊津贴的有103人。他们中既有享誉中外的老一辈学者，也有改革开放以来成长起来的中青年学术骨干。少数民族教师占教师总数的35%，包括了30多个民族成分。

（四）中央民族大学是少数民族人才的摇篮，为少数民族和民族地区输送了大量的合格人才。建校以来已培养了5万多名毕业生，其中绝大多数已成为民族地区各条战线的骨干。在担任各级领导职务的人员中，有国家领导人1人、省部级干部60多人、厅局级干部500多人、县处级干部8000多人，还有一大批学者、专家、教授，成为国家民族学科教学和科研的主要力量。他们在民族地区的社会主义现代化建设中，在维护祖国统一、民族团结的伟大事业中做出了十分重大的贡献，被称为民族地区一支能够用得上、干得好、站得稳、留得住的生力军。

（五）中央民族大学是国内研究民族问题的重要基地，为解决国内民族问题做出了重大贡献。建校初期学校的专家学者承担和完成了党和国家交给的一系列重大任务，参与了三次大规模的全国少数民族调查：关于民族识别的调查研究，确认了新中国多民族大家庭中的一批成员，初步奠定了我国55个少数民族的格局，为国家实行民族区域自治提供了依据；关于少数民族社会历史的调查，首次弄清了各少数民族的历史和所处的社会形态，为少数民族地区的社会改革提供了重要依据；关于少数民族语言的调查研究，首次全面了解了我国少数民族语言的状况，帮助16个少数民族创制和改革了文字。这些调研成果对党和国家制定民族政策和宏观决策起到了十分重要的作用。改革开放以来，学校的科研成果丰硕，1987年至1998年，学校的教师出版各类著作1758部、发表学术论文6986篇，其中147项成果获部委级以上奖励。学校专家提出的“中华民族多元一体格局理论”，关于加快西部地区发展、缩小东西部差距的研究，关于南沙、西沙考古新发现等科研成果，对我国领导部门的决策、对人文社会科学的繁荣发展、对民族地区的进步乃至对维护国家统一和民族团结都起到了积极作用，取得了良好的社会效益。

（六）中央民族大学是中华民族大家庭的缩影，是我国民族团结进步的重要窗口，在帮助党和政府处理民族问题方面有着特殊作用。中央民族大学是全国民族成分最全的单位，56个民族的师生员工和睦相处、平等团结，是我国民族大家庭的缩影。各族师生每年都参加大量的社会政治活动和外事活动，成为各族人民平等参与国家政治生活的象征。学校有上千名少数民族教职工，他们中有的被视为本民族的在京代表，有的则被视为本民族的领袖人物，在民族地区有一定的影响和较大的发言权。每当民族地区出现不稳定情况时，这些同志成为做工作、解决问题的重要力量，发挥了特殊的政治作用。

（七）中央民族大学具有得天独厚的国际语言文化交流的条件。中央民族大学汇集了56 个民族的师生员工，具有鲜明的多元文化特色。学校的民族学、民族语言文学、民族史、民族经济、民族宗教、民族艺术等学科具有较高水平，在国内外具有广泛影响，吸引了许多国外专家学者前来合作研究和进行学术交流。目前，学校已同国外的58 所大学建立了校际交流关系，每年来校学习的各类外国留学生达500 多人。

（八）中央民族大学的预科教育具有较长的历史和丰富的办学经验，为全国一批重点高校输送了合格的少数民族大学生。举办预科是民族大学始终坚持的办学特色。通过预科，对录取成绩较低的少数民族学生补习基础课，学校根据少数民族学生的特点，采取特殊措施，着重提高他们的文化基础知识和汉语水平，为进入本科专业学习打下良好基础，使一些教育发展比较落后的少数民族也有了自己的大学生。因此，少数民族把预科教育称为少数民族大学生进人高等学府学习的“金色桥梁”。

上述特色和优势是在党的民族政策和教育方针的指引下，历任校领导带领各族师生员工不断探索和发展的结果，是学校进一步发展的基础和条件。

二、中央民族大学面临的困难、问题和基本矛盾

当前，高等教育的形势发展很快，改革与发展进入了一个新的阶段，各高校之间的竞争和优胜劣汰已成为不可回避的现实。在这样一个背景下，我感到中央民族大学的工作还有相当大的差距，学校面临的困难、问题和矛盾也是严峻的。

从困难和问题来看，主要有以下 8 个：一是经费短缺。1998 年学校国拨教育事业费为 3077 万元（不含各类专款），而人员经费支出则达 3691 万元，占国拨教育事业费的 110. 9%；1999 年国拨教育事业费 3243. 3 万元，而人员经费开支则是 4340 万元，占国拨教育事业费的 133. 8%；2000 年的国拨教育事业费预算 4340 万元，人员经费开支预计达 4880 万元，占国拨教育事业费的 112. 4%。因此，学校能够投到教学、科研方面的钱十

分有限，许多该办的事情办不了。再加上学校自身创收能力较差，教职工的福利待遇同周围学校相比也比较低。

二是发展缓慢。20 世纪 90 年代以来学校全日制在校生始终保持在 4500 人左右，其中本科生在 3500 人左右，加上成人教育学生，也不过是 6000 多人。而同期全国高等教育总规模增长了 50% 以上，校均增长 60%，中南民族学院、广西民族学院则增长了 100%。办学规模小、发展缓慢，导致办学效益低下。学校的师生比只有 1∶7.8 左右，大大低于全国 1∶12 的平均水平。

三是基础设施较差。学校的教学科研设备存量价值不高。多数实验室的设备都不超过 100 万元，某些方面还不如北京市好的中学。全校的电脑不过 500 多台，而广西民院则有 1000 多台。学校的办公条件、学生的住宿条件都很差。多数校领导是两个人一间办公室，系部处室的办公条件也相当差，学生则是 8 个人一间宿舍。学校的老建筑多为 20 世纪 50 年代的砖木结构，未进行过抗震加固，而电气、水暖管线严重老化，需彻底改造。

四是改革滞后。全国高校在 1992—1993 年普遍进行了一次校内管理体制改革，从 1998 年起又开始了第二轮改革，教学改革、后勤改革也已全面展开。而中央民族大学的第一轮改革未能实行，第二轮改革也没有实质性动作。因此各项改革均落后于一般高校。由于改革滞后，存在着机构臃肿、关系不顺、工作效率低下的弊端。

五是管理较乱。学校领导层分工、职责不清，议事规则和程序不健全，导致了筒子楼改造等决策上的失误。财务上未实行集中管理的体制，出现了基建工程欠款上千万元的问题。学校同各校办产业之间的关系没有理顺，产权关系不清晰。开发上缺乏统一管理，导致个人利益、小团体利益膨胀，学校的整体利益和长远利益受到损害。

六是缺乏凝聚力，人心涣散。领导层向心力不强，加上学校存在的上述问题长期没有得到解决，导致相当多的教职工对办好学校信心不足。再加上各种复杂的原因，教职工队伍内部也存在这样或那样的矛盾。因而，凝聚人心，营造团结、和谐、向上的人际关系氛围的任务十分繁重。

七是师资队伍倚重倚轻，结构不尽合理。从年龄结构看，以教授队伍为例，60 岁以上的有 32 人、55 至 59 岁的有 10 人、46 至 50 岁的有 5 人、41 至 45 岁的有 3 人、36 至 40 岁的仅有 1 人。这说明教师队伍后继乏人。从学历结构看，硕士研究生毕业的有 163 人、博士研究生毕业的 47 人，合起来是 211 人，占教师队伍的比例为 26.7%。这说明高学历的教师占的比例太少，加强培训、进一步提高教师队伍的学历结构的任务很重。再从分布结构看，高职称高学历的人员主要集中在有博士点和硕士点的学科专业，全校有十几个教学单位没有或仅有 1 名教授。

八是校园环境亟待整治。学校周边商业和娱乐场所林立，各类案件不断发生，对学校的干扰很大。校园内私搭乱建、公房私租现象严重，商业摊点、商业活动泛滥，家属院存在脏、乱、差现象，教职工的意见很大。

学校存在的上述困难和问题，同整个高等教育发展的形势和学校自身发展的要求形成了强烈反差，产生了一系列的矛盾，主要的有以下 6 个：一是全国高校加快改革步伐与我校改革滞后的矛盾；二是少数民族和民族地区的发展迫切需要更多高质量的人才与我校办学规模偏小、人才培养质量不高的矛盾；三是学校要求加快基础设施建设与办学经费短缺的矛盾；四是国家要求高等学校科学化、规范化管理与我校管理现状混乱的矛盾；五是我校的特色专业、优势专业的人才培养模式与社会需求存在较大差异的矛盾；六是新的教育思想与旧的教育观念的矛盾。

社会的发展、教育的发展，要求教育思想迅速更新。而由于旧体制的束缚，学校里的教职工和干部有不少人在思想观念上仍保留着较多的平均主义、大锅饭的思想和等、靠、要的落后意识。因此，更新观念、转变教育思想已成为迫切需要解决的问题。

三、中央民族大学的改革

中央民族大学面临着诸多的困难、问题和矛盾，解决的办法和主要出路在于深化改革，只有改革才能使学校摆脱困境，走上健康发展的道路。学校要实施的改革主要包括以下内容：

一是机构改革。这包括两个方面：学校党政机构的调整、精简，以转变工作作风，提高办事效率；院系的重组、合并，以理顺关系，实现资源共享，构建合理的学科专业体系。

二是干部人事制度的改革。要建立起干部能上能下、竞争淘汰的机制，充分调动他们做好工作的主动性和积极性。中层干部的任职上岗要经过 10 个步骤：公布竞聘岗位的职数、职责和任职条件；个人报名；公开竞聘演说；群众民主测评；组织部门考核；学校党委常委会初审人选名单；任前公示；学校正式聘任；试用一年；试用期满后公开述职，合格者继续聘用。科级干部和一般工作人员也要按一定程序竞争上岗。要改革职称评审制度，制定《职称评审资格条例》，同时要确定合理的职称结构。

三是分配制度的改革。要建立起体现多劳多得、少劳少得、优劳优酬的分配制度，使每个人获取的报酬同自己的工作业绩紧密相连。

四是教育教学的改革。在这方面要努力实现 6 个突破：学科专业结构的调整与建设要有新的突破，要从适应社会发展和民族地区的需要出发，坚持“两个重点”的原则。对民族类学科实行重点保护政策，要采取措施，继续保持这些学科在全国的领先地位。同时也要拓展研究领域，向相近学科渗透，加强应用研究，使少数民族的优秀传统文化在群众的生活中，在现代化建设中进一步发扬光大。民族类学科要加强高层次人才培养，要压缩本科招生数，扩大研究生教育的规模。对非民族类学科，特别是社会需求量比较大的经济类、法律类、科技类、管理类的学科要实行重点支持的政策。要较大幅度地扩大本科招生计划，创造条件积极开办新的专业，努力形成布局合理的、综合性的学科专业体系。提高教学质量要有新的突破。要加大教学经费的投入，强化教学质量的监控体系。要做好教学检查、考核和评估工作；要建立和实施合格课程、优秀课程的评价体系；要加强教师队伍的建设，提高教师的整体素质和教学科研水平；要全面推进素质教育，培养具有创新能力的合格人才。扩大办学规模上要有新的突破。要创造条件并争取上级主管部门的支持，在今年扩招 300 人的基础上，使各类学生的招生规模逐年上升。提高办学效益上要有新的突破。要增强投入产出观念和产业意识，使师生比有较大幅度提高，逐步达到教育部规定的 1∶12 的比例，以增强办学效益。合理使用教育资源上要有新的突破。要打破重复建设和相互分割、分散管理的格局，统一调配、集中管理，充分利用教学科研设备，提高各种设备的利用率，实现教育教学资源共享。改进教学手段和教学方法上要有新的突破。要把现代化教育手段引入教学过程。35 岁以下的青年教师要全部学会使用电脑多媒体技术等现代化的教学手段；35 岁以上的教师也要分批分期进行培训，一两年内使 60% 以上的人员能够掌握和学会运用现代技术手段组织教学。

五是管理工作的改革。要建立科学的决策机制和运行机制，健全包括咨询、审议、决策、执行、监督、反馈等环节在内的管理体系，使学校的重大决策更加民主化、科学化，执行上更加高效化和规范化。要坚持分级管理、分工负责的制度。学校的副职领导应在自己职权范围内处理分管的工作，超出职权范围的可请示书记、校长，特别重大的问题则要提交党委常委会或校长办公会讨论决定。各职能部门也应在自己的权力范围内处理好各种问题，管好自己的人，看好自己的门，办好自己的事。总之，各级领导都应有职有权，各负其责。要实行全校财务的统一管理。努力做到理财有章，找财有门，生财有方，用财有效。要实行校产的集中管理。学校要成立校产管理机构，集中管理学校的房产、设备和企业；制定相关的政策，进行合理的开发，以保证校产的增值，防止校产的流失。要加强校园环境的管理。要加大执法执纪的力度，纠正不正之风，维护正常的校园秩序，营造良好的育人环境。

六是后勤服务社会化的改革。要成立后勤服务社会化改革领导小组，制定改革的总体方案和具体实施方案。将学校后勤与学校行政管理分离，形成各类独立经营、自负盈亏的后勤服务实体，学校与后勤服务实体形成契约关系。各类后勤服务实体自行定岗定员，实行干部聘任制和全员劳动合同制，进行企业化管理、收费服务，最终实现后勤管理体制与运行机制的根本转变。

四、中央民族大学的发展方向与目标

要在五年内，使中央民族大学在教育质量、学科建设、科学研究、管理水平和办学效益等方面有明显的提高，真正成为全国民族院校的领头雁。要做到一年完成改革调整，二年初见成效，三年中见成效，五年大见成效。在此基础上，十年内把中央民族大学建成国内一流的综合性大学。为此，要在以下方面抓出成效：

第一，进一步明确学校的定位和办学指导思想。要坚持为少数民族和民族地区社会主义现代化建设服务，大力培养少数民族各类高级专门人才；要合理构建学科、专业体系，以人文社会科学为主干，以民族学科为特色，多学科协调发展，全面适应少数民族和民族地区的需要；学校的各项工作都要坚持以教学为中心，以提高教育质量为重点；要处理好各层次教育的关系，坚持以研究生教育为龙头，以本科教育为主体，带动和抓好各类教育。

第二，加强各项基础设施的建设，使办学条件得到较大改善。要抓紧管理干部学员宿舍楼、研究生公寓、留学生公寓、文科综合大楼、科技大楼、图书馆扩建工程和教职工宿舍的建设；要抓好校园计算机网络和“211 工程”各子项目的建设，使生均教学行政用房、生均宿舍面积、生均教学设备值、生均图书册数等都达到或超过国家规定的标准。

第三，扩大办学规模，大幅度增加在校学生的数量。争取用不到五年时间发展成为万人大学。其中本科生 6000 人、研究生 1000 人、各类留学生 1000 人、成人教育学生 3800 人、干部培训 1000 人。

第四，采取有效措施，加强教师队伍和管理干部队伍的建设。要抓紧抓好在职教师的培养和提高工作；积极引进高水平、高学历、高职称的教师；做好离退休优秀骨干教师和学术带头人的返聘教学工作；搞好管理干部的培训，不断提高他们的素质。

第五，加强制度建设，争创全国民族院校一流的校风、教风和学风。要以管理制度促进校风的建设，以考核制度促进教风的建设，以考试制度促进学风的建设，形成良好的校风、教风和学风。

第六，以“211 工程”建设为龙头，带动学科专业和课程的建设。力争再建成 2 至 3 个国家级重点学科、3 至 5 个部委级重点学科，建设 20 门以上合格课程和优秀课程，造就 20 名左右国内外知名学者、50 名左右国内外有影响的中青年学术带头人、200 名左右具有发展前途的教学科研骨干。

第七，充分发挥学科优势，为国家实施西部大开发战略服务。学校的科研工作要紧密结合西部大开发，把实证应用性研究、决策参考性研究和咨询服务性研究作为重点，力争出一批有重大影响的科研成果和高档次、高品位的学术精品。

第八，加强校园环境的整治和建设，要搞好校园规划，加大执法执纪力度，清理各种私搭乱建房屋和商业摊点，加紧绿化美化工作，建设全国高校一流的整洁、文明、优雅的校园环境。

第九，积极筹建学校董事会。要吸引社会广泛参与学校的改革和发展，探索学校面向社会自主办学的经验，形成开放式办学格局。发挥社会各界人士的作用，对学校的规划、发展方向和关系全局的重大决策进行咨询、审议和指导，协助学校多渠道筹集办学经费。

五、实现学校发展目标和完成各项改革的保障

要实现学校的发展目标，顺利完成各项改革，必须有一系列的保障措施和条件。我将其概括为“三、四、五、六”的保障措施。

要做到“三个到位”。即思想认识到位、组织保障到位、责任机制到位。思想认识到位，就是要求全校上下思想认识统一，对学校原有的基础和优势、存在的困难和问题、发展的方向和目标以及改革的内容和措施形成比较一致的意见和舆论环境，从而激发大家办好学校的积极性。组织保障到位，就是要求机构队伍健全，能够召之即来、来之能战、战之能胜。责任机制到位，就是要建立起有效的监督机制、激励机制，使每个人特别是各级领导干部能够在其位、谋其政、负其责。

要具备四个条件。即要有一个坚强的团结一致的学校领导班子；要有一支素质高、能力强、会管理、具有奉献精神的管理干部队伍；要有一套科学合理的管理制度，以制度管理人，依法治校；要形成团结、和谐、健

康向上、正气压倒邪气的良好氛围。

要有“五新”的工作状态。即全校上下特别是校系两级领导班子，要有新的精神面貌、新的工作作风、新的工作思路、新的工作方法和新的工作效率，从而促进全校出现新的气象，开创新的局面，产出新的成果。

要发扬六种精神。一个好的企业往往形成自己的企业文化，而一所好的大学也要形成自己的校园文化和校园精神。我认为，作为中央民族大学，当前尤其需要倡导六种精神，即以民大建设发展为己任的主人翁精神；对工作高度负责、任劳任怨、刻苦钻研的敬业精神；不甘落后、奋勇争先的向上精神；顾全大局、团结互助的协作精神；把学校的整体利益和长远利益放在首位的奉献精神；实事求是、不怕艰难、大胆改革的开拓精神。

以上是我对进一步办好中央民族大学的粗浅看法和思考，由于到校时间不长，了解的情况也不全面，如有不当之处，请予批评指正。虽然面临的困难和问题很多，但我相信，有国家民委党组的坚强领导、重视、信任和支持，有校领导班子和各族师生员工的团结协作和共同努力，中央民族大学的事业一定会推向前进，中央民族大学的明天一定会更加美好。

抓住机遇，深化改革，加快建设，为实现我校的总体发展目标而努力奋斗

——在中央民族大学第三届教职工代表大会暨工会第十一次代表大会上的报告

（2000 年 11 月 17 日）

各位代表、同志们：

今天，全校广大教职工盼望已久的中央民族大学第三届教职工代表大会和工会第十一次代表大会同时胜利召开了。首先，请允许我代表学校党政领导对大会的召开表示热烈祝贺，对上一届“两代会”代表的辛勤工作表示衷心的感谢！

我们这次代表大会是在新世纪来临，国内外形势发生了很大变化，我校的改革发展正处在关键阶段的背景下召开的，因而是一次十分重要的会议。我们要以邓小平理论和党的十五大精神为指导，认真总结学校工作的经验教训，动员广大教职工群众振奋精神、深化改革、加快建设、团结一致地为实现学校面向 21 世纪的总体发展目标而努力奋斗。

下面，我就上届“两代会”以来的学校工作情况和下一步工作的思路和设想向大会作报告，请各位代表审议。

一、几年来工作的回顾和总结

上一届“两代会”是在 1993 年 3 月召开的。七年多来，在国家民委党组和中共北京市委的正确领导下，通过全校各族师生员工的共同努力，我校的社会地位有了很大提高。1993 年 11 月经国家教委批准，中央民族学院更名为中央民族大学。1997 年 10 月和 1999 年 1 月又先后通过了“211 工程”的部门预审和立项审核，使我校成为国家面向 21 世纪重点建设的 100 所大学之一。

七年多来，由于我们认真贯彻落实了党的基本路线、教育方针和民族政策，因而学校的改革和各项建设也取得了很大成绩和进展。

（一）学校内部管理体制改革不断深化

自上届“两代会”以来，我们始终把推进学校内部管理体制改革，转

换运行机制和引进竞争机制，增强学校内部的活力作为一件大事来抓。1994 年，学校初步进行了一些改革，组建了管理干部学院、民族学研究院等，还出台了《中央民族大学处级干部选拔任用工作暂行规定》、《中央民族大学科级干部聘任制度》、《中央民族大学人才流动有关规定》等文件，全面实行了干部的聘任制；财务管理体制实行统一领导、分级管理、强化预算管理、严格审核支出和一支笔审批制度；后勤部门实行经费总额承包，对出版社等单位实行企业化管理，对校办企业实行独立核算制度；在分配制度上，行政管理人员实行了与校内岗位、业绩直接挂钩的岗位津贴制，形成了国拨基本工资和岗位津贴双轨并行的分配模式，在教学科研人员中则推行了课时津贴制、科研津贴制、科研成果奖励制。2000 年，我们加大了改革的力度，使学校内部管理体制改革迈开了较大的步伐。

一是机关和人事制度的改革。通过合并、撤销、保留、新设等方式将机关原有的 27 个处级单位减少到了 18 个，减少幅度为 33.3%，管理人员从原有的 188 人减少到 134 人，减少幅度为 29%。处、科级干部全部实行了竞聘上岗。改革后的机关处级干部中年龄最大的 56 岁，最小的 30 岁，平均年龄为 43.5 岁，比改革前处级干部的平均年龄下降了 5.4 岁；高职称和高学历人员占 66.7%。通过改革不仅精简了机构、减少了干部职数，更重要的是优化了队伍结构，提高了综合素质，更新了思想观念，增强了服务意识，带来了机关工作作风的转变。

二是院系机构的调整。为了搞好这项改革，学校在广泛听取教职工意见的基础上，先后 15 次修改方案，并在外语系进行改革试点后，才在全校铺开。由于准备工作充分、仔细、扎实，广大教职工热情支持和积极参与，院系改革进展顺利，取得了良好的成果。改革后学校设有 9 个二级学院、22 个系、4 个教学部和 1 个研究中心，初步形成了综合性大学的框架，为加强学科建设、加快专业调整奠定了基础。在新任的 49 名院系领导干部中，有博士 11 人，占 22.5%，硕士 14 人，占 28.7%；教授 15 人，占 30.6%，副教授 26 人，占 53.1%。同时通过竞聘上岗，使教学科研单位负责教务工作的办公室主任均由具有本科以上学历的人员担任，干部队伍的“四化”建设得到进一步加强，为实现学校的可持续发展做了组织准备。

三是职称评审工作的改革。为了保证评审工作的公平、公正、合理，引导教职工努力做好本职工作，今年，我们对职称评审工作进行了力度较大的改革。不仅对校内各级评审组织的组成、任务及工作程序做了明确规定，而且出台了《中央民族大学申报专业技术职务基本条件的暂行规定》

39 个附件，对 10 个系列的中高级职称申报条件进行了量化规范。

四是后勤改革。根据北京市高校后勤社会化改革的规划和部署，我们加快了后勤服务社会化改革的步伐，组建了代表学校对后勤工作进行管理与监督的后勤管理处和作为后勤服务实体的后勤服务中心，该中心下设 5 个部和 1 个公司，实现了“小机关、多实体”的格局。现在后勤各类人员都实行了竞聘上岗和挂牌服务，后勤服务中心实施“形象工程”，服务意识和服务质量有了一定的提高。

（二）学科建设取得了较大进展

学科水平是学校整体水平的体现，因此，学科建设是学校建设的根本。七年多来，我们不断采取措施，加大投入，使学科建设取得了前所未有的进展。

1993 年，我校只有民族学、专门史和少数民族语言文学 3 个博士点，中国少数民族经济、绘画艺术、考古学、科学社会主义、马克思主义哲学、民族学、少数民族语言文学、语言学、政治经济学、专门史、中国古代文学、藏学等 12 个硕士点。1998 年时，增加了中国少数民族经济、人类学两个博士点，宗教学、人类学、中国少数民族艺术 3 个硕士点。今年我校博士点、硕士点的建设取得了大丰收，一级学科民族学成为博士授予学科，从而使马克思主义民族理论与政策、中国少数民族艺术、中国少数民族史等均可以招收博士研究生，新增宗教学 1 个博士点，还有中国少数民族史、中国哲学、经济法学、社会学、民俗学、教育学原理、新闻学、基础数学、生态学 9 个硕士点。目前我校有博士后科研流动站 1 个，具有博士学位授予权的一级学科 1 个、博士点 9 个、硕士点 24 个。特别值得一提的是，结束了我校理工科没有硕士点的历史，使学科发展的布局更趋合理，提前并大大超额完成了我校“211 工程”学位点建设的目标。我校的少数民族语言文学和历史学还被定为国家文科基础学科人才培养和科学研究基地，中国少数民族研究中心被定为全国普通高校人文社会科学重点研究基地。为了适应社会主义市场经济和民族地区现代化建设的需要，从 1993 年起，学校就进行了专业调整和改造，使学校的学科、专业结构得到了优化。1998 年，我们抓住教育部《普通高等学校本科专业目录》颁布实施的契机，对本科专业再次调整，进一步拓宽了专业口径，为构建适应 21 世纪社会发展需要的人才培养模式奠定了基础。今年，我们又新增了行政管理、工商管理、政治学与行政学、生态学、藏医学、体育教育 6 个本科专业。目前我校有本科专业 41 种，涵盖了 10 个学科门类，可以说基本建立起了适应民族地区现代化建设需要的，以文科专业为主体、以民族学科为特色，文、史、哲、法、经、教、理、工、医、管等多学科协调发展的学科专业格局。

（三）教学管理和教学基本建设得到加强，教学质量不断提高

近年来，学校始终坚持了社会主义的办学方向和正确的指导思想，不断更新教育思想和观念，下力气抓了教学管理和教学基本建设，教学工作水平和教育质量得到了提高。

1994 年学校制定了《中央民族大学教育事业发展目标》和《中央民族大学深化教学改革的意见》，之后，学校全面调整和改革课程体系和结构，改进教学计划、教学内容和培养方案。在开设新课、改进老课、调整课程结构、健全和完善课程体系等方面取得了较大进展。文科由 3200 学时减到 2700 学时，理科由 3600 学时减到 2800 学时，总课时压缩了 20% 左右，同时应用课和选修课增加了 10% 以上。本科课程由 710 多门增加到 1100 多门，课程的更新率达到 20% 以上。针对少数民族学生的特点，我们强化了汉语文、外语和计算机应用课的教学，把汉语文和外语作为全校重点课程，统一要求、统一教材、统一考试要求，以民族语为母语的学生必须通过国家汉语水平考试。制定了关于加强公共外语教学的实施方案，提出本科生必须通过国家英语 4 级考试才能获得学位。同时将公共外语课的授课时数，由原来的 280 学时增加到 350 学时。此外，还将计算机应用课列为各专业的必修课。近年来本科毕业生的汉语水平、外语水平和计算机操作运用能力有了大幅度提高。校公共艺术教研室还开设了美学、建筑艺术、音乐欣赏、书法、中国画、舞蹈等培养大学生艺术素养的系列化课程，对全面加强素质教育、完善学生的知识结构起了重要作用。

我们始终坚持把德育放在首位，制定并颁发了《德育实施纲要》。学校加强了对马克思主义理论和思想政治教育课改革的领导，成立了校“两课”建设领导小组，狠抓了邓小平理论课的建设。采取了教师集体备课、领导和同行跟踪听课及采用多样化教学手段等措施，使这门课取得了较好的教学效果。我们还加强了对学生的马克思主义民族观、宗教观的教育，保证了马克思主义民族理论与政策课的授课时数和教学质量。我们积极探索了新的培养模式，先后在会计学、货币银行学、贸易经济、市场营销、经济法、企业管理、文书秘书等 7 个专业试行主辅修制，选择一批优秀学生试读辅修专业，同时实行了双学位制。1997 年开始分别招收了英语—国际经济法、英语—国际金融、英语—贸易经济、国际经济法—汉语言文学的双学位本科生。1999 年，学校召开了本科教学工作会议，研究制定了 33 个专业的新的培养方案。新的培养方案坚持了知识、能力、素质协调发展的原则；以“大教育”和“平行教育”的观念确立了本科专业培养方案的总体框架；以拓宽基础、鼓励创新、发展个性、健全人格、注重素质、培养能力为基本思路，精心设计课内课程和课外课程结构体系；强调各课程模块之间的有机联系和优化整合，增加课堂信息量，减少课内学时；合理系统地安排课外课时，为学生的自主学习、独立思考留下了足够的时间和空间。新的培养方案已从99级本科生开始试行，并实行学年制基础上的学分制。

学校还加强了实验室建设。近两年来先后投入284万元，重点建设了生化系生物学实验室和物理系的电子实验室。这两个实验室先后通过了北京市实验室评估专家组的检查验收，成为我校历史上第一批省级评估合格的实验室。

在教材建设方面，从1993年以来，全校先后推出了41种新教材，其中，相当一部分填补了若干专业教材的空白。有23种教材获得省部级以上奖励；“九五”期间国家重点建设的500种教材中，我校有10种入选。

学校注重了强化和优化教学管理，不断加大教学质量监控的力度，努力提高教学管理水平。1997年，参照教育部颁发的本科优秀教学评价方案，结合我校的实际，制定了《中央民族大学本科教学工作评价方案（试行）》，按照“以评促建、以评促改、重在建设”的原则，采取了自评互评、检查验收等方式，对全校26个教学单位进行了本科教学工作评价。通过这次工作，摸清了全校本科教学的基本状况，明确了教学工作的基本思路和教学基本建设的目标，制度建设和管理水平有明显的改善。

我们还采取了一系列有效措施，加强了对课堂教学质量的监控。1998年，全校开展了课堂教学评估，通过“同行评估”、“学生评估”、“自我评估”三种形式，对全校339名教师的课堂教学状况进行了质量评价。从1999年开始，学校又开展了学生对课堂教学质量的评价活动，促进了教学质量的提高，同时还组织了全校青年教师的教学基本功大赛，评选出了一批优秀教师。通过这些活动，规范了教学秩序，提高了课堂教学质量。

此外，还加强了考风、考纪的检查。建立试题库，严格实行考教分离，提高了考试水准。同时还组织成考风巡查小组，狠抓考试纪律，使我校的考风和考纪形成良好的状况。

（四）中青年学术骨干逐渐成长，师资队伍建设出现可喜局面

近年来，我校教师新老交替的速度加快，培养中青年学术骨干的任务十分紧迫。为了解决这一关系学校长远发展的问题，学校采取了一系列措施，如每年选留本校或外校的优秀毕业研究生补充教师队伍；通过在职攻

读学位、组织培养、实践锻炼、国内外进修、科研资助等途径和方式，不断提高在岗中青年教师的政治和业务素质；以较优惠的条件引进一批优秀的中青年学科带头人。1993 年以来，先后有 107 名教师晋升了正高职称，有 273 名教师晋升了副高职称。经过几年的努力，我校教师队伍原来存在的年龄老化的状况明显改善，职称结构逐步趋于合理。在充分发挥老教师积极作用的同时，一批中青年学者成为教学科研的中坚力量。到目前为止，我校在岗教师共计 700 人，其中具有正高职称 99 人，副高职称 234 人，具有高级职称的教师占教师总数的 43.6%；我校教师的平均年龄为 41.88 岁，45 岁以下的教师 437 人，占教师总数的 62.4%，其中高级职称 87 人，占具有高级职称的教师总数的 20.9%。教师中具有硕士学位的占 25%、有博士学位的占 7.7%，45 岁以下的青年教师中，具有研究生学历的占 28%。教师队伍中有博士生导师 25 人、硕士生导师 175 人，有北京市青年学科带头人 9 人、北京市优秀青年骨干教师 45 人。还有几十人在国际、国内学术团体中担任重要职务；在岗教师中有 45 人被国家确认为有突出贡献的专家，享受政府特殊津贴。少数民族教师成才迅速，他们已占教师总数的 50%，包括了 30 多个民族成分，其中不少人已成为国内外知名的学者。

（五）科研工作有了较大发展，科研水平不断提高

几年来，我校的科研工作始终坚持了为教学服务、为国家特别是民族地区现代化建设服务的指导思想。今年以来，我们又提出科研工作要结合国家西部大开发战略的实施，把实证应用性研究、决策参考性研究和咨询服务性研究作为重点，积极鼓励教师和科研人员多出成果、出好成果。

在政策引导和规章制度完善方面，学校先后出台了《科研津贴发放办法》、《科研成果奖励办法》等文件，将竞争机制和激励机制引入科研工作。在科研经费的分配上，改过去按人头发放为按成果多少拨发，将科研津贴与争取到的科研项目挂钩，与重点学科和学位点的建设挂钩，对从非主管部门争取到科研项目的教师给予奖励。学校建立了比较完整的科研奖励体系，设有“校级优秀科研成果奖”、“青年教师科研成果奖”、“学生优秀论文奖”等，并设立了“青年教师科研基金”、“海外留学归来人员科研基金”、“自然科学研究基金”等，调动了广大教师和科研人员搞好科研工作的积极性。

在科研机构的设置方面，根据我校教师和科研人员的构成情况，学习兄弟院校的先进经验，采取“稳住一头，放开一片”的方式，促进了科研工作的开展。对于经国家民委和原国家教委批准成立、学术力量雄厚的 7

个系级研究所，给予重点支持，在政策上和经费上优先考虑。同时，为了进一步调动教师、科研人员的积极性，坚持必须有较强的学科优势和明确的研究方向，便于争取更多的纵向和横向科研经费与课题；必须具有较强的科研能力和结构比较合理的科研队伍，以便于进一步提高学校的科研实力和水平，以利于学科的建设和发展，以及为国家经济建设服务；必须有利于活跃学校的学术气氛，加强与国内外学术界的交流与合作；在进一步提高学校在国内外学术界的学术地位和社会知名度的原则下，建立了45个“三无”研究所，即学校不划拨经费，不给编制，不提供办公室及设备。这些研究所成立后，科研人员和教师根据自身的专业特长，积极开展对外联系，争取到了大量的科研课题和经费。

1998年10月，为进一步推动科研体制改革，发挥学科的综合优势，为新时期民族工作提供咨询服务，我校建立了跨学科、跨单位的开放式研究机构——民族发展研究中心，该中心的第一批课题采取招标方式，受到广大教师和科研人员的欢迎，在社会上引起了一定反响。1999年1月，我校又成立了中国少数民族研究中心，进一步加强了多学科的协作研究。

在争取科研项目和科研经费方面，学校注意集中力量抓好申报和组织实施工作，使获得科研项目数、科研成果获奖数和科研经费数持续增长。1993年至1999年共获得国家和部委级项目121项，年科研经费已突破100万元。共出版学术著作1163部，年均193部；发表学术论文3688篇，年均614篇；共有114项成果获奖，其中获部委二等奖以上奖励的75项，我校人文社会科学研究成果获省部级以上奖数列北京市高校前4名。

（六）办学条件得到了改善，办学规模有了较大发展

近年来，学校多渠道筹措经费，取得了较好成效。同1993年相比，2000年纳入学校教育事业费收入的总额已从1862万元增加到8360万元，增长了3.4倍。仅今年扩大招生一项就增加收入987.7万元。

学校加快了校舍基本建设的速度，至今年底共建成教师宿舍55679平方米，其中点式楼2栋5270平方米、四高20640平方米、五高13733平方米、青年公寓11310平方米、盒子楼2栋3000平方米、17号简易楼1726平方米。建成其他用房29647平方米，其中南北综合楼15694平方米、舞蹈系教学楼2347平方米、美术系教学楼2198平方米、附小教学楼3481平方米、舞蹈系文化课教室667平方米、研究生活动中心369平方米、北墙商业楼4栋4891平方米。

教学设备建设有了长足进步，目前全校教学科研仪器设备台套数为5001件，总值达1951.92万元，其中教学用计算机近500台。生均占有教学设备费由 20 世纪 90 年代初的 1700 元，增加到今年的 3651. 86 元。

今年以来，我们还加大了文明校园建设的力度，拨出专款对校园中心区进行了绿化美化；在政府有关部门的大力支持下，彻底拆除了南墙一带数千平方米的违章建筑，并对学生宿舍、教室进行了维修，校园面貌又有了新的变化。我校已连续多年被评为北京市绿化美化红旗单位和花园式单位。

在改善办学条件的同时，我们扭转了办学规模多年徘徊不前的局面，今年全日制本专科年学生扩招了 406 人、研究生扩招 83 人、成人教育学生扩招了 300 人。目前在校生总数为 7545 人，其中博士生 94 人、硕士生 295 人、本科生 3804 人、专科生 77 人、预科生 266 人、中专生 374 人、函授生 1665 人、夜大学生 321 人、全日制成人脱产班学生 435 人、外国留学生 214 人。

（七）“211 工程”建设进展比较顺利

根据国家民委和教育部同意的《中央民族大学“211 工程”建设项目可行性研究报告》，“九五”期间，我校“211 工程”建设经费共计 6800 万元，其中国家民委投入 3300 万元、学校自筹 3500 万元，建设的项目共计 13 个。其中学科建设项目 5 个，即民族学、中国少数民族语言文学、中国民族历史与宗教、中国少数民族地区经济发展和中国少数民族艺术；公共服务体系建设项目 5 个，包括校园计算机网络、图书文献信息建设、计算中心和计算机专业实验室、网络实验室和多媒体演示教室；校舍基本建设项目 3 个，包括国际学术交流中心、音乐、美术和舞蹈教学楼及干部学员宿舍楼。

由于我校通过立项审核的时间比较晚，“九五”实际的建设时间只有 1 年多，可以说任务重、时间紧、要求高。在这种情况下，学校层层建立健全组织机构，在制定了比较完善的规章制度的同时，严格项目管理，实行了建设过程的管理责任制。根据资金到位情况，努力做到突出重点、全面推进、精心实施。目前，建设资金已到位 4959 万元，其中国家民委拨款 1500 万元、学校自筹 3495 万元。

在学科建设方面已投入资金 400 多万元，主要用于各学科的条件建设。民族学项目的信息资料库设备、体质人类学标本室和文博技术综合实验室的有关设备基本购置完毕，投资 100 万元的中国少数民族语言文学项目的语言实验室建设已高标准完成并通过了专家验收，语言实验室的建设也正在抓紧进行。中国民族历史与宗教项目的资料建设和教学科研设备建设已基本完成，民族与宗教关系、少数民族原始宗教经籍的调研已经展开并取得了初步成果；中国少数民族地区经济发展项目的民族经济信息中心硬件建设已基本完成；中国少数民族艺术项目的多媒体艺术工作室、MIDI 教学工作室和业务级小型影像系统的建设也已初步完成。这些项目的完成为我校重点学科的发展提供了物质保证，为学科上水平上档次奠定了基础。在公共服务体系建设方面，投入 670 万元的校园计算机网络已在 6 月 30 日建成，经过近 3 个月的试运行，9 月 25 日正式竣工，投入了使用。该网络的设计和采用的设备比较先进，我校校园网的总体水平在北京地区高校已位于前列。另外，投资 100 万元的计算中心和计算机专业实验室建设也已完成，图书馆内计算机局域网建设已经完成并投入使用。

在校舍基本建设方面，建筑面积 4561 平方米的美术教学楼和舞蹈教学楼已经竣工并投入使用，使我校艺术学科的教学条件发生了根本变化。建设面积 7500 平方米的国际学术交流中心的主体工程和外墙装修已经完成，年底将完成内部装修，明年上半年可投入使用。干部学员宿舍楼的建设已经启动，正在进行前期准备工作。

（八）切实加强和改进党的建设和思想政治工作，为学校的改革发展提供了政治思想和组织保证

学校改革发展与建设步伐的加快，对党的建设和思想政治工作提出了新的更高要求。近年来，我们紧紧围绕学校的中心工作，不断加强和改进了党的建设和思想政治工作。

一是以“三讲”教育为契机，加强了学校领导班子建设。按照国家民委党组和中共北京市委的部署，今年上半年，我们集中两个多月时间，认真开展了以讲学习、讲政治、讲正气为主要内容的党风、党纪教育。学校党委领导班子认真学习和领会江泽民同志“三个代表”重要思想，在广泛听取教职工意见和自己反复查摆的基础上，通过深入剖析和研究，比较准确地找出了党委领导班子在党性党风方面存在的问题。在此基础上，制定了系统的整改方案，并开始有计划、有步骤地加以落实。通过“三讲”，学校领导班子的凝聚力和战斗力得到了加强，班子成员的精神面貌和工作状态发生了明显变化，过去长期困扰班子建设的问题得到了解决，学校领导班子完全有信心和能力带领全校师生员工把学校的各项建设推向前进。

二是根据党的十五大精神下力气抓了基层党组织建设。学校党委组织广大党员认真学习贯彻《中国共产党普通高校基层党组织工作条例》，1999 年开展了对全校 31 个总支、直属支部和 107 个党支部的考核评估，在考核评估的基础上，评出了 1 个先进党总支、1 个先进直属党支部和 8 个基层先进党支部，并交流和宣传了这些党组织的工作经验。在今年机关和教学科研单位机构改革的过程中，党委注意了基层党组织工作的稳定性和连续性，及时调整了党总支、直属党支部的建制，并任命了有关的负责人，保证了改革的顺利进行。近年来，党委还多次部署开展了民主评议党员工作，所有在校党员都参加了这项活动，从中受到了教育。

三是高度重视发展新党员工作。7 年多来，党校已举办了 14 期入党积极分子培训班，有近 4000 人参加了培训。共发展党员 1458 人，其中学生党员 1360 人、教工党员 98 人。目前我校现有党员总数 1555 人，其中教职工党员 1219 人、学生党员 336 人。广大党员较好地发挥了模范带头作用，为学校的改革、发展做出了积极贡献。

四是组织师生员工认真学习邓小平理论，学习党的基本理论、基本路线和基本纲领，以爱国主义、集体主义、社会主义为主题，加强和改进思想政治工作。党委组织师生员工认真学习邓小平理论和党的十五大报告及有关的中央文件，使广大师生员工能够深刻理解和把握邓小平理论的科学体系和精神实质，坚定不移地贯彻党的基本路线和教育方针，努力在思想上、政治上同党中央保持一致。党委还组织师生员工参加多次重大政治活动，使他们在活动中受到教育。在抗议以美国为首的北约集团用导弹袭击我驻南使馆的斗争中、在国庆 50 周年的庆祝活动中、在迎接澳门回归的各项活动中，我校都圆满地完成了上级交给的各项任务，多次受到有关部门的表扬和奖励。今年 9 月，经过认真准备，我校召开了思想政治工作会议，会上，学习了中央思想政治工作会议的精神，对我校师生的思想状况进行了分析，交流了做思想政治工作的体会和经验，同时提出了我校加强改进思想政治工作的基本原则和基本路径，出台了一系列关于加强和改进思想政治工作的文件，从而为在新形势下进一步做好我校的思想政治工作奠定了基础。

五是采取了各种有效措施，维护了学校的稳定。几年来，党委始终把维护学校的稳定放在工作的突出位置。学校成立了稳定工作领导小组，建立并落实了维护稳定工作的责任制和责任追究制。学校领导同各处级单位领导签订了维护稳定的责任书。学校还加强了对形势的预测和分析，加强了对国内外敌对分子特别是民族分裂分子的防范，加强了值班和信息报送制度。在同法轮功邪教组织的斗争中，校党委立场坚定、旗帜鲜明，各级党组织做了大量深入细致的思想政治工作，使绝大多数法轮功练习者认清了法轮功的本质，并同其划清了界限。

七年来，我校之所以能够在较为困难的条件下取得上述成绩，是同广大教职工的辛勤工作分不开的，也是同上级领导及有关部门的关心、帮助和支持分不开的。让我们对辛勤工作在学校各个岗位上的同志们致以崇高的敬意和深深的谢意，对上级领导及有关部门表示衷心感谢！

我们的工作虽取得了不少成绩，但是同党和国家的要求相比，同高等学校快速发展的形势相比，同一些先进的院校相比，还有不小的差距，学校的发展面临着不少困难，主要有：

一、学校领导依靠广大教职工办学的意识不强，工会、教代会的作用发挥得不够。一些重大决策，没有充分发扬民主、认真听取广大群众的意见，因而造成了一些工作失误，给学校造成了损失。如广大群众关心的西墙合作问题，虽经过请示上级等必要程序，但这是关系到学校和职工长远利益的大事，没有提交教代会讨论，再加上工作中不应有的失误，结果留下了深刻的教训。

二、对学校中心工作的认识不到位，没有真正把教学科研工作放在突出的位置上。学校领导专题性地研究教学科研工作不多，深入教学科研第一线检查指导工作不经常，在全校开展教育思想观念大讨论做得不充分，学校建设、专题建设、师资队伍建设都存在不少薄弱环节。全校上下还没有真正树立以学生为主体、以教师为主导的思想观念，为教师、学生服务的意识不强。

三、管理不善，管理环节存在严重的漏洞和失误。校园管理比较混乱，校产流失比较严重，教学区特别是家属区普遍存在的脏乱差现象长期得不到解决，教学环境、教师和学生的生活环境缺乏有效治理。基本建设缺乏总体规划，项目建设随意性大。一些项目论证不充分，缺乏有效的监督机制和制度制约，因而发生了筒子楼改造工程的严重失误。

四、经费短缺、办学条件差的局面没有根本改变。国拨教育事业费已不够人员经费开支，教学行政用房、学生宿舍严重不足，生均教学仪器设备值大大低于国家教委规定的标准，基础设施严重老化。加之学校自身创收能力差，教职工的福利待遇没有较大提高。

五、要彻底解决发展缓慢、改革滞后的问题，需要做大量艰苦的工作。上世纪90年代以来，我校招生规模始终徘徊不前，导致办学效益低下，而内部管理体制长期落后于其他高校。今年以来招生规模有了较大增长，改革的步伐大大加快，但是还有大量后续工作的配套改革要做，否则前段改革和发展的成果就有被抵消的可能。

六、教职工队伍缺乏凝聚力，人心比较涣散。相当一些教职工对办好学校的信心不足，加之各种复杂的原因，教职工队伍内部存在这样或那样的矛盾。因而凝聚人心，加强干部队伍和教职工队伍的团结，营造团结、和谐、健康向上的学校人际关系的任务依然繁重。

这些问题需要我们在今后的工作中，认真对待，采取对策，妥善解决。

二、我校改革发展的总体目标和下一步工作的思路

（一）学校发展所面临的形势

当前，以信息、生物技术为代表的科技革命突飞猛进，知识经济和网络化潮流波及全球，世界范围内正在进行新一轮经济结构调整和产业升级，国力竞争日趋激烈。而我国的经济正在进入一个新的发展时期，社会主义市场经济体制将呈现出新的面貌。我们的发展正面临着历史性机遇。

——教育对国民经济发展的先导性、全面性、基础性地位和作用日益突出，科教兴国战略深入人心，各级政府和全社会对教育发展空前重视。

——国家西部大开发战略的实施和“兴边富民行动”的推进，需要民族院校为民族地区提供更大的人才支持和智力支持。

——随着国家经济实力的提高及民族地区经济的发展和社会进步，对民族院校的支持将进一步增强。

——民族院校与民族地区经济发展的联系日益紧密，民族地区多层次、多规格、高素质的人才需求，将会促进民族院校的规模、结构、质量和效益的协调发展。

——随着社会主义市场经济体制、科技体制、人事养老保险等方面制度的进一步完善，使民族院校深化教育改革的外部环境更加宽松，内聚力和拓展力将大大增强。

——少数民族和民族地区迫切要求加快经济文化的发展，民族高等教育需求旺盛，发展空间增大。但另一方面，面临的挑战和压力也是十分严峻的。

——随着国际国内知识经济、科技革命特别是高等教育的发展，高校之间在生源、师资、经费等方面的竞争将日趋激烈，这将给我们这样的民族院校的发展带来巨大的压力。

——民族地区经济发展与社会进步，呈现出对实用型、应用技术型人才的巨大市场需求，对我们的办学传统、专业与学科优势、管理水平、办学条件和人才培养模式等提出了严峻的挑战和更高的要求。

——少数民族与民族地区现代化建设对人才数量和质量的需求与我们办学经费短缺、办学条件严重不足的矛盾突出，已成为制约学校发展的主要因素。

——社会的进步、教育的发展，要求教育思想和观念迅速更新，但我们仍有不少同志对新的教育思想不甚了解，保留着较多的落后意识，这不仅会成为学校发展的思想障碍，而且会一定程度地影响素质教育和创新人才培养的全面实施。

（二）我校面向21世纪发展的总体目标及建设步骤

我们的总体目标是：经过10年左右的努力，到2010年，把我校建设成为以人文科学、社会科学和管理科学为主干，以民族学科为特色，文、理、工、经、法、艺、管兼备，门类较为齐全，多学科协调发展的综合性民族大学；整体教学质量、科研和管理水平进入国内一流大学的行列，优势学科达到世界先进水平，在国内外具有广泛影响；成为适应国家特别是少数民族和民族地区经济建设和社会发展需要的高素质人才培养、高水平学术研究、高层次决策咨询的中心和基地。这个目标既是宏伟的，又是现实的；既鼓舞人心，又实事求是；既有很高的要求，又是通过艰苦努力可以达到的。为了实现这一目标，我们要在“九五”期间建设的基础上，再分两步走。第一步，从2001年到2005年，即“十五”期间，为加速建设阶段，使我校在教育质量、科学研究、队伍建设、管理水平、社会服务，以及办学效益方面上一个新的台阶，向总体目标大步迈进。第二步，从2006年到2010年，为达标阶段。再经过5年的努力，基本上实现我校发展的总体目标，进入国内一流、国际知名大学的行列。

（三）未来五年的主要建设指标

未来五年即2001年至2005年，既是实施我校教育事业“十五”计划的阶段，也是为完成我校发展的总体目标，在新世纪里的第一步建设阶段，这一阶段工作的好坏，对于能否实现学校发展的总体目标具有至关重要的作用。

在这一阶段，我们要努力实现如下目标：

1. 办学规模

2005年在校生总数达到17300人，其中本专科生9000人；成人教育在籍学生6000人；研究生1300人（博士生300人、硕士生1000人）；留学生（学习时间一年以上）500人；预科生500人。

2. 办学条件

到2005年，学校的生均建筑面积要达到30平方米、生均教学行政用房15平方米、生均宿舍6平方米。为此必须加大校舍基本设施的建设。要建设8000平方米的干部学员楼、17600平方米的研究生楼、22000平方米的留学生楼、20000平方米的理工教学大楼、20000平方米的文科综合大楼，扩建 15000 平方米的图书馆和新建 900 平方米的艺术类专业教室。此外，要建成合格实验室 10 个、语音实验室 15 个、多媒体演示教室 40 个、研究实验室 5 个，生均教学仪器设备费达到 6000 元。还要大幅度增加馆藏图书总量，达到生均图书 160 本和年生均进书量 6 本。

3. 师资队伍建设

要以培养中青年学术带头人和学术骨干为重点，建设一支年龄、学历、职称、学缘结构合理的高水平的师资队伍。专任教师达到 800 人左右，具有高级职称的达到 60%，具有硕士、博士学位的达到 80%，生师比达到 14∶1。要通过扩大创收和分配制度的改革，大幅度地提高教师的生活待遇，力争人均工资总额有较大的增长。要继续办好附中、附小、幼儿园，为广大教职工解除后顾之忧。

4. 学科与专业建设

到 2005 年要再建成 5 个部委级以上的重点学科，使我校重点学科数达到 10 个。博士点从现在的 9 个增加到 13 个，硕士点从现在的 24 个增加到 32 个，博士后流动站要增加到 2 个。要进一步调整和优化学科专业结构，使实用型和应用技术型专业成为专业结构的主体，本科专业总数从现在的 41 个增加到 45 个。

5. 科学研究

要在加强基础理论研究的同时，把实证应用性研究、决策参考性研究和咨询服务性研究作为重点，出一批在国内外有重大影响的成果和高品位、高档次的学术精品。要努力实现 3 个增长，即年科研经费以 15% 的速度增长、获部委级以上科研项目和获奖成果要稳步增长，到 2005 年，年科研经费达到 510 万元，年科研成果达到 1500 项以上。反映科研实力的指数以及反映科研水平的指标要准确反映我校的综合实力与优势，处于全国同类院校的前列。

6. 国际交流与合作

要进一步加强国际交流与合作，使我校成为我国民族高等教育与国际联系的窗口和进行国际学术交流的中心。到 2005 年，与我校建立实质性合作与交流关系的国外大学要达到 25 所以上，外派访问学者和研修人员达到 300 人次，合作研究项目 5 项以上，外派本科生、研究生达到 50 人。同时聘请一批外国专家来校讲学、合作举办国际会议，不断扩大留学生教育的规模，努力开创国际学术交流与合作的新局面。

7. 精神文明建设

要在各族师生员工中深入进行建设有中国特色社会主义共同理想的教

育、党的基本路线教育和正确的世界观、人生观、价值观、马克思主义民族观、宗教观的教育，努力实现以政治理论素养、职业道德和基础文明修养、民主与法制观念为主要内容的师生员工思想道德素质的较大提高；实现以内容健康、格调高雅、丰富多彩为目标的校园文化生活质量的较大提高；实现以优良的校风学风、良好的校园秩序和优美的校园环境为主要标志的校园文明程度的较大提高，形成有利于人才健康成长的校园氛围和环境。

（四）工作思路与措施

为顺利完成“十五”建设的各项指标，并为实现我校的总体发展目标奠定基础，在今后一段时间，需要着重抓好以下方面的工作：

1. 在邓小平理论指引下，开展教育思想的大讨论，进一步解放思想、转变观念。

观念的落后是最大的落后，为了跟上全国高等教育改革和发展的步伐，我们必须迅速更新教育观念、转变教育思想。要通过教育思想的大讨论，在全校上下重点强化以下几种意识：一是育人意识。高等学校的最根本任务就是培养人，一切工作的最终落脚点都要放在培养合格人才上。因此，无论在校内从事什么工作，都必须强化育人意识，坚持教书育人、管理育人、服务育人。二是教学、科研为中心的意识。要把教学科研工作放在突出位置上下力气抓好。学校领导班子要起带头作用，要坚持听课制度，党委常委会、校长办公会每学期都要专题研究有关教学科研工作的重大问题。三是主动适应社会发展需要的意识。学校的发展必须同社会的需要相适应，作为民族院校还必须同国家民族工作的需要相适应，离开这一点学校就失去了存在的价值。四是质量意识。在新的世纪里，高校之间的竞争将日趋激烈，而这种竞争最主要的将是人才培养质量的竞争，不努力提高教育质量，必将在未来的竞争中被淘汰。因而全校上下必须树立起质量就是生命的观点。五是效益意识。教育作为一种特殊产业必将越来越重视投入与产出的关系，不重视办学效益，不重视校内各项工作的效益，是落后的教育管理的反映。在市场经济条件下，没有办学效益或办学效益低下的学校是难以长期生存下去的。六是创新意识。创新是知识经济的显著特征，缺乏创新精神，因循守旧，不但不可能培养出创新人才，也难以办好学校，更难以在未来的知识经济时代站住脚。我们要通过讨论，使上述六种意识深入人心，创造一个有利于改革、有利于发展的舆论和思想环境。

2. 继续深化改革，以改革促发展。

改革是推进我校各项事业发展的强大动力，只有不断推进改革，才能从根本上解决制约和影响我校发展的一系列问题。我们要紧紧围绕学校的总体发展目标，大力推进办学体制、教育教学、人事制度、院系管理体制和后勤社会化等各项改革。

要积极探索共建、联合办学的有效途径和模式，争取更好的支持和合作，拓宽经费来源渠道。联合办学不仅要面向北京市的兄弟院校，而且要面向全国、面向国外，要加大与国外、境外联合办学的力度。近期要积极争取国家教委、北京市和国家民委三家共建我校。同时，要积极探索开辟新的校区，为扩大办学规模做好准备。

要按照“三个面向”的方针，制定我校深化教育教学改革的若干意见，就专业建设、课程建设、人才培养模式和教学方法的改革及加强德育工作和学籍管理等问题提出具体的措施，同时要制定提高教育教学质量的有关办法和全面推进素质教育的实施意见，努力提高人才培养质量。

要进一步推进人事分配制度改革。在今年改革的基础上教学科研单位要抓紧定编定岗，实行竞争上岗、全员聘任。要破除分配上的平均主义，完善竞争机制。要加强评估和考核工作，变过程管理为目标管理，把考核的目标告诉大家，强化各类人员的岗位责任意识，并将评估、考核的结果与职务、职称晋升、业绩津贴等挂钩。

要本着有利于加强学科建设、有利于优势互补的原则，继续推进院系管理体制改革，使院系设置更加科学合理、机构人员精干、运转灵活、工作高效，以更好地促进教学科研工作。要在已建 9 个学院的基础上，待条件成熟时，适时建立其他学院。要加快后勤社会化改革。在已实行的“小机关、多实体”的管理改革的基础上，进一步调整后勤管理机构，变行政管理为企业化管理，变拨款服务为收费服务，真正形成甲乙关系；按照规范要求实现后勤同学校的分离，进行校际之间后勤行业联合和区域联合，要利用社会力量，引入竞争机制，提高后勤服务质量和管理水平，提高效益，逐步减轻学校负担。

3. 全面加强学科建设，形成和完善结构合理、特色鲜明的学科体系。

学科是学校安身立命的根本，因此学科建设是学校改革与发展的中心环节，是实现学校总体发展目标的关键。我们要集中力量把我校的学科建设好。

学科建设的目标是：根据国家特别是民族地区经济建设和社会发展的需要，建设在国内同类院校领先、在国际上有一定影响、结构合理、特色鲜明、协调发展的综合性学科体系。学科建设的原则是：优化结构、突出重点、提高水平、形成特色。在学科的布局上，既要重点发展一批社会急需的应用性学科，又要保持我校在民族学科方面的优势；既保持我校人文社会科学为主干的格局，又要加强理工科的建设，增强学科的综合性，促进理工科与文科之间的互相渗透；要认真建设好已列入“211 工程”学科建设项目的 5 个重点学科，同时努力建设好其他学科，争取有新的学科达到重点学科水平。加强我校的学科建设，要特别注意处理好以下几个关系：

一是应用学科与基础学科的关系。在大力发展应用学科的同时，绝不能忽视基础学科，尽管这些学科面临的困难不少，但一定要看到这些学科对学生的全面发展、对社会全面进步所具有的重要作用，因此要有长远眼光，采取措施保持和发扬我校在这些学科方面的传统优势。二是重点学科与其他学科的关系。在当前财力十分有限的条件下，我们不可能面面俱到地、平均地把力量投到各个学科领域，必须相对集中力量，突出发展重点学科。但也要防止只抓重点学科而牺牲其他学科的倾向，没有其他学科的支持，孤立地建设几个重点学科，最终不可能搞好重点学科的建设。重点学科并不是固定不变的，其他学科搞好了，也可以成为重点学科。三是发扬历史传统和适应现实需要的关系。我校在学科建设中形成的历史传统和优势是我们下一步发展的基础，决不能丢掉，但另一方面，如果只强调历史传统，躺在已有的优势上，而不努力去适应社会和经济发展的新形势，调整已有的学科结构和体系，我们学科的生命力将会枯竭，已有的学科优势就会丧失。

4. 强化内部管理，坚持依法治校。

在加强改革和发展的同时，决不能忽视和放松管理。改革出效益，管理也出效益。要建设一流大学没有高水平、高效率、严格的管理是不行的。近些年来，管理不善现象不仅引起广大师生员工的强烈不满，也影响了学校人才培养的质量和办学效益的提高。我们要从上至下有组织地学习国家有关民族工作、教育工作的法律、法规、政策，严格依法办学，要加强校园区和家属院的综合治理，净化育人环境，为师生员工创造良好的生活、学习、工作条件。要加强校产管理，制止国有资产流失。要加强和改进对学生和教职工的管理，树立良好的校风、学风和教风，培育健康的校园文化。要加强对各级干部的管理、监督，加强勤政、廉政建设。要制定和完善校内办事程序，杜绝推诿扯皮、办事效率低下的现象。要大力加强制度建设，使学校的各项管理工作规范化、制度化，促进整体管理水平的提高。

5. 以培养优秀中青年骨干为重点，不断提高教职工队伍的整体素质。

要实现我校的总体发展目标，关键是要建立起一支高水平、高素质、整体结构合理的教师队伍、管理队伍和其他骨干队伍。我们要围绕年龄优化、结构优化、层次优化，着重抓好以下几方面工作：

一是大力培养中青年学术骨干，造就新一代的学术带头人。要精心实施“252”人才工程，即培养 20 名在国内外具有较高学术地位的知名学者、50 名国内外有影响的中青年学术带头人、200 名具有发展前途的教学科研骨干。为此要完善择优选择、破格晋升、重点培养学术带头人和青年骨干教师的制度，扶持他们尽快成长，为学校的发展奠定人才基础。要进一步建立和完善竞争、激励机制，实行开放式队伍管理模式，使人员流动有利于队伍结构的优化和整体素质的提高。

二是加强党政管理干部队伍的建设，重在中青年干部的培养。要建立校、系两级后备干部队伍，按照“四化”方针和“德才兼备、结构合理”的原则，积极选拔、大胆起用优秀的年轻干部。同时进一步加强干部管理、考核和培养工作，加大干部交流力度，实行多岗锻炼，使他们健康、快速成长。要鼓励有条件的干部“双肩挑”，逐步提高干部队伍的学历层次。

三是充实、调整、稳定和提高教职工队伍。为了保障并推动学校各项工作的总体协调发展，要切实加强图书资料、实验技术、出版、财会、档案等专业技术队伍的建设，还要加强校办产业开发队伍的建设，重视产业带头人的选择、培养，促进产业开发和管理工作上新的台阶。

6. 认真贯彻民主办学的方针，充分调动广大教职工的积极性，同心同德、齐心协力，努力实现我校发展的总体目标。

实现我校的总体奋斗目标需要全校教职员工的共同努力，需要全校教职员工积极性与主动性的发挥。为此，要进一步坚持和发扬民主办学的优良传统和方针，加强决策的民主化、科学化，充分发挥教代会、民主党派和工会、共青团、学生会、研究生会等群众团体的作用，调动全体教职员工建设学校的积极性和主动性。

加强决策的民主化、科学化。要进一步坚持和健全民主集中制，建立和完善保证民主集中制原则的贯彻执行和促进决策科学化、民主化的规章制度。进一步明确学校各类决策会议的议事范围、讨论形式和表决程序，特别是要建立和完善重大问题的决策程序和决议机制，对包括咨询、审议、决策、执行、监督、反馈等各个环节做出明确规定。坚持和完善集体领导与个人分工负责相结合的制度，校系两级领导班子要带头发扬民主，密切联系群众，搞好勤政廉政建设。发挥教代会、校学术委员会的作用，重大决策要更多地征询和听取广大师生员工的意见，集思广益、同心同德，把学校的各项工作搞好。要发挥民主党派和工会、共青团、学生会、研究生会等群众团体的作用。进一步完善定期向民主党派通报学校重大活动的制度，要为民主党派开展工作创造有利条件，发挥民主党派参与和民主监督作用；要高度重视工会、共青团、学生会、研究生会的工作，支持他们独立自主地开展活动，更好地维护和代表师生员工的根本利益。要加强教代会的工作。教职工代表大会是坚持民主办学的基本形式和有效途径。我校教代会制度建立于 1989 年，多年来教代会在加强学校民主建设，创造良好的政治、学术、工作和生活环境，维护教职工的合法权益，充分发挥教职工的主人翁作用，推进学校的改革与发展等方面做了大量的工作，起到了很好的作用。江泽民总书记多次强调要全心全意依靠工人阶级。随着教育体制改革的不断深入，对民主决策、民主管理、民主监督提出了更高的要求，为适应我校下一步改革与发展的需要，必须进一步加强教代会的工作，加强教代会的自身建设，使教代会的工作进一步规范化、制度化。我相信，经过本次大会，通过健全加强教代会和工会的组织机构和管理制度，教代会和工会在我校改革与发展中的作用必将得到更大的发挥。

各位代表、同志们：我校正处于改革与发展的关键时期，“211 工程”的实施，为我校的改革与发展提供了难得的时机，同时也加重了我们身上的历史责任。我们下一步奋斗的目标和工作思路已经明确，我相信，在以江泽民同志为核心的党中央领导下，在以邓小平建设有中国特色社会主义理论指导下，经过全校师生员工的共同努力，我校改革与发展的总体目标一定能够实现。

中国共产党中央民族大学第六次代表大会闭幕词

（2000 年 12 月 24 日）

同志们：

中国共产党中央民族大学第六次代表大会，经过全体代表的共同努力，顺利完成了大会的各项议程，达到了预期目的，今天就要闭幕了。

这次大会，全体代表认真听取和审议了第五届党委工作报告和纪律检查委员会的工作报告，并通过了相应的决议，经过大会前和会议期间的热烈讨论，大家认为：这两个报告所反映的情况是比较全面、客观和实事求是的。党委工作报告回顾了 50 年的办学历程，明确了我们今后的办学思想，这对我们今后办好中央民族大学具有非常重要的意义。对 6 年来工作成绩的总结和存在问题的分析是客观的，对学校发展所面临的形势的把握是准确的，提出的工作思路、发展目标、党的建设和思想政治工作的措施是符合我校实际的。代表们一致认为，必须认真贯彻落实党的十五届五中全会精神，紧紧围绕党委工作报告中提出的发展这个主题，抓住机遇、迎接挑战，继续推进我校的各项改革。为此，我们必须以世纪之交召开的这次党代会为契机，不断加强党的建设，充分发挥广大党员同志的先锋模范作用，并积极组织和动员广大群众，同心同德、万众一心、开拓进取，为在新的世纪实现民大的振兴而努力奋斗。我相信中央民族大学的全体共产党员和各族师生员工在以江泽民同志为核心的党中央领导下，在国家民委党组和北京市委的关怀和支持下，一定会加倍努力、奋发图强，完成大会提出的各项任务，实现我校新的发展目标。

在这次大会上，经过全体代表的充分酝酿，民主选举产生了我校第六届党的委员会和新一届纪律检查委员会，我们希望新的领导集体，一定不要辜负上级党组织和全体党员、全校各族师生员工的殷切希望，努力做到“团结、负责、廉洁”，并按照江泽民同志“三个代表”的要求，抓好自身建设。同时，认真贯彻好民主集中制原则，全心全意依靠广大教职员工，坚持走群众路线，关心群众疾苦，牢记邓小平同志的教诲“领导就是服务”，多为群众办实事。我们相信，新的领导集体一定能够团结和带领全校党员和各族师生员工，为把我校建设成为全国一流的综合性重点大学，为党的民族工作和民族地区的繁荣与进步及祖国的现代化建设做出新的更大的贡献。

代表们在讨论党委和纪委工作报告的过程中，提出了许多具有建设性的意见和建议，这些意见和建议，反映了我校全体师生员工要求加快发展中央民族大学的共同心愿和迫切要求，这种心愿和要求是加快民大发展的动力之所在，是实现民大腾飞的基础。对这些意见和建议，我们将在全体代表大会结束后立即着手进行认真的整理，并交给新一届党委会进行专题研究，以便在今后的工作中加以改进。

这次代表大会筹备和召开期间，国家民委党组和北京市委对我们的工作给予了热情的指导和帮助，国家民委领导和北京市委教育工委领导亲临大会，给我们的工作以热情的鼓励。在此，我代表大会主席团和全体代表对上级领导的关心和支持表示衷心的感谢！我代表中共中央民族大学第六届委员会、中共中央民族大学纪律检查委员会向第五届党的委员会、纪律检查委员会为民大的改革和发展所做出的贡献表示崇高的敬意！同时我们也向为这次大会顺利召开而辛勤工作的全体工作人员表示真诚的谢意！

现在我宣布：中国共产党中央民族大学第六次代表大会胜利闭幕！

（原载《中央民族大学周报》2000 年 1 月 2 日，总第 960 期，周报第 535 期）

在中央民族大学党政机关机构人事制度改革动员大会上的讲话

（2000 年 3 月 10 日）

各位老师、同志们：

经过学校党政领导研究决定，今天下午，我们在这里召开机构人事改革的动员大会。参加大会的有中级职称以上的教学科研人员，院、系、部、所中层领导，科级以上的机关干部。会议的主题，是中央民族大学机构人事制度的改革。现就此问题，我代表校党委、行政讲六点意见。

一、党政中层领导干部竞聘上岗的重要性、必要性和有利的条件

高校的机构人事制度改革势在必行，中层领导干部竞聘上岗已成为人事制度改革的一种趋势。从目前高校面临的机遇和挑战来看，哪所大学能够在改革方面争取主动，哪所大学就能在 21 世纪的竞争中处于有利的地位；哪所大学就能在竞争中处于上游，占领学术水平、办学质量和办学效益的制高点。因此，我们必须清醒地认识到，改革势在必行，竞聘上岗势在必做。其重要意义至少有以下五点：

1. 中层领导干部竞聘上岗是我们学校人事、管理制度改革的重要举措。我们要从改革中要效益，从改革中上水平。通过中层领导干部竞聘上岗，才有利于改变过去那种“领导要我干”的旧格局，转变为现在“我要干”的聘任制新局面；有利于优化我校管理干部队伍的素质结构；有利于调动广大干部、教师的积极性、主动性和创造性，推动民族高等教育事业的发展。

2. 通过中层领导干部竞聘上岗，明确各岗位的职责权利，打破“铁饭碗”和“平均主义”的大锅饭，建立激励竞争机制和新的岗位津贴制度。随着学校的发展，要逐年增加新岗位和福利待遇，以岗定薪，岗变薪变，增强领导干部的责任感和事业心，改变过去干好干坏一个样、干多干少一个样的不良现象。

3. 通过竞聘上岗，强化岗位，建立起能上能下、能进能出、能高能低的激励和约束相结合的机制，有利于领导干部的锻炼成长，平衡心态、稳

定情绪，选择适合自己条件的工作岗位，发挥自己的优势，更好地开创工作新局面。

4. 公开聘任中层领导干部上岗，通过竞聘演说，有利于组织、人事部门对干部的考核，有利于发现人才、培养和使用人才。比如每一个竞聘者做10分钟竞聘演说，向大家发表施政纲领，这样大家都可以看出他的口头表达能力、思维概括能力、文字表达能力，这就有利于我们发现人才、培养和使用人才，更好地贯彻实施奖勤罚懒、奖优罚劣的制度。同时通过群众的民主测评，进行公开监督，可增强教职工参政、议政和审政的能力和意识，为完善人事管理制度提供外部的约束条件。

5. 中层领导干部竞聘上岗，平等竞争，公开演说，能发挥各人的长处，展示自己的才华，尽可能做到人尽其才、量才使用，合理配备领导干部的工作岗位。

这就是这一次我们为什么要实行中层领导干部竞聘上岗所要讲的五点重要性。同时，这次我们学校实行党政机关中层领导干部竞聘上岗也具备了许多有利条件，这些有利的条件主要有：

1. 国家民委党组原则上已经批准我校的党政机构调整方案和实施办法，可以颁布实施，表明上级机关对我们学校的重视和支持。刚才王书记已经把国家民委主任办公会议的纪要宣读了。

2. 校领导班子已经形成一个团结协作、共同奋斗的坚强领导集体，有决心有能力带领全校师生员工搞好学校的改革，推进中央民族大学的建设与发展。

3. 广大教职员工对学校的改革已经有了较长时间的思想和心理准备，改革顺应了教职员工的心理要求和共同愿望。今天到会的就有800多人，而且今天下午两点半准时开会，这就表明了大家都关心和支持改革，都有改革的心理要求和共同愿望。

4. 改革的外部环境和时机已经成熟，已经有了外部可以借鉴的经验教训。外围的很多大学包括清华大学、北京大学、中国人民大学、理工大学，他们都已经进行了改革，我们可以借鉴他们的经验，也可以避免他们的教训。所以改革的时机基本成熟。早改革早主动，晚改革就会被动，不改革就无出路。因此，我们要统一思想认识，坚定改革的信心。

5. 学校已经制定了一套聘任制的规章制度，为这一次处级领导干部竞聘上岗提供了政策配套措施，有利于解除领导干部的后顾之忧。

二、党政机构调整的原则和实施的方案

调整的原则主要有三个方面：（1）精简、统一、高效的原则。我们这次改革主要是精简机构、精简人员、理顺关系、加强管理、提高工作效率。（2）统筹规划、职能分解的原则。对职能相近的部门实行合署办公；对职能相同、重复设置的部门实行撤并；其他部门按工作性质、类别划分予以保留或归口管理。（3）转换职能、协调关系、自如运转的原则。

具体来说，我们的机构调整是这么考虑的：

实行合署办公的机构：党委办公室与校长办公室合署办公，称学校办公室；党委组织部与统战部合署办公；纪律检查委员会办公室、监察处与审计处合署办公，称纪检监察审计办公室；保卫部与武装部合署办公。

实行撤并的机构：撤销成人教育处、夜大函授部、干训部，成立中央民族大学成人教育学院（稍后实行）；撤销研究生部，成立研究生院；撤销设备处、房改办、开发办，成立校产管理处；撤销总务处、基建处，成立后勤管理处；撤销外事处，成立国际交流处；把招生办公室并人教务处，不单独成立。

保留的机构：宣传部、人事处、教务处、科研处、学生处、离退休干部处、财务处。

挂靠的实行归口管理的单位：党校挂靠组织部；校报挂靠宣传部；电教中心挂靠教务处；成立校园网络中心，挂靠学校办公室；学报（文科版、理科版）、《民族教育研究》合并成立中央民族大学期刊社，挂靠出版社。

群众团体单位：校工会、校团委。学校直属单位：图书馆、博物馆、出版社、校医院。

机构大致就是这么个调整。这就是刚才我讲的调整原则。

实施的方案，全校由现在的 28 个党政机关精简为 15 个，精简率为 47%；人员由 189 人精简为 136 人，精简率为 28%。精简以后的单位、编制和职数如下：

学校办公室：编制 9 人，正处级干部 1 人、副处级 2 人、科级以下 6 人；组织统战部：编制 5 人，正处级干部 1 人、副处级 1 人、科级以下 3 人；宣传部：编制 10 人，正处级干部 1 人、副处级 2 人、科级以下 7 人；纪监审办公室：编制 6 人，正处级干部 1 人、副处级 2 人、科级以下 3 人；保卫武装部：编制 11 人，正处级干部 1 人、副处级 2 人、科级以下 8 人；人事处：编制 12 人，正处级干部 1 人、副处级 2 人、科级以下 9 人；教务

处：编制16人，正处级干部1人、副处级3人、科级以下12人；科研处：编制5人，正处级干部1人、副处级1人、科级以下3人；学生处：编制8人，正处级干部1人、副处级2人、科级以下5人；研究生院：编制6人，正处级干部1人、副处级1人、科级以下4人；国际交流处：编制6人，正处级干部1人、副处级1人、科级以下4人；离退休干部处：编制11人，正处级干部1人、副处级2人、科级以下8人；财务处：编制12人，正处级干部1人、副处级1人、科级以下10人；后勤管理处：编制7人，正处级干部1人、副处级1人、科级以下5人；校产管理处：编制12人，正处级干部1人、副处级1人、科级以下10人。

这些实施方案我们还要公布，包括岗位、职数、任职条件等。

三、处级领导干部聘任的原则、基本条件、聘任的程序和聘任期限

这一次中层领导干部的聘任，是按照“按需设岗、公开招聘、平等竞争、择优聘任”的原则，实行职务聘任制，正处和副处一起聘任。

聘任的基本原则有五个：（1）党管干部的原则。我们是在中国共产党领导下的学校，这次我们实行机构人事制度的改革，实行中层领导干部聘任制，一切过程都要在校党委的领导下进行，这一点必须要明确。（2）实行民主集中制的原则。从动员大会开始，一直到最后聘任大会结束，始终都体现着民主、集中，在民主的基础上实行集中，在集中指导下开展民主。所以每一个方案、每一个步骤，都将召开相应的座谈会，广泛地吸收大家的意见，集思广益、群策群力，先集中大家的智慧，最后由党委做出决定。（3）干部的“四化”方针和“德才兼备”、“任人唯贤”的原则。要真正体现出革命化、专业化、知识化、年轻化。（4）群众公认、注重实绩的原则。（5）注重培养和选拔少数民族干部的原则。因为我们中央民族大学是56个民族的大家庭、56个民族的缩影，我们的老师、学生当中，有56个民族，其中老师中就有36个民族成分。所以我们要认真地贯彻实行民族政策，加强民族团结，促进民族繁荣。

聘任的基本条件，一是理论上要认真学习马列主义、毛泽东思想和邓小平理论，具有履行职责所需的政策理论水平，能够运用马克思主义的立场、观点、方法分析和解决实际问题；二是政治上要与党中央保持一致，贯彻党的基本路线和党的教育方针，贯彻党的民族政策，维护民族团结，坚持社会主义的办学方向；三是要忠诚党的教育事业，具有高度的革命事业心、政治责任感和奉献精神，能够以主要精力投入党政管理工作；四是

要懂得高等教育管理规律，熟悉高等学校工作，有组织领导能力、科学决策能力和相应岗位的专业知识及实际工作能力，有开拓创新精神和工作业绩；五是认真贯彻党纪国法，廉洁奉公、为人师表、公道正派、民主作风好，团结同志、联系群众、服务意识强，顾全大局、协调能力强。年龄条件，现任处级领导干部没有到退休年龄，而又任不满一届的，不参加竞聘上岗；学历条件：正处级干部必须有本科以上的学历；身体健康，具有五年以上工龄，具有相应岗位的条件，都可以应聘。

15 个岗位的具体聘任条件，我在这里就不一一列举了。

竞聘的程序，也就是竞聘的步骤，大体上有那么几个：（1）公布处级岗位、职数及任职条件；（2）个人报名，每人可以报 2—3 个岗位（表上都设有）；（3）公开竞聘，每位竞聘者在岗位竞聘大会上发表演说，讲一讲自己的施政纲领；（4）民主测评；（5）组织考核；（6）党委研究决定；（7）任前公示（被提拔的予以公布，平级的不公布）；（8）公开聘任，召开大会，由校领导颁发聘任书（聘期四年，其中第一年为试用期，试用期满，通过述职报告合格的，继续聘用）。

四、处级领导干部聘任的待遇规定

经过学校党委常委研究，并通过校党委委员讨论，处级领导干部聘任有六条规定：

1. 现任处级领导干部，在本次处级岗位竞聘过程中，无论是否受聘用，原有住房待遇不变，并享受房改相关政策的规定。

2. 现任处级领导干部没有到退休年龄，而又任不满《中央民族大学机关正处级党政领导干部聘任制实施办法》所规定的聘任期限一届（每届四年，57 岁以上）者，不参加竞聘，但其原有工资、福利待遇不变。

3. 竞聘后，新任岗位高于原任岗位者，按新任岗位的有关规定，享受相应的工资、福利待遇，也就是“以岗定薪，岗变薪变”。

4. 竞聘后，新任岗位低于原任岗位者，其原有的职务工资不变，但其他福利待遇按新岗位相应变动。

5. 竞聘后，未被聘任者，即到人才交流中心报到、注册，工资、福利按有关规定办理。

6. 在人才交流中心待聘期间，按政策享受相应的待遇，并履行相应的义务。组织、人事部门一次性给予重新安排工作岗位，不服从者，按有关政策规定处理。

五、处级领导干部聘任的日程安排

学校处级领导干部聘任的日程安排大致上有以下几个步骤：

3月10日，机构人事改革动员大会；11—12日召开6个座谈会：教代会主席团座谈会、科级以上干部座谈会、院系部所领导干部座谈会、民主党派座谈会、离退休干部各类代表座谈会、中青年教师代表座谈会，这6个座谈会主要就我校的机构再一次提出意见和建议；13—16日，公布岗位职数和任职条件，同时开始个人报名（到组织部领表），这段时间同时做好竞聘的准备；18、19日，公开竞聘演说；20—24日，由组织部组织考核；25—26日，党委决定；27—29日，任前公示；31日，即3月的最后一天，公开聘任，召开大会，由校领导颁发聘书。同时，上岗聘任的同志举行宣誓，面对全体师生员工举起右手，宣誓接受学校领导的聘任，服从安排、履行职责、接受监督、廉洁奉公、忠于职守、团结奋进，为推进中央民族大学的建设和发展做出贡献。要真正体现中层领导干部就职誓言的坚定有力、雄伟壮观、实在有效。

六、参加处级岗位竞聘者需要注意的事项和基本要求

我们这次处级领导干部竞聘上岗，是我校改革一个很重要的环节，所以提出一些要求：

1. 需要具备任职的基本条件和具体条件。基本条件刚才我已经说了，具体条件我们将在宣传栏上公布。这就要求每一位参加竞聘上岗的同志都要认真学习和领会各个岗位的任职条件，并注意了解准备聘任岗位的基本情况。比如说你要竞聘教务处的岗位，那你就要看教务处的具体条件是什么？要了解教务处的主要任务是干什么的？围绕它的职责来准备竞聘演说。竞聘演说不仅是在台上说得好，更重要的是实际工作要干得好。所以对自己的竞聘演说必须考虑要实事求是，将来你上岗以后，我们就以你这个演说来作为衡量你的依据。

2. 所有中央民族大学的教职员工只要符合竞聘岗位的任职条件，都可以报名参加竞聘演说，每位竞聘演说者限在10分钟以内完成演说。所以，请竞聘者要做好充分的、认真的准备，要抓住要点、讲清问题，争取旗开得胜，在公开竞聘演说时公开亮相、大显身手。

3. 本次竞聘上岗是一次极好的机会，机不可失、失不再来，请有条件的竞聘者，特别是中青年教师、干部不要坐失良机。要消除思想顾虑和心理障碍，站了这么多年讲台，还怕什么？要抓住机遇，重在积极参与，重在实际

竞聘，为自己竞聘上岗创造条件，竞聘上去了，是党和人民对你的信任。天生我才必有用，此时不上，更待何时，胜利果实是永远属于开拓者的。

4. 在整个竞聘上岗过程中，参加竞聘者要严格遵守纪律，做到“三不要”：（1）不要互相串联拉选票，竞聘中有 3 张表格是要大家来打钩的，要注意不要互相串联拉选票；（2）不要散发传单宣扬自己或打击别人；（3）不要做出损害学校的事情，做到不利于团结的话不说，不利于团结的事不做。如果有违反纪律者，将取消竞聘上岗资格。

5. 参加竞聘者要正确对待自己、正确对待组织、正确对待群众。不论是否竞聘上岗，都应做到心情平静、情绪稳定，做到“去留无意，望长空云卷云舒；宠辱不惊，看庭前花开花落”。不要把这个问题看得特别严重，能高能低、能上能下、能进能出，还怕什么？

6. 参加竞聘者要正确处理个人与个人、个人与组织、个人与群众的关系，一切以事业为重，以学校整体的利益为重，绝不要意气用事，凭一时的冲动而误了自己的前程。

7. 与会者要以高度负责的政治责任感和执著的事业心，认真对待我们学校机构人事制度改革，要郑重、认真填写学校下发的每一张表格，要填好填实填真。

8. 在学校机构人事变动的交接过程中，在岗位、人员没有交接班之前，原有岗位的一切工作、职责、权利范围暂按旧机制运行。用一句通俗的话来讲，就是站好最后一班岗，坚守好职责。也就是说要做到思想不能松、队伍不能减、效率不能低。我把丑话说在先，如果哪个部门出了问题，就追究哪个部门领导的责任。等到新的岗位交接班的任务完成了，一切按新岗位的职责规范办理，这时候，旧的工作结束，新的工作开始。

9. 在学校机构人事变动期间，在新的机构合署、撤并没有完成之前，学校分属各单位管理的一切财产，包括固定资产、流动资产一律原封不动，不能私分公款公物。待新领导到新的岗位后，原单位的领导有责任办理移交手续。一旦发现乘机作乱、违法违纪者，是什么性质就按什么性质严肃处理，决不姑息迁就。这一点也要讲清楚。

总的来说，我们这次机构人事改革是一个重大的举措，大家都要积极地参与。我们这次发了 4 个文件、4 张表格和 1 张聘任书，确实是一次很好的机会，所以希望具备条件的老师、干部都要踊跃报名，积极参与，要借学校提供的舞台，展示自己的才华，显示自己的身手，让广大教职工来检验自己、承认自己。

让我们都来积极参加竞聘活动，祝参加竞聘者获得成功！

在中央民族大学党政机关处级领导干部聘任大会上的讲话

（2000 年 3 月 31 日）

各位老师、同志们：

历时 21 天的处级领导干部聘任工作今天圆满完成了。这次聘任工作在国家民委党组的领导和支持下，在校党委的正确领导下，通过广大教师、干部的积极努力和认真配合，进展十分顺利，原定的日程安排和目标都如期实现了，取得了良好的效果，达到了预期的目的。为此，我代表校党委、行政向任中夏等 42 位同志竞聘上岗表示热烈的祝贺；对广大教师、干部积极参与学校处级领导干部的聘任工作表示衷心的感谢！

下面，就本次聘任工作谈几点意见。

一、本次领导干部竞聘上岗、中央民族大学党政机关机构人事制度改革是成功的，收获也是很大的

具体来说主要是：

1. 精简了机构和处级领导干部的职数。本次竞聘 18 个单位、上岗 42 人，比学校原设置的单位减少了 9 个，比原有单位总数减少了 33.3%；人数比原有处级领导干部减少 22 人，比原来减少 30%。机构精简了，人员也精干了。

2. 坚持了德才兼备的用人标准。用什么样的人是广大教职工十分关注的问题。在用人的问题上，校党委十分慎重，认真贯彻了德才兼备的标准，贯彻“三讲”原则，坚持革命化、知识化、专业化和年轻化的“四化”方针，对竞聘上岗的同志进行了全面的综合考察。坚持德才并重，首先看德，把德放在首位。我们知道，有德无才是庸才，有才缺德是害才，德才兼备才是优才。所以不论在群众测评中，还是在各类代表座谈会上，或者找个人谈话，我们都十分重视考核对象的德和才的实际表现。通过对照条件，综合考察后我们才使用。

3. 拓宽了选拔和使用干部的视野。这次处级领导干部竞聘 18 个单位，有 110 多人参加竞聘，上岗职数与参加竞聘人数是 1：2.5 左右，有各层次

的人才参加竞聘。从职称来说，有教授、副教授、讲师；从学历来说，有博士、硕士、学士；从年龄来说，有三个年龄段，即 50 多岁、40 多岁、30 多岁的干部老师；从机关、系部来说，有现任的处级、科级和一般干部，也有系部的领导和教师。由于参加竞聘的人数多，涉及的层面较广，这就为学校党委选人用人提供了较大的选择余地，拓宽了我们选拔和使用干部的视野，使我们在较大的范围选聘了干部。

4. 优化了机关处级领导干部队伍的结构，提高了领导干部素质。在这次竞聘上岗的42 位同志中，无论从哪个方面说，都是优化了机关处级领导干部队伍的结构。从职称结构来说，现设 18 个单位中，有 12 个正职岗位和4 个副职岗位都是高级职称人员上岗，分别在组织部、人事处、学生处、学校办公室、宣传部、教务处、科研处、研究生院、国际交流处、图书馆、出版社、民族博物馆岗位上任职，占竞聘岗位的90%，占竞聘上岗总人数的 38.1%。从学历结构来说，有 8 个博士上岗，分别在组织部、学生处、宣传部、教务处、科研处、国际交流处、图书馆、民族博物馆岗位上任职，占本次竞聘上岗总人数的 19.1%；有硕士 4 人上岗，占总人数的 9.5%。两个数相加，高学历竞聘上岗人数占总人数的 28.6%。从年龄结构来说，本次竞聘上岗最大的 56 岁，最小的 30 岁，平均年龄 43.5 岁，比原有的中层领导干部的平均年龄下降 5.4 岁。从民族成分结构来说，本次竞聘上岗的干部中有 15 个民族，分别是汉、蒙古、回、藏、维吾尔、苗、彝、壮、布依、朝鲜、满、土、傣、黎、锡伯族。高职称和高学历上岗的人数占总人数的 66.7%，这就大大地提高了干部队伍的政治素质、理论素质和专业素质。

5. 突出了公开公平公正的原则，增强了民主透明度。我们学校在整个处级领导干部的聘任过程中，每一个阶段每一个环节都充分体现了公开公平公正的原则。从竞聘上岗动员大会、公开竞聘演说、群众测评，到召开 10 个座谈会、找个人谈话都增强了民主透明度。如 3 次大会，即竞聘上岗动员大会、公开竞聘演说大会、聘任上岗大会，都有中级以上职称的教师、科研人员、科级以上的机关干部和系部馆所中层领导近 800 人参加；召开的 10 个座谈会，有 239 人次参加；考核 101 个竞聘对象，分别找了 327 人次谈话。在学校党委常委讨论审定拟聘名单之前，没有任何框框，没有戴帽子，没有事先的内定方案。在党委常委讨论过程中，首先听取考核小组对被考核对象的全面汇报，并听取纪委的汇报。在这个基础上，充分讨论、反复比较、对照条件、综合考察，形成共识以后，才决定拟聘的名单。42 人聘任上岗之前又进行了 3 天公示，充分听取了群众的意见和建议，真正扩大了民主。从反馈的意见来看，绝大多数教职工对42位竞聘上岗的处级领导基本上是满意的，认为整体素质和综合水平都是比较高的。

6. 加大了部门之间、机关与系部之间干部交流的力度。这次从系部交流到机关任职8人，占总人数的19.1%；机关交流到系部任职2人，占总人数的4.5%；新上岗13人，占上岗总人数的35.7%。对交流干部、打通机关和系部的环节，实现学校内部人才资源共享是十分重要的。

7. 增强了处级领导干部的责任感、事业心。在竞聘演说大会上，参加竞聘的同志都发表了慷慨激昂的演说，提出许多新思路、新措施，对自己所竞聘的岗位充满着信心，下了决心，抱有极大的政治热情和高度的责任感和强烈的事业心。纷纷表示我要干好某某岗位，为中央民族大学的建设和发展做出贡献，真正改变了过去那种“领导要我干”的旧格局，转变为现在“我要干”的新局面，大大增强了处级领导干部的责任感和事业心。

8. 推进了中央民族大学改革的进程，为下一步学校各项改革奠定了良好的基础。这次党政机关机构人事制度改革是学校改革的突破口，这次改革的成功和提供的经验将为学校下一步的后勤管理改革、成人教育学院改革、系部机构改革、教学科研体制改革、校内分配制度改革等提供有利的条件以及应当吸取的教训。

二、本次处级领导干部竞聘上岗的工作体会

这次处级领导干部竞聘上岗之所以得以顺利进展，原因是多方面的，主要体会有以下几点：

1. 国家民委党组的领导、重视和支持以及广大教师、干部拥护改革的热情，是做好处级领导干部聘任工作的前提。在3月2日，国家民委召开了主任办公会议，专门研究了中央民族大学机构人事改革的调整方案和实施办法，图道多吉副主任主持会议，郝素明副主任、教育司、计财司、人事司的领导参加了会议。学校领导全体成员参加了会议并向民委领导作了专题汇报。会上民委领导原则上通过了我们的机构人事改革方案和实施办法，并以国家民委主任办公会纪要的形式下发了文件，从工作上给予我校很大的支持。也就是在这样的背景下，我们学校党委作了认真的专门研究，并于3月10日召开了机构人事改革的动员大会，拉开了机构人事改革的序幕。

2. 依靠群众、相信群众和发动群众积极参与，是做好处级领导干部聘任工作的基础。我们在制定政策、出台改革措施时，就充分考虑到广大教职工的实际利益，考虑群众拥护不拥护、赞成不赞成、答应不答应、满意

不满意、高兴不高兴，一切从群众的利益出发。所以在动员报告之前，我们就把改革的方案和实施办法下发到各系、部、处、室、馆、所，让广大教师、干部进行认真的评议，充分发表意见和建议。召开动员大会后，又召开了6个座谈会，汇集了各类代表各个层次对学校改革的意见和建议，对改革方案和实施办法进行了补充、修改和完善。正是在集思广益、集中群众智慧的基础上进行了机构人事改革。在竞聘演说中，为了从多层面了解竞聘者的基本情况和平时表现，学校又下发两个测评表，让群众填写。在对竞聘者进行考核中又再一次发动群众，认真听取群众的意见，尽可能做到正确地选拔和使用干部。任前公示的阶段又一次自下而上，又自上而下多次反复地听取群众意见，在没有原则上异议的情况下，我们学校党委才在今天聘任大会上宣布竞聘上岗的名单。因此，我们深深体会到群众是真正的英雄，群众的眼睛是雪亮的，心中自有一杆秤。实践证明，依靠、相信和发动群众参与改革，是做好这次处级领导干部聘任上岗的基础。

3. 坚持学校党委集体领导，坚持在集中指导下的民主，在民主基础上集中的原则，是做好处级领导干部聘任工作的根本。这次处级领导聘任上岗的全过程都是在党委的集体领导下进行的。从讨论制定学校机构人事的改革方案和实施办法，到处级领导干部竞聘上岗的日程安排、具体步骤，包括对干部竞聘上岗的考核原则、考核方法、考核程序、审定拟聘上岗名单都充分体现了党委的集体领导。在讨论人选的过程中，每个党委常委也只是一票，在大家充分发表意见的基础上才做出决定，的确反映了“群言堂”而不是“一言堂”，不是个人说了算，而是集中了大家的智慧和意见。实践证明，坚持党委集体领导，我们就能够办好中央民族大学的事情。

4. 坚持条件、综合考察、严格把关，是做好处级领导干部聘任工作的保证。这次竞聘上岗的42位同志，对他们的上岗都进行了严格的考核。虽然时间短，但学校党委对每一位竞聘上岗的同志，都是从多层面听取了群众的意见和建议，都是按照中组部关于任用干部暂行规定的管理办法执行，坚持了用人的条件、呈报的程序。比如组织部长、人事处长、纪检审办主任都按规定上报国家民委人事司批准。在综合考察，包括德、能、勤、绩，特别是对竞聘者政绩的考察以后，在严格把关的基础上才使用干部。从总体上说，这次竞聘上岗的同志思想政治是可靠的，素质是比较高的，群众反映也是比较好的。

三、对竞聘上岗的处级领导干部提出的要求

领导干部上岗以后，如何打开工作局面，如何做出新的成绩，这是每

个竞聘上岗的同志都在思考的问题。为了使大家顺利而有效地工作，我代表校党委、行政对即将上岗的处级领导同志提出几点要求：

1. 要加强学习、扩大知识面。当今时代，知识更新频率越来越快，说是“知识爆炸”也不为过。最近，党中央举办了省部级领导干部财税研讨班，江泽民同志和中央其他领导同志在研讨班上发表了重要讲话，要求各级领导干部，特别是高级干部要重视理论学习和专业学习，不断提高自己的领导水平和自身素质。我们要深刻领会中央的这个精神，要加强学习。学习政治理论，学习邓小平理论；学习时事政策，努力提高自己的政治敏感性和政治鉴别力，提高自己的政策水平；学习法律知识，懂得利用法律法规来保护学校的利益；学习管理知识，提高管理能力，学习领导科学理论，提高领导水平，增强组织协调的能力。

2. 要深入调研、掌握情况。注重调查研究，是我们党的优良传统，也是民族工作的传家宝。早在革命战争年代，毛泽东同志就告诫我们年轻的党，没有调查就没有发言权，后来又加了一条，没有正确的调查也没有发言权。老一辈民族工作者把这句话放在民族工作领域进行延伸，告诫后来人：民族工作不搞调查研究就没有饭吃。我把这句话延伸到我们中层领导干部队伍：领导干部不搞调查研究就搞不好工作。调查研究是基本功，是看家本领。工作能否深入、水平高不高、成效是否显著，一定程度上取决于调查研究的深浅和好坏。调查就是自上而下地分析，解剖麻雀，找出个性；研究就是自下而上地综合，归纳共性，找出规律。光有调查没有研究，就是半途而废。调查研究、掌握情况是为了解决问题。因此，新上岗的处级领导要深入实际，深入基层，特别是对本单位的情况要进行全面深入的调研，在调研中了解新情况、掌握新特点、总结新经验、形成新思路，提出新措施、做出新成绩。

3. 要勤于思考、敢于实践。作为一个新上岗的领导干部，对自己管辖的单位要有一个全面的思考，提出一个新的工作思路。比如某单位的近期目标和长远目标、机构如何设置、人员如何配备、如何打开工作局面、如何协调人际关系、工作关系和对外联系等等，都是不得不思考的问题。还有工作的切入点、重点、中心点、突破点放在哪个地方等问题，都要认真地思考。思考之后，要把蓝图变为现实，要把精神的力量变为物质的行动就必须敢于实践，只有付诸实践，实践、实践、再实践才能成就事业。让我们为中央民族大学的建设与发展共同实践，共同完成任务。

4. 要改革创新、拓宽思路。改革是进化的规律、世界的公理。早改革早主动，晚改革就会被动，不改革就无出路。所以，每一个竞聘上岗的处级领导都要有改革的思想观念，到新岗位以后要大胆地改革、大胆地创新。既然学校党委把某个部门交给你负责，你就有责任根据党的方针政策，根据学校的实际情况和本单位的具体情况进行扎实有效的改革，拓宽新思路、拿出新办法、制定新措施。比如，教务处在教学管理体制、学科专业建设、学生培养的目标和模式、教师队伍的建设、招生考试制度、教学手段和教学方法的改进等方面如何拓宽思路、如何改革创新，都要拿出一个新的措施来。

5. 要团结协调、共同工作。任何事情都是要人做的，光一个人也做不好事、完不成任务。特别是一个领导干部，首先应该会管理、会组织协调、团结大多数人一道工作，协调好上下左右部门和人员的关系。只有把大家的积极性、主动性和创造性都调动起来，共同努力工作，才能办好事情，才能做出新的成绩。

6. 要以身作则、勤政廉政。作为一个部门的领导要严格要求自己，严格管理自己，凡要求下属做到的，自己首先做到；要求下面执行的，自己带头执行。把自己置于群众的监督下，群众才会口服心服。管好自己也是管好别人的本钱，自己做好了，管人胆子就壮，就敢于严管严抓，敢于纠正各种不正之风。同时还要脚踏实地地为人民勤勤恳恳工作，廉洁奉公，不贪不占。这样才能在群众中树立起自己的威信，才能做到其身正，令行禁止。

四、处级领导干部聘任后的工作安排

1. 认真做好交接班工作。所有的新上岗的处级领导干部必须于 4 月 5 日以前到岗，并与原单位的领导做好交接班工作。交接班的步骤是：（1）由校主管领导和组织部门领导带到相关单位宣布任职，召开相应的本单位全体职工大会。（2）新老领导举行交接仪式，老的领导要把有关的文件、档案以及需要移交的东西全部按规定交给新领导。新领导要尊重老领导，共同为做好工作各自做出努力。

2. 学校进行处级领导岗位培训工作。计划在 4 月 10 日以前培训完毕。主题是讲领导干部的协调艺术，对象是新上岗的处级领导，我亲自担任主讲，讲四个专题：（1）领导班子内部的协调艺术；（2）领导干部与上级协调的艺术；（3）领导干部与同级协调的艺术；（4）领导干部与下级协调的艺术。用 2 个下午的时间讲完，每个下午讲两个专题。结合专题讲座的内容和本单位的情况，讨论 1 个下午，同时考虑本单位工作计划的修订。

3. 制定并实施科长、科员聘任的方案。具体操作是：（1）由各部门的领导制定科长、科员聘任的日程安排表，先聘科长、副科长，后聘科员。（2）在宣传栏公布科长、科员聘任的职数、岗位和任职的条件。（3）面向全校范围报名，系、机关打通，到相关部门领报名表。（4）党政机关的科长、副科长竞聘上岗分三个组：党委一个组，行政二个组，由学校指定负责人。出版社、图书馆、博物馆由单位领导自行组织实施。每位竞聘者的演说控制在 10 分钟以内，其中 5 分钟是自己演说，5 分钟是提问和回答问题。（5）时间总安排：所有各单位的科长、副科长、科员的聘任工作于 4 月底全部完成。

4. 要统筹安排工作，学会弹钢琴。新的领导班子到新的工作岗位以后要开展卓有成效的工作，树立新形象、打开新局面、做出新成绩。

最后，我以毛主席的一句词来结束我的讲话："雄关漫道真如铁，而今迈步从头越"。让我们全校师生员工为中央民族大学的兴旺发达共同努力奋斗！

在全校思想政治工作会议闭幕式上的讲话

（摘要）

（2000 年 9 月 29 日）

我们这次会议的中心任务就是要加强对全校教师、学生的思想政治教育工作。我认为，一个学校能不能搞好，主要靠三支队伍：第一支是教师队伍；第二支是思想政治工作队伍；第三支是行政管理干部队伍。搞好思想政治工作队伍的建设，是稳定教师队伍、稳定学生的一个重要方面，是学校建设发展的一支重要力量。建立一支政治强、业务精、作风正的思想政治工作队伍是很有必要的。这次会议制订了贯彻落实中央思想政治工作会议精神的若干意见，大家都提出要重在落实、常抓不懈。要持之以恒地贯彻落实有关精神，靠的就是你们这支队伍。所以，我今天就要谈这个中心问题。

第一，要建设好这支队伍，就要加强学习，拓宽知识

首先要提高我们的思想政治素质，提高我们的理论水平和政治水平。有了扎实的理论基础，我们才能够认清有中国特色社会主义发展的客观规律，才能坚持我们的政治信念。只有加强马克思主义理论的学习，我们才能够分辨各种错误思潮和政治倾向，坚持正确的政治方向。在学习中，我们还要学会思考，要消化吸收，从而提高我们的政治辨别能力。这就是通常所说的“学而思，思而信，信则行”。通过思考，我们坚信马克思主义，坚信我们的社会主义。信则行，信了我们就要付诸行动，要把我们的各项工作做好。“学而思，思而信，信则行”这三者是互相联系、互相作用的。没有学哪来思，没有思如何信，没有信怎样行。我们不仅要认真学习理论，还要学习政策、法律、法规，提高我们的政治水平，增强法制观念。因为我们做教师、学生的思想工作，都要有依据。只有掌握了政策，做教师、学生的工作，我们才有一个客观的尺度、一个基本的标准，才能把工作做到位。我们专门开设了“马克思主义民族理论政策”全校性公共课，这是我们中央民族大学关于民族理论政策再学习、再贯彻的基本措施。因为我们的学生毕业后，主要在民族地区工作。在民族地区工作，不了解民族政策，就做不好工作。这就是我们中央民族大学课程设置的特色。我们还要学习科学知识，扩大知识面。首先要掌握与自己工作业务直接相关的知识，同时要博览群书，学习包括哲学、政治、经济、法律、历史、文学等等方面的知识，工作起来，才能有血有肉、内容丰富多彩、千姿百态。也只有具备了丰富的知识，学生才能服你。我们经常说，"晓之以理，动之以情"，这就需要我们掌握各方面的知识。所以下一步，我们要对有关人员进行各方面的训练。对行政机关人员进行中期考核，对院系领导进行培训，对教学秘书也要进行专门培训，目的就是学习知识。这样我们才能适应社会发展的需要，才能在纷繁的环境中，明确我们工作的方向和奋斗目标，在实际工作中才能有成效。思想政治工作者不仅要成为一个学识渊博的政工干部，同时还要学习有关思想政治工作的管理理论。因为思想政治工作也是一门科学，这门科学既有理论性更重在实践，是潜移默化的工作。我们的成果是通过我们的教育，使学生服务于社会、服务于祖国、服务于人民。中央民族大学不仅有特殊的地位，还有特殊的教育对象——56个民族的学生。这就需要我们根据学生心理特点、生理特点、生活特点，做好这方面的工作。

第二，加强职业道德，提高我们自身的素质

加强教师职业道德建设，这是完成教师崇高职责和历史使命的需要。教师根据一定的社会要求，有目的、有计划、有组织地对学生进行科学知识的传授、技能的培养和思想道德的教育，把他们培养成社会主义建设者和接班人。教师的崇高职责和历史使命就是教书育人。一个教师，如果光会教书，只完成了一半使命。育人成功，才是一个合格的教师。我们不仅要在教学、教育、管理过程中教育学生树立正确的世界观、人生观和价值观，还要教育学生树立正确的马克思主义民族观、宗教观和祖国观，这是我们思想政治工作的职责。加强教师政工队伍职业道德教育，也是迎接21世纪挑战的需要。21世纪是信息化、国际化、城市化、科学化的社会，这就需要我们以自身的素质教育学生，让他们在教师的身上学到东西。教师要以身作则，树立榜样作用，榜样的力量是无穷的。我们加强对学生的教育，首先就要教育自己。加强职业道德教育，我认为应该注意以下几个方面：

一要树立起几种正确的观念：自觉树立正确的世界观、人生观、价值观；树立正确的民族观、宗教观和祖国观；另外还要有开拓进取的观念。在新的形势下，我们要不断改进思想政治教育的工作手段、工作方法，要适应大学生的思想变化。我们要有优胜劣汰的观念，既要有优越感、自豪感，又要在民族团结的大家庭中，做到个人和他人的关系融洽。为人处世都要设身处地地为他人着想，要有紧迫感、危机感。二要正确处理三种关系：（1）个人与他人的关系。我们都工作生活在一个民族团结的大家庭中，个人和他人的关系要融洽，为人处事都要设身处地地为他人着想，要互相帮助、互相尊重、互相关心，相互间要树立平和的关系。这也是职业道德的重要方面。民大能否搞好，除了要有向心力、凝聚力外，还要树立良好的校风。总的来说，自岗位竞聘以来，学校风气有所好转。这学期，我们在学生工作的改革方面，做了三件大事：开水使用与管理的改革；早操改革；学生宿舍大调整。这些工作我们做得都非常快捷，而且效果良好。今年的新生入学工作，我们做得也比较好，基本做到了热情、周到、安全、高效、家长高兴、学生满意、师生员工放心。（2）贡献与索取的关系。我们做出了贡献，有一个回报的问题。作为中央民族大学的教师，首先要完成学校交给的任务，然后才应该要求学校给你相应的报酬。但是不要动不动就谈给多少钱。如果开口闭口就谈钱，那就是纯粹的金钱交易。连美国总统林肯上台时都说：“不要问祖国给你多少，而要问你自己首先对祖国贡献了什么？”我们也一样，作为中央民族大学的教师，首先应该考虑你为中央民族大学的建设和发展做出了什么贡献，然后才说学校应该给你什么样的回报。我们要摆正贡献与索取的关系。（3）人生与金钱的关系。金钱生不能带来，死不能带去。我们的人生主要是为社会贡献，不论你在哪个岗位、哪个部门，只要为社会做出了贡献，我认为你的人生就是有意义的。如果动不动就用金钱来衡量，其人生就没有什么价值和意义。这样的人，既不可敬，也不可爱。三是要正确处理三个问题：（1）要把个人的职业与学校需要和社会需要结合起来。（2）要正确看待教师的社会地位和待遇。教育问题是大家普遍关心的问题，也是 21 世纪经济增长点的一个重要因素。随着社会的发展，教师的社会地位在逐步提高，待遇也在逐步提高。我们中央民族大学教师待遇的提高要依靠学校的建设和发展，依靠全体教师的共同努力、共同实践。民大是大家的，都有责任共同来建设她。（3）要正确看待我们教师的苦与乐。正像人们所说，老师像支蜡烛，点燃了自己，照亮了别人。我们辛勤耕耘、默默奉献、甘当人梯，为培养出一批批人才做出了贡献。比如说，我们培养的学生中，党和国家领导人有 3 位、省部级领导有 60 多位、地厅级领导有 500 多位、县处级有 8000 多位。这就是我们的财富。可以说，作为中央民族大学的教师，我们应该感到无限的光荣和自豪。

积极探索新的办学思路，为民族地区经济发展和西部大开发做出贡献

中央民族大学迎来了她的50华诞。在党中央、国务院的亲切关怀下，在上级部门的领导和社会各界的大力支持下，经过半个世纪几代人的奋斗，中央民族大学从一所培训民族干部为主的学校，已经发展成为以培养少数民族干部和各类高级专门人才为主、进入国家“211工程”的综合性重点大学。50年来，我们坚定地贯彻党的教育方针和民族政策，坚持为少数民族和民族地区服务，形成了自己的办学优势和办学特色，造就了一支有较高素质的教学科研队伍，培养了大量的少数民族干部和适应民族地区需要的各类专业技术人才，为维护祖国的统一和民族团结、加快民族地区的经济建设和社会进步、促进各民族共同繁荣发展做出了重要贡献。

中央民族大学过去的50年，既是一个辉煌的历程，又是一个崭新的起点。在建校50周年之际，江泽民总书记的亲笔题词和中央领导同志的有关重要指示，不仅是对从事民族教育工作的同志特别是我校各族师生员工的极大关怀和鼓舞，而且为民族教育的发展和中央民族大学的未来指明了方向。

当今世界，科学技术突飞猛进，经济全球化进程不断加快，以知识创新、技术创新和高新技术产业为核心的综合国力竞争越来越激烈，由此更带来了全球性的文化重构。这些深刻的变化，使我国社会主义生产力的发展、社会主义精神文明建设和少数民族地区的经济文化进步面临着新的机遇和挑战。为了实现中华民族的伟大复兴，党中央、国务院做出了科教兴国和西部大开发的战略决策。在实施科教兴国和西部大开发战略过程中，民族院校无疑担负着重要而特殊的任务。中央领导同志指出：“民族地区的繁荣和发展，必须依靠科技进步，大力发展民族教育。”因此，进一步加快中央民族大学在21世纪的建设步伐，促进民族教育事业的发展，是党和人民赋予我们的新的历史使命，是我们必须要认真研究和解决的新课题。

要办好民族教育，建设好中央民族大学，必须坚持社会主义的办学方

向。创办少数民族高等教育，是中国共产党的一个伟大创举。中央民族大学正是中国共产党为解决国内民族问题、为新中国的建设和民族地区的发展、为培养少数民族干部和从事民族工作的汉族干部而创立的新型高等学府。中央民族大学历来以培养“少数民族出身的共产主义干部”为己任，并不断朝着培养民族地区各类建设人才的方向拓宽道路。在数十年的办学实践中，我们始终把坚持党对学校工作的领导、加强思想政治工作放在首位。针对民族院校教育对象的特殊性及其思想政治工作的特殊内容和特殊要求，在 21 世纪，我们将始终不渝地坚持正确的政治方向，依法治校、以德治教，用马克思主义世界观、人生观、价值观、民族观、宗教观和祖国观教育广大师生员工，为培养和造就自觉维护祖国统一和民族团结、自觉为民族地区的繁荣进步无私奉献的社会主义建设者和接班人而不懈努力。

少数民族地区经济社会发展和西部大开发，尤其需要民族院校提供人才保障和智力支持。面对新形势和新的任务，中央民族大学必须与其他兄弟民族院校一道，积极探索新的办学思路，调整学科和专业结构，创造和改善新的育人环境，为培养 21 世纪民族地区建设的新型人才做出新的成绩和贡献。

1950 年，根据毛主席、周总理指示制定的《筹办中央民族学院试行方案》中规定，中央民族学院有 3 项重要的办学任务：一是为国内各少数民族实行区域自治以及发展政治、经济、文化建设培养高级和中级干部；二是研究中国少数民族问题，以及各少数民族的语言文字、历史文化、社会经济，发扬并继承各个民族的历史文化；三是组织和领导关于少数民族方面的编辑和翻译工作。为完成党和国家交给的这 3 项办学任务，中央民族大学和其他兄弟民族院校数十年来进行了长期的实践和努力，取得了显著的成绩。同时，我们又不断在 3 项任务的基础上加以拓展和完善，增强了学校在培养人才、科学研究和社会服务等方面的功能。在新的历史条件下，我们的办学道路还必须进一步拓宽。

我们要从建设社会主义现代化的宏伟事业以及民族地区繁荣和发展的高度上，探索中央民族大学的发展目标和工作思路；从中央民族大学的办学宗旨和时代发展的需要出发，确定 21 世纪学校的基本任务和办学定位。按照中央领导的重要指示，中央民族大学必须把“为民族地区的经济社会发展和西部大开发提供人才保障和智力支持”，作为我们办学的首要任务。

要“为民族地区的经济社会发展和西部大开发提供人才保障和智力支持”，我们务必在人才培养目标上作出新的调整：一是加大培养少数民族干部的力度，通过本科教育、研究生教育、成人教育和干部培训等方式，为民族地区和西部大开发培养具有高度政治觉悟、掌握先进管理方法和现代科学文化知识的新型管理人才；二是仍将本科教育作为学校的办学主体，着重为民族地区和西部地区培养经济、科技和社会发展所需要的各类应用型人才，不断提高他们的综合素质和综合能力，即具有良好的政治素质和文化素质，熟悉马克思主义民族理论和党的民族政策，自觉维护祖国统一和民族团结，同时又具有较系统的专业理论知识、较强的实际应用能力和专业技能，使之日后成为民族地区建设和西部大开发的骨干力量；三是积极发展研究生教育，为民族理论工作和少数民族科技文化教育事业的建设与发展，培养具有硕士、博士学位的高层次理论人才和学术人才。

要“为民族地区的经济社会发展和西部大开发提供人才保障和智力支持”，我们务必在学科结构和科研方向上重新定位：一是继续保持和发扬民族学科的传统优势与特色，对民族学、人类学、民族史、民族语言文学等学科实行重点保护政策。在加强这些学科高层次人才培养和理论研究的同时，增强其为党提供决策咨询的功能，并为民族地区、西部地区的民族文化生态保护和民族文化建设进行可行性与服务性研究，充分发挥其实际应用价值和社会效益。二是对应用性学科实行重点支持的政策，发挥这些学科在民族地区建设和西部大开发中的直接参与作用。如经济管理科学、法学、新闻学、社会学、教育学等社会科学学科，要加强引导，加大扶持力度，促使其教学科研与民族地区和西部建设发展的实际需要紧密结合；同时，信息与计算科学、应用物理学、电子信息工程、计算机科学与技术、生物科学、环境科学、生态学等学科的发展要努力跟上时代的步伐，以基础理论教学和科研为保证，不断促进应用性技术开发，走产学研相结合的道路。三是对兼有上述两方面特点的学科，如少数民族经济、少数民族医学、少数民族体育、少数民族艺术等学科，则根据其学科特点，采取不同侧面的调整和不同的政策支持，使其在面向民族地区建设和西部大开发的实际需求中，寻找到最佳的切入点和位置，形成良好的发展态势。

总之，21 世纪我国少数民族地区的经济社会发展和西部大开发，给民族教育事业和中央民族大学的发展带来了难得的机遇，也带来了新的任务和新的挑战。我们要按照“教育要面向现代化，面向世界，面向未来”的要求，把贯彻执行党的教育方针和民族政策结合起来，把教育规律和民族工作规律结合起来，坚持社会主义办学方向和加强思想政治工作不动摇，坚持为少数民族和民族地区培养干部和各类高级专业技术人才的宗旨不动摇，坚持教学科研为中心地位不动摇，坚持深化改革、提高教学质量和办学效益的目的不动摇，逐步建立起主动适应民族地区经济建设和社会发展需要高素质人才的培养模式。据此，我们首先要用10 年左右的时间，加倍努力、勤奋工作，把我校建设成为以人文科学、社会科学和管理科学为主干，以民族学科为特色，以应用学科为先导，多学科协调发展的综合性民族大学；整体教学质量、科研和管理水平进入国内一流大学的行列，优势学科达到或接近世界先进水平；在国内外具有广泛影响，成为适应国家特别是少数民族地区经济建设和社会发展需要的高素质人才培养、高水平学术研究、高层次决策咨询的中心；成为源源不断地为民族地区经济社会发展和西部大开发提供人才保障与智力支持的重要基地。

（本文为与中央民族大学党委书记王彦合写，原载《中央民族大学周报》2001 年6 月15 日，总第978 期，周报第553 期）

在中央民族大学2000年毕业典礼上的讲话

（2000年6月23日）

同学们、老师们、同志们：

今天，我非常高兴能够参加中央民族大学2000年毕业典礼。首先，我代表国家民委党组向即将毕业的全体同学表示热烈的祝贺！向多年来为培养少数民族人才而辛勤工作的全校教职工表示衷心的感谢并致以亲切的慰问！

中央民族大学是我国民族教育的最高学府，在国家高等教育体系中具有不可替代的作用。建校以来，学校培养了大批少数民族的合格人才，为国家和民族地区的经济建设、社会发展和科技进步做出了重要贡献。在党和政府的亲切关怀下，学校自身也在不断发展壮大。1997年10月，学校通过了“211工程”的部门预审，1999年1月又通过了立项审核，并经教育部和国家计委批准，正式进入了面向21世纪国家重点建设的100所大学的行列。

国家民委党组十分关心学校的建设和发展，今年以来曾几次召开专门会议，研究学校的工作，就学校的领导班子建设、机构改革及扩大规模、加快发展等问题做出了重要决定。我们欣喜地看到学校领导班子能够按照党组的要求，努力加强自身建设，认真开展“三讲”教育，用“三个代表”的标准严格要求自己，增强了凝聚力和战斗力。同时积极带领全校师生员工开拓进取，锐意改革，使学校的工作出现了新的气象。前不久，学校机关机构人事制度改革顺利完成，中国少数民族研究中心基本通过了教育部专家组的评估，可望列入教育部“重点研究基地建设计划”，成为全国100个具有国家级水平的重点研究基地之一。这些表明，中央民族大学正在迈开新的前进步伐。我相信，在学校领导班子和全校师生员工的共同努力下，中央民族大学的明天一定会更加美好！

当前，国家正在着手实施西部大开发战略，这是以江泽民同志为核心的党中央根据邓小平关于我国现代化建设“两个大局”的光辉思想，高瞻远瞩、统揽全局、面向新世纪作出的伟大战略决策。这一战略的实施对于缩小东西部的差距，加快少数民族和民族地区的发展，最终实现祖国的四个现代化具有重大意义。为了积极推进这一战略的实施，国家民委倡议发起了“兴边富民行动”，提出由外向里、从边到内，实行沿边大开放，促进社会大发展。这一方面对民族高等学校的办学水平提出了新的要求，另一方面也为民族高等教育的发展提供了千载难逢的历史机遇。我希望中央民族大学能够紧紧抓住这一契机，在自身上水平、快发展的同时，为西部大开发做出应有的贡献。

近年来，我国高等教育的改革与发展进入了新的阶段。高等教育事业的规模有了很大发展，教育体制特别是管理体制改革取得了突破性进展，教育教学改革正在逐步深化。委属民族院校同全国高校一样也出现了加快改革与发展的良好势头。在新的形势下，中央民族大学的领导和师生员工应该认真学习江泽民总书记关于教育问题的重要谈话，用先进的教育思想和教育观念武装自己，积极推进校内的管理体制改革、后勤改革和教育教学改革，以改革促发展，努力开创学校各项工作的新局面。

中央民族大学是一所具有优良传统的学校。建校以来培养的 5 万多名毕业生，响应党和国家的号召，工作和战斗在祖国最需要的地方，已成为国内特别是民族地区各条战线的骨干力量，在国家和民族地区的社会主义现代化建设中，在维护祖国统一、民族团结的伟大事业中做出了重要贡献，被各族人民称为一支能够用得上、干得好、站得稳、留得住的生力军。我希望今年毕业的同学能够继承学校的优良传统，发扬历届校友“不恋城市风光美，愿将热血洒边陲”的崇高精神，积极投身到西部大开发和“兴边富民行动”中去，为民族地区的社会主义现代化建设，为各民族的共同繁荣进步奉献青春，建功立业！

最后，祝同学们事业有成！祝老师们工作顺利！祝中央民族大学蒸蒸日上！

谢谢大家！

中央民族大学2000年工作总结

今年以来，我校在国家民委党组的领导下，按照年初和年中制定的党政工作要点和“改革、发展、管理、稳定”的工作路线，经过广大教职工的共同努力，学校的工作出现了可喜的变化，特别是通过“三讲”教育工作，领导班子进一步加强了团结，增强了事业心、责任感，广大群众看到了希望，从而使我校的各项工作逐渐走上正轨。现将我校今年的工作情况简要汇报如下：

一、加快了改革步伐，进行了一系列力度较大的改革

1. 今年年初学校进行了机关机构和人事制度的改革。

这次改革精简了机构、减少了干部职数、提高了领导素质、优化了队伍结构，转变了思想观念、增强了服务意识。我校原有党政处级机构27个，其中党委系统7个、行政系统17个，另有3个直属单位。改革后把原有的27个处级单位减少到了18个，减少33.3；机关管理人员从188人减少到134人，减少29%。校机关及直属单位原有处级干部60人，通过竞聘，有22人（其中有9人落聘，13人超过57岁不再参加竞聘）不再担任处级领导职务。新上岗的42位同志中，有12位是新任处级干部。从职称结构看，有12个正职岗位和4个副职岗位都是由高级职称人员担任；从学历结构看，有8位博士和4位硕士上岗，占本次竞聘上岗总人数的28.6%；从年龄结构看，本次竞聘上岗的处级干部年龄最大的56岁，最小的30岁，平均年龄为43.5岁，比原有处级领导干部平均年龄下降了5.4岁。高职称和高学历人员占上岗总人数的66.7%。这次干部竞聘上岗还是一次现代教育观念的大宣传、大普及，在竞聘过程中，人们的权力意识在削弱，奉献精神在加强，教育、教学、教师的地位得到空前提高，参与竞聘者这种价值观念必然带来机关工作作风的新转变。

2. 加快了后勤社会化的改革。

我们在进行机关机构人事制度改革的同时，还着手进行后勤社会化的改革，组建了后勤服务中心，该中心下设5个部、1个公司和1个办公室，即运输服务部、餐饮服务部、校园环保部、动力维修服务部、学生公寓管

理部、劳动服务公司和综合办公室。后勤服务中心的管理人员也是通过竞聘的方式上岗。改革后的后勤部门，人员的变化虽然不大，但是他们的观念在转变，服务意识在增强。对此，广大教职工予以了充分的认可。当然，在后勤社会化的改革工作中，我们仅仅迈出了第一步，还有许多工作要做，还有更大的困难需要我们去克服。

3. **进行了院系体制的改革。**

校内院系体制的改革是一项系统工程，牵涉面很大。为确保这项工作万无一失，我们在进行深入调查研究的基础上，首先出台了一套完整的实施方案，然后通过座谈会等形式广泛听取各类人员的意见，在听取意见的前提下，先后 15 次修改方案，并选择外语系作为改革的试点，总结经验后才在全校展开。由于准备工作充分，广大教职工积极支持，院系的改革异常顺利，取得了比较满意的效果。经过调整，我校现有 10 个学院、19 个系、5 个教学部所。干部的面貌也发生了显著的变化，本次共聘任了 49 名院系行政领导干部，其中，新上岗的 21 人，占 42.85%；博士 11 人，占 22.45%，硕士 14 人，占 28.7%；教授 15 人，占 30.61%，副教授 26 人，占 53.06%，博士生导师 3 人；年龄最小的 30 岁，最大的 57 岁，平均年龄 44.14 岁，最年轻的院长是理工学院院长冯金朝（博士后），今年刚满 36 岁；不再担任院系领导的共 30 人，其中，未聘任的 20 人、超过任职年龄的 10 人。同时，对于新建单位党组织和到期应换届选举单位的党组织，先指定负责人，工作一段时间后，再按党章要求正式选举，产生各党总支、直属党支部的书记、副书记。通过院系体制改革，我们理顺了关系，规范了管理，为学科建设创造了条件，也使一批年富力强的学科带头人走上了领导岗位，这对实现我校的可持续发展具有非常重要的意义。

4. **对职称评审工作进行了较大改革。**

职称评审工作历来是我校的一大热点，为了从根本上解决这一问题，减少人为不良因素的影响，使职称评审工作更加公平、公正、合理，我们对职称评审工作进行了较大改革，制定出了新的《中央民族大学申报专业技术职务基本条件的暂行规定》。《暂行规定》共有 39 个附件，分别规定了教学、科研、教育管理研究、学生思想政治教育、实验、工程、图书资料、文博、新闻出版、卫生十个系列的申报条件。新的规定对申报条件尽可能地做了量化处理，这就使职称评审工作简便易行、可操作性强、透明度高，避免了暗箱操作的可能。

二、在发展问题上扭转了长期以来停滞不前的局面

1. 扩大了招生规模。

一个时期以来，我校的招生规模基本没有增长，为了改变这种被动的局面，我们深挖潜力，加快基础设施的建设，使我校本科生、研究生以及成人教育的招生规模有了较大增长。经过全校上下共同努力，我校今年的招生规模突破了多年来徘徊不前的局面，达到了历史最高点，招生总数和去年相比净增了 908 人，其中，研究生净增 83 人、本专科生净增 604 人、成人教育学院招收的学生净增了 221 人。

2. 学科建设取得了重大突破。

我校今年新增博士学位授予点 4 个、硕士学位授予点 9 个、本科专业 6 个，这是多年来增长最快的一年，同时又新增了一个具有博士学位授予权的一级学科即民族学，使马克思主义民族理论与政策、中国民族史、中国少数民族艺术和民族教育均可以招收博士生，这是我校学科建设的重大突破。至此，我校共有 9 个博士学位授予点、24 个硕士学位授予点、41 个本科专业。这些突破使我校提高了办学水平，增强了办学实力。

3. 建立了中国少数民族研究中心。

经国家教育部批准，我校建立了中国少数民族研究中心，并成为全国普通高等学校人文社会科学重点研究基地，这进一步确立了我校在全国高等院校中民族学科的领先地位。也就是说，在科学研究方面，我校成为名副其实的国家级重点研究基地；人才培养方面，我校成为全国相同研究领域的专门人才库和人才培养培训基地；在学术交流和资料信息建设方面，我校成为全国高校的学术交流和资料信息基地；在咨询服务方面，我校成为全国知名的思想库和咨询服务基地。

三、在管理薄弱的问题上也有了一定的改进

1. 加强了对学生生活区的管理。

在学生增加 908 名的情况下，我们不仅解决了学生的住宿问题，而且还对学生宿舍进行了大调整，初步实现了按系科、年级分类住宿和男女生分楼住宿。此外，我们还对开水供应实行了定额管理，即师生员工凭票用水，超出定额自付，这从根本上堵塞了漏洞、杜绝了浪费，并确保了师生的用水，仅此一项学校每年就节省开水供应支出约 10 万元左右。

2. 改进了学生早操的管理。

我校师生对原来每天统一出早操的规定意见较大，为了解决这一问

题，我们在广泛听取师生意见的基础上，对出早操进行改进，出台了新的管理规定，受到了广大师生的欢迎。

3. 完成了青年公寓的建设。

青年公寓的建设在去年已经取得了较大的进展，在此基础上，我们采取了一系列措施，加快施工的进度，使青年公寓在暑期完工。青年公寓的建设完成后，住在校园内的全部已婚教师和部分大龄青年及时搬迁入住，使我校青年教师的住宿条件得到了较大改善。

4. 以较大的力度加快了文明校园的建设。

为了搞好我校的文明校园建设，我们对学生宿舍和教室进行了粉刷，拨出专款建设中心区草坪，拆除了南墙的违章建筑，加大了校园内整治的力度，使我校内部环境和周边环境有了一定的改观。

5. 加强制度建设，逐步实理规范管理。

在“三讲”教育工作中，群众就学校存在的问题提出了一些意见和建议，针对群众反映的问题，党委进行了专门的研究，提出了整改的措施。在落实整改措施的过程中，我们除了重点抓为群众办实事、转变工作作风和思想作风以外，还着重抓了制度建设工作。学校党委和行政先后修改、制定了《中央民族大学关于进一步完善党委领导下的校长负责制的若干规定》、《中央民族大学党委常委会会议制度及议事规则》、《中央民族大学校长办公会会议制度及议事规则》、《中央民族大学党委领导班子民主生活会制度》和《中央民族大学校务公开实施办法（试行）》等近 20 个制度，机关各部门和院系也根据各自的工作职责和业务范围制定了相应的管理制度及实施办法，我们将通过制度的建设来规范我们的各项工作。

6. 初步制定了中央民族大学教育事业“十五”计划纲要和 2015 年发展规划。

根据上级教育主管部门的要求，我校成立了中央民族大学教育事业“十五”计划纲要和 2015 年发展规划起草委员会，并已初步完成了计划纲要和规划的制定工作，提出了中央民族大学在规模、结构、质量、效益协调发展方面和基础办学条件方面的新目标。

7. 召开了中央民族大学第三届教职工代表大会暨工会第十一次代表大会。

今年 11 月 17—18 日，我校经充分筹备，召开了中央民族大学第三届教职工代表大会暨工会第十一次代表大会。这次大会以邓小平理论和党的十五大精神为指导，认真总结了学校工作的经验教训，并提出了学校下一步改革、发展的总体目标和工作思路，起到了动员广大教职工群众，使他们振奋精神、团结一致，为学校进一步深化改革、加快建设、实现面向21世纪的总体发展目标而努力奋斗的重要作用。

四、加强了党的建设和思想政治工作

1. **认真开展“三讲”教育。**

在“三讲”教育工作中，我们认真学习和领会了江泽民同志“三个代表”的重要思想，在充分发动群众的基础上，班子成员结合自己的思想实际和工作实际进行了自我剖析，较准确地抓住了存在的主要问题，在对照检查的基础上提出了整改措施。根据我校的实际情况，我们把班子整改的重点放在了解决民主集中制原则贯彻得不好和重大决策缺乏科学民主程序等问题上。通过开展“三讲”教育工作，使我校全体干部，尤其是校级领导干部受到了一次深度的党性党风教育，加强了团结，精神面貌有了较大改观。

2. **召开了思想政治工作会议。**

为了贯彻落实中央思想政治工作会议精神，加强我校的思想政治工作，9月28日和29日，我校召开了思想政治工作会议。这是近些年来我校在党建和思想政治工作领域召开的最重要的一次会议。这次大会对我校师生的思想状况进行了分析、估计，提出了我校加强和改进思想政治工作的指导思想和基本原则，讨论了《中央民族大学关于贯彻〈北京高等学校德育大纲实施细则（试行）〉意见》和《中央民族大学关于在校各专业中普遍开设“民族理论与民族政策”课程，加强马克思主义民族观和党的民族政策教育的意见》等重要文件。

3. **维护了学校的稳定。**

稳定是大局，稳定压倒一切。在工作中我们密切注意各种思想动态，关注国际国内热点问题，及时了解师生的思想状况，继续做好揭批“法轮功”的工作，并对其重点人物进行帮教，做深入细致的思想转化工作。

4. **即将召开中央民族大学第六次党代会。**

我校将于12月下旬召开中国共产党中央民族大学第六次代表大会。这次大会是我校历史上一次重要的大会，它关系到我们能否使中央民族大学在新的世纪里，焕发出蓬勃的生机和活力，关系到我校能否顺利实现21世纪的发展目标，关系到民大未来的发展道路和事业兴衰。我们将通过这次大会进一步明确我校今后5—15年的发展目标、发展道路和具体措施，突出改革、发展的主旋律，统一全校的思想，增强全校教职工的凝聚力，为实现民大新的发展目标而共同努力。

总之，在这一年里，我们做了一些工作，取得了一定的成绩，但是这些成绩是初步的，还存在很多问题，解决这些问题需要我们继续做不懈的努力。

在中央民族大学建校 50 周年庆祝大会上的讲话

尊敬的各位领导、各位嘉宾、各位校友、老师同学们：

今天，我们隆重集会，庆祝中央民族大学的 50 华诞。我谨代表中央民族大学各族师生员工，向参加庆典的各位领导、各位嘉宾、各位校友表示热烈的欢迎！向 50 年来关心、支持和帮助中央民族大学的各级领导、海内外各界人士和全体校友表示衷心的感谢！

中央民族大学已经走过了 50 年的光辉历程。我们学校的前身是 1941 年建立的延安民族学院。它是中国共产党为解决国内民族问题，为新中国的建设和民族地区的发展，为培养少数民族干部而创立的新型高等学府。这是中国共产党的一个伟大创举。新中国诞生不久，毛泽东同志就做出了有关贯彻党的民族政策、培养大批民族干部的重要指示。1950 年 6 月，中央人民政府决定成立中央民族学院，任命乌兰夫同志为院长。同年 11 月，周恩来总理亲自主持政务院政务会议，讨论中央民族学院的建校和办学问题。1951 年 6 月 11 日，中央民族学院正式开学。朱德、李济深、董必武、李维汉、马叙伦等领导人亲临庆典，当天的《人民日报》发表社论表示祝贺。从此，新中国拥有了一所正式的少数民族高等学府。1952 年，根据党中央和政务院的部署，清华大学、燕京大学和北京大学的社会学、民族学、语言学专业相继并入我校，为学校的学科建设和发展进一步奠定了基础。从 1951 年到 1966 年，毛泽东、周恩来、朱德、刘少奇、邓小平、陈云等老一辈革命家先后 14 次接见我校师生；周恩来、陈毅、徐特立、吴玉章等领导人多次到校视察工作。中央民族大学的创建和起步，得到了党和政府的高度重视，凝聚了老一辈革命家的心血。

1978 年以来，党中央第二、第三代领导集体，对我校给予了特别的关注和支持。党中央、国务院的领导同志多次做出重要指示，充分肯定了学校的办学方向、办学宗旨、办学优势和办学特色，充分肯定了学校为培养大量少数民族干部和各类专业技术人才、为维护祖国统一和民族团结、加快民族地区的经济建设和社会进步、促进各民族共同繁荣发展所做出的重要贡献，并从建设有中国特色社会主义宏伟大业的高度出发，对学校的未来发展提出了殷切的期望和更高的要求。1980 年邓小平同志与十世班禅大师谈话时指出：“还要努力发展文化，培养民族干部，使民族干部知识化。为此，中央民族学院和各地民族学院都要加强。”1993年，中央民族学院更名为中央民族大学，江泽民同志亲笔为我们题写了校名。在我校建校50周年之际，江泽民总书记又为我校和其他民族院校亲笔题词：“努力发展民族教育，促进各民族共同繁荣。”今年6月14日，中共中央政治局常委、国务院总理朱镕基同志到学校视察，代表党中央、国务院热烈祝贺中央民族大学建校50周年，看望了各族师生代表，和56个民族师生合影留念。在座谈会上，朱总理对进一步办好中央民族大学发表了重要讲话，明确指出，要把中央民族大学办成世界一流的民族大学。而在此之前，李岚清等领导同志曾多次来校视察，看望和慰问各族师生。国家民委、教育部以及北京市委、市政府的领导多年来一直关心和支持我校的建设和发展。中央民族大学各族师生备受党和国家的关怀，无不受到鞭策和鼓舞。

在党中央三代领导集体的亲切关怀下，50年来，中央民族大学一步一个脚印地跨入了新世纪。1950年学校在国子监初创时，仅有教职工280人和军政干训班、藏语文班学员260人。1952年学校迁到由著名建筑学家梁思成设计的、坐落在白石桥附近的新校园。同年，学校开始招收第一届本科生。经过院系调整，学校的办学力量得到了充实和壮大，相继建立了民语系、历史系、政治系、汉语系、文艺系、研究部、预科部等教学科研单位。至1966年，中央民族大学已经成为一所以人文学科尤其是以民族学科为主的、初具规模的少数民族高校。十年动乱期间，中央民族大学也历经了诸多挫折。“文革”结束后，经过拨乱反正，学校又迈上了健康发展的轨道。从1977年到1993年的16年间，学校在不断加强民族学、民族史、少数民族语言文学等传统优势学科建设的同时，先后设置了哲学、经济、法律、音乐、舞蹈、美术、物理、应用数学、计算机科学技术、生物化学等学科及相关专业，逐步形成了博士、硕士、本科、大专、中专、预科、干部培训班、夜大、函授等9个办学层次，中央民族大学成为一所有别于其他高校的，适应民族地区经济社会发展需要的，文、理、工、艺、经、管、法等专业兼备的国家重点综合性大学。1993年以来，中央民族大学百尺竿头，更进一步。1997年10月，学校通过了“211工程”部门预审，随后又通过了“211工程”立项审核，正式进入了21世纪国家重点建设的100所大学行列。

今天，当我们回顾过去那不平凡岁月的时候，各族师生甚感欣慰的是，经过几代民大人的艰苦努力，我们没有辜负党和人民的厚望，中央民族大学已经成为我国高等教育体系中独具特色的大学。这就是：中央民族大学始终坚持社会主义的办学方向，坚定地贯彻党的教育方针和民族政策，在培养少数民族地区建设人才、维护祖国统一、加强各民族团结等方面，发挥了特殊作用，做出了重要贡献。

学校在按照党的教育方针，为少数民族地区培养大量的德、智、体全面发展的建设人才的同时，特别重视把坚定正确的政治方向放在首位，加强对学生进行马克思主义民族观、宗教观和祖国观的教育，要求全校师生自觉成为维护祖国统一、促进民族团结的模范。50 年来，我校在反对和抵制国内外各种民族分裂势力企图利用民族和宗教问题进行分裂祖国、制造民族矛盾的斗争中做出了突出贡献，并在事关祖国尊严和中华民族团结的重要时刻，旗帜鲜明，奋勇当先。

自 20 世纪 50 年代起，从中央民族大学毕业、结业的学生和干部学员，一批又一批奔赴祖国各地，投身于民族地区和边疆，忘我地工作和劳动。祖国的边防巩固、少数民族的民主改革、各民族的团结进步，有他们不可磨灭的功绩。有的同志鞠躬尽瘁，死而后已；有的同志血洒沃土，彪炳千秋。而 1000 多名少数民族教职工中，有的被视为本民族的在京代表或本民族的领袖人物，在民族地区有相当的威望和影响。这些同志在做好民族团结工作、解决民族问题和维护民族地区稳定方面屡建殊勋。

我校还以民族学科研究的雄厚实力，多次承担重大民族问题和边疆问题的研究，为国家的决策和解决、处理相关问题提供咨询或建议。例如，我校专家提出的“中华民族多元一体格局”理论，我校学者关于西沙、南沙考古新发现、关于西藏历史地位的论定、关于东北边界划分的历史依据等科研成果、关于加快西部地区发展、缩小东西部差距的建议，对国家及相关部门的决策、对维护国家统一和民族团结、对民族地区的进步和发展，都起到了积极作用。

同时，我校堪称中华民族大家庭的缩影，是展示我国民族政策和民族团结进步的重要窗口。我校是全国唯一荟萃了 56 个民族成员的地方，各族师生员工和睦相处、平等互敬，尊重各自的民族风俗习惯和语言文化，组成了团结友爱的民族大家庭。它是向世人展示我国民族政策的窗口，在宣传党的民族政策和社会主义制度优越性方面具有特殊意义。各族师生每年都参加大量的社会政治活动、文化活动和外事活动，尤其在诸如国庆庆典等重大集会中，我校各族师生显示了团结向上的精神风貌，成为各族人民平等参与国家政治生活的象征。

中央民族大学坚持把教有规律与民族工作规律结合起来，坚持以培养少数民族和民族地区干部及各类高级专业技术人才为己任，确保教学科研的中心地位，造就了一支有较高素质的教师队伍，形成了独特的学科优势和人才培养模式，取得了显著的办学成绩。

经过长期的建设和发展，我校已经形成了以全日制本科教育和研究生教育为主要形式，兼有大专、预科、艺术中专、干部培训、成人教育等多形式、多学科、多层次的办学格局和办学体系。学校现有 10 个学院、19 个系、4 个教学部。有覆盖 10 个学科门类的 41 个本科专业、24 个硕士学位授权点、9 个博士学位授权点、2 个博士后流动站。其中，民族学学科为国家级重点学科，中国民族史、中国少数民族语言文学、中国少数民族经济、马克思主义民族理论与政策学科为部委级重点学科，中国少数民族语言文学和历史学为“国家文科基础学科人才培养和科学研究基地”，中央民族大学中国少数民族研究中心为国家重点科研基地。

学校拥有一支实力雄厚的教学、科研队伍。现有教职工 1613 人，其中专任教师 702 人，教授、副教授 400 人，讲师 300 人。他们当中既有学术造诣精深、蜚声海内外的名师，更有一大批崭露才华的中青年新秀。有数十位学者在国际或国内学术团体中担任重要职务。前辈学者如吴文藻、潘光旦、翁独健、博乐焕、林耀华、马学良等，开创了我校良好的治学传统和学术风范，当今名家如费孝通、王钟翰、陈永龄、宋蜀华、耿世民、王尧、戴庆厦、张公瑾、胡振华、施正一、牟钟鉴、刘秉江、马跃等，在社会学、人类学、民族学、历史学、语言学、经济学、宗教学、美术、舞蹈诸领域称为翘楚。

我校是国内研究民族问题的重要基地。20 世纪 50 年代，我校科研人员就承担并完成了党和国家交给的一系列重大任务，参与了三次大规模的关于少数民族的调查：一是关于民族识别的调查研究，确认了新中国多民族大家庭中的一批成员，初步奠定了 55 个少数民族的格局，为国家实行民族区域自治提供了重要依据；二是关于少数民族社会历史的调查，首次区分了各少数民族的历史和所处的社会形态，为少数民族地区的社会改革提供了重要依据；三是关于少数民族语言的调查，首次全面了解了我国少数民族语言的状况，帮助 16 个少数民族创制和改革了文字。改革开放以来，学校的科研工作有了新的发展。仅“九五”期间，学校共承担国家级和部委级科研项目 62 项、其他合作项目 12 项，出版学术著作 565 部、发表学术论文 2103 篇。共有 64 项成果获部委以上奖励，其中人文社会科学研究成果获省部级二等奖以上奖数列北京市高校前 4 名。

我校是少数民族人才的摇篮。学校每年面向全国近 30 个省、市、自治区招生。现有各类在校学生 8000 余人，85% 以上是少数民族。迄今为止，我校先后有 6 万多名毕业生步入社会，他们中的大多数已成为全国各地特别是少数民族地区各条战线的骨干。其中 60 多人相继走上了省、市、自治区以上领导岗位，8500 多人担任了地方县以上各级领导职务，成为祖国的栋梁之材；更多的人成为了专家、学者、作家、诗人、演艺明星或不同领域的优秀人物。

对于少数民族人才的培养，我们不断改进办法和总结经验，形成了富有特色的培养模式。针对少数民族学生在文化传统、风俗习惯、语言文字、行为心理以及基础教育水平等方面的差异，学校采取了不同的培养方法。一是在招生时对不同地区、不同民族的考生实行不同的录取线，保证各少数民族都能有学生到我校深造。二是建立了多层次的办学体系，适应了具有不同文化程度、来自不同地区的少数民族学生的学习要求。其中举办预科和干部培训是我校的突出特色。三是实行双语教学，以提高少数民族学生的汉语水平和专业教学质量。四是建立了适合各民族学生共同学习、工作和生活的科学的管理制度和管理方式。五是不断加强和改进对少数民族学生的思想政治工作，建立健全了一支适合我校实际的思想政治工作队伍。这些办法和措施，在实践中收到了很好的效果。

另外，中央民族大学还是我国民族高等教育与国际联系的重要窗口，以及进行国际学术交流的中心之一。56 个民族的语言文化、风俗习惯在我校汇集交融，呈现出鲜明的多元化文化特色。我校的民族学科以其雄厚的实力和广泛的影响，吸引了国外许多专家学者前来合作研究和进行学术交流，目前学校已同国外 50 多所大学建立校际合作关系。1982 年以来，我校共接待了 90 多个国家和地区 1 万多人次来校参观访问和讲学，其中既有外国国家元首、政府首脑及其他重要官员，更有许多学界名流。先后派出 800 多人次到国外学习、进修、访问、参加国际学术会议等，聘请了 300 多名外国专家、学者来校讲学和任教，每年来校学习的留学生达 500 多人。中央民族大学已成为全国民族院校中开展对外学术交流最多、接待国外访问人员最多、在国内外深具影响的学校。

韶华易逝天行健，继往开来谱新篇。中央民族大学 50 年的建设和努力，形成了优良的团结育人传统和良好的校风学风，并为未来的发展做了坚实的铺垫。我们将按照中央领导的指示，认真总结 50 年的办学经验，坚持正确的办学方向，积极探索新的办学思路，为民族地区的经济发展和西部大开发提供人才保障和智力支持，使中央民族大学在我国社会主义现代化建设的宏伟事业中不断发展。

为了在新的世纪再创辉煌，我们进一步明确了办学思想。这就是：按照“教育要面向现代化，面向世界，面向未来”的要求，把贯彻执行党的教育方针和民族政策结合起来，把教育规律和民族工作规律结合起来，坚持社会主义办学方向和加强思想政治工作不动摇，坚持为少数民族和民族地区培养干部和各类高级专业技术人才的宗旨不动摇，坚持教学科研为中心地位不动摇，坚持深化改革、提高教学质量和办学效益的目的不动摇，逐步建立起主动适应民族地区经济建设和社会发展需要的高素质人才培养模式。

我们确定了新的办学目标：即经过10年左右的努力，到2010年，把我校建设成为以人文科学、社会科学和管理科学为主干，以民族学科为特色，以应用科技学科为先导，多学科协调发展的综合性民族大学；整体教学质量、科研和管理水平进入国内一流大学的行列，优势学科达到或接近世界先进水平；在国内外具有广泛影响；成为适应国家特别是少数民族地区经济建设和社会发展需要的高素质人才培养、高水平学术研究、高层次决策咨询的中心和基地。

尽管我们目前仍面临着办学经费短缺、基础设施较差、办学规模和发展速度仍受局限等困难和问题，但是，经过去年机构人事制度和后勤管理体制等一系列重大改革，特别是胜利召开第六次党代会之后，学校的面貌已经发生了喜人的变化。今后我们仍将在教学、科研工作以及人事制度、分配制度、财务制度、后勤社会化等方面继续深化并全面地推进各项改革，在改革中革故鼎新，在改革中昂扬奋进。

我们将根据民族地区发展和国家现代化建设的需要，逐步扩大办学规模；积极争取各方面力量的支持，不断改善办学条件；从学校长远的发展战略出发，加强师资队伍建设；根据社会需求，进一步调整学科和专业结构，切实加强学科与专业建设；集中力量、加大投入，促使科学研究水平再上新的台阶；主动寻求机会，扩大国际交流与合作；依法治校、以德治教，加强学校的精神文明建设。

21世纪的中央民族大学任重而道远，21世纪的中央民族大学将不断地迎接新的机遇和挑战。我们深信，在党中央、国务院和国家民委、教育部、北京市的领导和关怀下，在广大校友和海内外各界朋友的支持下，只要我们全校师生同心同德、矢志不移、踏实工作、锐意改革、开拓进取，我们就一定能够实现既定的目标。

五十春秋团结育人双收硕果，廿一世纪改革奋进再创辉煌。在50年开创的事业的基础上，今天的民大人在绘制最新最美的蓝图，中央民族大学的明天必将前程似锦！

谢谢大家！

（原载《中央民族大学周报》2001年6月15日，总第978期，周报第553期）

五十周年校庆关于中央民族大学有关情况的汇报

非常感谢敬爱的朱镕基总理在百忙中抽出时间到我校视察并接见各族师生的代表。朱总理到校视察，体现了党中央、国务院对中央民族大学 56 个民族师生员工的亲切关怀。这必将成为宝贵的精神财富和巨大的精神力量，鼓舞学校领导班子和全校各族师生员工更加努力工作，进一步把学校办好，为国家特别是少数民族和民族地区的社会主义现代化建设做出新的更大贡献。下面分三个方面将学校的情况及有关建议作汇报。

一、学校的概况与特色

中央民族大学是党和国家为解决国内民族问题，培养少数民族干部而专门创立的高等学校。其前身是 1941 年 9 月我们党在延安建立的民族学院。新中国成立不久，根据毛泽东主席的有关指示，中央决定在北京建立中央民族学院。1950 年 11 月，周恩来总理主持政务院第 60 次政务会议，批准了中央民族事务委员会提出的《培养少数民族干部试行方案》和《筹办中央民族学院试行方案》。1951 年 6 月 11 日，中央民族学院正式开学。第一任院长是杰出的无产阶级革命家乌兰夫同志。1952 年，在全国高校进行院系调整时，清华大学社会学系、燕京大学社会学系和北京大学东语系民族语文专业并入中央民院。一批著名的社会学家、民族学家和民族语言学家如吴文藻、潘光旦、费孝通、林耀华、于道泉、翁独健、冯家升、吴泽霖等陆续到校工作，著名的马克思主义史学家翦伯赞等也到校做研究工作，这支队伍成为学校发展的基础和骨干力量。1993 年 11 月，中央民族学院更名为中央民族大学。中央民族大学 50 年的发展历程是与党和国家在各个历史时期的中心工作密切相连的。在五六十年代，学校紧紧围绕民族地区民主改革、政权建设和三大改造任务的需要，坚持以培养少数民族干部为主的方针，培养和培训了一大批少数民族干部。党的十一届三中全会以后，为了适应民族地区改革开放和经济建设的需要，学校实行培养少数民族干部和各类专业技术人才并重的方针，并逐步发展成为一所以人文社会科学学科为主，以民族学科为特色，文、理、工、艺、管、法、经等专业兼备的综合性大学。现有10个二级学院、19个系、5个教学部所；有本科专业41个，覆盖了10个学科门类；有博士后流动站2个、博士学位授权点9个、硕士学位授权点24个；国家级重点学科1个、部委级重点学科4个；国家文科基础学科教学和科研基地2个、全国普通高校人文社会科学重点科研基地1个。1979年被确定为国家重点大学，1999年通过了“211工程”的立项审核，进入了国家面向21世纪重点建设的100所大学的行列。

中央民族大学是全国唯一具有56个民族的单位。学校现有教职工1613人，其中专任教师702人。具有正高职称的93人、副高职称的322人、中级职称的297人，教职工队伍中包括了30多个民族成分。学校每年面向全国30个省、市、自治区，特别是西部地区的省、区招生，学生民族成分始终保持在50个左右。现各类在校生7545人，其中80%以上是少数民族学生。

由于服务对象、生源和教职工队伍的构成、学科专业和课程设置、办学方式和管理方式等方面的鲜明特色，中央民族大学已成为国家高等教育体系中不可缺少的重要组成部分，在许多方面发挥了独特的作用。

一是为少数民族和民族地区培养了大批干部和专业技术人才。中央民大成立50年来已累计培养各类毕业生60000多名。由于学校历来重视对学生进行马克思主义民族观、宗教观和祖国观的教育，重视学生全面素质的培养，因而这些毕业生回到本民族地区工作后，有相当一部分人成为民族地区的各级领导骨干，成为在民族地区掌权的人。据统计，中央民族大学的毕业生中，有国家领导人1人、省部级干部60多人、地厅级干部500多人、县处级干部8000多人。还有一大批从事专业技术工作和进行民族问题研究的学者、专家、教授。他们在民族地区的社会主义现代化建设中，在维护祖国统一、民族团结的伟大事业中做出了重大的贡献，被称为民族地区能够用得上、干得好、留得住的人才队伍。可见，中央民族大学在培养少数民族高素质人才和提高少数民族综合素质方面有着不可替代的作用。

二是成为国内研究民族问题的重要基地，取得了丰硕的科研成果，为解决国内民族问题做出了重要贡献。20世纪50年代我校的专家学者参与了三次大规模的关于少数民族情况的调查。一、参加了关于民族识别的调查研究。这次调研确认了新中国多民族大家庭中的一批成员，初步奠定了我国55个少数民族的格局，为国家实行民族区域自治提供了依据。二、参加了关于少数民族社会历史的调查。这次调查首次弄清了各少数民族的历史和所处的社会形态，为少数民族地区的社会改革提供了重要依据。三、参加了关于少数民族语言的调查研究，全面了解了我国少数民族语言的状况。在这以后，国家帮助 16 个少数民族创制和改革了文字。20 世纪 90 年代末期学校的教师又参加了 22 个人口较少民族发展问题的调查和濒危语言的调查。学校现有 52 个研究所，仅 1993 年到 1999 年的 7 年中，学校共获得国家和部委级科研项目 121 项、出版学术著作 1163 部、发表学术论文 3688 篇。共有 114 项成果获奖，其中获部委二等奖以上奖励的 75 项，学校人文社会科学研究成果获省部级二等奖以上奖数列北京市高校前四名。我校专家提出的“中华民族多元一体格局理论”、关于加快西部地区发展、缩小东西部差距的建议、关于西沙、南沙考古新发现、关于西藏历史地位等科研成果，都具有重要的政治、经济和社会意义。

三是在宣传党的民族政策、帮助党和政府处理民族方面的问题发挥了特殊作用。中央民族大学是全国民族成分最全的单位，56 个民族的师生员工和睦相处、平等团结，体现了党的民族政策的正确性。学校每年接待大批的国外来访者，使学校成为展示中国共产党的民族政策和我国各民族团结进步新型民族关系的窗口，对树立社会主义中国的良好形象起到了重要作用。各族师生每年都参加大量的社会政治活动和外事活动，成为各族人民平等参与国家政治生活的象征。学校上千名少数民族教职工中有的人被视为本民族在京的优秀代表，在民族地区有较大的影响，每当民族地区出现不稳定情况时，这些同志成为帮助党和政府做工作、解决问题的重要力量，发挥了特殊的不可替代的政治作用。

中央民大之所以能够取得较大的成绩，最重要的是得到了党和国家的高度重视、大力支持和亲切关怀。毛泽东同志生前同刘少奇、周恩来、朱德、陈云、邓小平等党和国家领导人一起先后 14 次接见学校的毕业生或师生员工代表。周恩来总理、陈毅副总理曾到校视察工作。周总理亲自过问，为学校解决了医院的 X 光机和食堂铺水泥地等问题。他还指示有关负责同志，凡是重要的国事活动要安排民族学院的代表参加。1980 年邓小平同志与十世班禅大师谈话时指出：“还要努力发展文化，培养民族干部，使民族干部知识化。为此，中央民族学院和各地民族学院都要加强。”江泽民总书记 1994 年 2 月 20 日为中央民族大学题写了校名。2000 年 10 月 16 日，又为中央民族大学等民族院校作了“努力发展民族教育，促进各民族共同繁荣”的题词。

二、存在的问题与学校采取的措施

（一）办学经费严重短缺。建校初期，国家曾采取了一系列特殊政策和措施，使学校在较短时间内完成了校区建设并成为当时北京众多高校中条件设备及教职工和学生福利待遇较好的学校之一。在近20多年里，中央民大的办学规模和办学层次有了很大发展，但国家对学校的投入基本上是按常规运作，没有特殊的投入。学校的办学经费已达捉襟见肘的地步。如1999年国拨教育事业费是4362万元，而当年人员经费开支则达到4340万元，占国拨教育事业费的99.5%，因而无力改善办学条件和教职工的福利待遇。

（二）基础设施较差，校园面积小。生均教学行政用房只有9.4平方米，比教育部规定的15平方米少5.6平方米。由于20年未盖学生宿舍，现生均学生宿舍面积不足4平方米，比教育部规定的生均6平方米的标准差2平方米以上，多数学生挤在8人一间的宿舍里。生均教学仪器设备值3651元，比教育部规定一般学校生均4000元的标准差349元，而比“211工程”学校应达到的生均6000元的标准则差2349元。学校图书馆为上世纪60年代所建，只有4800平方米。书库、阅览室都很狭小，大量图书堆放在其他仓库，无法借阅。1999年生均购买新书仅0.68册。学校至今没有理工科实验楼，20多个实验室分散在学校各处，实验课开出率只有70%左右。校内基础设施多为五六十年代所建，老化严重。墙体裂缝、门窗朽烂，下水管道狭小锈蚀破裂；道路破损，电气设备陈旧，容量严重不足，水暖设施也远不能满足需要。仅基础设施的改造费用就需要约5000万元。现全校占地面积为504亩，空间狭小，需要扩展。

（三）学科专业结构需要进一步调整。我校的特色专业与社会需求之间存在较大矛盾。民族学、民族史、民族语言文学和宗教学等专业是我校的优势专业，在国内处于领先水平。但现在社会需求量很小，生源不足。因此如何适应社会的需要，在保持学校学科专业特色的同时，调整学科专业结构，是需要认真研究解决的紧迫问题。

（四）学生中困难生和特困生的比例较大。由于我校学生大部分来自西部民族地区，困难生和特困生占学生总数的40%左右，不但难以收足学费，而且还要设法补助困难学生。1999和2000年应交学费的学生共拖欠学费208万元。1996年招生并轨后，民族类专业学生按政策免交学费，同时学校还要给学生发伙食费等补贴，至今为止共少收学费和支出补贴4067万元。

面对办学中存在的种种困难，学校领导班子没有消极等待，而是积极想办法加以解决。主要措施有：

一是深化内部管理体制改革，减少行政机构和人员。2000年我们通过合并、撤销、保留、新设等方式将机关原有的 27 个处级单位减少到 18 个，减幅为 33.3%。管理人员从原有的 188 人减少到 134 人，减幅为 29%。处、科级干部全部实行了竞聘上岗，使机关工作作风有了较大转变，理顺了关系，工作效率有了较大提高，行政人员的开支也有了较大幅度的减少。

二是从国家特别是民族地区经济社会发展的需要出发，对学科专业结构进行了战略性调整。一方面从民族工作的需要和我校的实际出发对民族类学科实行重点保护的政策，本科教育实行隔年招生或减少招生，往高层次发展，重在培养硕士生、博士生。另一方面从西部大开发和民族地区的发展需要出发，对经济、管理、法律、新闻等社会应用类学科实行重点支持和发展的政策，加强信息技术、环境科学等自然科学学科的建设。为此，2000 年下半年我们进行了全校的院系调整，成立了法学院、经济学院、理工学院等 10 个学院，使院系设置更加有利于学科专业结构的调整、建设和趋向合理，有利于在新的历史条件下，再造中央民族大学的优势和特色。

三是加大对教学科研的投入，加强学校的基本建设和基础设施改造。学校在办学经费十分困难的条件下尽量压缩行政开支，加大了对教学科研的投入和基本建设、设施改造的投入。

与此同时加快了基础设施建设的步伐，通过自筹、合作和争取国家支持等方式投入 6000 多万元改建了学生运动场、体育馆、新建校园计算机网络、国际学术交流中心等项目。自 1996 年以来新建教师宿舍 55678 平方米，同时还对校园环境进行了绿化美化和整治。

四是采取各种措施帮助困难学生，确保在校学生不因经济上的困难而退学。学校通过社会各界的帮助，设立了几十种奖学金、助学金、困难补助金，同银行合作提供助学贷款以及帮助学生开展勤工助学活动等，以解决贫困学生的经济困难。2000 年享受各种奖助学金和困难补贴的学生达 4486 人次，学校支付的各项补贴达 567 万元，保证了多年来没有一个少数民族学生因为经济困难而退学。

三、请求国家帮助解决的问题

虽然学校采取了种种措施力图克服办学中的困难，但由于经济能力有限，要从根本上解决问题还需要党和政府给予更多的支持和帮助。为此，我们建议：

（一）将中央民族大学列入教育部“振兴 21 世纪教育行动计划”中重

点建设的大学行列。中央民族大学在国家的民族团结、文化传承、少数民族干部培训和人才培养、民族地区的经济发展中发挥了独特的作用。加大力度发展中央民族大学，对做好我国的民族工作、促进民族团结、维护祖国统一都具有重大而深远的战略意义。

（二）国家进一步加大对中央民族大学的投入，使学校的办学条件得到根本改善。由于中央民大学科专业的特点，自身创收能力弱，社会支持十分有限。学校的主管部门国家民委虽尽了最大的努力给予资金支持和倾斜，但要从根本上解决问题还必须靠国家的支持和投入。请求国家在“十五”期间每年投入1亿元以上，以彻底改善中央民大的办学条件（包括校舍基本建设、设施的更新改造）；国家在分配“十五”期间“211工程”建设资金时，对中央民大适当倾斜，给予重点支持。

（这是荣仕星校长在中央民族大学五十周年校庆时，向来校视察的朱镕基总理及其他党和国家领导人所作的汇报）

中央民族大学2001年工作总结

如果说2000年是我校的改革之年，那么，2001年就是我校各项工作狠抓落实之年。这一年，我们以校庆50周年为契机，在改革、调整的基础上，重点抓落实，使学校各方面的工作都取得了突破性的进展。现将主要工作总结如下：

一、以迎接建党80周年为契机，在全校教职工中认真开展了“三个代表”重要思想学习讨论活动，进一步加强了党的建设

为了迎接建党80周年，进一步加强党的建设，学校党委以庆祝建党80周年为主题，组织了一系列的庆祝活动，如组织党员参观西柏坡、收看革命题材影视片，举办建党80周年成就展、北京市建党成就展，开展征文、书画、演讲、知识竞赛和歌咏比赛等活动，召开各类人士座谈会。同时，校党委决定在全校基层党组织和全体党员中开展评选表彰先进基层党组织、优秀共产党员和优秀党务工作者的活动，通过评优活动，促进党的基层组织建设，最后，评出了先进党总支1个、先进直属党支部1个、先进党支部10个、优秀共产党员41名、优秀党务工作者16名。通过以上活动，使广大党员干部增强了使命感和责任感，加深了对党的认识，坚定了共产主义的信念。

从去年9月开始，我校在全体党员干部和广大教职工中认真开展了“三个代表”重要思想学习讨论活动。为了使这一工作落到实处，学校成立了以党委书记王彦同志为组长，党委副书记荣仕星、郑玉顺同志为副组长，校党委常委以及党委组织部、宣传部、党校等部门负责人参加的学习讨论活动领导小组，并向全体党员印发了学习材料。在学习中我们努力做到“五个结合”：一是把学习讨论“三个代表”重要思想，同学习邓小平理论结合起来；二是把学习“三个代表”重要思想，同开展“三讲”教育和“三讲回头看”结合起来；三是把学习讨论“三个代表”重要思想，同开展“警示教育”结合起来；四是把学习讨论“三个代表”重要思想，同加强和改进党建和思想政治工作结合起来；五是把学习讨论“三个代表”重要思想与学校教育教学改革的实际结合起来。7月1日，江泽民同志发

表了重要讲话，学校党委立即作出了学习安排，使广大党员干部进一步加深对“三个代表”重要思想的认识和理解。

落实“三讲”教育整改方案，认真开展“回头看”活动。从11月中旬开始，学校领导和全体处级干部结合“三讲”教育“回头看”活动，集中学习了江泽民同志的“七一”讲话和十五届六中全会精神，认真检查去年我校在“三讲”教育工作中制定的整改措施的落实情况，讨论如何进一步完善整改方案，并切实加以落实。“回头看”活动分为四个阶段，即自学文件、集中学习、分组讨论和归纳总结。在“回头看”活动中，群众对学校一年的工作给予了充分的肯定，同时也提出了许多建设性的意见和建议。

二、圆满完成了建校50周年的系列庆祝活动

今年6月11日，是我校的50年华诞。在党中央、国务院的亲切关怀下，在国家民委党组的直接领导下，在学校领导班子和全校师生员工的共同努力下，50周年校庆活动取得了圆满的成功，达到了内增凝聚力，外争扩展力的良好效果。我校50周年校庆活动受到了党中央和国务院的高度重视，江泽民总书记欣然为我校及其他民族院校题词：“努力发展民族教育，促进各民族的共同繁荣”。6月14日，朱镕基总理在国务委员、国务院秘书长王宗禹、教育部部长陈至立、财政部部长项怀成、国家计委副主任汪洋、国家民委副主任江家福、图道多吉等的陪同下亲临我校视察。这极大地鼓舞了全校各族师生员工进一步办好学校的信心。4月13日李岚清副总理致信我校对我校50周年校庆表示热烈祝贺，信中对学校的工作做了高度评价，也对学校今后的发展提出了希望和要求。

6月16日，布赫、铁木尔·达瓦买提、费孝通、赵南起等领导人出席了50周年庆典，国家民委几乎所有在京的领导都到校祝贺，此外，中共北京市委、市政府、教育部也给学校发来了贺信。

总之，经过全校教职员工的共同努力，我校校庆活动圆满成功，达到了三个目的：一是受到了党中央国务院的高度重视，学校的政治地位进一步提高；二是广泛争取了社会各界的支持，社会影响和知名度进一步扩大；三是校园环境建设取得突破性进展，学校内部的凝聚力进一步增强。

三、朱镕基总理视察我校后，学校确立了建设“世界一流民族大学”的奋斗目标，并认真加以落实

朱镕基总理于校庆期间视察了我校，并为我校提出了建设“世界一流民族大学”的奋斗目标。校党委及时向全校师生传达了朱镕基总理的重要

讲话，组织了认真的学习和讨论，学校把朱镕基总理提出的建设“世界一流民族大学”的要求确定为学校长期的奋斗和发展目标，成立了由校党委书记、校长牵头的“建设世界一流民族大学”论证小组，召开了多次学习、论证会议，提出了分“三步走”、用几十年时间实现这一宏伟目标的发展战略。目前，建设“世界一流民族大学”成为全校凝聚人心、鼓舞士气、团结各族师生共同奋进的口号。为了落实朱镕基总理的指示精神，学校领导积极主动地向上级有关部门反映情况，国务院有关部委对学校的工作给予了极大支持和帮助。国家民委会同国家发展计划委员会、财政部、教育部在去年组成联合调查组对我校进行深入调研的基础上，经过反复研究、修改，向中央写出了关于进一步办好中央民族大学的专题报告，进一步明确了学校的办学方向、发展重点和改革措施。现住，这一报告已经得到中央的正式批准；协调有关部委共同提出了对中央民族大学的建设与发展加大支持力度的具体建议；指导中央民族大学进一步改进和加强思想政治工作，深化学校内部各项改革，对学校的基本建设规划、校园总体规划、“十五”教育事业发展规划的制定做了具体的指导；为学校增加办学经费与有关部委积极协调，做了大量工作；在国家民委的经费中也加强了对我校的支持；落实了我校今年的扩大招生计划；在支持我校做好“十五”基本建设总体规划和项目论证的同时，拨出专款建设设在中央民族大学西山校区的中央民族管理干部学院；为审批我校一系列新增专业、支持学校教学改革也做了大量工作。

国家发展计划委员会十分重视、关心我校的总体规划和基本建设工程，目前已拨付 4920 万元资金用于支持我校的图书馆扩建工程（其中中央预算拨款为 4450 万元，部门配套资金为 470 万元），并组织专家对我校的基本建设项目进行了论证。

财政部有关司局领导多次深入学校调查研究，今年拨付修购专款 2200 万元支持我校的建设和发展，同时，在“十五”期间每年将拨专款 300 万元补助我校的特困生。

教育部十分关心中央民族大学的建设与发展，支持并积极指导学校的“文科人才培养和科研基地”建设；批准了今年学校扩大研究生、本科生、预科生招生规模的计划；同意由国家民委、教育部和北京市三家共建中央民族大学。此外，为进一步发展民族教育事业，教育部与国家民委正在共同筹备全国民族教育工作会议。

北京市人民政府一直非常关注中央民族大学的建设和发展，在中央民族大学的各项工作上给予了指导和帮助。在国家发展计划委员会和北京市政府的支持及帮助下，我校完成了《中央民族大学基本建设总体规划》；北京市常务副市长汪光焘于今年8月亲自到我校现场办公，解决了我校基本建设建筑限高和供电、供暖、供水等难题。在党的建设、思想政治工作、维护校园秩序、保证学校稳定等方面，北京市政府一贯给予中央民族大学多方的指导和支持。北京市委教育工委把中央民族大学与北大、清华等校一起列为敏感高校，经常深入了解学校师生的思想动态，指导学校党委加强思想政治教育和做好稳定工作。

四、开始实施《中央民族大学教育事业“十五”计划纲要和2015年发展目标》，制定了《中央民族大学“十五”基本建设总体规划》，加大了基础设施建设和改造的力度，取得了一系列建设成果

《中央民族大学教育事业“十五”计划纲要和2015年发展目标》经过教职工代表大会、第六次党代表大会和党委全委会讨论通过后开始实施。这是一个非常重要的文件，实施这一《纲要》将为我校今后的发展构建起宏伟的框架并初步形成合理的发展格局。

我校的基础设施大多建于20世纪50年代，在当时应该说是较好的，但是随着时代的发展，到目前已经无法满足学校发展的需要。为了彻底解决这一问题，在国务院有关部委和北京市的支持下，学校组织力量，制定了《中央民族大学“十五”基本建设总体规划》，这一规划已经获得了北京市规委的批准。

在基本建设方面，学校今年实施了田径运动场的改建工程、东大门新建工程、东校门广场及喷泉的改建工程、大礼堂的空调工程、办公楼的装修工程、家属院的基础设施建设及道路改造工程、体育馆的装修改建工程、校内部分道路的维修工程、校园内学生宿舍窗户的更换工程、教学主楼的粉刷工程、电改造工程、校园区的煤改气工程、自来水改造工程、学生浴室的修建工程等等，投入金额达4000多万元，还有北综合楼已交付使用，音乐系琴房已竣工等等。同时，干训楼工程按时开工，图书大楼工程进展顺利，其他一些重要工程的准备工作正在进行。这些工程的实施，使我校基础设施落后的状况有了实质性的突破。

五、加快了文明校园建设步伐，校园及家属院环境建设和管理取得突破性进展

为了进一步搞好文明校园建设，从去年底开始，学校先后拆除了一批

私搭乱建的建筑物，使学校的整体环境有了较大改观，同时，进行了校园的绿化美化，在礼堂周边建设了民族同心园，其中种植了名贵花木 77 种 656 株、铺草坪 52000 平方米、铺装道路 1850 平方米、安装石桌板凳路椅 30 余套。另外还分别在主楼前、办公楼前种草坪 200 平方米、种花 270 余株，使教学区的面貌发生了较大变化。为了使全校师生深入了解和积极参与文明校园建设，学校先后召开了各类人员的动员大会，印发了宣传手册，组织了各种竞赛、考试和活动日等，并专门成立了校园巡逻检查工作小组，学校领导亲自带队，对学生自习、宿舍卫生、遵守校风校纪等情况进行检查。明年上半年，家属院的绿化、美化工程将基本完成，届时，家属院的整体环境将会有较大的改善。

此外，我们还多次邀请文明校园建设专家组到我校进行检查指导，为学校的建设出谋划策。学校所发生的较大变化受到了专家组的好评，经过北京市文明校园专家组的检查验收，我校于 2001 年 12 月 19 日顺利通过了评估，进入了北京市高校文明校园的行列。

六、加强领导工作作风建设，认真抓好学科建设和实验室建设，开展了教学工作调查研究活动，召开教学工作会议，制定了《中央民族大学科研工作“十五”规划》

结合学习十五届六中全会精神，为了进一步转变工作作风，深入了解我校教学工作的实际情况，提高教学管理水平和教学质量，今年 9 月，全体校级领导与相关职能部门的同志一道，组成了 4 个调研组，集中一周的时间，深入到各教学、科研单位，开展调查研究工作，这一工作受到了广大教职员工的欢迎。

认真抓好学科建设和实验室建设。2001 年我校申报的 3 个国家级重点学科、7 个部委级重点学科、7 个本科专业都获得了有关部门的批准，从而进一步优化了学科结构，提高了我校学科建设的水平。物理与电子工程系、生物与化学系的实验室也通过了北京市教委专家组的合格和优秀评估。

召开了教学工作会议，探讨了我校面向 21 世纪的办学理念、指导思想、目标定位、发展规模、结构调整、办学效益和办学质量等问题，并对教学基本建设、教学管理和各个层次的办学思路以及合作办学的途径进行全面的研究，为落实朱总理提出的宏伟目标和实现跨越式的发展打好坚实的思想基础。

此外，在去年的基础上又进一步扩大了招生规模，提高了办学效益。

我校今年招收了本科生 1818 名，函授、夜大、成人脱产生 2055 名，研究生 241 名，这是我校自建校以来招生最多的一年。新生入学后，学校采取了一系列措施，不但使新生顺利、安全入住，而且还妥善解决了扩招后给教学和管理所带来的困难和问题，基本上做到扩大招生规模后教学质量不降低、管理标准不降低，取得了较好的社会效益和经济效益。

制定并开始实施《中央民族大学科研工作“十五”规划》，为确保规划顺利实施，学校拨出 250 万元的专款支持重点科研项目的研究。

七、校内管理体制的改革按计划稳步实施

在去年改革的基础上，我校今年主要开始实施分配制度改革、教师定编定岗和聘任制改革、财务管理审批制度改革，同时，继续推进人事制度改革和后勤社会化改革。

分配制度改革的基本原则是：打破大锅饭和平均主义；淡化身份、强化岗位；按需设岗、合理设岗，责、权、利相结合；尊重历史、实事求是，从学校的实际出发；真正体现“多劳多得、按劳分配”的原则。分配制度改革政策性强、牵涉面大，为了搞好此项改革，学校组织专门力量，从今年上半年开始进行调查研究，现在已经出台《中央民族大学岗位业绩津贴实施方案》，正在广泛征求和听取群众意见。为了使广大教职工从改革中真正得到实惠，改善待遇，学校拟每年增加拨款 2500 万元左右来支撑分配制度改革，这一改革计划于明年 3 月全面实施。此外，教师定编定岗和聘任制改革、财务管理审批制度改革、人事制度改革和后勤社会化改革也取得了显著成果。

八、顺利完成了机关干部和院系干部试用期的考核

今年 3 月，校机关干部一年的试用期满后，学校党委采取了干部公开述职的办法，广泛听取群众的意见，同时，组织专门的考核小组，设计了科学合理的考核方案，并将考核指标作了量化处理，然后逐一对 40 名干部进行认真的考核。最终的考核结果与群众意见基本一致，优秀者受到了学校的表扬，称职的干部被继续聘任，基本称职者受到了诫勉。10 月中旬开始，进行了院系处级干部考核。这次接受考核的干部一共有 75 名，考核结果为优秀 1 人、称职 66 人、基本称职 7 人、不称职 1 人。通过考核，加强了管理干部队伍的教育，提高了干部队伍的素质。

九、加强了学生思想道德和文明行为教育，维护了学校的稳定，召开了第 31 次学生代表大会

我们今年进一步加强了对学生进行马克思主义人生观、世界观、价值观、民族观、宗教观、祖国观的教育，继续落实去年全校思想政治工作会议提出的各项措施，对广大学生进行马克思主义民族理论和民族政策教育，特别是民族团结方面的教育，维护了学校、首都的稳定，促进了各民族的团结。认真组织学习了中央颁布的《公民道德建设实施纲要》，并通过第 31 次学生代表大会向全校学生发出了《加强道德建设的倡议书》，在全校产生了积极的影响，广大同学纷纷表示，要以自己的实际行动进一步加强自身的思想道德建设，做新一代文明的大学生。

第 31 次学生代表大会如期举行，选举产生了第 31 届学生委员会，使学生会新老干部顺利交接，学校有关部门对代表们提出的 1000 多条议案给予了答复。

十、完成 21 届世界大学生运动会篮球赛场建设和组织比赛任务，并完成了组织全国少数民族文艺会演开幕式演出的重大任务

为了迎接 21 届世界大学生运动会，我校在建设资金极为紧张的情况下，拨款 260 万元，加上上级拨款 200 万元，共 460 万元，对逸夫体育馆进行了改造和装修，并配备了先进的设备，使体育馆的面貌焕然一新，达到了 21 届世界大学生运动会组委会的要求。为了确保 21 届世界大学生运动会的各项工作正常而有序地进行，我校专门成立了以荣仕星校长为组长、陈理和严玉明副校长为副组长的大运会工作领导小组，此外，还成立了以严玉明副校长为组长的大运会安全保卫工作领导小组。总之，通过学校的努力，大运会如期在我校举行，我校也荣获了 21 届世界大学生运动会组委会授予的“先进集体”光荣称号。

我校在第二届全国少数民族文艺会演中承担全部开幕式节目的演出任务。为了完成这一任务，学校领导高度重视，艺术学院领导和教师精心组织，参加演出的学生刻苦排练，开幕式最终获得圆满成功，江泽民总书记等中央政治局常委到场观看了开幕式的演出，并亲切接见了参加演出的全体演员。

总之，在全校广大教职工的共同努力下，我校今年按照年初的工作计划出色、圆满地完成了各项任务，使学校的面貌发生了较大的变化。当然，不可避免地也存在一些问题，这些问题主要表现在以下几个方面：

1. 我们的思想和观念还比较滞后，思想还不够解放，胆子还不够大，还不能够适应国家的建设和发展对我们提出的较高要求和21世纪高等教育形势发展的需要。

2. 教学、科研的管理工作存在薄弱环节，需要进一步加强和改进。

3. 文明校园建设是一项长期系统的工程，还有很多工作要做，学校整体的管理水平需要进一步提高。

4. 学校的风气还没有从根本上好转，还存在着一些消极的影响学校建设和发展的不正之风。

5. 学校的办学经费不足，基础设施还比较落后，影响和制约着学校的发展。

6. 广大教职工的住房条件还比较差，平均收入大大低于北京市其他高校。

对于以上存在的问题，我们将采取一切措施，尽可能地加以解决，为中央民族大学的发展铺平道路。

鼓足干劲，真抓实干，为中央民族大学实现跨越式发展而努力奋斗

——在第三届教职工代表大会第二次全体会议上的报告

（2002 年 1 月 8 日）

各位代表：

去年 11 月和 12 月，我校分别召开了第三届教职工代表大会暨第十一次工会代表大会和第六次党代会，这是两次非常重要的会议，它对我校的建设和发展产生了重要的影响。今年我们以建校 50 周年为契机，在去年改革、调整的基础上，重点抓了各项工作的落实，使学校的各项建设取得了突破性进展。现在我代表学校，将今年的工作和明年的思路向各位代表作一个汇报，请代表们审议。

一、2001 年的主要工作

（一）以迎接建党 80 周年为契机，在全校教职工中认真开展了“三个代表”重要思想学习讨论活动，进一步加强党的建设。

为了迎接建党 80 周年，学校党委从 3 月份开始，以庆祝建党 80 周年为主题，组织了一系列的庆祝活动，如组织党员参观了西柏坡、建党 80 周年成就展、北京市建党成就展，开展了征文、书画、演讲、知识竞赛活动，组织了歌咏比赛，收看了革命题材影视片，召开了各类人士座谈会。同时，校党委决定在全校基层党组织和全体党员中开展评选表彰先进基层党组织、优秀共产党员和优秀党务工作者的活动，通过评优活动，促进党的基层组织建设，最后，评出了先进党总支 1 个、先进直属党支部 1 个、先进党支部 10 个、优秀共产党员 41 名、优秀党务工作者 16 名。通过以上活动，使广大党员干部增强了使命感和责任感，加深了对党的认识，坚定了共产主义信念。

从去年 9 月开始，在全体党员干部和广大教职工中认真开展了“三个代表”重要思想学习讨论活动。为了使这一工作落到实处，学校成立了以

党委书记王彦同志为组长，党委副书记荣仕星、郑玉顺同志为副组长，校党委常委以及党委组织部、宣传部、党校等部门负责人参加的学习讨论活动领导小组，并向党员印发了学习材料。在学习中努力做到“五个结合”：一是把学习讨论“三个代表”重要思想同学习邓小平理论结合起来；二是把学习“三个代表”重要思想同开展“三讲”教育和“三讲回头看”结合起来；三是把学习讨论“三个代表”重要思想同开展“警示教育”结合起来；四是把学习讨论“三个代表”重要思想同加强和改进党建及思想政治工作结合起来；五是把学习讨论“三个代表”重要思想与学校教育教学改革的实际结合起来。7 月 1 日，江泽民同志发表了重要讲话，学校党委立即做出了学习安排，使广大党员干部进一步加深对“三个代表”重要思想的认识和理解。

落实“三讲”教育整改方案，认真开展“回头看”活动。从 11 月中旬开始，学校领导和全体处级干部结合“三讲”教育“回头看”活动，集中学习了江泽民同志的“七一”讲话和十五届六中全会精神，认真检查去年我校在“三讲”教育工作中制定的整改措施的落实情况，讨论如何进一步完善整改方案，并切实加以落实。“回头看”活动分为四个阶段，即自学文件、集中学习、分组讨论和归纳总结。在“回头看”活动中，群众对学校一年的工作给予了充分的肯定，同时也提出了许多建设性的意见和建议。

（二）圆满完成了建校 50 周年的系列庆祝活动。

今年 6 月 11 日，是我校的 50 年华诞。在党中央、国务院的亲切关怀下，在国家民委党组的直接领导下，在学校领导班子和全校师生员工的共同努力下，50 周年校庆活动取得了圆满的成功，达到了内增凝聚力、外争扩展力的良好效果。我校 50 周年校庆活动受到了党中央和国务院的高度重视，江泽民总书记欣然为我校及其他民族院校题词：“努力发展民族教育，促进各民族的共同繁荣。”6 月 14 日，朱镕基总理在国务委员、国务院秘书长王宗禹、教育部部长陈至立、财政部部长项怀成、国家计委副主任汪洋、国家民委副主任江家福、图道多吉等的陪同下亲临我校视察。这极大地鼓舞了全校各族师生员工进一步办好学校的信心。4 月 13 日，李岚清副总理致信我校，对我校 50 周年校庆表示热烈祝贺，信中对学校的工作做了高度评价，也对学校今后的发展提出了希望和要求。6 月 16 日，布赫、铁木尔·达瓦买提、费孝通、赵南起等领导人出席了 50 周年庆典，国家民委几乎所有在家的领导都到校祝贺。此外，中共北京市委、市政府、教育部也给学校发来了贺信。总之，经过全校教职员工的共同努力，我校校庆活动圆满成功，达到了三个目的：一是受到了党中央、国务院的高度重视，学校的政治地位进一步提高；二是广泛争取了社会各界的支持，社会影响和知名度进一步扩大；三是校园环境建设取得突破性进展，学校内部的凝聚力进一步增强。

（三）朱镕基总理视察我校后，在全校确立了建设“世界一流民族大学”的奋斗目标，并认真加以落实。

朱镕基总理于校庆期间视察我校后，为我校提出了建设“世界一流民族大学”的奋斗目标。校党委及时向全校师生传达了朱镕基总理的重要讲话，组织了认真的学习和讨论，学校把朱镕基总理提出的建设“世界一流民族大学”的要求确定为学校长期的奋斗和发展目标，成立了由校党委书记、校长牵头的“建设世界一流民族大学”论证小组，召开了多次学习、论证会议，提出了分“三步走”、用几十年时间实现这一宏伟目标的发展战略。目前，建设“世界一流民族大学”已成为全校凝聚人心、鼓舞士气、团结各族师生共同奋进的口号。

为了落实朱镕基总理的指示精神，学校领导积极主动地向上级有关部门反映情况，国务院有关部委对学校的工作给予了极大支持和帮助。国家民委会同国家发展计划委员会、财政部、教育部在去年组成联合调查组，在对我校进行了深入调研的基础上，经过反复研究、修改，向中央写出了关于进一步办好中央民族大学的专题报告，进一步明确了学校的办学方向、发展重点和改革措施，现在，这一报告已经得到中央的正式批准；协调有关部委共同提出了对中央民族大学的建设与发展加大支持的具体建议；指导中央民族大学进一步改进和加强思想政治工作，深化学校内部各项改革，对学校的基本建设规划、校园总体规划、“十五”教育事业发展规划的制定做了具体的指导；为增加学校办学经费，与有关部委积极协调，做了大量工作；在国家民委的经费中也加强了对我校的支持；落实了我校今年的扩大招生计划；在支持我校做好“十五”基本建设总体规划和项目论证的同时，拨出专款建设设在中央民族大学西山校区的中央民族管理干部学院；为审批我校一系列新增专业、支持学校教学改革也做了大量工作。国家发展计划委员会十分重视、关心我校的总体规划和基本建设工程，目前已拨付 4920 万元资金用于支持我校的图书馆扩建工程（其中中央预算拨款为 4450 万元，部门配套资金为 470 万元），并组织专家对我校的基本建设项目进行了论证。

财政部有关司局领导多次深入学校调查研究，今年拨付修购专款2200万元支持我校的建设和发展，同时，在“十五”期间每年将拨专款300万元补助我校的特困生。

教育部十分关心中央民族大学的建设与发展，支持并积极指导学校的“文科人才培养和科研基地”建设；批准了今年学校扩大研究生、本科生、预科生招生规模的计划；同意由国家民委、教育部和北京市三家共建中央民族大学。此外，为进一步发展民族教育事业，教育部与国家民委正在共同筹备全国民族教育工作会议。

北京市人民政府一直非常关注中央民族大学的建设和发展，对我校的各项工作给予了指导和帮助。在国家发展计划委员会和北京市政府的支持及帮助下，我校完成了《中央民族大学基本建设总体规划》；北京市常务副市长汪光涛于今年8月亲自到我校现场办公，解决了我校基本建设建筑限高和供电、供暖、供水等难题。在党的建设、思想政治工作、维护校园秩序、保证学校稳定等方面，北京市政府一贯给予中央民族大学多方的指导和支持。北京市委教育工委把中央民族大学与北大、清华等校一起列为敏感高校，经常深入了解学校师生的思想动态，指导学校党委加强思想政治教育和做好稳定工作。

（四）开始实施《中央民族大学教育事业“十五”计划纲要和2015年发展目标》，制定了《中央民族大学“十五”基本建设总体规划》，加大了基础设施建设和改造的力度，取得了一系列建设成果。

《中央民族大学教育事业“十五”计划纲要和2015年发展目标》经过教职工代表大会、第六次党代表大会和党委全委会讨论通过后已开始实施。这是一个非常重要的文件，实施这一《纲要》将为我校今后的发展构建起宏伟的框架并初步形成合理的发展格局。我校的基础设施大多建于上世纪50年代，在当时应该说是较好的，但是随着时代的发展，到目前已经无法满足学校发展的需要。为了彻底解决这一问题，在国务院有关部委和北京市的支持下，学校组织力量，制定了《中央民族大学“十五”基本建设总体规划》，这一规划已经得到了北京市规委的批准。在基本建设方面，学校今年实施了田径运动场的改建工程、东大门新建工程、东校门广场及喷泉的改建工程、大礼堂的空调工程、办公楼的装修工程、家属院的基础设施建设及道路改造工程、体育馆的装修改建工程、校内道路的维修工程、校园内学生宿舍窗户的更换工程、教学主楼的粉刷工程、电改造工程、校园区的煤改气工程、自来水改造工程、学生浴室的修建工程等等，投入金额达 4000 多万元。还有北综合楼已交付使用，音乐系琴房已竣工等等。同时，干训楼工程按时开工，图书大楼工程进展顺利，其他一些重要工程的准备工作正在进行。这些工程的实施，使我校基础设施落后的状况有了实质性的突破。

（五）加快了文明校园建设的步伐，校园及家属院环境建设和管理取得突破性进展。

为了进一步搞好文明校园建设，从去年底开始，学校拆除了一批私搭乱建的建筑物，使学校的整体环境有了较大的改观。同时，进行了校园的绿化美化，在礼堂周边建设了“民族同心园”、种植了名贵花木 77 种 656 株、铺草坪 52000 平方米、铺设道路 1850 平方米、安装石桌石凳路椅 30 余套，还分别在主楼前、办公楼前种植草坪 200 平方米、种花 2700 余株，使教学区的面貌发生了较大变化。为了使全校师生深入了解和积极参与文明校园建设，学校先后召开了各类人员的动员大会，印发了宣传手册，组织了各种竞赛、考试和活动日等，并专门成立了校园巡逻检查工作小组，学校领导亲自带队，对学生自习、宿舍卫生、遵守校风校纪等情况进行检查。明年上半年，家属院的绿化、美化工程将基本完成，届时，家属院的整体环境将会有较大的改善。

此外，我们还多次邀请文明校园建设专家组到我校进行检查指导，为学校的建设出谋划策。学校所发生的较大变化受到了专家组的好评，经过北京市文明校园专家组的检查验收，我校于 2001 年 12 月 19 日顺利通过了评估，进入了北京市高校文明校园的行列。

（六）加强领导工作作风建设，认真抓好学科建设和实验室建设，开展了教学工作调查研究活动，召开教学工作会议，制定了《中央民族大学科研工作“十五”规划》。

结合学习十五届六中全会精神，为了进一步转变工作作风，深入了解我校教学工作的实际情况，提高教学管理水平和教学质量，今年 9 月，全体校级领导与相关职能部门的同志一道，组成了 4 个调研组，集中一周的时间，深入到各教学、科研单位，开展调查研究工作，这一工作受到了广大教职员工的欢迎。

认真抓好学科建设和实验室建设。2001 年我校申报的 3 个国家级重点学科、7 个部委级重点学科、7 个本科专业都获得了有关部门的批准，从而进一步优化了学科结构，提高了我校学科建设的水平。物理与电子工程系、生物与化学系的实验室也通过了北京市教委专家组的合格和优秀评估。

召开了教学工作会议，探讨了我校面向 21 世纪的办学理念、指导思想、目标定位、发展规模、结构调整、办学效益和办学质量等问题，并对教学基础建设、教学管理和各个层次的办学思路以及合作办学的途径进行全面的研究，为落实朱总理提出的宏伟目标和实现跨越式的发展打好坚实的思想基础。

此外，在去年的基础上又进一步扩大了招生规模，提高了办学效益。我校今年招收了本科生 1818 名、函授、夜大、成人脱产生 2055 名、研究生 241 名，这是我校自建校以来招生最多的一年。新生入学后，学校采取一系列措施，不但使新生顺利、安全入住，而且还妥善解决了扩招后给教学和管理所带来的困难和问题，基本上做到扩大招生规模后教学质量不降低，管理标准不降低，取得了较好的社会效益和经济效益。制定并开始实施《中央民族大学科研工作“十五”规划》，为确保《规划》顺利实施，学校拨出 250 万元的专款支持重点科研项目的研究。

（七）校内管理体制的改革按计划稳步实施。

在去年改革的基础上，我校今年主要开始实施分配制度改革、教师定编定岗和聘任制度改革、财务管理审批制度改革，同时，继续推进人事制度改革和后勤社会化改革。这些改革涉及面大，为了搞好此项改革，学校组织专门力量，从今年上半年开始进行调查研究，现在已经出台《中央民族大学岗位业绩津贴实施方案》，正在广泛征求和听取群众意见。为了使广大教职工从改革中真正得到实惠，改善待遇，学校拟每年增加拨款 2500 万元左右来支撑分配制度改革，这一改革计划于明年 3 月全面实施。此外，教师定编定岗和聘任制改革、财务管理审批制度改革、人事制度改革和后勤社会化改革也取得了显著成果。

（八）顺利完成了机关干部和院系干部试用期的考核。

今年 3 月，校机关干部一年的试用期满后，学校党委采取了干部公开述职的办法，广泛听取群众的意见，同时，组织专门的考核小组，设计科学合理的考核方案，并将考核指标作了量化处理，然后逐一对 40 名干部进行认真的考核。最终的考核结果与群众意见基本一致，优秀者受到了学校的表扬，称职的干部被继续聘任，基本称职者受到了诫勉。10 月中旬开始，进行了院系处级干部的考核。这次接受考核的干部一共有 75 名，考核结果为优秀 1 人、称职 66 人、基本称职 7 人、不称职 1 人。通过考核，加强了管理干部队伍的教育，提高了干部队伍的素质。

（九）加强了学生思想道德和文明行为教育，维护了学校的稳定，召开了第 31 次学生代表大会。

我们今年进一步加强了对学生进行马克思主义人生观、世界观、价值观、民族观、宗教观、祖国观的教育，继续落实去年全校思想政治工作会议提出的各项措施，对广大学生进行马克思主义民族理论和民族政策教育，特别是民族团结方面的教育，维护了学校、首都的稳定，促进了各民族的团结。认真组织学习了中央颁布的《公民道德建设实施纲要》，并通过第 31 次学生代表大会向全校学生发出了《加强道德建设的倡议书》，在全校产生了积极的影响，广大同学纷纷表示，要以自己的实际行动进一步加强自身的思想道德建设，做新一代文明的大学生。

第 31 次学生代表大会如期举行，选举产生了第 31 届学生委员会，使学生会新老干部顺利交接，学校有关部门对代表们提出的 1000 多条议案给予了答复。

（十）完成了 21 届世界大学生运动会篮球赛场建设和组织比赛任务，并完成了组织全国少数民族文艺会演开幕式演出的重大任务。

为了迎接 21 届世界大学生运动会，我校在建设资金极为紧张的情况下，拨款 260 万元，加上上级拨款 200 万元，共 460 万元，对逸夫体育馆进行了改造装修，并配备了先进的设备，使体育馆的面貌焕然一新，达到了 21 届世界大学生运动会组委会的要求。为了确保 21 届世界大学生运动会的各项工作正常而有序地进行，我校专门成立了以荣仕星校长为组长、陈理和严玉明副校长为副组长的大运会工作领导小组。此外，还成立了以严玉明副校长为组长的大运会安全保卫工作领导小组。总之，通过学校的努力，使得大运会篮球项目如期顺利在我校举行，而且我校也荣获了 21 届世界大学生运动会组委会授予的“先进集体”光荣称号。

我校在第二届全国少数民族文艺汇演中承担全部开幕式节目演出的任务。为了完成这一任务，学校领导高度重视，艺术学院领导和教师精心组织，参加演出的学生刻苦排练，开幕式最终获得圆满成功，江泽民总书记等中央政治局常委到场观看了开幕式的演出，并亲切接见了参加演出的全体演员。

总之，在全校广大教职工的共同努力下，我校今年按照年初的工作计划出色、圆满地完成了各项任务，使学校的面貌发生了较大的变化。当然，不可避免地也存在一些问题，这些问题主要表现在以下几个方面：

1. 我们的思想和观念还比较滞后，思想还不够解放，胆子还不够大，还不能够适应国家的建设和发展对我们提出的较高要求和21世纪高等教育形势发展的需要。

2. 教学、科研的管理工作存在薄弱环节，需要进一步加强和改进。

3. 文明校园建设是一项长期系统的工程，还有很多工作要做，学校整体的管理水平需要进一步提高。

4. 学校的风气还没有从根本上好转，还存在着一些消极的影响学校建设和发展的不正之风。

5. 学校的办学经费不足，基础设施还比较落后，影响和制约着学校的发展。

6. 广大教职工的住房条件还比较差，平均收入大大低于北京市其他高校。

对于以上存在的问题，我们将采取一切措施，尽可能地加以解决，为中央民族大学的发展铺平道路。

二、2002年工作要点

2002年的工作思路是：继续抓好各项工作的落实，进一步深化改革，加快发展，使学校的各项工作迈上一个新的台阶，为明年和后年我校各项工作大见成效打下坚实的基础。

（一）认真学习江泽民同志建党80周年“七一”讲话重要思想、十五届六中全会精神，迎接党的十六大胜利召开。

江泽民同志的“七一”讲话，以马克思列宁主义、毛泽东思想和邓小平理论为指导，深刻、全面地回答了新世纪党的建设和党的事业发展的根本问题，集中、充分地展示了我们党与时俱进的精神风貌和理论创新的伟大成果，是中国共产党面向新时代的政治宣言，是党的各项工作的科学指南，是马克思主义的纲领性文献。“讲话”观点鲜明、思想深刻、内容丰富，对于我们在新形势下进一步加强和改进党的建设、做好各项工作，具有重大而深远的指导意义。为此，党委要组织领导干部、全体共产党员、教职员工群众和离退休群众认真学习“七一”讲话、十五届六中全会精神，并以此为契机，切实加强学校领导班子建设、干部队伍建设和基层党组织建设，发挥民主党派和工会、教代会参政议政和民主监督的作用，协助民主党派搞好自身建设。同时，要在认真学习的基础上，联系学校工作的实际，深入开展转变教育观念的大讨论，发展民族教育，以实际行动迎接党的十六大胜利召开，为先进生产力服务。

（二）加强思想政治工作，维护学校、首都和边疆民族地区的稳定。

落实教育部《关于普通高等学校“两课”教育教学中贯彻江泽民同志“七一”重要讲话精神的通知》，积极推动“三个代表”重要思想进课堂、进教材、进学生头脑工作，组织制定《中央民族大学学生思想教育大纲》，进一步加强全校师生的思想政治工作，促进各民族的团结，为发展先进文化服务。

（三）全面加强作风建设，密切与广大人民群众的联系。

学校领导班子和各职能部门要转变工作作风，加强思想作风建设，为广大教职工排忧解难；各职能部门要制定开展调查研究、转变工作作风的计划，为广大人民群众服务。

（四）加强廉政建设，加大监督力度。

要加强党风廉政建设，加大对基本建设、财务、大宗采购的监管力度，建立健全规章制度，落实党风廉政责任制。

（五）进一步加强干部队伍和基层党组织的建设。

制定并落实“十五”党员、干部教育培训计划，抓好后备干部队伍的建设，继续对机关、院系的干部队伍进行调整和补充，努力健全各单位的领导班子；按时对到期的党总支、直属党支部进行换届选举，充分利用党校这块阵地加强对党支部书记和党员的教育与培训；举办全校处级干部读书班，集中学习马列主义的基本理论和中央有关文件精神，其中，重点学习十六大精神。

（六）巩固文明校园建设成果，继续强化管理，“依法治校，以德治教，从严治学”。

继续进行校园综合治理，建设优美的育人环境，提高管理水平，巩固文明校园建设成果，加强校风、教风、学风建设，认真实施“依法治校”、“以德治教”、“从严治学”的指导原则，在校内形成良好的风气。

（七）进一步加强学科建设，为学校的发展创造条件。

在学校通过国家级、部委级重点学科的基础上，确定学校级的重点学科，并采取切实有效的措施加强重点学科的建设和新批本科专业的建设。同时，再申报 2—4 个博士学位授权专业、4—6 个硕士学位授权专业，进一步优化专业、学科结构，拓宽专业培养的方向，为全国民族地区和少数民族培养更多的高层次、高素质的人才。

（八）加强教学科研工作，提高管理水平和教学质量。

贯彻落实今年教学工作会议精神，进一步深化教学改革，加强教学管理，提高办学质量和办学水平。按教育部《关于加强高等学校本科教学工作提高教学质量的若干意见》，落实加强本科教学管理，提高教学质量的若干措施；制定、修订专业建设、课程建设、教材建设、师资队伍建设、实验室建设、实习实践基地建设、教学管理规章制度建设等方面的规划和实施方案；完成2002年本科专业培养方案的修订工作；根据“十五”计划，完成2002年度实验室建设计划；完成30个多媒体教室的建设任务；全面实施合格课程、优秀课程建设方案。实施“十五”科研建设规划，每年投入50万元专款，全面启动“十五”科研规划重点项目。

（九）落实朱总理提出的建设“世界一流民族大学”的指示精神．加紧进行建设“世界一流民族大学”的论证工作。

朱镕基总理视察我校后，为我校提出了建设“世界一流民族大学”的奋斗目标。为此，学校在组织了认真的学习和讨论的基础上，成立了建设“世界一流民族大学”论证小组，并于今年7月组织召开了学习、论证会议。下一步，学校将在中央和国务院有关部委的支持下，继续认真落实总理的指示精神，加快建设“世界一流民族大学”的论证工作。

（十）加强学生管理工作，营造健康向上的校园文化。

从明年起，我校每年将招收全日制学生约3000人左右，三年内，在校生的总规模将突破10000人，这就对我们的教育和管理提出了较高的要求。因此，学校各职能部门要密切配合，不断加强对学生的教育和管理，“教书育人，管理育人，服务育人”。同时，要充分发挥共青团组织、学生干部和学生社团的作用，结合我校多民族、多元文化的特点，营造具有我校特色的校园文化，构建良好的育人环境。

（十一）继续深化校内管理体制改革，重点进行分配制度改革。

明年重点实施分配制度的改革，继续进行教师定编定岗和聘任制改革，进一步深化人事制度改革，推进财务制度改革，后勤社会化改革要迈出实质性的步伐。

（十二）进一步扩大办学规模，提高办学效益。

今年将招收本科生2400人、预科生300人、研究生300人、成人教育生2500人，总计达7000人。要努力提高办学效益，改善办学条件，提高广大教职员工的福利和待遇。

（十三）落实《中央民族大学基本建设“十五”规划》，全面加强学校的基本建设。

加快文科大楼、理工大楼等重点项目的进一步论证工作和图书馆、干训楼、电改造等在建工程的建设工作，加紧进行研究生楼、留学生楼的开工工作，努力改变我校基础设施严重滞后的局面。同时，加快家属院的整治和绿化、美化工作，为广大教职工营造一个健康、文明、整洁、优雅的环境。

（十四）启动教职工集资建房工作，为广大教职员工办实事。

福利分房工作虽然已经结束，但是广大教职工的利益就是学校的利益，为了解决教师住房现存困难，学校决定，集资建房，改善教职工的住房条件。

总而言之，本届学校领导班子要认真贯彻落实江泽民总书记“三个代表”重要思想，为党的民族工作服务，为边疆地区和少数民族人民服务，为全校广大教职工服务。我经常讲这样一句话：作为一名学校领导，应当常常想一想当领导是为什么？现在干什么？离开后留点什么？所以，我们要鼓足干劲，真抓实干，真正地、全心全意地为人民服务。

在中央民族大学2002届毕业生毕业典礼上的讲话

（2002年6月19日）

同学们、老师们：

今天，中央民族大学2002届毕业典礼在这里隆重举行，我谨代表学校党政领导向即将毕业的全体同学表示热烈的祝贺！向在教学第一线辛勤耕耘的全体教师致以崇高的敬意！

去年校庆50周年前夕，朱镕基总理视察我校，并为我校提出了“建设世界一流民族大学”的宏伟目标。目前，“建设世界一流民族大学”已成为全校凝聚人心、鼓舞士气、团结奋进的口号。一年来，学校各族师生的精神面貌发生了很大变化，广大师生的向心力和凝聚力得到加强，各项改革正在顺利向前推进；学校的办学水平和办学实力进一步提高，学科建设有了长足的进步和发展；学校的基本建设扎实推进，成绩喜人；学校内部管理明显加强，教学、科研和生活秩序有了很大改进；2001年我校被授予“文明校园”的光荣称号；我校民族学、中国少数民族语言文学学科被教育部批准为国家级重点学科；国家民委、教育部和北京市人民政府三家共建中央民族大学的协议已经落实，即将举行签字仪式。这是我校在新世纪新的起点。以上成就的取得，充分说明我校正以坚实的步伐踏上新的征程。展望未来，我们充满信心和希望！我们相信，只要我们团结勤奋、开拓创新地工作，中央民族大学的明天一定会更加美好！

同学们，寒窗苦读终结硕果。今年我校又有1928名同学学成毕业，其中本科生747人、高职班71人、中专生115人、预科生284人、研究生101人、成人教育生610人。你们是中央民族大学近年来旧貌换新颜的见证人，在你们即将走出校门、迈上人生新旅途之际，我借此机会对你们提出以下几点希望：

首先，要树立正确的世界观、人生观、价值观。社会是个大舞台，人的一生就像舞台上演奏的一部交响曲。一部交响曲，如果没有主旋律，就会杂乱无章。一个人的一生没有正确的世界观、人生观、价值观，没有主旋律，就没有“精神脊梁”。特别是初上征途的同学们，会遇到各种各样的问题，有的使人愉快，有的使人烦恼，如果没有人生的主旋律就会如同一叶小舟闯进大海，风狂浪急，不知漂向何方。因此，同学们一定要首先树立起正确的世界观、人生观、价值观，只有这样才能唱好人生之歌，走好人生之路，办好人生之事。

其次，要加强学习，努力实践。当前，科学技术的发展一日千里，知识更新周期愈来愈短。对一个人来说，在校学习获得所需知识是远远不够的，大部分知识要靠在工作中学习。因此，靠“一次教育”或“二次教育”解决掌握知识的问题不行，必须接受“终身教育”，把学习作为终身伴侣。一个人是否重视学习，不是一件生活小事，而是判断一个人究竟在追求什么，究竟想把自己造就成一个什么样的人的一块试金石。人生有限，知识无穷。同学们肩负着建设四化、振兴中华的历史重任，就更要抓紧学习、勤奋学习、勇于探索、努力实践，尽可能地拓宽自己的知识面，只有这样才能适应形势的发展，跟上科技更新的步伐。

第三，要胸怀大志，争取在平凡岗位创造不平凡的业绩。伟大与平凡是辩证统一的，不应将二者对立起来或割裂开来。伟大出自平凡，平凡孕育伟大。古人云：海不辞水，故能成其大；山不辞土，故能成其高。千里之行，始于足下；涓涓细流，汇成烟波浩渺的大江大海。所以，一个人要有所作为、创造不平凡的业绩，起点就是要在平凡的岗位上扎扎实实地、一点一滴地做。可以说，平凡的岗位是通向不平凡业绩的桥梁。

第四，要有一种开拓创新、奋发向上、与时俱进的精神。当今是信息高速发展、竞争日益激烈的时代。西部大开发战略的实施和我国加入WTO，为每一位毕业生的发展提供了千载难逢的历史机遇。机遇面前，人人平等，谁抓住了机遇，谁就赢得了主动。告别大学生活走上社会是万里长征的第一步，同学们一定要紧紧抓住这一历史机遇，奋发图强、艰苦创业，大胆创新、开拓进取，与时俱进，在人生这个大舞台上，尽情施展自己的智慧与才华，以实际行动谱写美好的人生进行曲。

第五，要有“人贵有志，志在四方”的远大理想和抱负。同学们应继承我校的优良传统，发扬历届毕业生“不恋城市风光美，愿将热血洒边陲”的崇高精神，牢记祖国的嘱托，牢记人民的期望，牢记历史赋予的光荣使命，积极投身到西部大开发中去、到基层去、到边陲去、到祖国最需要的地方去，“中华何处无热土，天涯海角总是家”，希望你们用一腔青春的热血，为民族地区的社会主义现代化建设、为各民族的共同繁荣进步无私奉献，建功立业！你们母校的全体教职员工期待着你们在各自的工作岗位上捷报频传！

最后，祝同学们在马年一帆风顺、事业有成、马到成功！

谢谢大家！

在成教工作会议上的讲话

（2002 年 6 月 17 日）

这次成人教育工作会议，任中夏副校长代表学校党政领导作了“深化改革、锐意创新、努力开创我校成人教育工作的新局面”的工作报告。这是一个很好的报告，阐明了成人教育的办学定位、指导思想、办学特色，以及未来发展等问题。曲木铁西常务副院长认真总结了成人教育的办学经验，规划了未来发展的思路。王彦书记也代表校领导谈了些意见，总体上已经讲了很多。我就讲两个问题。

一、关于成人教育工作会议的特点

一是时机选择得好。为什么这样说呢？大家都知道，6 月 14 日是朱镕基总理视察我校一周年的纪念日，今天是 6 月 17 日，是朱总理来校视察一周年后的第三天，又是我校 50 年校庆一周年之后的第一天。所以，开会的时机选择得很好。还有一层意思是国家教育部、北京市人民政府、国家民委三家重点共建中央民族大学的签字仪式很快就要举行了。国家民委李德洙主任、国家教育部陈至立部长、北京市人民政府刘淇市长已经签署了意见，计划于 6 月 21 日正式举行三家重点共建中央民族大学的签字仪式。这对民族大学的发展来说，是一个很好的机遇。比如说，教育部明确把中央民族大学列入教育部重点建设的大学，并在学科建设、科研工作、对外交流与合作方面提供必要的支持。北京市在思想政治工作、学校的后勤工作、校园周边环境治理、帮助经济困难学生完成学业、学校建设用地及规划等方面帮助和支持中央民族大学。这对中央民族大学是一个新的起点和新的发展。再有一层意思，年初我们学校党政工作要点提出的“四个落实”，其中一个就是落实朱总理视察我校的指示，加快中央民族大学的发展。那么从民族大学的发展规模来说有几块构成：第一块是普通高等教育，第二块是成人教育，第三块是研究生教育，第四块是留学生教育。显然，成人高等教育构成了中央民族大学高等教育的一个重要组成部分。因此，在这样的背景下召开成人教育工作会议，选择的时机是很好的。

二是意义重大。中央民族大学关于成人教育的“十五”发展规划对成人教育的未来发展提出了目标。无论是在学科、专业的调整方面，还是在规模的发展方面，以及教师队伍的建设方面，提出的发展目标是振奋人心的，发展的速度也是非常快的。从成人教育的招生情况看，去年成人教育的在校生达到了 4500 人，加上今年招生 3500 人，9 月份以后在校生就达到了 8000 人的规模，这个学生数等于又办了第二个中央民族大学，又为民族地区培养大批的人才，实现社会效益和经济效益双丰收。同时，将来我校的成人教育要提高学历层次，扩大研究生的规模，培养高层次、高素质的人才，这对于民族地区的人才发展战略来说意义重大。这几年来，成人教育学院在教学管理制度方面制定了几十个文件，从而完善了管理制度，逐步实现规模化、制度化、法律化的管理目标和管理程序。关于这些制度的制定，这些年来我们一直想完成都没有完成，现在我们完成了，而且做得比较好，这是一个很大的提高。尽管大家对《“十五”发展规划》文件的条款还有着不同的看法，但毕竟提出了一个发展方向，一个发展目标和管理措施。总之，已弄出一个稿子让大家讨论，这项工作也很有意义。再有一个很重要的方面，成教院提出了远程网络教育的建设项目。我国目前已有 60 多所大学拥有远程网络教育的办学权，我们中央民族大学面对这种挑战和机遇，如何在未来成人教育事业发展的竞争当中立于不败之地，现在我们提出建立远程网络教育学院，也是一个很重要的方面。实现远程教育以后，我们才能真正实现资源共享，优化配置教育资源。所以，我们提出远程网络教育学院的建设问题也具有深远的意义。

三是主题突出。我们的会议主题就是成人教育工作，始终围绕着这个主题进行讨论，大家发言都很踊跃，讨论很积极，对学校成人教育的建设和发展提出了很多的意见和建议。这些对成人教育事业的发展都是十分有利的。

四是领导重视。成人教育学院召开了这么大一次会议，规模之大、规格之高、影响之大，这在我们学校的历史上是少有的。而且国家民委、国家教育部、北京市教委有关负责人都出席了会议并讲话。还有我们学校党委工作要点提出本学年要集中讨论三个专题：一个是成人教育工作；一个是本科教育工作；还有一个思想教育工作。这也充分体现学校领导重视抓好教学中心工作不动摇的决心和信心。我们学校领导班子成员都在一起讨论成人教育未来的发展问题，可见是相当重视的。

以上就是我所概括的成人教育工作会议的四个特点。

二、如何进一步办好中央民族大学成人教育的思考

如何进一步办好中央民族大学成人教育，我考虑八个一：

1. 明确一个思路。一个国家、一个民族、一个单位，如果没有思路，就不会有发展。没有新思路，就不会有大发展。特别是中国加入世界贸易组织以后，各部门包括中央民族大学也面临着加入世贸组织后的机遇、挑战和影响。我们的高等教育如何发展？中央民族大学成人教育如何发展？发展的措施固然很多，但首先要有新的思路。一是跨越式发展的思路。我们如何实现跨越式发展？即按超常规的发展方式和发展速度实现发展目标，不能按部就班去做。如果按原来的步骤，就是每年招收五六百学生，那么2001、2002年加起来还不到1300人，怎么能达到今年成人教育招生3500多人的规模呢？这就要有一个跨越式发展的思路。二是放眼世界的思路。这就是我们首先要把国内的事情做好，做好国内教育市场，又要有放眼世界的眼光，做好国际教育市场。比如，我们提出建设远程网络教育学院，一方面我们抓好与国内高校联合办学，先行启动的目标是国内13所民族院校，放大一点就不止这13所，西部地区加上新疆大学、延边大学、内蒙古大学、西藏大学等，教育辐射的范围就更大了。因此，我们的远程教育先从民族院校这块地盘做起，逐步做大做强。另一方面，做好国际教育市场，就是有针对性地有计划地和有一定档次的大学联合办学，培养国际型的复合型人才。三是要有以人为本的思路。我们学校的以人为本，就是如何为学生服务，要真正体现以学生为主体、以教师为主导这么一个思路，把培养合格人才作为我们的主要任务，真正使学生在学校学到知识，掌握本领，奉献社会。我们要有以人为本的思路，要不我们在未来的高校竞争当中也有可能被淘汰，那时就不是皇帝女儿不愁嫁，而是皇帝的女儿也有嫁不出去的时候。所以我们要始终考虑以人为本这个问题。四是要有开拓创新的思路。无论什么时候，我们都要有开拓创新的精神。我们在教学体制、人才培养模式、教育内容、科研工作、管理模式、学生思想教育、后勤管理、国际合作等方面都要有创新。特别是在中国加入世界贸易组织以后，高等教育发生了几个大的转化，即从本国教育向国际教育的转化、从精英教育向大众教育的转化、从一次性教育向终身教育的转化、从采用一国语言的教学向多国语言的教学转化。因此，我们成人教育的专业、课程、教材的改革与调整，必须在自己特色的基础上，逐步实现与国际人才市场的对接，专业设置、课程建设尽量优化组合，教材的取舍要吸纳最新的信息，这样才能培养出与时俱进的优秀人才。五是要有效率优先

的思路。因为成人教育和普通高等教育不一样，它投资少、见效快。它可以利用和依托本科教育的教师，利用本科教育的设备，所以，我们要讲效率优先，把社会效益和经济效益结合起来。总之，只要有了新的思路，事业才能够得以发展，我们的建设才能成功。

2. 坚持一个主题。我们要坚持一个什么样的主题呢？这个主题就是发展。邓小平同志说“发展是硬道理”。江泽民主席说“发展是执政兴国的第一要务”。他们都把发展提到很重要的位置。现在学校建设发展就是主题，发展就是根本。我们这几年来之所以能够办成一些事，基础设施建设也好，基本建设也好，特别是实行岗位津贴制度的改革，靠的就是发展，如果没有发展什么事情都做不到。如本科招生方面，1999 年以前大致都是几百人，2000 年我们招了 1280 人，2001 年 1839 人，2002 年 2488 人；成人教育在 1999 年以前大致徘徊在 800 人左右，2000 年招了 1160 人，2001 年 2608 人，2002 年 3500 多人，到 9 月份在读生将近 8000 人。普通本科在校生也是将近 7000 人，两个加起来就是 13000 人。如果不发展，能有这样的进步吗？没有发展，就没有前途。因此，我们要利用一切有利于发展成人教育的资源来积极发展成人教育，始终抓住发展这个主题不放。

3. 突出一个重点，即提高教学质量。成人教育学院的“十五”发展规划中提到了，任中夏副校长的讲话中也提到了提高教学质量这个问题。质量是一个学校生存和发展的生命线，也是一个学校发展的影响力。怎么才能抓好教学质量，刚才大家讲得比较多，我想再明确这么几个方面：抓教学大纲，抓教材的建设，抓教学管理环节的监控。一本好的教材可以影响一代人或几代人，影响几年或几十年，如许国璋英语，影响了多少代中国人。一本教材，影响这么大。因此，要搞好成人教育、提高成人教育的教育质量，首先要抓好教学大纲和教材建设以及教学管理各环节的监控。当然，还有教师的水平问题也要抓。刚才王书记讲的“三不”，也是很重要的。不卖空牌子、不登虚广告、不发假文凭，实际上也是从另外一个角度说明了要保证质量的重要性。所以无论如何，我们要突出地抓好这个重点，我们的学校才有生命力、影响力和发展力。我们要把质量当做我们自己的眼睛一样来爱护，提高我们的教学质量。特别是我们现在有这么多的函授辅导站，一定要抓好这个工作。下一步我们还要把夜大放到各院、系去办，每个院、系也要明确自己的责任，要维护好中央民族大学的声誉和形象。我们中央民族大学的形象和声誉，就是我们的品牌优势，在民族地区我们的影响力是很大的。所以，我们一定要保证教育质量，才能使中央民族大学的品牌优势发扬光大。

4. 抓住一个关键，即加强管理。加强管理很重要，管理出效率，管理出质量，管理保发展。管理搞好了，就可以出质量、出效率，还能促进发展。对于成人教育来讲，加强管理就显得尤为重要。首先要加强招生的管理，这是入口关，这一关就是让更多的考生报考我们学校，有了一定数量以后，才能有选择的余地，就可以优中选优，才能保证考生的质量。如果报考的学生数量不多，考生的质量就无从谈起。所以要把好入口关。其次就是加强教学管理。教学管理首先从教师的备课开始，从讲课、布置作业、作业的批改到考试，直至毕业论文的设计，都要加强管理。另外还要加强思想教育的管理，特别是对于我校来说，有56个民族的学生，成人教育也有很多的少数民族学生，怎么教育，怎么搞好高校的稳定？稳定压倒一切。特别是在我们党的十六大召开之前，稳定就显得更为重要。因此，要搞好学生的思想教育管理。除以上管理以外，还有教材的管理、制度的管理、行政的管理等等。可以说，在现代社会里，没有很好的管理，就不可能有任何一项重大的成就。管理是事业成败的关键，因此必须重视这个问题。

5. 把握一个特色。什么特色呢？就是民族特色。与其他普通高校相比，中央民族大学具有民族的特点；与其他民族院校相比，我们有地处首都的特点，要把握好这个特色。我们的特色就是要为全国、特别是为民族地区经济建设和社会发展服务，就是要以招收少数民族地区的少数民族学生为主，这就是我们的特色。我们不仅要坚持这个特色，而且还要不断地把这个特色延续下去。我们的生源有民族特色，我们的教学也要体现民族特色。其他普通高校要对大学生进行价值观、人生观、世界观的教育，我们还要加上民族观、祖国观、宗教观的教育。所以，我们学校的毕业生回到民族地区以后，就会很快地适应当地的工作。因此，我们经常说这样一句话：“我们的学生进得来、学得好、回得去、留得住、顶得用”。我们国家的陆地面积有960多万平方公里，68%的面积都是少数民族地区，特别是中央实施西部大开发，为我们的人才培养提供了一个很好的前景。教育部、北京市人民政府、国家民委三家重点共建我校以后，我们的任务不仅是为西部培养人才，还承担为西部培训培养师资的任务。因此，我们要办好本科教育，提高教学质量，积极发展研究生教育，提高教师的水平，大力发展少数民族干部教育。作为成人教育或者继续教育来讲，搞好少数民族干部的培养和培训，就是我们的特色。这个特色就是我们发展的基础，所以一定要牢牢抓住这个特色。

6. 着力一个改革。改革什么？就是对我们的学科专业结构进行改革。

近年来，成人教育的学科专业已经大大地拓宽了，共有70多个专业，但在学历层次上我们还没有突破，或者说突破不大。现在我们已经由原来的中专、专科层次提高到了本科层次，但与其他高校相比，如北师大、农业大学、中央党校等成人教育已经有了硕士层次，而我们还没有走到这个层次。另外，现在除脱产学习以外，更多的是在职学习，这是普通高等教育向成人教育转换的一个信号。由此看来，我们的专业学科也需要转换，一个是要提高它的层次，办更多的本科班；另一个是适应民族地区社会的需要，申办民族地区社会急需的新的专业。中国加入世贸组织之后，民族地区也和全国其他地区一样，需要预备很多的人才，如金融、财贸经济、生物、法律、税收等等方面，如果不调整专业，不进行改革，对原有的专业不进行改造，很明显是不行的。而且还要进一步完善这些专业结构。如何进行改革、如何完善？概括起来就是“改造老专业、发展急需专业、增强应用性专业”，按这些原则来进行改革、调整，专业拓宽了，生源也就拓宽了，我们的成人教育才能达到规模性的发展，才能有蓬勃健康的发展。

7. 建设好一支队伍，即教师队伍的建设。教师是一所学校的关键，所以我经常讲要办好一个学校，至少有三个条件：首先要有一个好的领导班子，这个班子必须是一个团结、开拓、干事的班子，成人教育学院的班子经过几年的建设，基本达到了这样一个要求；二是要有一支实力雄厚、高素质的教师队伍；三是要有一个科学的管理制度。所以，教师队伍的建设非常重要。只有高素质的教师队伍，才能培养出高素质的学生。去年朱镕基总理来我校视察时讲：“没有大师和名师，你就培养不出高质量的学生。”没有名师，何以出高徒？为什么我们现在调入教师要求很严格？要求其基本都是博士、职称上都是教授或优秀的副教授、年龄上重在中青年？为的是培养名师的梯次队伍。对于成人教育的教师来讲，我的思考是“以专职教师为骨干，以兼职教师为主体，形成专兼结合的教师队伍”。成人教育学院的职能主要还是属于管理部门，多数教师还是依托学校，但也要充分发挥成人教育学院专职教师的骨干作用，要提高专职教师的水平，使他们无论在专业上，还是在外语、计算机水平上都要有大幅度的提高。无论是普通本科的教师，还是成人教育的专职教师，都必须有这样的要求。教师队伍的素质提高了，我们的教学质量就会得到进一步提高，我们的社会效益就会随之而提升，成人教育的生源才会不断地扩大。因此，成人教育学院要建设好两支队伍：一支是专职教师队伍，一支是兼职教师队伍。

8. 完善一个管理体制。管理体制就是要大家的积极性都调动起来，共同把机构和制度政策形成结合体。成人教育要通过管理体制改革，共同把我们的成人教育工作做好，使机构基本趋于完善，相应地做出贡献。成人教育的发展，可以补充和促进管理制度。现在需要完善的是政策问题。普通本科教育及其他教育的发展，需要政策的支持，这个政策说到底就是分配政策。这个政策得到了发展，我们才有可能逐步去实现教育的目标。我想强调这么一点：要处理好学校与院、系办学的关系，办“世界一流民族大学”是共同的奋斗目标。学校是一个大局，要实现这个目标，首先要从基础做起，院、系是这个大局的组成部分。如果光调动学校的积极性，不调动院、系的积极性是不行的，两头的积极性都不能忽视，尽可能调动两个方面的积极性。因此，要处理好学校与办班的学院、系之间的关系，院、系一起努力，从我们身边的事情做起。我相信，在党中央、国务院的领导下，在国家教育部、国家民委和北京市人民政府的关心和支持下，通过学校领导班子的团结奋战、全体教职员工的努力，深化改革、锐意创新，努力开创我校成人教育工作的新局面，我校的成人教育会有很大的发展，不断开拓前进！

（根据录音整理）

在 2002 年新生开学典礼上的讲话

（2002 年 9 月 9 日）

各位老师、同学们：

你们好！今天我们在这里隆重举行 2002 级新生开学典礼。首先，请允许我代表学校党政领导以及全体教职工向同学们表示热烈的欢迎和衷心的祝贺！祝贺你们以优异的成绩考入中央民族大学，欢迎你们成为中央民族大学这一民族大家庭的新成员。

中央民族大学是一所以培养少数民族干部和各类高级专门人才为主的国家“211 工程”综合性重点大学。学校有着光荣的传统和历史，其前身可以追溯到 1941 年 10 月在延安创办的民族学院。新中国成立后，中央人民政府决定在北京建立一所新型大学——即中央民族学院。1951 年 6 月 11 日，中央民族学院正式开学。此后，我国许多少数民族的第一位大学生、第一位硕士、第一位博士就诞生在这里。1993 年 11 月 30 日，经当时国家教委批准，中央民族学院正式更名为中央民族大学。1997 年 10 月，学校通过了国家“211 工程”的部门预审，1999 年 1 月又通过了“211 工程”的立项审核，从而正式进入国家面向 21 世纪重点建设的 100 所大学的行列。

半个世纪以来，中央民族大学受到党和国家三代领导人的高度重视和亲切关怀。毛主席、周总理、刘少奇等老一辈革命家生前曾 14 次接见我校毕业生或师生代表。1978 年以来，党中央的第二、第三代领导集体，对我校给予了特别的关注和支持。1994 年 2 月，江泽民总书记亲自为学校题写了新校名。2001 年，在我校建校 50 周年之际，江总书记又为我校和其他民族院校亲笔题词：“努力发展民族教育，促进各民族共同繁荣。”同年 6 月 14 日，朱镕基总理视察了我校，代表党中央、国务院热烈祝贺我校建校 50 周年，亲切看望了各族师生代表，并与 56 个民族的师生合影留念。在座谈会上，朱总理对进一步办好中央民族大学发表了重要讲话，并为我校提出了“建设世界一流民族大学”的宏伟目标。在此之前，李岚清副总理曾先后三次莅临我校指导工作、看望和慰问各族师生。今年 6 月 21 日，国家民委、国家教育部和北京市人民政府签署重点共建中央民族大学的协议。前不久，国务院决定为我校拨款 5.1 亿，用于我校基础设施建设。最近，为缓解我校学生宿舍拥挤现象，国家又拟拨专款支持我校进行较大规模的学生宿舍建设，力争“十五”期间达到“4—2—1”（即本科生4人一间宿舍、硕士生2人一间宿舍、博士生1人一间宿舍）的学生住宿标准。

在党和政府以及全国各族人民的厚爱中，中央民族大学不断发展壮大，教学、科研水平不断提高，学科专业体系日臻完善，对外学术交流和合作不断扩大，已成为中国少数民族高等教育中的领头雁。目前，学校设有10个学院、19个系、5个教学部所，有覆盖10个学科的55个本科专业，其中，国家级重点学科2个、部委级重点学科10个。拥有2个博士后流动站、9个博士学位授权点、24个硕士学位授权点。此外，学校还设有2个国家级文科基础学科人才培养和科学研究基地、1个全国普通高校人文社会科学重点科研基地，即中国少数民族研究中心。50年来，我校已为国家特别是民族地区输送了大批优秀人才，他们为少数民族和民族地区的经济发展、文化振兴做出了应有的贡献，在中国民族发展史上写下了光辉的篇章。

与其他民族院校相比，我校的优势在于：（1）是培养少数民族中高级领导干部和各类高级专业技术人才的重要基地；（2）办学层次较高，是唯一具有博士学位授权点的我国少数民族的最高学府；（3）学科门类比较齐全，设有55个本科专业，覆盖10个学科门类；（4）教学、科研实力雄厚，成果显著；（5）民族类学科的特色和优势明显，也是我们的强项；（6）对外交往日益扩大，已与国内外多所高校建立了校际之间的交往和联系，每年与国外若干所学校互派留学生；（7）民族成分最多，长期保持有50多个民族的在校师生，并且拥有全国56个民族的毕业生，这是国内任何一所高校都无法比拟的；（8）堪称中华民族大家庭的缩影，是展示全国民族团结、民族进步的重要窗口。经过50多年的教学实践，中央民族大学积累了丰富的关于民族教育的经验，并且不断地深化教学改革，逐步形成了以加强基础课、专业主干课教学为“主体”，以培养外语、计算机应用能力为“两翼”的“一体两翼”的教学特色，并取得了突出的成绩。

各位老师、同学们，我校今年共招收本科生2483名、预科生280名、中专生115名、干部、成人脱产生380名、夜大函授生3700名、博士生75名、硕士生220名，还有数百名港、台地区的学生及外国留学生，这是我校自建校以来招生人数最多的一年。

老师们、同学们，对中央民族大学来说，今年是我校发生历史性变化的一年，也是步入一个崭新发展阶段的一年。我校现正面临着历史上难得的发展机遇。我相信，只要我们高举邓小平理论的伟大旗帜，全面贯彻江泽民同志“三个代表”重要思想，同心同德、矢志不移地锐意改革、与时俱进地开拓创新，中央民族大学的明天一定会更加美好！朱镕基总理为我们提出的“建设世界一流民族大学”的宏伟目标一定会实现！

下面我借此机会提几点希望和要求：

第一，确立正确的世界观、人生观和价值观。古人云：志当存高远，意思是说人应该树立远大的理想。我国是一个社会主义国家，我们所从事的事业是一项高尚的事业，为了实现我们的理想和目标，就必须用马列主义、毛泽东思想、邓小平理论和“三个代表”重要思想来武装我们的头脑，牢固树立共产主义的远大理想，只有这样才能实现自己的人生价值。

第二，养成自觉遵纪守法的好习惯。如今，我国已经步入了法制社会，就我校而言，我们历来倡导“依法治校、以德治教、从严治学”，因此，我们要把握好自己的人生坐标，自觉遵守国家法律和学校的各项规章制度，做到自珍、自重、自爱，清清白白做人，争当一个品学兼优的当代合格大学生。

第三，自觉维护国家统一和各民族团结。我校是全国唯一会萃了56个民族成员的场所，各民族的文化传统、思维方式和生活习俗都不尽相同。因此，在同学们共同的学习和生活中，要从马克思主义宗教观、民族观和祖国观出发，尊重各自的民族习惯和语言文化，和睦相处、平等互敬，让同学们都能享受到一个团结友爱的民族大家庭的温暖。

第四，做好适应新环境、迎接新挑战、解决新问题的心理准备。大学的学习生活有别于中学时代，进入大学门槛并不意味着就可以高枕无忧了，在更多未曾遇到的新问题新挑战面前，我们要有充分的心理准备，尽快完成由依赖他人到独立解决问题的转变，从幼稚逐渐走向成熟。

第五，做自信、自立、自强、文明和健康的大学生。对于当代大学生来说，自强不息的精神、高尚健全的人格、强壮健美的体魄显得尤为重要，这既是自我完善和实现全面发展所必需的，也是当今时代对我们提出的要求。因此，同学们要加强思想道德修养，塑造良好形象，做一个有理想、有道德、有文化、有纪律的社会主义当代大学生。

第六，珍惜时光，努力学习。大学生活转瞬即逝，加上我国已加入了世贸组织，我们面临的是知识更新异常迅猛的环境，未来的竞争日趋激烈，我们必须只争朝夕、刻苦钻研、努力进取，不断拓宽自己的知识面，只有这样才能尽快完善自我，最终使自己成长为“一专多能”的高素质人才。

同学们，你们告别昨天，走进了绚丽多彩的大学校园，新的学习生活就要开始了。新世纪、新起点，祝全体新同学在中央民族大学这个大家庭里生活愉快、学习进步、身体健康、万事如意！

谢谢大家！

搞好“九五”验收，规划“十五”发展，努力开创我校“211 工程”建设新局面

“211 工程”是建国以来国家在高等教育领域正式批准立项建设的规模最大的重点建设工程，我校是全国民族院校唯一一所进入“211 工程”建设的重点大学。在国家民委的领导下，经过全校各民族师生的共同努力，“九五”期间取得了较好的阶段性建设成果。按照国家“211 工程”部际协调小组办公室的工作部署，学校要根据国家计委批复的建设项目可行性研究报告，本着高度负责的精神，认真总结“九五”期间建设的成功经验以及存在的问题，迎接国家对工程建设项目的验收，为“十五”期间“211 工程”的建设打下良好的基础。当前，全国高校的“211 工程”验收工作已经基本完成，我校的验收工作正在紧锣密鼓地展开，为此，全校上下应该在思想上引起高度重视，积极行动起来，搞好“九五”验收，努力开创我校“211 工程”建设和“十五”发展的新局面。

“211 工程”“九五”期间建设项目的验收，是整个工程建设过程中的一个重要环节，也是我校检验建设成效、检阅建设成果、总结建设经验的重要工作。搞好“九五”验收，对于我们总结建设过程中的经验教训，加强凝聚力，进一步明确发展方向，坚定推进学校改革发展的信心，具有重要的意义。学校已明确把迎接和通过“211 工程”“九五”期间建设项目的验收作为我校本学期末和下学期初的一项重要的中心任务。全校师生要从学校所处的地位和未来发展的高度来认识和做好“211 工程”“九五”期间建设项目验收工作，各单位领导和各子项目负责人要高度重视，以认真负责的精神，全力以赴做好各项准备工作，确保通过验收。

在验收的准备和实施过程中，我们要充分看到“211 工程”建设对我校“九五”期间教学质量、科研水平、办学效益和管理水平的提高所作出的巨大贡献以及给我校各方面工作带来的显著变化。“问渠哪得清如许，为有源头活水来”，正是“211 工程”建设的春风，为我校面向 21 世纪的全面发展注入了新鲜活力和勃勃生机。与此同时，我们还要看到，“211 工

程”“九五”期间建设项目的验收，事关我校即将启动的教育部、北京市和国家民委三家共建计划、“十五”规划的落实和“211 工程”二期建设任务的立项，事关我校“世界一流民族大学”的建设和今后的可持续发展。我们要紧紧结合当前我校发展的历史机遇，将“211 工程”“九五”期间建设项目的验收与学校《“十五”计划纲要和2010 年发展目标》的实施以及“211 工程”“十五”建设项目立项建设联系起来，以验收促发展。我校“211 工程”“九五”期间建设项目验收的准备和实施工作，要根据“总体进行、突出重点、扎扎实实、分步到位”的原则，认真踏实地推进。“总体进行”，就是要在时间紧、任务重的情况下，全面推动各方面的工作。我校的验收工作与全国其他高校相比已经滞后，国家“211 工程”二期建设的启动又迫在眉睫，因此，全校各单位要迅速行动起来，积极配合，齐心协力，在进行子项目验收的同时，启动整体项目验收的相关工作，校内子项目验收工作抓得越好、越扎实，迎接国家对学校整体建设项目的验收就越有把握；在抓好一期建设项目验收工作的同时，还必须兼顾二期项目的筹划，积极主动地探索学校建设发展的新思路，寻求学校改革的新突破，开创学校发展的新局面。“突出重点”，就是要突出重点学科建设和教学与公共服务体系建设项目，这既是“211 工程”“九五”期间建设的重点，也是“211 工程”“十五”期间二期建设的中心，而且对于提高学校教学质量和整体办学水平具有十分重要的意义。“扎扎实实”，就是在验收工作中，“211 工程”办公室和各项目承担单位要根据校党委、行政的总体安排，狠抓落实，落实项目、落实任务、落实人员和责任，保证验收工作只能成功，不能失败。“分步到位”，就是要按照6 月份完成校内子项目验收、10 月份迎接国家“211 工程”“九五”期间建设项目验收专家组进校，完成学校整体建设项目验收的安排，分阶段将各方面准备工作落实到位。校内子项目验收工作要注意抓好典型、找好范本，学校将对优秀项目给予表彰和奖励，对项目建设任务完成不好的单位和项目负责人，要限期整改，并进行必要处罚。改进要注重针对性和时效性，稳步推进学校“211 工程”的验收和建设工作。

中央民族大学的“211 工程”建设，寄托着党和国家的殷切期望，凝聚着民大人乃至全国各民族人民的厚望。党中央、国务院非常重视中央民族大学的发展，国家民委对中央民族大学的发展给予了特别的关注，《国家民委高等教育事业“十五”计划和2010年发展规划》中明确提出，要重点建设好中央民族大学。随着国家西部大开发战略的实施和我国成功加入WTO，我校“211工程”建设和各项事业，面临着新的发展形势和发展机遇，迎接“九五”验收，规划“十五”发展，需要我们在工作中充分发挥全校各民族师生的积极性、主动性和创造性，拓宽思路、勇于创新、改革突破、努力奋进，以江泽民同志“三个代表”重要思想和5月31日在中央党校省部级干部进修班毕业典礼上的讲话精神为指导，内练真功夫，外争制高点，整合新形象，迎接新考验，向国家交上一份“211工程”建设的合格答卷，以优异的成绩，迎接党的十六大胜利召开。

关于提高教学质量保障体系的若干思考

——在中央民族大学 2002 年教学工作会议上的讲话

本次教学会议，是在党的十六大召开之际，是在我校“211”工程“九五”建设项目顺利通过验收、“十五”建设项目立项顺利通过专家评审、岗位业绩津贴制度改革基本完成的大好形势下召开的；大会进一步明确树立了教学中心地位的观念，引起了校领导和各单位负责同志的高度重视，其意义非常重大。会议的主题十分鲜明，就是研究课程学分制问题和修订各本科专业的培养方案。同志们讨论认真、精力集中、积极发言，效率很高。两天来，大家对学分制实施方案进行了认真的学习讨论，对本科专业培养方案进行了严格审查，并对学分制实施方案和本科专业培养方案作了进一步修订。通过学习讨论，大家对推行学分制加深了认识和理解，在许多方面形成了共识，认为学分制势在必行，行必有果，这就更增强了我们的凝聚力和向心力，增强了我们的信心和决心。所以这次会议收获很大，是一次富有成效的、难得的、团结的大会。

培养方案是人才培养的重要基础。本次大会提出了许多修改意见，这对完善学分制和本科专业培养方案是有很大帮助的。这将使我们的本科专业培养方案更加合理科学，更能体现出它的科学性、规范性、可行性和前瞻性，更有利于我们在实践中贯彻实施，从而更有利于培养一流的人才。

建设世界一流的民族大学，需要有一流的人才、一流的教师队伍、一流的教学成果和一流的教学环境。其中，培养一流的人才是关键。只有一流的培养方案才能培养出一流的人才。因此，我们必须做好学分制实施方案和本科专业培养方案的制定和修订工作。

教育部 2001 年颁布的《关于加强高等学校本科教学工作提高教学质量的若干意见》（教高字第 14 号）文件强调：“高等学校的根本任务是培养人才，教学工作始终是学校的中心工作”，“高等学校要处理好新形势下规模与质量、发展与投入、教学与科研、改革与建设的关系，牢固树立人才培养的质量是高等学校生命线的观念，学校党政一把手作为教学质量的第一责任人要亲自抓教学质量，定期召开教学工作会议，及时研究解决本科教学工作中的新情况、新问题，不断推进高等学校的观念创新、制度创新和工作创新，将本科教育质量提高到一个新水平”。

我们这次在讨论学分制文件和修订本科专业培养方案时，应进一步领会学习上述文件的精神和要求。因此，我们要着重考虑以下几个方面。

一、进一步明确办学指导思想、办学思路和理念

我校的办学指导思想，要坚持以马克思主义、毛泽东思想、邓小平理论为指导，全面贯彻“三个代表”重要思想要求，以提高领导干部的综合素质为重点，以教育创新为动力，坚持走“教科立校、改革兴校、从严治校、发展强校”的道路。在办学思路和理念上，我们应强调4个字：“特色”加“精品”。“特色”，就是“人无我有、与众不同、发挥优势”的价值取向，包括构建有特色的学科专业体系、创建有特色的人才培养模式和管理监督机制等两个主要方面。“精品”是一种质量的标准，即“人有我优，人优我精”，要有名牌教师、名牌专业、优秀教师、优秀学生。

二、建立适应社会需要、体现办学特色与优势的专业体系

这主要表现在专业设置和专业建设两方面：

1. 专业设置：要坚持把社会需求放在首位，与学科建设相结合，按专业群方式来组建，要体现区域特色和办学特色的原则。中央民族大学与一般大学相比，具有民族特色；与地方民族院校相比，具有地处首都的区位特色，还有面向民族地区、服务于民族地区的特色。

2. 专业建设：要坚持“改造内涵以适应变化，扩大外延以适应发展”的道路，形成“以学科建设为根本、以基础学科为依托、以社会需求为导向、以课程建设为核心”的专业建设思想，把我校办成以人文科学、社会科学、管理科学为主干，民族学科为特色，应用、科技科学为先导的综合性研究型大学。

三、构建科学的知识结构，制定和修订本科各专业培养方案

我们在对各学科各专业的培养方案进行全面修订时应注意：

1. 要强调知识结构和课程体系的整体优化。既要强调体现知识结构的系统性和完整性，又要强调教育的灵活性，以满足学生个性化发展的要求和适应社会对各类人才的需要，强调“教师是办学之本，学生是办学之源；以教师为主导，以学生为主体”。

2. 重新审视教学内容。我们要立足于学生，立足于教学过程中的学习，重新审视教学内容。要注意吸收当今时代、社会发展的新科技、新成

果，以充实、更新我们的教学内容，不断提高教学的起点；同时注意知识内容的相互渗透和配合，注意课程之间的衔接，进行课程的重组和整合。比如，文科的学生要学习一些科学发展史之类的知识，理工科的学生要学习一些人文科学方面的知识，而无论哪个专业的学生，都要努力提高写作水平。

这就对我们的专业培养计划提出了新的要求。我们的课程体系、教学内容要以培养学生的创新精神和实践能力为主线，创造有利于创新人才培养的健康有利的环境；课内课外教学要帮助学生提高自学的能力、自我教育的能力、自我把握环境的能力、独立战胜困难的精神和能力；要培养学生学会竞争，在竞争中创新，使学生在新的阶段和条件下开创新事业，为社会发展做出新的贡献；要培养学生学会行动并善于行动，培养学生的效益意识，让他们明白学习“成本”与学习效益的关系，从而使之产生学习的自动力。

3. 加强基础，拓宽口径。这包括构建合理的专业基础平台、拓宽专业口径和实现块模教学两方面。所谓块模教学即招生的时候不分具体专业，实行文理科两大类来讲授基础课，两年或三年后再分专业。现在我校还没有实行，但课程学分制的实行将会使之变为现实。因此，应立足现在，着眼于将来，把加强基础课程教学当做关键。

4. 缩减总学时，增加学生的自学时间。要正确对待学时和学分之间的关系，不要通过增加学时量来解决问题，要在授课内容上精讲，在授课内容上深化，这才是根本。

5. 要加强素质教育。对此，我们在设置选修课程时应加以特别考虑。

6. 要突出区域特色、学校特色和专业特点。

7. 要建立专家论证评价制度。在构建科学的知识结构，制定和修订本科各专业培养方案时，还要建立专家论证评价制度，并使之进一步规范化、科学化，使之切实可行。

四、课程建设是教学质量保障体系的核心

第一，课程建设首要的前提条件是教师队伍的建设。我们要建设一支结构合理、人员稳定、教学水平高、教学效果好的教师队伍。“十五”期间，学校将实施“251”人才工程，即“国内外有一定影响的专家学者 20 名、高水平的学科带头人 50 名、优秀的中青年学术骨干 100 名”。可以考虑通过这样的程序来选拔：个人申报、各院系推荐、各院系学术委员会评审、各院系公示评审结果、各院系上报公示结果、学校学术委员会组织评

审、学校反馈并公示评审结果、学校办公会议讨论评审结果、学校签订聘任合同、学校发布聘任公告。实施这样的工程，其目的就是为了加强教师队伍建设，从而加强课程建设，提高教学质量。它也将为教师提供展示实力的舞台。

第二，课程建设要着眼和服务于构建多样化的人才培养模式。所谓多样化的人才培养模式，主要包括：（1）基础型与应用型并举的人才培养模式。这种模式采用“强调基础，拓宽口径，重视应用，贯通培养”的思路。（2）应用性、复合型人才培养模式。它打破了过去传统单一的知识教育模式，主动适应社会经济发展，提高人才的素质，强化学生的创新精神和实际动手能力，增强学生就业的适应能力和岗位迁移能力。（3）双学位制人才培养模式。经过这几年的实验，这种模式效果很好，但其所涉及的课程建设问题仍需要重点关注和讨论。需要强调的是，学校现有的这种模式不是双学历培养模式。（4）主辅修制人才培养模式。学校现已实行了这种模式。（5）产学合作、产学研相结合的开放式人才培养模式。

第三，构建有特色的专业课程体系。构建有特色的专业课程体系，其内涵包括全面优化课程体系、调整和更新课程结构、注意知识的广度和深度、加强实践性教学。同时，课程体系必须体现区域特色、学校特色和专业特点。各专业除了培养方案之外，还应在其实施细则中明确体现出具体的培养目标和标准。

第四，要更新教学内容，提高教学水平，建立符合培养目标和教学要求的课程内容，并制定好教学大纲。

第五，要建立试题库，改进教学和考试方法，严把考试关，实行考教分离。

第六，根据需要和可能，编写或采用高水平、高质量的教材。

第七，合理利用现代化的教学手段。

第八，具体的课程建设包括：一是课程群建设，这涉及三大块：基础课课程群、主干课课程群和实验（践）课课程群，如何对其进行整合和优化，至关重要；二是名牌课程和重点课程的建设。

综上所述，课程建设要体现“五个一”标准，即“一名好教师、一本好教材、一个好大纲、一套好题库、一个好手段”。

五、教学评估是教学质量保障体系的重要监测手段

教学评估是一项科学性、政策性、技术性很强的工作，建立科学有效的制度是搞好教学评估的前提，制定科学简明的评估指标体系是教学评估

的基础，确定合理的便于操作的评估程序则是搞好教学评估的保证。根据学校目前的情况，教学评估可以分成三部分：一是对传统、优势专业进行的专业评估；二是以新建专业和数量很大的公共基础课及专业基础课为主的课程评估；三是各院系教学工作评估。这涉及办学指导思想、教学投入、学科建设、师资队伍和实验室建设等方面。不在这些方面下工夫，就不能保证教学质量，就不能贯彻实施学分制。此外，实行岗位津贴制后，还要结合教师岗位的有关要求和考核内容进行教学评估。可以每两年一次，设立“优秀教学成果奖”、“优秀课堂奖”等奖项，将各种评估结果和奖项直接与职称、岗位津贴等挂钩。以评估为手段，抓好教师素质建设，确保教学质量。对此，应建立学校教学督导制，设立教学指导委员会，进行学生评价及院系级教学评估。

六、实施课程学分制是提高教学质量的重要方式

实施课程学分制的意义在于：（1）通过实施课程学分制和学生对课程的选择，更新教学观念，打破学科专业界限，鼓励学生跨学科、跨专业选修课程，促进专业结构调整。（2）鼓励学生独立自主地学习，发展个性，培养具有创新素质的人才。（3）加强师德、师风建设，较好地改善师生关系。（4）更新教学内容。（5）进一步加强学风、考风建设。（6）促进教育创新，全面提高教育素质。（7）推进教学管理规范化、数字化、信息化、网络化进程。特别是对于管理体制的改革，包括学生就业制度、分配制度、收费制度等，都会发生根本性变化，这将促进管理人员树立以学生为中心的思想，实行优质服务。（8）为建立“世界一流民族大学”奠定教学管理基础。

学分制的主要内容包括：（1）给学生在“选课、选师、选时”方面提供更多的选择。（2）实行导师制和弹性学分。应当明白，本科实行指导学生选课的导师制不同于硕士、博士的导师制，它只体现在选课方面有个导向性的意见、导向性的引导。（3）实行重修制，实行双学位制。（4）在培养方案中构建两个专业平台，即必修课和选修课。这两部分课程所占的比例可以是 7∶3 或 6∶4，不要一刀切，各学科可以根据自己的实际情况自行决定。此外，还应包括选课内容、要求及方法和创新学分。创新学分不同于奖励学分，两者是有所区别的。加强学分制管理，要从以下几个方面进行：一是要加强制度建设；二是要严把考试关、毕业关、学位关；三是要建立创新机制。

七、改革考试制度

对于公共基础课和量大面广的基础课要实行考教分离；知识密集型专业要实行闭卷考试；注重能力实践的课程可以采用开卷考试；对于一些专业课可以尝试进行口试；理工科计算机类的课程可以考虑实行网上考试。

八、建立教学管理队伍

建立一支能力强、素质高，专兼结合，相对稳定的教学管理队伍。

九、建立教学质量信息收集组织

对此，要成立一个教学顾问组和一个教学信息组。教学顾问组就是实行教学督导制，即聘请一些有经验、有思路、熟悉学校、了解学生、热心于学校改革的离退休老教师，担任教学顾问，了解和反馈教学信息。教学信息组则是由学生组成，负责收集相关的教学信息。

十、建立毕业生跟踪调查制度

这包括两方面，一是对在校的大四学生进行调查，调查我们的课程设置、教学内容、教学方法是否科学合理。同时对已经毕业的学生进行追踪调查。

只要我们做好了以上几个方面的工作，我相信我们的教学质量就可以上一个台阶，我们的教学水平就会提高一步，我们中央民族大学的未来就可以真正实现教学水平一流、学生素质一流，从而推动我们学校向“世界一流民族大学”的宏伟目标前进。

在国家民委、教育部、北京市人民政府三方重点共建中央民族大学协议签字仪式上的致辞

尊敬的各位领导、各位嘉宾、老师们、同学们：

今天，我们在这里隆重集会，举行国家民委、教育部和北京市重点共建中央民族大学签字仪式，我感到非常的高兴。在此，请允许我代表中央民族大学56个民族的各族师生，向党中央、国务院和国家民委、教育部以及北京市表示衷心的感谢和崇高的敬意！

中央民族大学是一所独具特色，并具有光荣传统的综合性大学。其前身是1941年成立的延安民族学院，1951年6月11日，中央民族学院正式开学。50多年来，中央民族大学得到了党中央和国务院的高度重视和亲切关怀，从1951年到1966年，毛泽东等第一代领导集体先后14次接见我校师生；1978年以来，党中央的第二、第三代领导集体，对我校给予了特别的关注和支持；1993年，中央民族学院更名为中央民族大学，江泽民总书记亲笔为我们题写了校名，2001年6月，在校庆50周年之际，江泽民总书记又为我校和其他民族院校亲笔题词：“努力发展民族教育，促进各民族共同繁荣”。6月14日，中共中央政治局常委、国务院总理朱镕基同志到学校视察，代表党中央、国务院热烈祝贺中央民族大学建校50周年，看望了各族师生代表，和56个民族师生合影留念。在座谈会上，朱总理对进一步办好中央民族大学发表了重要讲话，并提出要把中央民族大学办成世界一流的民族大学。在此之前，李岚清副总理等领导同志曾多次来校视察，看望和慰问各族师生。国家民委、教育部以及北京市委、市政府的领导多年来一直关心和支持我校的建设和发展。中央民族大学各族师生备受党和国家的关怀，无不受到鞭策和鼓舞。

共建中央民族大学是在党中央、国务院的亲切关怀和国家民委、国家计委、教育部、财政部和北京市领导的高度重视下得以实现的。2000年11月，中央领导就办好中央民族大学等问题作出了重要批示，为了落实中央的指示精神，国家民委会同国家计委、教育部和财政部就如何办好中央民族大学等情况进行了调研，形成了调研报告。2001年3月，国务院召集国

家4部委有关负责同志，对办好中央民族大学的问题进行了专门讨论研究。随后，国家4部委又共同向国务院行文，提出了进一步办好中央民族大学的“请示”。“请示”就进一步办好中央民族大学提出了6条具体措施，其中的第3条措施为：由国家民委、教育部和北京市共同建设好中央民族大学。不久，国务院批准了4部委的“请示”。2002年3月，国家民委分别致函教育部和北京市，征求对《国家民委、教育部、北京市人民政府关于重点共建中央民族大学的协议》的意见。4月和5月，北京市和教育部分别对《协议》提出了修改意见，6月初，圆满达成了国家民委、教育部和北京市三家重点共建中央民族大学的协议。6月13日朱镕基总理亲笔为三家重点共建中央民族大学题词：“谨表祝贺，敬贺成功”，这充分体现了党中央和国务院对中央民族大学的亲切关怀。今天顺利完成了三家重点共建中央民族大学的签字仪式，表明国家民委、教育部和北京市三家形成合力，共同支持、重点扶持、优先发展和建设中央民族大学。对中央民族大学来说，这是一次历史性的变化，是新世纪新的起点，这将使中央民族大学步入到一个崭新的发展阶段，并为“建设世界一流民族大学”的宏伟目标奠定良好的基础。我们决心团结全校各族师生，同心同德、大胆创新、开拓进取、与时俱进，高举邓小平理论伟大旗帜，认真贯彻实践“三个代表”重要思想，用实际行动来报答党中央、国务院以及各部委对我们的亲切关怀和殷切希望，为党的民族工作和民族地区的建设与发展做出新的更大的贡献！

努力使我校科研工作再上一个新台阶

——在 2002 年学校科研工作总结会上的讲话

2002 年学校的科研工作取得了比较大的成绩，在科研管理、科研立项、科研制度建设等方面都有了比较大的进步。就这些问题，我谈几点意见。

第一，是对 2002 年科研工作的几点评价

1. 科研工作成绩显著。主要表现为几个方面：其一，科研立项是历年来最多的，达到 56 项。这几天我跟几个院校的领导在一起座谈时说，像我们这样获得 56 项省部级以上项目的学校为数并不太多；获得这么多的科研项目经费，也是来之不易的。包括争取过来的科研经费，我们预算外已达 220 多万。“十五”期间学校又投入了 250 万，这在“九五”期间是难以想象的。这体现了学校对科研工作的高度重视和支持。同时，我校新立项的科研课题还有 73 项，也是多年来所没有的。其二，成果获奖较多，2002 年我校获国家级和省部级奖项达 14 项，可谓成绩突出。其三，科研工作管理得到了加强。在科研管理系统的建设方面，科研处为实现科研管理的科学化、制度化、规范化、系统化，提供了一个很好的管理方式。这对我们了解科研信息、从事科学研究、利用和开发科研成果都是很有意义的。

2. 扩大了学校的影响。2002 年我校有些科研项目影响是比较大的，如对 22 个人口较少民族的调查，我校民族学与社会学学院的老师参加了。该项目是国家民委的一个重大研究课题和重大研究成果，李德洙主任在总结时给予了高度的评价。此外，我校在国家民委的重大科研调查报告中也有 2 项获奖；我校博士生的调查报告也得到了团中央的肯定和表扬。

3. 采取的措施有力。一年来科研工作任务繁重，我们既要完成“九五”期间项目的验收，又要完成“十五”期间立项的审核，还要验收那么多子项目的建设，先后请了多批专家为 11 个子项目做验收，进行了 2 个总的验收和立项工作，圆满地完成了“211 工程”“九五”项目的验收和“十五”项目的预审报告。这些工作如果没有强有力的措施，就不能很好地完成。除此之外，我们民族大学的《学报》2002 年还被评为北京市的“名刊”，获得了全国“百强学报”称号。总的来说，科研工作取得这样的成绩，与采取的措施得力是分不开的。

4. 科研目标明确。学校“十五”科研发展规划包括省部级的、国家级的科研项目和目标都定得比较明确、具体。科研处还配合人事处、教务处制定了我校人才培养规划、“十五”期间学科教师队伍建设规划，已经形成草案，待研究讨论通过后，再召开适当的座谈会听取意见，就可颁布实施。

5. 集体攻关，形成新的学术梯队。譬如说，刚才教育系介绍的关于民族教育的两个重大课题，从经费来说有 50 多万，从子项目来说有几十个，有 35 个单位协作、联办、共同研究，这样就形成了一个学术梯队。许多其他项目现在也是实行集体攻关、集体做大的方式。

所以，从以上的 5 个方面来看，我校 2002 年科研工作的成绩是相当显著的。这些成绩的取得与我们广大教职员工的积极努力，科研处的认真负责、科学管理，与学校的重视和分管科研工作领导的具体指导是分不开的。

第二，是关于我校科研工作的有利条件

大家知道，江泽民同志对社会科学非常重视。他在清华校庆和北大校庆时，主要是讲创建世界一流大学的问题；在人民大学校庆时主要是讲社会科学如何发挥作用的问题；在北师大百年校庆时主要是讲教育创新问题。我校作为一个以人文科学、社会科学为主干，民族学科为特色，应用学科为先导的综合性大学，我们如何发挥我们的作用呢？这就要分析我们的有利条件，这些有利条件，我认为有如下几个方面：

1. “211 工程”“九五”验收圆满通过，“十五”期间的立项审核 3 月份即将开始。审核通过后，国家将拨 5000 万元用于我校的学科建设、公共服务体系的建设。“九五”期间我们没有得到拨款，是自费走进“211”。“十五”期间国家要拨 5000 万，这是一个有利条件。我们的五大学科和各个子项目的建设将有一批比较可观的经费投入。这也是我校历史上没有过的。

2. 学科建设有了长足的发展。现在我们有国家级重点学科 2 个、省部级重点学科 9 个，这次又申报了 10 个博士点，加上二级学科自主设置专业共 17 个，申报硕士点 20 个。我相信我们还将增加一批新的硕士点和博士点。学科专业点增加就有一批正教授成为博士生导师，一批副教授成为硕士生导师。这又是一个非常有利的条件。

3. 我们又有一些学科新获得了教授、副教授职称的终审权。现在我们获得了 5 个学科正教授职称的终审权，即民族学、经济学、历史学、宗教学、中国少数民族语言文学。这 5 个学科的教授职称我校就有权可以直接评审。还有 10 个学科我校有副教授职称的终审权。这 10 个学科，除了前面的 5 个外，还有数学、英语、教育等。这是我校科研工作和科研队伍建设的一个非常有利的条件。

4. 三家重点共建中央民族大学，还有国家民委与中科院签订的共建协议，十分有利于我校的科研工作。三家共建，这样我们就可以争取到更多的项目，包括教育部、国家民委的项目。还有就是国家民委和中科院的协议，为我们理科几个院系的发展和科研工作前景创造了很好的条件。

第三，是科研工作要有新思路

有新思路，才能使科研工作迈上新台阶，提高新水平，产出新成果，打造新精品。

科研要有新思路。新思路不能够从书本中得到，要真正结合少数民族地区经济和文化的发展，结合政府提出的目标，结合社会的需要，结合企业的问题来进行研究。还有就是要了解国内国际的学科发展趋势，可以应用网上查询、调查研究等来了解某个学科的发展前景和学科现有水平，知道我们某个学科的研究是否有创新性，我们突破的难点和重点在哪里。

科研要有新突破。我们一定要认真思考，我们的科研工作从哪里取得突破。当然，可以突破的方面很多，比如在科研立项方面的突破；还有科研成果如何转化为生产力，如何转化为实际应用的问题，这方面的突破，理科特别是像生命与环境科学等可以有更大作为。至于社会科学研究方面的突破，我们要根据党中央、国务院的要求，为民族地区和我校的建设发展做出新贡献。多的不说，如果我们一年里能分别有一两项研究成果被国务院政策研究室、中央政策研究室、国家民委等部门采用，作为有关决策的依据，并力争做到凡是民族宗教方面的问题有关部门都向中央民族大学咨询，使我们的研究成果能够转化为领导的决策，这就是我们在社会科学研究上的突破。现在我校的科研成果不存在量的问题，关键是要出精品，出有影响的、有学术地位的、有质量的成果。今后凡是获得全国优秀百篇博士论文奖的，我们也将考虑单独发奖。我们学校已经连续有两人获奖，一个是苏发祥博士，一个是达力扎布博士。他们两人都获得优秀博士论文奖，来之不易。这就是突破，没有这方面的突破，我们就称不上世界一流的民族大学。

第四，是科研工作要有新措施

有新措施，才能扩大学术影响，提升学术地位。我们的新措施在哪儿？刚才中文系介绍的办法很好，虽然系里现在没有重点学科经费，但是他们系里自己拿出经费来资助老师进行科研，奖励老师，这也是一个新措施。所以除了学校奖励之外，院系也应该拿出部分经费来奖励老师，鼓励老师从事科研。科研和教学是相辅相成的关系，只有科研成果出来了，才能深化教学内容；反过来说，教学内容的深化又可以促进科研成果的产生。此外，我们还要加强管理，特别要鼓励横向科研成果、横向科研项目的争取。对于“三无所”，只要有成果、有思路，我们也同样支持。总的来说要发挥大家的积极性，要大家把心放在教学和科研上，通过科研来提高教学水平，来提高培养学生的质量。如果一个导师没有科研成果，那你就没有学术地位，就会影响你在学生中的威信。这就要求我们要采取积极的措施来做好科研工作。

第五，是科研工作要有新成效

要有新成效，就必须加强管理，提高科研工作管理水平。管理出成效，如果不加强管理，不加强检查督促，那就难出成效。这次我们实施的岗位业绩津贴制中，就专设有科研奖励，目的就是为了促进科研工作出新成效。

总的来说，我们还是提倡教学和科研并重，既要抓好教学工作，也要抓好科研工作。2002 年在大家的努力下，我们的科研工作取得了很大进步。在新的一年里，如何使科研工作迈上一个新的台阶，提高到新的水平，产生新的成效，打造新的精品，就要依靠我们各院系的领导和广大教师的共同努力。我相信在新的一年里，我们的科研成果会更加丰硕，我们的成绩会更加出色。

（根据录音整理）

贯彻十六大精神，推进我校教育创新

2002 年 11 月 21 日，十六大代表、我校校长荣仕星同志接受了《中央民族大学周报》记者的采访，就参加十六大的体会及如何在我校学习贯彻十六大精神等问题回答了记者的提问。

记者：荣校长，您是我校历史上第一位出席党的全国代表大会的代表，我们也注意到了您在向大家传达十六大精神时，再次真情感谢全校党员和各族教职员工对您的信任。我们想知道，您出席了党的十六大，是否还有其他更深的感受？

荣仕星：我作为党的十六大代表深感光荣和自豪。特别是学校的全体党员和各族师生员工对我的信任和支持，我非常感谢。出席十六大，我体会最深的一点是：江泽民同志的报告内容丰富，主题鲜明，重点突出，思想深刻，论述精辟，博大精深。报告所写的十个部分非常精练，文风朴实，是党的历史上不可多得的马克思主义文献，是我们党面向新世纪创造新辉煌的政治宣言，是指导我们开创中国特色社会主义事业新局面的行动纲领。大会期间，代表们在讨论十六大报告时，发言都非常踊跃，大家都争先恐后地把各自的体会表达出来，认为这既是一个激励人们奋进的报告，也是一个在新世纪提出奋斗目标的政治宣言，同时也是带领全国人民奔小康、开创中国特色社会主义事业新局面的一个动员令。尤其是我感到十六届一中全会选举出来的新的政治局常委——以胡锦涛为总书记的党中央这个班子具有三个“丰富”：一个是经历丰富，他们当中的好几位同志都经历过三四个省、市、自治区的主要领导岗位的锻炼；第二个是经验很丰富，他们具有治党、治国、治军的丰富经验，这对今后的工作是非常有利的；再有一个是知识很丰富，常委中有 4 位是我国最高学府清华大学毕业的，就其知识结构来说，对我们的社会主义事业及其推进工业化的进程是非常有利的。我坚信，以胡锦涛为总书记的党中央一定能够更加高举邓小平理论的伟大旗帜，全面贯彻“三个代表”重要思想，带领全党和全国各族人民奔小康，开创有中国特色社会主义事业的新局面，使中国的经济、政治和文化建设更进一步地推向前进，使我们的国家走向更加美好的未来。

记者：荣校长，您光荣出席了党的十六大，现场聆听了江泽民同志所作的报告，请您就报告的学习体会做一下归纳性总结。

荣仕星：我认为，十六大报告的重大意义概括起来主要有4个方面：一个是理论创新的意义。报告对贯彻“三个代表”的重要思想，作了深刻的阐述，对党和国家建设的一系列重大理论问题和实践问题做了深刻的阐述。第二个是与时俱进的意义。报告通篇都贯穿了解放思想、开拓创新的精神，是与时俱进的典范、奋力前进的目标。第三个是重大的指导意义。报告对我国在新世纪、新阶段的经济、政治、文化等方面的发展都作了全面的部署，提出了明确的要求。第四个是激励斗志的意义。报告提出的全面建设小康社会的奋斗目标，可以说是“三个符合”：第一是符合邓小平同志关于分阶段、分步骤战略发展的思想；第二是符合中国特色社会主义建设事业的实际；第三是符合全党和全国人民的意愿。

十六大报告的特点可以用“高、新、实、深、严、全”六个字来概括：“高”是指报告站在时代的高度、历史的高度、振兴中华民族大业的高度，高举邓小平理论伟大旗帜，立意高远，高屋建瓴，高瞻远瞩，通篇贯穿了“三个代表”重要思想。“新”是指内容新、理论新，给人耳目一新的感觉，报告以全新的视角对党和人民的实践进行了新的概括和总结，提出了一系列新论断、新观念和新要求，分析了新情况，回答了新问题，为全党构建了新的精神支柱；总结了党的十三届四中全会以来的新鲜经验，对马克思主义理论有了新的发展，明确了新任务，提出了新思路，制定了新措施，在很多重大的理论和实践问题上有新的突破。代表们数了，在报告中光用“新”字或“创新”的地方就有90多处。“实”是指求真务实，总结工作用事实说话，报告数据翔实，事例典型，令人信服；肯定成绩既充分恰当，又留有余地，分析问题符合实际，很有针对性；分析形势、提出目标、制定措施都很实事求是。“严”是指报告就加强和改进党的建设提出了一系列的严格要求，为我们在新时期进一步加强党的建设指明了方向，作了非常深刻、非常透彻的论述，理论性很强。“深”是指报告在思想上和理论上很有深度，特别是围绕“三个代表”重要思想和中国特色社会主义经济、政治、文化全面发展的目标，战略性、指导性和操作性都很强。“全”是指对十五大以来的巨大成就和13年的基本经验深刻的总结以及对今后改革开放、现代化建设的部署非常全面，系统性非常强，内容全面丰富。

对于十六大报告的主要内容，我的体会有九个“一”：

突出一个主题，主题十分鲜明。十六大报告明确指出：高举邓小平理论伟大旗帜，全面贯彻“三个代表”重要思想，继往开来、与时俱进，全面建设小康社会，加快推进社会主义现代化，为开创中国特色社会主义事业新局面而奋斗。这段话只有69个字，言简意赅，十分精练。明确回答了四个问题：举什么旗？走什么路？坚持什么思想？实现什么目标？这四个问题历来是关系党和人民事业发展的根本问题，十六大报告对这些问题作了明确肯定和有力的回答，表明了党中央的决心，也反映了人民的心声，体现了党和国家事业不断发展的客观要求。这对于统一全党全国各族人民的思想，凝聚力量、同心同德、万众一心、艰苦奋斗，全面开创中国特色社会主义事业新局面，具有重大的现实意义。

总结一套经验，经验十分宝贵。十六大报告全面总结了13年来的基本经验，对指导今后的实践有着重大而深远的意义。报告指出：“十三年来的实践，加深了我们对什么是社会主义，怎样建设社会主义，建设什么样的党，怎样建设党的认识，积累了十分宝贵的经验。”这就是“十个坚持”：坚持以邓小平理论为指导，不断推进理论创新；坚持以经济建设为中心，用发展的办法解决前进中的问题；坚持改革开放，不断完善社会主义市场经济体制；坚持四项基本原则，发展社会主义民主政治；坚持物质文明和精神文明两手抓，实行依法治国和以德治国相结合；坚持稳定压倒一切的方针，正确处理改革发展与稳定的关系；坚持党对军队的绝对领导，走中国特色的精兵之路；坚持团结一切可以团结的力量，不断增强中华民族的凝聚力；坚持独立自主的和平外交政策，维护世界和平与促进共同发展；坚持加强和改善党的领导，全面推进党的建设新的伟大工程。这十条经验，覆盖了改革发展稳定、内政外交国防、治党治国治军各个方面，标志着我们党对共产党执政规律、社会主义建设规律和人类社会发展规律认识水平的进一步提高。十条基本经验，同我们党在新时期的基本理论、基本路线、基本纲领一道，对于党和国家事业的发展具有长远的指导作用。

贯穿一个灵魂，灵魂统领全局。十六大报告通篇贯穿了“三个代表”重要思想，这是报告的灵魂，也充分体现了理论创新对实践创新的指导作用。“三个代表”重要思想是十六大的灵魂，也是贯穿全篇的一条主线。“三个代表”重要思想是对马克思列宁主义、毛泽东思想、邓小平理论的继承和发展。通过这次学习，我又有了以下新的体会：“三个代表”重要思想是紧密相连的，代表生产力的发展要求，是党的经济基础；代表先进文化的前进方向，是党的精神基础；代表广大人民群众的根本利益，是党的群众基础。有了这三个“基础”，我党就有了立党之本、执政之基、力量之源，就会立于不败之地，就会永葆生机活力。因此我们要把这一重要思想贯彻到社会主义现代化建设的各个领域，贯彻到党的建设的各个方面。

我们首先要认真学习、深刻领会“三个代表”重要思想提出的时代背景、历史地位、科学内涵、精神实质、指导意义和贯彻“三个代表”的根本要求。把“三个代表”重要思想写进报告、载人党章，这是十六大的历史功绩、重大贡献。党的一大，把马克思列宁主义确立为党的指导思想，为我党夺取政权、实现共产主义远大目标，奠定了良好的思想基础；党的七大，把毛泽东思想作为党的指导思想，对中国革命的胜利，产生了重大的作用。党的十五大，把邓小平理论确立为党的指导思想，对中国特色社会主义的顺利发展产生了重大的作用，邓小平同志建设有中国特色社会主义道路，使中国人民富起来了。毫无疑问，党的十六大把“三个代表”重要思想确立为党的指导思想，对全面建设小康社会、开创有中国特色社会主义的新局面，也将会产生极其重要的作用，必将使中国人民强盛起来。其次，我们要把“三个代表”重要思想贯穿于学校的一切工作，真正做到：部署工作“三个代表”是方向；推动工作“三个代表”是动力；检查工作“三个代表”是标准。第三，贯彻“三个代表”重要思想，要牢牢把握关键在坚持与时俱进，核心在坚持党的先进性，本质在坚持执政为民这个根本要求。必须使全党始终保持与时俱进的精神状态，不断开拓马克思主义理论发展的新境界；必须把发展作为党执政兴国的第一要务，不断开创现代化建设的新局面；必须最广泛最充分地调动一切积极因素，不断为中华民族伟大复兴增添新力量；必须以改革的精神推进党的建设，不断为党的肌体注入新活力。

确立一个目标，目标宏伟明确。在新的发展阶段，我国现代化建设的奋斗目标如何确定，是全党和全国人民非常关心的一个问题。十六大报告深刻分析了我们党和国家面临的新形势、新任务，科学地作出了新世纪头20年是我国一个重要战略机遇期的重大判断，提出了全面建设小康社会的奋斗目标。这个奋斗目标可以分为两步走。第一步，21世纪头20年的目标，报告用“六个更加”来归纳。报告指出：“我们要在本世纪头二十年，集中力量，全面建设惠及十几亿人口的更高水平的小康社会，使经济更加发展，民主更加健全，科教更加进步，文化更加繁荣，社会更加和谐，人民生活更加殷实。”第二步，21世纪50年的目标，报告用“富强民主文明”六个字来表达。报告强调：“再继续奋斗几十年，到本世纪中叶基本实现现代化，把我国建成富强民主文明的社会主义国家。”全面建设小康社会的目标，是中国特色社会主义经济、政治、文化全面发展的目标，是与加快推进现代化相统一的目标，符合邓小平同志关于分阶段、有步骤地实现现代化的战略思想，符合我国国情和现代化建设的实际，符合人民的愿望，对于凝聚人心、鼓舞斗志，加快推进我国的现代化建设，具有十分重要的意义。

报告强调，为完成党在新世纪新阶段的这个奋斗目标，发展要有新思路，改革要有新突破，开放要有新局面，各项工作要有新举措。各地各部门都要从实际出发，采取切实有效的措施，努力实现这个目标。有条件的地方可以发展得更快些，在全面建设小康社会的的基础上，率先基本实现现代化。我们坚信，实现了全面建设小康社会的目标，我们的祖国将更加繁荣富强，人民的生活将更加幸福美好，中国特色社会主义必将进一步显示出巨大的优越性。

强调一个动力，深化改革措施。改革的措施包括经济、政治、文化建设和体制改革。经济建设和经济体制改革必须集中力量解决好关系全局的八个方面的任务：即走新型工业化道路，大力实施科教兴国战略和可持续发展战略；全面繁荣农村经济，加快城镇化进程；积极推进西部大开发，促进区域经济协调发展；坚持和完善基本经济制度，深化国有资产管理体制改革；健全现代市场体系，加强和完善宏观调控；深化分配制度改革，健全社会保障体系；坚持“引进来”和“走出去”相结合，全面提高对外开放水平；千方百计扩大就业，不断改善人民生活。

报告提出政治建设和政治体制改革的九个方面的任务是：坚持和完善社会主义民主制度；加强社会主义法制建设；改革和完善党的领导方式和执政方式；改革和完善决策机制；深化行政管理体制改革；推进司法体制改革；深化干部人事制度改革；加强对权力的制约和监督；维护社会稳定。

报告着重阐述了文化建设和文化体制改革的六个方面的主要任务。即牢牢把握先进文化的前进方向；坚持弘扬和培育民族精神；切实加强思想道德建设；大力发展教育和科学事业；积极发展文化事业和文化产业；继续深化文化体制改革。

抓住一个关键，加强和改进党的建设。党的建设是实现我们党在新世纪各项任务的根本保证。报告中把它看作是一个新的伟大的工程，强调了治国必先治党，治党必须从严，并提出了“四个一定要”：加强和改进党的建设，一定要高举邓小平理论伟大旗帜，全面贯彻“三个代表”重要思想，保证党的路线方针政策全面反映人民的根本利益和时代发展的要求；一定要坚持党要管党、从严治党的方针，进一步解决提高党的领导水平和执政水平、提高拒腐防变和抵御风险能力这两大历史性课题；一定要准确把握当代中国社会前进的脉搏，改革和完善党的领导方式和执政方式、领导体制和工作制度，使党的工作充满活力；一定要把思想建设、组织建设和作风建设有机结合起来，把制度建设贯穿其中，既立足于做好经常性工作，又抓紧解决存在的突出问题。

体现一种精神：与时俱进，开拓创新。报告中讲到“解放思想、实事求是、与时俱进、开拓创新”是我党的思想路线。毛泽东同志在延安时，提出了“实事求是”的思想路线，邓小平同志提出了“解放思想、实事求是”的思想路线，江泽民同志加了两句话：“与时俱进、开拓创新”，提出了“创新是一个民族进步的灵魂，是一个国家兴旺发达的不竭动力，也是一个政党永葆生机的源泉”。报告中特别强调“实践没有止境，创新也没有止境。我们要突破前人，后人也必然会突破我们”。这充分体现了一种创新意识和创新精神。

坚持一个发展，发展是第一要务。必须把发展作为我党执政兴国的第一要务，因为只有发展才能够体现出代表先进的生产力，才能够体现出社会主义的优越性，才能够体现出代表人民群众的根本利益；只有发展，才能够实现党的宗旨。马克思早就提出“无产阶级夺取政权后，要增加生产力的总量”；列宁也非常明确地提出俄国革命胜利后，要不断地推进生产力的发展；毛主席在建国初期，也提出要加快国民经济的恢复和发展；邓小平同志提出“发展是硬道理”；江泽民同志提出“发展是执政兴国的第一要务”。所以，只有在发展中，才能够解决前进中的问题；只有发展，才能保持党的先进性、发挥社会主义制度的优越性和实现民富国强。

增强一个意识，忧患意识必备。面对国际形势的发展，科技进步日新月异，综合国力竞争日趋激烈，形势逼人，不进则退。江泽民同志谈到了两个“清醒地看到”和“三个倍加”。提出“全党同志一定要增强忧患意识，居安思危，清醒地看到日趋激烈的国际竞争带来的严峻挑战，清醒地看到前进道路上的困难和风险，倍加顾全大局，倍加珍视团结，倍加维护稳定”。从这里可以看出，中国共产党在理论上成熟了，政治上成熟了，执政经验成熟了。

记者：荣校长，十六大闭幕后，您从京西宾馆一回校便迅即召开了校党委常委扩大会，在其后两天内又接连召开了党委委员、纪委委员及党总支书记会、全校教职工大会、教职工大会、学生党员和干部大会，认真传达了十六大的主要精神，并结合我校建设和发展实际，明确提出了“五个步骤”和“五个推进”。我们希望您展开谈谈这“五个步骤”和“五个推进”问题，包括您的基本思路。

荣仕星：回来之后，对于如何贯彻落实十六大精神，这是我思考最多的一个问题。结合我校的实际情况，我想我们要做到“五个步骤”和“五个推进”。

“五个步骤”第一步是传达，到目前为止，我们已经进行了五个层面的传达。第二步是学习，主要是要通读十六大报告全文，对十六大报告深入地学习领会，真正全面地理解和掌握十六大报告的科学内涵和精神实质。学习十六大精神，要结合各单位的实际，把工作进一步做好。学习还要结合自己的实际，特别是我们每一个老师，要结合自己的教学科研工作做好这方面的学习。第三步是宣传，宣传要通过我们的周报、板报、宣传橱窗、广播、闭路电视、网络和学报进行各方面的宣传，真正做到使十六大报告、十六大精神家喻户晓、人人皆知，真正把它贯彻好。第四步是研究，打算组织一些教授专家进行专题研究；周报可开设专栏，根据报告十个方面的内容，拟一些题目，每一期都有专题理论研究的文章刊载，使我们的学习研究真正深入下去。第五步是贯彻落实，也就是把十六大精神贯彻落实到我们的工作要点上。

“五个推进”一个是要推进高校贯彻实践“三个代表”重要思想，用“三个代表”重要思想来统一和武装全校党员和师生员工的头脑。在教师当中，要真正做到学习“三个代表”，贯彻“三个代表”，落实“三个代表”。在学生当中，要让“三个代表”的重要思想进课堂、进教材、进学生头脑。必须明确，学校布置工作，“三个代表”是方向；推动工作，“三个代表”是动力；检查工作，“三个代表”是标准。第二个推进，是要推进高校教育的发展。同时，要树立学校发展是硬道理的观念。学校只有发展了，我们才能够解决前进中的困难，才能发挥和体现学校办学的综合实力；也只有学校发展了，我们才能够为经济建设和社会发展，为实现小康社会的奋斗目标做出更大的贡献。因为全面建设小康社会的奋斗目标其中有一条就是科教更加进步，而进步是要通过发展来促使的，进步是要通过发展来推动的。第三个推进，就是推进高校的改革。十六大报告非常明确地提出改革要有新突破，所以我们一定要深化改革。我们学校已经进行了六个方面的改革：人事机构的改革、教学科研单位的改革、后勤社会化的改革、职称评审制度的改革、人事分配制度的改革、教学管理体制的改革，目前学校正在进行学分制、课程体制的改革。在这些改革当中，我们要有突破。特别是我国加入世贸组织以后，高等教育要有很大的变化和发展，这就需要我们认真地思考，在各个方面都要有新的突破。第四个推进，就是推进高校的教育创新。创新在报告中提得很多，高校只有创新，才能够进一步发展；只有创新，才能够实现建设“世界一流民族大学”的宏伟目标。所以，应该把创新看成是我们学校前进的一个主题，或者是一种动力。高校的创新首先是教育观念上的创新。现在我们培养人才和以前不一样了，过去是精英教育，现在是由精英教育向大众化教育转变，现在提出要实现教学的开放性，由一次性教育社会向终身性教育的学习型社会转变，这就为我们提出了新的任务。关于人才的培养，既要培养具有民族精神的优秀人才，又要培养国际型的复合型人才。这就要求我们在观念上要进行改变。第二是在教学管理体制上要进行创新。比如说，我校在原来10个二级学院的基础上，年底要进一步建12个二级学院，这样逐步构建我们“世界一流民族大学”的基本框架。第三是在教学手段和方法上的创新。要争取使年轻的教职工都能运用现代化的教育手段，通过科学先进、图文并茂的课堂教学来激发学生的学习积极性，开发学生的智力，让他们有更宽阔的思维，拓宽他们的视野，使他们在面向世界、面向未来、面向现代化方面进行创新。随着国际政治多极化、经济全球化、信息网络化，在这方面没有创新的观念是不行的。除此之外，我们还要在理论上创新，制度上创新，体制上创新，机制上创新。第五个推进，就是推进高校党的建设，为创建“世界一流的民族大学”提供有力的政治保障。因为要办好中国的事情，取决于党的领导，治国必先治党，治党必须从严。从高校来说也是这样，首先要加强党的建设。党的建设和学生的思想政治工作要加强。因为培养什么样的人、培养出什么样的人才，是高等教育的基本任务。我们只有把这个工作做好了，培养出跟党走、听党话、热爱有中国特色社会主义事业的优秀人才，这样才是达到政治上的合格。这就要靠党组织的保障。另一方面，加强高校的党建要把思想建设、组织建设、作风建设紧密结合起来，特别是要把作风建设落到实处，抓出实效。第三方面，高校党建还要紧紧围绕着教学这个中心工作，为教学服务，为教学鸣锣开道。我校党委在今年的工作中研究了三个问题，一个是本科的教学工作，第二个是成人教学工作，第三个是学生思想政治工作，就是围绕教学工作这个中心来展开的。再有一个是要积极地在高知识群和中青年中发展党员。我们是高校，要加强这方面的工作，为党增添新鲜血液，永葆党的生机活力。

高校领导要具备五种能力，也就是科学判断形势的能力、驾驭市场经济的能力、应对复杂局面的能力、依法治校的能力、总揽学校全局的能力。我校全体共产党员要发挥积极的作用，争当三种模范，即勤奋学习、善于思考的模范，解放思想、与时俱进的模范，勇于实践、锐意创新的模范。尤其是“勤奋学习、善于思考”，这对高校提出了更为明确的任务，教师也好，学生也好，都必须勤于读书、勤于思考，只有这样才能真正培养出优秀的合格的人才。

与时俱进，开拓创新，为建设“世界一流民族大学”而努力奋斗

——在第三届教职工代表大会第三次全体会议上的报告

（2002 年 12 月 20 日）

各位代表：

去年 12 月我校召开了第三届教职工代表大会第二次全体会议，对学校这一年来的改革与发展产生了重要影响。今天我们在这里隆重召开第三次全体会议。今年，我校继续以改革、发展、管理、创新、稳定为主线，以邓小平理论、“三个代表”重要思想和十六大精神为指导，以年初党政工作要点中提出的各项工作尤其是“四个落实”（即落实朱总理关于建设“世界一流民族大学”的指示精神，加快民族大学发展；落实十五届六中全会精神，转变工作作风；落实教学科研工作的中心地位，提高教学科研工作水平；落实“三个代表”关于广大人民群众根本利益的精神，切实为教职工办实事）为主要任务，党政领导密切配合，各职能部门通力合作，各教学科研及校属单位勤奋工作，使学校的各项工作在去年的基础上又有了较大的发展，取得了可喜的成绩。现在我代表学校向大家汇报 2002 年的工作情况和 2003 年的工作思路，请代表们审议。

一、2002 年的主要工作

（一）认真学习理论，统一思想，提高认识，振奋精神，为学校各项工作的开展提供思想保障。

5 月 31 日，北京市第九次党代会刚闭幕不久，学校党委组织召开了全校教职工大会，传达了会议精神；组织党委中心组认真学习了贾庆林同志题为《全面贯彻“三个代表”重要思想，为首都率先基本实现现代化而努力奋斗》的报告；组织全校教职工学习、贯彻江泽民同志“七一”讲话、“5·31”讲话、视察中国人民大学的讲话、庆祝北京师范大学百年校庆的讲话精神。党的十六大是团结、胜利、奋进和继往开来的大会，是全校各族师生乃至国内外关注的国家大事。为迎接十六大的召开，学校做了充分准备，根据校党委的部署，党委宣传部开辟了“喜迎十六大，展现新精

神”、“在‘三个代表’旗帜下”等宣传专栏，组织了主题为“以实际行动迎接十六大”的学生理论社团座谈会等。十六大召开期间积极组织广大师生收听、收看十六大新闻。我校党委书记王彦同志和党委副书记、副校长郑玉顺同志和部分教师一起收看了新当选的政治局常委接见中外记者的电视实况转播节目。大会刚刚闭幕，我校即召开了党委常委扩大会，在第一时间听取了我校十六大代表、校长荣仕星同志传达大会精神，常委们对十六大报告初步进行了学习、讨论。随即召开了有党委委员、纪委委员和各党总支书记参加的会议，传达大会精神，部署学习、贯彻工作；召开了全校党员及非党员教职工大会、全校学生党员和学生干部大会、全校离退休干部大会，听取荣仕星校长传达十六大精神。同时，党委宣传部制定了详细的学习计划，在全校范围内掀起了学习、宣传、研究、落实十六大精神的热潮。

通过上述学习和宣传，进一步把全校师生的思想统一到邓小平理论、“三个代表”重要思想和十六大精神上来，为学校各项工作的顺利开展注入了新的动力，提供了重要的思想保障。

（二）加强干部队伍建设和党的基层组织建设，为学校各项工作的开展提供组织保障。

加强干部队伍建设，对干部进行教育与培训，选派处级干部参加党校学习和其他相关培训共20余人次。进一步加大干部考核力度，今年对附中、舞蹈系、博物馆3个班子及全校共60余位处级干部进行了考核；在干部工作中坚持公平、公正、公开的原则，坚持走群众路线，自觉接受群众监督。在干部的任免、调整和考核过程中，共听取了干部和教职工200余人次的意见；完成了校级和院（系）处级后备干部的民主推荐工作，壮大了后备干部队伍。

加强基层组织建设，做好党员发展工作。积极开展对基层党组织工作状况的调查研究，努力探索新形势下基层组织工作的新情况、新问题，不断规范对基层党组织的管理。按照发展党员工作的“十六字方针”抓好党员发展工作，截止今年11月份，本年度共发展党员234人，其中学生党员222人、教职工党员12人、少数民族党员190人，占发展党员总数的82%；共审批预备党员转正174人；严格审查党员入党的条件和程序，在审查中发现突击入党的1人、核清组织审查不严的党员2人、取消预备党员资格1人、延长预备期3人。

（三）落实十五届六中全会精神，转变工作作风，为学校各项工作的开展提供作风保障。

大力开展调查研究，切实转变工作作风。今年上半年，学校机关各部门根据校党委的部署，结合本部门的工作计划，党委书记王彦同志、党委副书记、副校长郑玉顺同志还专门召开会议对调研工作的开展提出了明确要求，要求各部门在调查研究的基础上，必须写出相应的调研报告，提出改进本部门工作、更好地为广大教职工服务、为教学科研第一线服务的措施，并将报告列为年终考核干部的重要内容之一。对关系到教职工切身利益的问题，我校领导坚持走群众路线，充分发扬民主，体现群众的意愿。如学校的岗位业绩津贴分配制度改革是一项复杂的、牵涉到每一个人切身利益的改革，关系到学校的发展和稳定。为此，学校在制定岗位业绩津贴制度改革方案的过程中，真正做到了广泛征求、认真吸取群众意见，学校先后召开了教授、副教授、讲师、处级干部、科级干部、科员、工勤人员、民主党派、教代会代表等 13 个座谈会，广泛听取了意见和建议，整个方案经过 8 次较大的修改，前后历时一年时间。最终的改革方案被广大教职工认为是较为合理、公正、可行的。这一切改革方案能够在全校大讨论的基础上最终获得基本一致的意见，并由教代会主席团全票一致通过和国家民委批准。这不仅是改革的成果，也是学校党政领导认真贯彻民主集中制、落实六中全会精神、转变作风的成果。抓好党风廉政建设，加强和改进党的作风。7 月 4 日，学校组织召开了为期一天的党风廉政建设研讨会，各单位中层干部就我校廉政建设工作中存在的问题和容易滋生腐败的环节及防范工作等方面提出了许多有益的意见和建议。7 月 8 日，学校领导班子召开了廉洁自律专题民主生活会，班子成员认真对照《廉政准则》和中纪委七次全会提出的领导干部廉洁自律的 6 条规定，围绕如何树立正确的权力观、利益观和公仆意识等问题进行了自查自纠。

（四）认真受理信访举报、案件，扎实有效地开展纪检监察审计工作。

在发挥信访主渠道作用的基础上，纪检监察审计部门认真做好信访举报受理工作。今年学校接到上级转来、个人投信等各类信访举报 35 件，经过认真核实，已经处理了 10 件。

纪检监察审计部门在校党委的领导和支持下，认真落实中央关于重点对“权、钱、人”的监督管理，工作中依法监察，认真督促有关部门依法行政，落实制度，查找薄弱环节，提出整改措施，从源头上预防和遏制腐败。在基建方面，通过加强审计监督，严格把关，在对田径场改造工程、五高工程和中心花园周围草坪等大小 45 个工程项目的审计中为学校核减了 1000 万元的建设资金。

（五）加强对学生的教育管理，大力推进素质教育。

我校今年进一步加强对学生进行了马克思主义人生观、世界观、价值观、民族观、宗教观、祖国观的教育，进行了马克思主义民族理论和民族政策教育，特别是民族团结方面的教育，维护了学校和首都的稳定，进一步加强了各民族的团结。

学生工作部门积极参与“两课”教育，切实做好学生的思想教育工作。今年我校组织了两次规模较大的调研活动：一是“我校学生综合素质调查”，内容涉及学生的基本政治态度、人生价值取向、自身评价以及关注的社会热点问题等，发放问卷200份，座谈和访问200人次，统计数字1万个；二是统一部署学生社会实践调研活动，对学生关注的热点问题进行调查，共收取学生的调研报告150余篇。最后对“当前我校学生关注的热点问题”进行了总结，此举受到了市教工委和兄弟院校好评，为进一步做好学生工作提供了参考依据。

根据团中央和团市委的统一部署和安排，校团委组织近千名学生参与到各种类型的暑期社会实践工作中。组建了一支以优秀学生干部为主体的中央民族大学“三个代表”实践服务团，对湖南湘西土家族苗族自治州凤凰县进行了社会实践服务活动；组成了以民族学系99级学生为主的“凉山彝族社区艾滋病防止社会文化环境调查队”，开赴凉山彝族自治州昭觉县竹核乡，围绕该地区性病、艾滋病传播的重点村社及高危人群进行了为期15天的调查。另有7支“三下乡”服务团深入到贫困民族地区进行考察和教育扶助、环保宣传等实践活动；部分返乡学生在当地开展了不同类型的社会实践活动。学生返校后上交了一批质量较高的调研报告。由于组织工作出色，整体表现突出，我校再次荣获由中宣部、教育部、团中央、全国学联联合表彰的2002年全国大、中专学生“三下乡”暑期社会实践全国先进集体等多项荣誉。

另外，红色网站——“民大青年网”的顺利开通，为我校学生更好地了解共青团提供了新的媒介和信息传播渠道。在广大同学的积极参与下，主题征文活动收到了良好的效果。今年在全校范围内开展了一次具有创新性、示范性的首届“孝通杯”学生学术论文竞赛活动，共收参赛作品171篇。本次活动体现了参赛面广、影响力大和论文质量高的特点，是建构我校学生学术服务体系的一次重要尝试，对提高和促进我校学生的学术水平和学风建设起到了积极的推动作用。我校是首批参与《大学生素质拓展认证》的63所试点学校之一。为进一步增强社会对我校毕业生的认同，提高广大学生的竞争能力，校团委成立了“中央民族大学大学生素质拓展认证中心”，出台了《中央民族大学素质拓展证书管理办法》（试行）。在此基础上，结合我校实际拟订了《测评细则》（试行），并认真组织实施。

（六）国家民委、教育部和北京市人民政府三家重点共建中央民族大学的协议正式签订。

今年6月21日，国家民委、教育部和北京市人民政府三家重点共建中央民族大学的协议在国家民委多功能厅正式签订。国家民委主任李德洙、教育部部长陈至立和北京市副市长林文漪在协议上签了字。这是我校建设与发展史上的一件大事，是加快我校建设“世界一流民族大学”的重大举措。根据协议，国家民委将加强对中央民族大学的领导，并在工作上、政策上和经费上给予重点支持；教育部将中央民族大学列入教育部重点建设的大学并在学科建设、科研工作、对外交流与合作方面提供必要支持；北京市在思想政治工作、学校的后勤工作、校园周边环境治理、帮助经济困难学生完成学业、学校建设用地及规划等方面帮助和支持中央民族大学。这一协议的签订，标志着中央民族大学在新世纪进入一个新的发展时期。

（七）进一步落实朱总理关于建设“世界一流民族人学”的指示精神，制定学校发展的三大规划，加快基本建设进程。

为了进一步落实朱镕基总理为我校提出的“建设世界一流民族大学”的指示精神，学校已经制定了三个重要的发展规划，即《中央民族大学创建世界一流民族大学发展规划》、《中央民族大学“十五”期间师资队伍建设规划》、《中央民族大学“十五”期间校园环境发展规划》，它们分别阐明了学校建设“世界一流民族大学”的背景与必要性、含义与可能性、总体发展目标、发展步骤、“十五”期间发展的主要指标、基本工作思路和主要举措；学校师资队伍的现状、“十五”期间师资队伍建设的指导思想、主要目标和主要措施；“十五”期间学校校园环境发展的指导思想、主要目标、总体思路和主要内容。这三个规划的出台，基本上勾勒出了中央民族大学未来的发展蓝图。学校的基本建设进程不断加快。7月初，国务院批准了国家计委上报的《关于中央民族大学“十五”建设规划改扩建方案的请示》。据此，国家将在“十五”期间投资5.1亿元建设资金，用于我校图书馆大楼、文科大楼、理科大楼、西山校区中央民族管理干部学院的基地建设和校园的基础设施建设，其中图书馆大楼工程主体已竣工，目前正在进行内装修；文科大楼工程也已完成初步设计方案，正在申报立项。我校的基础设施建设在“十五”期间将得到极大改善，学校的整体规划将初步实现，可为今后几十年的发展奠定坚实基础。

校园区电改造工程，即中心配电室的建成和煤改气工程的完成，全面解决了学校的教学科研及照明用电历史上的大难题。同时也为师生员工解决了历史上暖气不暖、开水供应不足的大难题。

学校投入500多万元资金改造学生食堂，为广大学生提供了一个整洁、宽敞、幽雅的就餐环境，得到了广大教职工的一致好评。

学生宿舍建设计划及其资金已分步落实。自1980年以来，我校始终未建成一栋学生宿舍，学生宿舍建设的滞后成了长期制约我校发展的一大难题。去年，在国家民委的支持下，我校积极筹措经费，使得干训学员宿舍楼及时动工兴建，于今年8月底前已交付使用；学校自筹资金兴建的研究生宿舍楼主体结构已完工，目前进入内外装修阶段，预计明年7月底可交付使用；留学生宿舍楼按计划也将于今年年底完成全部的报建手续和公开招标手续，随后立即动工兴建。最近，国家拟拨专款支持我校进行较大规模的学生宿舍建设，新学生公寓建设工程的设计方案已经完成，立项审批工作目前正在紧锣密鼓地进行，我校学生宿舍拥挤的现象在“十五”期间将有望得到较大程度的缓解。

（八）扩大招生规模，突出教学科研中心地位，深化教学科研改革，提高教学科研质量。

自2000年以来，我校的招生规模不断扩大。去年招收本科生1818名、函授、夜大、成人脱产生2055名、研究生241名。今年招收的各类学生人数比去年又有了较大幅度的增长，其中招收本科生2480名、预科生280名、函授、夜大、成人脱产生4394名、研究生303名。这表明我校在未来二年内仅本科生人数就将突破1万人，研究生将突破1000人。

随着招生规模的不断扩大，我校党委和行政更加注重突出教学科研的中心地位，深化教学科研改革，提高教学科研质量。学校于今年9月26日和11月2—4日分别召开了两次教学工作会议，就课程建设、实行课程学分制问题和本科生专业培养方案进行了深入细致的讨论，起草了课程学分制实施方案及其相关配套文件。现已修订了《中央民族大学本科学生教学培养方案》，新的培养方案和学分制已从2002级新生开始实行。根据年初的工作要点，11月26日，学校党委召开常委扩大会议，专题研究教学工作。常委们听取了教务处对学校教学工作和师资队伍等情况的汇报，研究讨论了《以学生为主的教师教学质量评价试行方案》（讨论稿）和《中央民族大学引进学科带头人暂行规定》（讨论稿）等文件，并决定设立中央民族大学教学质量管理办公室，以进一步强化学校的教学质量管理工作。

加快了组建二级学院的论证工作，为建设“世界一流民族大学”打好框架基础。学校于6月18日召开专门会议，就组建二级学院工作进行了初步的论证，不仅明确了组建二级学院的目的、基本思路，还提出了组建二级学院的原则、条件和基本步骤，以及一些尚需进一步研究的问题，对完善和组建我校二级学院做出了精心的部署。将在本学期末成立一批二级学院，较好地体现学科、专业的整合优势，实现教育资源共享，提高学校的综合办学实力。党委常委会专题研究了成人教育工作。5 月，校党委根据年初的工作要点，召开了常委扩大会议，专题研究成人教育工作。会议研究了发展成人教育亟待解决的一些问题，进一步明确了成人教育的办学思路和定位。6 月 17 日，学校召开了成人教育工作会议，总结了我校成人教育工作 52 年来所取得的经验和成绩，分析了新形势下成教工作面临的机遇与挑战，提出了我校成人教育“十五”发展规划，明确了成人教育的发展目标和任务。

同时，今年学校完成了 35 间多媒体教室的建设和验收工作，并已全部投入使用；完成了 2002 年实验室建设论证和北京市教委组织的专家评审工作；成功组织了 2002 年北京市精品教材的立项和申报工作，启动了学校精品教材、合格课程建设和教学改革立项的工作；申报并通过了国家民委教育司批准的 7 个新的本科专业（其中理工类专业 4 个，文史类专业 3 个）。组织各院系积极论证和申报了 10 个博士授权点和 17 个硕士授权点，这一举措将为学校学科建设和发展、增强高层次人才的培养奠定坚实的基础。

在科研工作方面，今年我校共争取到省部级项目 49 项、横向科研课题 7 项。其中省部级项目包括：2002 年国家社科基金项目 5 项；全国教育科学“十五”规划项目 8 项；教育部“十五”博士点基金项目 4 项；教育部人文社会科学重点基地项目 2 项；霍英东教育基金项目 1 项；国家外专局项目 2 项；教育部留学回国人员科研启动基金项目 3 项；人事部留学回国人员科技活动择优资助项目 2 项；北京市教育科学“十五”规划项目 2 项；国家民委“十五”重点资助项目 2 项。这是我校历史上科研项目立项最多的一年。

落实“十五”科研规划。今年我校审定了“十五”科研规划重点项目 73 个，启动科研经费 150 万元；组织申报了“北京市第七届哲学社会科学优秀科研成果奖”，获一等奖 1 项、二等奖 7 项；申报了教育部“第三届中国高校人文社会科学研究优秀成果奖”，获一等奖、三等奖各 1 项；申报了司法部“2002 年度法学教材和法学科研优秀成果奖”，获三等奖 1 项。举办了以教授为主体、优秀中青年教师参与的“民大论坛”等学术活动 28 次，进一步扩大了我校教师的学术影响，拓宽了学生的知识面，调动了学生的思维。

由于我校科研管理工作成绩显著，科研处被北京哲学社会科学规划办公室评定为“二级管理单位”，对我校科研工作再上一个新台阶将起到积极的推动作用。

（九）圆满完成“211 工程”“九五”期间建设项目验收和“十五”建设规划论证。

今年5月，在充分调研的基础上，学校制定了《中央民族大学“211工程”“九五”期间建设项目验收实施方案和办法》并付诸实施，7月共组织校内外专家77人次对我校各个子项目进行了验收，圆满完成了校内子项目的验收工作。之后，学校及时进行工作总结，对存在的问题进行分析并指导各建设单位进行整改。经过3个多月紧张有序的工作，10月30日至31日，我校顺利通过了国家“211工程”专家组的验收，并获得了专家组的好评。

根据“211工程”部际协调小组办公室的部署，今年10月24日至25日，学校完成了《中央民族大学“211工程”“十五”期间建设项目的可行性研究报告》，并顺利通过了专家组的论证审核。

（十）留学生教育管理工作顺利通过北京市高校外国留学生教育管理评估验收，扩大了国际教育的交流与合作。

11月14日，北京市高等学校外国留学生教育管理考察评估组来我校进行考察评估，在听取了任中夏副校长关于学校外国留学生教育管理工作汇报后，他们先后实地考察了学校的留学生公寓、教室、阅览室、体育馆、留学生餐厅、图书馆和语言实验室，分别召开了留学生代表和担任留学生课程的部分教师的座谈会。经过集体评议，考察评估组对我校留学生教育管理工作给予了较高的评价，一致认为我校留学生生活设施完善、管理规范、发展规划合理、教育管理工作具有自己的特色，各项工作达到了北京市的基本要求。

今年我校在国际教育交流与合作方面取得了较大成绩。在组团出访方面，学校组织了4个访问团，由校领导带队、有关职能部门和院系的负责人或教师共14人参加，对美国、澳大利亚、俄罗斯三国的有关大学进行了访问，每个出访团回国后都递交了书面出访报告，并在校长办公会上将出访情况进行了通报；今年5月我校参加了在莫斯科进行的21世纪中国大学展，由于准备充分、布展精心，我校的展览吸引了大批观众，不仅扩大了学校的影响，而且宣传了中国民族高等教育的巨大成就和中国民族工作的巨大成就；今年9月由国家文化部组织，以我校18名少数民族学生和教师为主体的“民族文化展演交流团”赴丹麦进行访问演出，这次访问演出十分成功，有效地回击了藏独分子的分裂图谋，为朱镕基总理的访问打好了前站；今年初启动了我校与中国青少年历史文化基金会签署的出访协议计划，组织了由 56 个民族的学生与 4 名教师组成的访问团，在党委书记王彦同志的带领下访问了台湾、香港，访问十分成功，展示了我校大学生的风采，宣传了我国的民族团结、民族平等的政策，拉近了海峡两岸人民的距离。在校际交流与国际合作方面，今年我校与俄罗斯人民友谊大学、俄罗斯哈卡斯国立大学、韩国全北大学、台湾实践大学、美国古西堡学院（续签）和美国新英格兰大学（续签）签订了校际合作交流协议；我校已与英国东伦敦大学达成协议，采取 1 +3 模式（即招收高中优秀毕业生，在我校学习 1 年后到对方学校学习 3 年，最后获对方学校的文凭），培养艺术设计专业的学生；我校与联合国教科文组织下属的肯博基金会为保护和发展中国少数民族传统舞蹈和音乐，已决定设立“中国少数民族音乐舞蹈人才培养与科学研究”合作项目，该项目将招收民族地区的少数民族学生，在我校学习 3 年后派送到英国牛津大学或美国克罗拉多大学学习 3—4 年，同时进行相关科学研究，探索保存与发展中国少数民族传统音乐、舞蹈的新思路。在学生与教师出国留学进修方面，通过国务委员司马义 · 艾买提同志的牵线搭桥，我校被列为奥地利萨尔斯堡中国大学生夏令营学生选派学校，今年我校选派了 4 名学生（包括本科生和硕士生）前往奥地利学习；我校启动了与法国里昂第三大学交流学生项目，已选派 5 名学生（本科生 3 名，硕士生 2 名）前往留学，接受对方选送博士生、硕士生各 1 名在我校学习；选送了 1 名硕士研究生到日本大阪经济法科大学留学；我校今年又有 2 名教师经过选拔，被美国哈佛大学燕京学社接受为访问学者，1 名得到哈佛大学燕京学社全额资助赴美攻读博士学位，另 1 名由国家留学基金委资助的我校教师，经国际交流处联系，也被哈佛大学燕京学社接受为访问学者，与其他访问学者享受同等待遇；今年 3 月，我校 3 名教师与行政管理人员赴日本岐阜大学留学；我校选派了 1 名正在攻读博士学位的在职副教授赴法国里昂第三大学经济管理学院攻读博士课程，以便返校后开设相关课程。

（十一）落实“三个代表”中关于代表广大人民群众根本利益的思想，切实为教职工办实事。

为切实提高广大教职工的生活待遇，学校从去年开始着手制定岗位业绩津贴实施方案，并于今年 9 月正式开始顺利实施；为了解决教师上课时喝开水难的问题，我们在南北教学主楼安放了 11 台饮水机、10 个保温桶，为教职工提供开水，使教师上课时再也不用为喝水问题发愁了；同时，我们对所有教学各楼层的厕所进行了维修，中主楼的厕所也正在维修，很快就可以投入使用；我校家属区的煤改气工程顺利完成并已正式投入使用，使广大教职员工过上了一个温暖的冬季；进一步改造了校园区浴室，使广大学生和青年教工能够更加方便地使用；投资210万元接通了家属区宽带网，为教师从事教学科研提供了现代化的手段；在师生公费医疗方面补贴了160万元；全面进行家属院电改造工程，由原来1200千伏安扩容到2500千伏安，保证了广大教职工用足用够电量，保证今年暑假用电高峰期没有断电跳闸的现象，解决了教职工过去为用电发愁的难题；更换了中主楼和家属区三高层的电梯，为教职工的教学工作和生活提供了方便；为改变家属区脏、乱、差的状况，学校请园林规划设计院设计制定了我校家属院绿化整治方案，并于去年开始实施，目前家属区的环境已有较大改善，一个比较整洁、干净、文明的家属院已初具规模；为进一步解决教师住房困难问题，学校已决定回购西墙2号住宅楼，同时，教职工集资宿舍楼的设计方案已经完成，各项前期工作进展顺利，规划已经获北京市批准，预计明年上半年可动工兴建。

（十二）以迎接北京市教委验收为契机，进一步加快后勤社会化改革步伐。

11月12日，由北京市教委组织的专家组对我校后勤社会化改革第一阶段的工作进行了为期两天的验收。专家们首先听取了我校工作汇报，而后进行了实地考察，并分别举行了甲方、乙方、师生代表三个座谈会。专家组认为：我校后勤社会化规范分离取得了阶段性成果，加大了对后勤基础设施的投入，后勤改革的满意度较高，后勤产业集团自身的建设是扎实健康的，合乎第一阶段验收的基本条件。我校后勤社会化改革第一阶段工作顺利通过验收，学生食堂被市教委评为标准化建设的食堂。

（十三）积极推进我校校务公开工作，进一步发挥教代会的职能作用。

“校务公开”是今年北京市教育工会在全市高校宣传工作的重点。根据上级工作安排，学校组织各部门工会和全校教职工撰写有关校务公开的文章，并在假期召开了我校工会首次专题研讨会——“校务公开工作研讨会”，取得了很好的效果。

在实际工作过程中，学校党委在做出重大决策之前都要征求和听取教代会的意见和建议，学校基本建设工程的招投标工作都有教代会主席和各有关职能部门的负责人参加，基本上做到了政务公开、透明度高、主动接受群众监督。

积极探索工会工作的新思路和新方法。经教代会青工部提议，我校组成以民族学、人类学、民族经济学等学科的博士生为主的暑期博士服务团，以“21世纪民族地区社会经济发展与人才需求状况”为行动主题，在云南进行了考察和志愿服务活动。服务团深入云南红河哈尼族彝族自治州和西双版纳傣族自治州进行了调查访问，获得了大量的第一手材料，为我校今后的招生及人才培养提供了参考依据。

（十四）搞好治安综合治理，维护学校稳定，加大了校园环境整治力度。

为维护学校和首都的安全稳定，我校继续开展反对“法轮功”邪教组织的宣传教育活动，不断增强各族师生员工与“法轮功”邪教组织斗争的自觉性、主动性，狠狠打击了“法轮功”邪教组织的嚣张气焰。今年 3 月召开的人大和政协会议以及 11 月召开的党的十六大，意义深远，举世瞩目，校党政领导积极采取措施，多次召开安全稳定方面的专门会议，统一思想认识，加强值班制度，消除一切隐患，确保了会议期间学校的安全稳定。9 月 23 日，中央电视台首次在我校录制国庆特别节目“我和我的祖国”——《同一首歌—走进中央民族大学》大型文艺晚会，观众达 6 万多人。由于组织严密、方案具体、措施得力，我校较好地完成了安全保卫任务。在公安执法部门的配合下，学校今年加大了校园环境整治力度，依法拆除了江都集团乱建的宿舍 68 间、1020 平方米；拆除了家属区、教学区违章建筑 749 平方米，并对周边环境及垃圾站进行了专项治理，使校园环境大为改观。

二、2002 年工作的主要经验和存在的问题

（一）主要经验

概括地讲，我们的经验主要体现在十个字上，即团结、改革、发展、创新、稳定。

1. 团结。拥有一个团结、干事和务实的班子是我们做好各项工作的基础和前提。我们这几年工作之所以开展得如此顺利，各项事业之所以获得了长足的进步，除了有党中央、国务院的亲切关怀，有关上级领导的大力支持，广大教职员工的艰苦努力以外，主要还得益于我们拥有一个团结、干事和务实的班子，拥有一个有凝聚力和战斗力的班子，这既是我们做好各项工作的基础和前提，又是我们的事业能够实现持续发展的关键。

2. 改革。改革是我校各项事业能够获得迅猛发展的动力。这一年来，我们进一步深化改革，先后完成了分配制度改革、教师定编定岗、学分制改革、加快了后勤社会化改革步伐。这些改革为我校的发展注入了新的生机和活力。

3. 发展。2002 年是我校各项工作取得较大发展的一年。在这一年里，

我们继续强化发展是硬道理，是学校工作的中心和第一要务的观念，以发展求生存，以发展促前进，以发展增团结。正因如此，通过这一年的努力，我们的事业发展了，我们的地位提高了，我们的影响扩大了，我们的人心凝聚了。

4. 创新。创新是我校能够立于不败之地并于近年来发展迅速的一条宝贵经验。今年我们在许多方面进行了改革与创新，如在内部管理体制上进行创新，着手组建一批二级学院；在培养方式上进行创新，开始实施学分制；在学科建设和专业调整方面进行创新，使民族学科和其他学科相交叉、相融合、相渗透，开发出一些新兴学科。

5. 稳定。保持稳定是我校各项事业获得发展的政治保障。我们在不断深化改革和加快发展的同时，始终把保持稳定作为一项重要工作来抓。当改革和发展涉及一部分教职工的切身利益时，我们很注重倾听群众意见，注重做好深入细致的思想工作，最大限度地取得群众的理解、支持，绝不强行推进某项改革。可以说，我们的各项改革和各项事业进展顺利在很大程度上得益于大局稳定。

（二）存在的主要问题

1. 管理水平有待于进一步提高。总体而言，我校的管理水平不高，无法适应21世纪高等教育发展的新形势、新要求，无法适应建设“世界一流民族大学”的奋斗目标，因此，我们要进一步加强管理干部队伍建设，提高管理干部素质和水平，加强各项管理工作的制度建设，造就一支具有现代教育管理理念、具有创新精神和创新能力的、高层次、高素质、高水平的管理干部队伍。

2. 要进一步提高工作效率。在信息时代，效率就意味着效益，意味着质量，意味着机遇，在高等学校更是如此。客观地说，我校的工作效率，尤其是行政工作效率不高。原因是多方面的，主要是各职能部门之间还存在职责不清、工作主动性不够、协作精神不强，一些干部缺乏全校一盘棋的整体意识和大局观念，本位主义思想严重，工作中推诿、扯皮现象时有发生。我们的各级干部要进一步转变工作作风，提高工作的积极性和主动性，加强部门协调，提高工作效率。

3. 要下大力气加强师资队伍建设。要建设世界一流的民族大学，就要有世界一流的师资队伍。近年来，我校的招生规模不断扩大，某些学科和专业的师资力量严重不足，我校教师队伍的整体素质也需进一步提高。我们要加大师资队伍建设方面的投入，加强对现有教师的教育和培训，制定和不断完善优秀人才脱颖而出和引进学科带头人的政策和机制。

4. 进一步加强环境综合治理。我校虽然在去年底已通过了北京市文明校园专家组的验收，获得了“文明校园”的光荣称号，但是我们的校园总体环境和家属区的环境仍有许多方面需要进一步整治。如校园内的部分道路急需改造、环境卫生和绿化美化工作需要加强，家属区脏、乱、差的局面还需从根本上予以扭转。

三、2003 年的工作要点

2002 年，我校发展迅速。展望 2003 年，我们更加充满信心。2003 年工作的主要思路是：认真学习贯彻十六大精神，加强党风廉政建设；进一步落实朱总理提出的建设“世界一流民族大学”的指示精神，将国家民委、教育部和北京市三家共建民族大学的协议落到实处，加快我校的发展步伐；以教学科研工作为中心，提高教学科研工作水平；进一步深化学校各项改革，切实为教职工办实事。具体工作要点如下：

（一）认真学习、深入贯彻十六大精神，加强学校理论建设。

认真抓紧抓好全校干部和广大教职工的政治、理论学习，尤其是对十六大精神的学习、宣传、研究，提高干部和教职员工的政治思想觉悟。进一步加强理论建设，我校的理论研究队伍要对十六大报告中提出的新思想加以宣传、研究，提高干部和教职员工的政治思想觉悟。进一步加强理论建设，我校的理论研究队伍要对十六大报告中提出的新思想、新论断进行深入研究，为学校的改革、建设和发展奠定坚实的理论基础和思想基础。

（二）进一步完善并开始实施《中央民族大学党建三年（2003—2005）规划》，搞好基层组织建设和发展党员工作。

根据十六大精神和新时期党建工作的新要求，进一步对《中央民族大学党建三年（2003—2005）规划》进行修改和完善，并予以实施。搞好各基层组织的换届工作（2003 年将有 26 个党总支和直属党支部进行换届）；分别举办党总支（直属党支部）书记和党支部书记培训班，对 33 个党总支（直属党支部）书记和所有的党支部书记进行一次业务培训；开展“党的建设和思想政治工作先进基层党组织”评选表彰活动；做好发展党员工作，2003 年计划发展党员 260 名，其中学生党员 245 名、教职工党员 15 名。在发展党员工作中，要努力发挥各基层党组织的积极作用，进一步加强对青年教师的教育和培养工作，使优秀青年教师早日加入党组织；举办两期入党积极分子培训班，拟培训入党积极分子 800 人。

（三）加强干部队伍建设。

搞好制度建设，进一步规范干部工作。在认真学习、领会中央颁布的

《党政领导干部选拔任用工作条例》精神的基础上，结合我校实际，制定《中央民族大学院（系）处级干部选拔任用工作实施细则》等系列规章制度，使我校的干部工作进一步制度化、规范化。建立健全干部教育培训机制，制定《中央民族大学干部教育培训规划》；根据教育部、国家民委、北京市人民政府三家重点共建中央民族大学的协议，选派部分干部到北京市委、市政府或清华、北大等高校挂职锻炼；进一步发挥党校作用，搞好干部的经常性教育与培训；进一步完善处级干部考核办法，制定后备干部管理办法，搞好后备干部队伍建设。

（四）强化学生思想教育和管理。

坚持“以学生为本”的理念，加强对我校少数民族大学生思想政治状况和心理活动规律的研究，使思想政治工作更有针对性，更有的放矢；在“两课”教育中深入贯彻“三个代表”重要思想，在教学内容和方法、手段上要有新的突破，使其思想政治工作主渠道的作用更加突出；加强学生管理和就业指导工作；发挥共青团在素质教育方面的重要作用，由校团委牵头开辟我校大学生素质拓展课堂，为广大同学在思想道德、创新思维、演讲口才等多方面创造素质拓展的机会。

（五）围绕教学科研工作的中心地位，努力提高管理水平和教学科研质量。

加大跨专业选修课建设力度，根据文理类学习的不同需要，除开发一批跨专业选修课外，还要从各专业的必修课中精选一批课程向全校开放；逐步完善学分制、学籍管理、考试管理等制度建设，力争进一步实现教务管理的制度化和规范化；完善教学质量评估体系，加强教学质量监控力度和手段，重点是在全校范围内对所有任课教师进行学生课堂教学质量评估；全面推广教务管理系统软件，加快各种数据库建设，实现排课、选课系统的自动化；全面实施合格课程、优秀课程建设方案；对实行“打破专业界限，实行大科类招生，第二或第三学年再行细分专业”的招生方法进行科学性和可行性的调研，并提出相应的实施方法；努力发挥在职教师的作用；制定引进学科带头人的有关制度和管理办法，切实采取措施，加强师资队伍建设尤其是学科带头人建设。科研工作要上新台阶。完成《中央民族大学精品学术著作出版基金章程和管理条例》的起草工作；加强管理和监督工作，保证我校“十一五”科研规划首批重点项目的顺利实施；积极申报2003年国家、省部级科研项目，争取科研工作取得较大突破；围绕西部大开发、“十六大”报告提出的重大理论和实践问题，不定期召开中青年教师学术座谈会。

（六）完成计划招生任务，加强学科和学位授权点的建设，促进学校发展。

2003 年我校计划招收本科生 2550 人、研究生 427 人、中专生 150 人、预科生 300 人、成人教育生 4500 人，总计达 7927 人。继续加强国家级、省部级重点学科建设；加强“211 工程”项目建设，做好“十五”建设发展规划、各子项目可行性研究报告的编制工作；做好新博士学位、硕士学位授权点的申报工作，争取获得更多学位授权点，进一步提高我校研究生教育的办学层次和规模。

（七）落实朱总理提出的建设“世界一流民族大学”的指示精神、三家共建协议和《中央民族大学基本建设“十五”规划》，加快学校基础设施建设。

继续认真做好朱总理提出的把中央民族大学建成“世界一流民族大学”指示的论证工作，并进一步落实四部委关于办好中央民族大学的基础性和基本项目的建设，落实国家民委、教育部、北京市共建民族大学协议，力争在学校发展用地、校园周边整治、西门外道路建设等方面有实质性的进展。

落实《中央民族大学基本建设“十五”规划》，加快图书馆大楼、研究生楼等在建工程的建设工作以及留学生楼的开工工作，加紧文科教学综合大楼、理工教学综合大楼等重点项目的立项、投资和报建工作，做好新学生公寓楼及学生食堂工程前期各项准备工作，保证其按计划实施，努力改变我校基础设施严重滞后的局面。

（八）继续深化校内各项管理体制的改革。

今年是岗位津贴制度实施的第一年，要在实行教师定编定岗和聘任制改革的基础上，进一步深化人事制度改革。修订和完善岗位津贴制度改革方案，研究制定与之相挂钩的配套政策；制定各类办班的分配政策，调动各单位的办学积极性；制定集资建房及拆迁工作方案；落实国家民委“银川会议”精神，做好学校工程单体建筑设计、论证工作，建立奖惩制度；后勤社会化的改革要迈出实质性的步伐，实现规范分离。

（九）巩固文明校园建设成果，落实专家的整改意见。

以“依法治校”、“以德治教”、“从严治学”为指导原则，加强校风、教风、学风建设，在校内形成良好的风气；狠抓规章制度的贯彻落实，加强监督检查，建设优美的育人环境，切实提高学校管理水平；落实专家对我校文明校园建设的整改意见，巩固文明校园建设成果，为迎接北京市新一轮文明校园建设做准备。

（十）启动教职工集资建房工作，为广大教职员工办实事。

为解决教师住房现存困难，学校在加快西墙一号建设的同时，尽快启动集资建房工作，以改善教职工的住房条件。

总之，我们之所以在2002年取得了上述成绩，是与党中央、国务院、上级有关部门的大力支持以及广大教职工的积极努力分不开的。我们坚信，只要我们民大人心往一处想、劲往一处使、同心同德、勤奋工作、大胆创新、开拓进取，学校明年的工作一定会更加出色，学校的明天一定会更加美好，“世界一流民族大学”的奋斗目标一定会实现。经过51年的发展历程，中央民族大学已成为一所以人文社会科学为主干，以民族学科为特色，文、理、工、艺、管、法、经等专业兼备的综合性国家重点大学，并进入了国家面向21世纪重点建设的100所大学的行列。中央民族大学已成为国家高等教育体系中不可缺少的重要组成部分，在许多方面发挥了独特的作用：为少数民族和民族地区培养了大批干部和专业技术人才；成为我国研究民族问题的重要基地；在宣传党的民族政策、促进民族团结方面发挥了不可替代的特殊作用。

几十年来，党中央、国务院对中央民族大学的发展给予了极大关怀，北京市委、市政府对学校的发展也一向十分重视。目前，随着我国西部大开发战略的实施，中央民族大学在前进的征途上面临着新的机遇和挑战，为贯彻落实党中央国务院关于发展民族教育、促进各民族共同繁荣以及进一步办好中央民族大学的指示精神，为使中央民族大学在21世纪获得更大发展，国家民委、教育部和北京市人民政府决定重点共建中央民族大学，协议中提出了许多具体的共建措施，北京市将在思想政治工作、学校的后勤工作、校园周边环境治理、帮助经济困难学生完成学业、学校建设用地及规划等方面支持中央民族大学，做好为中央民族大学发展的服务工作。

我们相信，在党和国家的亲切关怀和各级政府的支持下，中央民族大学一定会乘西部大开发的东风，在新世纪实现跨越式发展，早日实现朱镕基总理提出的建设“世界一流民族大学”的宏伟目标。

最后，希望学校领导班子和全校各族师生员工在国家民委、教育部和北京市政府的支持和帮助下更加努力工作，把学校办得更好，为国家特别是为少数民族和民族地区的社会主义现代化建设做出新的更大的贡献。

中央民族大学2002年校长述职报告

今年，我校继续以改革、发展、管理、创新、稳定为主线，以邓小平理论、“三个代表”重要思想和十六大精神为指导，以年初党政工作要点中提出的各项工作尤其是“四个落实”（即落实朱总理关于建设“世界一流民族大学”的指示精神，加快民族大学的发展；落实十五届六中全会精神，转变工作作风；落实教学科研工作的中心地位，提高教学科研工作水平；落实“三个代表”关于广大人民群众根本利益的精神，切实为教职工办实事）为主要任务，党政领导密切配合，各职能部门通力合作，各教学科研及校属单位勤奋工作，使学校的各项工作在去年的基础上又有了较大的发展，取得了可喜的成绩。现将2002年的工作情况汇报如下：

一、2002年的主要工作

（一）认真学习理论，统一思想、提高认识、振奋精神，为学校各项工作的开展提供思想保障。

5月31日，北京市第九次党代会刚闭幕不久，学校党委组织召开了全校教职工大会，传达了会议精神；组织党委中心组认真学习了贾庆林同志题为《全面贯彻“三个代表”重要思想，为首都率先基本实现现代化而努力奋斗》的报告。组织全校教职工学习、贯彻江泽民同志“七一”讲话、“5·31”讲话、视察中国人民大学的讲话、庆祝北京师范大学百年校庆的讲话精神。

党的十六大是团结、胜利、奋进和继往开来的大会，是全校各族师生乃至国内外关注的国家大事。为迎接十六大的召开，学校做了充分准备，根据校党委的部署，党委宣传部开辟了“喜迎十六大，展现新精神”、“在‘三个代表’旗帜下”等宣传专栏，组织了主题为“以实际行动迎接十六大”的学生理论社团座谈会等。十六大召开期间，积极组织广大师生收听、收看十六大新闻。我校党委书记王彦同志和党委副书记、副校长郑玉顺同志和部分教师一起收看了新当选的政治局常委接见中外记者的电视实况转播节目。大会刚刚闭幕，我校即召开了党委常委扩大会，在第一时间听取了我校十六大代表、校长荣仕星同志传达大会精神，常委们对十六大报告初步进行了学习、讨论。随即召开了有党委委员、纪委委员和各党总支书记参加的会议，传达大会精神，部署学习、贯彻工作；召开了全校党员及非党员教职工大会、全校学生党员和学生干部大会、全校离退休干部大会，听取荣仕星校长传达十六大精神。同时，党委宣传部制定了详细的学习计划，在全校范围内掀起了学习、宣传、研究、落实十六大精神的热潮。

通过上述学习和宣传，进一步把全校师生的思想统一到邓小平理论、“三个代表”重要思想和十六大精神上来，为学校各项工作的顺利开展注入了新的动力，提供了重要的思想保障。

（二）国家民委、教育部和北京市人民政府三家重点共建中央民族大学的协议正式签订。

今年6月21日，国家民委、教育部和北京市人民政府三家重点共建中央民族大学的协议在国家民委多功能厅正式签订。国家民委主任李德洙、教育部部长陈至立和北京市副市长林文漪在协议上签了字。这是我校建设与发展史上的一件大事，是加快我校建设“世界一流民族大学”的重大举措。根据协议，国家民委将加强对中央民族大学的领导，并在工作上、政策上和经费上给予重点支持；教育部将中央民族大学列入教育部重点建设的大学并在学科建设、科研工作、对外交流与合作方面提供必要支持；北京市在思想政治工作、学校的后勤工作、校园周边环境治理、帮助经济困难学生完成学业、学校建设用地及规划等方面帮助和支持中央民族大学。这一协议的签订，标志着中央民族大学在新世纪进入一个新的发展时期。

（三）进一步落实朱总理关于“建设世界一流民族大学”的指示精神，制定学校发展的三大规划，加快基本建设进程。

为了进一步落实朱镕基总理为我校提出的“建设世界一流民族大学”的指示精神，学校已经制定了三个重要的发展规划，即《中央民族大学创建世界一流民族大学发展规划》、《中央民族大学“十五”期间师资队伍建设规划》、《中央民族大学“十五”期间校园环境发展规划》，它们分别阐明了学校建设“世界一流民族大学”的背景与必要性、含义与可能性、总体发展目标、发展步骤、“十五”期间发展的主要指标、基本工作思路和主要举措；学校师资队伍的现状、“十五”期间师资队伍建设的指导思想、主要目标和主要措施；“十五”期间学校校园环境发展的指导思想、主要目标、总体思路和主要内容。这三个规划的出台，基本上勾勒出了中央民族大学未来的发展蓝图。

学校的基本建设进程不断加快。7 月初，国务院批准了国家计委上报的《关于中央民族大学“十五”建设规划改扩建方案的请示》。据此，国家将在“十五”期间投资 5.1 亿元建设资金，用于我校图书馆大楼、文科大楼、理科大楼、西山校区中央民族管理干部学院的基地建设和校园的基础设施建设，其中图书馆大楼工程主体已竣工，目前正在进行内装修；文科大楼工程也已完成初步设计方案，正在申报立项。我校的基础设施建设在“十五”期间将得到极大改善，学校的整体规划将初步实现，可为今后几十年的发展奠定坚实基础。

校园区电改造工程，即中心配电室的建成和煤改气工程的完成，全面解决了学校的教学科研及照明用电历史上的大难题。同时也为师生员工解决了历史上暖气不暖、开水供应不足的大难题。

学校投入 500 多万元资金改造学生食堂，为广大学生提供了一个整洁、宽敞、幽雅的就餐环境，得到了广大教职工的一致好评。

学生宿舍建设计划及其资金已分步落实。自 1980 年以来，我校始终未建成一栋学生宿舍，学生宿舍建设的滞后成了长期制约我校发展的一大难题。去年，在国家民委的支持下，我校积极筹措经费，使得干训学员宿舍楼及时动工兴建，于今年 8 月底前已交付使用；学校自筹资金兴建的研究生宿舍楼主体结构已完工，目前进入内外装修阶段，预计明年 7 月底可交付使用；留学生宿舍楼按计划也将于今年年底完成全部的报建手续和办完公开招标的手续，随后立即动工兴建。最近，国家拟拨专款支持我校进行较大规模的学生宿舍建设，新学生公寓建设工程的设计方案已经完成，立项审批工作目前正在紧锣密鼓地进行，我校学生宿舍拥挤的现象在“十五”期间将有望得到较大程度的缓解。

（四）扩大招生规模，突出教学科研中心地位，深化教学科研改革，提高教学科研质量。

自 2000 年以来，我校的招生规模不断扩大。去年招收本科生 1818 名、函授、夜大、成人脱产生 2055 名、研究生 241 名。今年招收的各类学生人数比去年又有了较大幅度的增长，其中招收本科生 2480 名、预科生 280 名、函授、夜大、成人脱产生 4394 名、研究生 303 名。这表明我校在未来二年内仅本科生人数就将突破 1 万人，研究生将突破 1000 人。

随着招生规模的不断扩大，我校党委和行政更加注重突出教学科研的中心地位，深化教学科研改革，提高教学科研质量。学校于今年 9 月 26 日和 11 月 2—4 日分别召开了两次教学工作会议，就课程建设、实行课程学分制问题和本科生专业培养方案进行了深入细致的讨论，起草了课程学分制实施方案及其相关配套文件。现已修订了《中央民族大学本科学生教学培养方案》，新的培养方案和学分制已从2002级新生开始实行。

根据年初的工作要点，11月26日，学校党委召开常委扩大会议，专题研究教学工作。常委们听取了教务处对学校教学工作和师资队伍等情况的汇报，研究讨论了《以学生为主的教师教学质量评价试行方案》（讨论稿）和《中央民族大学引进学科带头人暂行规定》（讨论稿）等文件，并决定设立中央民族大学教学质量管理办公室，以进一步强化学校的教学质量管理工作。

加快了组建二级学院的论证工作，为建设“世界一流民族大学”打好框架基础。学校于10月18日召开专门会议，就组建二级学院工作进行了初步的论证，不仅明确了组建二级学院的目的、基本思路，还提出了组建二级学院的原则、条件和基本步骤，以及一些尚需进一步研究的问题，对完善和组建我校二级学院做出了精心的部署，将在本学期末成立一批二级学院，较好地体现学科、专业的整合优势，实现教育资源共享，提高学校的综合办学实力。

党委常委会专题研究了成人教育工作。5月15日，学校党委根据年初的工作要点，召开了常委扩大会议，专题研究成人教育工作。会议研究了发展成人教育亟待解决的一些问题，进一步明确了成人教育的办学思路和定位。6月17日，学校召开了成人教育工作会议，总结了我校成人教育工作52年来所取得的经验和成绩，分析了新形势下成教工作面临的机遇与挑战，提出了我校成人教育“十五”发展规划，明确了成人教育的发展目标和任务。

同时，今年学校完成了35间多媒体教室的建设和验收工作，并已全部投入使用；完成了2002年实验室建设论证和北京市教委组织的专家评审工作；成功组织了2002年北京市精品教材的立项和申报工作，启动了学校精品教材、合格课程建设和教学改革立项的工作；申报了7个新的本科专业并获得国家民委教育司的批准（其中理工类专业4个，文史类专业3个）。

组织各院系积极论证和申报了10个博士授权点和17个硕士授权点，这一举措将为学校学科建设和发展、增强高层次人才的培养奠定坚实的基础。

在科研工作方面，今年我校共争取到省部级项目49项、横向科研课题7项。其中省部级项目包括：2002年国家社科基金项目（5项）；全国教育科学“十五”规划项目（8项）；教育部“十五”博士点基金项目（4项）；教育部人文社会科学重点基地项目（2项）；霍英东教育基金项目

(1 项)；国家外资局项目（2 项)；教育部留学回国人员科研启动基金项目(3 项)；人事部留学回国人员科技活动择优资助项目（2 项)；北京市教育科学“十五”规划项目（2 项)；国家民委“十五”重点资助项目（2002 年，20 项)。这是我校历史上科研项目立项最多的一年。

落实“十五”科研规划。今年我校审定了“十五”科研规划重点项目 73 个，启动科研经费 150 万元；组织申报了“北京市第七届哲学社会科学优秀科研成果奖”，获一等奖 1 项、二等奖 7 项；申报了教育部“第三届中国高校人文社会科学研究优秀成果奖”，获一等奖、三等奖各 1 项；申报了司法部“2002 年度法学教材和法学科研优秀成果奖”，获三等奖 1 项。举办了以教授为主体、优秀中青年教师参与的“民大论坛”等学术活动 28 次，进一步扩大了我校教师的学术影响，拓宽了学生的知识面，调动了学生的思维。

由于我校科研管理工作成绩显著，科研处被北京哲学社会科学规划办公室评定为“二级管理单位”，对我校科研工作再上一个新台阶将起到积极的推动作用。

（五）圆满完成“211 工程”“九五”期间建设项目验收和“十五”建设规划论证。

今年 5 月，在充分调研的基础上，学校制定了《中央民族大学“211 工程”“九五”期间建设项目验收实施方案和办法》并付诸实施，7 月共组织校内外专家 77 人次对我校 11 个子项目进行了验收，圆满完成了校内子项目的验收工作。之后，学校及时进行工作总结，对存在的问题进行分析并指导各建设单位进行整改。经过 3 个多月紧张有序的工作，10 月 30 日至 31 日，我校顺利通过了国家“211 工程”专家组的验收，并获得了专家组的好评。

根据“211 工程”部际协调小组办公室的部署，今年 10 月 24 日至 25 日，学校完成了《中央民族大学“211 工程”“十五”期间建设项目的可行性研究报告》，并顺利通过了专家组的论证审核。

（六）留学生教育管理工作顺利通过北京市高校外国留学生教育管理评估验收，扩大了国际教育的交流与合作。

11 月 14 日，北京市高等学校外国留学生教育管理考察评估组来我校进行考察评估，在听取了任中夏副校长关于学校外国留学生教育管理工作汇报后，他们先后实地考察了学校的留学生公寓、教室、阅览室、体育馆、留学生餐厅、图书馆和语言实验室，分别召开了留学生代表和担任留学生课程的部分教师的座谈会。经过集体评议，考察评估组对我校留学生教育管理工作给予了较高的评价，一致认为我校留学生生活设施完善、管理规范、发展规划合理、教育管理工作具有自己的特色，各项工作达到了北京市的基本要求。

今年我校在国际教育交流与合作方面取得了较大成绩。在组团出访方面，学校组织了4个访问团，对美国、澳大利亚、俄罗斯三国的有关大学进行了访问；今年5月我校参加了在莫斯科进行的21世纪中国大学展，扩大了学校的影响，宣传了我国民族高等教育和我国民族工作的巨大成就；今年9月，以我校少数民族学生和教师为主体的“民族文化展演交流团”赴丹麦进行访问演出，为朱镕基总理的访问打好了前站基础；我校启动了与中国青少年历史文化基金会签署的十年出访协议计划，组织了由56个民族的学生和4名教师组成的访问团访问了台湾、香港，展示了我校大学生的风采，宣传了我国的民族团结、民族平等政策。在校际交流与国际合作方面，今年我校与俄罗斯人民友谊大学、俄罗斯哈卡斯国立大学、韩国全北大学、台湾实践大学、美国古西堡学院（续签）和美国新英格兰大学（续签）签订了校际合作交流协议；我校已与英国东伦敦大学达成协议，计划共同培养艺术设计专业的学生；我校与联合国教科文组织下属的肯博基金会已决定设立“中国少数民族音乐舞蹈人才培养与科学研究”合作项目，该项目将招收民族地区的少数民族学生，由双方共同培养中国少数民族音乐舞蹈人才，同时进行相关科学研究，探索保存与发展中国少数民族传统音乐、舞蹈的新思路。在学生与教师出国留学进修方面，通过国务委员司马义·艾买提同志的牵线搭桥，我校被列为奥地利萨尔斯堡中国大学生夏令营学生选派学校，今年我校选派了4名学生（包括本科生和硕士生）前往奥地利学习；选派了5名学生（本科生3名，硕士生2名）前往法国里昂第三大学留学；选送了1名硕士研究生到日本大阪经济法科大学留学；有2名教师被美国哈佛大学燕京学社接受为访问学者，1名得到哈佛大学燕京学社全额资助赴美攻读博士学位；今年3月，我校3名教师与行政管理人员赴日本岐阜大学留学。

（七）落实“三个代表”中关于代表广大人民群众根本利益的思想，切实为教职工办实事。

为切实提高广大教职工的生活待遇，学校从去年开始着手制定岗位业绩津贴实施方案，并于今年9月开始顺利实施；为了解决教师上课时喝开水难的问题，我们在南北教学主楼安放了11台饮水机、10个保温桶，为教职工提供开水，使教师上课时再也不用为喝水问题发愁；同时，我们对所有教学各楼层的厕所进行了维修，中主楼的厕所也正在维修，很快就可以投入使用；我校家属区的煤改气工程顺利完成并已正式投入使用，使广大教职员工过上了一个温暖的冬季；进一步改造了校园区浴室，使广大学生和青年教工能够更加方便地使用；投资 210 万元接通了家属区宽带网，为教师从事教学科研提供了现代化的手段；在师生公费医疗方面补贴了 160 万元；全面进行家属院电改造工程，由原来 1200 千伏安扩容到 4000 千伏安，保证了广大教职工用足用够电量，保证今年暑假用电高峰期没有断电跳闸的现象，解决了教职工过去为用电发愁的难题；更换了中主楼和家属区三高层的电梯，为教职工的教学工作和生活提供了方便；为改变家属区脏、乱、差的状况，学校请园林规划设计院设计制定了我校家属院绿化整治方案，并于去年开始实施，目前家属区的环境已有较大改善，一个比较整洁、干净、文明的家属院已初具规模；为进一步解决教师住房困难问题，学校已决定回购西墙 2 号住宅楼，同时，教职工集资宿舍楼的设计方案已经完成，各项前期工作进展顺利，规划已经获北京市批准，预计明年上半年可动工兴建。

（八）以迎接北京市教委验收为契机，进一步加快后勤社会化改革步伐。

11 月 12 日，由北京市教委组织的专家组对我校后勤社会化改革第一阶段的工作进行了为期两天的验收。专家们首先听取了我校工作汇报，而后进行了实地考察，并分别举行了甲方、乙方、师生代表三个座谈会。专家组认为：我校后勤社会化规范分离取得了阶段性成果，加大了对后勤基础设施的投入，后勤改革的满意度较高，后勤产业集团自身的建设是扎实健康的，合乎第一阶段验收的基本条件。我校后勤社会化改革第一阶段工作顺利通过验收，学生食堂被市教委评为标准化建设的食堂。

（九）积极推进我校校务公开工作，按时召开教代会第三届第三次全体会议，进一步发挥教代会的职能和作用。

根据上级有关部门的工作安排，学校组织各部门工会和全校教职工撰写有关校务公开的文章，并在假期召开了我校工会首次专题研讨会——“校务公开工作研讨会”，取得了很好的效果。

在实际工作过程中，学校党委在做出重大决策之前都要征求和听取教代会的意见和建议，学校基建工程的招投标工作都有教代会主席和各有关职能部门的负责人参加，基本上做到了政务公开、透明度高、主动接受群众监督。

积极探索工会工作的新思路和新方法。经教代会青工部提议，我校组成以民族学、人类学、民族经济学等学科的博士生为主的暑期博士服务团，以“21 世纪民族地区社会经济发展与人才需求状况”为主题，在云南进行了考察和志愿服务活动。服务团深入云南红河哈尼族彝族自治州和西双版纳傣族自治州进行了调查访问，获得了大量的第一手材料，为我校今后的招生及人才培养提供了参考依据。

12 月 20 日和 27 日下午，在校党委的重视和部署下，我校教代会第三届三次全体会议如期顺利召开，校长荣仕星同志做了学校总体工作报告，财务处和人事处的负责同志分别做了财务工作和人事工作报告。各团代表踊跃发言，大家均认为学校这一年来在建设和发展方面取得了很大成绩，有关职能部门负责人还就代表们的提案问题进行了汇报。

（十）搞好治安综合治理，维护学校稳定，加大了校园环境整治力度。

为维护学校和首都的安全稳定，我校继续开展反对“法轮功”邪教组织的宣传教育活动，不断增强各族师生员工与“法轮功”邪教组织斗争的自觉性、主动性，狠狠打击了“法轮功”邪教组织的嚣张气焰；今年 3 月召开的人大和政协会议以及 11 月召开的党的十六大，意义深远，举世瞩目，校党政领导积极采取措施，多次召开安全稳定方面的专门会议，统一思想认识，加强值班制度，消除一切隐患，确保了会议期间学校的安全稳定；9 月 23 日，中央电视台首次在我校录制国庆特别节目“我和我的祖国——《同一首歌》—走进中央民族大学”大型文艺晚会，观众达 6000 多人。由于组织严密、方案具体、措施得力，我校较好地完成了安全保卫任务。

在公安执法部门的配合下，学校今年加大了校园环境整治力度。依法拆除了江都集团治安乱点临时宿舍 68 间、1020 平方米；拆除了家属区、教学区违章建筑 749 平方米，并对周边环境及垃圾站进行了专项治理，使校园环境大为改观。

二、2002 年工作的主要经验和存在的问题

（一）主要经验

概括地讲，我们的经验主要体现在十个字上，即团结、改革、发展、创新、稳定。

1. 团结。我们这几年的工作之所以开展得如此顺利，各项事业之所以获得了长足进步，除了有党中央、国务院的亲切关怀，有关上级领导的大力支持和广大教职员工的艰苦努力外，主要还得益于我们拥有一个团结、干事和务实的班子，拥有一个有凝聚力和战斗力的班子，这既是我们做好各项工作的基础和前提，又是我们的事业能够实现持续发展的关键。

2. 改革。改革是我校各项事业能够获得迅猛发展的动力。这一年来，我们进一步深化改革，先后完成了分配制度改革、教师定编定岗、学分制改革、加快了后勤社会化改革步伐。这些改革为我校的发展注入了新的生机和活力。

3. 发展。2002 年，我校继续强化发展是硬道理、是学校工作的中心和第一要务的观念，以发展求生存、以发展促前进、以发展增团结。正因如此，通过这一年的努力，我们的事业发展了，我们的地位提高了，我们的影响扩大了，我们的人心凝聚了。

4. 创新。创新是我校能够立于不败之地并于近年来发展迅速的一条宝贵经验。今年我们在许多方面进行了改革与创新，如在内部管理体制上进行创新，着手组建一批二级学院；在培养方式上进行创新，开始实施学分制；在学科建设和专业调整方面进行创新，使民族学科和其他学科相交叉、相融合、相渗透，开发出一些新兴学科。

5. 稳定。保持稳定是我校各项事业获得发展的根本保障。我们在不断深化改革和加快发展的同时，始终把保持稳定作为一项重要工作来抓。当改革和发展涉及一部分教职工的切身利益时，我们很注重倾听群众意见，注重做好深入细致的思想工作，最大限度地取得群众的理解、支持，绝不强行推进某项改革。可以说，我们的各项改革和各项事业进展顺利在很大程度上得益于大局稳定。

（二）存在的主要问题

1. 管理水平有待于进一步提高。

2. 要进一步提高工作效率。

3. 要下大力气加强师资队伍建设。

4. 要进一步加强环境综合治理。

2002 年，我校发展迅速。展望 2003 年，我们更加充满信心。

在新的一年里，我们要抓好“四个加强”，办好“六件大事”。“四个加强”是：加强学校理论建设，认真学习、宣传、研究、贯彻十六大精神；加强党的建设，搞好基层组织和发展党员工作；加强干部队伍建设；加强学生的思想教育和管理，强化对学生的科学素质、人文素质和民族精神教育。“六件大事”是：围绕教学科研工作的中心地位，全面推进我校教学改革，努力提高教学科研质量；完成计划招生任务，加强学科和学位授权点建设，促进学校发展；落实朱总理提出的“建设世界一流民族大学”的指示精神、三家共建协议和《中央民族大学基本建设“十五”规划》，加快学校基础设施建设；继续深化校内各项管理体制的改革；巩固文明校园建设成果，落实专家的整改意见；启动教职工集资建房工程，为广大教职员工办好更多实事。

总之，我们之所以在2002年取得了上述成绩，是与党中央、国务院、上级有关部门的大力支持以及广大教职工的积极努力分不开的。我们坚信，在新的一年里，上级领导会给予我们更多的关心、支持和帮助，我们民大人也一定会抓住这大好的发展机遇，心往一处想、劲往一处使、同心同德、勤奋工作、大胆创新、开拓进取，使学校明年的工作更加出色，使学校的明天更加美好。

廉洁自律保本色

——履行党风廉政建设责任制述职报告

本人 1999 年 12 月调到中央民族大学担任校长以来，始终注重加强理论学习，不断提高党性修养，切实转变工作作风，严格按照《国家民委党风廉政建设责任制实施办法》要求自己和班子成员，努力推进学校的党风廉政建设，取得了良好的效果，保持了自己作为一个党员领导干部应有的廉洁本色。现结合学校的党风廉政建设责任制工作，对自己在执行国家民委党风廉政责任制方面的情况作一汇报和总结，请大家批评指正。

一、加强制度建设

在 1998 年制定的《中央民族大学党风廉政建设责任制实施细则》基础上，我与党委和行政班子一起，遵循“依法治校”的基本原则和精神，于 2000 年 9 月制定并出台了五个文件，即《中央民族大学党风廉政责任制责任检查办法（试行）》、《中央民族大学党风廉政建设责任制责任考核办法（试行）》、《中央民族大学党风廉政建设责任制责任追究办法（试行）》、《中央民族大学党风廉政建设责任制责任追究上报备案办法（试行）》、《中央民族大学关于党风廉政建设和反腐败斗争主要任务分工》等，为我校党风廉政建设和反腐败工作订立了较为完善的规章制度和实施办法。

在此基础上，为了在学校重要工作中推进党风廉政建设和反腐败工作，我主持和参与制定、并已经付诸实施的相关规定和办法有六个：《中央民族大学基建项目招标管理暂行规定》、《中央民族大学基建、修缮工程项目审计实施细则》、《中央民族大学物资设备购置管理规定》、《中央民族大学创收分配管理办法》、《中央民族大学关于建立经济责任制的暂行规定》、《中央民族大学关于外事活动经费开支的管理规定》、《中央民族大学“211 工程”建设项目审计的规定办法》等。这些规章制度和管理办法规范了我校党风廉政建设工作，从制度上预防和杜绝了腐败事件的发生，使我校近 4 年来在党风廉政建设工作中取得了良好的效果，从未在党风廉政建设方面出现过任何重大问题。

二、狠抓作风建设

1. 调查研究的作风。刚到中央民族大学上任时，我就听取了学校 66 个单位部门领导的汇报，并进行实地调查和深入研究，写出了 2 万多字的调研报告，为制定学校发展规划、推进学校全面改革、加强学校质量管理和思想政治工作获取了第一手可靠材料。

2. 发扬民主的作风。作为一校之长，我始终坚持贯彻民主集中制原则，努力发扬民主作风，对学校重大问题、重大决策从不搞一言堂、个人说了算，形成了良好的公开、清正、透明的风气。

3. 真抓实干的作风。党风责任制建设并不仅仅是一个思想意识问题，最终还是要落实为具体的措施，为此就需要真抓实干的作风。在我校党风廉政建设中，我始终以鼓实劲、做实事、见实效、出实绩的工作作风严格要求自己和其他同志，因而使学校获得较大发展。主要表现在 10 个方面的发展：（1）学科的发展。我着力学科的建设，亲自主持和指导博士点、硕士点和本科专业的材料论证和申报工作，4 年内使我校博士点由 5 个增至 17 个、硕士点由 15 个增至 38 个、本科专业由 35 个增至 61 个，使我校学科建设取得重大突破。（2）办学规模的发展。经过 4 年的努力，使我校招生规模从每年约 600 名本科生、100 名硕士生、30 名博士生、2000 名成教学生，到今年已招收 2600 名本科生、350 名硕士生、120 名博士生、8000 名成教学生，学校办学规模发生了根本改变。（3）经费增加。随着学校事业发展，办学经费有了较大的增加。经过 3 年的努力，我校办学经费从 1999 年的总共 7500 万元，到 2002 年达到近 2 亿元。另外还有“十五”期间的基建经费 5.1 亿元和“211 工程”经费 5000 万元，再加上 4 年来争取财政部专项修购费 1 亿元，为学校的发展提供了较为充足的资金支持。（4）师资力量的发展。通过教学改革和职称评审制度的改革，特别是学校采取了一系列提升教师素质的措施，使具有硕士、博士高学位的教师占教师总数 72%，使我校师资力量有了明显提高。（5）科研的发展。除国家“211 工程”专项建设经费外，学校在“十五”期间拨出科研课题经费 250 万元，获国家及省部级科研项目 140 项、科研经费近 500 万元。我校教师的科研成果显著增加，学术知名度显著提高，我任主编的《中央民族大学学报》被评为全国百强学报之一。（6）基建与办学条件的发展。随着干部培训楼、研究生宿舍楼、新图书馆大楼和两栋教职工宿舍楼的投入使用，随着电改造、煤改气、管网改造工程的完工，随着在建留学生楼、文科综合楼、本科生宿舍楼的竣工，随着理工实验楼、教职工集资住房的开工和建成，学校的总建筑面积达到24万平方米，使学校的基础设施和硬件条件正在和即将得到根本的改观。(7) 管理体制的发展。在深入调查研究的基础上，我校进行了校内院系体制的全面改革，成立了16个二级学院，理顺了关系，规范了管理，提高了效率，焕发了新的精神面貌。(8) 对外办学和国际交流的发展。经过几年的努力，我校不仅留学生数量显著增加，每年接纳600余名外国留学生来校学习，而且与海外50多个大学和科研机构建立了学术交流和联合办学关系。(9)“211工程”成效显著。去年我校通过了“211工程”“九五”验收，今年完成了“十五”立项。这对全面提升我校的科研实力和学术地位具有重要影响。(10) 学校地位的提升。以上九个方面的发展，使我校的社会影响和知名度大为提升，在全国高校网大学排名中，我校在全国高校中的排名已由1999年的第108位升至2003年的第64位。

4. 为民谋利的作风。作为校长，我体会到，党风廉政建设责任制本身不是目的，它的目的是要建设一个清正廉洁、为民服务的领导班子，实现学生和教职工的利益。为此，我始终坚持一切依靠群众、一切为了群众的原则，自觉树立为民办事、为民谋利的作风，使我校党风廉政建设责任制真正落到了实处。

三、扎实开展工作

根据党中央、国务院和民委党组关于党风廉政建设和反腐败工作的部署和要求，分析研究中央民族大学党风廉政建设的问题与实际，制定了中央民族大学关于党风廉政建设的规章制度和工作计划，并认真组织实施，收到了良好效果。

作为校长和党委副书记，4年来我多次和党委书记、纪检书记组织我校党员干部学习党风廉政建设和反腐败工作方面的重要文件，抓好我校的党性党风党纪教育，使我校干部特别是党员干部树立了清正为民的意识和风气。具体工作如下：

1. 通过对学校特别是行政系统的党风廉政建设情况、领导班子和领导干部廉洁从政的情况进行严格的监督、检查、考核、评估，切实履行自己的监督职责。

2. 认真贯彻和严格执行党中央和国家民委党组关于选拔任用干部的各项规定，从制度上规范我校的用人行为，从思想源头上防止和纠正用人中的不正之风，从而为我校的党风廉政建设提供了组织保障。

3. 每年度向主管委领导和上级纪检监察部门报告学校党风廉政建设工

作情况，并积极主动地落实主管委领导和上级纪检监察部门的要求。负责向主管委领导和上级纪检监察部门报告我校在办学过程中存在的问题，并能根据主管委领导和上级纪检监察部门的要求对存在的问题进行调查处理。

4. 按照主管委领导和上级纪检监察部门的指示和委托，经常同我校职能部门和教学单位负责同志进行廉政谈话，并能在适当的时候及时汇报有关的谈话情况。

5. 在所分管的财务工作方面，我要求财务及相关部门严格遵守国家和上级主管部门规定的财经纪律，严格执行“收支两条线”的规定，严格执行经费预算分配方案，严格审批经费支付，加强财务管理，效果明显；在所分管的人事工作方面，我要求人事处加强廉政制度建设，严把进人关，严格职称评审，加强教师、政工、管理三支队伍的建设，推进人事分配制度改革，推动了学校良好的教风、学风、作风的形成。

四、率先严格自律

在工作中，我一贯勤勤恳恳、任劳任怨、扎扎实实、开拓创新，一心扑在事业上，对党风责任制建设，能够创造性地开展工作，不断推出新举措，做出新成绩，开创新局面，为学校发展和廉政建设尽心尽力、尽职尽责。

在为人上，我光明磊落、以身作则，严格要求自己。凡是要求别人做到的，自己首先做到；凡是要求别人不做的，自己首先不做。在党风廉政责任制建设中较好地发挥了带头和表率作用。

在经济上，常以“八个坚持八个反对”和“三严四自”对照自己，清正廉洁，与公务无关的请客不用公款，不参加影响公务的吃请活动，不收受影响公务的礼品礼金，不该拿的钱我一分不要。同时，严格控制财务开支，严格规定每位校领导班子成员一年的业务接待经费为一万元，将学校基本建设的工程优惠金全部纳入学校的收入。总之，认真执行财经制度和财务纪律，厉行节约、民主理财、共同当家。

五、存在的不足

虽然我校在党风廉政建设和反腐败工作中做了许多工作，成效也十分明显，但是在制度建设的完善性和体系性以及严格执行方面还有待今后进一步加强。

关于在中央党校学习期间的基本情况

荣仕星，男，壮族，1956 年 5 月出生，研究生，1975 年 6 月入党，现任中央民族大学校长、行政管理教授、博士生导师，1993 年被国务院授予政府特殊津贴优秀专家，为第十届全国政协委员。

一、工作简历

1983. 8—1999. 12，广西民族学院政治系科社、共运史教研室主任、政治系党总支副书记、系副主任、系主任，学院院长助理、副院长兼成教院院长、党委副书记、院长。

1999. 12—现在，中央民族大学校长、校党委常委、党委副书记。

二、一年学习情况

荣仕星同志在中央党校中青班学习期间，始终以高度重视的思想和刻苦钻研的态度投入学习，严格按照党校教学的要求，认真学习“三基本”“五当代”课程，认真研读“三个代表”重要思想、党的十六大报告、胡锦涛同志的重要讲话、十六大三中全会的文件。全面出色地完成了各项学习任务，各门课程考试都取得了优秀的成绩：马克思基本理论：97 分（二支部第一名）；邓小平基本理论：94 分；调研报告：优秀；毕业论文：优秀。同时结合教师讲授的理论，联系现实问题，认真深思、精研、勤写，取得了较为丰硕的理论成果。在中央党校《理论前沿》等 6 个主要刊物，以及《人民日报》、《中央民族大学学报》发表了《论政府行政审批制度改革》等 12 篇论文，共 10 万字；在人民出版社出版了《论领导者责任》一部 26 万字的专著、《实用行政管理学》一部 40 万字的行政管理专业教科书；主编《21 世纪中国现实问题研究报告》一部 35 万字的论文集。科研成果为二支部第一，而且学术水平都比较高，得到同行专家较高的评价。

三、基本素质

荣仕星同志具有较高的思想政治素质。注重掌握马克思主义基本原理、毛泽东思想基本理论、邓小平理论基本精神、“三个代表”重要思想的基本精髓，理论功底扎实，学术水平高，知识综合运用能力强。每次小组讨论，支部、跨支部交流都积极发言，敢于发表自己的观点，具有独到见解。认真拓宽和掌握领导工作必备的经济、管理、法律、科技、历史等相关的知识，提高了综合素质。积极参加课题组活动和国内国际调研，并取得优异的成绩。在党性分析活动中，勇于进行深入自我剖析、自我教育，进一步坚定了共产主义理想和建设中国特色社会主义信念。坚决拥护党的基本理论、基本路线、基本纲领和基本方针，在思想上、政治上、行动上自觉同党中央保持一致。自觉坚持理论联系实际，用“三个代表”重要思想统领学校的一切工作，使学校工作取得较显著的成效。严格遵守党校的学习纪律，认真遵守请销假制度。在担任行政组组长和课题组组长工作中，认真负责，表现出较强的组织协调能力，热情为同学服务。积极参与并为支部、小组开展各项活动提供必要条件和很大帮助。严格按照中纪委提出的“八个坚持八个反对”要求自己，自觉地廉洁自律。为人正直、光明磊落、诚恳谦虚、助人为乐、心胸宽广、作风朴实，受到同学们的好评。

中央党校深化行政管理体制研究课题组的工作总结

按照中央党校培训部的布置和要求，我们中青班第 19 期的学员都要进行课题研究活动。我们课题组在政法部刘春教授的指导下，顺利完成了课题研究的任务。现将课题组的工作情况总结汇报如下。

一、课题组活动的基本情况

（一）课题组组成人员和指导教师

我们课题组研究的课题是：深化行政管理体制改革。指导教师是政法部刘春教授，组长荣仕星教授。成员由 4 个支部 7 位学员组成。即二支部：荣仕星，中央民族大学党委副书记、校长；周镇宏，广东茂名市委书记、市人大主任；江普生，云南省公安厅厅长、党委书记；徐科，卫生部卫生监督中心主任；三支部：涂勇，湖北省武汉市常委、副市长；五支部：徐建民，上海市环保局党委书记；六支部：庄长兴，陕西团省委书记、省青联主席。联系人：李中印老师。我们课题组的成员体现了北方、南方和中部地区的结合，这就为我们做好课题打下了良好的基础。

（二）课题组的研究计划

1. 课题研究的目的及意义

行政管理体制直接影响和制约着政府工作的效率与效益。政府的工作效率与效益又直接影响和制约着国民经济的发展运行和社会生产力的效率与效益。同时，从行政管理体制本身来看，随着社会和时代的发展也出现诸多不适应。所以，通过不断深化行政管理体制改革，消除原有体制的弊端，提高政府进而整体性地提高社会管理和社会生产力的效率与效益，一直是理论研究和现实实践孜孜以求的目标。党的十六大也提出要深化行政管理体制改革。因此，从不同层面、不同角度，深入研究探索进一步深化行政管理体制改革的有效途径和实践方式，对于贯彻落实十六大精神，形成行为规范、运转协调、公正透明、廉洁高效的行政管理体制，无疑具有重要的现实意义。

而且，行政管理体制改革是一个世界性的永久话题。20 世纪 70 年代以来，西方发达国家和一些发展中国家，相继进行了不同程度的行政管理体制改革，产生了许多不同的改革理论和研究成果，其中也有可资借鉴的东西。但是中国的国情决定了中国必须走自己的路，不能全盘照搬。自新中国成立以来，我们前后进行了五次程度不同的行政管理体制的改革，卓有成效，积累了许多有价值的理论成果和实践经验，但也留下了许多亟待进一步解决的问题，任务艰巨，需要进行不懈努力。

2. 课题研究的指导思想和方法

行政管理体制改革的实践性非常强，因而在课题的研究指导思想上，要坚持实事求是、一切从实际出发的基本原则。要搞清楚我们所处的时代提出了什么要求，提供了哪些有利条件和不利因素，并在此基础上，研究探讨能够解决现实问题的方法和途径，即提倡对策性研究、实证性研究、咨询服务性研究和决策参考性研究。在坚持这一研究指导思想的前提下，课题组成员可以根据各自不同的具体情况，根据自己的知识结构、经验积累、理论兴趣，运用不同的具体研究方法，如理论分析方法、比较分析方法、案例分析方法等，开展多方法、多层面、多角度的研究。

3. 课题研究的形式

我们在进行课题研究中，主要采取如下的形式：

（1）个人研究与集体讨论相结合。在个人研究的基础上，组织课题组成员共同讨论，相互交流，完善个人研究成果。

（2）调研与毕业论文相结合。学员开展的社会实践和调研活动，不仅要与课题研究相结合，也要与毕业论文相联系，做到实践调研、课题研究、毕业论文紧密衔接。

（3）指导教师点评与学员讨论相结合。请指导教师与课题组成员就课题组成员的初步研究成果进行点评指导，提出修改论文的意见，提高研究成果质量。

4. 课题组研究时间安排

整个课题研究的过程大体上分为五个阶段：

（1）3—4 月底，课题组成员根据课题要求，确定研究方向，拟定研究提纲。

（2）5—6 月底，搜集与论文有关的资料，进行理论准备。

（3）7—8 月底，根据课题研究需要，有针对性地开展社会实践和调查，掌握和丰富第一手材料。社会实践和调查活动的方式可以灵活掌握。在进行社会调查前，要悉心准备调查提纲，确定调查内容、地点、线路，提高社会调查质量。社会实践和调查活动，可以课题组为单位进行，或以个人自由组合的方式进行。

(4) 9—12 月初，整理分析社会调查资料，撰写、修改并完成课题研究论文。中间组织课题组成员进行 1—2 次讨论和论文成果交流。

(5) 12 月 10 日—2004 年元月 10 日，完成课题论文观点、内容的汇总报告及课题组活动情况的工作总结，指导教师对课题成员的论文写出评语，学员对老师进行评价。

二、课题组研究活动的主要收获

通过开展课题组的活动，我们获得了较显著的成绩，完成了课题论文，主要收获有以下几点。

(一) 交流了思想

通过多次开展课题活动，从确定课题题目到撰写论文提纲，从拟定调查提纲到材料整理分类，从撰写论文初稿到论文定稿，以及研究成果的交流，我们课题组的成员都在共同讨论、相互启发、互相帮助、点评提纲，或者提出修改意见和建议，使各自的论文得到了不同程度的完善，并提高了质量。特别是互相交流了思想。如有的同志说撰写一篇论文，特别是高水平的论文是很不容易的，现在更是要强调理论与实践相结合、理论指导实践这个问题。从一部分已经发表的论文来看，都存在着理论阐述很多、实践操作性不强、理论脱离实际的问题；也存在实践操作性很强、缺少理论指导、实践与理论相脱离的问题。所以理论联系实践问题需要我们认真研究和解决。

(二) 提高了理论水平和政策水平

我们课题组的成员在撰写论文的过程中都大量阅读了有关的资料、论文和调研报告，同时进行了实地调查，直接掌握第一手材料。在讨论、撰写、定稿的过程中始终注意运用我们学习的“三基本”、“五当代”的基础理论和理论知识，特别是运用马克思主义的立场、观点和方法、邓小平理论的基本精神、“三个代表”重要思想的基本精髓分析我们课题研究的论文，研究当代中国的现实问题。如广东茂名市委书记周镇宏同志在《新时期人民内部矛盾探究》一文中，提出新时期人民内部矛盾的发展趋势表现为成因复杂化、矛盾主体多元化、多种矛盾交织化；矛盾的时代特点体现为公开化程度增强、群体性行为增强、向对抗性矛盾转化的因素增多；矛盾激化的表现形式有暴力行为型、扩大影响型、群众闹事型。因此，正确处理人民内部矛盾，是当前的重大课题和紧迫的政治任务，是全面建设小康社会的重要保证，是建设社会主义法治国家和政治文明的重要基础，也是改革国家机关工作的重要契机。湖北省武汉市常务副市长涂勇同志在《论区域性中心城市政府职能的优化》一文中，认为要充分发挥区域性中心城市的作用，必须进一步优化政府职能：第一，要加强和发挥中心城市主导区域的优势，提升城市政府的调控职能；第二，加强和发挥中心城市发展领先的优势，提升城市政府的引导职能；第三，加强和发挥中心城市信息中心的优势，提升城市政府的职能；第四，加强和发挥中心城市的基础设施优势，提升城市政府的服务职能；第五，加强和发挥中心人才荟萃的优势，提升城市政府的创新能力。其他同志在研究课题的过程中也不同程度地提高了理论水平和政策水平。

（三）总结了经验，为实际工作提供了对策措施

我们课题组的7位同志都在研究中认真总结了工作经验，在实践基础上提升了理论，又用理论指导实践，并为实际工作提出了对策措施。如江普生同志撰写的《关于深化公安改革缓解警力不足的调查与思考》的论文中，提出了深化公安改革的措施：1. 改革公安领导管理体制，理顺关系，减少交叉重叠，建立统一领导、分级负责、条块结合、优势互补的科学管理体制；2. 改革公安工作运行机制，整合警力资源，走规模效益之路；3. 改革公安行政管理制度，转变职能，取消不合理的管理项目；4. 改革公安干部人事制度，建立健全竞争激励机制，不断提高民警素质；5. 深化公安机构改革，制定公安组织条例。荣仕星同志撰写的《关于我国行政审批制度改革的若干思考》一文认为，深化行政审批制度改革的基本思路和工作方向，主要应集中在六个方面：即依法规范行政审批的范围是深化行政审批制度改革的前提；公开透明行政审批的程序是改革的重点；切实加大政府职能转移和完善社会中介组织是改革的中心；严格执行行政审批原则是改革的核心；创建有效的行政审批新机制是改革的保障；着力提高公务员队伍的素质是改革的关键。还有庄长兴、徐建民、徐科等同志，也在各自的研究论文中从实际出发提出对策性的措施，为开创新局面、取得新成绩奠定了良好的理论基础。

（四）建立了感情

经过一年时间的接触、了解和交流帮助，我们课题组成员之间建立了良好的感情，学员与指导教师之间也建立了友谊。正如有的同志说，学员之间只有利益关系，没有利害关系。希望毕业后我们课题组成员要加强联系、互通信息、互相帮助，让我们的友谊永存。

（五）发表了课题成果

我们多数成员撰写的课题论文都在不同的刊物发表了。涂勇同志的

《论区域性中心城市政府职能的优化》全文发表在《中国经济时报》的理论版上；周镇宏同志的论文、江普生同志的论文、徐科同志的论文均发表在中央民族大学出版的《21 世纪中国现实问题研究报告》的论文集上；荣仕星同志的论文发表在《中共中央党校学报》；庄长兴同志的论文《关于政府宏观调控几个问题的认识》和徐建民同志的《政府环境职能梳理与重塑》一文也将在有关刊物上发表。通过多种形式体现了课题研究的成果，让更多的读者分享理论价值和实践操作的成果。

三、对课题组活动的建议

我们课题组在刘老师的指导下，完成了课题研究的任务。为了今后中青班同志取得更好的成绩，我们提出如下建议：

（1）三个相结合，即课题组人员构成应是理论工作者和实际工作者相结合；实地调查和课题研究相结合；课题组讨论和在支部进行成果交流相结合。

（2）三个加强，即加强基础理论和应用理论的课题研究；加强实证性和对策性的课题研究；加强现实问题和未来问题的课题研究。

（3）提高理论研究成果的宣传效应和应用范围，使我们的研究成果尽可能进入党中央、国务院和相应领导层的决策参考，发挥理论先导的作用。

2003 年 12 月 26 日

（本文为作者在中央党校学习时代表深化行政管理体制改革研究课题二组而写作的工作总结）

关于中央民族大学人事分配制度改革的调研报告

（2003 年 8 月）

中央民族大学为了转换学校内部管理的运行机制，不断增强办学活力，努力提高办学效益，适应现代教育改革的新形势和发展的要求，迎接新世纪的竞争和挑战，为建设“世界一流的民族大学”打下坚实的基础，校党政领导大胆创新、积极进取、勇于开拓，带领全校教职员工，做出了艰苦的努力。在这几年里，中央民族大学以邓小平理论和“三个代表”重要思想为指导，贯彻落实《高等教育法》和《中共中央国务院关于深化教育改革全面推进素质教育的决定》以及教育部《关于当前深化高等学校人事分配制度改革的若干意见》的精神，进一步解放思想、转变观念、加大力度，进行了一系列的人事分配制度改革，从而建立起符合中央民族大学特点的人事分配管理制度和运行机制，调动了全校教职员工的积极性，加快了学校建设和发展的步伐。

一、改革的主要内容和主要措施

中央民族大学经过近 50 年的建设和发展，取得了较大的成绩，但与兄弟院校相比，在 2000 年以前，改革步伐相对滞后，发展较为缓慢，学校面临着新的形势与新的挑战。学校的人事分配制度存在着不少弊端，由于机构设置不科学、人员编制及结构不合理、“吃大锅饭”现象严重，所以既理不顺工作关系，又不能调动广大教职员工的积极性，工作效率也不高。不改革学校就没有出路，不改革学校就落后于时代，不改革就无法进行人员结构的整体优化，也不可能提高教学质量、科研水平和办学效益，不改革学校就不能形成“能进能出、能上能下、能高能低”的激励竞争机制，就不能营造有利于优秀人才尽快成长和发挥才干的环境，就不能建设高素质的教师队伍和管理队伍，就不能提高学校的办学水平。因此，中央民族大学在充分思索和酝酿的基础上，从 2000 年起，仅用 3 年的时间，进行了校党政机关、校直属单位的机构和干部人事制度改革、教学单位的机构调整和干部人事制度改革、专业技术职务评审制度改革、后勤管理体制改革、分配制度改革等一系列人事分配制度的改革。

（一）校党政机关、校直属单位的机构和干部人事制度改革

中央民族大学以“改革、发展、管理、稳定”为学校工作的主线，根据学校的实际状况和需要，系列改革是从校党政机关、校直属单位的机构和人事制度改革开始的。

（1）校党政机关机构改革

校党政机关的机构改革，本着精简机构、提高效率的原则，统筹规划、职能分解的原则和协调关系、运转顺畅的原则，采取部分保留原有的机构、部分机构合署办公、部分机构予以撤并和部分直属机构归口管理的办法，较大幅度地进行了机构调整和改革。明确了管理机构的基本职能，理顺了机构间的分工与合作关系，克服了校部机关“政府化”的倾向。

改革后，中央民族大学党政机关和直属单位由原有的 28 个处级机构，减少为现在的 18 个；由原有的 74 个科级机构，减少为现在的 52 个。此项改革，做到了精简机构、提高效率，解决了推卸责任、工作扯皮等现象。

（2）干部人事制度改革

中央民族大学党政机关干部人事制度改革的突出特点是，将原先的任命制改为聘任制。本着按需设岗、公开招聘、平等竞争、择优聘任、严格考核、合约管理的原则，党管干部和民主集中制的原则，干部“四化”和“德才兼备”、“任人唯贤”的原则，群众公认、注重实绩的原则，注重培养和选拔少数民族干部的原则，采取了严格的以下评聘程序：①按照机构的职能和工作需要，确定并公布相关岗位指数及任职条件；②个人报名，每人可报 2—3 个岗位，并填写报名表；③召开竞聘大会，报名者公开发表竞聘演说；④民主测评；⑤组织考核；⑥党委研究决定拟聘人选；⑦任前公示；⑧召开大会公开聘任，颁发聘书，宣誓就职；⑨上岗培训；⑩实行一年试用期，经公开发表述职报告并考核合格后继续聘用，聘期为四年。

公开招聘校机关、直属单位的干部时，有 101 人参加了公布的 42 个处级岗位竞聘，竞聘结果原校党政机关、校直属单位的 60 名处级干部中，22 人未能聘任上岗，新上任的 42 名处级干部中，高职称和高学历的人数占总人数的 66.7%，最大年龄为 56 岁，最小年龄为 30 岁，平均年龄为 43.5 岁，比原有处级干部的平均年龄下降了 5.4 岁；有 97 人参加了公布的 57 个科级岗位竞聘，被聘任的科级干部中，本科及以上学历人员占 52%，年龄最大的为 54 岁，年龄最小的为 27 岁，平均年龄为 38.5 岁，比原有科级干部的平均年龄下降了 4.9 岁。

改革后，校党政机关和直属单位的下岗分流人员为 167 名；处级干部减少 28.4%；科级干部减少 20%。此项改革做到了精简人员、提高素质，

进一步完善了用人机制，提高了工作效率，增强了服务意识，加大了管理各级干部的科学化、制度化力度，基本做到了领导干部能上能下、公平竞争、择优聘任。

（二）教学科研单位的体制及干部人事制度改革

中央民族大学把教学单位的体制及人事制度改革作为学校人事分配制度改革的重点工作来抓。依据上级文件精神，结合本校的办学传统和发展目标，以学科建设为龙头，本着有利于促进学科发展、提高教学科研整体实力的原则、教育资源的合理配置和有效利用的原则，采取组建、撤并的形式，改革和调整原有的教学科研机构，成立相应的二级学院，理顺了校、院、系的关系，提高了学校教学科研机构的规模效益和管理水平。

经过改革和调整，先后成立了16个二级学院、7个独立系、部，各研究所归并到相应的教学单位，同时成立了相应的党总支或党支部。公开竞聘上岗的49名院、系（部）处级领导干部中，新聘任人员占42.9%，具有高级专业技术职务人员占89.8%，硕士及以上学历人员占51%，平均年龄为44.1岁，最小年龄为36岁；院、系（部）49名科级干部中，具有中级及以上专业技术职务的人员占80%，大学本科及以上学历人员占77.6%（教学秘书全部是本科及以上学历），平均年龄为38.4岁，最小年龄为26岁。原教学科研单位的处级干部中，30人未再聘上相应的岗位；原教学科研单位的科级及科员中，64人低聘或未聘到新的岗位上；教学科研单位的处级干部减少10.9%，科级干部减少15.3%。

三年多的实践证明，教学科研单位的机构调整，总的方向是正确的，总的效果是好的。机构模式比较合理、工作关系相对理顺、工作落实比较到位，基本上实现了预期的目的。

（三）专业技术职务评审制度改革

职称评审工作历来是中央民族大学的热点问题，告状风、送礼风、“后门”风、闹事风等曾经比较严重。为了从根本上解决这一问题，为了使职称评审工作规范化、科学化、制度化，保证职称评审的质量，中央民族大学依据国家教育部和北京市的有关文件精神，本着公平、公正、合理的原则，加大政策导向力度、促进提高教师队伍素质的原则和优化队伍结构、激励广大教师教书育人积极性的原则，对本校的职称评审工作进行了较大的改革。

中央民族大学制定了新的《中央民族大学职称评审组织暂行条例》，明确了评审组织机构、评审组织职责、评审程序、评审纪律等。制定了《中央民族大学申报专业技术职务基本条件的暂行规定》，并按学科专业分别制定了 39 个《暂行规定》的附件，对申报条件尽可能做到了量化，明确了申报各学科、各层次职称评审的条件。从而不仅做到了程序合法、简便易行、可操作性强、透明度高，而且避免了暗箱操作的可能，很好地解决了往年出现过的许多矛盾和问题。

职称评审制度的改革取得了良好的成绩。改革后的职称评审制度和评审办法更加科学化，评审程序更加规范化，评审结果更加合理化，评审的质量越来越高了，评审的难度越来越小了，评审专家的积极性高了，写告状信的人几乎没有了，拉关系走后门的现象也没有了。中央民族大学的职称评审制度改革，已得到全校广大教职工的普遍认可，受到兄弟院校的赞同和上级有关部门的好评。

（四）后勤管理体制的改革

中央民族大学为了更好地理顺后勤管理与教学科研工作的关系，更好地发挥后勤管理在学校整体管理中的作用，调动后勤工作人员的积极性，依据全国高校后勤社会化改革工作会议精神和国务院转发六部委《关于进一步加快高校后勤社会化改革的意见》，本着引入新观念、采用新机制的原则，学校后勤实体与学校规范分离的原则，责、权、利相结合的原则和“老人老办法、新人新办法”的原则，采取先实行“小机关、多实体”的管理模式，进行了后勤管理体制改革。

经过改革，学校成立了后勤管理处，作为学校主管后勤工作的职能部门，代表学校行使制定后勤规划、组织项目招标、与后勤实体签订合同、检查和监督后勤实体服务质量；原有后勤服务部门分离出来，成立了后勤产业集团，相对独立地开展后勤服务工作，并相对独立地管理后勤工作人员。从而学校与后勤实体的关系由行政隶属关系逐渐转向合同制约的甲乙方关系。

后勤改革有了较好的工作效益，给后勤工作带来了新的动力和活力。后勤管理干部和广大工人的积极性更高，为教学科研和学校工作服务的意识更强，提高素质、争做技术工人的热潮越来越浓，后勤工作越来越受到全校师生的好评。

（五）分配制度改革

中央民族大学取得前四项改革的阶段性成功之后，校党政领导进一步分析全国高校和本校的形势，进一步学习和领会中共中央组织部、人事部和教育部的文件及北京市的文件精神，经研究决定并组织实施了以岗位业绩津贴制为主的分配制度改革，将人事分配制度改革引向深入。

（1）岗位业绩津贴制实施的基本原则

①优化队伍结构、提高人员素质，逐步建设一支结构合理、精干高效

的教职工队伍。

②依任务定编、据编制定岗，总量控制、科学合理、精简高效，固定编制与流动编制相结合。

③按需设岗、按岗聘任、公平竞争、择优上岗，效率优先、兼顾公平，尊重历史、实事求是，从学校的实际出发，不搞一刀切。

④根据各单位承担的教学、科研、学科建设、专业建设、实验室建设、教学辅助工作、党政管理工作等各项任务核定编制数，各单位根据岗位编制数和工作任务合理设计岗位。

⑤重点扶持和统筹兼顾，倾斜和保护传统的民族类优势学科、重点学科和专业，扶持急需发展的薄弱学科和应用性、技术型学科及专业，做到“突出重点、照顾一般”。

⑥按师生比确定各类各级岗位的控制指数，但确定各类各级岗位控制指数时，既要考虑各学科和专业一般应达到的师生比，还应考虑学科专业的特殊性所形成的无法达到一般应达到的师生比的特殊性。

⑦教师岗位指数的设置，根据学科的水平层次（如：国家重点学科、省部级重点学科、学校重点扶持学科、博士点学科、硕士点学科、一般学科等），采取学科建设与教学科研任务相结合的办法，按不同的比例确定。

⑧教辅岗位指数的设置，以教学、科研任务核定编制为基础，根据工作任务量，按不同的比例确定。其中，实验技术人员按实验室水平层次（如：国家重点实验室、部门开放实验室、一般实验室等）和任务，按不同的比例分别确定各级岗位指数。

⑨管理岗位指数的设置，按照学校机构改革时确定的编制数核定。

⑩静态和动态相结合。设岗方案确定后，在聘期内岗位指数不能随意变动，各单位可在设定的岗位指数内聘任相应人员，已被聘人员可以流动，但岗位不能随人而走，因学科发展或任务变化需要增减岗位时可以适度调整；按一定比例设立固定岗、流动岗和浮动岗。

（2）岗位业绩津贴制实施方案的制定过程

中央民族大学的分配制度改革是从 2001 年 3 月份开始策划、2002 年 9 月正式实施的。经过了 8 个阶段，较大范围修改方案 8 次，小范围修改方案几十次。2001 年 3 月 5 日校领导班子开会专题讨论分配制度改革问题，会议认为，中央民族大学的分配制度改革势在必行，但此项改革既关系到学校的整体利益，又关系到每个教职工的切身利益，难度大、任务重，一定要积极、慎重、稳妥地进行，要依法、按章办事，好事要办好。会后，由相关部门负责人组成的分配制度改革工作小组开始工作。

首先，组成了由人事处牵头、相关部门参加的调研组，分别到北京市11 所高校进行了调研，并搜集了 21 所高校分配制度改革的材料。4 月 17 日，校领导和工作组成员召开专题会议，认真听取了调研组的调研报告和各高校分配制度改革的基本做法，并责成工作小组起草《中央民族大学分配制度改革的基本思路》（讨论稿），同时提出了改革方案要普遍性与特殊性相结合、改革与发展相结合、前瞻性与可行性相结合、原则性与灵活性相结合、重点与一般相结合的原则。分配制度改革工作小组起草了《基本思路》之后，经过几次一定范围的讨论和修改，10 月份印发到各单位广泛征求意见，根据反馈的各种意见修订了《基本思路》，并着手制定《岗位业绩津贴实施方案》（讨论稿）。

11 月 15 日制定出《岗位业绩津贴实施方案》（讨论稿）第一稿之后，先由校领导、改革工作小组和几个小型座谈会进行了讨论，并作了修改。

经修改后的第二稿提交给 12 月份召开的教代会和教学工作会议进行讨论，校领导和工作小组成员及时召开会议，认真讨论如何根据代表们的意见修改《实施方案》，并将修改的情况及时反馈到了教代会。

经过校党委和教代会原则同意，修改后的第三稿印发到全校各单位进行广泛讨论。根据搜集到的 130 多条各种意见和建议再次修改方案的同时，开始制定各项具体的附件。经过校领导和工作小组多次讨论、多次修改，形成第四稿。

2002 年 3 月 18 日制定出了全套的《中央民族大学岗位业绩津贴实施方案》（讨论稿）。之后，分别组织了教授、副教授、讲师、助教及一般教师、正处级、副处级、科级、科员及一般管理人员、工勤人员及工人、教辅人员、离退休干部和教代会代表座谈会。座谈会期间，边听取意见边修改 40 多项《实施方案》（讨论稿）中的相关内容。

3 月 28 日，大调整、大修改后的第五稿《实施方案》（讨论稿）下发到各单位，又一次组织了全校性大讨论。4 月 11 日，校领导班子听取改革工作小组关于各单位对《方案》的反馈意见汇报，并与改革工作小组一起继续讨论修改《方案》，这一次也做了较大范围的调整和修改。

4 月 16 日，召开了各方面代表参加的综合性座谈会，讨论第六稿《实施方案》（讨论稿），根据综合座谈会上的意见，补充和修改了 9 项内容，形成了《实施方案》第七稿。

4 月 17 日，修改后的第七稿递交给教代会主席团会议讨论，经讨论一致同意在进一步修改部分内容的基础上试行《中央民族大学岗位业绩津贴实施方案》，在试行中不断总结不断完善。根据教代会提出的修改意见，又补充和修改了 8 项内容。

4 月 24 日，校党委常委扩大会议认真讨论修改后的第八稿，会议提出修改部分内容的同时，一致同意在全校试行《中央民族大学岗位业绩津贴实施方案》，并决定上报国家民委审批。

6 月 5 日，国家民委批复，同意中央民族大学试行《中央民族大学岗位业绩津贴实施方案》。

（3）岗位业绩津贴实施方案试行情况

4 月 26 日，学校召开了讲师以上教师和科级以上干部大会，学校行政主要领导做了关于试行岗位业绩津贴制的动员报告，明确指出：实施岗位业绩津贴制要正确树立五个观念和三个正确把握，即正确树立整体和全局的观念、统筹兼顾的观念、实事求是的观念、辩证地看问题的观念和公平竞争的观念；正确把握中国高等学校改革发展的大趋势、大方向、正确把握学校改革的有利时机、正确把握全校教职工的利益及主流意见。

实施岗位业绩津贴制，最关键性的工作是定岗定编，定岗定编是分配制度改革中最实质性的改革，是难度最大、很具体、很复杂的工作。因此校领导和定岗定编工作小组多次开会研究定岗定编问题，学校行政主要领导明确指出：定岗定编要坚持《中央民族大学岗位业绩津贴实施方案》中规定的十条原则，并要以“学生发展规模为依据，以定岗定编为目的，以充实缺编为方向，以‘消肿’超编为导向，构建合理的教师队伍结构”为指导思想。并做出决定，定岗定编要固定岗位与流动岗位相结合；重点学科与一般学科相结合；特殊学科种类设置和权重系数与相关政策规定相结合；现设岗位指数与未来编制控制数相结合。

根据会议的决定和校领导的讲话精神，定岗定编工作组起草《定岗定编办法》及相关的附件。经过校领导、改革工作小组多次讨论并反复修改后，校务会议讨论通过了《中央民族大学岗位业绩津贴制试行期定岗定编办法》及《试行期教师编制及岗位指数》、《试行期管理及工勤岗位指数》、《试行期教辅单位教辅岗位指数》等附件。

8 月 26 日，学校召开全校中层干部会议，动员并布置了各类各级岗位的聘任工作。会后各单位分别召开本单位的动员会，认真组织和落实各类各级岗位的公开招聘工作。应聘人员向岗位所在单位提出岗位应聘申请并递交了《岗位应聘申请表》。各单位的岗位业绩津贴工作领导小组按照学校下达的岗位控制指数，对照上岗条件和岗位职责严格审核和评议，提出了各级岗位拟聘人员名单，并将材料报到岗位业绩津贴工作办公室。

9 月 13 日，校党委常委扩大会议听取工作办公室关于拟聘各类各级岗位人员的审核情况汇报和建议性意见，并做出了提交校评聘工作委员会评审的决定。

9 月 16 日，校岗位设置与聘任工作委员会召开会议，听取并审议通过了岗位业绩津贴工作办公室关于经审核拟同意聘任到 6—9 级岗人员的意见；讨论通过了控制指数内正常套定的 4—5 级岗位人员；讨论通过了浮动指数内“高套”对应岗人员；在审阅“岗位应聘申请表”和单位推荐材料的基础上，以无记名投票的方式逐级评定了 1—4 级岗聘任人员。

中央民族大学试行的岗位业绩津贴制是比较成功的，基本上达到了分配制度改革预期的目的。但是，为了更好地实现改革的目的，在总结成功经验的同时，通过各种渠道又广泛听取意见，对试行方案和相关规定进行了部分修改，并予以实施。修改后的方案，更加切合实际，更加符合改革的精神，更加公正、公平、合理，更加受到全校广大教职员工的支持和拥护。

二、改革的成效

中央民族大学的人事分配制度改革比较滞后，起步比较晚，但是改革的力度和深度是空前的。这么短时间内进行这么多项改革，这样大幅度地调整机构，如此将干事到处长的所有岗位拿出来进行公开竞聘，能够把改革实施方案提交给教代会讨论通过，在北京高校中似乎没有先例。中央民族大学由于领导高度重视、指导思想正确、群众积极参与、制度比较健全、利益关系明确、工作方法得当、具体措施有力，顺利地完成了人事分配制度改革的任务，并取得了显著的成效。通过改革，不仅精简了机构，消除了臃肿，更重要的是强化了职能，明确了职责，理顺了关系，转变了机构运作方式，调动了积极性，提高了工作效率，合理地配置资源和力量，确保了思想政治工作的重要地位和教学科研在学校工作中的中心地位。

（一）改革给学校带来了新气象和新变化

改革前有些人担心，像我们这样复杂的民族院校，这么大刀阔斧地进行改革，是否会影响到学校的团结和稳定，是否会影响到学校的正常教学、科研和管理工作。但改革后铁的事实证明了这种担心是不必要的。中央民族大学的人事分配制度改革，不仅没有影响到学校的团结和稳定，而且在改革过程中，进一步密切了党群关系、干群关系，加强了各族干部和教职员工之间的团结，增强了凝聚力，维护了学校的稳定，促进了学校各方面的工作。

在改革中，中央民族大学的思想政治工作和党建工作得到了进一步的加强。机构调整和聘任干部后，中央民族大学进行了“三讲教育”，并顺利完成了各个阶段的任务；召开了全校的思想政治工作会议和教学科研工作会议；胜利召开了第六次校党代会，通过了党委工作报告，选举产生了第六届校党委；召开了第三届教职工代表大会暨工会第十一次代表大会。这无疑是与竞聘上任的干部队伍思想素质密切相关的，也是对新聘任上岗的干部队伍的一次合格的政治检验。

实践证明，通过竞聘上岗极大地调动了干部的积极性，他们富有活力和朝气，体现了一种新的精神风貌。近几年里，学校工作大事不断、头绪繁多、任务艰巨，许多干部辛勤劳动、任劳任怨，做出了巨大的努力，不分节假日经常加班加点，互相帮助、通力协作，表现出了强烈的工作责任感和服务意识。这种无私奉献精神和团队精神，是有目共睹的，受到了群众的普遍好评。

中央民族大学人事分配制度改革，在深层次上是一次解放思想、更新观念的过程，从“让我干”变成“我要干”，从“走关系”变为“公平竞争”，从“旁观者”变为“参与者”，实现了干部到群众的思想观念更新。人事分配制度改革，充分调动了干部到群众的积极性，全校教职员工的“人气”有了根本性转变，由过去的“失望”和“抱怨”变为现在的“希望”和“赞美”；由过去的满腹牢骚变为现在的心悦诚服；由过去的消极怠工变为现在的积极主动；由过去的只顾个人利益变为现在的关心集体的利益；由过去“紧张”的人际关系变为现在的和睦相处。

（二）改革给学校带来了各项事业的大发展

人事分配制度的改革，给学校引入了新的管理机制，注入了新的活力，打破了“铁饭碗”和“平均主义”的大锅饭，建立了能上能下、能进能出、能高能低的激励竞争和严格约束相结合的机制，增强了干部的事业心、责任感和服务意识，加强了民主集中制和民主透明度，增加了群众管理和群众监督的力度，加大了考察和考核的力度，淡化了身份、强化了岗位，充分调动了广大教职员工的积极性。从而，中央民族大学的各项事业有了飞跃性的大发展。

改革前的 1999 年与改革后的 2003 年相比，在校生由 3100 人增加到 11000 人，净增 119%；在编教师净增 14%（765 名）；在编教师中高级职称人员增加 11.1%（占在编教师的 52%），具有博士学位教师增加 13.7%（占在编教师的 19.2%），具有硕士及以上学位的教师增加 15.8%（占在编教师的 50.8%）；博士学位授予点由 5 个增加到 17 个，硕士学位授予点由 15 个增加到 38 个；本科专业由 35 个增加到 57 个；教授职称终审权从零到有了 5 个学科的终审权，副高职称终审权由 8 个学科增加到 11 个；在编教师与学生比由 1∶8 增加到 1∶14.4；在编教职工的人均月收入由 1038 元增加到 2400 元，年收入高者达 10 万元；离退休人员的生活补贴每月人均增加 180 元和 120 元；学校在全国高校综合大学排位行列中由 1999 年的 109 位跃居到 2003 年的 64 位，极大地提高了中央民族大学的社会地位和扩大了影响。

总之，中央民族大学的人事分配制度改革是成功的，改革的成效是显著的，各项改革均达到了预期的目的。但是，校内管理体制改革是一项复杂而艰巨的系统工程，改革仍然任重而道远。中央民族大学并没有沉醉在改革成功的喜悦中，而是认真地总结经验，检查存在的问题和不足，不断地修改各种改革文件和规定，进一步研究如何更合理地定岗定编、更科学地进行考评、更加“淡化身份、强化岗位”、彻底解决平均主义的“大锅饭”等。

三、改革的基本经验和体会

中央民族大学通过人事分配制度改革，积累了一些成功的经验和体会，为深化学校的各项改革，打下了良好的思想基础、理论基础、实践基础、制度基础和群众基础。

（一）领导重视是改革成功的关键

中央民族大学的人事分配制度改革，其难度是比较大的。建校 50 年来，管理体制和办学格局都没有做过较大的调整和改革，人事分配制度也基本上几十年一贯制，人们对人事分配制度的认识比较老化，思想观念也比较僵化，学校的各种问题和各种矛盾多积，人际关系比较复杂，各方面的基础都比较薄弱。

人事分配制度的改革是学校管理制度的重大变革，改革关系到学校的方方面面，改革的成败关系到学校的前途命运。全国兄弟院校，特别是北京的周边院校，此前在这方面已经进行了较大的改革，已取得了很大的成绩，这既为中央民族大学提供了改革的外部环境和条件，也对中央民族大学构成了外部压力和挑战。

中央民族大学党政领导非常重视人事分配制度改革，经过认真分析国内外的形势和校内的基本状况，果断地做出了进行人事分配制度改革的决定，并从调查研究入手，深入发动群众，统一思想认识，谋划和周密部署工作，坚定地组织实施了人事分配制度的改革。在人事分配制度改革的过程中，校党委和行政领导召开过几十次专题会议，讨论和修订各项改革方案，分析和研究解决改革中的问题，检查指导改革工作小组的工作，认真听取改革工作小组的意见和建议，始终起到了正确领导和决策的重要作用。校领导分别深入各单位和各种座谈会，认真听取并研究和分析来自各方面的意见。学校党政主要领导亲自参加了几十个座谈会，几十次深入各单位听取意见，并直接参与起草和修改方案。

调查研究是进行改革和制订方案必不可少的前提条件，如果没有调查研究，就发现不了问题，就没有解决问题的依据，只有情况明才能方法对，才能有针对性地开展工作。登高才能瞻远，深入才能察微。面对高校改革的大潮和中央民族大学存在的问题，校领导组织开展了广泛深入的调查研究，校党政领导亲自参加调研工作，广泛听取各级干部、教师和离退休老同志的意见。通过召开百多次的座谈会，收集几十所兄弟院校的改革方案和经验材料，形成了正确反映国内外形势和中央民族大学现状的调研报告，并将调研报告向全校教职员工进行宣传，努力做到转变观念，思想统一，借鉴兄弟院校成功的改革经验和做法，有力地开展人事分配制度改革。校领导谋划全局，确定了“以机关改革为突破口，以院系改革为重点，以职称评审制度改革和后勤改革为条件，以分配制度改革为保障”的配套改革总体思路。在各项改革的过程中，学校先后召开了十几次全校大会，校领导阐明每项改革的目的、意义、指导思想、原则和措施，极大地调动了广大教职员工的积极性。

国家民委党组十分重视中央民族大学的改革，非常关心改革工作的进展情况，为学校的改革积极、稳妥地进行，及时地作出了许多正确的具体指导。国家民委领导及时召开主任办公会议，认真研究学校上报的改革方案，并形成会议纪要，对中央民族大学的改革方案给予了肯定和支持，鼓励学校勇于创新，勇于改革和开拓、进取，让学校树立起成功改革的信心，成为学校改革的领导保障和精神支柱。

（二）制度建设是改革成功的重要保证

制度建设对人事分配制度改革来说具有特殊的重要意义。经过一定民主程序和组织程序确定下来的制度，是全校干部和广大群众整体意识的体现，因而制度具有可靠性、可行性、稳定性和长期性，可以有力地实施各项工作。制度能够判断是非，具有明确的规范作用，有了制度就有了明确、具体的标尺，还便于检查和监督；制度能够纠正错误，具有强制作用；制度能够公正、公平、公开地做好事情，可以杜绝歪风邪气。

中央民族大学在分配制度改革的过程中，非常重视制度建设，本着平等的原则、多数决定的原则、切合实际的原则、政策导向的原则、步骤稳妥的原则和综合治理的原则，前后制定并出台了《党政机构调整方案》、《教学科研机构调整实施方案》、《申报专业技术职务基本条件的暂行规定》、《后勤社会化改革及“老人老办法、新人新办法”措施》、《岗位业绩津贴实施方案》、《定岗定编实施办法》、《处级干部聘任制实施办法》、《科级岗位聘用方案》、《岗位业绩津贴考核程序及办法》、《管理岗位、教辅岗位及工勤岗位业绩津贴评定办法》、《处级干部考核方案》、《科级干部考核方案》、《关于分流人员的待遇和管理规定》、《教学任务和教学工作量计算办法》、《教研室组织规范》、《2003 年岗位业绩津贴修改方案》等与人事分配制度改革相关的文件和规定，以及 50 多个文件附件。从而形成了比较配套的人事分配管理制度，保证了改革工作有章可循、按章办事、有条不紊地进行。

（三）群众路线是改革成功的重要途径

人事分配制度改革是关系到全校广大教职员工切身利益的大事，所以改革要从广大群众的愿望出发，坚定地走群众路线，深入到群众当中了解群众的心声，耐心细致地开展工作，赢得广人群众的理解、支持、拥护和参与，才能够顺利进行各项改革并取得改革的成效。改革的目的是为了更好地办学校，全校教职工盼望着把学校办得更好，办好学校实质上是群众的事情，群众的事情由群众来做主是天经地义的事情。所以改革必须在党委的正确领导下，紧紧地依靠群众，充分发挥群众的智慧和力量，才能够实现改革的目的。在改革的过程中，中央民族大学的领导坚定地走群众路线，每制定各种方案和规定都与群众商议，通过座谈会、讨论会、汇报会和个别谈话等形式，广泛听取群众的意见和建议，使得方案趋向科学、合理、可行。调查研究工作和修订改革方案本身就是走群众路线，是一次广泛的动员群众，仅教学科研单位机构调整及干部人事制度改革就召开了 23 个各种类型的座谈会，听取了 2000 多人的意见，并修改方案 15 次；分配制度改革召开了 32 个各种类型的座谈会，听取了 4000 多人次的意见，并修改方案 28 次。

中央民族大学由于走的是群众路线，深入细致地发动了群众，广大干部和教职员工充分认识到，中央民族大学的改革势在必行，只有改革学校才能发展，只有改革才能解决学校长期积累的诸多矛盾和问题，不改革学校就没有出路，民大之兴衰，决定于改革和改革的成功与否，每一个民大人都应当关心改革、支持改革、参与改革。这样，使改革成了 2000 年以来中央民族大学的一个最热门的话题，在整个改革过程中全校的干部和广大教职员工积极地出主意、想办法，为改革献计献策，才使学校比较顺利地实施了各项改革。

（四）处理好利益关系是改革成功的核心问题

利益观直接关系到改革的出发点和目的性。改革能给学校带来整体利益，能够促进学校的发展，能够调动起广大教职工的积极性，给广大群众带来实惠。但也可能会影响到个别小集体或极少数个人的利益，也有可能挫伤到部分人的积极性。所以做出改革决定的本身就有正确对待集体利益与个人利益的问题，怕得罪人、只顾自己安逸的领导是不可能有进行改革的魄力的。能否正确处理国家、集体和个人的利益关系，直接影响到能否制定出正确的、绝大多数群众满意的改革方案，也关系到能否公平、公正、合理地实施改革方案。代表绝大多数群众利益的方案是科学的、合理的方案，科学、合理的方案一定是代表着绝大多数群众的利益。

在各项改革的过程中，中央民族大学党委和行政领导始终坚持以“三个代表”重要思想为指导，始终把学校的利益、广大教职工的利益放在首位，始终把是否利于更多群众的利益、是否多数群众满意作为采纳各种意见和修改方案的主要依据和标尺。所以才赢得了广大教职员工的拥护、支持和信任，才取得了显著的成绩。

中央民族大学在从学校的前途和整体利益出发，大力开展各项改革的同时，还认真解决和妥善处理改革后带来的诸多遗留问题，较好地解决了个体和少数人的利益问题。一是对机构的撤并、组建及其职能转换、工作交接等事宜，进行具体布置和指导，说明原因和理由，讲清道理，努力做到正常工作不受影响；二是不冷落落聘人员，主动找落聘人员谈话，及时做思想工作，使得他们以正确的心态面对改革带来的一时阵痛，并鼓励他们努力选择更适合自己的工作岗位；三是对由于年龄原因未能聘任的老同志进行妥善安排，在发挥他们“余热”的同时给予相应的待遇；四是在对下岗分流人员做耐心细致的思想工作的同时，制定了内退、培训、待岗及重新上岗等方面的政策规定，下发10万元的培训再就业专项经费等。由于学校领导预先考虑到了改革后将带来的各种遗留问题，并积极采取了措施，所以各项改革都能够不但顺利进行，也没有发生任何问题。

中央民族大学要进一步解放思想、实事求是、与时俱进，不断地探索，不断地总结，不断地完善，更加拓宽视野，在深化人事分配制度改革的同时，推进学校的整体改革，建立起一套既符合高校的发展规律，又符合民族大学特点的内部管理体制，为把中央民族大学办成世界一流的民族大学，再接再厉，取得更大的成绩。

（作者时为中央党校中青班学员、中央民族大学校长）

在中央民族大学 2003 届毕业典礼上的讲话

（2003 年 7 月 2 日）

同学们、老师们、尊敬的民委领导：

大家好！

今天，中央民族大学 2003 届毕业典礼在这里隆重举行，我谨代表学校全体师生员工，向今年毕业的全体本科生、硕士生、博士生致以热烈的祝贺！代表学校党委和行政向在第一线辛勤耕耘的全体教师、干部和职工致以崇高的敬意！

今天，我们能欢聚一堂，在此举行如此隆重热烈的毕业庆典，这是多么的难得啊！“非典”疫魔在中国的流行、在北京的肆虐，没能阻止各位同学的顺利毕业，你们是多么的幸运啊！这次抗击“非典”的战斗，我校各族师生全体动员，全力防疫，在抗击“非典”中经受了艰苦磨炼，取得了重大胜利，交上了令人满意的答卷。

寒窗苦读终结硕果。同学们，今年我校又有 2438 名同学学成毕业，其中本科生 865 人、中专生 99 人、预科生 303 人、硕士生 129 人、博士生 45 人、成人教育生 997 人。由于“非典”的原因，今年毕业的中专生、预科生、成教学生未能参加我们今天的毕业典礼。在座的，是我校今年毕业的全体本科生、硕士生和博士生。

同学们，回顾你们在中央民族大学学习的这几年，我们的祖国发生了多么显著的变化，我们的学校取得了多少可喜的成就，我们的同学在成长的道路上获得了多么巨大的进步。你们就学于中央民族大学的这几年，恰好是我校历史上具有转折意义的时期。在这几年里，你们亲历了母校 50 周年的校庆大典，我校的光辉历史在你们面前展现；你们目睹了朱镕基总理视察民大的风采，总理作出了“把中央民族大学建设成世界一流民族大学”的重要指示，它将成为我们民大人新世纪开拓进取的号角；你们参与了校园的文明与美化过程，由于加上了你们的努力，我们的校园终于成为“文明校园”；你们见证了中央民族大学的改革进程，通过改革，你们在民大的学习环境、生活条件、精神面貌一天比一天好，你们的学习能力一天比一天强，你们的收获一天比一天大；你们经历了中央民族大学的大发展时期，中央民族大学成为国家民委、教育部、北京市人民政府三家共建的重点大学，我们的学科建设、科学研究、校园建设进入一个前所未有的发展时期。请你们相信，由于有国家民委的正确领导，有全校老师和同学的艰苦努力，有遍布中国和世界的民大校友的鼎力相助，我们中央民族大学必将成为世界一流的民族大学。我相信，你们一定会因为自己是中央民族大学的学子而自豪。

同学们，你们中有一部分将继续留在我校或转到其他院校攻读硕士或博士学位，而更多的同学要走出校园、走向社会。但是，无论你们身在何方，你们都不要忘记自己是民大学子，不要忘记中央民族大学是你们永恒的母校。在民族大学，我们虽然尽一切努力为你们提供最好的学习环境和生活条件，我们想尽办法教给你们做人的道理、谋生的本事、发展的机遇、成熟的心态，但你们可能不尽满意，可能没有得到你们期望的全部。但不管怎样，大学生活的喜悦与艰辛、顺意与烦恼，一切都将成为过去，展现在你们面前的，将是一片更加广阔的天地。在你们即将迈出校门、踏上人生新的征途之际，我有几点希望送给大家：

希望你们志存高远。理想是灯塔，立志是起点。我希望你们不要急着燃烧自己，而应志存高远，同时又脚踏实地，在平凡的岗位上创造出不平凡的业绩，在广阔的社会舞台上演奏出绚烂而辉煌的人生乐章！

希望你们敢于担当。你们来自祖国的四面八方，你们是中华民族的骄子，56 个民族发展进步的重任在你们肩上。在你们未来的人生旅途中，不论有多么大的困难，不论有多么严峻的挑战，不论在多么艰难的时刻，你们应敢于担当自己的责任。敢于担当的精神将帮助你们克服困难、迎接挑战、渡过难关！

希望你们奋力拼搏。毕业是学习的结束，又是新征程的开始。古人说“天道酬勤”。勤劳、苦干、拼搏，是你们最大的本钱，将为你们打造出美丽的明天。许多同学来自西部，来自最需要我们回去的民族地区，希望你们发扬奋力拼搏的精神，用所学的知识回馈社会，在西部大开发的广阔天地里建功立业，施展才干！

希望你们硕果累累。学习已暂告一段落，工作便即将开始。学习是智力的投资，勤奋努力的工作将使你们获得丰厚的回报。祖国的经济与社会发展需要你们，西部开发的伟大事业需要你们，“三个文明”建设的工程需要你们，希望你们硕果累累，取得无愧于祖国、无愧于民族、无愧于时代、无愧于母校的丰硕成果！

最后，祝同学们一帆风顺、幸福成功。我相信，总有一天，中央民族大学会因你们而骄傲！

谢谢大家！

荣仕星校长致全校教职员工的公开信

各位师生员工：

我向大家表示最亲切的慰问，向奋斗在一线的校领导、广大干部、教师、医务人员表示衷心的感谢！目前，我在中央党校脱产学习，按学校规定集中封闭学习，不能外出。但我的心为民大人所挂，情为民大人所系，权为民大人所用，利为民大人所谋；我一直关注着学校的“非典”动态及发展情况。因此，为夺取防治“非典”斗争的最后胜利，我说几点意见：

1. 在校党委和行政的领导下，各族师生员工要团结一致、沉着应对，依靠科学、正确看待，同舟共济、共渡难关，去战胜“非典”。

2. 加强锻炼身体，提高抗“非典”免疫力，“非典”是可防可治可控制的。当前的中心任务应该是思想上要高度重视，心理上要平和放松，措施上要积极防治。

3. 人定胜天，既要遵循自然的客观规律，又要充分发挥人的主观能动性。我们要相信政府、相信党中央，一定能够用民族精神凝聚人心，一定能够战胜一切艰难险阻，一定能够带领全国各族人民夺取防“非典”的最后胜利。

最后，祝全校师生员工身体健康！

中央民族大学校长　荣仕星

2003 年 4 月 26 日

在中央民族大学党委常委民主生活会上的发言

一、发展是实践“三个代表”重要思想的核心

邓小平讲“发展是硬道理”；江泽民同志说“发展是执政兴国的第一要务”。对于中央民族大学而言，“发展是执政兴校的第一要务”，是实践“三个代表”重要思想的核心。

近几年来，我们大力以改革促发展，着重抓了十个方面的工作，使我校处于前所未有的发展时期，这是我们取得抗击“非典”胜利的前提和基础。

第一，学科建设：与2000年相比，我们的国家重点学科由1个增加至现在的2个，并新增部委级重点学科9个、人文社会科学基地3个。

第二，学位点建设：与2000年相比，我校博士学位授权点由5个增加至现在的17个；硕士学位由25个增加至现在的38个；本科专业由37个增加至48个。

第三，教师队伍：与2000年相比，我校教师中具有博士学位的由65人增加至现在的150人，占教师总数的19.6%；加上具有硕士学位的，共占教师总数的78%。

第四，招生规模：本科生招生已从1999年的888人，逐年递增至今年的2550人，在校本科生已达9000人；研究生由115人增加至445人。

第五，教学改革与实验室建设：经过大力的投入和全面改革，不仅在设施上有较大改善，而且在教学制度、教学质量、教学成效方面有突破性的改进。

第六，基本建设：经过各方面的不断努力，最近三年，我校在基本建设方面有了大步的前进，已建和在建的建筑物面积达24万平方米。

第七，职称评定：由于我校学科建设的发展，加上前两年职称评审的出色工作，使我们获得了5个大学科的正教授职称终审权、11个副教授职称终审权。

第八，经费预算：我校经过努力，经费大幅度增加，成为我校各项事

业发展的前提和保障。

第九，教师待遇：经过岗位制津贴改革，我校教师待遇有了明显改善，去年已有教授拿到了 9 万元的年薪。

第十，积极推进对外交流和联合办学：我校已开始向法国里昂大学、英国的东伦敦大学选派学生，实施联合培养计划。

总之，发展是中央民族大学的第一要务。改善教师待遇靠发展，支援西部、服务西部靠发展，提升中央民族大学实力靠发展，建设“世界一流民族大学”还是靠发展，这次取得抗击“非典”的胜利还是靠发展。因此，我的基本结论是：发展是实践“三个代表”重要思想的核心。

二、认真总结抗击“非典”工作经验教训，搞好中央民族大学改革和发展工作

对于抗击“非典”的工作，我有五点体会：

一是确立一个指挥中心的地位。只要确立了党委的指挥中心地位，工作就有了“主心骨”，“杂音”也就没有了。

二是增强两种意识：（1）增强科学防止“非典”的意识；（2）增强崇尚讲卫生、多锻炼的意识。

三是建立三种机制：（1）应对突发事件的应急机制；（2）高度集中统一管理的行政管理体制；（3）果断决策的行动机制。

四是严格“四早”措施：严格做到“早发现、早隔离、早治疗、早控制”。

五是做好五项工作：（1）团结奋斗：这次抗击“非典”证明我们的班子是团结的，在王书记的带领下，团结出力量，团结出成效，团结出形象；（2）两手都要抓：一手抓抗击“非典”，一手抓学校发展；（3）领导带头、真抓实干，王书记带头，冲锋在前；（4）发挥思想政治教育的优势：我们的党员、干部、支部、总支，把思想政治教育工作做在了前面，这是我们取得抗击“非典”胜利的关键；（5）正确判断和分析形势：在前期，讲真情实况；在重灾期，做到“四早”；在后期，保持战果。

一句话，通过抗击“非典”的工作，我们学校凝聚力增强了，学校的地位提高了，学校实力提升了。这是抗击“非典”工作的成果，这些将成为我校未来发展的基础。

认真实践“三个代表”重要思想 推进高等教育制度创新

（2003年7月3日）

党的十六大把“三个代表”重要思想确立为全党的指导思想，并提出要在全党兴起学习、贯彻这一重要思想的新高潮，这是党的事业继往开来、与时俱进的战略任务。《“三个代表”重要思想学习纲要》的编印，是我们党和国家的一件大事，我们一定要深入学习、贯彻“三个代表”重要思想，联系实际，把握重点，进一步推进民族高等教育的制度创新。

一、学习《“三个代表”重要思想学习纲要》的体会

“中国共产党必须始终代表中国先进生产力的发展要求，代表中国先进文化的前进方向，代表中国最广大人民的根本利益”，这是“三个代表”重要思想的集中概括。《纲要》根据“三个代表”重要思想本身的内在逻辑，以及十六大报告总结的十条基本经验，进一步深化了对“三个代表”重要思想的认识，不仅全面系统地阐述了“三个代表”重要思想的时代背景、实践基础、科学内涵、精神实质和历史地位，而且阐明了“三个代表”重要思想与马列主义、毛泽东思想、邓小平理论的继承和发展关系。“三个代表”重要思想虽被高度概括为三句话，但它却有着极为丰富的内涵。胡锦涛总书记指出，“三个代表”重要思想全面体现了党的基本理论、基本路线、基本纲领、基本经验，涵盖了经济、政治、文化各个领域，包括了以江泽民为核心的党中央第三代领导集体十三年理论创新的全部内容。从这个意义上说，《纲要》把“三个代表”重要思想与我们党十三年来理论创新的全部内容有机地统一了起来。因此，在新形势、新阶段、新任务面前，“三个代表”重要思想对进一步统一全党思想、提高全党理论水平有着十分重要的指导作用。

二、实践“三个代表”重要思想的重要意义

“三个代表”重要思想是我们党的立党之本、执政之基、力量之源，我们要坚持不懈地深入学习和贯彻这一重要思想，用它来指导实践，真正把它落到实处。努力做到：部署工作，“三个代表”是方向；推进工作，

“三个代表”是动力；检查工作，“三个代表”是标准。我们要把学习、贯彻“三个代表”重要思想作为首要的政治任务，在用它来指导实践、解决实际问题上下工夫。在中央民族大学，我们一是要在深刻领会“三个代表”重要思想精神实质的基础上，进一步把师生员工的思想和行动统一到这一重要思想和十六大精神上来，把他们的智慧和力量凝聚到实现十六大确定的各项任务上来，凝聚到推进学校改革发展的事业上来。二是要在学校的工作中，牢牢把握发展这个执政兴校的第一要务，当前要继续坚持“两手抓”，即一手抓防控“非典”这件大事不放松，一手抓学校改革发展这个中心不动摇，力争夺取防控“非典”和事业发展的“双胜利”。三是要进一步加强和改进党的建设，转变干部作风，认真查找和解决好官僚主义、形式主义、腐败现象等影响党群关系、干群关系的群众反映强烈的问题，多办实事，切实解决群众工作、生活中的困难和问题，这是学习“三个代表”重要思想的根本出发点。四是要在联系实际特别是联系民族高等教育事业发展的实际上下工夫，不搞形式主义，不做表面文章，要以加快学校发展、做好各方面工作来检验学习和实践“三个代表”重要思想的成效，努力推动民族教育事业的创新与发展。

三、以“三个代表”重要思想为指导进行高等学校制度创新

高等教育的功能和高校的职能是培养人才、开展科学研究和直接为社会服务。当今世界科技发展日新月异，以经济为基础、以科技为先导的综合国力的竞争更为激烈，高等学校处于激烈竞争的前沿，要从容应对面临的新的机遇和挑战，就必须在“三个代表”重要思想的指导下，从以下几个方面进行改革创新，以创新意识深化学校的教育教学改革。

1. 教学思想观念上的创新。高等教育要培养具有新知识、新精神、新能力、适应现代社会要求的高质量人才，就必须具有创新思想。这种创新思想应体现三个结合：一是专业培养与素质教育相结合；二是传播知识与能力培养相结合；三是教学与科研相结合。21 世纪人才竞争的核心是人才知识的竞争，民族高等院校要想有所作为，在优胜劣汰中不被淘汰，就要抓好提高高级人才培养的质量这个关键环节，提高教育教学质量，培养德才兼备的人才。

2. 高等教育管理体制的创新。中国加入世贸组织以后，学校面临着机遇和挑战。民族高等院校要认清形势，主动出击，拿出管理体制的创新方案。创新方案可以分两步走，第一步是从内部管理体制入手，进一步完善二级学院，加强学科建设；第二步是从外部管理体制入手，可与政府、企

业、科研单位进行教学、科研和服务咨询的合作，有选择、有重点地突破。这样有利于增强我们学科、专业的实力，有利于培养社会发展真正需要的复合型高素质人才，有利于保证我校在未来的高校竞争中立于不败之地。

3. 学校管理制度的创新。高等教育要适应市场经济体制和现代化建设的需要，要适应知识在经济、社会发展中发挥核心作用的形势，就要求高校的教育功能和职能要有所拓展，以适应高等教育多样化，以及形式、层次、类型、布局结构合理化的需要。所以，民族院校要在投资制度、内部管理制度、招生就业制度、教师聘任制度、人事管理制度、分配制度等方面都要有所创新，建立多渠道的投资制度、科学的内部管理制度、开放的招生就业制度、打破职称界限的教师聘任制度、固定和流动岗位相结合的人事管理制度、有比例发放的工资制度。

4. 人才培养模式的创新。胡锦涛总书记指出，要抓好发展这个我党执政兴国的第一要务，“必须坚持以经济建设为中心，聚精会神搞建设，一心一意谋发展”。当前，加快民族地区发展一个重要的举措，就是要“突出抓好人力资源的开发和少数民族干部队伍的建设”。要培养、造就一批适应民族地区发展需要的专门人才，就要求高等院校实现人才培养模式的创新。民族院校要培养少数民族及其地区发展真正需要的各种类型的人才，除了培养基础扎实、知识面宽、能力强、素质高、勤奋创新的优秀人才以外，还要从五个方面人手，培养、构建人才结构：一是合理的知识结构；二是科学的思维结构；三是实用的能力结构；四是综合的素质结构；五是良好的教育结构。

5. 教学方法和教学手段的创新。改革传统的教学方法与手段，是当前教学改革的一项重要任务。改革、创新的指导思想是：课堂讲授由以教师为中心向“以教师指导下学生主动学习、独立思考为主”转移；教学方法应由灌输式向启发式、研究式、讨论式、实践式过渡，以充分激发学生的热情，调动学生学习的积极性和创造性，培养学生的科学态度、合作精神和创新能力。改革教学手段就是要把现代教育技术手段引入课堂教学，改变以往单一的“黑板＋粉笔”的教学手段，采用幻灯、投影仪、计算机、网络技术等手段进行教学。我们要充分发挥现代教育技术的教学和科研作用，使每一位教师都学会运用现代教育技术手段进行教学。掌握了现代教育技术手段，在高校未来的竞争中，我们就能永葆兴盛的地位。

6. 课程体系选择上的创新。课程体系选择，主要就是课程体系基本设计思想的选择。课程体系设计思想，应以“三个面向”为指导，以提高素质为核心，以传授知识为基础，以培养能力为重点，对教学科目实施总体优化设计，并以此为基础制定处理过程中的各种关系的原则，诸如自然科学与人文科学课程的关系、基础课与专业课的关系、理论课与实践课的关系、课程之间的相关性问题、课程体系的整体性与单科课程学科系统性的关系、专业课程设置与社会岗位接口问题的关系等等。课程体系选择的指导原则是厚基础、宽口径、强能力、高素质、总体优化。

此外，我们还要在教学实践环节和考核考试方法等方面进行创新。让学生通过参与课题研究、挂职实践、实践竞赛等诸多教学实践环节的锻炼，达到自我发展、自我提高、自我超越的目标。考试制度改革的方向应该是：构建一个以素质考核为核心，知识、能力、素质考核相结合的新的考核考试方法与制度。如试行“研究型考试”，不求考题答案唯一正确；笔试和口试相结合，锻炼学生基础知识的运用、口头表达能力、综合概括能力；通过计算机操作和手写相结合的考试，以计算机操作来训练学生的计算机熟练运用水平。

四、高校如何贯彻落实“三个代表”重要思想

“三个代表”重要思想是党的十六大的灵魂。为了认真学习《“三个代表”重要思想学习纲要》，在高等学校掀起学习贯彻“三个代表”重要思想的新高潮，我们要全面研究，周密部署，学习上要体现重点性、层次性；宣传上要突出广泛性、接受性；研究上要着重思想性、创新性；实践上要强调时效性、长久性。

首先，要把学习《纲要》纳入“三个代表”重要思想的学习计划之中，把组织党员、干部和师生员工学习（《纲要》）同学习十六大报告和党章结合起来，同学习马克思主义发展史结合起来，同学习江泽民同志一系列重要著作和讲话结合起来，同学习以胡锦涛为总书记的党中央在带领全党全国人民实践“三个代表”重要思想过程中新的理论创新结合起来，把学习《纲要》作为党员组织生活中的重要内容。

其次，要充分发挥《纲要》在学习贯彻“三个代表”新高潮中的重要作用，充分利用广播、电视、网络、板报、宣传栏、校报和校刊等校内宣传媒体，并通过座谈会、报告会等多种形式，组织有声势、有深度的宣传活动。

第三，针对党员干部和师生员工的不同特点，有重点、分层次地开展学习活动。党委理论中心组要在 7 月份组织一次学习，认真研读十六大报告和江泽民同志的原著，组织专家辅导，深入搞好专题研讨。各级干部要

做学习的表率，先学一步，学深一步，进一步带动师生员工的学习。然后以专题讲座、宣讲、报告等形式有针对性地做好对教师的专题辅导，进一步推动教职员工分层次、有重点地进行学习。

第四，精心组织安排好广大学生特别是广大团员的学习。要充分发挥学生党团组织、理论社团的优势，开展多种形式的学习活动，要把大学生的学习同积极推进和深化“三个代表”重要思想“三进”工作结合起来，并将学习和宣传《纲要》列入今年大学生暑期“三下乡”活动的重要内容。

第五，要切实组织好“两课”教师的学习。通过理论研讨、集体备课等活动，使“三个代表”重要思想“三进”工作得到进一步推进。要在近期考虑编写一个教学中贯彻“三个代表”重要思想的具体方案；要着重发挥“两课”在主渠道、主阵地方面的作用，真正做到“三个代表”重要思想“入心”、“入脑”、“入行”。

2003 年中央民族大学校长述职报告

2003 年是中国不平凡的一年，也是中央民族大学不平凡的一年。在遭受“非典”袭击的严峻情况下，由于党政领导密切配合，思想行动一致，各职能部门通力合作，各教学科研单位勤奋工作，经过全校干部和师生员工的共同努力，学校工作取得了显著的成绩，学校进入一个全面起飞的发展时期。2003 年我的主要任务是脱产学习，但实际上还是脱离不了工作，特别是学校重大工作的决策、执行和管理都在做。现结合全校一年的工作，对个人的学习、工作情况向大家汇报，请批评指正。

一、党校学习求提高

今年年初，国家民委党组和中组部送我到中共中央党校进行脱产学习一年。这是我一生难得的机会，经过学习、思考、研究和考察，收获很大。

首先，系统学习了马列主义、毛泽东思想、邓小平理论，认真研读了“三个代表”重要思想，取得了良好的效果。这次理论学习突出了三个特点：一是注意在系统性上下工夫，全面学习和研读了“三基本”和“五当代”的课程，即通读了马克思主义基本问题、毛泽东思想基本问题、邓小平理论基本问题、“三个代表”重要思想的论述，注意在马克思主义基本原理、毛泽东思想基本理论、邓小平理论基本精神和“三个代表”重要思想的基本精髓上着力，使自己的马克思主义素养、知识水平和领导能力有了明显提高；系统地学习了当代世界政治、当代世界经济、当代世界科技、当代世界思潮、当代世界军事与中国国防，让我得到了知识互补，拓宽了知识视野，提高了我对重大现实问题的认知程度，增强了全局观念和世界意识；二是注意在理性思考上下工夫，学以致用，把“三个代表”重要思想贯穿到学校工作的每一个环节，增强理论联系实际的自觉性；三是以研究的态度和方法进行学习，把老师讲授的理论结合到课题研究，结合到国内国际调研，结合到自己的学科、专业建设，进行小组、支部和跨支部交流，在这个基础上深思、精研、勤写，取得了较为丰富的理论成果。在中央党校主要刊物，即《理论前沿》、《学习时报》、《中国党政干部论坛》、《报告选》、《科学社会主义》以及《人民日报》、《中国民族》、《中央民族大学学报》等刊物发表了《论政府行政审批制度改革》、《论领导者决策责任》等学术论文10余篇，共10万字；由人民出版社出版了《论领导者责任》一部26万字的专著；修订出版了《实用行政管理学》一部40万字的专业教科书。

其次，注重加强党性锻炼。中央党校是领导干部学习马克思主义理论的课堂，同时也是加强党性修养、增强党性锻炼的熔炉。学习要见成效，就要有针对性，要上升到政治的高度，要增强自己的党性。通过学习，我在党性锻炼方面取得了以下收获：（1）党性根基更加坚实。一年来，我时刻将党性锻炼融入到日常学习、与学员交流及共同生活中。如，在大家推选担任的小组长工作中，我尽心尽力尽责为组里同志服务；平时注意严格遵守校纪校规，积极参加支部组织的各项活动和完成支部交办的各项任务；自觉地联系思想工作实际，努力改造世界观，注意学人之长、补己之短，向社会学习，补自己不足，使自己的党性锻炼迈上了一个新台阶，政治思想素质提高到一个新水平，党性根基打造得更加牢固。（2）目标信念更加坚定。通过系统全面的学习，使我更加坚定了党中央提出的全面建设小康社会奋斗目标的正确性和开创中国特色社会主义事业新局面的美好信念。（3）旗帜、道路更加坚信。系统全面的学习，使我更加增强了对在中国必须高举马列主义、毛泽东思想、邓小平理论和“三个代表”重要思想的伟大旗帜、走邓小平同志开辟的、以江泽民同志为核心的第三代中央领导集体始终坚持的中国特色社会主义道路的坚定信念。（4）保持一致更加坚决。系统全面的学习，使我更加提高了坚决同党中央在政治上思想上行动上保持一致的自觉性，与党同心同德同奋斗。（5）宗旨意识更加牢固。系统全面的学习使我更加强化了立党为公、执政为民的宗旨，我将更加努力为党的事业兢兢业业地工作，为人民群众勤勤恳恳地服好务、办好事。

再次，通过“五当代”的学习，丰富扩大了知识面，开拓了新视野，扩展了新领域，提高了战略思维，放开了世界眼光，掌握了前沿科学，获得了新思路，提高了自己分析问题、应对难题、驾驭局面、把握机遇的能力，为进一步搞好自己的工作打下了较为坚实的理论基础。

二、抗击“非典”讲实效

今年上半年，全国特别是北京遭受了“非典”这一突发性自然灾害的袭击，我校也出现了较为严重的疫情，形势十分严峻。但是，学校在党委班子的领导下，全体干部和师生员工万众一心，众志成城，排除万难，依靠科学，奋力夺取了抗击“非典”战斗的胜利。在这个过程中，我在中央党校脱产封闭学习，无法亲临学校抗击“非典”工作的第一线，但我心为民大人所挂，情为民大人所系，一直密切关注着学校“非典”防控工作动态和疫情发展情况，并因此而寝食难安。我时刻关心学校的“抗非”工作，时刻关心广大师生员工的生命安全和身体健康，尽最大努力与其他校领导联系，共商应对之策，提出自己的意见和建议。

在学校“抗非”工作的关键时刻，我于 4 月 26 日给学校班子和全体师生员工写了一封信，激励广大师生员工奋力夺取抗击“非典”战斗的胜利。我激励全校师生员工在校党委和校行政的领导下，团结一致、沉着应对，依靠科学、正确看待，同舟共济、共渡难关，战胜“非典”；我建议校领导和全校师生员工加强身体锻炼，注意劳逸结合，提高抗击“非典”的免疫力；我鼓励全校干部和师生员工坚定人定胜天的信念，既要遵循自然规律，用科学的方法和手段进行防疫，又要充分发挥人的主观能动性，以大无畏的精神与疫情抗争；我希望全校干部和师生员工一定要相信党中央国务院的正确领导，要严格按照上级的有关指示精神和统一部署来防控“非典”，切实做好防控期间学生和学校的管理工作，保证学校学习、工作和生活的正常秩序，严防疫情扩散，以确保全校师生员工的身体健康和生命安全。

由于党委和行政的正确领导，由于我们建立了科学有效的防控体系，由于全校干部和师生员工的共同努力，特别是“抗非”一线工作人员冒着生命危险的辛勤工作，在全校出现了多例“非典”疫情的严峻形势下，我们经受住了“非典”的严峻考验，最终取得了“非典”防控工作的胜利。通过这次考验，学校的创造力激发了，凝聚力增强了，战斗力提高了，管理体制理顺了，为学校应对各种重大突发事件和今后的改革发展积累了经验、提高了素质、准备了条件。

三、布置工作谋发展

在年初，我主持拟订并部署了学校今年的工作思路和工作要点。我们提出的今年工作思路是认真学习贯彻十六大精神，加强党风廉政建设；进一步落实朱总理作出的“建设世界一流民族大学”的指示精神，落实三家重点共建中央民族大学的协议，加快学校的发展步伐；以教学科研工作为中心，提高教学科研工作的水平；进一步深化学校体制改革，加强学校管理，切实为师生员工办实事。这就为学校一年的改革和发展确定了工作方向和具体思路，为推进学校的全面发展提出了指导性的意见。事实证明，我们的部署体现了科学、合理、协调、有效的基本思路。

四、突出重点抓大事

今年我虽然在中央党校学习，难以像在校时那样抓学校的日常工作，但是我不仅经常与各位校领导密切联系，在周末或假期主持召开校长办公会议，对学校重大事项作出决策，而且突出重点抓大事，推进学校发展上台阶。一年来，我主要抓了如下几件大事：

1. 落实三家共建协议。为了落实国家民委、国家教育部和北京市《关于重点共建中央民族大学的协议》，我积极促成国家民委吴仕民副主任、教育部赵沁平副部长、北京市委龙新民副书记到校视察和指导工作，对中央民族大学的改革和发展做了详细的汇报，对学校发展中遇到并提请他们解决的问题做了详细的说明，不仅落实了几件影响学校发展但长期未能得到解决的事情，而且为学校的未来发展铺平了道路，开拓了空间。就中央民族大学的发展问题，向国家民委提交了《关于进一步办好中央民族大学若干问题的请示》，并得到国家民委党组和主任办公会的专题研究；北京市答应将西校门道路改造问题纳入北京市政建设加以解决，答应三年内每年向我校拨出500万元的专款用以解决困难学生的助学金问题，支持我校在良乡征地2000亩建设新校区；教育部答应在学科建设、研究生教育、师资培训、实验室建设、人文社科基地建设、网络学院建设方面给予帮助和支持，帮助我校取得了参加教育部直属高校咨询委员会的成员资格。随着所有这些问题的逐步落实和最终解决，我校的发展将会上一个新的台阶。

2. 积极推进学校基本建设。一是敦促新图书馆和研究生宿舍楼加快建设进度，使这两栋大楼在遭遇“非典”袭击的严峻形势下按期完工，并投入使用，缓解了学校的用房紧张。二是克服种种困难，促成2.2万平方米的留学生楼、5.8万平方米的大学生公寓楼和4.2万平方米的文科综合楼的开工建设，做好4.1万平方米理工教学实验楼的前期设计和报批手续的准备工作。三是本着“群众利益无小事”的精神，积极解决历史遗留问题，完成了西墙2号楼的回购工作。随着六高和西墙2号楼的完工，我校教职员工的住房困难将得到较好的改善。四是争取财政部专项修购费，加紧学校的地下管网改造。随着这些项目的完工，我校的硬件设施和基础设施将得到根本的改变。

3. 谋划并做好新校区建设的初期工作。随着学校招生规模的迅速扩大和各项事业的不断发展，现在校区面积狭小的问题已经成为制约学校发展的“瓶颈”，必须得到解决。为此，我们做了三个方面的工作：一是召开校长办公会，认真研究征地建设新校区的问题，上报国家民委并获批准；二是派专人去房山良乡高教园区、昌平沙河高教园区和相关院校，就新校区征地和建设问题进行认真细致的调查研究，并在此基础上对我校新校区进行了初步规划；三是成立中央民族大学新校区建设领导小组和办公室，全面展开新校区的征地和规划工作。

4. 做好“211 工程”的项目建设。2003 年重点抓了以下三个方面的工作：一是认真组织中央民族大学“十五”“211 工程”建设的立项论证工作，编制完成《中央民族大学“十五”“211 工程”建设项目可行性研究报告》，并通过了国家民委、教育部的审核和国家发展改革委委托的中国国际工程咨询公司的评估，为争取“十五”“211 工程”5000 万元中央专项建设资金的投入打下了良好的基础；二是以“十五”“211 工程”建设项目立项论证为契机，进一步加强了中央民族大学学科建设改革和发展的工作力度；三是积极筹措建设资金，切实加强对建设项目管理工作的督促，确保了“十五”“211 工程”校内自筹资金建设项目年内开始实施，其中“校园一卡通”建设、中青年学术骨干培养等子项目建设进展顺利，并已初见成效。

5. 和党委一起抓好班子建设。主要做了三件事情：一是配合国家民委党组安排、调进和提拔了三位校领导；二是提拔和配备了中层领导干部，充实了中层领导干部队伍；三是按照国家民委党组的规定和要求，选拔和配备了校级和中层领导的后备干部。通过这些工作，我校干部队伍更整齐了，理顺了各种关系，增强了学校活力和工作效率。

五、争取经费办实事

今年经过各种努力，我校通过国家民委向国家财政部争取专项修购费 3500 万元。其中 1000 万元用于地下管网改造；500 万元用于生态环境实验室建设；1500 万元用于校园数字化建设；500 万元用于研究生公寓楼室内配套设备项目建设。另外，向北京市教委申请专项建设资金 3593 万元，其中 1508 万元用于西校门道路改造工程；585 万元用于科技创安建设项目；1500 万元用于贫困生助学金项目（3 年到位）。随着这些项目的启动和实施，我校每个师生都能受益，师生们的生活环境和生活条件将得到进一步的改善。

六、廉洁自律保本色

注重党性修养的锻炼和提高，注重工作作风的切实转变，严格按照《国家民委党风廉政建设责任制实施办法》要求自己和班子成员，努力推进学校的党风廉政建设，取得了良好的效果，保持了自己作为一个党员领导干部应有的廉洁本色。

1. 扎实开展工作。

根据党中央、国务院和国家民委党组关于党风廉政建设和反腐败工作的部署和要求，分析研究中央民族大学党风廉政建设的问题与实际，制定了中央民族大学关于党风廉政建设的规章制度和工作计划，并认真组织实施，收到了良好效果。

通过对学校特别是行政的党风廉政建设情况、领导班子和领导干部廉洁从政的情况进行严格的监督、检查、考核、评估，切实履行自己的监督职责。

认真贯彻和严格执行党中央和国家民委党组关于选拔任用干部的各项规定，从制度上规范我校的用人机制和用人行为，从思想源头上防止和纠正用人中的不正之风，从而为我校的党风廉政建设提供了组织保障。

主动向主管委领导和上级纪检监察部门报告学校党风廉政建设工作情况，并认真落实主管委领导和上级纪检监察部门的要求；负责向主管委领导和上级纪检监察部门报告我校在办学过程中存在的问题，并能根据主管委领导和上级纪检监察部门的要求对存在的问题进行调查处理。

按照主管委领导和上级纪检监察部门的指示和委托，经常同我校职能部门和教学单位负责同志进行廉政谈话，并能在适当的时候及时汇报有关的谈话情况。

在所分管的财务工作方面，我要求财务及相关部门严格遵守国家和上级主管部门规定的财经纪律，严格执行“收支两条线”的规定，严格执行经费预算分配方案，严格审批经费支付，加强财务管理，效果明显，做到生财有道、聚财有方、用财有效；在所分管的人事工作方面，我要求人事处加强廉政制度建设，严把进人关，严格职称评审，加强教师、政工、管理三支队伍的建设，推进人事分配制度改革，推动了学校良好的教风、学风、作风的形成。

2. 率先严格自律。

在工作中，我一贯勤勤恳恳，任劳任怨，扎扎实实，开拓创新，一心扑在事业上，对党风责任制建设，能够创造性地开展工作，不断推出新举措，做出新成绩，开创新局面，为学校发展和廉政建设尽心尽力、尽职尽责。

在为人上，我光明磊落，以身作则，严格要求自己。凡是要求别人做到的，自己首先做到；凡是要求别人不做的，自己首先不做。在党风廉政责任制建设中较好地发挥了带头和表率作用。

在经济上，常以“八个坚持八个反对”和“三严四自”对照自己，清正廉洁，与公务无关的请客不用公款，不参加影响公务的吃请活动，不收受影响公务的礼品礼金，不该拿的钱我一分不要。同时，严格控制财务开支，严格规定每位校领导班子成员一年的业务接待经费仅为 1 万元；将学校基本建设的工程优惠金全部纳入学校的收入。总之，认真执行财经制度和财务纪律，厉行节约、民主理财、共同当家。

中央民族大学2003年工作总结

（教代会报告）

2003年是中国不平凡的一年，也是中央民族大学不平凡的一年。在遭受“非典”袭击的严峻情况下，由于党政领导密切配合，思想行动一致，各职能部门通力合作，各教学科研单位勤奋工作，经过全校干部和师生员工的共同努力，学校工作取得了显著的成绩，学校进入一个全面起飞的发展时期。我谨代表学校党委和行政，将全校一年的工作总结如下，请大家批评指正。

一、以邓小平理论和“三个代表”重要思想为指导，全面贯彻十六大精神，认真学习“三个代表”重要思想和十六届三中全会精神，提出“办人民满意的教育，办学生满意的大学”，使学校办学思想得到进一步明确

十六大之后，特别是胡锦涛同志发表“七一”讲话之后，全党全国人民兴起了认真学习“三个代表”重要思想的新高潮。我校党委非常重视抓好十六大精神、“三个代表”重要思想和十六届三中全会精神的学习，并通过学习进一步明确了学校的办学思想。

1. 组织党委中心组学习。

结合学校发展实际，以加强党委能力建设为中心，学校党委组织、安排和实施了党委中心组学习。学习的主要内容是结合办学思想和工作实际，认真研读和讨论了邓小平理论、十六大精神、“三个代表”重要思想和十六届三中全会精神。通过学习，使学校党委班子党性根基更加坚实，目标信念更加坚定，旗帜道路更加坚信，保持一致更加坚决，宗旨意识更加牢固；通过学习，开拓了新视野，扩展了新领域，获得了新思路，提高了战略思维，放开了世界眼光，提高了分析问题、应对难题、驾驭局面、把握机遇的能力，为进一步搞好学校工作打下了较为坚实的理论基础。

2. 组织学校处级干部认真学习“三个代表”重要思想。

为了把“三个代表”重要思想的学习引向深入，推动十六大和十六届三中全会精神进一步贯彻落实，根据中央精神，结合我校实际，在今年9

月至 12 月，举办了以学习贯彻“三个代表”重要思想、建设“服务式大学”为主题的校处级领导干部“三个代表”重要思想研读班，150 余名校处级领导干部参加了学习。

研读班的学习坚持理论与实践、学习与应用的统一，采取自学、听辅导报告（录像）、集中讨论和参观考察的方式，分两阶段进行。第一阶段是集中学习和研讨。期间，王彦同志代表学校党委做了《办人民满意的教育，办学生满意的大学》的主题报告。

集中学习结束后，组织了第二阶段的参观考察。参观考察分 3 个小组进行，由校领导带队，组织 100 余名学校处级干部分别到大连民族学院、中南民族大学和西南民族大学等地就学生就业指导服务工作、教学服务工作及校园数字化服务工作进行了参观考察。参观考察结束后，全体干部结合工作实际撰写出了学习总结、体会和论文，大家感觉收获很大。

3. 办学思想得到进一步明确。

经过多年的探索，特别是经历抗击“非典”战斗的直接考验，经过对“三个代表”重要思想的认真研读和深入思考，通过对新一届中央领导集体教育思想的认真学习和深刻领会，我们进一步明确了学校的办学思想，这就是“办人民满意的教育，办学生满意的大学”。

建设“世界一流民族大学”，首先有一个转变教育观念的问题，这就是要从思想上解决通过谁、为了谁去建设这样的民族大学的问题。学校党委对这个问题所做出的清晰而明确的回答是：要通过全校教职工的不断努力，办让少数民族群众满意、让各族学生满意的民族大学。这就为我们确立了新的办学理念，为学校改革和发展指明了新的方向，为我们每个人提出了新的要求和工作思路。

二、从实际出发研究新情况、解决新问题，积极推进学校全面发展，开创了学校发展的新局面

1. 抓住机遇，扩大办学规模，提升办学质量。

经过细致工作和共同努力，学校办学规模进一步扩大。2003 年我校共招收本专科学生 2963 人，其中本科生 2594 人、预科生 259 人、中专生 110 人；招收研究生 441 人，其中硕士研究生 336 人、博士研究生 105 人；成教学生招收人数也有较大增加，从而进一步扩大了学校的办学规模。

在扩大办学规模的同时，学校采取措施，使教学质量有了较大提高。一是强化管理，从严治教，修改教学评价指标，加强督导与评估工作；二是继续深化教学改革，不断加大教学投入，保证教学育人质量，收到较好

效果。

2. 全面推进学校基本建设，使学校基本建设进入快速发展时期。

敦促2.4万平方米的新图书馆和近1.8万平方米的研究生宿舍楼加快建设进度，使这两栋大楼在遭遇“非典”袭击的严峻形势下按期完工，并投入使用；克服种种困难，促成2.2万平方米的留学生楼、5.8万平方米的大学生公寓楼和4.2万平方米的文科综合楼的开工建设，并做好了4.1万平方米理工教学实验楼的前期设计和报批手续的准备工作；本着“群众利益无小事”的精神，积极解决历史遗留问题，完成了西墙2号楼的回购工作，随着六高和西墙2号楼的完工，我校教职员工的住房困难将得到较好的改善；加紧学校教学区地下管网改造工程的工作，现正进行紧张的监理和施工招投标工作，即将签订施工合同。随着以上工程项目的完工、在建和待建工程项目的逐渐完工，我校的硬件设施和基础设施将得到根本性改变。

为缓解学校用地紧张，适应学校扩大办学规模的需要，我校积极筹划征地2000亩建设一个新校区，并获国家民委批准。现正着手进行新校区的征地工作，对新校区建设进行了初步规划。

3. 加快了学科建设步伐，做好“211工程”“十五”立项工作。

经过多方努力，今年学科建设有了较大进步，共新增博士学位授权点8个、硕士学位授权点14个、本科专业5个，使我校硕士学位授权点达到38个、博士学位授权点达到17个、本科专业数量达到55个；根据学科发展趋势以及我国社会经济建设发展的需要，2003年我校进一步加强学科建设、调整学科布局、优化学科结构；进一步进行院系结构调整，成立了教育学院，使学科布局更加合理。

认真做好学校“十五”“211工程”建设发展规划及各子项目可行性研究报告的编制工作，完成了《中央民族大学“十五”“211工程”建设项目可行性研究报告》及其附件的编制，顺利通过了国家民委、教育部的审核以及中国国际工程咨询公司组织的专家评估；完成了学校“十五”“211工程”建设项目的校内细化工作；制订了与“十五”“211工程”建设项目有关的一系列规章管理制度；加强了校内自筹资金建设项目的管理和服务工作，启动了国际文化教育交流中心大楼建设、“校园一卡通”工程建设等项目。

4. 优化配置人、财、物资源，积极改善学校的办学条件。

继续深化人事分配制度改革。制定了《中央民族大学关于岗位业绩津贴考核程序及办法》、《中央民族大学管理岗位、教辅岗位及工勤岗位业绩津贴评定办法》、《中央民族大学岗位业绩津贴修改方案》及《2004 年人事机构改革初步方案》，完成了 2003 年全校定岗定编工作。

加强财务管理，规范收费行为。严格遵守国家财经纪律，实行“统一领导，集中管理，统收统支”的管理体制，严格贯彻执行“收支两条线”的规定；为了加强财务管理，规范收费行为，加强了财务制度的建设，制定了《关于加强校内单位和个人接受境外基金会资助管理的暂行规定》、《关于加强基本建设财务管理的暂行规定》等规章；根据学校发展需要，争取项目资金，通过国家民委向国家财政部争取专项修购费 3500 万元（其中 1000 万元用于地下管网改造；500 万元用于生态环境实验室建设；1500 万元用于校园数字化建设；500 万元用于研究生公寓楼室内配套设备项目建设），同时积极向北京市争取经费，并获得进展；加大财务公开工作力度，开通了学校财务信息网上查询系统，推进了财务管理的科学化，增加了财务管理的透明度。

5. 加紧落实三家共建协议，拓展学校的发展空间。

为了落实国家民委、国家教育部和北京市《关于重点共建中央民族大学的协议》，我积极促成国家民委吴仕民副主任、教育部赵沁平副部长、北京市委龙新民副书记等领导到校视察和指导工作，对中央民族大学的改革和发展做了详细的汇报，对学校发展中遇到并提请他们解决的问题做了详细的说明，不仅落实了几件影响学校发展但长期未能得到解决的事情，而且为学校的未来发展铺平了道路，开拓了空间。就中央民族大学的发展问题，向国家民委提交了《关于进一步办好中央民族大学若干问题的请示》，并得到国家民委党组和主任办公会的专题研究；北京市答应将西校门道路改造问题纳入北京市政建设加以解决，答应三年内每年向我校拨出 1500 万元的专款用以解决困难学生的助学金问题，支持我校在良乡征地 2000 亩建设新校区；教育部答应在学科建设、研究生教育、师资培训、实验室建设、人文社科基地建设、网络学院建设方面给予帮助和支持，帮助我校取得了参加教育部直属高校咨询委员会的成员资格。随着所有这些问题的逐步落实和最终解决，我校的发展将会上一个新的台阶。

6. 在遭受“非典”袭击的不利形势下，努力做好留学生教育和国际交流工作。

在对外交流方面，今年我校共接待来自美国、英国、法国、日本、韩国、加拿大、奥地利、俄罗斯、澳大利亚等 13 个国家和地区的大学、科研单位及有关机构的外宾 37 批，共 104 人，来访者包括部长、校长、教授、宗教高职人士、外交使节等；成功参加了在法国巴黎举办的世界大学教育展，不仅扩大了学校的影响，而且宣传了中国的民族工作和民族高等教育的巨大成就，同时还和法国巴黎第十三大学顺利签订了合作意向书；另外由学校4位校领导随中央党校、国家民委等部门组织的访问团出访了韩国、德国、意大利、埃塞俄比亚等国家；为配合中法文化年的成功举办，展示中国丰富多彩的民族文化，我校音乐学院和舞蹈学院10名师生与其他院校10名学生组团赴法国进行了巡回演出并取得成功，受到好评。

在外国专家工作方面，我校今年从外国专家局共争取到项目、文教、科研等专家指标10人/年，经费90万元。今年我校共聘请了长期外国专家15人，分别在外语、舞蹈、少数民族语言文学等学院及民族学研究所和我校英语师资培训班授课及搞研究；另聘8名短期专家为外语学院、语言学院及哲学系授课。经国家外专局和民委批准，我校成立了西部外语师资培训基地，使我校22名中青年教师获得全脱产或半脱产集中培训，为推动我校教师用外语原版教材授课准备了条件。

在对外合作办学方面，今年我校与英国东伦敦大学、法国里昂第三大学、巴黎第十三大学、英国女王大学、奥地利萨尔斯堡大学、韩国明知大学、俄罗斯哈卡斯大学、埃塞俄比亚国家行政学院、日本岐阜圣德学园大学（续签）等9所大学签订了合作交流协议或意向书；与法国里昂三大、日本大阪经济法科大学、美国古西堡大学、英国东伦敦大学、韩国庆熙大学、韩国全北大学等6所大学建立并实施了不同层次的学生留学交流项目，已派送9名学生赴国外留学；还通过交流项目派送了9名教师及管理人员赴美国哈佛大学、日本岐阜圣德学园大学、法国里昂第三大学等学校进修，同时争取了东伦敦大学、英国志奋奖学金、美—中富布来特奖学金、加拿大使馆考察项目等交流、进修及考察项目，为我校的教师和管理人员今后出国学习开拓了新的渠道。

在港澳台工作方面，在做好台湾学生工作的同时，接待香港公务员北京培训班学员59人，组织了我校老干处合唱团、大学生艺术团及预科部的学生一同接待了台湾巴奈原住民合唱团，宣传了党的民族政策和我校形象，促进了两岸文化交流。

三、深化学校改革，增强服务意识，转变工作作风，加强能力建设，建立和完善面向师生员工的服务体系

1. 加强跨专业选修课建设，全面推行学分制，提高教学质量，推进学校教学管理工作。

加强跨专业选修课建设，全校今年共开出了100多门跨专业公共选修

课，首次利用教务管理系统让学生进行了网上选课，方便了学生选课，提高了工作效率；为了推行课程学分制建设，制定了相关配套文件，包括《中央民族大学本科学分制暂行规定》、《中央民族大学关于创新奖励学分的暂行规定》、《中央民族大学本科生导师制暂行实施细则》、《中央民族大学学籍管理暂行规定》等；加强教材建设和课程建设，在专家严格评审的基础上确定了我校 2003 年的精品教材、教改立项和合格课程项目，同时组织实施了 2002 年立项的精品教材、教改立项和合格课程的中期检查工作，对检查不合格的项目做了取消立项的处理；加强教学管理工作，建立并完善了教学评估和教学督导制度；为了提高我校中青年教师的英语水平，推进学校的双语教学，举办了英语师资培训班，使 20 名中青年教师获得脱产或半脱产的英语培训机会；加强实验室建设，改进实验教学，购置 500 多台计算机及配套设备在新图书馆建成了现代化的计算机教学中心；积极组织教师参加各种奖项的评选工作，我校金炳镐教授获得全国高等学校教学名师称号，还有 3 名教师获宝钢教育基金理事会优秀教师奖；组织本科生参加各类竞赛并取得了好成绩，数学建模 2 对获国家二等奖、电子大赛 1 对获三等奖；在抗击“非典”的特殊时期采取了小班教学、网上授课、发布教学任务书等多种授课方法，积极鼓励教师为留校学生开出了 30 多门选修课，稳定了教学秩序，保证了教学任务的完成，把“非典”对教学工作的冲击降到了最低限度。

2. 以提升中央民族大学科研实力为中心，制定“251”人才培养计划，积极争取各类科研项目，提高学校科研管理水平。

为了提升中央民族大学科学研究的整体实力，科研处先后召集了有各相关职能部门、院系负责人、中青年学者参加的 5 次座谈会，通过专家学者的科学论证，修订、出台并启动了“251”人才培养计划，为明年的全面实施做好了准备。

今年是各类纵向项目的淡季年，但我校仍获得国家级项目 5 项、省部级项目 6 项，总经费 56 万元。其中获国家自然科学基金一项，这使我校在国家自然科学基金的申报中有了零的突破。在保证纵向项目的前提下，鼓励并帮助教师积极争取各类横向科研项目，取得了很好的效果，今年一年我校争取到了横向项目 15 个，总经费 69.5 万元。加上滚动使用的经费，2003 年共有科研经费近 500 万元。在争取项目的同时，学校加强了项目管理工作，对学校立项的 73 个“十五”重点规划课题进行了全面而严格的中期检查。

为我校科研人员提供条件，帮助他们出精品、出上品。学校设立了

“精品学术出版基金”，在校内外专家匿名评审的基础上确定了第一批精品学术著作资助名单；为了给承担省部级以上项目的教师更好的科研环境，学校在新图书馆开辟了研究室和研究厢。

3. 以学生价值观教育和毕业生就业服务为中心，转变工作作风，加强学生工作。

面对信息化社会给高等教育带来的机遇与挑战，针对新形势下学生工作的复杂性和困难性，学校全体学生工作者以“三个代表”重要思想为指导，以在服务学生中教育学生为工作重点，努力为学生的健康成长和全面成才提供服务，积极探索和完善了学生工作机制，提高了自身素质，收到了明显效果。

按照“继往开来、抓特色、促常规、重实效”的工作理念，以扎实的调查研究为依据，以价值观教育和民大精神讨论为主题，以新生入学主题教育和毕业生思想政治工作为重点，以“两课”教育及《周报》、广播、电视和网络等宣传媒体为主要阵地，以心理健康教育为突破口，切实做好学生思想政治工作。特别是首次与北京另外4所高校联合举办了“基本价值观大学生论坛”，我校承办了“国家利益至上——民族知识高校行”大型活动，效果很好。响应共青团中央和北京团市委的号召，我校动员和组织了27名学生参加了“大学毕业生志愿服务西部计划”、20名学生参加了“大学毕业生基层志愿服务团”计划，到“西部去”成了在同学中广为流传的口号。同时胜利召开了第32届学生代表大会。

强化学生管理工作，严格考勤管理工作，依据考勤情况处理了23名不同程度旷课的学生，分别给予了警告直至勒令退学的处分，维护了正常的教学秩序。利用评优和奖惩机制，惩戒学生不良行为，激励学生学习热情，加强了校园学风建设。认真落实国家对高校贫困生发放信用助学贷款政策，使649名学生获得866万元的助学贷款，还使共92名贫困同学获得“西部开发助学工程”、“新长城特困大学生资助项目”的资助，为这些家庭经济困难学生完成学业创造了条件。针对就业压力增大的严峻形势，采取积极措施加强毕业生就业指导工作，使我校毕业生就业率达到85.29%（含隐性就业18.49%），比去年有一定提高。

4. 建立服务体系，提高服务质量，深化学校后勤社会化改革。

以实行成本核算和执行IOS9001国际质量认证标准为突破口，推进学校后勤社会化改革，并取得实质性进展，建立了良好的后勤保障体制和良性运行机制，充分整合和盘活了学校的后勤资源，充分调动了后勤员工的积极性，使管理水平有了明显提高；以制定科学的服务流程图为中心建立高效的服务体系，规范了后勤服务行为，使整体服务质量有了较大提高，为学校的发展提供了坚强的后勤保障。

在学校办学规模扩大和基建施工面积扩大的情况下，切实转变工作作风，积极采取有效措施，通过实施成本核算最大限度地降低服务成本，让利给学生，使每一个学生在学校的改革和发展中直接受益。通过办好“学生宿舍文化节”和“学生公寓管理研讨会”这种“一会一节”的形式，建立良好的沟通机制，较好地解决了学生、院系部提出的合理意见，提高了学生满意度。

四、学校党委和行政班子团结带领全校师生员工战胜前进道路上的各种困难和风险，夺取了我校防治“非典”工作的阶段性重大胜利

今年春夏之际，北京发生了严重的“非典”疫情。3 月 24 日，我校成立“非典”防控工作领导小组，进入了抗击“非典”的临战状态，中间经历了 4 月中下旬的最艰难时刻，到 7 月 1 日学校正常放假，我校各族师生度过了抗击“非典”的 100 个不平常的日夜。在这 100 天里，我校学生中出现了 5 例“非典”患者、家属区出现了 1 例“非典”患者和 2 例疑似病人，85 位学生和十几名干部、教师被隔离或限制活动范围，另有少部分学生陆续被送进隔离区进行短期隔离观察。

在此期间，我校党委认真贯彻落实党中央、国务院、国家民委和北京市的有关指示精神，带领全校各基层党组织和广大党员干部，积极响应胡锦涛总书记向全党和全国人民发出的号召，“以大力弘扬万众一心、众志成城，团结互助、和衷共济，迎难而上、敢于胜利的精神”，沉着应对、迅速做出一系列重要决策，果断采取一系列措施，有效地控制了疫情，保护了各族师生的利益和生命安全，维护了学校的稳定，做到了一手抓防治“非典”工作，一手抓学校的建设与发展。

在 7 月取得抗击“非典”工作阶段性胜利后，学校并没有放松警惕，集中抓了两项工作：一是在总结我校抗击“非典”所取得的经验教训的基础上，结合学校实际，制定了切实有效和科学全面的《中央民族大学防控传染性非典型肺炎应急预案》，严防“非典”可能出现的反复；二是按照北京市教育工作委员会的相关文件要求，在全校范围内全面开展了“健康校园”活动。

在这场斗争中，学校领导班子团结一致，心为各族师生所挂，情为各族师生所系，沉着应对危机，果断采取措施，驾驭复杂局面，真正发挥了

中流砥柱的作用，出色实践了“三个代表”重要思想；各级干部以身作则，各基层党组织和广大党员充分发挥了战斗堡垒作用和先锋模范作用，形成了全校上下团结一心、共抗“非典”的良好局面。

在我校抗击“非典”最艰苦的时候，中共中央政治局委员、北京市委书记刘淇、国家民委主任李德洙等领导同志亲临我校，给了我们巨大的支持和鼓舞。经过数月奋战，我校夺取了抗击“非典”斗争的阶段性胜利。6月26日，在国家民委召开的委属单位抗击“非典”工作表彰大会上，中央民族大学党委被评为先进基层党组织，还有3个单位和7名同志被国家民委和北京市评为先进。

抗击“非典”的斗争结束后，我们要按照“三个代表”重要思想的要求，面对新的形势，认真总结经验教训，以便做好学校今后的工作。首先，要反思学校领导班子的领导意识和应变能力，反思我们的决策机制、工作机制、协作机制、创新机制，为下一步的机构改革和人事调整做好准备。其次，要反思学校的物质基础和硬件建设，真正把发展作为执教兴校的第一要务，加强学校的基础设施和硬件建设，以实现各族师生的愿望，满足各族师生的需要，维护各族师生的利益。再次，要反思学校的精神文明建设，思考和讨论什么是民大精神，把各族师生在这次抗“非典”斗争中体现出来的精神变为长久的精神财富，使之在建设“世界一流民族大学”中发挥作用。

五、在国内外存在不安定因素、学校发展上规模的背景下，经过全校干部和师生员工的共同努力，巩固了奋发向上、安定团结的稳定局面

1. 以严防敌对势力、民族分裂势力和暴力恐怖势力混入学校内搞破坏为中心，以交通安全和安全防火工作为重点，搞好治安综合治理，维护了师生安全和学校稳定。

我校保卫武装部全体同志认真贯彻落实“三个代表”重要思想，齐心协力、恪尽职守、努力工作，以严防敌对势力、民族分裂势力和暴力恐怖势力混入学校内搞破坏为重点，以交通安全和防火工作为中心，积极开展了“非典”防控工作，同“法轮功”进行了坚决斗争；根据“隐患险于明火，防范胜于救灾，责任重于泰山”的思想加强了安全防火的宣传、教育、演练和管理工作，严格按照“谁主管，谁负责”的原则强化了治安综合治理工作责任制的具体落实；对各类务工、经商、暂住人员进行安全教育和管理工作；在训练场地紧张的不利条件下圆满完成了2604名新生的军

事理论、军事技能、国防知识的各项军训任务；协助公安机关处理各类刑事案件、治安事（案）件 39 起、抓获各类违法犯罪嫌疑人 7 人次，由公安机关处理 7 人、被拘留处罚 2 人、治安清查 10 余次，维护了学校的治安稳定，为首都的政治稳定做出了贡献。

2. 以加强领导干部党风廉政建设、规范办学行为和基建审计监察工作为中心，卓有成效地开展监察和审计工作。

在学校党委的领导和支持下，我校纪检监察干部认真学习“三个代表”重要思想和有关纪检监察的法律法规，进一步增强了纪检监察工作的责任感，敢于坚持原则，提高了依法监察的水平与能力。为了加强领导干部廉洁自律工作，规范从政行为，纪检监察部门对领导干部廉洁自律工作自查情况进行抽查，未发现有违规行为的单位和个人；认真受理信访举报申诉，维护党员群众的合法权利，今年共接到信访举报 27 件，其中已处理 19 件、正在处理 8 件，无立案案件；加大对学校办学行为监督力度，制定并出台了《中央民族大学关于进一步规范艺术类招生考试工作的补充规定》，并严格按照规定进行招生工作，受到考生及家长的好评；针对我校目前正处在快速发展时期，基建任务重、大宗物资设备采购量大的情况，充分发挥纪检监察审计的职能作用，加大监督力度，坚持事前事中监督（主要是工程项目和大宗物资设备采购招投标监督以及合同的审核），事后进行严格审核，截止 11 月底，共核减 800 万元，使有限的资金得到科学、合理的使用；抓好贯彻落实党风廉政建设责任制工作，针对 2002 年年底对系处级领导班子贯彻落实党风廉政建设责任制情况进行调研中发现的问题，年初拟定了《中央民族大学 2003 年党风廉政建设和反腐败工作主要任务分工》，进一步强化各级领导干部“一岗双责”意识；配合有关部门，开展校务公开的自查工作。

3. 围绕学校安定、团结和稳定的工作中心，加强工会、教代会与离退休干部工作。

为了进一步加强教职工民主意识和法律意识，保证教职工在经济、政治、文化和其他事务中当家作主的权利，确保广大教职工依法进行民主决策、民主管理、民主监督，校工会、教代会举办了工会法和教代会知识的培训；以国家民委来校检查校务公开工作为契机，推进校务公开工作，组织有关座谈会，加强了领导干部与广大教职工的理解与沟通；强化工会、教代会的民主监督职能，对学校基建项目和财务工作进行了监督；积极开展送温暖活动，对重病号和困难户给予了特别的关心和帮助。

按照“老有所养、老有所医、老有所教、老有所学、老有所为、老有所乐”的老干部工作目标，我校认真贯彻中组部全国老干局长会议精神，结合校党委2003年工作要点中“关心和支持离退休干部工作”，在党委的直接领导下，认真落实国家民委和北京市委教工委老干部会议精神，加强离退休党支部的建设，充分发挥老干部的作用。牢固树立全心全意为离退休老同志服务的思想意识和工作作风，围绕落实“两项待遇”继续加强面向离退休老同志的服务工作，多次组织离退休党员参观中央和北京市举办的各种展览、组织各类座谈会、按照“政治上关心、生活上照顾”的原则组织各种有益于身心健康的文体活动，完善和做好离退休人员中特困户、长期瘫痪病号、孤寡老人的分工联系工作，做好离退休住院病人的探视和慰问工作，把温暖送到每一个离退休人员的心坎上。在今年10月国家民委评选委属系统老干部工作先进集体和先进工作者的活动中，我校老干部处被授予了“国家民委系统老干部工作先进集体”称号，另有5位同志被国家民委授予“国家民委系统老干部工作先进工作者”称号。

总之，经过全校师生员工和党政干部的辛勤工作和通力合作，学校在2003年取得了突出的成绩，使学校发展进入全面起飞阶段。在新的一年里，我们要认真学习贯彻“三个代表”重要思想和十六届三中全会精神，抓住机遇、深化改革、促进发展，取得新的更大的成绩。

接受《中国教育报》记者采访记

3 月 8 日上午，正在出席全国政协十次会议的全国政协委员、我校校长荣仕星在下榻的友谊宾馆接受了《中国教育报》记者的专访，本报记者随行并录音。以下是根据录音整理的采访内容。

记者： 首先感谢您接受我们的采访，作为一名新当选的少数民族界的政协委员，能谈谈您的感想吗?

荣校长： 作为新当选的少数民族政协委员，我的感想可以概括为：光荣感、责任感、使命感。作为少数民族委员出席全国政协十届一次会议，我感到十分光荣；作为一名政协委员，要对党和国家的事业负责任，要对人民反映的意见负责任，要对社会负责任，真正履行一个政协委员应该履行的职责；作为政协委员，我们将通过参加会议来实行参政议政，通过反映社情民意来进行民主监督，通过提案来反映各个方面主要关心的重点、热点、难点问题，通过反映人民群众的意愿来向国家提出意见和建议，真正担负和体现我们的使命。所以说，政协委员既是一种荣誉，更是一种责任和使命。

记者： 请介绍一下您在本次大会上有关 13 所民族院校提案的情况。

荣校长： 我向大会提交的提案是《关于加快十三所民族院校建设发展步伐的建议》。为什么我要提出这样一个提案呢? 一是因为要实现党的十六大提出的全面建设小康社会的目标的重点和难点在西部，西部发展的关键在于教育，教育的关键在于人才，而开发、建设西部的很大一部分人才就是民族院校培养出来的学生。我国 13 所民族院校迄今共培养了 30 万左右的毕业生，他们在民族地区发挥着重要作用；尤其是中央民族大学作为少数民族的最高学府，多年来为国家特别是为西部培养了近 6 万名毕业生。这些毕业生在民族地区的经济建设、政治建设、文化建设中都发挥了很大的作用，为民族地区的经济建设和社会发展做出了重要贡献。所以，现在西部要发展，要全面实现小康社会，关键就是人才，也就是扶贫要扶智，因此很好地发挥民族院校的“扶智”作用是非常关键的，它是直接为西部建设和发展提供智力支持和人才保障的重要力量。二是民族院校是少数民族干部的摇篮，少数民族干部在为西部地区解决和处理民族问题时可以充分发挥他们的特殊作用。可以说，西部地区特别是西部的少数民族地区，每当出现较大的困难和问题时，总是这些少数民族干部去为党和国家排忧解难。此外，民族院校又是民族团结和民族进步的窗口，特别是中央民族大学是全国唯一一所汇聚了56个民族师生的综合性大学，民大的老师和干部都被民族地区的群众看成是各民族在北京的代表，他们在民族团结和进步方面发挥了很大的作用，在海内外树立了很好的中华民族团结进步的形象。所以，民族院校培养的少数民族干部和各类专门人才对民族地区的发展都有着不可替代的作用，需加快民族院校的发展。另一方面，目前民族院校又普遍存在着比较大的困难，主要表现在：首先是民族院校历史欠债比较多。虽然这几年中央增加了拨款，朱镕基总理在政府工作报告中说，国家对教育给了每年增长1个百分点的支持。但是从总体上看，落到实处、用在实效的还是不够，也就是说，投入还是不足。其次是民族院校特困学生比较多，大约占学生总数的35%左右。特困学生多，需要的补助也就多，少数民族学生欠交学费的比较多，例如中央民族大学每年用于补助学生的经费就要700万元之多，特困生欠交学费达500万元，这样就给学校造成了很大的困难。再就是由于民族院校都是以社会科学为主体，以民族学科为特色，理工科专业很薄弱，创收能力也就很低，这又给民族院校造成了困难。因此，针对民族院校的特殊作用和同时存在的经费困难的客观实际，我提出了几点建议：（1）要制定一个特殊政策，给民族院校增加专项修购费，用来增加他们的基础设施建设、公共体系建设和网络建设。（2）要设立一个特困生补贴专项基金，增加补贴力度。（3）要增加中央财政和地方财政给少数民族高等院校学生人均拨款综合标准。现在的人均拨款标准还是比较低的。具体说来，我建议把本科生的拨款由8000元提高到10000元、硕士生的拨款由10000元提高到12000元、博士生的拨款由12000元提高到15000元。这样就会较好地缓解经费困难问题。（4）制定特殊的培养政策。因为民族院校培养的人才主要都是为民族地区服务的，但现在我国56个民族中，有些民族的受教育水平还是比较低的，所以我提出了两个连读制度：一是“初、中、高连读”制度。就是说民族地区的少数民族学生从初中选出来读高中，读预科，读本科。这就是第一个连读制度。这样就可以较好地给各民族、特别是人口较少民族提供更多的受高等教育机会。第二个连读是高层次的，叫做“本、硕、博连读”制度。建议中央把两个连读制度的专项经费拨给中央民族大学，而且也只有中央民族大学才能承担这个任务。因为中央民族大学是少数民族的最高学府，办学层次齐全。在会上，各个院校、各个界别的政协委员都赞成我提出的这两个连读制，并且认为应由中央民族大学挑起这个重担。3 月 4 号我在向胡锦涛总书记汇报的时候，胡锦涛总书记充分肯定说，中央民族大学是培养少数民族干部的基地，希望中央民族大学培养更多更优秀的人才。

记者：刚才您谈到，在民族院校中贫困学生的问题比较突出集中，贫困面也比较大，那么除了国家拨款外，中央民族大学还采取了什么举措呢？

荣校长：对于特困学生，我们的根本原则是让优秀的学生不会因为家庭困难而退学，要保证他们能够顺利完成学业。我们主要采取了以下一些措施：（1）实行助学金制度。由国家拨给助学金，每个月都给困难学生发放相应的生活补助。（2）帮助学生向国家贷款，实行贷学金制度。由学校学生工作处帮助学生贷款，一般每年为 2000 元左右。（3）实行专业奖学金。主要是针对学习优秀的学生，贫困生一般学习都很刻苦，所以拿到奖学金的也较多，有国家奖学金，有学校奖学金，也有海内外和社会各界设立的奖学金。（4）针对贫困生专门在学校设立勤工俭学岗位，即进行有偿服务。例如，打扫教室、打扫马路、管理教室和到保卫处、图书馆帮忙等等。（5）减免学费。根据国家的有关规定和学生所学的专业以及其他特殊情况，为部分贫困生减免学费。通过这些措施来解决他们的困难和补助他们的生活。

记者：去年人大召开了有关少数民族教育条例的立法开题会议。就您刚才提到的一些上会提案内容，您对发展民族教育在立法上有什么看法？

荣校长：江泽民同志在十六大报告中明确提出要依法治国、以德治国，尤其是依法治国。胡锦涛同志担任总书记后的第一件事就是组织政治局常委学习宪法。我们的民族教育要真正使教育方针、教育制度、教育经费、教育管理落到实处，产生实效，就必须认真依法办事，所以制定民族教育法是非常重要的。表现在：首先，它对于落实民族政策是一个具体的措施。因为现在国家对民族地区的支持力度是大的，而且也成了党中央的既定方针。国家投入了很多经费，但这些经费能否落到实处，能不能产生应有的效益，就要依法进行保证，如果不依法保证，可能就不会落到实处，这些投入被中途截流或挪为他用的现象就会时有发生，所以依法落实民族教育法，对落实教育经费就是一个重要保证；其次，培养各类人才，尤其是少数民族干部也必须依法进行。比如说，我刚才讲到的两个连读制度，如果得到制度的保证，又有专项资金的支持，才能够真正培养出人才。这样看来，培养人才也需要有法制保证。党中央对民族教育非常重视，在去年召开的全国民族教育工作会议上，国务院的文件专门提到了支持办好中央民族大学，实际上也就是以中央民族大学为龙头，支持民族高等教育。因为全面建设小康社会，重点难点在西部，重点难点在人才，而人才就是要靠高校来培养；再次，依法办学也是进行教育改革和创新的需要。现在我们进行的教育改革无论是教学改革，还是教育管理改革、体制改革等，必须规范运行和防止无序竞争，否则就会造成混乱，结果是谁也做不好，这也需要依法保证。

记者：您认为民族高等教育的发展，当前除了国家加大支持外，从自身发展来看，最需要解决的核心问题是什么？比如说：您刚才也谈到了民族院校是以民族学科为特色、社会科学为主体的，而在理工科方面较为薄弱，这也是很多民族院校共同面临的一个问题，那么应该怎样来解决这一问题呢？

荣校长：从民族高等教育的发展来看，必须做到这么几点：一是要坚持规模、结构、质量、效益的统一。从近几年看民族高等教育规模是大了，但只有规模是不行的，还必须注意其他几个方面。即必须做到“规模要适度，结构要合理，质量要提高，效益要提高”，实现四者的统一。从全国来看，民族高等教育发展是快速的，例如 2000 年，本科在校生达到 300 万人、研究生达 20 万人，2003 年则预计要有本科在校生 335 万人、研究生 27 万人，在规模上看，确实有了很大的发展。但若对规模不进行控制，就会造成新的问题。我的观点是民族院校要适度发展本科教育，大力发展研究生教育，积极发展成人教育，选择发展留学生教育。从结构上看，要做到结构合理就必须做到包括学科建设的合理、师资队伍（包括职称、年龄、学历结构等在内）的合理。从质量上看，必须提高，否则就会误人子弟，就不能培养出一流的高质量的人才，就是对社会不负责任，就会对社会的发展不利。从效益上看，也必须提高，现在我们学校实行双学位制，例如开设了民族学与生态学双学士、藏学与行政管理学双学士、法律与英语双学士、英语与经济双学士等等。为了落实中央关于西藏工作的精神，我们还专门招收了藏医学班和援藏班，援藏班的学生都由非藏族学生组成，让他们学成后到西藏去工作。这些措施就会使社会效益和教育效益得到提高。二是要坚持教育创新制度和进行教育管理体制的改革。教育创新首先就是教育观念的创新，我们不能搞单一的教育观念，同时还必须有超前的意识。现有的教育观念就有几个方面的结合：第一，普通高等教育和民族高等教育的结合；第二，普通高等教育规律和民族高等教育规律的结合；第三，本土教育和国际教育的结合；第四，精英教育和大众教育的结合；第五，一次性教育和终身教育的结合。只有这样，才能具有综合性的教育观念。总的来说，观念要先行，同时还要有一个发展的思路。没有新思路就没有大发展。在具体管理上还要有新模式。比如说“走出去、请进来做到顺利有效的发展”的模式。中央民族大学就实行了实质性的合作办学，最近与英国东伦敦大学合作办学，实行“2 +2”、“3 +1”、“3 +1”了，还必须注意“4 +1”等合作方式。这样就能够培养出国际性的复合型人才。三是要加强教师队伍建设，大力提高教师教学水平和科研水平，同时也要提高教学管理水平。只有这样，民族院校才能得到顺利有效的发展。

应邀做客新华网2004“两会”访谈，与网友在线交流

按：3月4日下午，十届全国政协委员、中央民族大学校长荣仕星做客新华网接受采访，并与网友就民族高等教育的有关问题以及西部教育的振兴问题在线交流。以下是这次访谈实录的节选。

主持人：各位网友，大家好，欢迎点击“新华访谈”。西部大开发，教育要先行。西部教育是今年“两会”大家共同关注的一个热点话题，今天我们邀请了全国政协委员、中央民族大学校长荣仕星和广大网友共同就这个话题进行交流。

今年的提案：把中央民族大学列入“985工程”系列；恢复国家领导人接见中央民族大学毕业生的传统

主持人：荣校长，参加这次全国政协会议，您准备了哪些提案？

荣仕星：我今年的提案之一就是申请把中央民族大学列入“985工程”系列。“985工程”的基本内容就是江泽民同志在1998年5月4日在北大百年校庆时提出的要建设若干世界一流大学和高水平的大学。中央民族大学虽然是“211工程”大学，在全国民族院校当中是唯一一所进入“211工程”的民族大学，但我们还没有进入“985工程”。所以我衷心地希望我们中央民族大学进入“985工程”，也请求国家教育部和有关部门批准中央民族大学进入“985工程”。这就是我这次在“两会”当中提出的一个提案，也是我最大的愿望。这不仅是我一个人的愿望，它更是中央民族大学全校师生员工乃至全国少数民族的愿望。

今年我还提出关于恢复国家领导人接见中央民族大学毕业生传统的提案。我是这么考虑的：因为中央民族大学的建立，是中国共产党为解决民族问题而采取的一个重要创举，而且在建国以来，毛泽东、周恩来、刘少奇、朱德等老一辈革命家，对中央民族大学非常关心，党和国家领导人先后15次接见我校各民族师生，产生了极大的政治影响，并使受到接见的师生感到无上光荣，终生难忘。另一方面，中央民族大学是56个民族团结、

进步的一个重要窗口，它汇集了全国少数民族的代表，而且在少数民族的心目中，它是民族高等教育的最高学府。很多少数民族都把中央民族大学的老师和学生看成是他们民族的代表、领袖，所以他们受到党和国家主要领导人的接见，这些少数民族会感到非常高兴和自豪。尤其是曾经在民大学习过的一些老同志，每当捧出当年被毛主席等领导人接见的照片时还是心情激动，当时的情景历历在目。可以说，党和国家领导人接见民大师生不仅促进了学校的建设和发展，而且鼓舞着民大历届毕业生努力为维护民族团结、维护祖国统一，为促进少数民族地区经济社会的繁荣和发展不懈奋斗，在各个岗位上做出突出的成绩。尤其是现在，党和国家领导人经常说“民族、宗教无小事”。民族问题不仅是中国的问题，也是世界性的问题，解决好民族问题，是我们党和国家长治久安的一个重要措施。所以我认为，如果现在能够恢复党和国家领导人接见中央民族大学师生代表的传统，将会进一步鼓励他们更好地学习、工作，给他们以巨大的精神力量，鼓励他们为全面建设小康社会，为西部的现代化建设做出贡献。中央领导多次指出，没有西部的小康就没有全国的小康，没有西部的富裕也就没有全国的富裕。这件事对西部大开发更有着重大的战略意义。中央民族大学的学生大部分来自西部，如果党和国家领导人每一年接见他们、鼓励他们，他们将会更加感激党和国家的关怀，并将会把这种感激之情化为巨大的精神力量，化为巨大的行动力量，为我们西部的发展，为西部的富强、繁荣做出他们更大的贡献。

在这次政协会上，我在民族组提出这两个提案的时候，民族组的各个民族委员都认为这两个提案很好，反映了全国少数民族的心愿和迫切的愿望，并且纷纷指出这两个提案是合理的要求，是符合少数民族利益要求的。所以我感到如果能够实现我这两个提案，我终生都会感到非常高兴，也是我最大的快慰。

百年大计，教育为本；教育大计，教师为本

主持人：您对西部地区最深的感触是什么？

荣仕星：我感觉西部地区最重要的问题还是缺乏人才，所以中央最近提出人才强国这个发展战略非常重要。全国都存在人才的问题，在西部地区人才更为缺乏。在西部要培养人才，关键在教育。

第一，西部人才数量少，质量也有待进一步提高。一些地方对硕士、博士更是可盼而不可求，甚至有一些地方大学生的数量还是零。在从事教育当中，我经常说百年大计，教育为本；教育大计，教师为本。我感觉在西部培养人才，关键还是要提高教师的整体素质，提高教师的教学水平和科研水平。正如我们经常说的，严师出高徒。没有高水平的老师就不可能培养出高素质的学生。所以我认为国家在西部主要还是先培养教师，把教师的整体素质提高了，把教师的水平提高了，才能使教师更好地为西部教育服务，更好地教育西部的孩子，使他们成长成才。

第二，我感到西部缺乏教育经费的投入。从这点来看，国家要加大对西部教育经费的投入，尤其是对改善西部教学条件方面的投入。我曾经到过的几个自治区，比如说宁夏回族自治区、广西壮族自治区、新疆维吾尔自治区、内蒙古自治区，包括若干自治州、自治县、自治乡，据我了解，有一些学校的设备比较陈旧，教室比较破旧。要改变这样的落后面貌，国家就要加大投入。此外，我想社会也要支持教育，共同办好教育，这一点也是非常重要的。

第二，采取切实有效的措施，培养高素质的学生，提高教育的质量。我认为，对工厂来说，要生产适销对路的产品；而对学校来说，就要培养适合市场需要、社会发展需要的人才。怎样才能培养出高水平的学生呢？我认为有几方面的措施：

1. 要有科学的、合理的教学大纲和教学计划，因为这是确定学生培养目标的大事，也是我们教师要做好的工作。一部好的教材往往可以影响一代人、几代人，甚至十几代人。比如北京外国语大学许国璋教授所编写的《英语》教材就影响了几代人。所以我认为教育部在这方面，特别是对西部教育应该有统一的教材。这样可以让西部的学生读到高水平的教科书，以利于他们吸收最好的精神食粮、精神产品，让他们在知识的海洋当中获得最便捷、最先进的知识。

2. 强调学生的动手能力。我到过很多国家，我感到国外的教育不仅重视传授知识，更重要的是强化动手能力。他们的理论课和实践课的比例基本是1∶1课时，这样可以使学生的动手能力大大提高。我们需要的就是理论与实践相结合，把理论知识转化为实践能力。只有这样才能培养出高水平的学生。

网友：百年大计，教育为本。您觉得真正要解决教育的问题，有哪些相关的问题要解决？

荣仕星：教育要发展，要解决的问题很多。比如说中央民族大学要解决的学科建设问题、教师队伍的建设问题、经费的投入问题、科研成果的产出与转化为生产力的问题，还有教师的待遇问题、学校的地位和发展问题等等，我认为最关键的还是教师队伍的建设问题，而教师队伍的建设又落实到经费问题上。我们经常说留住教师要有三个方面的条件：待遇留人、政策留人、事业留人。从政策来说，我们学校已经制定了一系列的政策，比如“252 人才工程”。“252 人才工程”就是我们学校在“十五”期间要培养 20 名国内国外知名的学者、专家教授，要有 50 名学科带头人，有 200 名教学科研骨干。待遇留人就是工资、岗位津贴、住房等方面要让教师满意。所以归结起来还是经费的投入。怎么解决经费的投入呢？党中央提出，发展是执政兴国的第一要务。我结合高校的实际情况，提出发展是执教兴校的第一要务，就是说高校要发展，现在不是发展已经够了，而是远远不够，要加快高等学校的发展，才能解决前进中的问题，才能解决高校现在实际存在的问题。

面向少数民族地区建设一流民族大学

主持人：中央民族大学大部分学生来自少数民族地区，而这些民族大多处于西部地区，请您介绍一下少数民族学生的情况。

荣仕星：中央民族大学是 1951 年成立的，它的宗旨就是面向少数民族地区，招收全国 56 个民族尤其是少数民族的学生。而且我们每一年主要还是在西部招生，因为西部教育相对于东部和中部来说，稍微落后一些，所以我们重点放在西部。比如说每一年的招生指标，在西部可以增加、可以倾斜，而且每年要确保招收 50 个民族成分以上的学生，保持 56 个民族学生在中央民族大学不断线。现在全国唯一的一个具有 56 个民族成分的单位就是中央民族大学。2001 年，朱镕基同志到我们学校视察时，我们 55 个少数民族的师生跟朱镕基同志照了相，这是一张体现民族大团结的合影。

主持人：中西部地区来的同学在学校的学习和生活状况是怎样的？

荣仕星：中西部地区的学生到了中央民族大学以后，从学习上来说都比较刻苦。因为少数民族学生有一个特点，就是很淳朴，很善良，很勤奋。他们学习积极性比较高，学习时间的投入也比较大。他们在生活上也有不同的情况，有的家庭比较富裕，有的家庭比较困难，有的家庭特别困难，但是我们学校没有一个学生因为家庭困难而辍学。我们采取了这样几个措施：首先是设立助学金。我们坚持这样一个原则，困难多的多补助，困难少的少补助。同时也实行贷学金办法，经济上困难的学生，学校帮助他们在银行贷款，保证他们顺利地完成学业。对特别困难的学生，我们还专门设立了勤工助学岗位，这样他们每个月也可以拿到两三百块钱，解决生活上的困难。通过这样几个措施，保证学生在学习期间能够有饭吃，能够正常生活。

主持人：我在中央民族大学就业信息中心上看到，很多就业信息直接来自于西部省份，不知道您调查过没有，民族大学的毕业生真正有多少是希望自己回到家乡、去建设家乡的？

荣仕星：中央民族大学有一个发展的过程，20 世纪五六十年代主要是培养政治干部，七八十年代主要培养经济干部，到 90 年代就是培养科技综合型的干部。毕业生在五六十年代，基本上 90% 以上甚至是 100% 回到民族地区，为民族地区的发展做贡献。到 80 年代，有 70% 多还是回去。到了 90 年代就相对少一些了，但是也有相当一部分回到西部工作。我对这个问题的看法是这样的，无论是回去也好，或者是在外面工作也好，不论在什么地方，只要能够为西部建设出谋献策就行了。记得小平同志说过，学生出国留学，不管在哪个国家，只要通过各种方式能为国家做出贡献就行。所以我们现在对学生教育强调如何用自己学到的知识为西部建设发展做出贡献。当然我们也有一些专门为西部培养的班，如这几年就专门开设了西藏班，给西藏培养干部，到毕业时，百分之百地去西藏工作。最近我们为青海培养了一个艺术班，这些学生也是百分之百地回西部。从我的体会来看，到西部的学生，从基层做起将会大有作为，尤其是现在西部最需要的是人才。

到目前为止，中央民族大学已经毕业了 6 万多名毕业生，他们当中有 80 多人成为省部级领导、1000 多名地厅级领导、1 万多名县处级干部，这些同志大都是在西部基层一步一步成长起来的。比如宁夏回族自治区主席马启智同志就曾是中央民族大学的学生，他也是从基层干起来的。

主持人：共青团中央开展到西部去的活动，这部分申请到西部工作的大学生，他们现在怎么样？

荣仕星：我认为共青团中央支援西部的这个活动很有必要。团中央每年都给一批这样的指标，我们学校是积极响应的。中央民族大学每年为响应这个活动，为到西部工作的学生增加了硕士研究生免试入学的指标，鼓励他们在西部服务、奉献。我们还有一条措施：凡是从西部来的或者不是西部生源的学生要求到西部服务，我们都给予奖励。比如说有精神上的奖励、物质上的奖励，鼓励他们愉快地到西部去、到祖国最需要的地方去，给他们施展才华的舞台。

主持人：作为民大校长，您现在最困惑、最焦虑的是什么事情？

荣仕星：就是如何把中央民族大学建成“世界一流的民族大学”。这是 2001 年朱镕基同志视察我们学校时为我们提出的奋斗目标。最近我们提出了一个理念，就是“办人民满意的教育，办学生满意的大学”。“世界一流的民族大学”需要几代人的奋斗。作为现任的中央民族大学校长，我要把基础奠定好，把学校的总体规划设计好，把学科和教师队伍建设好。

我们最近搞了学校发展规划，包括学校发展的总体规划、校园环境的建设规划。我相信，只要把基础奠定好了，不论哪一代，都按照建设“世界一流民族大学”的目标坚定不移地扎扎实实地推进，这样就有利于提升民族高等教育的地位，扩大民族高等教育的影响，为中华民族的伟大复兴做出贡献。

主持人：今天非常感谢荣校长做客“新华访谈”，也感谢网友的关注。本次访谈到此结束。

（来源新华网）

营造良好的教风、学风、校风，全面提高我校教学质量

——在我校2004年本科教学工作会议上的讲话

各位老师、同志们：

这两天以来，听了任中夏副校长的主题报告和许茂祖教授的专题报告，我很受启发。王彦书记从学校的每一位干部、教师、学生在这次本科教学评建工作中应该处在一个什么样的位置、扮演一个什么样的角色的角度谈了自己的意见，这很重要。我们这个学期开了三个重要会议，在中央民族大学党建工作会议暨党务干部培训班上，王书记讲了“建设一个什么样的中央民族大学和怎样建设中央民族大学”的问题；在中央民族大学处级干部培训班上，我讲了“要建设世界一流的民族大学需要什么样的人才”的问题。这次会议我要着重讲的是人才培养、人才强校需要营造良好的教风、学风、校风，有了良好的教风、学风、校风，才能全面提高学校的教学质量。

一、当前我校教风、学风、校风方面存在的问题

经过几年的建设，我校取得了较快的发展，但还有一些令人不满意的地方，特别是在教风、学风和校风方面存在以下三个方面的问题：

1. 对校无爱心。学校的绝大多数师生都是非常爱校、护校和以校为荣的，但也有个别师生认为自己是民大人，因而就低人一等。实际上，中央民族大学是全国民族院校的领头羊，在全国综合性大学排行榜中的地位已由1999年的第108位跃升到了今天的第66位，而且不仅进入了“211工程”建设大学，也进入了“985工程”建设大学，学校有什么让我们觉得丢脸的呢？我们倒是应该多想一想：我为学校的建设和发展究竟做了哪些工作？做出了什么贡献？还有个别教师不关心学校，不热爱学校，不维护学校形象，不把自己当做民族大学的一员。有的教师对学校的困难和问题不是出谋献策，积极想办法，而是只会指责埋怨，说三道四，牢骚满腹。从根本上讲，这些人没有责任心和事业心，缺乏主人翁意识。这种风气不改变，我们的教学质量工程是搞不好的。

2. 对教不上心。在绝大多数教师爱岗敬业、努力抓教学的同时，我校也有个别教师把教学当副业，要么在外兼职，要么只重科研不重教学，对教学环节不认真、不投入、不规范、不到位。教学这样的基础性工作做不好，科研也很难搞好。老师教学不上心，学生旷课、迟到也就成了经常现象。

3. 对学不用心。我校部分学生对学习不重视、不投入，只求考试过关和最终找个好工作，浮躁、短视现象严重。学生的自习率有多高？独立思考精神有多少？读了哪些书？做了多少读书笔记？有的学生对吃饭、穿衣等生活细节很看重，但对学习上存在的诸多问题却无所谓。有的学生平时学习不认真、不钻研，考试时就想作弊。

在这样的教风、学风、校风下，我们的教学质量如何上得去？存在这三个方面问题的师生到底占多大比例？对此，作为一个干部、一个教师、一个学生都必须了解，你不了解，工作和学习就不会有针对性，更谈不上实效性。

二、我校在教学评估工作和实施教学质量工程中，需要什么样的教风、学风和校风

1. 要有爱岗敬业、立德修身、严谨治学、奉献垂范的良好教风。“爱岗敬业”，就是要树立“教师是天底下最崇高的职业”的敬业精神，对自己的工作和职业要有光荣感、神圣感和使命感。只有这样，才能爱自己的岗位，才能钻得进去、沉得下来，才能意志坚定、淡泊名利，对自己的工作才能热心、专心，在教书育人的过程中才能做到耐心、精心；“立德修身”，就是说要当好教师、搞好教学、教好学生，首先必须有师德，要有职业道德，学生是我们服务、教育和培养的对象，作为教师首先就要修身，提高自己的素质，从一个更高的道德水准上反省和提升自己；“严谨治学”，我认为，学风问题并不仅仅是学生的问题，它首先是教师的问题，一个学校的学风如何，首先表现在教师治学是否严谨上，教师治学不严谨，整个学校的学风就好不了，教师在教学中对学生要求严了，当时学生可能烦你，但事后学生会感谢你；有的教师对学生要求不严，几年下来学生一无所获……因此，教师治学要体现一个“严”字；“奉献垂范”，教师职业既神圣又光荣，它是最需要奉献精神的职业，古人云“学高为师，身正为范”，是说教师应该成为学生学习的榜样，教师要教好书、育好人，就必须率先垂范，做奉献社会的榜样、表率和典范。

2. 要有修身厚德、好学向上、立志成才、服务社会的良好学风。“修

身厚德”讲的是做人要讲道德、讲纪律、讲正气、讲文明，正如校团委提出的“建文明校园，做文明大学生”；“好学向上”讲的是为学，作为学生要有学习、钻研的精神，要有才气；“立志成才”讲的是成人，学生一进入学校就要抱定成才的信念，为此必须树立信心、下定决心、培养耐心，信心是胜利的源泉，决心是胜利的力量，耐心是胜利的条件，今年全校有160多人拿不到学位，预科部有40人考试不及格，原因就是他们在学习上缺乏信心、决心和耐心；“服务社会”讲的是贡献，学生要学好知识、掌握本领、服务社会。“为学”先“做人”，最终目的是成才、成人。只有学好了，才能服务社会、奉献社会，最终实现自我价值。

3. 要有诚信、求实、团结、创新、自强不息的良好校风。“诚信”就是要真诚、有信仰、有理想，就是志存高远，就是对中国特色的社会主义事业、对中华民族的伟大复兴、对创建世界一流的民族大学有坚定的信念；“求实”就是要做实事、鼓实劲、出实效，我认为评估工作提出的“以评促改、以评促建、以评促管、评建结合、重在建设”的20字方针很好，要搞好评建工作，就必须实干，华而不实是做不好工作的，我们必须把每个环节都做实了，做到位了，才能见实效，出实绩；“团结”就是大家一起干，团结是一个集体的生命力、凝聚力、战斗力的体现，任何单打独斗的个人英雄主义的想法和做法都是注定行不通的，我们必须树立协同作战的观念，千方百计形成一盘棋，拧成一股绳，心往一处想，劲往一处使，在优势互补中争取更大的突破；“创新”是发展的动力，勤于学习、善于创新是新时期教育工作者必备的素质，对每个教师来讲，创新是改进教学、提高质量的根本途径，教师要在遵循教育规律和教学规范的基础上，通过教学内容的创新、教学方法的创新、教学手段的创新，去引导和激励学生，培养学生的创新精神、创造能力和创业意识，使之“青出于蓝而胜于蓝”；“自强不息”，就是诚信、求实、团结、创新，最后的目标是要形成一种自强不息的校风，使学校生机蓬勃，使干部、师生生龙活虎，为学校的发展不断开拓进取。为此，首先要强化办学理念，要把“建设世界一流民族大学”的宏伟目标刻在每个民大人的心中，使每个民大人都要有强烈的政治责任心和历史使命感。有了这种校风，我们的教学质量就上得去，我们的各项事业就有希望。

三、根据教学评估工作和实施教学质量工程的需要，我们怎样营造良好的教风、学风和校风

1. 要提高对教学评估工作和实施教学质量工程必要性、重要性和紧迫

性的认识。与学校的科研职能、服务职能相比，教学质量工程是学校的基础工程，从这一意义上讲，它是学校最重要的工程，在学校的各项工作中处于中心地位。

2. 要加强规范、科学、高效的管理。学校的历史和现状要求我们必须树立科学的规范和标准。“规范”就是立标准，这里除了王书记在报告中讲的四项教学基本建设（包括专业建设、课程建设、实习基地和实验室建设、学风建设）外，还应该包括一项教学档案建设；“科学”就是要掌握一般的教学规律；“高效”就是要认真实施依法治校、以德治教、从严治学的管理理念，不断提高办学效率。

3. 要建立健全竞争与合作机制、考评与责任追究机制和奖惩与激励机制，形成责、权、利相一致的教学运行体制，真正调动起学校教师的积极性。

4. 要凝聚人心。只要我们“聚精会神抓建设，一心一意谋质量”，就可以凝聚人心，就可以把学生的心、老师的心和干部的心凝聚在一起，共同奋斗。

5. 要“干”字当头。也就是说，我们要真干、实干、巧干、大干，如果不干就什么都没有。“真干”就是要认真地干，不得有半点马虎，从现在开始，我们要一个一个地研究和落实教学评估工作的各项指标；“实干”就是要实实在在、踏踏实实、仔仔细细地干，要把人、财、物和时间、任务、要求等真正落实好；“巧干”就是要在不断思考和创新的基础上，找出干好工作的新思路、新办法、新举措，取得新效果，要有远大的谋略和广阔的视野；“大干”就是要大干一场，因为教学评估工作和教学质量工程是一项庞大的系统工程，是对学校整体水平的评估过程，因此需要大家在干好自己本职工作的基础上互相配合、共同协作，为学校的建设和发展出大力、干大事、谋大利。我相信，只要中央民族大学的全体师生员工认识了评建工作的重要性，理解了评估指标的内涵，找到了评建工作的方法，一心一意，“干”字当头，全力以赴，义无反顾，落实、落实再落实，我们就一定能做好这次本科教学水平的评建工作。

（根据讲话录音整理）

“人才兴校”是中央民族大学争创一流的根本保证

——在学校处级领导干部上岗培训班上的讲话

在中央民族大学获得前所未有的大好发展机遇之际，在中央民族大学的建设发展即将跃上一个新台阶的时刻，全校上下都在思考：中央民族大学是一所什么样的大学？我们应当把中央民族大学建设成一所什么样的大学？怎样建设世界一流的高水平研究型大学？我们的干部在思考，我们的教师在研究，我们的学生也在思考。但思考得最多、最深的，应该是我们的学校党委，是我们校领导班子。

上次王彦同志代表校党委所做的《中央民族大学的建设发展与中央民族大学党的建设发展》的报告，集中体现了我们学校党委对这些问题的思考、探索和回答。可以说，王书记的报告在全面总结中央对民族高等教育和我们学校对办学思想、办学理念的探索基础上，使我们比历史上任何时候都更加清楚了学校的奋斗目标、办学定位、办学思路、组织保障。我想，王书记的报告是一个标志，标志着我们学校党委已经为学校发展上台阶做好了充分的思想准备，标志着我们基本清楚了为什么、干什么、目标是什么的问题。接下来的问题是：谁来干？如何干？今天我想从这一角度给大家讲讲我的观点和看法。我讲的题目是：《实施人才兴校战略是中央民族大学争创一流的根本保证》。

我想讲五个问题：一是谁来建设中央民族大学？二是中央民族大学争创一流需要什么样的教师？三是中央民族大学争创一流需要什么样的干部？四是中央民族大学争创一流需要什么样的政工干部队伍？五是一流的教师队伍、一流的管理队伍、一流的政工干部队伍怎样涌现和产生出来？

一、谁来建设世界一流的民族大学

王书记代表学校党委提出的“发展、改革、管理、稳定、服务、创新”的思路非常重要，也十分清晰，集中了学校党委和全校师生的智慧，但这只是一个宏观的思路，根本的问题还在于：如何发展？如何改革？如何管理？如何稳定？如何服务？如何创新？应当讲，这是对中央民族大学每一个人的挑战，特别是对于我们的干部，每个人都必须对这些问题做出明确的回答。在中央民族大学建设发展即将跃上新台阶的背景下，学校的建设发展为我们每个干部、职工和学生提供了施展才干的广阔天地和发展平台，同时也给我们每个人提出了更高的要求，即要求我们必须造就出一大批学术领军人物、知名学者、著名教育家、杰出的管理专家和优秀的思想政治工作者。因此，创建世界一流民族大学的首要问题是人的问题，是人才的问题，是各类高级人才如何产生和涌现的问题。为了解决这一问题，我想提出：实施人才兴校战略是中央民族大学争创一流的核心、关键和根本保证。

谁来建设发展中央民族大学？当然是我们每一个民大人，包括每个在民族大学工作和学习的人，也包括每个在民族大学工作和学习过的人，还包括关心、支持和帮助民族大学建设发展的政府领导和社会人士，所有这些人，都应当有一种强烈的责任感、使命感和担当精神，都应当自觉地承担起建设发展民族大学这一艰巨而光荣的任务。但是，中央民族大学争创一流的主力和先锋，只能是本校的干部和职工，这就是我经常说的三支队伍：教师队伍、管理队伍和政工队伍。

北京大学的领导对北大的发展充满了忧患意识，对社会上的一种说法“北大是一流的学生、二流的教师”非常重视，正在酝酿一场提高教师水平的重大改革。我想，北大面临的问题在我们中央民族大学恐怕更加严峻，我们也有一流的学生，而且是各个民族、特别是55 个少数民族中最优秀的学生，但是我们教师的水平与北大教师的二流水平相比，恐怕连三流也够不上。作为中央民族大学的校长，我比北大校长更为忧虑，更加犯难，更是担心！当然我也知道我们的优势，我们学校也有许多特殊的优势，但是要把这些优势转化为中央民族大学的实力和竞争力，转化为争创一流的条件和动力，需要我们做出很大的努力，关键的一条是解决人才的问题。没有人，什么都干不成；没有人才，什么都干不好；没有大量各类高级人才，争创一流绝对无望！

怎么办？根据去年 12 月召开的中央人才工作会议精神，根据中央提出的“人才强国”战略，针对中央民族大学的实际和争创一流的目标，我认为，根本的出路在于实施“人才兴校”的战略。这一战略包括两个基本层面：一是明确中央民族大学争创一流需要什么样的人才？二是我们应当实施什么样的人才战略，才能获得这样的人才？

二、中央民族大学争创一流需要什么样的教师队伍

（一）中央民族大学争创一流对教师队伍的总体要求就一个词：“高水平”。

为什么？因为高水平大学的首要标志是高水平的教师。有人拿中央民族大学与中南、西南民族大学比，说我们的规模不够大，我们的校园不够宽，我们的硬件不够好，这些都对，但有一点是其他任何民族院校都比不了的，那就是中央民族大学的独特地位和高水平师资。就此而言，其他任何一所民族院校与中央民族大学相比，都不在一个数量级上。只要有了这一条，我们的地位才是真正不可取代的。

（二）中央民族大学需要什么样的“高水平”教师队伍？

我想，作为中央民族大学的教师，其“高水平”至少有三个基本标准：

1. **政治的战略眼光**。中央民族大学教师的高水平，首先要有政治的战略眼光，这是中央民族大学教师高水平的基本体现。所谓“政治眼光”，就是从政治的高度看待问题的眼光；而所谓“战略眼光”，就是全局眼光、长远眼光、系统眼光。中央民族大学教师的政治战略眼光表现在以下三个方面：

（1）关注具有战略意义的重大理论问题和重大现实问题。例如搞民族学的，要清楚当今世界民族学研究的重大的前沿性理论问题是什么、有哪些？当代世界和当今中国社会发展，特别是民族和民族地区经济与社会发展的重大的现实问题是什么、有哪些？

（2）对战略性的重大问题进行战略性的研究。我们必须对战略性问题做出战略性的解答，力求在理论上实现战略性的突破，建立中央民族大学的理论学派和理论平台。

（3）研究和考虑问题具有理论的高度、世界的广度和历史的深度。只有这样才能体现出战略性。这就要求我们对战略性重大问题进行系统而不是零碎的、专题而不是泛泛而谈的、深入而不是浅尝辄止的研究。

2. **技术的操作思维**。无论对当代中国问题或是当今世界问题，我们都不能仅止于战略性的理论研究，还必须深入到技术的可操作层面，必须进行建设性的实证研究和对策研究，必须有战术性的思维方式。

3. **超前的预见能力**。我们不仅要紧跟当代中国和当今世界的理论和现实的前沿，而且必须具有超前的预见能力，对五年后、十年后、二十年后、甚至五十年后人们将会研究什么问题有超前的预见能力，只有这样我

们才有可能争创一流，才有可能出大师、出名流。

我们的教师是不是高水平的教师，如果是又属何种程度上的高水平教师，就看我们的教师在何种程度上具有政治的战略眼光、技术的操作思维和超前的预见能力。我想，这是判断高水平教师的主要标准。

（三）高水平教师能干什么？

我想至少有三个方面：

1. **进行高水平的研究。**我们的教师应当对所在学科的重大理论课题和现实问题进行深入全面系统的研究，应当作出自己不愧于时代的回答，特别是在民族问题的相关方面进行理论的创新、实现重大理论的突破，应当构筑数个与“中央民族大学”的名字联系在一起的理论平台。这是我们贡献于时代的主要方式。

2. **培养高水平的人才。**高水平的大学应当能够培养高水平的人才。这就对我们的教师提出了三个方面的要求：

（1）我们的教师是能够培养综合性人才的教师，这是对教师育人高水平的起码要求；

（2）我们的教师是能够培养高级研究型人才的教师，这是对我们的教师的一般要求；

（3）我们的教师是能够培养创新型人才的教师，这种创新型人才必须有创新精神、实践能力、创业水平，这是对我们的教师的最高要求。

对我们中央民族大学而言，育人高水平要求我们的学者都必须结合自己的教学和科研工作思考和研究两个问题：

一是要认真思考和深入研究高等教育的一般规律。我们现在搞教学评估工作，就是要遵循和运用教育教学的一般规律，运用高等教育的一般原理指导我们的办学行为，提高我们的教学质量和教育水平。

二是要认真思考和深入研究民族高等教育的特殊规律。在当今世界上，在人类历史上，还没有像中国这样完整的民族高等教育体系。这一体系一方面在国家的团结、统一、建设、发展中发挥了不可替代的重要作用，另一方面也对从事民族高等教育的教育工作者提出了特殊的要求，那就是每个人都必须认真研究和探索民族高等教育的特殊规律。

3. **提供高水平的服务。**除了从事理论研究和人才培养外，中央民族大学的教师还必须在以下两个专门的方面为社会提供高水平的服务：一是能够提供高精尖的技术服务；二是能够提供政府和公共部门的决策咨询服务。

（1）提供高精尖的技术服务。对这一点，我们不少人都存在观念上的误区：以为为社会提供技术服务是理工科的事情，而我们学校的理工科实力相对较弱，因此不能把为社会提供高水平的技术服务作为对教师的基本要求。

其实，为社会提供技术服务不仅仅是理工科的事情。随着我国社会的不断发展，特别是人员的流动和交往的频繁，一个13亿人的大国在物质、能量、信息、空间上的大交换、大流动、大碰撞，必将极大地增加社会生活的复杂性、动态性、不确定性和不可预见性，因而迫切需要我们的社会科学能够提供各种管理技术，处理人与人之间这种动态、复杂和不确定的关系，以增强社会的安全、稳定、合作和秩序。在这方面，我们的哲学社会科学研究大有作为，这也是中央提出繁荣发展哲学社会科学的主要原因。在这种背景下，中央民族大学作为一所以文科为主的学校，在为社会提供高精尖社会技术方面负有义不容辞的责任。

（2）为政府和公共部门提供决策咨询服务。在这方面，我们的空间很大，任务很重，我们必须想办法使中央民族大学成为中国政府和公共部门在民族问题方面的决策咨询中心，成为中国民族政策的智囊和智库。

实际上，以上两个方面是紧密地联系在一起的，因为我们如果没有搞高精尖的社会技术，也就难以成为国家和有关部门作出决策的智囊或智库；相反，我们的社会技术如果不能在政府和部门决策中发挥作用，我们的技术也就不能发挥应有的作用。

三、中央民族大学争创一流需要什么样的管理队伍

我想集中体现在两个方面的要求，一是我们的管理者应当具备三种意识，即政治意识、责任意识和合作意识；二是我们的管理者应当具备四种能力，即依法治校的能力、科学管理的能力、优质服务的能力、思考和研究问题的能力。这是对高水平管理者的具体要求。下面我们先说第一个方面：

（一）高水平的管理者应当具备三种意识：政治意识、责任意识、配合意识。

1. **政治意识。**管理者同时也是领导者，作为领导者就得讲政治，对于民族大学的管理者和领导者而言，政治的要求比别的学校更高。凡事都要从世界的形势和国家的大政方针的高度考虑，都要从民族团结进步的角度考虑，还要从民族平等与民族发展的角度考虑。必须有一点战略的眼光，必须有一种广阔的视野，必须有一些政治的敏感性和洞察力。

2. **责任意识。**邓小平说“领导即是服务”。要做好这样的领导服务，

必须要有责任意识，要敢于负责、善于负责，要有一种为学校发展尽心尽力、尽职尽责的担当精神。只有有了责任意识和担当精神，我们的领导干部和管理者工作起来才会有积极性、主动性和创造性，才会有不断开拓和勇于创新的精神动力。

3. **配合意识**。搞管理，做领导，绝对不是个人的事情，而是一种集体的事业，需要团队精神和配合意识，需要协调各方、调动各面、抓好各环节的能力和素质。

（二）高水平的管理者应当具备四种能力：依法治校的能力、科学管理的能力、优质服务的能力、思考和研究问题的能力。

1. **依法治校的能力**。实施人才兴校战略，要求我们的干部具备依法治校的能力。为了申报北京市依法治校示范校，最近我们对学校近年来依法治校工作做了一次初步的清理，我得出这样几点结论：

（1）近几年我校在实施依法治校方面，做了不少工作，也取得了一些成效。2001 年我们将“依法治校、以德治教、从严治学”作为学校的办学理念提出来了，学校党委和领导班子高度重视依法治校工作，从转变观念、建立制度、完善机制入手，大力开展法制宣传和普法教育，严格遵照国家的法律法规和方针政策，努力规范办学行为，并根据学校的实际，加强了学校的制度创新和制度建设，初步形成了规范有序的制度体系，建立健全了学校的管理体制和运行机制，严格依法照章规范学校的一切办学行为。同时，充分发挥工会和教代会的作用，推行校务公开工作，健全监督机制，运用法律手段保障和维护教师和学生的合法权益，为学校的改革、建设和发展提供了制度保障，推动了学校的发展。

（2）我校的依法治校工作逐渐形成自己的特色。比如把依法治校提高到学校基本办学理念的高度，使依法治校成为整个学校办学的指导思想，这在其他高校还不多见。又如，我们把依法治校与学校的制度建设、制度创新结合起来，在如何通过制度建设、制度创新去推进依法治校工作方面，我们做了一些积极有益的探索和尝试。再如，我们始终坚持走群众路线，把处理好各种利益关系、维护好广大师生的合法权益作为实施依法治校的核心。最后还有：作为全国民族成分最多的单位，我校充分利用和发挥多民族的优势，在尊重各民族文化和习惯的基础上，充分动员各民族干部做好工作，这已成为我校开展依法治校工作的基本特色。

（3）我们的依法治校工作还存在一些明显的不足。比如创立依法治校领导小组的时间较晚，而且还未形成一套行之有效的工作机制。又如，校属各单位在实施依法治校工作时统一性和协调性不够，工作也很不平衡，有的部门做得相对较好，如组织部、成教院、研究生院等，有的则做得很不好，我这里就不点名了。再如，有的规章制度还不够完善，或者未能根据新的情况做出及时的修订。

（4）下一步的改进措施。我想除了继续全面推进依法治校的工作外，我们要突出重点，首先要做好三件事：

一是充分发挥依法治校领导小组的作用，根据学校建设发展的新情况、新要求和新问题，组织专门力量编制和修订学校的规章制度，推进现代大学制度的建设；

二是切实将我校的依法治校工作纳入常规化、制度化的轨道，使依法治校工作为学校的建设发展服务；

三是进一步探索出一条在多民族共同学习和生活的校园内实施依法治校的道路。

做好这三件事，就要求在座各位领导干部必须切实提高依法治校的能力和素质。

2. **科学管理的能力**。随着学校规模的扩大，特别是随着学校办学层次和社会地位的提高，办学对我们来说变得越来越复杂，办学中出现了许多以前从未遇到过的新情况和新问题，这些都极大地增加了管理的难度，因而需要我们树立科学的管理理念，认真学习管理学知识，运用先进的管理手段，切实提高管理的能力和水平。

3. **优质服务的能力**。领导是服务，管理更是服务。科学管理是手段，对管理者而言，管理的目的是要为学校的教学和科研人员提供优质的服务，帮助他们多出成果、出好成果、出精品、出上品。在这方面，我们各部门和各单位的领导干部负有重要的责任和艰巨的任务，空间很大。我想在此给大家提三点要求：（1）我们应当提供到位的服务，要把服务工作做细、做精、做实、做深；（2）我们应当提供持续的服务，要为教学科研提供全天候、不间断的服务；（3）我们应当提供超前的服务，把我们的服务工作做在前面。只有这三方面都做到了，我们的服务才有可能是优质的服务。

4. **思考和研究问题的能力**。现在办学跟以前不一样，需要认真思考和研究的复杂问题很多，这就要求我们的干部要在提高有关知识和能力的基础上，认真调查、思考和研究工作中的一些重大的问题。我想，研究型的大学不仅需要研究型的学者、研究型的学生，还需要研究型的干部，许多问题不再是我们拍拍脑袋就能解决的，需要我们进行全面系统的思考和研究，只有这样，我们的工作才能出思想、有思路、见成效。

四、争创一流需要什么样的政工干部队伍

中央民族大学要建设和发展，要建设世界一流的民族大学，不仅不能没有政工干部的作用，而且还要大力提高政工干部的地位和作用。这是由中央民族大学的性质、地位和作用所决定的。这还只是问题的一方面。问题还有另一方面，就是学校的建设发展，也对政工干部提出了更高的要求，主要表现在以下三个方面：

1. **政治敏感性与政治责任心。**

胡锦涛总书记前不久对“两课”和思想政治工作做了重要批示，中央领导非常重视高校的思想政治工作。这对我们民族大学具有重要的指导意义。我想，民族大学的思想政治工作恐怕比别的学校都更特殊、更重要、更难做，对我们的政工干部的要求也更高。不管是国家民委，还是教育部、北京市，对我们的思想政治工作都有非常高的要求。过去李岚清同志讲心中装着三所学校：北大、清华和民大；最近北京市的领导讲：我们心中始终惦记着两所学校，就是北大和民大。这种关心和惦记表明民大的思想政治工作很重要，上级领导对我们的要求比别的学校都更高，更表明我们的工作很难做。

鉴于这种情况，我们中央民族大学的政工干部必须有高度的政治敏感性和政治责任心，从政治的高度去思考和开展思想政治工作，要把自己的工作纳入整个国家的稳定与发展的视野中考虑。这是我们做好思想政治工作的基本要求和首要条件。没有这一条，我们的思想政治工作是做不好的，今天没问题不能保证明天没问题，我们的工作就很难做到主动和超前。

2. **对自己的工作要有神圣感。**

我们的政工干部总有一种自卑感，认为做思想政治工作没有前途，低人一等，领导不重视。这些想法当然有其原因，但从根本上说是不正确的。不仅中央领导，我们学校领导也非常重视思想政治工作，非常重视政工干部。这本身说明思想政治工作十分重要，我们的思想政治工作者对自己的工作应该有一种使命感和神圣感。我想，问题不在于我们的工作重不重要、光荣不光荣、神圣不神圣，这些都没有问题，问题在于我们干得怎么样，我们投入了多少。我们的政工干部总体是好的，但还有差距，还有很大的空间。

3. **方法的创新。**

做思想政治工作很不容易，甚至比做学问更难，因为思想政治工作是

人的工作，人是世界上最高级、最复杂、最难以捉摸的动物。要做好人的工作，需要我们有非常高的智慧和水平，除了我们热爱自己的工作、投身自己的工作外，还要系统学习思想政治工作方面的知识，要不断思考和研究做好思想政治工作的新思路和新办法，要切实拿出做好思想政治工作的新举措和新方案，要对思想政治工作方面的问题进行调研、总结、探索和研究。这不仅有利于做好自己的工作，而且还可以出文章、出成果，对你评职称也有好处。研究型的大学不仅需要研究型的学者、研究型的学生、研究型的干部，还需要研究型的思想政治工作者。

五、推动民族大学制度创新，形成杰出人才不断涌现的机制

前面我讲了中央民族大学争创一流需要什么样的人才，回答了谁来建设中央民族大学的问题。现在我想着重讲一讲中央民族大学争创一流所需要的人才从何而来，特别是要讲一讲我们的干部在人才兴校战略中的作用与责任问题，同时对全校领导干部和新上岗干部提几点人才工作方面的要求。

如何产生和涌现出中央民族大学争创一流所需要的各类人才？用一句话来说，就是要实施“人才兴校”的战略。具体而言，“人才兴校”战略包括两个层次：一是树立“人才兴校”的基本理念；二是创建一套杰出人才不断产生和涌现的机制。这两个方面都是对全校每一个领导干部的要求，前一方面要解决认识上的问题，后一方面要解决实践上的问题。

（一）真正将“以人为本”和“人才资源是第一资源”确立为人才兴校战略的基本理念

“人才兴校”战略的核心理念是新一届中央领导集体提出的“以人为本”，集中体现在尊重知识、尊重人才、尊重创造。从邓小平提出的“尊重人才”到胡锦涛提出的“人才为本”，从“科学技术是第一生产力”到“人才资源是第一资源”，这是我们党和国家在人才观上的重大突破。对我们学校而言，只有树立“人才为本”的理念和“人才资源是第一资源”的观念，才能切实做到尊重人才，才能科学地揭示“人才”的含义，才能建立科学的人才标准，才能着力培养、吸引、聚集和用好人才，才能真正认识到人才工作在我们学校建设发展中的极端重要性和非常紧迫性。

要实施人才兴校的战略，首先必须树立正确的人才观，而在这一方面，我们的观念中还存在一些落后的东西。

比如，在对待人才的态度上，我们一些领导干部瞧不起教师，看不上学者，总认为他们只会读书、教书、写文章，书生气太重。与我们的领导

干部相比，我们的学者和教师是有不少缺点，水平也有待进一步提高，但是他们中有不少人都是某一领域的专家，还有一些是有一定知名度的学者，他们才是学校的希望和根本。如果我们不尊重和善待这些人才，不把他们当做自己的老师来尊重，相反却在他们面前颐指气使、呼前唤后，不仅会引起他们的反感和蔑视，而且会直接阻碍人才兴校战略的实施。

又如，在对待人才的方法上，我们的一些干部不知人、不识人、不了解人。你不做认真的调研，不与那些有思想、有干劲、有能力、有水平的人交朋友，你怎么能知人、识人、了解人，而做不到这一点，你就不会有尊重人、凝聚人、用好人的好的措施和办法。

再如，在对待人才的行动上，有的干部说一套做一套，总是用全知、全能、全善的标准来要求各方面的人才，对他们求全责备；要不就是说得好听，就是不落实到行动，不为人才的产生和涌现做实实在在、认真细致的工作，为人才的产生和涌现创造各种各样的条件。

（二）人才兴校战略的主要工作

人才兴校战略的关键是这一战略的实施，而这一关键的关键是从体制改革与制度创新入手建立和创造各种人才辈出的机制。中央民族大学要争创一流，必须在新的历史条件和社会背景下，对如何创造一种杰出人才不断涌现和成长的机制问题做出创造性的回答。

从去年中央人才工作会议看，人们关注最多的就是人才工作的机制创新。会后发布的《中共中央国务院关于进一步加强人才工作的决定》，用了主要的篇幅来论述如何从创新机制上做好人才工作、实施人才强国战略的问题。做好人才工作、实施人才强国战略，核心和关键是建立和创新人才辈出的机制，包括人才培养机制（人力资源开发机制、现代国民教育体系、终身教育体系和学习型社会成长机制）、人才评价机制、人才使用机制、人才市场体系、人才流动机制、分配激励机制、人才奖励制度、人才保障制度、人才吸引机制、人才投入机制。所有这些机制的建立、健全、改革和创新，是切实做好培养、吸引和用好人才的关键，是做到“把我国由人口大国转化为人才强国”的基本途径和重要条件。就中央民族大学而言，就是要建立好我们学校人才不断产生和涌现的机制。

回顾和分析现代社会发展史，我们可以看到，现代大学的诞生和大学制度的创新是现代社会发展的重要动力，对一个国家经济及社会发展具有关键性的作用。正如有的学者所说：随着牛津和剑桥的诞生，英国人创建了现代的大学，他们因此而很快就有工业革命，有了代议制，成为领导世界的国家；到 19 世纪，当以柏林大学模式为代表的研究型大学在德国兴起的时候，德国很快成了第二次工业革命的领先国家；当欧洲大学理念传到美国，美国人办起了哈佛、耶鲁、麻省后，特别是在建立了威斯康星大学模式后，美国成了整个世界最大的经济中心，使 20 世纪成为了美国世纪。[①] 有人说“21 世纪将是中国的世纪”，如果真是这样的话，就需要有一流的大学，需要对现代大学制度进行第四次根本创新。在这方面，我们民族大学应当、也能够有所作为。因为民族高等教育体系本来就是世界高等教育史上的中国独创，有责任、也有条件在大学制度创新上做出自己的贡献。

就我今天讲的人才兴校战略而言，我们必须把我们中央民族大学变成一个杰出人才不断产生和涌现的摇篮。从这一角度去考虑问题，我们首先要建立强有力的人才工作领导制度和领导体制；其次，要建立和创新规范、灵活、顺畅、高效的运行机制，以充分激发所有干部职工的积极性、主动性和创造性，促进教师职工之间的竞争与合作；再次，要高度重视文化建设，增强每个职工的合作精神、合作意识和合作能力，形成一种相互合作、相互配合的团队意识和合作氛围，增进全校上下团结作战的向心力、凝聚力和集体力。

下面，我以教师管理为例，说明我校实施人才兴校战略需要建立一种什么样的管理模式和运行机制。

（三）实施人才兴校战略的关键是提高教师管理的水平，而提高高校教师管理水平的关键是教师管理模式的创新与转换，这就是教师人事管理向人力资源管理的模式转换

为此，需要解决以下四个方面的问题：

1. **管理理念**。在人力资源管理模式下，高校教师管理应当把以下四个管理理念作为指导思想，即以人为本、以群为体、以争为机、以精为务。

所谓“以人为本”，就是以培育和提升大学核心竞争力为中心，创造尊重教师的良好氛围，尊重教师的个人尊严与自我价值，了解教师的愿望、要求、需要、意见，切实解决教师生活和工作中的困难和问题，激发教师参与学校规划、决策和管理的积极性，为教师搭建施展才能的科研、教学和生活平台，使教师融入学校发展的洪流之中。这就与传统人事管理“以事为中心”区别开来。

所谓“以群为体”，就是根据学科发展与学术平台建设的需要，把学

① 参见丁学良：《什么是一流大学》，《高等教育研究》，2001 年第 3 期。

术团队和科研群体作为高校教师资源开发与管理的基本单元，从整体上谋划教师队伍的建设，开发、配置、积聚和运用学校的教师资源。这与传统的人事管理以个人为单元的管理模式区别开来，更有利于把教师队伍建设与学校整体发展和竞争力提升融合起来。

所谓“以争为机”，就是建立优胜劣汰、奖勤罚懒的人才竞争与激励机制，激发教师的工作热情、创新精神和争先意识，提高教师能力与素质，优化教师资源的整体结构。通过这种机制，要使真正优秀的人才成长起来，涌现出来，发挥作用，得到承认。按照这一原则，高校教师的人力资源管理模式就与从工资福利待遇等方面考虑问题的传统人事管理模式区别开来，成为一种教师资源得到优化配置和不断升值的开发与管理模式。

所谓“以精为务”，就是务求精细、精深、到位、超前，对教师资源进行全方位、全过程、网络化、数字化的开发与管理。这种管理模式显然是一种高投入的管理模式，但同时也是一种高回报的管理模式，它所隐含的基本理念是：人力资源开发与管理方面的投资是最有价值、最有前途、收益最高的投资，这就与现行人事管理单纯追求低成本的基本理念有着原则的不同。

2. **基本目标**。应当讲，人力资源投资属于风险高、周期长、见效慢的投资类型，但这是一种名副其实的战略性投资，其收益往往是短期经济收益所不能囊括的，对大学社会声誉的提高、对大学竞争力的培育和提升都会产生深远的影响。具体而言，高校人力资源开发与管理的基本目标包括以下两个层次：

一是教师资源的战略管理。其主要任务是根据学校发展的需要，特别是根据高水平研究型大学建设的需要，将教师资源作为学校的战略资源加以规划与部署、开发与利用、积聚与储备、调配与整合，为学校战略目标的实现准备师资和人才条件。

二是教师资源的技术管理。包含常规的人事管理和人力资源的项目管理两个部分。将教师资源当做一种战略性的人力资源进行管理，并不是要完全废止人事管理的作用，而是要在人力资源开发与管理的视野中重新定位常规的人事管理工作，使其服从于和服务于教师资源的战略管理的目标和要求。

3. **领导体制**。高校教师管理由人事管理向人力资源管理的模式转变，必然要求教师管理的领导体制进行相应的创新与转变。参照企业人力资源开发与管理理论，我认为，与高校教师人力资源管理模式相适应的领导体制包括以下四个层次：即校长、人力资源开发与管理中心、人事处和相关职能部门。

（1）校长。在传统的人事管理模式中，教师管理属于教务处下设的师资科的职责范围，不仅在校长的视野之外，甚至也在主管副校长的视野之外，主要工作是教师的进修学习。这对传统的教学型大学而言，可能影响不大，但对研究型大学、特别是高水平研究型大学的建设而言，是极不协调、极不相称、很不适应的。在人力资源管理模式下，教师管理是学校当之无愧的“一把手工程”，因为教师是高水平研究型大学赖以生存和发展的战略资源，高校教师管理决定着学校的实力与未来，唯有作为学校的“一把手工程”，教师资源的开发与管理才能动员到足够的资源。

（2）人力资源开发与管理中心。在执行层面上，教师资源的开发与管理应当有一个专门的机构负责，应当设立一个独立的人力资源开发与管理中心。该中心在一位主管校长的直接领导下，专门负责教师资源开发与管理工作，包括优秀教师资源的引进、培养、整合、配置、调度、利用等等。

（3）人事处。在教师的人力资源管理模式下，传统的人事管理并不是像有的人说的那样要加以取消，而是要在人力资源开发与管理的模式下进行重新定位，并不断加强。所谓重新定位，就是要把人事处定位在学校“人力资源开发与管理中心办公室”的地位上，使其服从于和服务于学校人力资源开发与管理的需要，成为学校人力资源开发与管理的办事机构和重要环节。

（4）相关职能部门。教师资源的开发与管理不是人事部门的事务性工作，而是需要学校相关职能部门的参与，主要包括科研处、教务处、“211”办、“985”办、财务处、国资处、研究生院等。教师资源的开发与管理应当成为这些部门的中心工作，纳入统一的规划、安排和日程中。

4. **运行机制**。如果说领导体制是要解决“谁来做”的问题，那么运行机制就是要解决“怎么做”的问题。根据建设高水平研究型大学的要求，为了培育和提升大学的核心竞争力，教师资源的开发与管理应当包含以下四个中心环节：

（1）高水平教师产生和涌现的机制。教师管理的目的不是要把教师管住，而是要通过我们的开发和管理活动促进高水平教师和杰出人才的成长和涌现，为学校发展准备相应的教师资源。这就需要我们建立发现人才、吸纳人才、聚集人才、产生人才、留住人才的机制，通过这一运转灵活、功能强大的机制，使我们能够以学校为中心、并在国内外的范围内整合和聚集到所需要的高层次教师资源和高素质杰出人才。

（2）教师发挥作用的平台建设。高校教师所从事的人才培养和科研活动是一种个性化很强的创造性活动，在知识经济的时代，根据现代生产方式的特征和要求，教师才能和作用的发挥并不是教师个人的事情，而是一种集体性的事业，需要搭建多种多样的学术平台，既使杰出教师能够施展才华，又能促进学术团队和科研群体不断生长。这项工作虽然主要是科研方面的工作，但应当纳入教师管理的视野中统一谋划、安排和建设。

（3）教师的考核和评估机制。教师工作的考核与评估是教师管理的重要环节，既是教师激励的前提，又会影响教师的行为和取向，从而直接影响教师积极性、主动性和创造力的发挥。但是与一般的公司、企业或行政单位相比，高校教师主要从事自由度较大的学术活动，其劳动具有自由与创造的特征，工作时间弹性很大，成果鉴定具有复杂性，教师价值的实现具有间接性，这些特点极大地增加了对教师的工作进行监测、考核和评价的难度。我主张建立符合学校竞争力提升的考核评估体系，有计划、有步骤、按程序组织和实施考评。

（4）教师的激励与竞争机制。在科学合理的考评基础上，根据学校发展的需要，从物质和精神两个方面对教师实施激励，以吸引、开发、整合和留住人才，激发教师的工作热情和创新能力。激励的方式不能只在工资福利和生活条件方面，而要更加注重学习与深造机会的提供、项目经费的投入、学术梯队的配备以及精神荣誉的激励等方面。只有通过科学合理的激励，才能在教师中建立积极有效的竞争机制，使优秀的教师获得充足的资源，使学校教师资源得到优化配置。

总而言之，实施人才强校战略是我校争创世界一流民族大学的根本保证。

朝着世界一流民族大学目标奋进的中央民族大学

一、历史沿革与基本情况

中央民族大学隶属于国家民族事务委员会，位于北京西郊，是中国唯一汇聚了56个民族师生员工学习、生活和工作的高等学校，是国家重点建设的综合性研究型大学之一，在我国民族高等教育体系中占据着举足轻重的地位。

学校前身可追溯到1941年10月成立的延安民族学院。1951年6月11日，中央民族学院正式成立。1993年11月30日，中央民族学院更名为中央民族大学。2001年6月，时任国务院总理的朱镕基到校视察，提出“把中央民族大学建成世界一流民族大学”的奋斗目标。2002年6月，国家民委、教育部、北京市人民政府签署了《重点共建中央民族大学的协议》。

经过50多年的建设和开拓，学校现已发展成为以人文社会科学为主体，以民族类学科为特色，文、史、哲、经、管、法、理、工、医、教等学科门类齐全，本科、硕士、博士研究生教育和干部培训并举，民族预科、艺术中专和继续教育等多种办学层次兼有的综合性研究型大学。

学校现有18个二级学院、8个系和1个教学部，有覆盖10个学科门类的85个本科专业、38个硕士学位授权点、17个博士学位授权点、1个国家一级学科博士学位授权点、2个博士后流动站、2个国家级重点学科、9个省部级重点学科、2个文科基础学科人才培养和科学研究基地、1个全国普通高校人文社会科学重点科研基地。

学校拥有一支高素质、高水平、民族成分众多的师资队伍。学校创立之初，中央政府即从清华大学、北京大学、燕京大学等校选调了潘光旦、费孝通、吴文藻、翁独健、杨成志、吴泽霖、林耀华、傅乐焕、于道泉、马学良等一批学界名流到校任教。现有教职工1611人，其中有包括王锺翰、宋蜀华、陈永龄、戴庆厦、施正一、牟钟鉴、刘秉江、金炳镐等知名学者在内的专任教师758人，具有研究生以上学历教师381人、高级职称教师442人、博士生导师54人。他们具有良好的治学传统和学术风范，在教书育人和学术研究上成果卓著。特别是近年来，学校逐渐树立起人才资源是第一资源的观念，大力推进“人才强校”战略，大力加强学科带头人和创新团队建设，培养和引进了一批中青年学科带头人，初步形成了多个以博士为主体、以中青年学科带头人为骨干的学术群体，能够承担国家民族理论和民族政策方面重大课题的研究，从而有条件在民族学、人类学、民族语言学、历史学、民族地区生态与环境等领域成为国家科学研究基地和科技创新平台。

学校占地面积 40 万平方米，校舍面积 34 万平方米，固定资产总值 32588.3 万元。图书馆面积 2.45 万平方米，藏书 130 多万册。民族博物馆 4800 多平方米，藏有近 3 万件珍贵的民族文物。目前，2.2 万平方米的留学生公寓楼已完成主体结构，将于今年 9 月交付使用；在建的有 5.95 万平方米的大学生公寓楼工程和 4.2 万平方米的文科教学大楼工程、4.2 万平方米的理科教学楼工程将于年内开工建设。

学校现有各类在校生 2 万余人，其中本科生 8100 人、博士研究生 232 人、硕士研究生 738 人、外国留学生 214 人、预科生 299 人、艺术中专生 374 人、成人学历教育学生 10779 人。在全日制本科学生中，70% 左右是少数民族。学校堪称中华民族大家庭的缩影和展示中国民族政策以及民族团结进步的重要窗口。56 个民族的智慧和文化在校园汇聚一堂，各民族的语言、服饰、歌舞、风习多姿多彩，融汇成了民族团结的交响乐章。良好独特的育人环境和对素质教育的一贯重视，使学校得以向国家和社会输送了大批优秀的高级人才。

学校新建成的一批多媒体教室、100 兆带宽的校园网是电化教学和信息传递的有力保障，数字化校园工程建设已经全面启动。学校对实验室建设的投入不断加大，2002 年投入 968 万元，2003 年投入 1065 万元，学校计算机教育中心拥有最新的计算机和网络设备装备。学校实行课程学分制，目前有 414 门课程供学生跨专业选修，约占总课程量的 15% 以上。学校高度重视学生的社会实践活动，我校学生多次参加全国性大学生（理工类）专业比赛，在数学建模比赛、电子竞赛中屡获大奖。

我校是全国重要的科学研究基地，其中民族学、民族语言学、人类学、历史学等学科的研究水平在全国具有领先地位。我校学者在上世纪 50 年代参与了 3 次大规模的关于少数民族的调查，2000 年又参加了 22 个人口较少民族发展问题的调查。学校专家提出的“中华民族多元一体格局理论”，关于加快西部地区发展、缩小东西部差距的建议，关于西沙·南沙考古发现，关于西藏历史地位等的科研成果，都具有重要的政治、经济和社会意义。改革开放以来，学校的科研成果丰硕。1987 年至 2003 年，学校的教师出版学术著作 2558 部，共获得国家和部委级科研项目 285 项，发表学术论文 7441 篇，共有 359 项成果获奖，其中获部委级二等奖以上奖数列北京高校前 4 名。

中央民族大学是我国民族高等教育与国际联系的窗口和进行国际学术交流的中心。学校已同 50 多个国家的大学和研究机构建立了合作与学术交流关系，每年接纳 600 余名外国留学生来校学习，聘请外国专家来校讲学，并不断选派学生出国留学深造。

二、办学特色与学科优势

（一）学校基本定位

1. **地位与作用**。中央民族大学具有特殊的政治地位，发挥着国内其他高校不可替代的重要作用。自建国以来，党中央国务院高度重视少数民族的教育问题，并在世界上首创了独具特色的民族高等教育体系。目前，这一体系包括 13 所以培养少数民族大学生为主的民族高等院校（广义地说还包括边疆民族地区的其他 100 多所大学）。中央民族大学作为其中水平最高、最有代表性的一所，在培养少数民族干部和高级专门人才，以及为党和政府处理民族问题提供决策咨询服务等方面发挥着重要作用，在民族地区和少数民族中具有很高的地位和影响，也是对外展示我国民族政策的重要窗口。

2. **目标与方向**。2001 年 6 月朱镕基总理亲临学校视察，代表党中央国务院提出了“努力把中央民族大学建设成为世界一流民族大学”，确立了学校发展的战略目标。为了实现这一战略目标，经胡锦涛、曾庆红、李岚清等国家领导人的批示后由国务院批准的四部委《关于进一步办好中央民族大学的请示》明确了学校的办学方向，这就是“坚定地贯彻党的教育方针和民族政策，面向少数民族和民族地区，主要培养少数民族干部和各类专门人才，普通大学教育和不同层次的干部培训并举，人才培养和民族问题的理论研究并举，使中央民族大学成为一所有鲜明特色、有一定规模和较高的教育质量和办学水平的综合性、研究型大学”；国家民委、教育部、北京市于 2002 年 6 月签署的《关于重点共建中央民族大学的协议》已经成为办好中央民族大学的框架协议。

3. **特色与优势**。在党和国家的关怀和大力支持下，经过 50 余年的发展，经过几代学人的不断努力，中央民族大学不仅逐渐明确了“发展是执教兴校的第一要务”和“办人民满意的教育，办学生满意的大学”的办学思想，而且具有了较强实力和较好的发展基础，学校的民族学、中国少数民族语言文学、中国民族史、中国少数民族经济、中国少数民族理论与政策、民族宗教学和中国少数民族艺术、中国少数民族地区生态环境研究等学科领域具有雄厚的实力和特色优势，不仅在全国居于领先地位，而且具有较大的国际影响，还拥有一支以费孝通、王锺翰、宋蜀华、王尧、戴庆厦、张公瑾、施正一、牟钟鉴、刘秉江为代表的、学术造诣精深、蜚声海内外的知名学者。特别是近年来，学校逐渐树立起人才资源是第一资源的观念，大力推进“人才强校”战略，大力加强学科带头人和创新团队建设，培养和引进了一批中青年学科带头人，初步形成了多个以博士为主体、以中青年学科带头人为骨干的学术群体，能够承担国家民族理论和民族政策方面重大课题的研究，从而有条件在民族学、人类学、民族语言学、历史学、民族地区生态与环境等领域成为国家科学研究基地和科技创新平台。

（二）优势学科

1. 民族学

光荣传统。我校在上世纪 50—60 年代是中国民族学、社会学、人类学研究中心，集中了当时全国大部分顶尖的社会学家、民族学家、民族史学家和人类学家，其中翁独健、潘光旦、吴文藻、费孝通、林耀华、宋蜀华等学者的研究成果独树一帜，在国际学术界享有较高的地位和影响。

学术贡献。我校民族学学科一直从事有关民族理论和政策方面的重大课题研究，为国家民族政策的制定做出了重要贡献。在理论研究方面，我校教师撰写了不少很有分量和影响的论著，在学术界产生了广泛的影响，并获得了多项大奖，其中代表性的有：王辅仁的《西藏佛教史略》获 1984 年哲学社会科学优秀图书一等奖；林耀华的《原始社会史》1987 年获北京市哲学社会科学优秀成果一等奖、1988 年获国家教委优秀教材一等奖等；施联珠的《台湾史略》1987 年获中宣部爱国主义优秀历史读物一等奖；祁庆富的《中华古文明大图集》1993 年获新闻出版署国家图书特等奖；田晓岫的《中华民族》1994 年获北京市哲学社会科学优秀成果一等奖；林耀华等的《民族学通论》1991 年获北京市哲学社会科学优秀成果一等奖、1995 年获国家教委优秀教材一等奖；宋蜀华等的《民族学理论与方法》获 2000 年国家民委优秀科研成果一等奖。在政策研究方面，我校曾主持和参加民族识别工作、中国少数民族社会历史调查工作（1952—1961 年）和 22 个人口较少民族调查工作（2000 年），形成了一批很有分量和影响的研究成果，并得到实际运用，为国家重大决策提供了经验材料和决策依据。

学科实力。作为全国重点学科之一的民族学，同时又是“211 工程”建设项目，拥有一支结构合理、力量雄厚的教学和科研队伍，最近连续六年的网上评选中，我校一直被评为国内民族学专业综合实力第一名。1989年被国家教委确认为国内民族学专业的国家级重点学科，当时是全国民族院校中唯一的国家级重点学科点。1998 年，中央民族大学以民族学学科为拳头项目的“211 工程”建设项目申报取得成功，表明国家对民族学系作为高水平的教学与科研基地地位的认定。

在研项目。主要有：历代中央政府治藏政策研究，中国跨境民族与边疆稳定、国家安全问题研究，中国本土条件下的人类学方法研究，西部开发中少数民族人文资源的保护和利用，中国少数民族文化遗产保护与立法研究，西部开发与少数民族文化遗产保护研究，伊斯兰教与中国穆斯林社会现代化进程，汉、藏文化交流研究，中国少数民族地区生态环境状况、问题、对策研究，凉山彝族腹心地区毒品艾滋病社会控制行为等。这些课题关系到西部开发中的文化和生态保护、祖国统一、社会现实问题等各个方面。

师资队伍。我校民族学拥有雄厚的师资力量，师资梯队整齐，老中青“三结合”，表现为老教授发挥余热，中年教师挑起大梁，青年教师积极上进的可喜局面。目前在职教师 42 人中，有博士生导师 10 人、教授 17 人、副教授 15 人；教师中获得博士学位的 21 人、在职博士 3 人。此外，还有2 名教师分别被列入教育部“跨世纪优秀人才培养基金”和国家“百千万人才工程”。绝大多数教师有海外进修学习的经历，多名教师获宝钢优秀教师奖，或被评为北京市高等学校（青年）学科带头人、北京市高等学校优秀青年骨干教师。

人才培养。在民族学与社会学学院之下，已建成由本科、硕士、博士及博士后流动站四级组成的人才培养体系，可分为三个人才培养层次：一是从事民族事务和民族地区各项行政事务的管理人才；二是服务于民族地区经济社会发展的专业人才；三是进一步深造的高层次研究人员。目前有民族学、博物馆学、社会学、民族学与生态学、民族学与新闻学、民族学与英语 6 个本科专业，民族学、人类学、社会学、考古博物馆学和民族社会学 5 个硕士点，民族学、人类学和民族社会学 3 个博士点。所培养的毕业生中既有国家机关的公务员，也有地方各省市尤其是民族地区的大批管理人才、专业人才，还有在包括清华、北大等各高校继续深造的高层次研究人员。他们在各自工作岗位上表现的才华受到各界的广泛赞誉。

2. 中国少数民族语言文学学科

历史传统。中央民族大学中国少数民族语言文学专业筹建于1950年，主要从事少数民族语言、文学、文献的研究与教学。经过半个世纪的发展历程，曾为全国性的大规模少数民族语言普查，民族文字创制，制定民族语文政策，挽救和研究濒危语言，收集、整理民族语言文学、文献第一手材料，研究民族语言、文学、文献理论做出卓越贡献，并培养了博士、硕士研究生、本科生等大批少数民族专业人才。

特色优势。我校中国少数民族语言文学学科涉及汉藏、阿尔泰、南岛、南亚、印欧等五大语系的80多种语言和30多种文字、50多个民族的文学与文献，具有多语种、多民族、多学科研究的特有学术平台和鲜明的民族语言文学研究的学科特色，具备以单一民族语言文学研究为基础的综合比较研究优势、群体优势、学术传统优势。

学科实力。经过以马学良、于道泉、耿世民、胡坦、戴庆厦、张公瑾、胡振华、满都呼等著名专家、学者为代表的几代人的共同努力，本学科已经发展成语种最多、研究涉及领域最广、规模和专业覆盖面最大、高层次人才最集中的中国少数民族语言文学研究与教学基地。现为国家级重点学科、国家文科基础学科人才培养和科学研究基地、“211 工程”“九五”和“十五”重点建设学科。设有“中国少数民族语言文学”和“语言学及应用语言学”博士点和“中国语言文学”博士后流动站。经过10年努力，力争将中国少数民族语言文学学科建设成国际一流学科。

科研成就。在学术上，汉藏语研究、古代突厥语研究、少数民族文学综合研究等领域已处于国际先进水平，在语言理论与多民族语言比较研究、南岛语研究、现代突厥语研究、蒙古文文献研究、朝鲜文学研究等领域处于国内领先地位。多年来，共出版近600部论著，发表4500余篇论文，承担近50项国家或省部级科研项目，获70多项国家或省部级以上成果奖。其中代表性著作有《汉藏语概论》、《语言学概论》、《藏族文学史》、《中国少数民族文学史》、《中国少数民族文化大辞典》（5卷）等，受到国内外学术界的高度评价，其学术影响甚大，是我国少数民族语言文学研究领域的精品之作。

3. 历史学科

基本情况。历史学科是我校成立最早、也最具特色和优势的学科之一。该学科在上世纪50年代汇聚了从燕京大学、北京大学和清华大学等单位调配来的一批知名学者，在中国学术界和高校当中具有很高的知名度和影响力。

研究传统。在20世纪五六十年代，我校历史学研究集中在民族学和民族史两个方面，并逐渐形成基础研究与应用研究相互结合的特点，形成一批既有理论价值、又有现实意义的重要成果，在翁独健、吴文藻、潘光旦、林耀华、傅乐焕、费孝通、王锺翰等知名学者的推动下，确定了我校历史学以中国民族学和民族史为核心的研究范围，参加全国少数民族社会历史调查和少数民族五套丛书的撰写，整理了中印边界资料、中苏边界资料、中越边界资料（包括南海诸岛资料）、中国地震历史资料等。

改革开放以后，历史学科在原有的基础上进一步发展并逐渐形成以王锺翰先生为中心，以贾敬颜、苏晋仁、郭毅生、陈连开等为骨干的师资队伍，在科研上形成了清史、满族史、东北边疆史、太平天国史和中华民族多元一体格局为中心的研究系列，逐渐成为我国清史及满族史研究最重要的中心和基地，并在国外有较大的影响。特别是中华民族多元一体格局理论的形成，是对中国民族发展历程的高度概括和总结，代表了20世纪80—90年代中国民族历史和中华民族研究的最高成就，在历史学界和其他学术领域乃至思想理论战线都产生了广泛的影响，是我校学者对国家民族理论和民族政策的重要贡献。王锺翰的《中国民族史》（中国社会科学出版社，1994年）是民族史研究方面的巨著，获第十届中国图书奖（1995）、北京市第四届哲学社会科学优秀成果特等奖（1996）、国家社会科学基金项目优秀成果一等奖（1999），在我国学术界具有广泛的影响；郭毅生的《太平天国经济制度》（中国社会科学出版社，1984年）、《太平天国历史地图集》、《太平天国历史与地理》（中国地图出版社，1989年）是太平天国研究方面的系列专著，具有十分重要的学术价值，两度获得北京市哲学社会科学优秀成果一等奖（1987、1991）；陈连开的《中华民族多元一体格局》（中央民族大学出版社，1989年）获北京市第二届哲学社会科学优秀成果特等奖（1991）。

进入新世纪以后，历史学学科随着教育部文科基础学科科研和教学基地的建设，在继承原来优势的基础上又有新的发展。目前该学科的优势主要表现在清史、满族史、北方民族史、南方民族史、中华民族形成史和民族关系史等领域。其中清史与满族史的研究水平仍居全国一流，王锺翰先生仍然活跃在科研第一线，他是该领域的杰出代表；姚念慈教授功底深厚，对满族入关前后及清朝政治史的研究处于国内一流水平。在北方民族史研究方面，李桂芝教授的辽金史和北方民族史的研究颇有特色；达力扎布教授在明代漠北蒙古研究方面和陈楠教授在吐蕃史和藏传佛教史研究方面颇有建树，其成果达到该领域一流水平。

学科优势。我校历史学现有部委级重点学科（专门史）1 个、博士学位授予点 2 个（专门史和中国少数民族史），设有满族史、清史、中华民族形成史、北方民族史、南方民族史、中古民族关系史等 5 个研究方向，有博士生导师 7 人、1 个博士后流动站、5 个硕士学位授予点（专门史、中国少数民族史、中国古代史、文献学、考古学），设有满族史清史、中国北方民族史、中国南方民族史、中国民族关系史、考古学、文献学等 6 个研究方向。我校历史系 1995 年被批准为第一批国家文科基础学科人才培养与科学研究基地。目前承担着 10 多项国家及部委级重大科研项目。

4. 民族地区生命与环境科学

基本情况。民族地区生态与环境学科属于生态学、环境科学与民族学等学科的交叉学科。我校生态学已经成为国家民委重点学科，在民族地区开展了大量生态环境方面的工作，先后承担了多项国家自然科学基金项目、国家重点基础研究项目、国家民委重点项目，在不同环境生物适应对策、机理，不同地区生物资源开发利用，不同民族体质特征的生物学基础等方面取得了一系列研究成果。

优势领域：

（1）民族地区生态与环境研究。民族地区的生态环境问题一直是人们关注的问题，荒漠化、水土流失、泥石流及洪涝等自然灾害不仅使人们生命财产受到严重威胁，而且制约了当地经济的发展。我校教师中具有从事干旱地区植物生理生态、水分平衡、沙漠化防治对策等方面的基础和应用基础研究的教授，也具有从事地表泥沙环境学研究的博士，他们先后主持和参加了国家自然科学基金项目、国家“七五”、“八五”、“九五”科技攻关项目，具有良好的科研工作基础，获得了较好的科研成果。近年来，针对民族地区的生态环境问题，利用自己的专业优势，形成团队开展交叉学科研究。目前在研项目包括国家自然科学基金项目、国家“973”重大基金项目、国家发展计划委员会立项课题、国家民委重点科研项目及其他横向联合项目等等。这些项目涉及水沙和风沙环境，沙漠植物适应干旱环境的生理生态机制与分子机制，干旱、半干旱地区植被动态及其恢复过程研究等前沿领域。

（2）民族地区资源与利用研究。民族地区蕴藏着丰富的生物资源，对于生物资源的合理开发利用不仅可以解决民族地区的经济问题，而且可以弘扬民族医药文化。我校教师针对民族地区资源特点，应用现代化的科学手段对我国民族地区的生物资源有选择地进行比较研究，在此基础上进行深层次的优化开发和综合利用，以达到对民族地区的生物资源合理开发和综合利用，促进当地经济发展、改善少数民族人民的生活水平，保护乃至改善民族地区原本十分脆弱的生态环境的目的，实现资源开发和环境保护的可持续发展。近年来开展的研究项目有国家民委重点课题及横向项目等。我校还立足于高校，与北京藏医院、藏药企业合作，开展藏药成分、药理等方面的科研工作。

（3）**环境污染与治理研究**。随着经济的发展，环境污染问题成了世界性关注的课题，在西部开发中，经济发展和生态环境保护问题凸显出来。近年来我校教师根据自己的专业特点开展了该方面的研究工作，涉及有毒、有害物质的毒理机制、水污染对环境的影响与控制和大气污染迁移转化规律等。如利用环境计量学方法，通过 PCDD/CDF 同族体在形态和峰度上的差别来寻求鉴别不同二恶英污染源、机动车排放颗粒物分析等。研究项目有部委重点课题、国家自然科学基金项目等。

研究成果。我校教师由于相互协作，努力工作，近年来在各自的研究领域取得了丰富的研究成果，先后在国内外重要学术刊物如 Journal of International Rainwater Catchment Syste. Biometal、Applied Animal Behavior Science、Mech. Res. Communications、《中国科学》、《植物学报》、《生态学报》、《水利学报》、《力学学报》、《兽类学报》、《人类学报》、《化学通报》、《生物化学》和《生物物理进展》等发表论文 300 余篇，近三年来被 SCI、EI 等收录的文章达 20 余篇。

研究水平。从总体上看，目前我校的科研水平已经接近国内先进水平，在个别研究领域已经达到国内先进水平。预计未来在生态学和民族学交叉学科领域的科研成果将达到国际先进水平，在民族医药开发利用方面的研究成果将达到国内先进水平。

三、“985 工程”与科研基地平台建设

（一）目标与任务：组建研究基地和创新平台

在充分整合现有校内资源，同时利用国内外有关资源的基础上，以中央民族大学为核心，着手组建以下四个开放式的国家级人文社科基地和科技创新平台：

1. **民族基本理论研究基地**。目标是在数个学科领域形成中央民族大学学派，构筑中国社会分析、看待和应对民族问题的理论平台。

从国家的现实需要和学校的学科优势看，最有可能形成中央民族大学学派的有民族学学科、政治学学科、民族语言学学科、民族艺术学科、民族宗教学学科、民族教育学学科，其中民族学学科、民族政治学学科、民

族语言学学科应率先突破。基本要求是针对重大理论问题，开发和确定一批具有前瞻性、全局性、世界性的重大理论课题，追踪世界理论前沿，挖掘传统思想资源，形成和创新理论分析框架和理论研究方法，提出引领时代的理论观点，创新理论体系，进一步巩固民族学研究与教学在全国的领先地位，保持在国际学术界独树一帜的地位。

2. **中国民族历史与现状调研基地（中国民族问题经验研究基地）**。从本质上讲，民族学和人类学属于经验科学，需要实证研究，彰显这一特征是其田野工作法。从现实来看，全面而非片面、系统而非零碎、持续而非间断的调研（“大调研”），无论对中国民族学理论的创建，还是对重大现实问题的解答和公共政策的制定，都具有根本上的重要性。而对中国民族进行历史的和现实的调查研究或经验研究，恰恰是中央民族大学的传统和优势之所在，不仅可以调动我们的老师参与这项工作，而且可以充分发动和利用我们的本科生、硕士生、博士生、博士后参与这项工作，这是所有其他大学所不具备的优势。同时，也可使我们的教师和学生走出校园，走向西部和民族地区，关注现实、了解现实、研究现实、参与现实。因此，中国民族历史与现状调研基地（中国民族问题经验研究基地）的建设，不仅十分重要，而且十分必要，还具有充分的可行性和可操作性。

3. **民族区域自治与民族地区发展公共政策研究基地**。该基地将立足中国现实和世界局势，把握中国问题及其民族层面，根据现实需要和未来趋势，针对国家和地方公共决策的要求，在全新的理论平台和系统的经验研究基础上，提出具有科学性、预见性的决策建议。基本要求是走出校门，选定一个或数个民族地区进行专题性综合研究，即对一个或数个自治区或自治州进行多学科、全方位、定点式、应用性的联合研究，形成一批有实际应用价值的对策性成果和拳头产品，为国家和地方的公共政府部门提供决策依据、决策参考和决策咨询服务。在此基础上，逐步推开，对中国社会的民族问题进行全方位的政策研究，建设中国民族问题的公共政策平台。

4. **民族地区生态与环境科学创新平台**。民族地区生态与环境问题是制约民族地区经济发展的重要因素。中央民族大学建立民族地区生态与环境科学科技创新平台，其目的是通过开展学科领域前沿性、创新性的科学研究和技术开发应用研究，为我国少数民族培养更高层次的科技人才，为民族地区的经济发展和生态环境建设提供科学依据和技术指导。

民族地区生态与环境科学科技创新平台的构成将主要包括以下三个方面：一流的学术研究队伍、一流的仪器设备和实验研究条件、一流的学术研究水平和科学管理水平。该创新平台的建成，可作为前沿性和前瞻性科学技术研究的重要支撑体系，从而保证中央民族大学实现在一流的学术研究成果和高新技术成果方面取得突破性进展，实现有关科学技术研究保持国内和国际先进水平的目标。

中央民族大学民族地区生态与环境科学创新平台集生态学、环境科学、生物学、医学和化学等多学科交叉渗透的综合优势，关注我国民族地区的重大生态环境问题和经济发展过程中所需要的科学技术应用问题，结合国际生态环境领域的前沿性学术研究发展趋势，突出中央民族大学的科学技术研究特色，在民族地区独特的生物多样性、生态环境建设与保护等方面的前沿性学术领域、少数民族特有的医药学基础理论和应用开发技术、生态环境与少数民族文化和生活方式之间的关系等生态学和民族学交叉学科研究方面形成创新性的、系统的学术体系和实用的技术支撑体系。

（二）领导体制与运行机制

“985 工程”基地与平台的建设不仅要求相应的体制和机制上的保障，而且本身就是一个制度创新的过程，将会推动大学制度的创新。就我校而言，“985 工程”基地与平台的建设需要建立如下的领导体制和运行机制：

1. 领导体制

分为三个层次：

（1）一把手领导体制。“985 工程”研究基地与创新平台的建设直接关系学校核心竞争力的培育和提升，因而是真正意义的“一把手工程”，因为只有“一把手”才能全面动员学校的战略资源，实现战略资源的战略整合，推进重大课题的联合攻关。

（2）专家委员会领导体制。必须改革学校现有的专家委员会（即学术委员会）体制，因为这种体制的最大问题是学科壁垒，它使那些不懂别的学科的专家评价和裁决别的学科的事情，结果造成外行领导内行。我们应根据研究基地和创新平台的要求组建两个专家委员会：一个是由具有战略眼光的专家组成的委员会，对学科发展方向和重大课题进行审定；另一个是按学科门类组建专家委员会，对学科内的重大课题和重要成果进行审定和评价。

（3）战略科学家领导体制。具有战略眼光的学者不仅是专家委员会的当然领导者，而且是学校科研工作的实际领导者，要为其实施领导工作建立相应的领导体制。

2. 运作机制

（1）整合机制。无论是重大理论课题的研究还是重大现实问题的研究，都不能靠个人单打独斗所能胜任，必须根据重大课题研究的需要整合科研力量，组建实体性的专家课题组。就我校而言，适应研究基地和创新平台建设的科研力量整合应有三种模式：

学科整合。主要是根据创建中央民族大学学派的需要，对全校的专家学者资源进行全方位的优势整合，同时在国内和国际两个层面上进行研究力量的整合，以实现我校学科体系的创新和综合实力的提升。

科学家整合。根据创建中央民族大学学派和实行重大课题研究的需要，选拔、引进、培养中央民族大学的领头科学家和学科领军人物，为其配备相应的专家学者队伍，并将博士生和硕士生纳入这一学者系列。

项目整合。现代世界通行的学科体制主要是用于本科生教育的，于研究生教育并不适用，于重大课题研究更不适用。因为任何一个理论问题特别是现实问题都不属于哪一个具体学科所独有的问题，都需要多学科的交叉和联合研究，因而可通过重大项目实现研究力量的全面整合。

（2）激励机制。与一般产品的生产和交换不同，科研成果形成和应用的周期长、范围广、有时滞，实施有效的激励非常困难。这就要求我们的科研领导和管理部门要认真研究科研活动的激励机制问题，逐步形成适合培育和提升中央民族大学核心竞争力的科研激励机制。

（3）评价体系。除了学术成果的一般标准外，应当建立以提升中央民族大学核心竞争力为目标、以原创性和实用价值为核心的评价体系和评价机制，以便对学校科研活动实施切实有效的激励，以与“985 工程”的要求、与建设“世界一流民族大学”的要求相匹配。

（此文是作者 2004 年 5—6 月间在教育部关于“985 工程”基地与平台建设的校长报告）

中央民族大学“985 工程”建设的初步设想

一、历史沿革与基本情况

中央民族大学隶属于国家民族事务委员会，位于北京西郊，是中国唯一汇聚了56个民族师生员工学习、生活和工作的高等学校，是国家重点建设的综合性研究型大学之一，在我国民族高等教育体系中占据着举足轻重的地位。

学校前身可追溯到1941年10月成立的延安民族学院。1951年6月11日，中央民族学院正式成立。1993年11月30日，中央民族学院更名为中央民族大学。2001年6月，时任国务院总理的朱镕基到校视察，提出“把中央民族大学建成世界一流民族大学”的奋斗目标。2002年6月，国家民委、教育部、北京市人民政府签署了《重点共建中央民族大学的协议》。

经过50多年的建设和开拓，学校现已发展成为以人文社会科学为主体，以民族类学科为特色，文、史、哲、经、管、法、理、工、医、教等学科门类齐全，本科、硕士、博士研究生教育和干部培训并举，民族预科、艺术中专和继续教育等多种办学层次兼有的综合性研究型大学。

学校现有18个二级学院、8个系和1个教学部，有覆盖10个学科门类的85个本科专业、38个硕士学位授权点、17个博士学位授权点、1个国家一级学科博士学位授权点、2个博士后流动站、2个国家级重点学科、9个省部级重点学科、2个文科基础学科人才培养和科学研究基地、1个全国普通高校人文社会科学重点科研基地。

学校拥有一支高素质、高水平、民族成分众多的师资队伍。学校创立之初，中央政府即从清华大学、北京大学、燕京大学等校选调了潘光旦、费孝通、吴文藻、翁独健、杨成志、吴泽霖、林耀华、傅乐焕、于道泉、马学良等一批学界名流到校任教。现有教职工1611人，其中有包括王钟翰、宋蜀华、陈永龄、戴庆厦、施正一、牟钟鉴、刘秉江、金炳镐等知名学者在内的专任教师758人，具有研究生以上学历教师381人、高级职称教师442人、博士生导师54人。他们具有良好的治学传统和学术风范，在教书育人和学术研究上成果卓著。特别是近年来，学校逐渐树立起人才资源是第一资源的观念，大力推进“人才强校”战略，大力加强学科带头人和创新团队建设，培养和引进了一批中青年学科带头人，初步形成了多个以博士为主体、以中青年学科带头人为骨干的学术群体，能够承担国家民族理论和民族政策方面重大课题的研究，从而有条件在民族学、人类学、民族语言学、历史学、民族地区生态与环境等领域成为国家科学研究基地和科技创新平台。

学校现有各类在校生 2 万余人，其中本科生 8100 人、博士研究生 232 人、硕士研究生 738 人、外国留学生 214 人、预科生 299 人、艺术中专生 374 人、成人学历教育学生 10779 人。在全日制本科学生中，70% 左右是少数民族。学校堪称中华民族大家庭的缩影和展示中国民族政策以及民族团结进步的重要窗口。

我校是全国重要的科学研究基地，其中民族学、民族语言学、人类学、历史学等学科的研究水平在全国具有领先地位。我校学者在上世纪 50 年代参与了 3 次大规模的关于少数民族的调查，2000 年又参加了 22 个人口较少民族发展问题的调查。学校专家提出的“中华民族多元一体格局理论”，关于加快西部地区发展、缩小东西部差距的建议，关于西沙、南沙考古发现，关于西藏历史地位等的科研成果，都具有重要的政治、经济和社会意义。改革开放以来，学校的科研成果丰硕。1987 年至 2003 年，学校的教师出版学术著作 2558 部，共获得国家和部委级科研项目 285 项，发表学术论文 7441 篇，共有 359 项成果获奖，其中获部委级二等奖以上奖数列北京高校前 4 名。

中央民族大学是我国民族高等教育与国际联系的窗口和进行国际学术交流的中心。学校已同 50 多个国家的大学和研究机构建立了合作与学术交流关系，每年接纳 600 余名外国留学生来校学习，聘请外国专家来校讲学，并不断选派学生出国留学深造。

二、办学特色与学科优势

（一）学校基本定位

1. 地位与作用

中央民族大学具有特殊的政治地位，发挥着国内其他高校不可替代的重要作用。自建国以来，党中央国务院高度重视少数民族的教育问题，并在世界上首创了独具特色的民族高等教育体系。目前，这一体系包括 13 所以培养少数民族大学生为主的民族高等院校（广义地说还包括边疆民族地区的其他100多所大学）。中央民族大学作为其中水平最高、最有代表性的一所，在培养少数民族干部和高级专门人才，以及为党和政府处理民族问题提供决策咨询服务等方面发挥着重要作用，在民族地区和少数民族中具有很高的地位和影响，也是对外展示我国民族政策的重要窗口。

2. 目标与方向

2001年6月朱镕基总理亲临学校视察，代表党中央国务院提出了“努力把中央民族大学建设成为世界一流民族大学”，确立了学校发展的战略目标。为了实现这一战略目标，经胡锦涛、曾庆红、李岚清等国家领导人的批示后由国务院批准的四部委《关于进一步办好中央民族大学的请示》明确了学校的办学方向，这就是把中央民族大学建设成为“一所有鲜明特色、有一定规模和较高的教育质量和办学水平的综合性、研究型大学”；国家民委、教育部、北京市于2002年6月签署的《关于重点共建中央民族大学的协议》已经成为办好中央民族大学的框架协议。

3. 特色与优势

在党和国家的关怀和大力支持下，经过50余年的发展，经过几代学人的不断努力，中央民族大学不仅逐渐明确了“发展是执教兴校的第一要务”和“办人民满意的教育，办学生满意的大学”的办学思想，而且具有了较强实力和较好的发展基础，学校的民族学、中国少数民族语言文学、中国民族史、中国少数民族经济、中国少数民族理论与政策、民族宗教学和中国少数民族艺术、中国少数民族地区生态环境研究等学科领域具有雄厚的实力和特色优势，不仅在全国居于领先地位，而且具有较大的国际影响，还拥有一支以费孝通、王钟翰、宋蜀华、王尧、戴庆厦、张公瑾、施正一、牟钟鉴、刘秉江为代表的，学术造诣精深、蜚声海内外的知名学者。特别是近年来，学校逐渐树立起人才资源是第一资源的观念，大力推进“人才强校”战略，大力加强学科带头人和创新团队建设，培养和引进了一批中青年学科带头人，初步形成了多个以博士为主体、以中青年学科带头人为骨干的学术群体，能够承担国家民族理论和民族政策方面重大课题的研究，从而有条件在民族学、人类学、民族语言学、历史学、民族地区生态与环境等领域成为国家科学研究基地和科技创新平台。

三、中央民族大学“985工程”人文社会科学创新基地和科技创新平台建设的初步设想

（一）目标与任务：构筑4个大平台，拟订9个大型科研工程

1. 在充分整合现有校内资源，同时利用国内外有关资源的基础上，以

中央民族大学为核心，着手组建4个开放式的国家人文社科创新基地和科技创新平台，提升中央民族大学的核心竞争力。

（1）民族基本理论研究基地

目标是在数个学科领域形成中央民族大学学派，构筑中国社会分析、看待和应对民族问题的理论平台。

从国家的现实需要和学校的学科优势看，最有可能形成中央民族大学学派的有民族学学科、政治学学科、民族语言学学科、民族艺术学科、民族宗教学学科、民族教育学学科，其中民族学学科、民族政治学学科、民族宗教学、民族语言学学科应率先突破。基本要求是针对重大理论问题，开发和确定一批具有前瞻性、全局性、世界性的重大理论课题，追踪世界理论前沿，挖掘传统思想资源，形成和创新理论分析框架和理论研究方法，提出引领时代的理论观点，创新理论体系，进一步巩固民族学研究与教学在全国的领先地位，保持在国际学术界独树一帜的地位。

（2）中国民族历史与现状调查研究基地（中国民族问题经验研究基地）

从本质上讲，民族学和人类学属于经验科学，需要实证研究，彰显这一特征是其田野工作法。从现实来看，全面而非片面、系统而非零碎、持续而非间断的调研（“大调研”），无论对中国民族学理论的创建，还是对重大现实问题的解答和公共政策的制定，都具有根本的重要性。而对中国民族进行历史的和现实的调查研究或经验研究，恰恰也是中央民族大学的传统和优势之所在，不仅可以调动我们的老师参与这项工作，而且可以充分发动和利用我们的本科生、硕士生、博士生、博士后参与这项工作，这是所有其他大学所不具备的优势。同时也可使我们的教师和学生走出校园，走向西部和民族地区，关注现实、了解现实、研究现实、参与现实，是一个锻炼和造就队伍、产生和涌现人才的过程。因此，中国民族历史与现状调研基地（中国民族问题经验研究基地）的建设，不仅十分重要，而且十分必要，还具有充分的可行性和可操作性。

（3）民族区域自治与民族地区发展公共政策研究基地

该基地将立足中国现实和世界局势，把握中国问题及其民族层面，根据现实需要和未来趋势，针对国家和地方公共决策的要求，在全新的理论平台和系统的经验研究基础上，提出具有科学性、预见性的决策建议。基本要求是走出校门，选定一个或数个民族地区进行专题性综合研究，即对一个或数个自治区或自治州进行多学科、全方位、定点式、应用性的联合研究，形成一批有实际应用价值的对策性成果和拳头产品，为国家和地方的政府部门提供决策依据、决策参考和决策咨询服务。在此基础上，逐步推开，对中国社会的民族问题进行全方位的政策研究，建设中国民族问题的公共政策研究平台。

（4）民族地区生态与环境科学创新平台

民族地区生态与环境问题是制约民族地区经济发展的重要因素。中央民族大学建立民族地区生态与环境科学科技创新平台，其目的是通过开展学科领域前沿性、创新性的科学研究和技术开发应用研究，为我国少数民族培养更高层次的科技人才，为民族地区的经济发展和生态环境建设提供科学依据和技术指导。

民族地区生态与环境科学科技创新平台的构成将主要包括以下三个方面：一流的学术研究队伍、一流的仪器设备和实验研究条件、一流的学术研究水平和科学管理水平。该创新平台的建成，可作为前沿性和前瞻性科学技术研究的重要支撑体系，从而保证中央民族大学实现在一流的学术研究成果和高新技术成果方面取得突破性进展，使有关科学技术研究保持国内和国际先进水平的目标。

中央民族大学民族地区生态与环境科学创新平台集生态学、环境科学、生物学、医学和化学等多学科交叉渗透的综合优势，关注我国民族地区的重大生态环境问题和经济发展过程中所需要的科学技术应用问题，结合国际生态环境领域的前沿性学术研究发展趋势，突出中央民族大学的科学技术研究特色，在民族地区独特的生物多样性、生态环境建设与保护等方面的前沿性学术领域、少数民族特有的医药学基础理论和应用开发技术、生态环境与少数民族文化和生活方式之间的关系等生态学和民族学交叉学科研究方面形成创新性的、系统的学术体系和实用的技术支撑体系。

2. 根据国家发展的战略需要和构筑大平台的要求，结合我校的研究传统和学科优势，初步拟订9个重大研究课题或重大科研工程备选。

（1）马克思主义民族理论研究工程；

（2）中华民族认同与民族凝聚力研究工程；

（3）少数民族发展与现代化研究工程；

（4）非物质文化遗产抢救和保护工程；

（5）少数民族宗教信仰状况调查工程；

（6）跨界民族及周边地区民族与宗教问题研究工程（含边境安全、现状和发展研究、跨境民族与宗教等）；

（7）民族语言资料库建设工程；

（8）民族政治学与公共政策研究工程；

（9）民族地区生物多样性与生态环境研究工程。

（二）条件与基础

1. 学术资源与学术传统

经过 50 多年的建设和发展，中央民族大学积累了较为丰富和厚实的学术资源，特别是在民族类的哲学社会科学方面在国内外独树一帜，在少数民族和民族问题研究、中国少数民族语言文学研究、民族理论、政策和民族法学研究、宗教问题特别是少数民族宗教研究、少数民族历史文化和艺术研究、少数民族地区经济、社会发展研究等方面具有国内一流的学科实力和人才优势，这些学科或领域，建国以来为我国的民族团结、社会稳定、边疆安全、祖国统一和经济文化发展做出了突出的贡献。在当今世界格局发生巨大变化的历史阶段，民族问题、宗教问题、文化冲突问题和发展问题不仅是世界上的热点问题，也是事关我国国家安全、社会稳定、经济发展、民族团结的大事，可以说是关系到我们国家能否做到和平崛起、能否顺利实现全面建设小康社会的战略目标、能否实现中华民族的伟大复兴的重要基础和保证。近两年来，我校在“东突”与恐怖主义问题、边疆跨界民族与边疆稳定、国家安全问题、中国民族与宗教问题预警研究、藏学和人权问题、人口较少民族的发展问题等方面进行的研究和其他工作，就受到了党中央、国务院的高度重视，有的学者（杨圣敏教授）被请进中南海为江泽民等中央领导同志讲课和提供决策咨询，以我校副校长喜饶尼玛（郭卫平）为团长的中国藏学家代表团最近的欧洲和美国之行在宣传党和国家的民族宗教政策、反对藏独、开展人权对话方面，影响很大，受到了凤凰卫视等海外媒体的高度关注。理科方面在少数民族地区生态环境、资源开发和可持续发展上近年来实力也有较大的提升。

2. “211 工程”与学科建设

我校实施“九五”“211 工程”建设以来，在重点学科建设、公共服务体系、人才队伍建设等方面取得了较大的成绩，积累了较丰富的实施国家重大项目的建设和管理经验，目前“十五”“211 工程”建设已经启动，在重点学科建设上进一步凝练方向、整合资源、扬优扶重，投资 4210 万元重点建设民族学、中国少数民族语言文学、中国少数民族地区经济发展、中国少数民族文化 4 个哲学社会科学领域的学科和学科群，以及以生态学和环境科学为平台，与民族学、管理科学等学科交叉的中国少数民族生态环境学科；投资 1500 万元进行数字化校园（一期）建设，搭建数字化的教学、科研和管理信息化平台；投资 1000 万元用于人才队伍建设，按照加强学术梯队、创新学术团队、强化管理团队的思路，实施“人才强校”战略。如果说50多年来中央民族大学积累的较为丰富和厚实的学术资源是我们进行“985工程”二期建设的重要基础和学术高地，那么，我们的“211工程”建设则为“985工程”二期建设的顶层设计和创新基地及平台的建设进行了“三通一平”。

3. 政策支持与学校环境

《国务院关于深化改革加快发展民族教育的决定》中提出的重点支持办好中央民族大学的政策和国家民委、教育部、北京市人民政府三家共建中央民族大学的协议及国家民委与中国科学院（研究生院）共建中央民族大学的协议，以及基于我校与全国少数民族和民族地区的密切联系而建立起来的紧密关系，为我校实施“985工程”二期建设奠定了良好的横向支撑平台。此外，近年来我校在国家民委党组的领导下，在管理体制、人事制度、分配制度以及“依法治校”等方面所进行的一系列改革，为创新体制和机制、进一步进行体制改革和制度创新、探索建立符合世界一流大学建设的管理体制和运行机制、确保“985工程”二期建设的顺利实施，也打下了较好的基础。

（三）师资力量的配备和研究队伍的建设

构筑大平台，研究大课题，既需要人才大队伍，也将造就和产生大队伍。根据我们的初步设想，中央民族大学“985工程”需要在以下四个层次上加强人才队伍建设：

1. 帅才

20名战略科学家。根据平台建设需要，选拔、培养、物色、任用10名左右能够承担重大课题和大型研究工程的帅才。我校现有的王钟翰、宋蜀华可以作为顾问，牟钟鉴、戴庆夏、杨圣敏、文日焕、荣仕星、金炳镐等可以胜任，还缺大约15人左右。我们将在国内外以高薪招聘，以多种方式把当今世界知名的民族问题研究方面的顶尖人才整合和汇聚到中央民族大学。他们应当在中央民族大学的研究平台上从事和领导战略性重大课题的研究，应当是创新平台的旗帜和灵魂。

2. 将才

50名知名学者。将才可以成为战略性科学家的伙伴和助手，具有实现战略性科学家的战略思想和战略意图的实战能力，是重大课题的重要参与者和具体组织者。利用平台的优势培养、招纳、选拔这样的将才。

3. 干才

200名学科专家。每个大型研究课题的实施，都需要一批能够独当一面、独立研究的实干家，他们应当是重大课题的实施者，由一批有潜力和实力的青年骨干教师和博士群体组成。

4. 新才

2000 名科学工作者。大平台需要大师级学者，大课题需要大队伍配套。在这方面，我们可以调动学校的青年教师、在校博士研究生和硕士研究生、民族院校和民族地区大学及科研机构的教师和学者，组成一支大型的研究队伍。

（四）领导体制与运行机制的创新

“985 工程”人文社会科学创新基地与科技创新平台的建设不仅要求相应的体制和机制上的保障，而且是学校领导体制和运行机制创新的推动力量。这一工程的启动，必将有力地推动中央民族大学的制度创新。在这方面，我们将建立与“985 工程”相匹配的领导体制和运行机制：

1. 领导体制

分为三个层次：

（1）一把手领导体制

“985 工程”研究基地与创新平台的建设直接关系学校核心竞争力的培育和提升，因而是真正意义的“一把手工程”。我们将为此而建立一个“一把手”领导体制，动员学校的战略资源，实现战略资源的战略整合，推进重大课题的联合攻关，取得战略性的研究成果。具体实施“985 工程”，我校还将设立专门的“985 工程”办公室，落实学校的“985 工程”建设工作。

（2）专家委员会领导体制

在学校现有的专家委员会（即学术委员会）体制之外，创建“985 工程”专家委员会，打破现有学术委员会的学科壁垒，避免那些不懂别的学科的专家评价和裁决别的学科的事情。根据我的初步考虑，我们将根据基地和平台建设的要求组建由具有战略眼光的专家组成的专家委员会，对学科发展方向和重大课题进行审定，对重大课题和重要成果进行评价和鉴定。

（3）战略科学家领导体制

具有战略眼光的学者不仅是专家委员会的当然领导者，而且是学校科研工作的实际领导者，要为其实施领导工作建立相应的领导体制。

2. 运作机制

（1）人才机制

无论是重大理论课题的研究还是重大现实问题的研究，都不能靠个人单打独斗所能胜任，必须根据重大课题研究的需要整合科研力量，组建实体性的专家课题组。就我校而言，适应研究基地和创新平台建设的科研力量整合应有三种模式：学科整合、科学家整合及项目整合。

在人才与队伍整合方面，我们将出台与“985 工程”相匹配的人才选拔、引进、使用、流动的政策与机制，形成一个“人才特区”、“政策特区”、“资源特区”，形成以拔尖人才（帅才）为龙头、以知名学者（将才）为中坚、以中青年骨干（干才）为主体、以青年学者（人才）为助手的大型人才队伍，整合和汇聚校内外、国内外的研究力量。

（2）考评体系

除了学术成果的一般标准外，应当建立以提升中央民族大学核心竞争力为目标、以原创性和实用价值为核心的评价体系和评价机制，以便对学校科研活动实施切实有效的激励，以与“985 工程”的要求、与建设“世界一流民族大学”的要求相匹配。

（3）激励机制

与一般产品的生产和交换不同，科研成果形成和应用的周期长、范围广、有时滞，实施有效的激励非常困难。我们的科研领导和管理部门要认真研究科研活动的激励机制问题，逐步形成适合培育和提升中央民族大学核心竞争力的科研激励机制。

（五）配套资金要求

我校建校虽然只有 50 余年，但在 20 世纪五、六十年代和进入新世纪后，都有承担国家大型和大型调研的经验和传统。这次有机会承担国家“985 工程”重大课题研究，不仅会发挥我校以民族问题为中心的研究型大学的优势，还会培育和提升中央民族大学的核心竞争力，为民族教育和国家民族问题研究做出贡献。

根据平台建设和重大科研项目的设想，初步估计我校“985 工程”二期建设需要国家投入资金 5 亿元。主要用于以下方面：

1. 人才引进与人才队伍建设专项：1 亿元；

2. 平台设备和硬件建设专项：0.8 亿元；

3. 项目研究专项经费：3.2 亿元，其中，用于建立大型资料及数据库建设 0.6 亿，用于大型调研工程 1.2 亿元，用于实验室建设与科技平台建设 0.6 亿元，用于大型理论与公共政策研究 0.4 亿元；

4. 体制与机制创新及管理费专项：0.4 亿元。

中央民族大学关于“985 工程”二期建设的汇报提纲

（2004 年 7 月 28 日）

国家民委党组：

在国家民委的大力支持下，在教育部、财政部的关心下，通过上级领导的帮助和我校的努力，中央民族大学进入了“985 工程”二期建设，这是党和国家对民族问题、民族工作和少数民族高等教育事业高度重视和大力扶持的具体体现。为了紧紧抓住这一历史性的发展机遇，我们在参加教育部、财政部召开的“985 工程”二期建设工作会议后，及时召开了学校办公会议，传达会议精神，研究建设工作思路，并责成学校有关职能部门进行了进一步的调研，对中央民族大学的“985 工程”建设工作形成了初步的设想。现将有关情况向委党组汇报如下：

一、“985 工程”建设的背景

1998 年 5 月 4 日，江泽民同志在北京大学建校 100 周年庆祝大会的讲话中提出：“为了实现现代化，我国要有若干所具有世界先进水平的一流大学。”此后，教育部决定在实施“面向 21 世纪教育振兴行动计划”中，重点支持部分高校创建世界一流大学和高水平大学，简称“985 工程”。1999 年 1 月 13 日，国务院正式批转了教育部制定的《面向 21 世纪教育振兴行动计划》，从 1999 年 7 月起，教育部和地方政府分别签订了协议，确定清华大学、北京大学、南京大学、复旦大学、上海交大、西安交大、中国科大、哈工大、浙江大学等 9 所学校为国家首批建设的若干所重点大学。至 2004 年 1 月，共有 34 所高校列入“985 工程”一期建设。通过一期建设，“985 工程”大学取得了显著成效，调整和优化了学校的学科结构和学科方向，快速集聚了一批优秀人才充实了师资队伍，提高了高层次创造性人才的培养质量，取得了一批接近或达到世界先进水平的研究成果，增强了所建高校的整体实力。

为了我国的现代化建设和国际竞争力的增强，进一步推动高等教育整体水平跃升，实现跨越式发展，在教育部制定并经国务院批准的《2003—

2007 年教育振兴行动计划》中，作出了“继续实施‘985 工程’，努力建设若干所世界一流大学和一批国际知名的高水平研究型大学”的决定。2004 年 6 月，教育部、财政部联合下发了《教育部、财政部关于继续实施“985 工程”建设项目的意见》，并于 6 月 8 日在京召开了“985 工程”二期建设工作会议，通知我校参加了本次会议。从此，标志着中央民族大学正式列入“985 工程”二期建设高校行列。

二、国家“985 工程”二期建设的要求

根据《教育部、财政部关于继续实施“985 工程”建设项目的意见》（教重［2004］1 号）和教育部部长周济同志、财政部部长助理张少春同志分别代表教育部、财政部在“985 工程”二期建设工作会议上发表的讲话精神，国家“985 工程”二期建设的基本思路、建设目标、建设任务以及建设资金与组织管理有以下要求：

（一）基本思路

以建设若干所世界一流大学和一批国际知名高水平研究型大学为目标，探索建立高等学校新的管理体制和运行机制，牢牢抓住本世纪头 20 年的重要战略机遇期，集中资源，突出重点，体现特色，发挥优势，坚持跨越式发展，走有中国特色的建设世界一流大学之路。

（二）建设目标

主要体现在三个方面：一是通过管理体制创新，运行机制创新，积极探索世界一流大学建设的新机制；二是造就和引进一批具有世界一流水平的学术带头人和学术团队；三是结合国家创新体系建设，重点建设一批“985 工程”科技创新平台和“985 工程”哲学社会科学创新基地，促进一批世界一流学科的形成和推动学科建设。

（三）建设任务

包括五个方面：一是要进行机制创新，包括人事制度、科研管理和学科组织模式、投资效益考核和评价等方面的创新；二是强化队伍建设；三是平台建设，包括以原始性创新为重点的基础研究创新平台、成果转化和工程化研发平台以及哲学社会科学创新基地建设；四是条件支撑建设；五是国际交流与合作。

（四）建设资金与组织管理

1. “985 工程”二期建设资金包括中央专项资金和部门、地方及企业自筹共建资金。其中中央专项资金重点用于创新平台、基地建设和队伍建设。对于专项资金的分配、使用和管理，财政部、教育部正在制定相关的

规定。

2. 对于“985 工程”二期建设的组织管理，教育部、财政部成立了专门的领导小组和工作小组，协商决定工程建设中的重大方针政策问题和总体规划。领导小组和工作小组下设办公室，具体负责“985 工程”建设的日常工作。要求有关高校也成立相应的组织机构，统筹负责实施本校的“985 工程”规划和实施。作为国家重点建设项目，“985 工程”二期建设非常强调规划的可行性论证和建设绩效的评估、审计。

7 月 21 日至 23 日，教育部在中国农业大学举办了国家中长期科技发展战略规划研究专题报告学习会，邀请 14 位国家中长期科技发展战略规划相关课题组的组长向“985 工程”高校领导系统介绍了今后 20 年国家在科技发展战略上的重点发展领域、优先发展主题和重大发展专项。会上，教育部周济部长，赵沁平、吴启迪副部长就“985 工程”二期建设规划和可行性研究报告的编制发表了重要讲话，国家“985 工程”办公室还下发了《关于印发〈“985 工程”建设管理办法〉的通知》（教重办［2004］2 号）和《关于做好“985 工程”二期建设规划和编制“985 工程”二期建设项目可行性研究报告的通知》（教重办［2004］3 号）。

教育部要求：

1. 各进入“985 工程”二期建设的高校要围绕国家中长期科技发展规划，确定自己的目标、优先发展的领域和专项，制订自己的科学发展规划和科技创新平台建设规划。从体制、机制、资源配置上确保有效实现国家中长期科技发展规划，为规划实现作出贡献，并在规划实现过程中提升水平。

2. 各进入“985 工程”二期建设的高校要把握自己的优势和特色，在申报“985 工程”二期项目和编制可行性研究报告时，要融入国家中长期科技发展规划的内容。其中哲学社会科学创新基地也要注意与解决国家发展、社会进步中的重大实际问题相结合，要注意吸收和借鉴国家中长期科技发展规划的内容，构建中国特色、中国风格、中国气派的哲学社会科学学科体系和教学体系。

3. 要求各校在 8 月 20 日左右拿出可行性研究报告的初稿，各校的建设经费基本与一期建设经费持平（因我校二期刚进入建设，没有一期数据可参照，中国人民大学一期建设经费为 3 亿元，估计我们略低于他们，因此，我们拟以 2—2. 5 亿元为目标进行争取）。

三、我校“985 工程”建设的设想

中央民族大学列入“985 工程”二期建设，在全校师生员工中产生了巨大的反响，进一步坚定了我们拼搏进取、争创一流的信心。学校党委、行政高度重视，对于财政部、教育部的相关要求，我们进行了及时的传达和研究，并专门就有关问题向财政部、教育部“985 工程”办公室、教育部财务司领导进行了汇报，经过我们的初步研究，基于我校的基础、优势和特色，我们确定了中央民族大学“985 工程”二期建设的基本原则，即：以国家建设发展目标为导向、以国家一流水平为标准、以学校优势特色为基础、以学术创新团队建设为核心、以原创性研究和创新人才培养为重点、以体制和机制创新为动力、以建设“世界一流民族大学”为目标。

我校的“985 工程”二期建设的初步设想是突出 4 个创新，汇聚 4 种人才，做好 4 个整合，建好 5 个基地、抓好 15 个重大项目。

（一）突出 4 个创新，就是要从体制、人事、政策和项目管理上进行改革和创新，为“985 工程”二期建设营造良好的实施环境，探索建立符合世界一流大学建设的管理体制和运行机制。

1. **管理体制创新**。重点进行学校管理体制上的改革，坚持党委领导下的校长负责制，成立由校长为组长的“985 工程”建设领导小组，加强对建设工作的领导；组建由校内外、国内外专家组成的学校重点项目建设专家委员会，对“985 工程”建设进行设计、论证、咨询和评估。

2. **人事制度创新**。建立开放式的人才管理制度，创新基地和平台实行按需设岗、公开招聘、择优聘任、合同管理的全员聘任制。加快人事分配制度改革步伐，积极探索并建立新型的用人制度和分配制度，建立有利于科技创新，有利于人才、尤其是优秀中青年人才脱颖而出的竞争、激励和约束机制，形成优秀人才的团队效应和当量效应，切实提升高校科技创新能力和竞争实力。

3. **政策创新**。制定相应的配套政策，推进“985 工程”建设的基地、平台“学术研究特区”和“开放、共享、竞争”的体制环境和运行机制建设。

4. **项目管理及运行机制创新**。突破现有树形的行政管理结构和人才培养的学科组织结构，搭建跨院系的、跨学校的，甚至跨国界的以项目为基础的学术创新平台。对“985 工程”建设项目实行首席科学家负责制，强化岗位逐级聘任制度，严格实行人员（含管理人员）末位淘汰机制。推进机构开放、人员流动，形成内外联合、竞争创新的运行机制。

（二）汇聚4种人才，即是要从战略科学家、知名学者、学术骨干和科研工作者四个层次上加强人才队伍建设，并形成以首席科学家为核心的学术创新团队。

1. 根据“985 工程”创新平台（基地）建设的需要，结合高等学校“高层次创造性人才计划”的实施，设置长江学者特聘教授岗位，通过海内外公开招聘和自我培养相结合，遴选和造就20名左右在国际学术界有一定影响、具有创新性构想和战略性思维、能带领本学科跟踪国际科学前沿并赶超国际先进水平的战略科学家，作为创新基地（平台）的旗帜和灵魂。

利用基地（平台）的优势，培养、选拔、聘请50名左右的知名学者，其中包括国外知名学者担任长江学者讲座教授，短期回国进行合作研究，作为重大课题的重要参与者和具体组织者。

形成一支由200名左右学科专家组成的具有创新能力、特别能战斗的学术骨干队伍，作为教学科研领域独当一面的实干家和重大项目的实施者，以及更高层次学术队伍的后备力量。

建设一支1000名左右的科研工作者队伍，整合学校的青年教师、在校博士研究生和硕士研究生，构建大型的研究队伍基础平台。

2. 充分发挥战略科学家的核心作用，组建若干个以首席科学家为核心的学术创新团队，走汇聚学科队伍的新路，以多种方式把当今世界知名的民族问题研究等方面的顶尖人才整合和汇聚到中央民族大学，按照“学科带头人+创新团队”的新模式，形成强大的、精锐的创新团队和优秀群体，开展原创性、重大理论与实践问题研究和关键领域的攻关，力争取得重大标志性成果。

（三）做好4个整合，就是要在体制和机制创新的基础上，重点做好资源、学科、人才和项目四个方面的整合。

1. 资源整合就是要充分挖掘校内外各方面的优势资源，实现资源的战略整合，推进重大课题的联合攻关，取得战略性的研究成果。

2. 学科整合就是要根据中央民族大学“985 工程”二期建设和学校中长期发展目标，对全校的重点学科、优势学科和具有发展前景的新兴学科围绕国家、区域社会发展、经济建设中的重大问题进行全方位的优势整合，以实现我校学科体系的创新和综合实力的提升。

3. 人才整合就是要树立人才资源是第一资源的指导思想，根据“985 工程”二期建设需要和以“985 工程”二期建设为平台，扩大视野、拓宽渠道、挖掘潜力、发挥优势，充分发挥中央民族大学自身的培养资源优势和人才汇聚的整体优势，整合校内外、国内外人才资源，抢抓机遇，乘势而上，培养人才、吸引人才、用好人才。

4. 项目整合就是要实行强项合作，围绕重大理论问题和重大现实问题，实行联合攻关、重点突破、整体提升。

（四）建好5个基地、抓好15个重大项目，即集中建设5个国家哲学社会科学创新基地，并以创新基地和创新平台为依托，重点通过15个重大研究项目的开展，推动一批重大的原创性成果和若干个世界一流学科的形成。

根据国家“985工程”二期建设的要求，重点是平台和基地建设。在教育部、财政部“985工程”办公室下发的《关于做好“985工程”二期建设规划和编制“985工程”二期建设项目可行性研究报告的通知》中，提出了“985工程”科技创新平台和哲学社会科学创新基地建设领域和方向的建议指南，我们准备在充分整合现有校内资源以及国内外资源的基础上，以中央民族大学为核心，着手组建5个开放式、文理交叉集成的国家哲学社会科学创新基地和文理交叉的创新平台，即：

1. 中国当代民族问题战略研究创新基地，着重开展以下3个重大研究项目：

①当代民族问题焦点与民族理论创新；

②中华民族认同及民族凝聚力研究；

③民族区域自治法的实践与民族区域自治制度创新。

2. 中国少数民族语言与历史文化研究基地，着重开展以下5个重大研究项目：

①中国少数民族语言发展与双语教育研究；

②中国民族语言学研究数据库和语言技术实验室建设；

③少数民族非物质文化遗产保护和文物保护实验室建设；

④中国边疆民族地区历史与地理研究；

⑤少数民族艺术与社会主义文化建设。

3. 中国少数民族和民族地区发展研究基地，着重开展以下3个重大研究项目：

①中国西部大开发与民族地区经济跨越式发展模式研究；

②民族地区可持续发展中的人口、生态、资源与环境问题；

③少数民族健康与少数民族传统医药事业发展。

4. 中国少数民族地区公共管理与公共政策研究基地，着重开展以下2个重大研究项目：

①民族地区公共管理与公共政策研究；

②中国边疆少数民族地区安全稳定和发展研究。

5. 中国少数民族宗教问题研究基地，着重开展以下 2 个重大研究项目：

①宗教与中国少数民族发展研究；

②现代化进程中少数民族发展与人权研究。

这 5 个基地和平台，既充分考虑到综合与交叉，也充分考虑到特色和分工。围绕上述 5 个创新基地和创新平台建设，我校准备重点利用“985 工程”二期建设投入，结合“十五”“211 工程”建设项目的开展，努力抓好 15 个重大研究项目，重点通过这些重大研究项目的开展，推动一批重大的原创性成果和若干个世界一流学科的形成。我们希望通过基地和平台的建设和重大研究项目，结合队伍建设特别是创新团队建设、基础条件建设和国内外学术交流，促进学校乃至全国民族院校的体制和机制创新，提升中央民族大学的核心竞争力。

四、我校“985 工程”二期建设立项阶段的工作安排及进展

为了抓住“985 工程”建设这一重大战略机遇，我们在近期重点抓了以下几项工作：

1. 认真学习研究有关文件精神。组织校党委中心组集中学习《教育部、财政部关于继续实施“985 工程”建设项目的意见》，并结合《中共中央关于完善社会主义市场经济体制若干问题的决定》、《中共中央关于进一步繁荣发展哲学社会科学的意见》、《中共中央、国务院关于进一步加强人才工作的决定》、《2003—2007 年教育振兴行动计划》等重要文件精神，进一步理清和明确工作思路。

2. 建立健全“985 工程”二期建设的组织和管理体系。成立了中央民族大学“985 工程”建设领导小组，下设办公室即学校学科规划与重点项目建设办公室，统筹负责中央民族大学“985 工程”二期建设的规划、组织和实施工作。

3. 结合《中央民族大学教育事业“十一五”发展规划》的编制，围绕“十五”“211 工程”建设和“985 工程”二期建设，进一步修订完善《中央民族大学创建世界一流民族大学发展规划》、《中央民族大学学科建设和队伍建设规划》、《中央民族大学校园建设与发展规划》。

4. 开始安排和落实教育部制定的《长江学者和创新团队发展计划》，为“985 工程”二期建设的实施加强人才队伍建设。

5. 着手成立一个由学术水准高、战略视野开阔、热心奉献的校内外专

家组成的委员会，委托专家根据学校党委、行政提出的建设思路，对中央民族大学“985 工程”二期建设进行规则、论证和可行性研究报告的起草。

五、中央民族大学“985 工程”二期建设需要国家民委支持的有关事项

中央民族大学的“985 工程”建设，离不开国家民委党组、各有关司局的支持和帮助。为了确保我校的“985 工程”二期建设顺利立项、实施和取得成效，特请求国家民委在以下几个方面给予支持：

1. 建议国家民委成立相应的“985 工程”建设领导小组，对我校的“985 工程”建设给予宏观指导；

2. 请求国家民委对我校实施“985 工程”建设进行的体制和机制上的创新给予政策倾斜；

3. 请求国家民委帮助我校协调与财政部、教育部等有关部委的关系，争取在“985 工程”二期建设的资金投入上能够得到最大的支持；

4. 请求国家民委有关司局及民族问题研究中心将有关我国民族问题的重大调研课题委托我校“985 工程”建设的创新基地和创新平台承担；

5. 请求国家民委支持和帮助协调我校加强与各民族地区政府及有关部门、院校的联系，争取全国各民族自治区政府及有关部门、院校共同参与、支持中央民族大学“985 工程”建设；

6. 请求国家民委在尽可能的条件下，给予我校“985 工程”建设一定的经费配套支持。

中央民族大学科研基地建设情况汇报

一、中央民族大学的历史传统和基本情况

中央民族大学隶属于国家民族事务委员会，位于北京西郊，是中国唯一汇聚了56个民族师生员工学习、生活和工作的高等学校，是国家重点建设的综合性研究型大学之一，在我国民族高等教育体系中占据着举足轻重的地位。

学校前身可追溯到1941年10月成立的延安民族学院。1951年6月11日，中央民族学院正式成立。1993年11月30日，中央民族学院更名为中央民族大学。2001年6月，时任国务院总理的朱镕基到校视察，提出“把中央民族大学建成世界一流民族大学”的奋斗目标。2002年6月，国家民委、教育部、北京市人民政府签署了《重点共建中央民族大学的协议》。

经过50多年的建设和开拓，学校现已发展成为以人文社会科学为主体，以民族类学科为特色，文、史、哲、经、管、法、理、工、医、教等学科门类齐全，本科、硕士、博士研究生教育和干部培训并举，民族预科、艺术中专和继续教育等多种办学层次兼有的综合性研究型大学。

学校现有18个二级学院、8个系和1个教学部，有覆盖10个学科门类的85个本科专业、38个硕士学位授权点、17个博士学位授权点、1个国家一级学科博士学位授权点、2个博士后流动站、2个国家级重点学科、9个省部级重点学科、2个文科基础学科人才培养和科学研究基地、1个全国普通高校人文社会科学重点科研基地。

学校拥有一支高素质、高水平、民族成分众多的师资队伍。学校创立之初，中央政府即从清华大学、北京大学、燕京大学等校选调了潘光旦、费孝通、吴文藻、翁独健、杨成志、吴泽霖、林耀华、傅乐焕、于道泉、马学良等一批学界名流到校任教。现有教职工1611人，其中有包括王钟翰、宋蜀华、陈永龄、戴庆厦、施正一、牟钟鉴、刘秉江、金炳镐等知名学者在内的专任教师758人，具有研究生以上学历教师381人、高级职称教师442人、博士生导师54人。他们具有良好的治学传统和学术风范，在教书育人和学术研究上成果卓著。

学校占地面积 40 万平方米，校舍面积 34 万平方米，固定资产总值 32588.3 万元。图书馆面积 2.45 万平方米，藏书 130 多万册。民族博物馆 4800 多平方米，藏有近 3 万件珍贵的民族文物。目前，2.2 万平方米的留学生公寓楼已完成主体结构，将于今年 9 月交付使用；在建的有 5.95 万平方米的大学生公寓楼工程和 4.2 万平方米的文科教学大楼工程、4.2 万平方米的理科教学楼工程将于年内开工建设。

学校现有各类在校生 2 万余人，其中本科生 8100 人、博士研究生 232 人、硕士研究生 738 人、外国留学生 214 人、预科生 299 人、艺术中专生 374 人、成人学历教育学生 10779 人。在全日制本科学生中，70% 左右是少数民族，学校堪称中华民族大家庭的缩影和展示中国民族政策以及民族团结进步的重要窗口。56 个民族的智慧和文化在校园汇聚一堂，各民族的语言、服饰、歌舞、风习多姿多彩，融汇成了民族团结的交响乐章。良好独特的育人环境和对素质教育的一贯重视，使学校得以向国家和社会输送了大批优秀的高级人才。

学校新建成的一批多媒体教室、100 兆带宽的校园网是电化教学和信息传递的有力保障，数字化校园工程建设已经全面启动。学校对实验室建设的投入不断加大，2002 年投入 968 万元，2003 年投入 1065 万元，学校计算机教育中心拥有最新的计算机和网络设备装备。学校实行课程学分制，目前有 414 门课程供学生跨专业选修，约占总课程量的 15% 以上。学校高度重视学生的社会实践活动，我校学生多次参加全国性大学生（理工类）专业比赛，在数学建模比赛、电子竞赛中屡获大奖。

我校是全国重要的科学研究基地，其中民族学、民族语言学、人类学、历史学等学科的研究水平在全国具有领先地位。我校学者在上世纪 50 年代参与了 3 次大规模的关于少数民族的调查，2000 年又参加了 22 个人口较少民族发展问题的调查。学校专家提出的“中华民族多元一体格局理论”，关于加快西部地区发展、缩小东西部差距的建议，关于西沙、南沙考古发现，关于西藏历史地位等的科研成果，都具有重要的政治、经济和社会意义。改革开放以来，学校的科研成果丰硕。1987 年至 2002 年，学校教师出版学术著作 2396 部，共获得国家和部委级科研项目 263 项，发表学术论文 6598 篇，共有 351 项成果获奖，其中获部委级二等奖以上奖数列北京高校前 4 名。

中央民族大学是我国民族高等教育与国际联系的窗口和进行国际学术交流的中心。学校已同 50 多个国家的大学和研究机构建立了合作与学术交流关系，每年接纳 600 余名外国留学生来校学习，聘请外国专家来校讲学，并不断选派学生出国留学深造。

二、将中央民族大学纳入“985 工程”大学系列，加强科研基地平台建设

考虑到中央民族大学在整个高等教育体系中的特殊重要地位及其在少数民族地区经济社会发展中的特殊重要意义，考虑到中央民族大学是全国民族问题和民族理论最重要的研究基地这一事实，建议将其纳入国家“985 工程”建设的大学系列。主要理由如下：

（一）中央民族大学具有特殊的政治地位，发挥着国内其他高校不可替代的重要作用。自建国以来，党中央国务院高度重视少数民族的教育问题，并在世界上首创了独具特色的民族高等教育体系。目前，这一体系包括 13 所以培养少数民族大学生为主的民族高等院校（广义地说还包括边疆民族地区的其他 100 多所大学）。中央民族大学作为其中水平最高、最有代表性的一所，在培养少数民族干部和高级专门人才，以及为党和政府处理民族问题提供决策咨询服务等方面发挥了重要作用，在民族地区和少数民族中具有很高的地位和影响，是全国广大少数民族群众心目中的最高学府，也是对外展示我国民族政策的重要窗口。

（二）目前国家已初步形成办好中央民族大学的政策框架。2001 年 6 月朱镕基总理亲临学校视察，代表党中央国务院提出了“努力把中央民族大学建设成为世界一流民族大学”，确立了学校发展的战略目标和办学方向。为了实现这一战略目标，经胡锦涛、曾庆红、李岚清等国家领导人的批示后由国务院批准的四部委《关于进一步办好中央民族大学的请示》明确要求“将中央民族大学列入教育部重点建设的大学系列之中”，同时进一步明确了中央民族大学的办学方向，这就是“坚定地贯彻党的教育方针和民族政策，面向少数民族和民族地区，主要培养少数民族干部和各类专门人才，普通大学教育和不同层次的干部培训并举，人才培养和民族问题的理论研究并举，使中央民族大学成为一所有鲜明特色、有一定规模和较高的教育质量和办学水平的综合性、研究型大学”；国家民委、教育部、北京市于 2002 年 6 月签署的《关于重点共建中央民族大学的协议》再次明确“教育部将中央民族大学列入教育部重点建设的大学”；2002 年 7 月发布的《国务院关于深化改革加快发展民族教育的决定》中正式写进“重点支持办好中央民族大学”。所有这些，不仅表明中央对办好中央民族大学，并把中央民族大学办成有世界影响的国内知名大学的坚强决心，而且标志着中央已经初步形成办好中央民族大学的政策框架。

（三）经过多年发展，特别是经过“211 工程”建设，中央民族大学的科学研究和办学实力大为提升，有条件建成数个科学研究基地和科技创新平台。在党和国家的关怀和大力支持下，经过50余年的发展，经过几代学人的不断努力，中央民族大学不仅逐渐明确了“发展是执教兴校的第一要务”和“办人民满意的教育，办学生满意的大学”的办学思想，而且具有了较强实力和较好的发展基础，学校的民族学、中国少数民族语言文学、中国民族史、中国少数民族经济、中国少数民族理论与政策、民族宗教学和中国少数民族艺术、中国少数民族地区生态环境研究等学科领域具有雄厚的实力和特色优势，不仅在全国居于领先地位，而且具有较大的国际影响，还拥有一支以费孝通、王钟翰、宋蜀华、王尧、戴庆厦、张公瑾、施正一、牟钟鉴、刘秉江为代表的、学术造诣精深、蜚声海内外的知名学者。特别是近年来，学校逐渐树立起人才资源是第一资源的观念，大力推进“人才强校”战略，大力加强学科带头人和创新团队建设，培养和引进了一批中青年学科带头人，初步形成了多个以博士为主体、以中青年学科带头人为骨干的学术群体，能够承担国家民族理论和民族政策方面重大课题的研究，从而有条件在民族学、人类学、民族语言学、历史学、民族地区生态与环境等领域成为国家科学研究基地和科技创新平台。

三、需要提请教育部解决的几个问题

为了加快中央民族大学的发展，落实党中央、国务院办好中央民族大学的决策，需要国家有关部委的大力帮助和支持。除了上面提到的将中央民族大学纳入“985 工程”系列外，还有以下三个问题，恳请教育部给予帮助和支持：

（一）关于学科建设问题。（1）在教育部大力支持和帮助下，尽快批准中央民族大学设立研究生院。（2）在国务院学位办的支持和帮助下，尽快落实中央民族大学中国语言文学和历史学两个一级学科博士学位授予权的资格问题。（3）在国务院学位办的支持和帮助下，尽快使中央民族大学获得教育硕士（民族教育）、公共管理硕士和法律硕士3个专业学位授予权的资格。（4）在教育部社政司支持下，将中央民族大学“中国少数民族语言文学研究中心”批准为教育部百所人文社会科学重点研究基地。（5）在教育部科技司支持、帮助和指导下，尽早将中央民族大学“少数民族地区生态环境实验室”列入教育部重点实验室。（6）支持中央民族大学成立网络教育学院。

（二）师资队伍建设。在教育部民族司的支持、协调下，要向教育部人事司做专题汇报，争取使我校优秀教师有机会入选“跨世纪优秀人才培养计划”、“长江学者奖励计划”、“优秀青年教师资助计划”及“高校青年教师奖”；向教育部科技司争取进入高等学校骨干教师资助计划。

（三）科研项目支持。请教育部民族司支持并出面协调社科司、科技司及相关司局，争取在教育部管理的各项科研项目和科研基金的申报中给中央民族大学以支持、帮助和政策倾斜。

在国家“985工程”二期建设项目整体审核会议上中央民族大学“985工程”二期建设项目的陈述报告

一、我校申请设立3个哲学社会科学创新基地和15个重大研究项目的主要理由

1. 我校申请设立3个哲学社会科学创新基地和15个重大研究项目是整合我校学科优势资源的需要。我校是一所以民族类学科为主的综合性研究型大学。现有18个学院、7个系和1个教学部，有覆盖10个学科门类的67个本科专业、38个硕士学位授权点、17个博士学位授权点、1个国家一级学科博士学位授权点、2个博士后流动站、2个国家级重点学科、9个省部级重点学科、2个文科基础学科人才培养和科学研究基地及1个全国普通高校人文社会科学重点科研基地。学校的民族学、中国少数民族语言文学、民族宗教学、中国民族史、中国少数民族经济、中国少数民族理论与政策、中国少数民族艺术和民族地区公共行政管理等学科具有雄厚的实力和特色优势，不仅在全国居于领先地位，而且具有一定的国际影响。因此，只有建立中国当代民族问题战略研究基地、中国少数民族语言文化教育与边疆史地研究基地、中国少数民族地区经济与公共管理研究基地3个创新基地，才能把分散在各学科的优势力量集合起来，才能比较充分地发挥学校的学科实力和优势。

2. 我校申请设立3个哲学社会科学创新基地和15个重大研究项目是整合我校人才优势力量的需要。我校创立之初，中央政府即从清华大学、北京大学、燕京大学等校选调了潘光旦、费孝通、吴文藻、翁独健、杨成志、吴泽霖、林耀华、傅乐焕、于道泉、马学良等一批大师级学者到我校任教，为我们奠定了坚实的人才基础。学校现有在编专任教师787人，其中具有副高以上高级职称教师463人，占专任教师总数的58.8%，有67人为博士生导师、247人为硕士生导师。教师中具有博士学位的有173人、具有硕士学位的有258人，硕士以上学历的教师占教师总数的55%。我校

人才优势力量主要分布在民族学、人类学、宗教学、民族理论与民族政策、少数民族语言文学、历史学、教育学、民族经济学、管理学、生态环境等学科领域，按三大领域组建3个基地，有利于整合人才优势力量，既符合学科建设规范，也体现了基地建设的综合性和交叉性的要求。基于这样的考虑，我们确定了3个创新基地和15个重大研究项目。

3. 我校申请设立3个哲学社会科学创新基地和15个重大研究项目是充分考虑国家“985 工程”建设的领域专家和整体专家评审意见的结果。根据教育部组织的专家对我校先期申报的5个创新基地、18个研究项目的评估，无论是领域专家还是整体专家，都一致同意我校设立中国当代民族问题战略研究创新基地、中国少数民族语言文化教育与边疆史地研究创新基地；而对中国少数民族地区经济与公共管理研究基地，领域专家提出合并的修改意见，我们考虑到民族地区经济与公共管理研究对我国西部大开发战略的实施，对民族地区的经济与社会发展具有战略性、全局性的意义，而且这方面的研究已经构成国内外普遍关注的学术前沿和研究热点，加上我校民族经济和民族地区公共行政管理的博士学位授权点经国务院学位办批准已进行多年建设和招生，培养了大批博士研究生和硕士研究生，有设立这一基地的必要条件。因此，根据领域专家和整体专家的意见，在经过进一步论证和修改的基础上，我们将原有的5个创新基地合并为3个，18个重大研究项目合并为15个，并重新提出了设立3个创新基地和15个重大研究项目的可行性论证报告。

4. 我校申请设立3个哲学社会科学创新基地和15个重大研究项目是充分发挥中央民族大学特殊政治地位和政治作用，发挥我校作为党和国家民族问题的决策咨询基地功能的需要。中央民族大学具有特殊的政治地位和政治作用。中国三代领导集体都十分关心和重视中央民族大学的建设和发展。中央民族大学不仅是培养少数民族优秀人才的摇篮，为少数民族和民族地区经济社会发展做出了突出贡献，而且作为中国研究民族问题的重要基地，为国家制定民族政策、解决民族问题做出了重要贡献。在这方面现在承担的国家、省部级的科研项目有79项。因此在中国高等教育体系中占据着不可取代的重要地位，而3个基地的设立和15个重大项目的研究将会更大地发挥出中央民族大学独特的政治作用和政治优势。

5. 我校申请设立3个哲学社会科学创新基地和15个重大研究项目是推进中央民族大学实现跨越式发展，实践上届政府总理朱镕基同志提出“把中央民族大学建成世界一流民族大学”的宏伟目标的需要。3个基地的建设和15个重大项目的启动，必将带动中央民族大学整体实力的提升，必将为中央民族大学实现跨越式发展奠定基础，必将为“世界一流民族大学”目标的实现打下一个坚实基础。

二、我校“985 工程”二期建设的总体目标、基本思路和主要任务

1. 中央民族大学“985 工程”建设的总体目标是：经过国家“985 工程”的长期建设，把中央民族大学建设成为国际知名的综合性、研究型、服务式、高水平的“世界一流的民族大学”，使学校成为在国内外具有广泛影响，适应国家特别是少数民族和民族地区经济建设和社会发展需要的高素质人才培养、高水平学术研究、高层次决策咨询的中心和基地。

2. “985 工程”建设的基本思路是：以国家建设发展目标为导向，以国家一流水平为标准，以学校优势特色为基础，以学术创新团队建设为核心，以原创性研究和创新人才培养为重点，以体制和机制创新为动力，努力建设“世界一流的民族大学”。

3. 中央民族大学“985 工程”的主要任务是：

（1）根据国家“985 工程”创新基地建设的要求，全面推动学校管理体制和运行机制的创新。我们将按照建设“世界一流的民族大学”的要求，以有利于各方面资源整合及资源效能的充分发挥为目标，改革人事分配制度和人才考评机制，创新现行管理体制和运行机制，创建新的学科组织模式和科研管理方式，率先在 3 大创新基地建立全新的学校管理模式和运行机制，并全面带动中央民族大学的制度变革和机制创新，提高学校的核心竞争力。

（2）通过创新基地的建设和重大研究项目的实施，汇聚校内外优势的学科队伍。落实“人才强校”战略，实施我校“252 人才工程”，根据 3 个创新基地的建设和 15 个重大研究项目的需要，培养、引进 20 名左右在国内外学术界有较大影响的知名学者、50 名左右在国内外有一定影响的学科带头人、200 名以上具有发展前途的学术骨干，形成一支学科带头人齐备、梯队合理、结构优化、个体素质优良的师资队伍和若干个富有创造力、跨学科的创新团队。

（3）通过创新基地的建设和重大研究项目的实施，在民族问题研究方面产生一批具有原创性的高水平研究成果，发挥学校在民族问题方面的决策咨询作用。胡锦涛同志最近发表重要指示：“要坚持理论联系实际，加强调查研究，深入研究新情况、解决新问题，进一步认识和把握新的历史条件下民族问题发展变化的特点和规律，创新民族工作的思路和方法，不

断提高驾驭和解决民族问题的能力。特别是要加强对那些前瞻性、战略性重大问题的研究，牢牢掌握工作主动权。”我们将遵照这一指示，围绕国家、少数民族和民族地区经济建设、社会发展和文化进步的重大理论问题和现实问题，集中优势学术力量，整合优势学科资源，吸纳汇集国内外民族类学科科学研究精英，瞄准国际相关学科研究前沿，开展涉及当代重大民族问题的15 个具有全局性、战略性、前瞻性的重大项目研究，取得一批原创性的、具有国际先进水平的标志性成果，使中央民族大学在国家创新体系建设中发挥特殊的重要作用，成为党和国家民族工作、国家特别是民族地区社会发展重要的理论创新基地和决策咨询基地。

（4）通过创新基地的建设和重大研究项目的实施，建设有利于国际学术交流与合作研究的环境。以 3 大创新基地为平台，围绕重大领域研究项目的开展，聘请世界著名学者来校讲学，开展国内外合作研究，召开高水平的国际学术会议，选派优秀人才出国（境）到世界一流大学或学术机构学习、访问和交流，进一步扩大中央民族大学的国际影响，提高学校的国际化水平。

三、我校完成 3 个哲学社会科学创新基地建设和 15 个重大研究项目的支撑条件

1. 我校具有一套比较完整而明晰的办学思路，这是我们完成 3 个创新基地建设和 15 个重大研究项目的思想支持条件。在近五年改革发展的过程中，我校形成了明晰而独具特色的办学指导思想：

（1）目标定位：要将中央民族大学建设成为以研究民族问题为中心的高水平研究型大学，以民族学科为特色和优势、多学科协调发展的综合性大学，面向少数民族和民族地区、以少数民族学生为主体的服务式大学，长远目标是把中央民族大学建设成为“世界一流的民族大学”。

（2）办学宗旨：在始终坚持为党的民族工作服务、为少数民族和民族地区服务的办学方向的基础上，进一步提出了“办少数民族人民满意的教育，办各民族学生满意的大学”的宗旨，体现了以人为本的办学理念。

（3）治校理念：依法治校、以德治教、从严治学。“依法治校”，就是学校的一切办学行为必须自觉接受法律的约束，通过制度建设提高管理水平，依法维护学校和师生的权益；“以德治教”，就是加强师德建设，强调以德示范，教书育人，弘扬正气，打击歪风；“从严治学”，就是坚持对学生从严要求，从严管理，建立严明的纪律，培养严谨的学风。

（4）工作思路：发展、改革、管理、稳定、服务、创新。即坚持发展

是执教兴校的第一要务，走全面、协调、可持续发展道路的发展思路；坚持体制改革是关键、教学改革是核心、教育观念变革是先导的改革思路；坚持科学管理、民主管理、依法管理，不断加强制度建设，完善管理机制的管理思路；坚持稳定压倒一切，探索长效稳定机制，构建和谐文明校园的稳定思路；坚持以群众满意、学生满意作为评价工作的标准，建设“服务式大学”的服务思路；坚持普遍规律与特殊校情相结合，走自己道路，勇于探索与实践的创新思路。

2. 我校具有系统完备、特色鲜明的学科体系，这是我们完成 3 个创新基地建设和 15 个重大研究项目的学科支持条件。经过多年的努力，我校已经形成以民族学、中国少数民族语言文学为核心，以宗教学、专门史、生态学、马克思主义民族理论、中国少数民族经济、中国少数民族艺术、语言学与应用语言学等学科为重点，门类比较齐全，特色比较鲜明的学科体系。这是我们完成 3 个创新基地建设和 15 个重大研究项目的学科支持条件。

3. 我校有一批功底深厚、视野开阔、思想活跃、治学严谨、在国内外有较大影响的知名学者和结构合理的学术梯队，这是我们完成 3 个创新基地建设和 15 个重大研究项目的师资支持条件。学校拥有一支高素质、高水平、民族成分众多的师资队伍。特别是近年来，学校逐渐树立起人才资源是第一资源的观念，大力推进“人才强校”战略，大力加强学科带头人和创新团队建设，培养和引进了一批中青年学科带头人，初步形成了以博士为主体、以中青年学科带头人为骨干的学术群体，能够承担国家民族理论和民族政策方面重大课题的研究，具有为党和国家民族问题决策参考作出重要贡献的专门人才，如我校民族学家杨圣敏教授前不久先后为时任国家军委主席的江泽民、中共中央政治局、中联部做了关于民族关系与民族问题的重要报告，得到了领导的肯定，这就为我们完成 3 个创新基地建设和 15 个重大研究项目准备了良好的人才条件。

4. 我校有良好的科研传统和学术氛围，有承担国家大型研究项目的经验和能力，这是我们完成 3 个创新基地建设和 15 个重大研究项目的科研支持条件。中央民族大学是国内研究民族问题的重要基地，上世纪 50 年代，学校的专家学者参与了 3 次大规模的关于少数民族的调查，2000 年又参加了 22 个人口较少民族发展问题的调查，调研成果对党和国家制定民族政策和进行宏观决策起到了十分重要的作用。改革开放以来，学校取得了丰硕的科研成果，对国家的稳定、经济的发展、文化的繁荣产生了重要作用。学校专家提出的“中华民族多元一体格局理论”，关于加快西部地区发展、缩小东西部差距的建议，关于西沙·南沙考古发现，关于西藏历史地位等的科研成果，都具有重要的政治、经济和社会意义。这表明我们具备完成3个创新基地建设和15个重大研究项目的科研支持条件。

5. 我校建立了完整的人才培养体系，已经成为全国少数民族高级人才的摇篮，这是我们完成3个创新基地建设和15个重大研究项目的人才培养条件。中央民族大学建立了包括本科生、硕士生、博士生、博士后培养在内的、完备的人才培养体系，每年面向全国各省、市、自治区招生，在全日制本科学生中70%左右是少数民族。良好独特的育人环境和对素质教育的一贯重视，使学校得以向国家和社会输送了大批优秀、合格的建设人才。学校迄今为止已有毕业生6万多名，其中80多人相继走上省部级以上领导岗位，有的成为了国家领导人；8500多人担任了县以上各级领导职务，成为祖国建设的栋梁之材；更多的毕业生成为专家、学者、作家、诗人、演艺明星或不同领域的优秀人物，为少数民族和民族地区的建设发展做出了突出的贡献。

6. 我校经过多年、特别是最近五年来的体制改革和机制创新，初步形成我们完成3个创新基地建设和15个重大研究项目所需的管理体制和创新机制方面的操作条件。自2000年起，我校全面启动了机构和人事制度改革，随后又进行了院系体制改革、专业技术职务评审制度改革、后勤管理体制改革、分配制度改革以及学分制改革等六项重大改革。通过机构和人事制度改革，在一定程度上起到了消除臃肿、强化职能、理顺关系、转变机制、提高工作效率的作用，促进了我校干部队伍革命化、年轻化、知识化、专业化，激发了工作活力；通过院系体制改革，成立了18个二级学院，明确了院系的办学和功能定位，比较合理地配置了教学科研资源，为进一步加强学科建设和提高教学质量打下了基础；通过后勤管理体制改革，实行后勤管理的成本核算，制定了后勤管理的规范程序，初步理顺了后勤管理与学校主体工作的关系，调动了后勤工作人员的积极性，促进了后期服务水平的提高；通过专业技术职务评审制度改革，规范职称评审条件，激励了广大教师提高教学科研水平的进取精神；通过分配制度改革，初步打破了平均主义、大锅饭的分配体制，使广大教职员工从学校的发展中得到了实惠，调动了积极性；通过实行学分制改革，调动了学生学习的主动性，提高了我校学生的综合素质、创新精神和实践能力。

在进入“985 工程”后，为了组织“985 工程”二期建设的实施，中央民族大学以及上级主管部门国家民族事务委员会给予了高度重视，从制度上确保“985 工程”二期建设的顺利实施。国家民委也成立了由国家民委副主任吴仕民同志担任组长，由教育科技司、人事司、规划财务司等部门领导组成的国家民委中央民族大学“985 工程”建设领导小组，加强对建设工作的领导。学校成立了以校长为组长的“985 工程”建设领导小组，直接领导“985 工程”二期建设的各项工作，下设“985 工程”办公室，统筹负责中央民族大学“985 工程”二期建设的规划、组织和实施工作；我校还组建了由校（国）内外专家组成的学校重点项目建设专家委员会，对“985 工程”建设进行设计、论证、咨询和评估。这为我们完成 3 个基地建设和 15 个重大项目研究奠定了领导体制和运行机制方面的条件。

7. 党和国家高度重视办好中央民族大学，并形成了一套完整的政策框架，这是我们完成 3 个创新基地建设和 15 个重大研究项目的政策支持条件。2001 年 6 月，时任国务院总理的朱镕基到校视察，提出“把中央民族大学建成世界一流民族大学”的奋斗目标。为了实现这一战略目标，经胡锦涛、曾庆红、李岚清等国家领导人的批示后由国务院批准的四部委《关于进一步办好中央民族大学的请示》明确了学校的办学方向，这就是把中央民族大学建设成为“一所有鲜明特色、有一定规模和较高的教育质量和办学水平的综合性、研究型大学”；2002 年 6 月，国家民委、教育部、北京市人民政府签署了《重点共建中央民族大学的协议》；在 2002 年 7 月 7 日发表的《国务院关于深化改革加快发展民族教育的决定》中，明确写进了“重点支持办好中央民族大学”；2004 年 6 月，国家教育部和财政部把中央民族大学列入“985 工程”建设的行列。所有这些，标志着中央已经形成办好中央民族大学的政策框架。

8. 学习“985 工程”重点建设大学的先进管理经验。进入“985 工程”后，我校除有机会参加各种“985 工程”工作会议外，还多次到参与一期建设的学校去考察和调研，学习和借鉴他们的管理经验，这不仅对我们先期进行的平台设计和项目论证具有重要的指导意义，而且会对我校“985 工程”的未来建设具有参考价值和借鉴意义。

附录：

中央民族大学“985 工程”二期建设项目可行性研究报告专家组审核意见

根据《教育部、财政部关于继续实施“985 工程”建设项目的意见》（教重［2004］1 号）和教育部、财政部“985 工程”办公室《关于做好“985 工程”二期建设规划和编制“985 工程”二期建设项目可行性研究报告的通知》（教重办［2004］3 号）的要求和部署，受教育部、财政部委托，以左铁镛院士为组长的审核专家组，于 2004 年 11 月 10 日—12 日对《中央民族大学“985 工程”二期建设项目可行性研究报告》（以下简称《可行性报告》）进行了论证和审核。

专家组审核了学校有关文件和材料，听取了中央民族大学荣仕星校长关于学校“985 工程”二期建设项目可行性研究报告的汇报和有关答辩，经过认真讨论、研究和评议，提出审核意见如下：

一、专家组原则同意学校在充分分析已有工作基础和水平、与国际知名高水平研究型大学差距的基础上提出的“985 工程”二期建设目标。

专家组一致认为这一目标既考虑到了国家需要，也突出了为少数民族发展服务的思路，同时结合了学科的综合性优势，目标是明确可行的。

二、《可行性报告》贯彻了《教育部、财政部关于继续实施“985 工程”建设项目的意见》的精神和要求，围绕学校建设目标所提出的建设任务和内容，安排合理，在创新基地项目建设中突出了学科交叉、整合的思路，同时也充分地发挥了现有学科的特色和优势，符合国家和少数民族区域经济社会发展的要求。原则同意学校列入的有关哲学社会科学创新基地建设项目。

三、《可行性报告》中对建设项目的建设计划和资金安排明确可行，建设资金的使用符合教育部、财政部有关文件的要求。

四、《可行性报告》中对预期实现的效益分析实事求是，在学校“985 工程”二期建设中，经过努力是可以实现的。

五、专家组提议：

1. 处理好“创新基地”与现有院系的关系，通过管理体制和运行机制创新，积极探索高水平大学建设的有效途径；

2. 加大引进人才的力度，把创新基地建设成为开放式的科研机构，吸引国内其他民族院校的高水平学术人才进入基地，以进一步发挥中央民族大学在民族院校中排头兵作用和基地的辐射作用。

六、专家组全体成员一致同意通过对《中央民族大学“985 工程”二期建设项目可行性研究报告》的论证，并建议学校根据专家组的审核意见进一步修改后，抓紧上报审批，以便尽快组织实施。

2004 年 11 月 12 日

高校院系领导应当具备的十种能力

——在中央民族大学院长主任教学工作会议上的讲话

同志们：

刚才，中夏副校长对我们这两天以来的大会作了一个全面的总结，葛道凯副司长的《当前高等教育教学改革与发展的形势》、许茂祖委员的《学习教学管理要点，加强教学管理水平》、段思源主任的《高校院系教学管理的几个问题》和陈怡处长的《素质教育与文化素质教育》这四个报告非常重要，也非常有分量，我们下去一定要认真学习领会。

下面，我主要谈一谈我们高校院系领导应具备什么样的能力的问题。王书记在本次培训会开班式上提到五个方面的能力，讲得比较宏观。我想结合我校实际，具体讲一讲做好院系领导应当具备哪些能力的问题。

毛主席有一句很重要的话，他说，领导干部实际上就做两件事：一件事是出主意，另外一件事是用干部。他这句话主要是针对政治领导干部讲的。作为我们高校的院系领导，我体会主要要做好三件事：一是谋事，就是要思考和规划院系的发展；二是谋人，就是要想办法培养、聚揽更多的优秀人才；三是谋钱，就是要合法合理、千方百计地为院系的建设和发展争取更多的资金。具体来讲，我们高校院系领导应具备以下十种能力：

一、全面思考和规划院系发展的能力

目前，学校发展的目标已经明晰，那就是在建校 100 周年的时候即 2050 年左右把我校建设成为“世界一流的民族大学”，并确定了“三步走”的战略步骤；“十一五”规划也已经初步制定完成，那就是从现在开始到 2010 年大约 5 年左右的时间里，以实施规范化管理，加强办学条件建设，提高办学质量为中心，进一步巩固和发展我校在民族院校中的领先和优势地位。我们各院系的领导，要有全面思考和规划本院系发展的能力。要紧紧围绕学校“建设世界一流民族大学”这一目标，思考本院系在未来相当长一段时期内的发展目标；要结合学校的“十一五”规划，做好本院系在今后 5 年内的发展规划，特别是师资队伍建设规划和学科建设规划；

要把目标和规划分解到学年甚至是学期的工作计划中去，列出步骤清晰的工作日程，拿出切实可行的新举措来。

二、课程、专业和学科建设的能力

我们经常讲，课程是专业的基础，专业是学科的支撑，学科建设是学校发展的龙头。对于我们各院系来讲，课程、专业和学科建设也就是我们自身发展的龙头。“211 工程”支持的是那些有博士学位授权点的学科，“985 工程”重点支持的是 3 个哲学社会科学创新基地，其覆盖面也基本上就是那些有博士学位授权点的学科。这就要求我们各院系的领导们一定要有较强的课程、专业和学科建设的能力，突出优势学科，加强弱势学科，拯救危势学科，建设出一批一流的课程和相当数量的一流的专业、一流的学科，以服务求支持，以贡献求发展。

三、师资队伍建设的能力

如果说学科建设是学校发展的龙头，是各院系发展的龙头的话，那么从学科建设的角度来讲，师资队伍建设就是学科建设的核心，是学校包括各院系自身在各方面事业上取得大发展、大进步的根本和关键所在。因为，学科建设的目标要由师资队伍建设来实现和完成，没有一流的师资队伍就没有一流的学科。所以，我们各院系的领导要切实加强机遇难得、人才难得的责任感和紧迫感，既要重视个人潜力的开发，也要花力气搞好学术创新团队的建设；既要做好急需人才的培养与引进工作，也要重视做好学术梯队的建设工作。俗话讲“千军易得，一将难求”，我们要靠事业、靠感情、靠待遇、靠氛围抓好人才工作、壮大人才队伍，推动事业不断向前发展。

四、开展教学研究及其成果应用的能力

“只教不研，越教越死，只研不教，越研越窄”，这是高校教师的普遍感受。作为院系的领导，特别是院长主任们，要有开展教学研究和科学研究并应用研究成果的能力。倡导和鼓励名师名教授上讲台，支持并创造条件让处在教学第一线的教师特别是中青年教师有精力搞科学研究，有机会参与院系内外、校内外甚至是国内外的重大科学研究项目。

五、建立和实施教学质量监控与评价体系的能力

质量是高等教育发展的生命线。院系是学校的基本教学单位，各院系

领导要有建立和实施教学质量监控与评价体系的能力。要以学校目前正在实施的教学质量工程为契机，结合本院系的实际，建立一套反应灵敏、判断准确、控制有力的质量监控系统和评价体系，同时建立并逐步完善作为配套机制的质量考核与激励机制。要让本院系的教师在教学工作过程中牢固树立起质量意识，以质量求生存，以质量求发展，以质量求效益。

六、进行教学管理体系和机制创新的能力

一所学校、一个院系发展的快慢往往与它管理水平的高低有着很大的关系。作为院系的领导，要有进行教学管理体系和机制创新的能力。要根据教育部印发的《高等学校教学管理要点》，按照科学化、规范化、人性化的要求，结合本院系的工作实际，加强在教学管理方面的规章制度的建设；要按照流程化、自动化和专业化的要求，制定工作有序、运转灵活、高效可行的教学管理工作规程。要向管理要成绩，向管理要效益。

七、做好师生员工思想政治教育的能力

人是有思想的动物，是有感情的动物，所以我们院系领导在实际工作过程中还要有做好师生员工思想政治教育工作的能力。要尊重人才、尊重劳动、尊重创造，创造一个宽松和谐的人际环境；要通过逐步推行院务系务公开的形式，动员教师参与院系政务，使他们拥有主人翁的荣誉感和责任感，共同为院系的发展献力献策；要善于根据学生的心理、生理和年龄特点，做好他们的思想政治工作，努力引导他们目标明确、意义清晰、健康向上的大学生活。

八、抓好教风、学风和考风的能力

要加强教师师德及学术道德的建设，在教师中开展“严谨治学、严明执教、严格要求”的“三严”教风教育活动；要加强对学生思想道德的教育，开展“严谨为学、诚信做人”的学风教育活动；要严肃考风考纪，加大对违纪考生的处罚力度和对违纪教师的责任追究制度。

九、开展对外交流与合作办学的能力

现在是一个开放的时代，我们各院系领导要有开展对外交流与合作办学的能力。目前，为了更好地发挥院系对外交流的积极性，国际交流处已经提出了在国际交流中实行以项目为基础、以学科骨干为核心、以院系管理为重心，实现外事管理重心下移的方针。我们要加强校内各院系与部门

之间、校内各院系与外校各院系之间、校内各院系与社会企事业机构之间的资源交流、教学交流、学术交流和人员交流；要充分挖掘和发挥自身的优势与竞争力，努力探索与校内其他院系之间、其他院校之间、国外大学或研究机构之间、党政部门之间、社会各种团体之间、社会企事业单位之间的合作办学新模式。

十、为院系教职工谋福利的创收能力

现在还是个市场经济的时代，所以，作为院系领导，还要有为院系教职工谋福利的创收能力。要通过创建学术创新团队、集体攻关等方式，为院系教师争取更多的科研活动经费；要在国家政策允许、符合学校有关规定的前提下，通过多途径、多模式合作办学的形式，为院系教职工谋更多的福利。

以上十种能力有五个层次：第一个层次是规划设计能力；第二个层次是搭建平台的能力，包括学科建设能力和师资队伍建设能力；第三个层次是教学建设能力，包括开展教学研究及其成果应用的能力、建设和实施教学质量监控与评价体系的能力、进行教学管理体系与机制创新的能力；第四个层次是软环境建设能力，包括做好师生员工思想政治教育工作的能力，抓好教风、学风和考风的能力；第五个层次是对外能力，包括对外交流、动员资源和合作办学的能力。简单来讲，第一、二、四、五、六、七、八、九种能力都是谋事的能力，第三种能力是谋人的能力，第十种能力是谋钱的能力。

关于研究生教育工作的思考

——在中央民族大学2004年研究生教学工作会议上的讲话

同志们：

刚才研究生院青觉同志已经把研究生教育工作做了总结，陈理副校长也针对本次研究生培养方案的修改进行了说明，我就研究生教育工作谈几点意见。

一、研究生教育工作的重要性

众所周知，对一所高校来说，研究生教育工作是非常重要的。高校教学工作主要由几部分构成，一是本科生教育，二是研究生教育，三是成人教育，四是留学生教育。其中，本科教育对于大学来说是基础教育，研究生教育是水平教育，成人教育是一种继续教育，留学生教育是交流、扩大交往的教育。研究生教育是高等教育中非常重要的环节，对于提升学校的学历层次、提高学校的整体水平有着重大的意义。我们为什么要加强研究生的教育呢？我认为，它的重要性至少体现在以下几个方面：

第一，加强研究生教育是提高学校整体实力的需要。我校进入“985工程”以后，学校定位是高水平的研究型大学，高水平研究型大学的主要特色就在于研究生教育。它直接关系到学校整体实力的发展、整体实力的提高、整体实力的建设问题。

第二，加强研究生教育是我们优化学科建设的需要。从学科建设来说，有一些环节，由课程建设、专业建设到学科建设，尤其是学科建设能不能够优化，与学位点建设和专业建设有很大的关系。平时我们常说“博士学位授予权”，这样的表述其实不够准确，严格来说应该叫“博士学位专业授予权”，这样表述才准确，这与学科的建设有直接的关系。很多老师对学科门类划分不是很清楚。首先要明确属于哪一个学科门类，其次它是属于一级学科还是二级学科，这是一个方面；从研究来说，在研究的层次上，首先是基地的研究，哲学社会科学基地的研究，到第二个层次，重大项目的研究领域，第三个层次是重大项目的研究方向，接下来是重大项目的研究课题，这些都有严格的要求。为什么有的同志在申报哲学社会科学的课题或者北京市、国家民委课题时，一论证就上去了呢？关键是对学科的要求非常清楚。所以就这一点来说，搞好研究生教育对于我们提高、优化学科建设是非常有好处的，因为只有到了这个层次才明白这个道理，才知道研究的方向、论证的必要性和可行性。我参加了教育部“985 工程”专家评审后，对这些问题有了比较深刻的理解。

第三，加强研究生教育是提高学校学术地位和学术层次的需要。从总体地位来说，我校的学术地位应该说比过去提高了。但是，与进入“985 工程”的其他大学相比较的话，我们还有差距，和世界一流大学也有差距，所以我们需要通过研究生教育来提高我们的学术地位，来提高我们学术和学历的层次。现在从层次来说，我们已经有硕士、博士这两个研究生教育阶段。但从专业的范围来说，还是比较狭窄的，我们的学位点主要集中在人文社会科学方面，而在理工方面，博士点目前还是空白，只是在硕士授予学位点方面有了零的突破，即生态学和基础数学。所以从这一点来看，通过加强研究生的教育，完善我校学历层次的培养机构，提高我校的学术地位，这也是需要加强研究生教育的重要方面。

第四，加强研究生教育是提高导师教学水平和科研能力的需要。在新的培养方案修订中，课程设置分为学位课程、学位核心课程、非学位课程、补修课程。如果我们的导师不认真研究、不认真思考，那你就拿不出学位的核心课程来。或者即使列了一个纲目之后，但水平还是不能提高。通过对研究生教育的不断思考，我们才能提出一个完整的、成熟的课程体系，尤其是学位核心课程，这代表着我们的研究方向和研究特色。尤其是专业的基础理论、专业的研究方法、专业研究的领域和专业研究的方向都体现在学位核心课程上面。这样有利于提高我们的教学水平和科研能力。我们现在强调研究生教育主要是把课题的研究与教学过程结合起来，所以能不能成为博士生导师、硕士生导师一个很重要的条件就是你有没有研究的课题和成果。从我校来看，研究生教育是建设“世界一流民族大学”的重要组成部分。无论这个过程有多长，我们都要坚持不懈地推进。建设“世界一流民族大学”，我们提出来分为三个阶段：第一个阶段是前十年要在民族院校巩固和提高我们的优势地位；第二阶段是要进入国内综合性大学一流的水平；第三阶段，也是最终的目标，要建成“世界一流的民族大学”。能不能建成“世界一流民族大学”与我们的研究生教育有着直接的关系。从以上的几个方面来看，研究生的教育工作至关重要。

二、如何做好今后研究生教育工作

如何做好研究生教育工作，贯彻实施培养方案制定的精神呢？我谈以下几点意见：

（一）要树立正确的研究生教育质量观念

我们学校有着多年研究生教学经验，如何提高它的质量，我们要有什么样的质量观念呢？我提出以下几种质量的观念：

第一，要树立研究生教育适应性的质量观念。我们培养研究生的目的就是要适应国家经济社会发展的需要，而且民族大学又有一个特殊的任务，就是还要适应少数民族和民族地区经济和社会发展的需要。我们培养出来的学生既要能适应国家机关、企事业单位的需要，还要能够从事研究工作、教育工作。这就是适应性的质量观念。

第二，要树立研究生教育多样性的质量观念。多样性包括学位点、人才培养的多样性。从学位点专业设置来看，我们要多样，需要有文科的、人文社会科学的、哲学的、自然科学的。从人才的培养来说，我们也要多样，既要有从事于党政领导的，也要有从事理论研究的，还要有从事教育工作、社会服务的。

第三，要树立研究生教育特色性的质量观。大家知道，大学不是包罗万象，而是有所为有所不为，比如说哈佛大学是培养政治领袖的，牛津大学是培养数学家的，斯坦福大学是主要培养法律人才的，并不是说所有专业都是一流的，因此抓特色是很有必要的。我们目标定位非常明确，就是要以研究民族问题为中心。我校是以民族学科为特色、多学科协调发展的综合性大学，面向少数民族地区以少数民族学生为服务对象，就是一个特色。所以要在学科上突出我们的特色优势，在今年的学位点评估中我们的民族学是国内一流的、是第一的。我们要巩固和发展我们的优势地位，这就是我们说的要有所为，“为”就表现在我们要发展特色学科上，“为”就“为”在我们特色专业上，“为”就“为”在我们有特色专业的人才培养上。“有所不为”不是说所有的专业都是一流的，但要有一两个主要学科，就像中国少数民族语言文学也是我校的特色，还有其他学科也要始终抓住特色性的教育质量。所以每一个博士授予点、硕士授予点都要考虑我们质量的特色性在哪里。我们每一个研究生的教学单位，无论是博士还是硕士，都要有体现特色的质量观念。

第四，要树立研究生教育全面性的质量观念。新修订的培养方案将课程分为几类：学位课程与非学位课程以及补修课程，目的是要有全面性的质量观念。要充分发挥导师组的整体作用，学生在一年级的时候要打通基础课程，拓宽知识面，这样才能实现学生的全面发展，而不仅仅是学生某一个方面的发展。

第五，要树立研究生教育发展性的质量观念。讲发展性就不能够停留在某个阶段，从发展性来说，要求我们的导师要有学术前沿的知识，要给学生学术前沿知识方面更多的指导，与时俱进，引领时代潮流。

（二）如何做好学科建设工作

学科建设从研究生教育方面来说是非常重要的环节。学科该怎么建设要有指导思想，要建设一个点，成功一个点，否则在评估的时候，就会被亮黄牌，减少甚至会停止我们的招生。学科建设该如何做？

第一点，学科建设必须满足社会的需要。我们主要是文科院校，我们的教育必须满足社会的需要。我对于我们的研究经常讲三句话：实证性研究、决策参考性研究、咨询服务研究。我们的研究生教育要突出这一点。研究生教育如果不能为社会服务，不能为民族地区社会经济发展服务，我们所设的这个专业就是不合格的。比如说，外国的许多城市都是因大学而命名，先有大学后有城市，为什么呢？就是因为大学是为社会服务的。我们的学科建设要考虑这个因素。

第二，学科建设的目标要与学校的目标定位相结合。我们学校的目标定位是研究型、综合性的服务型大学，最终归结起来就是高水平的研究型大学。我们始终不要忘记我们的目标定位。近几年来，我们逐步理清了学校的目标定位、办学理念、办学思路。我们的学科建设要紧紧围绕着学校的办学定位，这样，才能体现出学科优势、特色。

第三，学科建设的重点是建设优势和特色学科。这次“985 工程”我们建设了三个基地：中国当代民族问题研究创新基地、中国少数民族语言文化及边疆史地研究创新基地、中国少数民族社会发展及公共管理创新基地，包括我们现在的民族学、民族经济、民族语言、民族艺术、民族教育，还有民族医药等，都是要重点体现的。我们要有突出的优势特色学科，在教育部组织的 3 家“985 工程”大学论证过程当中，我在答辩时始终强调我们民族大学不是建设世界一流的大学，而是建设“世界一流的民族大学”，这一点很重要，这就是我们要突出自己的特色。因为从世界一流大学来说，我们还没有这个条件，与世界一流大学相比差距还很大。所以我们要建设“世界一流的民族大学”，这也是朱镕基总理给我们提出来的建设目标。

第四，学科建设要注重均衡性和整体优化。我们不能建设单一学科，要考虑均衡性发展，还要考虑整体优化。比如说，经济学、法学、行政学都要考虑均衡发展。要考虑文理交叉，这样各学科才能相互带动。如果只考虑一方面，就体现不出民族大学综合性的内涵。

第五，学科建设要拓宽口径，着力构建大学科体系。“985 工程”建设我们要有大学科群，我们的梯队建设、我们的力量就会集中到一个基地来、一个学科领域来、一个研究方向上来，这样我们就能构建一个大学科群。这就是为什么国家要求申请一个博士点要有 3 个相关硕士点作为支撑、申报一个硕士点要有 3 个以上相近学科的本科专业作为支撑的原因，这就要求我们要有学科构建的思想。

（三）如何进行研究生课堂教学

研究生课程的课堂讲授不能与本科生一样。研究生的课堂讲授要注意这样几点：第一，要有知识的拓展，在本科知识的基础上拓展知识。我在研究生教学过程当中，除了案例分析以外，还有学习体会讨论，还有读书体会的讨论。这些讨论课对拓展学生知识的确有非常大的帮助。第二，要有知识链接。也就是不同学科和跨学科知识的链接。一年级要选修课程，这样才能做到不同学科之间课程的相互链接。互相打通学科之间的基础课程，才能做到不同学科知识的连接。第三，能力的提升。要在研究生的内涵及创新能力方面下工夫。以上这三方面是联系在一起的。

（四）如何指导研究生做好学位论文

指导学生的学位论文对于提升学生的培养水平有着重要的作用。近几年来我们所实行的开题报告制度很重要。首先，要选好题目。我们现在开题报告实行导师组的开题报告，这一点我认为还是行之有效的。好的经验要总结，不仅要在某一个专业上要做，还要在全校所有研究生中推行，并且要认真扎实地做下去。尤其是没有达到学分要求不能参加答辩，达到学分要求以后才有资格参加学位论文答辩。从开题、指导到参加答辩，这个过程是非常严谨的，我们一定要按照程序来做。

（五）如何做好研究生思想教育工作

研究生院是研究生管理的协调单位，研究生的思想教育主要还是在各个院系。一般来讲，各院系对本科生的思想教育还是很重视的，而对于研究生思想教育从某种程度上来说是放松了。如何做好研究生思想教育工作，要培养四种精神：

第一，要培养研究生有志向，要有无私奉献的精神。虽然研究生从学历层次上来讲是提高了，但从思想上还要进行经常的勉励。在新生入学教育的时候我提出了如何做人的问题。为什么？虽然他们的学历提高了，但还要“百尺竿头更进一步”，要教育他们有志向、有无私奉献的精神，还要提倡爱国、爱校、爱学的精神。

第二，要培养研究生的科研兴趣以及团队协作的精神。研究生要完成一个课题，需要他们之间的相互协作，要有共同攻关的精神。科研如果完成不了，关键在于导师如何引导，如何将他们组织起来。这一点需要大家认真思考。

第三，要培养研究生对科学认真严谨的态度。我们在新的培养方案中把论文数量要求降了下来，主要是要求学生严谨治学。如果数量要求过多，有可能学生就会东拼西凑，不求质量只求数量。但也并不是说数量要求降下来就能够保证论文质量，这就要看导师如何要求。

第四，要培养学生对科学进取创新的精神。要始终给学生发展进步的要求，给学生与时俱进不断创新的精神，否则，学生就会永远处在低水平的阶段。学生要“青出于蓝而胜于蓝”，如果学生的水平还不如导师的水平，那就会一代不如一代；如果学生超过了导师，那就会一代胜过一代，就会推动历史的前进，就会提升我们学科的水平，就会提升我们的整体实力。

在中央民族大学2004届毕业典礼上的讲话

（2004年6月26日）

尊敬的民委领导、同学们、老师们：

大家好！

今天，中央民族大学2003届毕业典礼在这里隆重举行，我谨代表学校全体师生员工，向今年毕业的全体本科生、硕士生、博士生致以热烈的祝贺！代表学校党委和行政向在第一线辛勤耕耘的全体教师、干部和职工致以崇高的敬意！

寒窗苦读终结硕果。同学们，今年我校又有数千名同学学成毕业，其中有本科生、中专生、预科生、硕士生、博士生和成人教育学生。

同学们，回顾你们在中央民族大学学习的这几年，我们的祖国发生了显著的变化，我们的学校取得了可喜的成就，我们的同学在成长的道路上获得了巨大的进步。你们就学于中央民族大学的这几年，恰好是我校历史上具有转折意义的时期。在这几年里，你们亲历了母校建设“世界一流民族大学”的起步；你们参与了校园的文明与美化过程，由于加上了你们的努力，我们的校园终于成为“文明校园”；你们见证了中央民族大学的改革进程，通过改革，你们在民大的学习环境、生活条件、精神面貌一天比一天好，你们的学习能力一天比一天强，你们的收获一天比一天大；你们经历了中央民族大学的大发展时期，中央民族大学成为国家民委、教育部、北京市人民政府三家共建的重点大学，中央民族大学不仅成为“211工程”重点建设的大学，也成为“985 工程”二期建设的著名大学。我相信，你们的母校是值得你们自豪和骄傲的！

同学们，在你们即将迈出校门、踏上人生新的征途之际，我有几点希望送给大家：

一、学习，学习，再学习。

二、先做人，后服务，再成就。

三、正确处理各种人际关系和工作关系。

四、爱己、爱校、爱国家。

最后，祝同学们一帆风顺、幸福成功。我相信，总有一天，中央民族大学会因你们而骄傲！

谢谢大家！

校训：诚信团结　砺学图强

在近五年改革发展的过程中，我校形成了明晰而独具特色的办学指导思想，包括体系完整的四个方面：

第一，目标定位：就是将中央民族大学建设成为以研究民族问题为中心的高水平研究型大学，以民族学科为特色和优势、多学科协调发展的综合性大学，面向少数民族和民族地区、以少数民族学生为主体的服务式大学，长远目标是把中央民族大学建设成为“世界一流的民族大学”。

第二，办学宗旨：在始终坚持为党的民族工作服务、为少数民族和民族地区服务的办学方向的基础上，进一步提出了“办少数民族人民满意的教育，办各民族学生满意的大学”的宗旨，体现了以人为本的办学理念。

第三，治校理念：依法治校、以德治教、从严治学。“依法治校”，就是学校的一切办学行为必须自觉接受法律的约束，通过制度建设提高管理水平，依法维护学校和师生的权益；“以德治教”，就是加强师德建设，强调以德示范，教书育人，弘扬正气，打击歪风；“从严治学”，就是坚持对学生从严要求、从严管理，建立严明的纪律，培养严谨的学风。

第四，工作思路：发展、改革、管理、稳定、服务、创新。即坚持发展是执教兴校的第一要务，走全面、协调、可持续发展道路的发展思路；坚持体制改革是关键，教学改革是核心，教育观念变革是先导的改革思路；坚持科学管理、民主管理、依法管理，不断加强制度建设，完善管理机制的管理思路；坚持稳定压倒一切，探索长效稳定机制，构建和谐校园的稳定思路；坚持以群众满意、学生满意作为评价工作的标准，建设“服务式大学”的服务思路；坚持普遍规律与特殊校情相结合，走自己道路，勇于探索与实践的创新思路。

凭着这套办学思想，人们一眼就能认出这是中央民族大学，中央民族大学也与中国、甚至世界上所有其他的大学区别开来，显出十分明确而清晰的定位。

但与此形成鲜明对照的是，我们现有的校训“团结、文明、求实、创新”却不能概括我们这套办学思想的丰富内容。与我们的办学指导思想相比，这一校训已经显得很不相称，与一所“985 工程”重点大学的目标和要求不相称，与在中国高等教育体系中如此独特、如此重要的中央民族大学的地位和作用不相称。这一校训的内容和表述都十分抽象，缺乏与中央民族大学地位和特征相应的丰富内涵，因而与其他许多高校的校训雷同，缺乏我校的优良传统积淀和文化底蕴。当然，要很好地凝练出一个学校的校训也不是简单的事情，如果一所学校的办学思想是由这所学校的办学理念组成，那么一所学校的校训就应当凝结着这所学校的精神，中央民族大学的校训就应当凝结着中央民族大学的精神。从这种意义上讲，学校校训的形成不仅需要我们每一个学问高深的民大人的不断深入思考，更有赖于学校优良传统的积淀和学校精神的发扬。我校进入国家“985 工程”大学行列和实现跨越式发展，都要求我们提炼出蕴涵中央民族大学精神的校训，而学校办学指导思想的形成又为我们凝练校训准备了良好的思想条件。在这种背景下，我希望我们每一个民大人都积极参与，开动脑筋，积极思考和提炼我们的校训，尽快凝练出我们中央民族大学的校训。我这里提出“诚信团结，砺学图强”的八字校训，希望能起一个抛砖引玉的作用。

“诚信团结，砺学图强”凝结着中央民族大学的校风与民大人的精神，这就是以诚信为根本、团结为核心、砺学为载体、图强为方向。对我们少数民族师生而言，诚信是根本，古人云“正心诚意”，又云“仁义理智信”，都是讲做人。“诚”就是真诚、诚实、诚恳、实在，而“信”就是讲信誉、信誉高、靠得住。我们中央民族大学是少数民族的最高学府，肩负着培养少数民族高级人才的特殊使命，无论教师还是学生，做人都是首要的，而做人的要求很多，但诚信是根本的，因为我们要能修身齐家治国平天下，首先要正心诚意，要以诚心为根，以诚信为本。

作为全国唯一有 56 个民族汇聚一起工作、学习和生活的单位，中央民族大学的基本精神是团结。团结对于中央民族大学而言，具有十分重要而深刻的含义，它不仅意味着我们的师生员工要团结合作，要携起手来共同干事，更意味着在坚持爱国主义基础上的 56 个民族的团结与和睦、56 个民族大家庭的建设、56 个民族的和睦与共，意味着从根上体现出中华民族“以和为贵”的精神。孔子讲“和而不同，周而不比”。对中央民族大学而言，充分体现“以和为贵”思想的团结精神，就是在承认、尊重和维护 56 个民族独特性、多样性、差异性与个性的基础上，以共同的学校历史和文化传统为前提，以共同的责任感、使命感和共同的事业为纽带，在团结的旗帜下把 56 个民族师生紧紧地凝聚起来，和衷共济，休戚与共，推进民族高等教育事业的发展。

学校是学习的机构，砺学应当成为每个教师和学生的根基。讲“砺学”，对教师而言，就是要全身心地投入到学问之中，要在理论上有扎实的学问功底，进行理论创新，取得原创性的研究成果；在政策上有切实的学理建议，为党和国家的民族工作提出高水平的决策咨询服务，为少数民族和民族地区的社会发展和文化进步服务；在自然科学研究上有技术上的创新，为少数民族和民族地区实现共同团结进步、共同繁荣发展出力；在教书育人中为人师表，承担起自己的责任，帮助学生学习和成长；在行政管理和思想政治工作上要有新思路新举措，提高管理工作和思想政治工作的专业化水平，为构建学习型组织做出贡献。对学生而言，就是把学做人、学知识、学本领、学技能作为自己的事业，愿学、想学、爱学、勤学、用心学、刻苦学，把学习变成自己的习惯和本能，多为祖国的建设做出贡献。

对中央民族大学而言，如果诚信是学校精神的基础，团结是学校精神的核心，砺学是学校精神的载体，那么图强就是学校精神的动力和方向。我们之所谓“图强”，不仅是要追求中央民族大学的强盛，要把中央民族大学建成“世界一流的民族大学”，更重要的是我们每一个中央民族大学的学子都要争创一流。对教师而言，我们要写出一流文章，教出一流学生，提出一流的决策参考，为少数民族和民族地区做出一流贡献，无愧于党和人民的重托；对学生而言，我们要有肩负起本民族英才的责任和使命，抓住机会，刻苦学习，锻炼本领，磨炼常人所没有的坚强决心和意志，形成常人所没有的良好心态和人品，培养常人所没有的能力和素质，不辜负家乡父老的期望。中央民族大学师生之图强，应当成为中华民族之民族精神的窗口，展示出中华民族不屈不挠、自强不息的民族精神，展示出中国人民奋发努力、和平崛起的民族性格，展示出 56 个民族独善其身、兼济天下的民族情怀。

“诚信团结，砺学图强”的校训不仅凝结着中央民族大学的校风和精神，而且凝结着中央民族大学的学风，这就是“四求”，即求是、求博、求精、求新。诚信是做人之则，也是为学之道，体现在教师和学生的学风上，首先是“求是”，勇于探求客观事物的本质与规律；其次是“求新”，敢于探索，敢于尝试，敢于创新，敢于胜利，以开拓进取的精神不断进行理论的创新、技术的创新、方法的创新、观念的创新。砺学是勉励学习，强调的是钻研和勤奋的精神，同时指出了学习的要领，这就是“求博”。“大学”（university）之谓，就是“博”，university 实际上是本科生院，准确的翻译是“博雅学院”，即我们平时说的综合性大学，因此应该进行

“通识”教育（universal education），无论对教师还是学生，广阔的视野、广博的知识，都应当是基本要求，这就使“求博”成为砺学的基本含义；其次还要“求精”，现代的大学不仅是博雅学院，而且自洪堡创建柏林大学模式以来，现代大学应该是研究型大学，加上美国的威斯康星大学模式，现代大学还应该是服务性大学，研究的基本要求是精深，而服务的要求是专业化，无论是教学科研还是人才培养，都要求我们的师生员工共同努力，出精品、出极品。

“诚信团结，砺学图强”的校训还凝结我们中央民族大学的教风，集中体现为“三严”，即治学严谨、执教严明、要求严格。“治学严谨”是律己方面的教风，是指包括行政管理人员和政治思想工作者在内的所有中央民族大学教师的工作态度和执教作风，其基本含义是我校教师在科学研究和教书育人的过程中所具有的兢兢业业、扎扎实实、严密审慎的作风；“执教严明”是对人、特别是对学生方面的教风，是指我校教师在培养各民族英才的过程中对学生导向明确、态度鲜明、作风过硬、工作严实；“要求严格”是对规范方面的教风，是指我们的教师严格执法、严明纪律、严肃风气，对学生要高标准，严要求，作风实。总之，“严”是“诚信团结，砺学图强”的民大精神对教师的基本要求，也是我校教师的自觉追求，只有严师才能出高徒，师严才能高，师高弟子才能强。

附录：

部分知名学者研究和讨论学校校训问题

2004 年 11 月 24 日上午，我校召开有张公瑾、宋才发、殷会利、白薇、赵士林、张海洋、何克勇、冯金朝等部分学者参加的座谈会，讨论学校的校训问题。大家一致认为，学校现有的校训“团结、文明、求实、创新”与其他学校雷同，反映不出我校的发展需要，没有反映出学校的指导思想、基本精神和中国传统文化的底蕴，因而需要创新思考。对荣校长提出的“诚信团结、励学图强”，大家感到逻辑性强，有新意，反映出了中央民族大学的办学思想、文化传统和学校精神，也积淀着中国传统文化的底蕴，而且朗朗上口，合乎句法结构和音韵的要求。同时，大家也在认真思考和研究的基础上，提出了许多建设性的意见和建议，现综述如下，请全校师生开动脑筋、集思广益，认真思考和提炼出既反映民族特点和时代精神、又内含学校精神和未来取向、且能垂之久远的校训，激励我校师生为学校建设发展出力、为中华民族复兴献身。

首先发言的赵士林教授认为，我校校训应当具有民族形式，应当反映时代精神，应当体现中央民族大学特点。有鉴于此，他在肯定荣校长提出的校训的同时，建议大家考虑另外两句话，看能不能作为学校的校训，这就是“立德、立功、立言、立美、立和”，或者“知仁勇美和”。参加会议的学者认为，这两个提法形式上不错，但内容上不明确。

宋才发教授同意牟钟鉴教授的意见（牟先生因到外地出差而没能参加会议，他对荣校长提出的校训高度赞同，认为这个校训有中国传统文化的底蕴，也能反映我校的精神、传统和发展方向，同时建议将“团结”改为“和睦”，理由是团结是一个现代词，与其他 3 个古词不配，而“和睦”既得团结之义，又是一个古词，具有更深的文化底蕴），提出把“和睦诚信，博学乐育”作为校训的建议。

何克勇教授认为，在中央民族大学处于发展的关键时期，创新思考和提炼我们的校训非常重要，荣校长高瞻远瞩，提出的校训建议看到了问题的本质，体现了中央民族大学的精神和时代特点，蕴涵着中外大学的基本理念，八个字逻辑严密、朗朗上口。但“团结”一词翻译成西文容易发生歧义，建议将其改为“宽容”。

殷会利教授认为，现在提出新校训的问题非常重要。荣校长提出的校训思路非常清晰，可按这个思路去完善。他不同意将“团结”更换为“和睦”或“宽容”，认为“团结”是中央民族大学的旗帜，不可替换。他建议用“笃志博学、团结图强”较好，这也符合字形上的审美原则。

张公瑾教授提出，我们不可仿效清华大学之“厚德载物，自强不息”的校训，因为这种从古语中找校训的做法与清华初创时期的背景和传统一致，但与新中国建立的中央民族大学不适合，我们的校训要体现新的传统。据此，他建议用“团结进步”替换“诚信团结”。

张海洋教授认为我们考虑校训时一定要思考如何才能垂之久远的问题。一个校训应当包括对学生的规范导向和学校在当今中外大学中的定位。他认为荣校长提出的校训虽然有清晰的规范导向，而且有“团结”作为民族大学的定位，但似乎定位还不够明确，“多元一体、和而不同”虽然能够定位中央民族大学，但规范导向不明确。他提议采用冯友兰先生提出的“阐旧邦以赋新命，极高明而道中庸”做为校训。

白薇教授认为，荣校长提出的校训是经过深思熟虑的，“诚信”是做人之本，不可去掉；“团结”与“和睦”的意思不一样，它虽然有政治色彩，但很具鼓舞性、号召性、规范性和制约性。在组词方式上，诚信团结是名词词组，而励学图强是动宾结构，非常完美，因此要将“励学”改为“博学”则不妥。

冯金朝教授同样张公瑾先生的“团结进步”，他又从理工科的特点出发加上“求实创新”四个字。因出差而未到会的贺金瑞教授提出校训建议是“世界上每个成熟的民族都有属于自己的文化形态文化个性”。

还有一位未参会的黄教授建议用“同心同德，砺学图强”作为我校校训。“同心同德”既好念，又包含着非常丰富的含义，体现出56个民族与党同心同德、与祖国和人民同心同德、56个民族之间同心同德。

通过层层深入的讨论，大家有几个共识：一是同意宋才发教授提出的将“励学”的“励”改为“砺”，取“砥砺”之意，更具共勉的特点，更具冲击力；二是倾向于同意张公瑾教授和张海洋教授建议的“博雅笃敬，砺学图强”；三是同意在更大的范围内进一步征集学校校训。

中央民族大学 2004 年校长工作报告

（2004 年 12 月 21 日）

2004 年是中央民族大学各项事业进入全面发展的一年。一年来，在国家民委党组的正确领导下，在北京市委和市政府以及教育部的大力支持和帮助下，学校党政领导密切配合，同心同德同干，各职能部门通力合作，各教学科研单位勤奋工作，通过全校党政干部和师生员工的共同努力，使我校在 2004 年取得了显著的成绩，学校进入了一个全面发展的新时期。学校办学层次提高，通过多方努力，进入国家“985 工程”重点建设的大学行列；办学方向明确，形成一整套清晰明确的办学指导思想；办学实力增强，教学科研的中心地位得到确立；干部素质优化，制度建设步伐加快，管理水平得到提高；校园建设进入攻坚阶段，学校硬件条件和基础设施得到改善。

下面，我代表学校党委和行政，就我校 2004 年的主要工作汇报如下，请大家批评指正。

一、2004 年的主要工作

（一）高举邓小平理论和“三个代表”重要思想的伟大旗帜，在科学发展观的指导下，以中央民族大学第七次党代会的召开为契机，认真学习“三个代表”重要思想、十六届四中全会精神以及党的民族理论与民族政策，进一步明确了学校的办学指导思想。

1. 根据国家民委党组和北京市委教育工委的有关要求，结合对“建设一个什么样的中央民族大学，怎样建设中央民族大学”问题的讨论和研究，以党委行政能力建设和转变工作作风为中心，开展了以加强班子能力建设为主题的党委中心组学习。中心组主要结合学校的办学思想，认真研读和讨论了邓小平理论、“三个代表”重要思想和科学发展观，结合学校工作实际认真学习和研究了《中共中央关于进一步繁荣发展哲学社会科学的意见》、《中共中央国务院关于进一步加强人才工作的决定》以及十六届四中全会通过的《中共中央关于加强党的执政能力建设的决定》、胡锦涛总书记《在中央政治局第十六次集体学习时的讲话》精神和第十三次高校党建工作会议精神。特别是听取了中央统战部副部长、国家民委主任李德洙同志来我校所作的《关于党在新时期的民族工作和统一战线工作》的报告，并由此在我校掀起了学习民族理论与民族政策的新高潮。中心组还结合学校的中心工作，听取了宋烈侠教授关于教学质量工程的报告和杨圣敏教授关于科学研究问题的报告等。通过学习，使学校党委班子党性根基更加坚实，目标信念更加坚定，旗帜道路更加坚信，保持一致更加坚决，宗旨意识更加牢固；通过学习，开拓了新视野，扩展了新领域，获得了新思路，提高了战略思维，放开了世界眼光，提高了分析问题、把握机遇、应对难题、构建和谐校园的能力，为进一步搞好学校工作打下了较为坚实的理论基础。

2. 组织了以转变工作作风、提高管理水平和干部素质为主题的全校中层干部上岗培训，以实施三年党建规划为主题的全校党务工作者培训，以实施教学质量工程为主题的院长系主任教学管理工作培训，同时还以多种形式组织全校党员、干部及广大师生员工认真学习“三个代表”重要思想和国家教育工作、民族工作的方针政策，取得了明显效果。一方面总结出了不少理论成果，如王彦书记在党务工作者培训大会上所作的题为《中央民族大学的建设发展与党组织的建设发展》的主题报告、我本人在全校中层干部上岗培训大会上所作的题为《人才强校战略是建设世界一流民族大学的根本保证》的报告和在院长系主任教学管理工作培训班上所作的题为《高校院系领导应当具备的十种能力》的报告，以及黄风显副校长在党务工作者培训大会上所作的关于学生思想政治工作的专题报告和李东光副书记所作的《增强廉洁从政意识，用好人民赋予的权力》的专题报告、金雅声副校长在中层干部上岗培训大会上所作的关于依法理财的专题报告、任中夏副校长在本科教学工作会议上所作的题为《加强管理，提高质量，迎评促建，努力开创我校本科教学工作新局面》的专题报告，这些都是理论学习的重要成果；另一方面也总结出了不少实践成果。经过学习和培训，全校干部的理论水平、思想素质、管理能力、工作作风、精神面貌都有了较为明显的提高和改观。

3. 办学思想得到进一步清晰和明确。经过多年的探索，特别是近四年的思考，在学校第七次党代会召开前夕，我校在邓小平理论、“三个代表”重要思想和科学发展观的指导下，形成和确定了学校的办学指导思想。这就是：（1）目标定位：将中央民族大学建设成为以研究民族问题为中心的高水平研究型大学，以民族学科为特色和优势、多学科协调发展的综合性大学，面向少数民族和民族地区、以少数民族学生为主体的服务式大学，长远目标是把中央民族大学建成“世界一流的民族大学”。(2) 办学宗旨：在始终坚持为党的民族工作服务、为少数民族和民族地区服务的办学方向的基础上，进一步提出了“办少数民族人民满意的教育，办各民族学生满意的大学”的宗旨，体现了以人为本的办学理念。(3) 治校理念：依法治校、以德治教、从严治学。“依法治校”，就是学校的一切办学行为必须自觉接受法律的约束，通过制度建设提高管理水平，依法维护学校和师生的权益；“以德治教”，就是加强师德建设，强调以德示范，教书育人，弘扬正气，打击歪风；“从严治学”，就是坚持对学生从严要求，从严管理，建立严明的纪律，培养严谨的学风。(4) 工作思路：发展、改革、管理、稳定、服务、创新。即坚持发展是执教兴校的第一要务，走全面、协调、可持续发展道路的发展思路；坚持体制改革是关键、教学改革是核心、教育观念变革是先导的改革思路；坚持科学管理、民主管理、依法管理，不断加强制度建设，完善管理机制的管理思路；坚持稳定压倒一切，探索长效稳定机制，构建和谐文明校园的稳定思路；坚持以群众满意、学生满意作为评价工作的标准，建设“服务式大学”的服务思路；坚持普遍规律与特殊校情相结合，走自己的道路，勇于探索与实践的创新思路。

4. 制订了学校“十一五”发展规划草案。根据学校的办学指导思想，并在校内外进行充分调研的基础上，我们制订了《中央民族大学教育事业“十一五”规划》(草案)、《中央民族大学师资队伍“十一五”规划》(草案)、《中央民族大学学科建设“十一五”规划》(草案)、《中央民族大学校园建设“十一五”规划》(草案)，初步明确了“十一五”期间学校发展的目标、任务和重要举措，为学校未来五年的建设发展勾画出一幅比较清晰、完整的蓝图。

(二) 抓住国家启动“985 工程”二期建设的重大机遇，在国家民委的正确领导和大力支持下，经过多方积极努力，使学校进入国家“985 工程”建设的重点大学行列，为学校的下一步发展拓展出巨大的空间。

1. 在国家即将启动“985 工程”二期建设之际，校领导班子敏锐地抓住这一稍纵即逝的机遇，多方争取、精心论证，在国家民委领导同志的有力推动和各个方面的大力支持下，通过多种渠道的努力，终于使我校进入了国家“985 工程”建设的大学行列。

2. 在参加 7 月 21—23 日由教育部和财政部组织召开的国家“985 工程”工作部署会议后，我校成立了中央民族大学“985 工程”领导小组和“985 工程”办公室，在国家民委“985 工程”领导小组的领导下，积极组织校内外专家学者分 6 个专家组展开“985 工程”建设论证工作。经过各专家组的辛勤工作和科学论证，我校凝练出 5 个哲学社会科学创新基地和 18 个重大研究领域，形成中央民族大学“985 工程”建设的顶层设计，并如期上报给了国家教育部、财政部“985 工程”办公室。

3. 根据国家“985 工程”办公室的初步审核意见，我校组织专家学者进行了进一步的可行性论证，最后形成 3 个创新基地（即“中国当代民族问题战略研究哲学社会科学创新基地”、“中国少数民族语言文化教育与边疆史地研究哲学社会科学创新基地”和“中国民族地区经济社会与公共管理研究哲学社会科学创新基地”）和 15 个重大研究领域的可行性论证报告，并顺利通过教育部和财政部国家“985 工程”办公室组织的评审专家的最终审核。

4. 完成国家“985 工程”可行性报告的最后修订和 2004 年中央财政专项资金预算编制工作。11 月 3 日，我校“985 工程”可行性研究报告正式通过教育部专家评审后，我校再次根据专家组提出的修改意见，对可行性报告进行了最后修订，并按时上报国家民委转报教育部、财政部。同时，完成了《中央民族大学 2004 年“985 工程”中央财政专项资金项目申报文本》的编制，于 11 月 20 日报教育部财务司审核通过。

5. 回顾我校一年来“985 工程”的争取、申报和论证工作，有几点体会：

（1）国家“985 工程”的申报和论证工作是对中央民族大学办学实力和竞争力的一次整体考验。通过这一工作，不仅凝练了学科方向、明晰了建设思路，而且凝聚了人心、汇聚了力量，为实现我校的发展目标奠定了一个坚实的基础。

（2）国家民委的支持和指导、加强与上级部门和兄弟院校的联系和沟通，是我校进入国家“985 工程”并顺利完成立项论证的前提。

（3）学校党委、行政的高度重视，转变观念、统一认识、认真抓好顶层设计，是我校顺利进入国家“985 工程”重点建设的大学行列及其立项论证工作取得成功的关键。

（4）近年来学校各项事业的发展、各项工作的扎实推进，是我校申报国家“985 工程”取得成功的基础。

（5）创新领导体制和工作机制、充分发挥专家学者和职能部门的作用，团结协作、奋力拼搏，是我校“985 工程”申报和立项工作取得成功的重要保证。

（三）在继续扩大办学规模的同时，全面启动教学质量工程，初步形成全校上下狠抓教学质量的可喜局面。

1. 经过细致工作和共同努力，学校办学规模进一步扩大。2004 年我校共招生 3766 人，其中本科生 2843 人、预科生 309 人、硕士研究生 479 人、博士研究生 135 人，成教学生和留学生的招收人数也有较大增加，从而进一步扩大了学校的办学规模。这是学校发展的基本前提。

2. 全面启动本科教学质量工程。招生规模的扩大，既是学校发展的动力，同时也是学校发展的压力，需要我们进一步提高教学质量。在这种背景下，为了树立良好的学风，切实提高我校的教学质量，迎接教育部 2007 年对我校本科教学工作水平的评估，学校于上半年全面启动了“中央民族大学教学质量工程”，制定了旨在提高教学质量、维护教学秩序、创建良好学风的规章制度和实施方案，并在全校范围内进行了部署，召开“中央民族大学教学工作会议”和“中央民族大学院长系主任教学工作培训会”，对各级教学管理人员进行了系统的培训；成立了“中央民族大学教学工作委员会”，全面负责我校各项教学工作的检查、指导、咨询与评估。随着教学质量工程的全面启动和实施，学校的校风、教风和学风正在发生积极的变化。

3. 为了落实“大力发展研究生教育”的办学方针，提高我校研究生培养质量，学校在 11 月底召开了中央民族大学研究生教育工作会议。此次会议在总结我校研究生教育工作经验和教训的基础上，进一步明确了办学思路，这就是：强化研究生培养中教学和科研的前沿性，体现教学与科研的紧密结合，突出研究生创新精神和创新能力的培养，努力建立科学规范和有利于优秀人才脱颖而出的培养机制，切实提高研究生培养质量，为社会输送高素质高层次创新性人才。为此，学校重新修订了研究生培养方案，并出台了实施硕士研究生和博士研究生培养方案的配套规定。

（四）以国家“211 工程”的全面实施为龙头，大力开展学科建设，实施人才强校战略，推进学校科研上台阶，为国家“985 工程”的全面实施奠定了良好的基础。

1. 全面实施国家“211 工程”建设。2004 年，国家拨付我校的“211 工程”建设专项资金已有近 4000 万元到账，这为工程的全面启动提供了资金支持。目前，我校“211 工程”已进入全面实施阶段，各项工作和各个课题正在紧锣密鼓地进行。随着国家“211 工程”二期工程的推进，我校的学科实力和科研水平将会迈上新的台阶。

2. 大力加强学科建设。按照年初确定的“突出和发挥优势学科、加强弱势学科和拯救危势学科”的学科建设方针，以制定中央民族大学“十一五”学科建设规划为契机，我们对学校目前的学科建设状况进行了全面调研，基本摸清了我校学科的实际情况，初步形成了“十一五”学科建设规划，为学校学科建设和人才的培养、引进提供了科学依据。同时，为了落实德洙主任提出的民族工作三大任务（即治穷、治愚、治病），我校组织有关专家进行了设置民族医学本科专业和成立民族医学院的论证工作，为我校学科发展开拓了新的领域。

3. 实施“人才强校”战略。适应国家“985 工程”和“211 工程”及学科建设的需要，学校起草了《中央民族大学人才培养、引进与使用计划》，并有计划地完成了 2004 年接收毕业生、接收海外留学人员、引进专业技术人员的工作，共引进各类专业技术人员 83 人，其中教授 5 名、副教授 5 人、博士及博士后 24 人；聘请了 16 名校内外离退休知名教授担任指导博士研究生的工作；完成教育部“长江学者”特聘教授候选人的评荐工作；完成 2004 年度职称评定工作，新评教授 15 名、副教授 29 名、中级职称 32 名；开展师资英语培训，使 20 名教师参加了脱产班和半脱产班的英语培训，同时举办了英汉双语教学基本功大赛，提高了青年教师的英语水平，为他们用英语上课教学提供了条件；完成学校人事机构的调整和科级人员竞聘上岗工作，提高了学校各科室的人员素质。

4. 大力开展科学研究。按照研究型大学的要求，我校在 2004 年大力加强了科学研究工作，并取得一定成效。体现在科研观念上，我校一改过去只有少数人重视科研的状况，形成了全校教师高度重视科研的局面；体现在科研方向上，我校教师更加重视科学研究为民族地区现代化建设服务、为党和国家提供决策咨询服务，并收到了良好效果，比如我校杨圣敏教授先后为中共中央总书记、国家主席、中央军委主席江泽民以及中共中央政治局、中联部、全国政协民族与宗教委员会的部门领导做了关于民族关系与民族问题的报告，从加强民族理论研究、宣传党的民族政策、解决民族问题、做好民族工作等方面为党和国家提供了重要理论依据和决策参考，不仅为国家做出了特殊贡献，更为我校赢得了特殊荣誉，提高了我校的知名度，为我校学者走出校园、走向社会开了好头；体现在重大课题的承担方面，我校教师在承担国家“211 工程”建设项目的同时，积极申报国家和省部级科研项目和各类横向项目，尤其可喜的是我校教师在“国家自然科学基金”申报方面实现了零的突破；体现在科研成果上，我校教师的科研水平和科研能力也有一定提高，获北京市第八届哲学社会科学成果一等奖 2 项、二等奖 4 项。

（五）以爱国爱校爱学为主题，以办学生满意的大学为宗旨，以构建和谐校园为中心，大力加强学生思想政治工作和学校安全稳定工作。

1. 思想政治工作的基本思路得到进一步清晰和明确。以“办学生满意的大学”为宗旨，以学风建设和思想道德教育、心理健康教育为中心，开展以“爱国·爱校·爱学”为基本主题的系列活动，按照中共中央、国务院《关于进一步加强和改进大学生思想政治教育的意见》的要求，大力加强了面向学生的管理、服务和思想政治工作，初步形成了新形势下学生工作的新机制。

2. 努力为学生的健康成长和全面成才提供服务。面对信息化社会给高等教育带来的机遇与挑战，针对新形势下学生工作的复杂性和困难性，学校全体学生工作者以“三个代表”重要思想为指导，以在服务学生中教育学生为工作重点，积极开展多种多样的学生成才活动，努力为学生的健康成长和全面成才提供服务；抓住“外树爱国好形象，内增爱校凝聚力”的时机，我校组建“国歌合唱团”代表国家赴雅典参加奥运会接旗仪式，为祖国增了光，为学校赢得了荣誉，也增强了学生的爱国爱校意识；针对学校贫困生较多的情况，学校加大了贫困生工作力度，在新生报到时开通了专为贫困生设立的“绿色通道”，使 157 名特困生通过“绿色通道”顺利入学，同时利用国家贷款、贫困生补助、国家奖学金、西部助学工程、勤工俭学等多种渠道，较好地解决了我校的贫困生问题。

3. 加强毕业生就业指导工作。针对就业压力增大的严峻形势，学校成立了招生就业处，采取积极措施加强毕业生就业指导工作，认真落实就业工作“一把手”工程，做到场地、人员、经费三个到位，强化了毕业生就业工作的全员化、全程化、专业化和网络化，引导毕业生到西部去、到基层去、到祖国最需要的地方去，实现了毕业生“就业率”和“就业质量”的双提高，使我校本科毕业生就业率达到 84.95%，比去年有一定提高。

4. 以服务青年学生成长需要为出发点和落脚点，加强共青团工作。通过形式多样的理论学习、调查研究和实践活动，在团员青年中开展社会主义理想信念教育、爱国主义教育、公民道德教育和民族团结教育，收到很好的效果；组织我校学生参加纪念“五·四”运动 85 周年“青春晚会”、“雅典奥运会闭幕式国歌合唱团”、“首都青少年庆祝建国 55 周年天安门广场大型联欢”、“中俄青年友好交流”、“2004 年珠峰文化节”等大型活动，使学生锻炼了能力、增长了才干、展现了风采，为学校争得了荣誉；坚持“实践育人”，开展“西部大开发万里行”暑期系列社会实践活动，为广大学生提供接触社会、了解社会的平台，并取得了丰硕的成果。

5. 一如既往地抓好安全稳定工作。在国内外存在不安定因素的背景下，面对学校发展上规模的实际情况，针对民族院校稳定工作的特殊性、重要性和复杂性，校领导班子始终紧抓学校稳定工作不放松。在国家民委和北京市的领导和帮助下，通过学校安全保卫部门和学生工作部门的通力合作和勤奋工作，我们成功处理了“3·15短信罢餐事件”、“3·20台湾公投事件”、“3·24保钓事件”、“5·25抢劫未遂事件”和数起学生打架事件，保证了校园的安全和政治稳定，为首都稳定做出了贡献。另外，我们还密切配合市公安局，圆满完成了在我校举办的“庆祝建国55周年、人民政协成立55周年中国各民族人物画及服装服饰大展系列活动”及其他大型活动的安全保卫工作。

（六）加强规章制度、管理体制和工作机制的建设，推进学校管理的专业化建设。

1. 以干部人事调整为契机，以规章制度建设为中心，加强学校管理工作。2004年，我们顺利完成了学校行政职能部门的干部聘任、院系行政领导的聘任和院系党总支领导的改选工作，优化了干部队伍的素质与结构；组织实施了多层次的干部培训，经过系统全面的培训，使全校干部的精神面貌和工作作风有了较好的变化；召开中央民族大学办公室工作会议，印发了《中央民族大学办公室工作规程》，进一步规范了学校的办公室工作，提高了办公室工作的专业化水平；按照“依法治校、以德治教、从严治学”的管理理念，从制度建设入手，努力提高学校各职能部门自身的管理素质和管理能力，向管理要质量、要效益，使学校各项事业的发展进入了建校以来的最好时期。

2. 加强财务监督与管理，规范收费行为。一年来，我们严格遵守国家财经纪律，实行“统一领导，集中管理，统收统支”的财务管理体制，严格贯彻执行“收支两条线”的规定，修订了有关收费及资金管理的办法，执行收费公示制度；通过财务大检查，规范了各单位的收费行为，账外账、自收自支等情况得到了彻底解决，学校各单位的财务管理行为进入了依法理财、良性发展的阶段；加大财务公开的工作力度，建立并完善了学校财务信息网上查询系统，推进了财务管理的科学化，增强了财务管理的透明度；根据学校发展需要，积极争取项目资金，通过国家民委向国家财政部争取到了专项修购费4500万元。

3. 加强管理，努力提升服务水平和质量，进一步深化学校后勤社会化改革。以实行成本核算和执行ISO9001国际质量认证标准为突破口，进一步整合和盘活了学校的后勤资源，调动了后勤职工的工作积极性，提高了工作效率，提升了服务水平和质量；积极探索后勤物业化管理的路子，组建了物业管理中心和物业公司，并率先对留学生楼实行了物业管理，提升了学校后勤的整体管理能力；通过实行服务质量监察、开通 24 小时服务热线、开展“两节一会”活动（即“美食文化节”、“宿舍文化节”和学生公寓管理研讨会）等形式，营造了健康和谐的校园文化氛围。

（七）以第七次党代会的召开为契机，全面加强党的建设。

1. 召开中央民族大学第七次党代会。根据《党章》的要求，经学校党委全委会研究决定，并经北京市委和国家民委党组批准，我校将召开中共中央民族大学第七次代表大会。大会将在认真总结第六届党委工作的基础上，明确未来五年学校的工作思路，凝聚人心，完成党委和纪委的换届选举工作。

2. 根据学校建设发展的要求，进一步加强学校领导班子建设。在加强班子思想政治建设和理论素质建设的同时，学校党委高度重视校、处级班子建设，开展以执政能力建设为中心的组织建设、作风建设、制度建设，认真组织党委常委扩大会、党委全委会和党委中心组学习，组织了校处级干部培训，特别是加强了领导干部党风廉政建设，顺利通过了国家民委考核组对校班子的考核。

3. 加强基层党组织建设。根据去年年底召开的第十二次党建工作会议精神，我校加强了基层党组织建设，开展党务工作培训，加大了在学生和青年教师中发展党员的工作力度，取得了明显效果，新发展党员 528 名，其中学生党员 512 名、教工党员 15 名，比去年增加近一倍。

4. 加强党风廉政建设。以“求真务实、办学为民”为主题，学校重点抓了反腐倡廉宣传教育月和两个《条例》的学习贯彻工作，组织召开了校、处级领导班子及成员廉政专题民主生活会，进一步增强了廉政意识，提高了校处级领导班子用好权力、管好自己、带好队伍的能力；规范信访举报程序，加大举报案件的查办力度；加强对教育乱收费的治理，使“收支两条线”工作初见成效；在贯彻落实《中国共产党党内监督条例》的过程中，学校制定了《中央民族大学处级领导干部廉政谈话暂行办法》和《中央民族大学 2004 年党风廉政建设主要任务分工》，全面修订了《中央民族大学关于进一步贯彻民主集中制的工作意见》，为我校党风廉政建设各项任务的完成提供了制度保障，并加强了对招生工作、基建、大宗物资采购的招标投标工作、经济适用房出售等群众关心的热点问题和重点环节的有效监督；加大了财务审计和工程审计工作力度，仅工程审计就核减

5752 万元建设资金，维护了学校和国家的利益。

5. 加强新时期学校统战工作。根据学校建设发展的需要，召开了中央民族大学统战工作会议，国家民委李德洙主任到会并作了《关于党在新时期的民族工作和统一战线工作》的重要报告。我校统战人士代表与校处级干部共聚一堂，共商中央民族大学的建设发展，并原则通过《中共中央民族大学委员会关于加强新时期统一战线工作的意见》，明确了学校新时期统一战线工作思路，争取了人心，凝聚了力量。

6. 围绕学校安定、团结和稳定的工作中心，加强工会、教代会和离退休干部工作。为了进一步加强教职工民主意识和法律意识，保证教职工在经济、政治、文化和其他事务中当家作主的权利，确保广大教职工依法进行民主参与、民主监督、民主管理，学校强化了工会、教代会的民主监督职能；在加强离退休党组织建设、做好离退休干部的服务工作、提高离退休干部待遇的同时，为了发挥离退休老同志参与学校建设发展、特别是学生思想政治工作的作用，学校成立了“中央民族大学关心下一代工作委员会”，并积极有效地开展了工作；在重阳节之际，举行“中央民族大学2004 年老人节慰问演出”活动；积极开展送温暖活动，对重病号和困难户给予了特别的关心和帮助。

（八）2004 年财务运行情况

2004 年我校财务状况有了较大改善，资金供给有了较大幅度的增长，财务管理水平不断增强。

1. 目前我校财务基本状况

截止 2004 年 11 月底，我校资产总额为 66596 万元，与去年同期相比增长了 23.4%，其中，固定资产 34306 万元，占总资产的 51.5%；流动资产 32290 万元，占总资产的 48.5%。固定资产中，房屋建筑物价值 20430 万元、各种教学专用设备 8912 万元、文物及图书 2559 万元、办公家具及设备 2300 万元、其他固定资产 105 万元。

负债总额 16032 万元，与去年同期相比增长了 90%，其中，银行贷款 11900 万元、应付及暂存款项 1384 万元、应缴财政专户 2412 万元、各种代管经费 336 万元。资产负债率 24%。

净资产为 50757 万元，较去年同期增长了 10.9%。其中，事业基金 12136 万元；固定基金 34306 万元；专用基金 4315 万元。目前收支结余 2184 万元。

2. 2004 年收入预算执行情况

2004 年我校收入预算为 33372.42 万元，其中，财政拨款 24011.42 万元，包括教育事业费拨款 12533.42 万元，住房改革资金拨款 2578 万元；附中拨款 400 万元；基本建设拨款 8500 万元；教育事业收入 7991 万元；其他收入 1370 万元。截止 2004 年 11 月底，实现收入 32071.68 万元，完成计划的 96%。

从实际收入情况看：

（1）财政拨款到位 24277.08 万元，已完成预算的 101%，其中包括 2004 年调资拨款等。年底前国家追加专项资金正在并即将到位资金 12410 万元，其中有："985 工程" 3750 万元、"211 工程" 3900 万元、大学生公寓及食堂基建拨款 1260 万元、贫困生补助 500 万元、数字化图书馆 600 万元、大学生公寓设备购置 2000 万元、学生活动中心 400 万元。

（2）教育事业收入实现 6625.6 万元，完成计划的 82.9%。随着清缴欠费工作的深入开展，年底前教育事业收入在目前基础上将增加 5143 万余元，达到 11769 万元，实现计划的 147.3%。

（3）其他收入实现 1169 万元。

预计到年底，我校全年各项收入将达到 49624.68 万元，超出预算的 48.7%。

3. 2004 年支出预算的执行情况

2004 年我校共计安排支出预算 38048 万元，其中，用于发放职工和离退休人员的工资、津贴、补助及学生奖助学金的人员经费 11972.4 万元；教学科研经费 3019.52 万元；行政办公经费 660.79 万元；修缮工程项目经费 732 万元；后勤经费 2820 万元；专项经费 4943.5 万元；基建支出 13500 万元；对附中拨款 400 万元。

截止 2004 年 11 月底，实际支出总计 30890.4 万元，主要包括：

（1）人员经费支出 9724 万元，占教育事业经费支出的 56%。其中，在职职工的工资津贴等 5104 万元、离退休人员工资、津贴等费用 2410 万元、学生助学及奖学金 893 万元、住房改革资金支出 1117 万元、公费医疗补助 200 万元。

（2）日常公用支出 5247 万元，占教育事业经费支出的 30%。

（3）固定资产的购建及大修费 1335 万元，占总支出的 7.7%。

（4）专项支出 2694 万元。专项建设支出项目有：教学区地下管网改造、老图书馆改造、研究生楼贷款贴息、数字化校园、大学生公寓设备购置、贫困生补助、通讯工程实验室等。

（5）基建支出 11532 万元，其中：文科大楼支出 2962 万元（总投资 16206 万元）、大学生公寓支出 2560 万元（总投资 4353 万元）、学生公寓及食堂支出 2281 万元（总投资 14000 万元）、理科教学楼支出 186 万元（总投资 15417 万元）、附中综合楼支出 2073 万元（总投资 4500 万元）、图书馆支出 1363 万元（总投资 10945 万元）、研究生楼、学生浴室、家属院集资楼等工程尾款及前期费用款等支出 107 万元。

（6）对附中拨款 358.4 万元，到年底，总共 414.27 万元的对附中拨款将全部到位。

需要说明的是，学校年初确立了“共同当家、民主理财、集体研究、集中审批”的指导思想和“一要吃饭、二要建设、三要发展；量入为出、基本平衡、略有赤字；突出重点、统筹兼顾”的原则，实现预算分配的科学性、合理性和可行性。但在预算执行中，尤其是在专项经费的使用上，部分项目单位还存在随意变更预算，或拖延实施项目的情况，导致预算执行率的下降。今后应进一步加强项目编制和预算管理，并通过绩效考核和目标责任制确保资金使用的准确、可靠和有效。

（九）完成基建工程情况

1. 完成了校医院病房改扩建工程。建筑面积 361 平方米，地上 2 层。可以解决少量病人隔离和住院问题。

2. 完成了博物馆改造装修工程。投资 400 万元将旧图书馆改造成为专业的民族博物馆，建筑面积 4943.1 平方米，为学校珍贵的民族文物提供了展览和收藏的空间，可供教学、研究和观摩。

3. 完成了留学生宿舍楼工程。建筑面积 21767 平方米，地上 14 层，地下 2 层，宿舍 438 间。该工程的按期竣工，为学校今年新生的扩招和入住提供了有力的保障。

4. 完成了西墙一、二号住宅楼工程的验收交接工作。为便于住户顺利搬家，学校还将西墙外凹凸不平的道路修建成平整的水泥路面。

5. 完成了西校门平房拆除工程，解决了民大附中及西墙一、二号住宅楼接通市政自来水的问题，同时，也为西校门改造做好了前期准备工作。

6. 大学生公寓及食堂工程。目前正在紧张地进行内装修工作，预计今年年底完工，2005 年 1 月投入使用。建筑面积 59800 平方米，宿舍 770 间。其中北楼地上 13 层，地下 1 层；南楼地上 14 层，地下 3 层，内设食堂和学生活动中心。该工程的投入使用将解决我校大学生住宿和就餐问题。

7. 附中教学综合楼工程已于 2004 年 8 月正式复工。低跨部分为教学楼，建筑面积 7332 平方米，地上 6 层，地下 1 层；高跨部分为综合楼，建筑面积 12000 平方米，地上 15 层，地下 1 层。综合楼将作为教学及办公楼使用。现在正在紧张地进行内装修工作，预计 2005 年 5 月 30 日完工。

8. 教学区道路及地下管网改造工程。一期工程已完成，二期工程正顺利地进行，预计在 2005 年 6 月 30 日前铺上粗油。全部工程铺细油及步行路铺设将在 2005 年底前完成。该工程的建设将基本满足学校办学规模扩大对基础设施的使用需求，更有效地发挥各教学设施的作用。另外，学校还将于 2005 年 12 月完成校园绿化调整。

9. 文科教学大楼工程。现已施工到结构第 12 层阶段，预计年底结构封顶。建筑面积 42185 平方米，地上 14 层，地下 1 层，投资 1.5 亿元，集办公、教学、文科实习为一体。计划 2005 年 7 月 30 日竣工。该工程的建设将极大地改善我校教学、科研的环境和条件。

10. 理科教学楼工程。建筑面积 39882 平方米，地上 15 层，地下 2 层。正在办理规划许可证，建设场地垃圾楼的迁址审批和重建准备工作现已完成，计划年底完成招投标工作，并于 2005 年 1 月开工，2006 年 7 月底前交付使用。理科教学楼的正式开工，标志着我校基建“十五”规划目标即将完成，学校的理科教学、办公条件将得到极大的改善。

11. 家属院经济适用住宅楼工程（集资楼）正在办理规划许可证。根据新的规划法规，今年先后完成了该工程设计方案公示、公证工作、环境评价审批和设计方案日照分析工作，并送规委继续办理规划审批手续。1 号楼 8 层，2 号楼 20 层。

二、主要经验与存在的不足

（一）主要经验

1. 抓机遇。中央民族大学得以进入国家“985 工程”建设的大学行列，是多方面努力的结果，但最重要的一条是校领导班子敏锐地抓住这一稍纵即逝的机遇。正是抓住了这一重大机遇，才有了之后的论证工作的成功，从而进一步提高了学校的地位和层次，为建设“世界一流民族大学”和提高民族高等教育的整体地位提供了新的平台，为学校的下一步发展拓展出巨大的空间。

2. 抓学习。在学校规模扩大、办学层次提高的背景下，学校师生、特别是领导干部深切感觉到理论学习的重要性和紧迫性。针对这一情况，学校加大了学习和培训的力度，包括多次以民族理论与政策、思想政治工作、“985 工程”建设和教学管理工作为主题的党委理论中心组学习；在全体师生、特别是党员中掀起了民族理论与民族政策的学习、牛玉儒精神学习的热潮。通过学习，提高了干部和党员的理论水平、思想素质和管理能力，焕发出良好的责任意识、思想风貌和工作热情，为学校的建设发展提供了有力的思想保障。

3. 抓干部。在科学发展观的指导下，我校今年顺利完成了新一轮中层干部的竞聘上岗和党总支的换届选举工作，将一批素质高、干劲足、思路新的人员充实到重要岗位，同时加强了干部培训工作，组织了中层干部上岗培训、党建工作与党务工作者培训、院长系主任教学管理工作培训、统战工作会议及统战工作者培训以及办公室工作培训等，这从整体上提高了我校干部的能力与素质，为学校的建设发展提供了有力的组织保障。

4. 抓管理。管理是保障学校运行和发展的基本环节。在学校人力、财力、物力资源有限的情况下，通过有效的管理，使资源的使用效益达到最优化，向管理要质量、要效益，对学校的发展具有十分重要的意义。基于这一认识，我们按照国家有关法律法规和建立现代大学制度的要求，从修订现有规章制度和制定当前急需的新制度入手，针对学校管理的薄弱环节，着力建立运转灵活、协调高效的工作机制和民主、透明的群众参与机制，进一步规范了学校及下属单位的办学行为和经济行为，理顺各种利益关系和工作关系，为学校的建设发展提供了体制保障。

5. 抓中心。在全面实施国家“211 工程”、申报和论证国家“985 工程”、全面启动教学质量工程的过程中，我校的教学工作和科研工作的中心地位得到前所未有的突出，这为学校的各项工作提出了更加明确的目标、任务和方向。

6. 抓建设。经过近几年的改革和发展，学校基本理顺了各种关系，学校的风气和面貌得到很大改变，各项工作走上了正轨。在这种背景下，我们把学校工作的中心转到抓建设上，包括基础设施建设、领导能力和干部队伍建设、规章制度建设、教学管理建设、人才队伍建设、思想政治建设等，这是我校今年各项工作取得成绩的根本保证。

（二）存在的不足

1. 在学校多个基建工程同时进行的情况下，校园环境面临较大压力，对师生的安全、生活和学习造成了一定的不利影响；由于国家土地政策方面的原因，新校区筹建工作尚未取得实质性的进展。

2. 在进入国家“985 工程”后，学校的管理体制和运行机制需要进一步创新，学校各项工作的统筹和协调需要进一步加强。

3. 人才引进和培养工作的力度不够，难以适应学校承担的国家“985 工程”和“211 工程”建设的要求，也难以适应学校教学科研工作的要求。

4. 学校的办学思想和办学规划还需要进一步落实。

总之，经过全校师生员工和党政干部的辛勤工作和通力合作，学校在 2004 年取得了突出的成绩，使学校发展进入了全面起飞的阶段。展望 2005 年，中央民族大学工作的主题是落实，即落实国家民族工作和教育工作的方针政策，落实国家“985 工程”和“211 工程”各项建设任务，落实教学质量工程方案，落实人才培养和引进计划，落实学科建设、师资队伍建设和校园建设规划，落实《中央民族大学党建三年（2003—2005）规划》。在新的一年里，我们要认真学习贯彻“三个代表”重要思想和十六届四中全会精神，抓住机遇，深化改革，促进发展，取得新的更大的成绩。

接受国家民委党组考核的述职报告

（2004年9月8日）

自2000年1月调到中央民族大学担任校长以来，本人始终注重加强理论学习，不断提高党性修养，切实转变工作作风，努力开拓新思路、开辟新领域、创造新局面，带领行政班子成员和全校教职工团结奋斗，取得了突出的成绩，使学校步入一个全面发展的新时期。根据国家民委考核组的要求，按照委党组和德洙主任提出的“六型标准”和“六个坚持”，现对将近五年来、特别是最近一年多来的工作总结如下，请大家批评指正。

一、真抓实干出实绩

（一）紧抓发展，提升地位。到中央民族大学后，我即提出“发展是执教兴校的第一要务”，紧抓学校发展。在中央领导的关怀下，在民委党组的直接领导下，在学校班子的带领下，经过全校师生的共同努力，学校取得了较大发展。

1. **推动学科发展。**我着力学科的建设，亲自主持和指导博士点、硕士点和本科专业的材料论证和申报工作，几年内使我校博士点由5个增至17个、硕士点由15个增至38个、本科专业由35个增至61个，使我校学科建设取得重大突破。

2. **扩大办学规模。**2000年前我校招生规模本科生一直维持在每年600人左右、硕士生不到100人、博士生30人左右、成人教育学生2000人左右，经过逐年递增，今年一年招收本科生达3167人、硕士生达481人、博士生达135人，56个民族的学生都已招齐，在册成教学生突破10000人，学校办学规模发生了根本改变。

3. **积极筹措经费。**随着学校事业的发展，办学经费有了较大的增加。1999年学校获得财政拨款4500万元，加上创收3000万元，共计7500万元；到2002年，学校获得财政拨款1.2亿元，加上创收7600万元，办学经费接近2亿；今年一年的经费已达3个亿，另外还有“十五”期间的基建经费5.1亿元和“211工程”经费5000万元，以及相当大数额的“985工程”建设经费即将到位，加上将近五年来争取财政部专项修购费1.2个亿，为学校的发展提供了较为充足的资金支持。

4. **增强师资力量**。通过教学改革和职称评审制度的改革，特别是学校采取了一系列提升教师素质的措施，使具有硕士、博士高学位的教师占教师总数72%，我校师资力量有了明显提高。学校确立了人才强校战略，通过培养、引进和使用多种途径提高了教师水平，增强了师资力量。

5. **促进科研发展**。除国家“211 工程”专项建设经费外，学校在“十五”期间拨出科研课题经费 250 万元，获国家及省部级科研项目 140 项，科研经费近 600 万元。我校教师的科研成果显著增加，学术知名度显著提高，我任主编的《中央民族大学学报》被评为全国百强学报、北京市名刊，获北京市优秀社科期刊一等奖。

6. **加强基础设施建设**。随着干部培训楼、研究生宿舍楼、新图书馆大楼、留学生楼和两栋教职工宿舍楼的投入使用，随着电改造、煤改气、地下管网改造和道路建设工程的完工，随着在建文科综合楼、本科生宿舍楼的竣工，随着理工实验楼、教职工集资住房的开工和建成，学校的总建筑面积将达到 30 万平方米，使学校的基础设施和硬件条件正在和即将得到根本的改观。

7. **创新管理体制**。在深入调查研究的基础上，我校进行了校内院系体制的全面改革，成立了 18 个二级学院，理顺了关系，规范了管理，提高了效率，焕发了新的精神面貌；同时按照效益的原则，对学校的机构进行了多次科学合理的调整。

8. **扩大对外办学和国际交流**。经过几年的努力，我校不仅留学生数量显著增加，每年接纳 600 余名外国留学生来校学习，而且与海外 50 多个大学和科研机构建立了学术交流和联合办学关系。

9. **加强国家“211 工程”和“985 工程”的建设**。2002 年我校通过了“211 工程”“九五”验收，2003 年完成了“十五”立项，2004 年资金已经到位。这对全面提升我校的科研实力和学术地位具有重要影响。

10. **提升学校地位**。以上九个方面的发展，使我校的社会影响和知名度大为提升，在全国高校网上排名中，我校在全国高校中的排名已由 1999 年的第 108 位升至 2003 年的第 64 位，社会声誉有了很大的提高。

（二）推进改革，创新局面。到中央民族大学后，我和班子成员确立了以改革促发展的工作思路，带领学校进行了 6 项重大改革。

1. **干部人事制度改革**。本着按需设岗、公开招聘、平等竞争、择优聘任、严格考核、合约管理的原则，中央民族大学进行了将原先的任命制改为聘任制的干部人事制度改革，精简了人员，提高了素质，进一步完善了用人机制，提高了工作效率。

2. **教学管理体制的改革**。结合本校办学传统和发展目标，本着有利于促进学科发展、提高教学科研整体实力的原则，采取组建、撤并的形式，改革和调整原有的教学科研机构，成立了相应的二级学院，理顺了校、院、系的关系，提高了学校教学科研机构的规模效益和管理水平。

3. **专业技术职务评审制度改革**。本着公平、公正、合理的原则，促进提高教师队伍素质的原则和优化队伍结构的原则，我主持了本校职称评审制度的改革，为教师队伍的素质提升提供了制度保障。

4. **后勤管理体制的改革**。为了更好地理顺后勤管理与教学科研工作的关系，更好地发挥后勤管理在学校整体管理中的作用，调动后勤工作人员的积极性，本着引入新观念、采用新机制的原则，采取“小机关，多实体”的管理模式，进行了后勤管理体制改革，给后勤工作带来了动力、活力和效益。

5. **分配制度改革**。在前四项改革取得阶段性成果之后，我主持实施了以岗位业绩津贴制为主的分配制度改革，将人事分配制度改革引向深入。这项改革受到全校广大教职员工的坚决支持和热烈拥护，不仅使广大教职员工从学校的发展中得到了实惠，而且极大地调动了全校上下的积极性，使人们从过去的“要我干”变成了现在的“我要干”。

6. **学分制改革**。为了调动学生学习的主动性，我校试行了以课程结构为基础、以学分评定学生学业为标准的学分制改革，提高了我校学生的综合素质、创新精神和实践能力。

（三）加强管理，务求实效。我清醒地认识到，在学校工作中，必须以制度立规矩，以管理出效益。基于这种认识，学校班子推动了以下四个方面的管理：

1. **加强教学管理，推进学科建设**。对研究生教育，重点是抓质量，为此我主持修订了培养计划，推行了导师组制。在本科生方面，采取公开课的形式，促使教师改进教学方式，提高教学质量，同时启动了中央民族大学教学质量工程。

2. **加强基建管理，推进学校基本建设**。严格招、投标工作，在基建中引进市场机制；严格合同拨款，每一分钱都严格把关；严格项目管理，确保建设工程按时、高质完成。

3. **加强财务管理，提高办学经济效益**。大笔的收入和支出都要做统一的预算，严格财务管理。

4. **加强教师管理，推进教师队伍建设**。实施“252 人才工程”，即 20

个名师工程、50 个学科带头人工程、200 个骨干教师工程，提升学校教师队伍的整体实力。

（四）加强思想政治工作，促进学校稳定。在不断深化改革和加快发展的同时，我们始终把保持稳定作为一项重要工作来抓。当改革和发展涉及一部分教职工的切身利益时，我们很注重倾听群众意见，注重做好深入细致的思想工作，最大限度地取得群众的理解、支持，绝不强行推进某项改革。可以说，我们的各项改革和各项事业进展顺利在很大程度上得益于学校的大局稳定。

二、理论学习求提高

在工作成绩面前，我常常感到的是压力，感到需要加强理论学习，以提高自己分析问题和驾驭全局的素质与能力。

（一）认真学习基本理论。系统学习马列主义、毛泽东思想、邓小平理论，认真研读“三个代表”重要思想和科学发展观，提高理论学习的自觉性。一是注意在系统性上下工夫，注意全面学习和掌握当代世界政治、当代世界经济、当代世界科技、当代世界文化、当代世界军事的知识和动向，注意在马克思主义基本原理、毛泽东思想基本理论、邓小平理论基本精神上着力，使自己的马克思主义素养、知识水平和领导能力有了明显提高；二是注意在理性思考上下工夫，学以致用，增强理论联系实际的自觉性。

（二）自觉增强政治觉悟和党性。学习要见成效，就要有针对性，要上升到政治的高度，要增强自己的党性。通过学习，我感到自己的党性根基更加坚实，目标方向更加坚定，旗帜道路更加坚信，保持本色更加坚决，宗旨意识更加牢固。

（三）注重学习实效。通过学习，扩大了知识面，开拓了新视野，扩展了新领域，获得了新思路，提高了自己分析问题、应对难题、驾驭局面、把握机遇的能力。

三、求真务实新作风

如果说理论学习是为了求真的话，那么只有转变作风才能务实，才能使理论学习联系实际、见到实效、取得实绩。四年来，我自觉在以下六个方面转变自己的工作作风。

（一）调查研究的作风。刚到中央民族大学时，我就到学校的 66 个单位进行实地调查和深入研究，写出了 2 万多字的调研报告，为制定学校发展规划、推进学校全面改革、加强学校质量管理和思想政治工作获取了第一手的可靠材料。今年，我们又兴起了学科调查之风。

（二）发扬民主的作风。作为一校之长，我始终坚持贯彻民主集中制原则，努力发扬民主作风，对学校重大问题、重大决策从不搞一言堂、个人说了算，从而很好地集中和发挥了班子成员和全校师生的集体智慧。

（三）真抓实干的作风。学校工作非常具体，做规划、定制度，最终要落实为具体的措施，必须真抓实干，雷厉风行。我始终以做实事、见实效、出实绩的工作作风严格要求自己和其他同志，在学校的改革和发展中取得了明显效果。

（四）为民谋利的作风。作为校长，我体会到，学校工作必须树立一切依靠群众、一切为了群众的观念，必须树立为民谋利的作风。按照这种工作作风，我们实施了分配制度改革，努力提高教师待遇；回购 1.9 万平方米的西墙 2 号住宅楼，用以改善职工住房条件；实施煤改气工程，使师生过上了温暖的冬季；全面实施电改造工程，保证全校师生有了充足的用电量；通过多方努力，将西门外道路改造纳入北京市“民心工程”；翻修和扩建学生食堂、澡堂、操场，解决了学生的生活问题。

（五）清正廉洁的作风。工作中，我一贯勤勤恳恳、任劳任怨、扎扎实实，一心扑在工作上，创造性地开展工作，不断推出新举措，做出新成绩；为人上，光明磊落、以身作则、严格要求自己；经济上，常以“三严四自”对照自己，不贪、不用公款请客，不该拿的钱我一分不要。

四、带领班子谋发展

为了当好行政班长，我非常重视学校领导班子建设，始终把班子建设放在学校工作的首位。

（一）在学校领导班子中，我带头搞好团结，使班子成员做到了相互尊重、互相理解、互相支持、互相帮助，使我们的班子成为一个团结的班子、干事的班子、有创新性和开拓性的班子。

（二）牢固树立全局观念，以整体利益为重，用办好中央民族大学这一共同事业将班子成员紧密地联系在一起，很好地发挥了班子成员的合力作用。

（三）坚持民主集中制原则，发扬民主作风，对学校重大问题、重要决策做到集体讨论、审议和决定。

（四）主动向上级党委、政府和主管部门汇报工作和思想情况，坚决执行上级领导的指示，自觉接受上级领导的监督，严格服从上级领导的安排，取得了上级领导的信任、支持和帮助。我为人正直、光明磊落，从不计较个人得失，主动维护领导集体的威信，得到了其他同志的配合和信赖。

五、弥补不足求进步

作为班子的行政班长，我感到，要做好中央民族大学的校长，必须按照委党组和德洙主任提出的“六型标准”和“六个坚持”严格要求自己。中央民族大学之所以能够进入历史最好发展时期，能够在建设发展中取得比较突出的成就，这首先与国家民委的正确领导和坚强支持分不开，其次与广大干部和师生的衷心拥护分不开，还与班子的紧密团结与辛勤工作分不开。

在中央民族大学校长岗位上工作了将近五年，我体会到，中央民族大学这样一所特殊而重要的大学的校长首先应当是政治家，必须从政治的高度考虑和对待问题，忠于党、忠于人民、忠于国家，必须具备世界眼光，把民族高等教育和民族工作纳入当今世界格局中观察和思考，必须始终不忘国家利益，办少数民族群众和全国人民满意的民族高等教育。

中央民族大学校长应当是教育家。中国的民族高等教育是世界高等教育史上的中国独创，中央民族大学在中国高等教育体系中占据着特殊的重要地位，因而具有不同于一般高等教育的特点和规律。做好这样一所大学的校长，应当不断探索和总结民族高等教育的规律。在这一方面，我自己很用心、很努力，也有些收获。

中央民族大学的校长还应当是具有企业家素质的优秀管理者。筹措办学经费已经成为大学校长的重要任务，而共同当家、民主理财、提高办学效益，就必须提高自身的管理能力和管理水平。我们在这方面的努力，是中央民族大学近年来取得成就的重要保障。

虽然我很努力，国家民委和广大师生员工对我也很信任，但离政治家、教育家、优秀管理者的标准还有差距。回顾近年来的工作，我感到自己没有出现过大的失误，但缺点和不足还是有的。一是找中层领导干部普遍谈话不够；二是深入一线听课不多。

我将按照委党组的“五看”要求，按照政治家、教育家、优秀管理者的标准严格要求自己，努力学习，勤奋工作，廉洁自律，发扬优点，克服缺点，做出更大更好的成绩，带领中央民族大学全体师生，朝着“世界一流民族大学”的目标不断奋进，以不辜负委党组的信任，不辜负广大师生的期盼。

向国家民委党组所做的2004年度述职报告

（2004年12月26日）

2004年是中央民族大学各项事业进入全面发展的一年。一年来，在国家民委党组的正确领导下，在北京市委和市政府以及教育部的大力支持和帮助下，学校党政领导密切配合、同心同德同干，各职能部门通力合作，各教学科研单位勤奋工作，通过全校党政干部和师生员工的共同努力，使我校在2004年取得了显著的成绩，学校进入一个全面发展的新时期。办学层次提高，学校进入国家“985工程”重点建设的大学行列；办学方向明确，形成一整套清晰明确的办学指导思想；办学实力增强，进一步确立教学科研的中心地位；干部素质优化，制度建设步伐加快，管理水平得到提高；校园建设进入攻坚阶段，学校硬件条件和基础设施开始得到较好的改善。

下面，我结合全校一年的工作，就个人的学习、工作情况向大家汇报，请批评指正。

一、2004年所做的主要工作

（一）加强理论学习，确定办学思想

根据国家民委党组和北京市委教育工委的有关要求，结合对“建设一个什么样的中央民族大学，怎样建设中央民族大学”问题的讨论和研究，以党委行政能力建设和转变工作作风为中心，配合党委书记组织了以加强班子能力建设为主题的党委中心组学习。与中心组成员一起，我系统学习了马列主义、毛泽东思想和邓小平理论，认真研读了“三个代表”重要思想和科学发展观，还结合学校工作实际认真学习和研究了《中共中央关于进一步繁荣发展哲学社会科学的意见》、《中共中央国务院关于进一步加强人才工作的决定》以及十六届四中全会通过的《中共中央关于加强党的执政能力建设的决定》、胡锦涛总书记《在中央政治局第十六次集体学习时的讲话》精神。特别是学习了中央统战部副部长、国家民委主任李德洙同

志来我校作的《关于党在新时期的民族工作和统一战线工作》的报告，并由此在我校掀起了学习民族理论与民族政策的新高潮。通过学习，使我对一些重大的理论和现实问题有了新的思考，为进一步搞好学校工作提供了理论依据。

为了转变工作作风、提高管理水平和干部素质，我校加强了对各类干部的培训工作。我在全校中层干部上岗培训大会上作了《人才强校战略是建设世界一流民族大学的根本保证》的报告，在院长、系主任教学管理工作培训班上作了《高校院系领导应当具备的十种能力》的报告，在中央民族大学教学工作会议上作了《加强学校的校风、教风和学风建设》的报告等，这也是我自己加强理论学习的一些成果，对全校干部的理论水平、思想素质、管理能力的提高，对工作作风和精神面貌的改变，都产生了明显的效果。

经过多年的探索，特别是对中央民族大学近五年来的办学实践的思考，确定了学校的办学指导思想。这就是：(1) 目标定位：将中央民族大学建设成为以研究民族问题为中心的高水平研究型大学，以民族学科为特色和优势、多学科协调发展的综合性大学，面向少数民族和民族地区、以少数民族学生为主体的服务式大学，长远目标是把中央民族大学建设成为世界一流的民族大学。(2) 办学宗旨：在始终坚持为党的民族工作服务、为少数民族和民族地区服务办学方向的基础上，进一步提出了“办少数民族人民满意的教育，办各民族学生满意的大学”的宗旨，体现了以人为本的办学理念。(3) 治校理念：依法治校、以德治教、从严治学。“依法治校”，就是学校的一切办学行为必须自觉接受法律的约束，通过制度建设提高管理水平，依法维护学校和师生的权益；“以德治教”，就是加强师德建设，强调以德示范，教书育人，弘扬正气，打击歪风；“从严治学”，就是坚持对学生从严要求，从严管理，建立严明的纪律，培养严谨的学风。(4) 工作思路：发展、改革、管理、稳定、服务、创新。即坚持发展是执教兴校的第一要务，走全面、协调、可持续发展道路的发展思路；坚持体制改革是关键、教学改革是核心、教育观念变革是先导的改革思路；坚持科学管理、民主管理、依法管理，不断加强制度建设，完善管理机制的管理思路；坚持稳定压倒一切，探索长效稳定机制，构建和谐文明校园的稳定思路；坚持以群众满意、学生满意作为评价工作的标准，建设“服务式大学”的服务思路；坚持普遍规律与特殊校情相结合，走自己的道路，勇于探索与实践的创新思路。

根据学校的办学指导思想，并在校内外进行充分调研的基础上，我们制订了《中央民族大学教育事业“十一五”规划》（草案）、《中央民族大学师资队伍“十一五”规划》（草案）、《中央民族大学学科建设“十一五”规划》（草案）、《中央民族大学校园建设“十一五”规划》（草案），初步明确了“十一五”期间学校发展的目标、任务和重要举措，为学校未来五年的建设发展勾画出一幅比较清晰、完整的蓝图。可以说，前五年经过我和校班子的艰辛劳累、历经风险、无所畏惧、勇往直前的奋斗，终于把中央民族大学的各方面基础奠定好了。现在，学校的方向已经明确，航道已经开通，坚冰已经打破，后五年就是迎来丰硕成果的时期。

（二）抓住发展机遇，拓展发展空间

在国家即将启动“985 工程”二期建设之际，我和学校班子一起，敏锐地抓住这一稍纵即逝的机遇，多方争取，精心论证，在国家民委领导同志的有力推动和各个方面的大力支持下，通过多种渠道的努力，终于在今年 6 月使我校进入了国家“985 工程”建设的大学行列。回顾这一段经历，为了中央民族大学跻身国家“985 工程”的行列，我在思考，我在奋斗，我在疏通申报关系。从 3 月份参加全国政协提交提案，到 6—9 月申报材料的论证工作，从 10 月中旬参加教育部专家审核会议代表学校答辩到修改可行性报告，从 11 月 3—20 日审定可行性报告到全部申报工作的完成，最后通过教育部、财政部的批准。总之，从 2004 年 3 月 5 日到 11 月 20 日的日日夜夜，从申报到通过，我心中装着“985 工程”、想着“985 工程”，我也曾经累倒过一次，但我终于觉得踏实了。在这里，恕我直言：我问心无愧，对得起前五年国家民委党组对我这个校长的任命，对得起中央民族大学的师生员工。

（三）加强班子建设，提高领导能力

按照中央提出的大学校长要努力成为“社会主义政治家、教育家”的要求，特别是十六届四中全会关于提高党的执政能力的精神，结合学校实际，我们大力加强了以提高执政能力为主题的班子建设。我们着重强调了五种能力，即领导学校事业发展的能力、管理学校的能力、引导思想潮流和舆论方向的能力、构建和谐校园、增强学校凝聚力的能力，以及维护学校安全和社会稳定的能力。

在中层干部、特别是院长、系主任方面，我提出提高十种能力的要求，即全面思考和规划院系发展的能力、课程、专业和学科建设的能力、师资队伍建设的能力、开展教学研究及其成果应用的能力、建立和实施教学质量监控与评价体系的能力、进行教学管理体系和机制创新的能力、做好师生员工思想政治教育的能力、抓好教风、学风和考风的能力、开展对外交流与合作办学的能力、为院系教职工谋福利的创收能力。这为加强我校中层干部的能力建设明确了方向与思路。

（四）突出中心工作，加强学校建设

1. 在继续扩大办学规模的同时，全面启动教学质量工程，初步形成全校上下狠抓教学质量的可喜局面。经过细致工作和共同努力，学校办学规模进一步扩大。2004 年我校共招生 3766 人，其中本科生 2843 人、预科生 309 人、硕士研究生 479 人、博士研究生 135 人，成教学生和留学生的招收人数也有较大增加，从而进一步扩大了学校的办学规模。为迎接教育部 2007 年对我校本科教学工作水平的评估，学校于上半年全面启动了“中央民族大学教学质量工程”；为落实“大力发展研究生教育”的办学方针，提高我校研究生培养质量，我们强化了研究生培养中教学和科研的前沿性，体现了教学与科研的紧密结合，突出了研究生创新精神和创新能力的培养，努力建立科学规范和有利于优秀人才脱颖而出的培养机制，为社会输送高素质高层次的创新性人才。

大力加强学科建设，实施“人才强校”战略。为落实德洙主任提出的民族工作三大任务（即治穷、治愚、治病），我校组织有关专家进行了设置民族医学本科专业和成立民族医学院的论证工作，为我校学科发展开拓了新的领域。

2. 以爱国爱校爱学为主题，以办学生满意的大学为宗旨，以构建和谐校园为中心，大力加强学生思想政治工作和学校安全稳定工作。其中，抓住“外树爱国好形象，内增爱校凝聚力”的时机，我校组建由我领队的“国歌合唱团”代表国家赴雅典参加奥运会接旗仪式，为祖国增了光，为学校赢得了荣誉，也增强了学生的爱国爱校意识。加强毕业生就业指导工作。针对就业压力增大的严峻形势，学校成立了招生就业处，采取积极措施加强毕业生就业指导工作，认真落实就业工作“一把手”工程，引导毕业生到西部去、到基层去、到祖国最需要的地方去，实现了毕业生“就业率”和“就业质量”的双提高，使我校本科毕业生就业率达到 84.95%，比去年有一定提高。

一如既往地抓好安全稳定工作。我们今年成功处理了“3·15 短信罢餐事件”、“3·20 台湾公投事件”、“3·24 保钓事件”、“5·25 抢劫未遂事件”和数起学生打架事件，保证了校园的安全和政治稳定，为首都稳定作出了贡献。

3. 加强规章制度、管理体制和工作机制的建设，推进学校管理的专业化建设。

以干部人事调整为契机，以规章制度建设为中心，加强学校管理工作。2004 年，我们顺利完成了学校行政职能部门的干部聘任、院系行政领导的聘任和院系党总支的改选工作，优化了干部队伍的素质与结构；组织实施了多层次的干部培训，经过系统全面的培训，使全校干部的精神面貌和工作作风有了较好的变化；召开中央民族大学办公室工作会议，印发了《中央民族大学办公室工作规程》，进一步规范了学校的办公室工作，提高了办公室工作的专业化水平；按照“依法治校、以德治教、从严治学”的管理理念，从制度建设入手，努力提高学校各职能部门自身的管理素质和管理能力，向管理要质量，向管理要效益，使学校各项事业的发展进入了建校以来的最好时期。

4. 大力开展科学研究。在理论学习的过程中，我始终注重结合学校的工作实际，同时以研究的态度和方法进行学习，因而取得了较为丰富的理论成果。在《中共中央党校学报》、《中央民族大学学报》、《中国图书评论》等刊物发表《关于我国行政审批制度改革的若干思考》、《政治民主与领导权利——谈民主监督》、《现代政党制度与我国的民主政治建设——谈民主的政治性》、《三权分立制与人民代表大会制——谈民主的组织性》等学术论文 6 篇，由人民出版社出版《论领导者责任》一部 24 万字的专著。

（五）努力争取经费，加快建设进度

根据学校发展需要，积极争取项目资金。今年经过各种努力，我校通过国家民委向国家财政部争取专项修购费 4500 万元，用于地下管网改造、生态环境实验室建设、校园数字化建设、大学生公寓楼室内配套设备项目建设以及贫困学生补助等。随着这些项目的启动和实施，学校的基础设施、教学条件和师生们的生活环境将得到进一步的改善。

加大基本建设管理力度，促进校园基础设施建设。2004 年是我校基本建设力度最大、步伐最快的一年。这一年里，我们完成了 2.2 万平方米的留学生楼工程，为 2004 级新生的扩招和入住提供了有力的保障；完成了近 0.5 万平方米的民族博物馆的改造装修工程，并已开始对外开放；完成了 5.9 万平方米的大学生公寓及食堂工程，该工程的投入使用将使我校学生的住宿和就餐条件得到彻底改善；完成了校园道路及地下管网改造工程一期建设；完成了西墙 1、2 号教职工住宅楼工程的验收交接工作，使我校教职员工的住房困难得到了一定程度的缓解；完成了西校门平房拆除工程，解决了民大附中及西墙1、2号住宅楼接通市政自来水的问题，同时，也为西校门改造工程做好了前期准备工作。另外，4.2万平方米的文科综合楼工程现已进入全面施工阶段，4.1万平方米的理科教学楼和2.7万平方米的教职工宿舍楼也将于年底动工兴建。随着以上工程项目的完工、在建工程项目和待建工程项目的逐渐完工，我校的硬件设施和基础设施将得到较大改变。

（六）加强财务管理，保持廉洁自律

注重党性修养的锻炼和提高，注重工作作风的切实转变，严格按照《国家民委党风廉政建设责任制实施办法》要求自己和班子成员，努力推进学校的党风廉政建设，取得了良好的效果，保持了自己作为一个党员领导干部应有的廉洁本色。

1. 扎实开展工作。

根据党中央、国务院和国家民委党组关于党风廉政建设和反腐败工作的部署和要求，分析研究中央民族大学党风廉政建设的问题与实际，制定了中央民族大学关于党风廉政建设的规章制度和工作计划，并认真组织实施，收到了良好效果。

通过对学校特别是行政的党风廉政建设情况、领导班子和领导干部廉洁从政的情况进行严格的监督、检查、考核、评估，切实履行自己的监督职责。

认真贯彻和严格执行党中央和国家民委党组关于选拔任用干部的各项规定，从制度上规范我校的用人机制和用人行为，从思想源头上防止和纠正用人中的不正之风，从而为我校的党风廉政建设提供了组织保障。

主动向主管委领导和上级纪检监察部门报告学校党风廉政建设工作情况，并认真落实主管委领导和上级纪检监察部门的要求。负责向主管委领导和上级纪检监察部门报告我校在办学过程中存在的问题，并能根据主管委领导和上级纪检监察部门的要求对存在的问题进行调查处理。

按照主管委领导和上级纪检监察部门的指示和委托，经常同我校职能部门和教学单位负责同志进行廉政谈话，并能在适当的时候及时汇报有关谈话情况。

在所分管的财务工作方面，我要求财务及相关部门严格遵守国家和上级主管部门规定的财经纪律，实行"统一领导，集中管理，统收统支"的管理体制，并贯彻执行"收支两条线"规定。为了加强财务管理，不断规范各项收费行为，我校制定了《关于加强校内单位和个人接受境外基金会资助管理的暂行规定》、《关于加强基本建设财务管理的暂行规定》、《关于外事活动经费开支的暂行规定》、《中央民族大学创收分配管理办法》。其中《创收分配管理办法》明确规定各单位所有收入都必须全额上交学校财务处进行统一管理，实行收支两条线，不得设立小金库。同时，要求各院系面向群众实行财务公开，接受群众监督，不断强化纪检监察工作，发挥纪检、监察、审计部门在党风廉政建设中的作用。

2. 率先严格自律。

在工作中，我一贯勤勤恳恳，任劳任怨，扎扎实实，开拓创新，一心扑在事业上，对党风廉政责任制建设，能够创造性地开展工作，不断推出新举措，做出新成绩，开创新局面，为学校发展和廉政建设尽心尽力、尽职尽责。

在为人上，我光明磊落，以身作则，严格要求自己。凡是要求别人做到的，自己首先做到；凡是要求别人不做的，自己首先不做。在党风廉政责任制建设中较好地发挥了带头和表率作用。

在经济上，常以“八个坚持八个反对”和“三严四自”对照自己，清正廉洁，与公务无关的请客不用公款，不参加影响公务的吃请活动，不收受影响公务的礼品礼金，不该拿的钱我一分不要。同时，严格控制财务开支，班子成员一年的业务接待经费仅为 1 万元；将学校基本建设的工程优惠金全部纳入学校的收入。总之，我在学校的经济活动中认真执行财经制度和财务纪律，做到了厉行节约、民主理财、共同当家。

二、主要经验与存在的不足

（一）主要经验

中央民族大学虽然还有很多不足，但经过大家的努力，也取得了一定的成绩和进步。应当说这些成绩和进步的取得，与国家民委的正确领导和大力支持密不可分，也与我们的勤奋工作密不可分。今年我与班子一起，主要抓了以下六项工作：

1. **抓机遇**。中央民族大学得以进入国家“985 工程”建设的大学行列，是多方面努力的结果，但最重要的一条是校领导班子敏锐地抓住了这一稍纵即逝的机遇，从而进一步提高了学校的地位和层次，为建设世界一流民族大学和提高民族高等教育的整体地位提供了新的平台，为学校的下一步发展拓展出巨大的空间。

2. **抓学习**。在学校办学规模扩大、办学层次提高的背景下，学校师生、特别是领导干部深切感觉到理论学习的重要性和紧迫性。针对这一情况，学校加大了学习和培训的力度，包括多次以民族理论与政策、思想政治工作、“985 工程”建设和教学管理工作为主题的党委理论中心组学习；在全体师生、特别是党员中掀起了学习民族理论与民族政策、学习牛玉儒精神的热潮。通过学习，提高了干部和党员的理论水平、思想素质和管理能力，焕发出良好的思想风貌和工作热情。

3. **抓干部**。在科学发展观的指导下，我校今年顺利完成了新一轮中层干部的竞聘上岗和党总支的换届选举工作，将一批素质高、干劲足、思路新的人员充实到重要岗位，同时加强了干部培训工作，组织了中层干部上岗培训、党建工作与党务工作者培训、院长系主任教学管理工作培训、统战工作会议及统战工作者培训以及办公室主任培训等，这就从整体上提高了我校干部的能力与素质。

4. **抓管理**。管理是保障学校运行和发展的基本环节。在学校人力、财力、物力资源有限的情况下，通过有效的管理，使资源的使用效益达到最优化，向管理要质量、要效益，对学校的发展具有十分重要的意义。基于这一认识，我们按照国家有关法律法规和建立现代大学制度的要求，从修订现有规章制度和制定当前急需的新制度入手，针对学校管理的薄弱环节，着力建立运转灵活、协调高效的工作机制和民主、透明的群众参与机制，进一步规范了学校及下属单位的办学行为和经济行为，理顺各种利益关系和工作关系。

5. **抓中心**。在全面实施国家“211 工程”、申报和论证国家“985 工程”、全面启动教学质量工程的过程中，我校的教学工作和科研工作的中心地位得到前所未有的突出，这为学校的各项工作提出了更加明确的目标、任务和方向。

6. **抓建设**。经过近几年的改革和发展，学校基本理顺了各种关系，学校的风气和面貌得到很大改变，各项工作走上了正轨。在这种背景下，我们把学校工作的中心转到抓建设上，包括基础设施建设、领导能力和干部队伍建设、规章制度建设、教学管理建设、人才队伍建设、思想政治建设等，这是我校今年各项工作取得成绩的根本保证。

（二）存在的不足

（1）在学校多个基建工程同时进行的情况下，校园环境面临较大压力，对师生的安全、生活和学习造成了一定的不利影响。由于国家土地政策方面的原因，新校区筹建尚未取得实质性的进展。（2）在进入国家“985 工程”后，学校的管理体制和运行机制需要进一步创新，学校各项工作的统筹和协调需要进一步加强。（3）人才引进和培养工作的力度不够，难以适应学校承担的国家“985 工程”和“211 工程”建设的要求，也难以适应学校教学科研工作的要求。（4）学校的办学思想和办学规划还需要进一步落实。

2005 年，中央民族大学工作的主题是落实国家民族工作和教育工作的方针政策，落实国家“985 工程”和“211 工程”的各项建设任务，落实教学质量工程方案，落实人才培养和引进计划，落实学科建设、师资队伍建设和校园建设规划，落实《中央民族大学党建三年（2003—2005）规划》。我们一定要认真学习贯彻“三个代表”重要思想和十六届四中全会精神，抓住机遇，深化改革，促进发展，使中央民族大学取得新的更大的发展。

2005 年述职报告：用实际行动体现共产党员的先进性

根据党的十六大和十六届四中全会精神，为进一步加强党的执政能力建设，全面推进党的建设新的伟大工程，确保我们党始终走在时代前列，更好地肩负起历史使命，中央决定从 2005 年 1 月开始，用一年半左右的时间，在全党开展以实践“三个代表”重要思想为主要内容的保持共产党员先进性教育活动。作为国家民委的一名公务员，我满怀热情地参与到这一行动中，听取了国家民委党组组织的保持共产党员先进性教育的系列报告，认真学习了党的有关文件、中央领导的重要讲话及有关学习材料，并与同志们进行了认真交流和相互切磋，感到收获很大。现将这一段时间以来的学习体会汇报如下。

通过第一阶段的学习，我体会到，在新的历史条件下，加强党的建设、提高党的执政能力，必须从保持共产党员的先进性入手，并把这种先进性追求落实到具体行动中，切实做到以下八个方面：

一、坚定理想信念。通过多种形式的理论学习，我比以前任何时候都更加清醒地认识到，坚定共产主义理想和中国特色社会主义信念对一个共产党员保持先进性的极端重要性。没有这一理想信念，我们的党就没有方向和指针，我们共产党员就没有脊梁和灵魂。从党的历史上看，坚定的理想信念是共产党员的立身之本和精神支撑，是共产党人战无不胜的法宝。没有这种理想信念，刘胡兰这个花季少女绝对不会毅然面对敌人的铡刀；黄继光这个英武少年就不敢义无反顾地面对敌人的枪口；焦裕禄这个县委书记就不能在重病缠身的情况下长期坚持工作；牛玉儒这位党的高级干部便难以舍生忘死地拼命工作……只有理想信念坚定了，我们才能胸怀全局、心系群众，奋发进取、开拓创新，立足岗位、无私奉献，才能以实际行动充分发挥先锋模范作用，在改革开放和社会主义现代化建设的伟大实践中建立新功。

二、切实加强学习。我们党是一个马克思主义政党，是用马克思主义思想理论武装起来的党，是世界上最富活力和战斗力的学习型组织，学习是一个共产党员保持先进性的基本途径，并已成为我们党的优良传统。在当今时代，一个共产党员要保持先进性，首先要学习马列主义、毛泽东思想、邓小平理论、“三个代表”重要思想的基本理论和科学发展观，并用马克思主义基本理论武装自己的头脑，指导自己的行动；其次要学习当代世界新科技和新理论，广泛学习经济、政治、法律、科技、文化等方面的知识，掌握当今时代的新思想和新方法；作为一个民族工作者，还要深入全面地学习和领会马克思主义民族理论和党的民族政策，增强自己做好民族工作的能力。江泽民同志说，“学习，不仅要从书本上学，而且要在实践中学；不仅要在总结成功的经验中获得提高，而且要在汲取失败的教训中获得进步。”这为我们指出了正确的学习方法，也指明了学习的目的。

三、坚持立党为公、执政为民。对共产党员来讲，理想信念也罢，理论学习也罢，最后要解决一个宗旨问题，就是要在思想认识上树立立党为公、执政为民的宗旨意识，并将其贯穿和落实到实际工作的一言一行之中。只要心中装着一个“公”字，我们的行动就会有目标、有方向、有干劲；只有心中装着一个“民”字，我们的行动才踏实、才牢靠、才有力量。心中有了公心、心中装着群众，就能不怕苦，不怕累，就能经受任何考验，在任何时候、任何地方都保持一个共产党员的先进性本色。

四、坚持勤奋工作。保持党员的先进性不是一句空话，而是需要实际的行动，需要落实到勤奋的工作中，体现为干实事，见实效，出实绩。干实事，就必须坚持勤奋工作，把主要的时间、精力和心思都花在工作上，为少数民族和民族地区的繁荣发展和共同进步做出实实在在的贡献；见实效，就必须勤奋工作，牢牢把握时代发展的方向和少数民族的要求，使自己的工作见到实际的效果；出实绩，必须勤奋工作，通过艰苦奋斗和不断创新，使自己的工作成绩与民族工作的内在要求结合起来，做出无愧于党和人民的工作业绩。

五、遵守党的纪律。我们这么大一个国家，这么大一个党，怎样才能团结起来、组织起来呢？邓小平同志指出，“一靠理想，二靠纪律。组织起来就有力量。”理想信念坚定了，我们才知道往何处去，而严格遵守党的纪律，我们才能够步调一致、协调统一地奔向我们的理想和目标。马克思深刻地揭示出现代社会的基本特征是“社会化大生产”。社会化大生产要求高度的组织化，而将全社会动员和组织起来的重要手段就是严密的纪律。在我们国家，要使全社会动员和组织起来，必须依靠共产党，必须发挥党员的作用，这就要求首先要使我们的党具有高度的组织纪律性，这就要求我们每一个党员遵守党的纪律。是否遵守党的纪律，是判定一个党员能否体现先进性的重要标志。

六、坚持“两个务必”。在全面建设小康社会的新时期，胡锦涛总书记要求我们全党同志重温和牢记毛泽东同志在革命胜利前夕提出的“两个务必”，即“务必使同志们继续地保持谦虚、谨慎、不骄、不躁的作风，务必使同志们继续地保持艰苦奋斗的作风”。事实证明，这对我们党带领全国各族人民实现全面建设小康社会的奋斗目标，具有重要的指导作用。只有谦虚谨慎、不骄不躁，我们才能做到求真务实，才能扎实举步、从小事做起，一步一个脚印，扎扎实实地不断前进；只有保持艰苦奋斗的作风，我们才能抵御住各方面的诱惑，不做违反党纪国法的事情，切实为人民服好务，为人民谋好利。坚持“两个务必”，必须落实到实际行动上，体现在工作中，贯穿到生活的方方面面。

七、坚持实践标准。实践是马克思主义哲学的基础，马克思主义是实践的唯物主义。检验我们的认识是不是正确，实践是唯一的标准；检验我们的理想信念是不是坚定，实践是试金石；检验我们的宗旨意识是不是牢固，实践是客观的尺度。毛泽东同志说真理不是天上掉下来的，实践出真知。理论学习既要通过实践来进行，又要回到实践活动中。社会主义不是想出来，而是干出来的，这就要求我们共产党员在求真务实上下工夫，在真抓实干中出成果。作为一名在机关工作的共产党员，我们做调研、出思想、参与决策，做得好不好，就看我们能否坚持实践标准，如果能，又能在多大深度和广度上坚持这一标准；就看我们做的调研、出的思想、参与制订的政策是不是符合实践的需要，是不是反映了实践的规律，能不能产生实践的效果，在实践中管不管用。坚持实践标准，是保持党员先进性的垫脚石，我们只有立于其上，才能无往而不胜。

八、坚持群众标准。坚持实践标准就是坚持群众标准，因为群众是实践的主体。群众路线是共产党的基本路线，是马克思主义和“三个代表”重要思想的根本出发点和落脚点，群众标准是共产党员能否保持先进性的根本标准。坚持群众标准，要求我们顺民意、谋民利、得民心，要求我们实现好、维护好、发展好最广大人民的根本利益。特别是对党员干部而言，要在尊重群众首创精神的同时，树立正确的权力观，在自己的工作中切实做到“权为民用”，心里装着群众，凡事想着群众，工作依靠群众，为群众诚心诚意办实事，尽心竭力解难事，坚持不懈做好事，关心群众的疾苦和冷暖安危，与群众交心交友，与群众心连心、同呼吸、共命运。说到底，坚持群众标准，从本质上讲就是要做到两条：一是为群众谋利益，办好事，一切为了群众；二是尊重群众首创精神，集中群众智慧，切实依靠群众。能否真正做到这两条，是判定一个共产党员能否保持先进性的最根本的尺度，也是对共产党员行事做人的最基本的要求。

2005年履行经济责任情况述职报告

经中共中央组织部、国家民委、北京市委、广西壮族自治区党委下达调令，我于1999年12月26日到北京国家民委报到，开始担任中央民族大学党委常委、副书记、校长职务，2005年1月6日国家民委党组任命我为国家民委专职委员。按时间计算，我任校长职务的时间为5年。根据中央民族大学党委常委的分工要求，我的职责范围是：全面主持学校行政工作，主管人事、财务和国际交流工作。下面我将五年来履行经济责任情况述职如下：

一、贯彻执行国家财政法规和财经纪律，认真履行经济责任决策

到中央民族大学就任校长后，我提出了“依法治校、以德治教、从严治学”的管理理念，并把这一理念贯彻到学校工作的各个方面，特别是将“以法治校”的方针贯穿到财经工作的全过程和各环节。学校所有重大经济决策均经校领导班子集体严格按照决策程序讨论确定，有效地保证了决策的科学化、制度化和民主化。

1. 严格执行国家政策法规。在学校财务管理中，我认真贯彻落实《国务院办公厅转发财政部关于深化收支两条线改革进一步加强财务管理意见的通知》及有关文件精神，根据学校实际情况细化收支科目，规范会计行为，做到该收入的经济事项决不拉下，应支出的事项依据规定出账，从制度上防患于未然，有效地防止了财务事故的发生，进一步落实了“收支两条线”的有关规定。

严格执行《中华人民共和国政府采购法》，并结合学校实际制订了《中央民族大学物资设备购置规定》，大宗物资设备的采购统一由学校物资设备招标领导小组组织招标采购。在具体工作过程中，物资设备的采购由国有资产管理处负责，财务处严格审核把关，这就确保了学校设备购置和各项采购活动符合政府集中采购制度的有关规定。

2. 建立有效决策程序和决策机制。在学校，凡是涉及重大问题、重大项目、重大采购的经济问题，我都和领导班子严格按照决策程序办理。

(1) 学校领导班子集体决定将学校建设的项目列入学校的发展规划和年度预算计划。(2) 组织有关专家对建设项目可行性报告进行审议，并提交学校党委常委会研究决定上报。(3) 将建设项目报国家民委、发改委和北京市首规委审批。(4) 办毕建设项目的一切报建手续。(5) 学校基建管理部门委托有关部门对项目建设进行勘察，初步设计施工图纸。(6) 学校成立由分管副校长负责，基建处、国资处、财务处、审计处、纪检监察办、教代会、工会等部门主要领导参加的招投标工作小组。(7) 由招投标工作小组向北京市招标办报告，并在建筑市场发布建设项目的有关信息。(8) 学校职能部门将报名的施工单位汇总后，委托工程咨询公司、专家评审组根据项目要求和入围条件的规定选定入围队伍。(9) 按建筑市场规范要求，将入围队伍提交市招标办公室组织专家进行评标，最后按经济、技术、综合等指标确定名次，以第一名作为中标单位。(10) 学校招投标工作小组在校长办公会上通报中标单位的情况，并经法人代表委托与中标单位签订建筑合同。(11) 建筑队伍根据学校要求与合同规定办理入场有关手续，开始施工。(12) 在工程施工过程中由监理公司、学校职能部门对建筑队伍进行监督，严格按洽商条件、审批程序进行项目洽商。(13) 严格按照工程进度和经基建、财务、审计审核后支付工程款。(14) 严格按照竣工验收的条件和相关手续进行验收，办理工程交接有关事项。

3. 五年来经过我和领导班子集体决定的重大经济决策的主要项目。(1) 将学校财务集中管理，把原有的基建处、校产办、房改办及各公司的银行账号统归学校财务统一管理，集中使用，杜绝了不良的经费支出，确保学校资金的顺利有效管理和使用。(2) 通过学校自筹资金把西墙 1 号、2 号教职工住宅楼共 3 万平方米收回学校所有。(3) 通过银行贷款把 1.9 万平方米的附中教学综合楼收回学校所有。(2)、(3) 项决策使学校原已出卖的土地又买了回来，既得回土地，又得到房子，受到了国家民委党组的充分肯定和教职工的拥护和赞扬。(4) 通过自筹资金和银行贷款建设了近 12 万平方米的大学生、研究生、留学生宿舍。(5) 通过学校自筹资金对学校所有的旧教室、办公用房和学生宿舍进行全面维修和改造。(6) 通过学校自筹和国拨专项经费进行了电改造、煤改气以及校园环境、体育场、广场、地下管网、道路等项目的建设和改造。以上所有重大经济决策，都是对国有资产项目的投入，是富有成效的正确决策，没有一项失误。

二、严格执行财务管理制度，保证经济运行的有效性

“十五”期间是学校基本建设飞速发展、办学规模逐年扩大、办学质量和效益稳步提升的五年。五年来，学校大力加强财务预算管理，在总结上年度学校财务管理工作的基础上根据学校当年的工作重点，将财政拨款及学校各项收入和支出全部纳入预算，统一安排、统一管理、统一核算，按照“共同当家，民主理财，集体研究，集中审批”的指导思想，通过由下而上和自上而下的充分论证，确保预算分配方案的科学性、合理性和可行性；坚持“一要吃饭、二要建设、三要发展，量入为出、基本平衡、略有赤字，突出重点、统筹兼顾”的原则，充分发挥资金的使用效益，有效确保了我校教学科研工作和各项建设事业的顺利推进，保证学校预算执行情况良好，且完成率逐年提高。2002 年收入预算的完成率为 111. 79%，支出预算完成率为 95. 73%；2003 年两项指标分别为 113. 22% 和 116. 83%；2004 年分别为 154. 6% 和 135. 2%。

1. 加强财务监督与管理，规范收费行为。严格遵守国家财经纪律，实行“统一领导，集中管理，统收统支”的管理体制；严格贯彻执行“收支两条线”的规定，修订了有关收费及资金管理办法，执行收费公示制度；2004 年 6 月，学校成立以我为组长，主管副校长、纪检监察办公室、审计处、财务处主要负责人参加的财务大检查工作小组，在全校范围内开展了由部门自查和学校重点检查两个阶段组成的财务大检查工作，通过财务大检查，规范了各单位的收费行为，使账外账自收自支问题得到了彻底解决；校内各单位的财务管理行为进入了依法理财、良性发展的阶段，同时提高了职工个人的纳税意识和依法办事的观念；通过在学校财务处内部举办国库集中支付制度的讨论学习活动，在学校财务工作过程中很好地贯彻实施了国库集中支付制度；加大财务公开工作力度，建立并完善了学校财务信息网上查询系统，推进了财务管理的科学化，增加了财务管理的透明度。

2. 学校还重点加强了对基本建设资金和专项资金的管理。首先，各项工程和设备采购按规定实行了招投标制度，财务处从财务管理和监督角度提出意见，站在公开、公平、公正的立场，促使此项工作程序化、规范化；其次，对外合同的签订实行会签制度，由国有资产管理处、基本建设管理处、审计处、财务处分别签署意见再经校领导审批后方可签订合同，从而维护了学校的经济利益；第三，财务部门严格按照合同条款和资金审批程序支付款项，保证专项资金的专款专用。通过以上的管理措施，合理

地安排资金支出计划，为基本建设和修购计划的顺利进行提供可靠的资金保证。

三、增强经济管理责任感，完善经济管理规章制度

五年来，我注重党性的修养、锻炼和提高，自觉增强经济责任感，不断完善财务规章制度，用制度管好人、财、物，取得了良好的效果。

1. 严格财务管理规章制度的制订程序。作为学校的法人代表，五年来，本人以高度的经济管理责任感，严格学校财务管理规章制度的制订程序，实行财务处起草—有关职能部门共同讨论—主管校领导审核—校长办公会审议决定—校长签发的财务管理规章制度制订流程，有效保证了所制订的学校财务规章制度的规范性、可操作性和权威性。

2. 制定和完善重要的财务管理规章制度。在学校领导班子分工中，我主管财务工作。为了加强财务管理，依据国家法律法规规范各项收费行为，我组织制定了《中央民族大学关于建立经济责任制的暂行规定》、《中央民族大学创收分配管理办法》、《中央民族大学关于借用公款的有关规定》、《中央民族大学关于外事活动经费开支的管理规定》、《中央民族大学基建项目招标管理暂行规定》、《中央民族大学基建、修缮工程项目审计实施细则》、《中央民族大学物资设备购置管理规定》、《中央民族大学“211工程”建设项目审计的规定办法》、《中央民族大学关于进一步加强创收资金管理的有关规定》、《中央民族大学基本建设财务管理的暂行规定》、《中央民族大学财务公开实施办法》等有关财务管理制度。其中《中央民族大学创收分配管理办法》明确规定各单位所有收入都必须全额上缴财务处进行统一管理，实行收支两条线，不得设立小金库。同时要求各院系面向群众实行财务公开，接受群众监督。这些规章制度和管理办法的制订和出台，进一步规范了我校财务管理工作，从制度上预防和杜绝了腐败事件的发生，有效促进了我校教学、科研和基本建设等各项事业的健康发展。

3. 制定和完善有关财务会计制度。为了进一步加强学校财务处的会计基础工作，专门要求财务处制订了《财务处各科室职责》、《财务处科长岗位职责》、《财务处会计档案管理办法》、《财务处印章管理规定》、《财务处财会人员守则》等一系列内部管理规定，初步建立、完善了学校内部财务制度，保证了学校财经工作的有效运行。

4. 依法理财，财务公开，强化监督。我在主管财务处的工作中，要求财务处人员及相关部门严格遵守国家和上级主管部门的财经纪律，依法理财，实行“统一领导，集中管理，统收统支”的管理体制，并贯彻执行

“收支两条线”规定。五年来，坚持实行财务公开的报告制度。在一年一度的教代会上把当年的总体财务状况、收入预算的执行情况、教育事业费支出预算的执行情况、基本建设资金的运行情况和重要财务事项向教代会做书面报告，让代表们对学校的财务状况和资金运行情况及一些重大财务事项有了全面了解，从而提高了财务管理的透明度，增强了教代会的民主监督。加强了对资金支出的审计工作，如2004年以来，通过审计，我校将施工方原报预决算总金额31033万元，核减6371万元。其中工程决算金额一项就核减了5700万元，为学校节约了资金，保证了资金使用的有效性。

四、履行经济发展责任，促进学校快速发展

我在五年校长的任职中，和学校领导班子共同研究和决定学校的建设和发展，按照学校“十五”发展目标和规划，以及学校年度的工作计划，通过国拨经费和自筹经费相结合的途径，进行了基础设施建设与基本建设。在这些建设项目中，学校每年都做了经费分配的预算安排，都严格依据项目预算和结算审计的结果支付建设资金。实践证明，确定的建设与发展目标是正确的，现在各项建设已使学校的面貌发生了很大的变化，促进了学校的快速发展。

1. 推动学科发展。我着力学科的建设，亲自主持和指导博士点、硕士点和本科专业的材料论证和申报工作，五年内使我校博士点由5个增至17个，硕士点由15个增至38个，本科专业由35个增至67个，使学科建设取得了重大突破。

2. 扩大办学规模。2000年前我校招生规模本科生一直维持在每年600人左右、硕士生不到100人、博士生30人左右、成人教育学生2000人左右、普通和成人全日制的在校生只有3000人。经过五年的递增，仅2004年一年就招收本科生和预科生3167人、硕士生481人、博士生135人，56个民族的学生都已招齐，普通全日制的在校生达到12000人，在册成教学生也是12000人，学校办学规模发生了根本改变，实现了社会效益与经济效益的统一。

3. 积极筹措经费。随着学校事业的发展，办学经费有了较大的增加。1999年学校获得财政拨款4500万元，到2002年，学校获得财政拨款1.2亿元，加上创收7600万元，办学经费接近2亿元；2004年一年的办学经费已达3亿元。“十五”期间的基建经费5.1亿元、“211工程”建设经费1.2亿元、“985工程”建设经费1.5亿元、大学生公寓拨款6500万元，加上五年来争取财政部专项修购费1.2亿元，为学校的发展提供了较为充足

的资金支持。

4. 增强师资力量。通过教学改革和职称评审制度的改革，特别是学校采取了一系列提升教师素质的措施，通过培养、引进和使用多种途径提高了教师水平和师资力量。2000 年以前，教师中具有博士学位的有 35 人，硕士只有 135 人。到 2004 年，教师中具有博士学位的有 176 人，占教师总数的 23%；硕士有 398 人，占教师总数的 55%。现在高学历教师占教师总数的 78%。教师职称评审权 2000 年以前是零，到 2004 年经北京市教委学位办批准，我校获得 12 个学科副教授职称评审终审权、6 个学科正教授职称评审终审权。

5. 促进科研发展。2000 年以前，学校每年科研经费为 30 万元左右，2000 年至 2004 年，学校除国家“211 工程”专项建设经费外，在“十五”期间还拨出科研课题经费 250 万元，获国家及省部级科研项目 140 项，科研经费近 800 万元。我校教师的科研成果显著增加，学术知名度显著提高。五年来，社会科学获奖的数量在北京市高校排第四位，2004 年获得教育部、北京市优秀教学成果奖 11 项，在全国民族院校排位第一名。我任主编的《中央民族大学学报》哲学社会科学版被评为全国百强学报、北京市名刊和全国民族地区名刊。

6. 加强基本与基础设施建设。五年来学校已经竣工、开工、准备动工的总建筑面积达到 30 万平方米，是民族大学历史上建筑面积数量最多的时期，给师生员工带来最多实惠的时期。基本建设包括干部培训楼、研究生宿舍楼、新图书馆大楼、留学生楼、大学生公寓楼、西墙 1、2 号住宅楼、文科大楼、理工教学楼、家属院教职工宿舍楼等。基础设施建设包括体育运动大操场、校区家属院地下管网、环境、道路建设、校区、家属院电改造、煤改气、东门及东门广场改造、学校绿化美化建设、南北教学楼线路改造、门窗更换、外墙粉刷、实验室建设与改造、1、2、3、16、18 号楼等教学办公用房改造、4、7、8、9、10、12、14、15 号楼等学生宿舍门窗更换、地板厕所装修、西校门外道路改造等项目的建设，使学校的基础设施和硬件条件正在和即将得到根本改观。

7. 创新管理体制。学校在 2000 年前只有民族学研究院和少数民族语言文学院。2000 年 1 月份我到学校任校长后，在深入调查研究的基础上，我校进行了校内院系体制的全面改革，成立了 18 个二级学院，理顺了关系，规范了管理，提高了效率，焕发了新的精神风貌。同时按照效益原则，对学校的机构进行了多次科学合理的调整。

8. 扩大对外办学和国际交流。经过五年的努力，我校不仅留学生数量显著增加，每年接纳600余名外国留学生来校学习，还有美国、英国短期学习班，而且与海外包括韩国汉城大学、美国休斯顿大学、英国伦敦大学、法国里昂大学、加拿大哥伦比亚大学、澳大利亚墨尔本大学、挪威大学等50多个大学和科研机构建立了学术交流关系，初步实施和探索了“2+2”、“3+1”、“3+1+1”、“4+1+1”等联合办学的模式。

9. 加强国家“211工程”和“985工程”的建设。2002年学校通过了教育部“211工程”专家组的“九五”验收，2003年完成了“十五”立项。2004年主持、指导和参与了“985工程”三大基地和15个重大领域项目的论证和申报工作，顺利通过了国家教育部专家组的答辩，使学校进入了国家“985工程”重点大学建设的行列。

10. 抓住机遇，加快学校发展。在五年中我和领导班子在委党组的领导下，重点抓住了三次极好的发展机遇。一是2000年抓住国家计委、教育部、财政部、国家民委四部委联合调查组对中央民族大学进行调查的机遇，四部委经过认真调研，在上报党中央、国务院批准的《关于进一步办好中央民族大学的请示》的文件中，确定了中央民族大学作为综合性研究型的办学定位。二是2001年政治局常委朱镕基总理带着国家发改委、教育部、财政部的主要领导到中央民族大学视察，我们抓住这一汇报工作的机遇，给中央民族大学争取到了5.1亿元的建设经费，为民族大学的基本建设提供了较大的资金支持。三是2004年抓住“985工程”二期建设的机遇，经过积极争取，多方工作，使中央民族大学成为全国13所民族院校、中国少数民族和民族地区大学中唯一一所进入国家“985工程”的重点大学建设行列。

以上十个方面的发展，全面提升了学校的地位，使学校的社会影响和知名度在国内外大大提高。在全国高校网大排名中，我校在全国高校的排名由1999年的第108位升至2003年的第64位；2004年在中国大学社会科学类排名第28位；2004年学校进入“985工程”重点大学建设行列后，又成为全国38所重点大学之一。

五、遵守廉政规定，永葆公仆本色

作为校长，我体会党风廉政责任制建设本身不是目的，其目的是要建设一个清正廉洁、为民服务的领导班子，实现学生和教职工的利益。为此，我始终坚持一切依靠群众、一切为了群众的原则，自觉树立为民办事、为民谋利的作风，使我校党风廉政责任制建设真正落到了实处。

经济上，我严格按照《国家民委党风廉政建设责任制实施办法》要求自己，经常以“八个坚持八个反对”和“三严四自”对照自己，清正廉洁，没有侵占国家财产，没有超标配置公务用车、通讯工具和办公设备，没有利用公款专修住房，没有利用职权谋取私利、索受贿赂，没有利用职权为个人、家庭谋取不正当利益。在工作中，与公务无关的请客不用公款，不参加影响公务的吃请活动，不收受影响公务的礼品礼金，不该拿的钱我一分不要，除了在财务处按照财务规定应报之账外，在我分管的人事处、国际交流处，或者校内各院系、机关各部门从来没有乱报一分钱账，从来没有乱拿任何一分钱。五年时间以我个人名义接待上级领导、兄弟院校、业务相关单位的接待费共用去 80672. 3 元，其中 2001 年 39873. 1 元、2002 年 19873. 4 元、2003 年 2193. 5 元、2004 年 18728. 3 元。2001 年是学校校庆 50 周年，为筹办校庆活动，招待费就多了一点，2003 年我在中央党校学习，招待活动较少。五年平均每年用的招待费是 1. 6 万元。同时，我严格控制财务开支，学校总的接待费从来没有超过公用经费的 1%，对学校所有基本建设的工程优惠金则全部纳入学校的收入。

总之，在担任中央民族大学校长的五年时间里，本人认真执行财经制度和财务纪律，厉行节约、民主理财、共同当家，从而使学校在党风廉政建设工作中取得了良好的效果，五年来在党风廉政建设方面从未出现过任何重大问题，也为教职员工起了一个表率作用。

关于国家民委直属文化单位文化体制改革的调研报告

（大纲）

一、国家民委直属文化单位的基本状况

（一）委属文化单位的领导机构状况

1. 领导机构
2. 业务机构
3. 行政机构
4. 离退休老干部机构

（二）委属文化单位的管理体制状况

1. 行政领导负责制
2. 项目法人责任制
3. 目标管理责任制
4. 经营承包责任制

（三）委属文化单位的业务经营状况

1. 公益性业务
2. 经营性业务

（四）委属文化单位的人员基本状况

1. 学历结构
2. 年龄结构
3. 职称结构
4. 职务结构

（五）委属文化单位的经费收支状况

1. 收入费用来源部分
2. 费用支出部分

（六）委属文化单位已经或正在进行的改革及改革思路

1. 人事制度改革
2. 分配制度改革

3. 社会保障制度改革

二、国家民委直属文化单位存在的问题、面临的困难和挑战

（一）国家民委直属文化单位存在的问题

1. 人才方面存在的问题
2. 经营方面存在的问题
3. 投入方面存在的问题
4. 管理方面存在的问题
5. 创新方面存在的问题
6. 资源配置方面存在的问题

（二）国家民委直属文化单位面临的困难和挑战

第一个困难：思想观念的挑战

1. 缺乏市场意识
2. 缺乏竞争意识
3. 缺乏服务意识
4. 缺乏忧患意识
5. 缺乏大文化、大产业意识

第二个困难：政策法规的制约

第三个困难：实践过程的制约

三、目标和对策建议

（一）确立民族大文化的战略目标，全面规划和建设民族文化产业

1. 准确确定文化单位业务定位，明确经营理念
2. 整合资源，走规模化和集约化之路
3. 以市场为导向，建立多元化的投融资机制
4. 培育文化市场主体，扶持民族文化龙头产业
5. 发挥民族特色，打造民族大文化产业品牌

（二）改革民族文化管理体制，建立符合民族大文化战略要求的文化市场体系

1. 建立与社会主义市场经济体制相适应的民族文化产业市场管理体制
2. 实行战略性调整，推动民族文化产业专业化、集团化发展
3. 建立民族文化产业市场发展的若干促进机制

国家民委关于加强和改进委属文化单位工作的意见

为贯彻落实党的十六大和十六届三中全会、四中全会关于大力发展社会主义文化、深化文化体制改革的精神，根据《中共中央办公厅、国务院办公厅转发〈中共中央宣传部、文化部、国家广电总局、新闻出版总署关于文化体制改革试点工作的意见〉的通知》（中办发［2003］21号）、《国务院办公厅关于印发文化体制改革试点中支持文化产业发展和经营性文化事业单位转制为企业的两个规定的通知》（国办发［2003］105号）文件，结合委属文化单位的实际，现就改革和发展的工作提出以下意见。

一、把握先进文化的前进方向，塑造委属文化单位新形象

（一）认清发展社会主义民族文化的历史使命。社会主义民族文化是建设有中国特色社会主义文化的重要组成部分，肩负着建设社会主义和谐社会和共产主义文化，实践各族人民共同团结奋斗，共同繁荣发展的历史使命。社会主义民族文化是维系民族的灵魂和精神纽带，是民族亲和力和凝聚力的重要源泉。国家的发展和强盛，民族的进步和振兴，人民的尊严和幸福，都离不开民族文化的强大支撑。加快民族文化发展进程，努力建设民族文化，是社会发展和民族地区现代化建设的客观需要。委属文化单位要充分认识和高度重视民族文化在民族经济社会发展中的重要作用，增强加快民族文化发展的紧迫感和使命感。在我国，发展社会主义民族文化，必须坚持和高举马列主义、毛泽东思想、邓小平理论和“三个代表”重要思想的伟大旗帜，贯彻落实科学发展观，为全面建设小康社会服务，坚持为人民服务，为社会主义服务的方向和百花齐放、百家争鸣的方针。按照贴近实际，贴近群众，贴近生活的要求，增强民族文化宣传工作的吸引力、感召力，大力弘扬民族文化的优秀传统，支持健康有益文化，努力改造落后文化，坚决抵制腐朽文化，着力反映少数民族和民族地区和谐社会发展中积极健康的内容，展现民族团结进步的精神风貌，塑造委属文化单位的新形象。

（二）把握先进文化的前进方向。先进的文化代表着时代主流，代表

着社会发展方向，体现着广大人民的意愿和要求。民族文化工作要把握先进文化的前进方向，就是要努力体现发展面向现代化、面向世界、面向未来，民族的、科学的、大众的社会主义民族文化的要求，促进民族思想道德素质、科学文化素质和健康素质的不断提高，为少数民族和民族地区经济发展和社会进步提供精神动力和智力支持。坚持以科学的理论武装人，以正确的舆论引导人，以高尚的精神塑造人，以优秀的作品鼓舞人。立足于改革开放和现代化建设的实践，着眼于世界文化发展的前沿，发扬民族文化的优秀传统，汲取世界各民族的长处，在内容和形式上积极创新，不断增强中国特色社会主义民族文化的生命力、创造力和凝聚力。

（三）牢记“为少数民族和民族地区服务，为民族工作服务”的宗旨。委属文化单位要认真落实委党组的各项要求，主动了解和掌握世界文化发展的新态势，充分认识和把握社会主义民族文化发展的规律，使民族文化的发展能够为少数民族和民族地区的政治、经济、文化、社会的全面发展服务，为党的民族工作服务。

（四）遵守党的文化宣传纪律。党的文化宣传纪律是和我国的政治制度、经济制度相适应的，委属文化单位必须坚持鲜明的党性原则。在政治纪律上必须无条件地宣传党的主张；在组织纪律上必须接受党的领导；在职业纪律上必须坚持真实性和公平、公正原则，忠诚党和人民的事业。执行党的文化新闻宣传纪律，要把握好社会效益和经济效益、导向和市场这两个关系，注意把政治导向放在第一位，认真宣传党的路线、方针、政策和决议，与党中央保持思想上政治上的高度一致。要进一步增强大局意识、政治意识，严格要求、严肃纪律。

二、创新体制，稳步推进改革

（五）充分认识文化体制改革的战略意义。民族文化体制改革是解放和发展民族文化生产力，增强民族文化发展活力，推动民族文化创新的根本出路。随着社会主义市场经济体制的逐步建立和我国正式加入世界贸易组织，民族文化工作面临许多新情况、新问题，迫切要求加快改革步伐，进一步革除制约民族文化发展的体制性障碍，建立科学合理、灵活高效的民族文化管理体制和民族文化产品生产经营机制，积极稳妥、扎实有序地推进民族文化体制改革。

（六）民族文化体制改革的总体要求。（1）业务要发展。就是紧紧围绕发展这一主题，要求每年的主要业务工作指标超过上年，公益性业务完成的数量、质量和比重超过上年。（2）收入要增加。就是要求单位创收和职工收入高于上年，同时要求资金运行、财务状况良好，公益性业务投入增加，工作条件逐步得到改善。（3）整体实力要提高。主要体现在领导班子有凝聚力、号召力和管理水平，干部职工队伍稳定，素质提高；内部改革向前推进，规章制度逐步健全，经营和创新能力增强；工作作风好转，工作环境改善，服务水平提高，业务特色突出，品牌效应和社会影响扩大。

（七）民族文化体制改革的目标和任务。确立民族大文化的战略目标，按照全面建设小康社会的要求，高举先进文化旗帜，全面规划和建设民族文化事业和文化产业。加强民族文化建设，推进民族文化体制改革，培育民族文化市场，立足于民族文化事业，发展民族文化产业，最大限度地满足各族人民群众日益增长的精神文化需求。

民族文化体制改革的主要任务。要积极发展民族文化事业和民族文化产业，深化民族文化体制改革：一是全面规划和建设民族文化产业。（1）整合资源，全面规划，走规模化和集约化之路；（2）以市场为导向，建立民族文化多元化的投融资机制；（3）发挥民族特色，打造民族品牌，扶持龙头产业；（4）转变政府职能，加速民族文化体制改革，推进民族文化产业的创新。二是改革民族文化管理体制，建立民族文化市场体系。（1）建立与社会主义市场经济体制相适应的民族文化产业市场管理体制；（2）对委属文化单位内部结构实行战略性调整，推动民族文化产业向专业化、集团化发展。三是健全民族文化发展机制，包括健全民族文化微观运行机制、民族文化市场发展机制、资源优化配置机制和民族文化对外交流机制。

（八）民族文化体制改革的原则。（1）坚持党对文化的领导，确保马克思主义在意识形态领域的指导地位，确保社会主义先进文化的前进方向。（2）坚持两手抓，一手抓公益性文化事业，一手抓经营性文化产业，把社会效益放在首位，实现社会效益和经济效益的统一。（3）坚持以资产和业务为纽带，通过明晰产权和授权经营，建立规范的母子公司管理体制。（4）坚持发挥国有经济的主导作用，防止国有资产流失，确保国有资产的保质增值。（5）坚持民族文化资源整合，优化配置原则。（6）坚持发挥民族文化特色和优势原则。（7）坚持调动文化工作者积极性原则。（8）坚持总体规划，分步实施，先易后难，先点后面，逐步完善，稳步推进原则。

（九）民族文化单位改革的方法和步骤。鉴于民族文化体制改革的复杂性、艰巨性，要采取分类指导和先试点、后推广的方法。对经营性民族文化产业要加大改革力度，引入股份制改造机制，以市场化和经营性程度较高的单位作为试验，进行改制，健全法人治理结构，引入现代企业管理模式，转换经营机制，积极推进体制机制创新。在取得改革成功经验后，根据委属文化单位的实际情况，全面推广。对公益性民族文化事业，要加大政府投入，鼓励社会资助，积极深化内部管理制度和运行机制的改革。同时，要采取多种途径和办法，吸引社会资金投入。

民族文化单位改革的步骤。实施民族文化发展战略，建设民族大文化是一个长期的、艰巨复杂的系统工程。要坚持从实际出发，统筹规划，合理布局，突出重点，分步实施。（1）委属文化单位继续深化内部的干部人事制度、收入分配、社会保障制度的改革。（2）国家民委正式启动委属文化单位文化体制改革的工作。（3）制定民族文化体制改革的总体方案。（4）制定民族文化体制改革相配套的文件，包括《关于民委文化单位分配制度改革的管理规定》、《关于民委文化单位领导职务的安排管理规定》、《关于民委文化单位干部职工安置分流的管理办法》等相关系列文件。（5）各文化单位进行资产清理登记工作。（5）先做试点，取得经验后再全面推广。此外，委属各文化单位要严把人事和财务关。从现在起到文化体制改革工作结束之前，各单位录用新人必须严格控制，认真履行进人的报批手续，严禁突击提拔干部，严防国有资产流失，严禁大幅度提高工资、奖金和其他福利分配，亏损单位和主要依靠财政补贴的单位今后不得发放高额奖金。

三、突出民族文化特色，打造民族文化品牌

（十）加强公益性文化事业。公益性文化事业是承担国家交办或鼓励支持的公益事业职能，不以赢利为目的、面向公众提供公共服务的文化事业单位。委属文化单位政治性、公益性特点突出，定性为公益性文化事业单位，符合中央关于文化体制改革的有关精神，符合现阶段民族工作的需要，符合委属文化单位广大干部职工的意愿。加强公益性文化事业主要是加大政府投入，推进内部用人制度、分配制度、社会保障制度的改革，转换机制，切实增强公益性事业单位内在动力和活力，降低运行成本，提高管理和服务水平。

（十一）发展民族文化特色。民族文化是各民族在其历史发展过程中创造和发展起来的具有本民族特点的文化，民族文化反映该民族历史发展的水平。民族文化既是民族的凝聚力、向心力，也是民族的文化生产力。民族文化的最大特色是民族特色，民族特色是民族文化产业的最大品牌，民族文化品牌是文化产业的核心竞争力。民族文化的特色化使民族文化具有了差序竞争优势、错位竞争优势和比较竞争优势。委属文化单位要发挥

民族文化的特色和优势，打造民族文化发展的品牌，使民族文化产业在国内和国际市场上立于不败之地。

（十二）培育民族文化市场，重塑文化市场主体。委属文化单位要努力形成自主经营、自负盈亏、自我发展、自我约束、有竞争能力的市场主体和法人实体，包括国有或者国有控股的文化企业和企业集团。要完善民族文化市场体系，建立健全相关的市场法规。实行政企分离、政事分离和管办分离，有计划有步骤地推动经营性事业单位转制为企业；加快内部结构调整，努力发展重点文化企业。

（十三）积极整合与优化民族文化资源。委属文化单位文化体制改革领导小组要积极研究，充分论证和稳妥解决委属文化单位的资源配置问题，打破文化单位各部门和所有制界限，运用联营、合并、重组、依托等形式，对各文化单位和业务部门的优势文化资源进行重新整合，实现资源共享。走规模化和集约化之路，积极探索组建一个既有现代企业优势，又保证党的宣传喉舌功能；既适应法制、法规体系，又体现民族文化特点；既适应社会主义市场经济发展的需要，又传播精神文化产品；既吸收外国先进管理手段，又能抵御西方腐朽文化的渗透，具有文化创新能力，主业突出、核心竞争力强的中国民族文化集团公司。

四、明确职责，加强管理

（十四）委属文化单位工作协调小组负责指导、协调和监督机关各有关部门对委属文化单位的管理工作；指导委属文化单位制定事业发展规划和改革工作；研究、协调处理涉及委属文化单位的重要事项；监督委属文化单位工作的开展情况；考核委属文化单位的工作业绩。

（十五）文化宣传司负责对委属文化单位业务工作进行指导和宏观管理；协助委属文化单位工作协调小组指导文化单位制定事业发展规划和改革工作；研究制定委属文化单位业务工作的管理规定和绩效考核办法；办理委属文化单位业务工作的审批事项；根据国家有关政策和法规，对委属文化单位业务工作中的违规违纪问题进行调查并提出处理意见；加强与委机关有关部门和委属文化单位的协调。

（十六）人事司负责委属文化单位领导班子建设和干部队伍建设；对委属文化单位的机构编制、收入分配实行宏观管理；指导委属文化单位专业技术人才队伍建设和干部人事制度改革。人事司在进行委属文化单位领导班子调整、领导干部任免等工作时，要征求委属文化单位工作协调小组的意见。

（十七）规划财务司负责委属文化单位的基建投资、事业经费预算的分配和决算、专项经费的分配及基建项目审批、政府集中采购和固定资产的管理等工作。争取从总体上把各文化单位定性为公益性文化事业单位，争取国家财政的更多投入。在涉及专项经费安排、基本项目审批及重大财务安排时，要征求委属文化单位工作协调小组的意见。

（十八）抓好委属文化单位人才培养。人力资源是第一资源，要引入人才竞争机制，建立和健全激励机制，拓宽人才选拔聘用途径，创造优秀人才脱颖而出的环境。大力培养和引进经营管理人才、文化经纪人才和文化创新人才。要有组织有计划地抓好在职干部职工的培训工作，提高素质，为各文化单位可持续发展积蓄人力资本。改进人才管理和使用制度，建立规范的人才流动管理机制，单位自主用人，人员自主择业，政府依法管理。建立符合社会主义市场经济要求的收入分配机制，把按劳分配和按生产要素分配结合起来，激励优秀人才发挥主动性和创造性。

（十九）完善内部管理制度，改进工作作风，提高管理水平。一是加强制度建设。要制定和完善各项管理规章，建立全面系统规范可行的管理制度，用科学的制度管人管财管事，做到各项工作都有章可循，每个干部职工都能照章办事。二是改进工作作风。用科学有效的内部管理绩效考核办法激励人，用严明的纪律约束人，用崇高的思想教育人，执行纪律要公正严格，赏罚要分明，营造团结奋进、爱岗敬业的风气。三是提高管理水平。要进一步转变职能，加强宏观管理；要依法管理，严格决策程序，提高决策水平，重视决策效果。对重大项目要进行充分、审慎的可行性研究并按程序报批，严禁高风险投资，严格控制负债规模，保持经营风险和规模在单位自身可掌控的能力之内。

（二十）加强委机关各有关部门的沟通、协调。国家民委建立有效的“职责明确、行为规范、运转协调”的工作机制，建立健全科学管理制度，加大管理力度，提高管理服务水平。对文化单位的管理工作，凡涉及委机关两个以上部门职责的，由办公厅根据有关规定主送业务管理部门，分送相关部门，由业务管理部门牵头协调办理。委属文化单位报送国家民委的文件，在主送业务管理部门的同时，分送相关部门。

五、建立有效机制，提高经营水平

（二十一）委属文化单位业务发展定位指导思想。委属文化单位要从把握先进文化前进方向，从“三个代表”重要思想和科学发展观统领文化建设的高度，以公益性文化事业和经营性文化产业相结合的“双轨制”运行的方式，以实现构建社会主义民族大文化为目标，找准确定本单位的业务发展定位。

（二十二）树立“以人为本、和谐社会”的经营理念。和谐社会包括各民族之间的和谐和民族内部各阶层之间的和谐，各民族的和谐需要民族文化的交流、沟通；表现为各民族精神文化生活丰富多彩，人们素质大大提高。坚持以人为本，构建社会主义和谐社会是繁荣民族文化宏大的时空背景，也是民族文化体制改革的方向，以及民族文化事业和文化产业必须坚持的经营理念。

（二十三）坚持“社会效益和经济效益相结合”的经营原则。公益性文化事业要坚持以社会效益为主，兼顾经济效益；经营性文化产业要坚持以经济效益为主，兼顾社会效益。民族文化建设要适应变化，勇于创新，艰苦创业，与时俱进，以繁荣发展为中心，积极培育民族文化企业，完善民族文化政策，壮大民族文化产业，增强国家民委民族文化产业的整体实力和竞争力，使之成为繁荣民族文化事业、满足各族人民群众精神文化需求的重要途径。

（二十四）构建“特色＋品牌”的经营模式。未来的竞争，是品牌的竞争；拥有市场的途径便是拥有占市场主导地位的品牌。创建民族文化产业的品牌已成为十分重要的战略任务。创造品牌要凸显民族特色，民族文化要发挥民族特色的天然优势，将特色和创造品牌联系起来。经过几十年的发展，委属文化单位已经形成了自己的特色、优势和品牌，要把这种特色、优势和品牌与社会主义市场经济相接轨，重视推出能够代表国家水准的具有少数民族特色的民族文化品牌，以民族特色和民族品牌抢占国内和国际文化市场，使民族文化走出困局，重创辉煌。

（二十五）转换传统计划经济的经营管理机制。发展民族文化产业必须遵循市场规律，委属文化单位要转换传统计划经济的经营机制，从“管单位”向“管市场”转变，从“封闭型”向“开放型”转变。要建立面向市场，向市场要效益的经营机制。培育民族文化市场，使民族文化适应市场经济，在市场经济中发展、成长、壮大。

六、加强领导，推动发展

（二十六）委属文化单位要进一步解放思想，实事求是，与时俱进，把思想统一到“三个代表”重要思想上来。委属文化单位要根据科学发展观和构建和谐社会的要求，根据社会主义精神文明的特点和规律，适应社会主义市场经济发展的要求，逐步建立起有利于调动民族文化工作者积极性，推动民族文化创新，多出精品、多出人才的民族文化管理体制和运行机制，为全面建设民族地区的小康社会服务。

（二十七）国家民委成立文化体制改革领导小组，加强对委属文化单位文化体制改革工作的领导。领导小组由一位委领导牵头，成员包括委机关有关部门和委属文化单位主要负责人。领导小组在委党组的领导下，统一研究、制定和落实重大改革措施，指导和推动改革进程，确保改革顺利进行。

（二十八）把民族文化摆在重要的位置，列入国家民委党组的重要议事日程。推进民族文化管理体制改革，实行政事分开、政企分开、管办分离，是全面贯彻落实十六大和十六届四中全会精神，改进和创新党对意识形态领导方式的必然要求，是改革民族文化管理体制机制、转变政府职能、推进依法行政的重要步骤，是进一步加强民族文化市场管理，促进民族文化市场繁荣发展，加快民族文化建设的迫切需要。国家民委党组把发展社会主义民族文化摆在重要的位置，列入重要议事日程。

（二十九）转变委机关有关部门的职能，提高宏观调控能力。加快民委有关业务管理部门的职能转变，进一步取消和下放行政审批权，加强面向社会的宏观调控和依法监管，主要是从“办文化”的传统计划经济管理模式向“管文化”方向转变，要以行业管理为主，通过各种经济的、法律的和行政的手段调控市场，正确指导各民族文化单位的经营管理活动。在保障公益性文化事业发展的同时，支持和鼓励民族文化产业进入市场。

（三十）加强领导，制定好计划和措施。委属文化单位要加强领导班子建设，要认真履行职责，发扬民主，团结协作，在制定工作计划和决定有关经营、人事、财务等重要问题时，要集体研究决定，多听取各方意见，做到公正公平公开。要努力学习，求真务实，开拓创新，与时俱进，不断提高思想政治水平、业务水平、决策水平和领导能力。要按照党的十六大精神，根据本意见，制订计划和措施，每年向委机关上报工作计划，经委属文化单位工作协调小组审核同意后执行；每年年终要向委机关上报计划的执行情况，接受委属文化单位工作协调小组的考核；要充分调动广大干部职工的积极性，大力挖掘潜力，加快发展，把加强和改进委属文化单位事业发展的各项具体政策措施认真加以落实。

（此为时任国家民委专职委员时拟订的加强和改进委属文化单位工作的意见）

关于进一步深化干部制度改革的两点思考

在新的世纪里，我们要把建设有中国特色社会主义的伟大事业全面推向前进，实现中华民族的伟大复兴，必须培养和造就一支高素质的干部队伍。建立健全科学化、法制化的干部人事制度，是一项庞大的系统工程，需要我们从理论和实践层面积极探索，不断努力。本文试从发扬民主和转变观念两个方面作一些尝试性的探讨。

一、发扬两个民主（党内民主和人民民主），解决好党政领导干部“向党负责和向人民负责的一致性”的问题

传统选拔干部的模式，一般都是采取自上而下的方式，即由组织部门锁定目标进行考察，然后提交党委常委会议决。这种方法的优点在于，有利于权力的集中，确保政令畅通，便于统一指挥和提高效率，有利于党的路线方针的落实。但封闭式、神秘化、保守性的选拔方式也产生了一些相应的弊端。一是选拔范围狭窄，任何一级组织部门由于时间、精力以及选拔方式的限制，使其选拔干部的视野都局限在一个比较小的范围之内，甚至是只能在自己极其有限的熟悉和了解的干部中进行选择，很难在大范围内对符合条件的人才进行比较深入全面的考察、了解、比较、鉴别。因而许多优秀人才往往因为这种选拔方式的限制而被埋没。二是选拔程序缺乏公开透明，在传统体制下，干部的选拔任用工作极其敏感，故其运作程序往往秘而不宣，有的选拔标准和规则也不够科学，缺乏必要的公开透明和监督参与，故领导者的个人好恶和其他一些因素往往会产生重要影响。其后果必然是，由于缺乏必要的公开、参与和监督，往往容易造成选材用人中的失察、失误、失实，有一些单位和个人，不严格按照干部选任的标准和程序，不遵守民主集中制的原则，主观随意决定干部任免，甚至出现了权钱交易、拉帮结伙、营私舞弊、优亲厚友等等弊端；也造成了一些干部不能够正确行使人民赋予的权力，真正做到“权为民所用，情为民所系，利为民所谋”，而是只对上负责，不对下负责，热衷于跑官、要官，甚至买官、骗官。虽然人数不多，但影响很坏，损害了党的形象，败坏了党的

声誉，人民群众对此深恶痛绝。

吏治腐败是最大的腐败，要从根本上彻底杜绝，必须解决干部选拔任用和管理监督中的权力来源问题。早在新中国成立前夕，毛泽东在回答黄炎培关于未来的共和国如何解决历代王朝“其兴也勃，其亡也忽”的难题时说，我们已经找到了解决的办法，那就是实行民主。民主集中制是我们党和国家的根本组织制度和领导制度，是马克思主义认识论和群众路线在党和国家政治生活中与组织建设中的运用。胡锦涛同志曾经指出，扩大干部工作中的民主，是干部人事制度改革的基本方向。进一步深化干部制度改革，必须充分发扬党内民主和人民民主，认真研究解决各级领导干部的“向党负责和向人民负责的一致性”的问题。

一方面，在坚持党管干部原则的基础上，充分发扬党内民主，严格制度建设，把《党政领导干部选拔任用工作条例》中规定的干部公开选拔、竞争上岗、任前公示、干部考察工作责任制、干部选拔任用工作责任追究制、干部选拔任用工作监督责任制等规定落在实处，对干部的推荐、提名、考察、酝酿、讨论决定、交流回避、辞职降职、纪律监督等各个环节，从程序上做出严密规定，在各个环节和程序中都要尽可能广泛地发扬民主，尤其是在推荐提名、讨论决定等关键环节上，坚持民主集中制的原则，防止长官意志和个人独裁。

另一方面，要充分发扬人民民主，真正落实人民群众在干部选拔任用和管理监督方面的知情权、参与权、选择权和监督权，进一步坚持和完善民主评议、民主测评、民主协商、民主推荐等制度，把《条例》所确定的“群众公认”原则，落实为具体的可操作化的制度和措施。实践证明，发扬人民民主，坚持群众的广泛参与，是遏制用人腐败，防止干部选拔任用工作中“暗箱操作”的有效途径。近年来各地各部门在干部选拔任用和管理监督的实践中积极探索，创造了许多行之有效的办法，也积累了许多成功的经验。如在全国各地正在普遍推开的公开选拔厅、处、科级领导干部制度，就取得了良好的效果。此外，在干部监督管理方面，不仅要强化自上而下的监督体系，更要充分发挥人民群众自下而上的对各级干部的监督作用。

除了在现有干部选拔任用的制度框架内充分发挥群众参与的重要作用之外，近年来一些地方在改革的实践中对基层领导干部的直接选举制度做了积极的探索。如深圳在若干乡镇试点的乡镇长直选、江苏省淮安市在区级领导选任中扩大参与范围等等。市场经济的基本要求是平等、公开、竞争和法制，广大人民群众对公共事务的积极参与，是推动社会主义民主、建设高度的政治文明的基本动力。在中国广大农村，村民自治经过了十多年的发展完善，已进入了比较成熟的阶段，9亿农民在民主实践中已经积累了丰富的选举经验。根据法律规定，我国县、乡（镇）人民代表大会的代表由选民直接选举产生。县、乡辖区相对较小，直接选举易于实施，而且政权机关的决策往往与居民的切身利益有着直接的关联，群众参与选举的热情高涨。以上种种条件都为我们探索乡镇领导，甚至县级领导直选的可能性奠定了基础。

二、转变两个观念，建立科学完善的领导干部考核标准体系

在社会主义初级阶段，经济工作是中心，其他工作都要紧紧围绕这个中心展开，服从服务于迅速发展经济、提高人民群众生活水平、壮大社会主义物质基础、不断增强综合国力这个中心任务。近年来，各级党政部门坚持以经济工作为中心，坚持德才兼备的原则，对干部考核内容进行了卓有成效的探索，也取得了许多成功的经验。但也有一些部门和地区，对通过干部考核促进经济发展作了片面的理解，把“以实绩取人”、“以实绩用人”的原则，狭隘地理解为所谓“实绩”就是经济实绩，而经济实绩就是GDP增长率。于是把经济指标作为主要的甚至是唯一的考核内容就成为干部考核的潜规则。甚至在一些地方出现了把经济指标层层分解，落实到人，实施所谓“压力传递”的做法。一系列与经济相关的量化指标，与官员的升迁奖惩紧密结合起来。由此导致的后果是，各级官员只重视GDP增长，“一俊遮百丑”，而忽视了政府的其他职能，忽视了社会的协调发展。甚至在干部选拔晋升工作中，违背了党和国家的有关法规条例。此风滋长，对干部工作产生了许多不良影响。一些官员为了升迁奖赏，不顾本地财力物力，不考虑保护环境资源，不考虑持续发展和长远利益，大搞“形象工程”、“面子工程”、“政绩工程”。为追求一时的发展速度，违背经济规律，背负巨额债务，盲目上项目、办企业、搞投资，造成大量的低水平重复建设。还有的地方把招商引资演变为“让利竞争”，拼地价、比税收减免，造成国家资产的大量流失。甚至有个别利欲熏心者不惜弄虚作假，编造数字，形成了“官出数字，数字出官”的丑恶现象。值得注意的是，近年来，此种现象在全国已并非仅仅个别，对干部工作影响极坏，教训是十分深刻的。要从根本上解决此类问题，必须切实转变两个观念，建立科学完善的干部考核指标体系。

第一，要正确理解GDP增长与社会全面协调发展的关系，为建立科学完善的干部考核指标体系确立原则。

GDP 只是衡量社会发展一个方面的标尺，它不是万能的，因为它的增长既不考虑社会成本，也不考虑劳工保护、社会保障等问题，当然更不会考虑社会公平和正义。所以，片面追求 GDP 增长速度，并将其作为干部政绩考核的主要依据，必然会使社会发展失衡，引发诸多社会问题。因此，一定要遵循中央提出的统筹城乡发展、统筹区域发展、统筹经济社会发展、统筹人与自然和谐发展、统筹国内发展和对外开放的要求，坚持以人为本，树立全面、协调、可持续的发展观，促进经济社会和人的全面发展。要以此作为建立科学完善的干部考核指标体系的基本原则。

第二，要准确界定社会主义市场经济条件下的政府职能，为建立科学完善的干部考核指标体系提供科学依据。

在计划经济体制下，政府几乎是全部经济活动的规划者和执行人，决定着整个社会生产和再生产的全部过程，直接决定生产什么？生产多少？怎样生产？并直接控制交换过程，负责分配和消费的决策，以指令性计划取代价格机制，由行政分配取代市场选择，各级政府领导人都是该地区经济活动的组织者和实施者。因而，以经济指标来考核干部也就成了顺理成章的事。但市场经济自有其运行的客观规律，要求政府退出生产经营、收入分配和市场交易等微观经济领域，实现政企分开，让企业真正成为自主决策、自主经营、自负盈亏的独立的利益主体和市场主体。清晰界定国家与社会、政府与市场之间的关系，从"全能政府"转变为"有限政府"，从"监管政府"转变为"服务政府"，从"审批政府"转变为"咨询政府"，即政府的经济职能主要是创造和维护正常的市场运行和竞争秩序，提供经济发展所必需的基础设施，宏观调控总供给与总需求之间的关系等，而不是直接参与、组织经济生产活动。政府的主要职能在于促进社会的协调发展，实现社会的公平和正义，认真履行其在政治稳定、国家安全、基础教育、公共卫生、环境资源、劳动保护、社会保障、社会救助等方面的职能，由计划经济体制下形成的"生产建设型政府"转变为市场经济体制所要求的"公共服务型政府"。而进一步深化干部制度改革，就必须根据这种转变来设立科学完善的干部考核指标体系。

关于深化我国行政审批制度改革的几点思考

随着我国加入 WTO 和社会主义市场经济体制的建立与完善，改革行政审批制度已经成为当前进一步转变政府职能、改进管理方式、提高行政效率、促进全面建设小康社会的重要任务。行政审批制度是一个复杂系统，对其各个环节各个层面都应该进行全面、系统、深入的研究。下面我仅以自己的研究和思考，就如何深化我国行政审批制度的改革谈几点想法。

一、要依法规范行政审批的范围

许多发达国家非常重视行政审批范围的界定，并把行政审批的设置权赋予立法机构，启动法律程序，严格用法律手段规范审批范围。这不仅体现了法治精神，而且有效保证了规则公正。原因很简单，正如体育运动，不能把竞赛规则交给运动员自行决定，否则运动员就会有意无意地从自身需要出发设定有利于自己的规则，使规则失去公正、严格的规范意义。

毋庸讳言，由于历史的原因和现实的状况，我国行政审批制度改革，不得已采取了以行政节制力量为主要推动的模式，审批项目的裁撤、保留，大多依靠行政机关的“自查自纠”，犹如让运动员做了“裁判者”甚至是规则制定者。这种模式，不能说没有成效，但肯定不会有理想成效。过去我们进行的几次行政改革、精简机构、转变职能，结果都有不同程度的反弹；目前我们正在进行的审批项目裁销工作，同样有相当数量的审批项目应该裁销而没有裁销，以各种理由改头换面保留下来。这其实是像“运动员”充当竞赛规则制定者所导致的尴尬结果。

因此，我国的行政审批制度改革，不单纯是行政系统革弊兴利之举，还要肩负起行政法制的基础性建设任务。在具体操作上，一方面要按照改革的既定目标，继续下力气裁销不符合市场经济发展要求的审批项目，另一方面要加快行政法制建设，把阶段性进程与总体目标有机结合，尽快把行政审批范围的界定纳入法制轨道。如此，才能避免困扰我们多年的审批项目的反弹和复旧，不断把改革推向深入。

二、要公开透明行政审批的程序

行政审批程序是指行政审批的步骤、方式以及实现这些步骤、方式的时间、规范和顺序，其目的是通过对行政审批行为的步骤、方式的规范，使行政行为有序化、公开化、效率化。

从世界各国的经验看，制定行政程序法是规范审批程序、审批方式最有效的手段。我国行政审批制度的深化改革应当在以下三个层次上探寻切合实际的路径。

首先，由于缺乏周详而可操作的实施指导，各级地方政府、各部门“摸着石头过河”，在制度创新方面进行着探索，有成功经验，也有失败教训，对于这些都要进行密切跟踪，及时地总结新方法、新经验，及时地对暴露的问题进行对策研究。

第二，把反映事物本质和规律性的研究成果，适时地转化为现实措施，如出台一些规范性指导性文件，及时坚决地调节和规范改革中出现的问题，肯定积极成果。

第三，在理论研究和实际工作中，都要始终从法律的高度，用法律的视角解读、研究、概括实践中的经验教训，提炼可以进入法律层面的内容，待时机成熟，制定出台具有中国特色的行政程序法典。

三、要切实加大政府职能转移与完善中介组织

政府职能的转变，简单讲，包括两层含义：一是取消，即把政府不该管、也管不好的职能从政府职能序列中取消，交由市场机制去调节；二为转移，即把政府不应承担、市场机制又难以或不能发挥有效作用的那部分职能，按照一定渠道或方式转移出去，由相应的社会组织去承担。行政审批项目是构成政府职能的核心内容，它的裁销也有一个取消和转移的问题。

从政府序列转移出去的职能承担者，通常被称为社会中介组织。顾名思义，社会中介组织是介于政府和一般社会组织、社会成员之间的中间性社会职能角色。社会的日益多元和复杂，社会行业和领域间的分野渐强，就需要一种力量在彼此间充当调节互动的纽带和桥梁，这是社会中介组织产生存在的基础。完备的社会中介组织应当具有非政府性、非营利性、公益性、公正性、服务性、规范性六个特征。以这样的标准衡量，我国的中介组织尚存在定位模糊、职能不清、自律不严、公益寡薄等问题。

随着我国行政改革特别是审批制度改革的进一步推进，社会中介组织若没有长足发展，势必成为瓶颈，制约整个行政改革的进程。因此，现在已经到了非高度重视中介组织不可的时候了，否则政府职能无以转移，只

能变成游戏和空喊。

四、要严格履行行政审批的原则

1. 市场取向原则。即从社会主义市场经济发展需要出发，正确界定行政审批范围，恰当设置行政审批程序，有效保障市场机制对资源配置的基础作用，以市场经济发展的要求为依据，创造良好市场环境，进一步解放生产力。在我看来，我国行政审批的改革进程应以这一原则为指向，行政审批的改革措施应以这一原则为定夺，行政审批改革的成果应以这一原则为归宿。

2. 依法审批原则。社会主义市场经济是法制经济，必须以法律为基础为依据。所谓依法审批原则，就是运用法律手段规范调节行政审批，使其以一种适应市场经济发展要求的恰当方式介入经济活动。依法审批，不仅是法制经济的构成或参与要素，而且是经济活动法制化的重要前提。

3. 公平合理原则。如果说市场取向原则、依法审批原则主要是在目标取向、作用方式、环境条件等方面提出要求，那么公平合理原则是着重于结果的描述与评价。公平合理原则不仅通过对结果的强调而体现出市场经济对公平结果的本质要求，而且通过对审批结果的评价检验确知行政审批过程中存在的问题。

4. 提高效能原则。高效是先进行政审批制度的应有品质，是集合多元要素的系统性指标，行政审批的范围、程序、方式、运转协调、人员素质、环境条件等等要素无不对效能产生影响。为更好满足市场经济的发展需求，更好应对国际间的竞争，提高行政审批效能进而进一步提高政府整体行政效能，是目前的一个重要任务。

5. 坚持责任原则。行政机关在拥有行政权力的同时，也必须承担相应的行政责任，包括行政机关的整体责任和行政机关内部具体部门及人员的具体责任。根据目前存在的问题，在强化行政机关整体责任的同时，更要强化具体的行政责任，即在明确行政机关整体责任的前提下，将整体责任分解，落实于具体部门、具体人员。如是才能真正做到“谁审批谁负责”，才能够建立起有效的责任追究制度，进而提高行政审批的质量和效率。

6. 强化监督原则。市场经济要求的行政监督机制应当是高度透明、全方位、无差别、系统化的监督。所谓高度透明，即向社会全面公开审批的范围、程序、条件、时效及责任，剔除暗箱操作的任何可能性；所谓全方位，是行政、法律、社会组织、人民群众等多重监督主体实施的网络化监督；所谓无差别，是指监督的平等性，无论资格新老、职务高低，一律平等地接受监督；所谓系统化，是对行政审批的各环节、各层面进行全过程监督，不但设置预防措施，展开警示教育，也要有事中、事后监督和严格的惩处措施。

五、要创建有效的行政审批新机制

要使以上环节和要素真正发挥作用，应当有良性的机制作为保障。机制的首要功能在于整合，即将分割零离的环节要素结构成一个有机整体，在发挥各自功用的同时合发整体效应，防止顾此失彼、彼此为碍的失衡弊端；机制的第二功用为制导，即对有序结构的走向做出硬性规范，使其在预设的轨道中良性运行，消除或最大程度上降低失准走偏的可能性；机制的第三功用为普施，即在其覆盖领域具有普遍的强制性，不允许违悖，否则将受惩处。

在我国行政审批改革中出现的一些新的机制，如设立行政审批社会听政制，积极推行政务公开、办事公开制，建立专家咨询制，大力实行联合审批制，确立便民服务制，引入司法审查和司法救济机制等，为我国行政审批制度改革打开了视野。这些形式在我国则刚刚启动，仍然存在制度不健全、操作不规范，甚至处于一种游离于制度之外的自发状态，效果有限。对此，我们必须从机制建设的角度去审视，逐步调整、规范、完善其运作条件、运作模式，提升运作质量，促进其尽快发育成熟，并在此基础上，将其整合为行政审批的制度要素。只有成为行政审批的制度构成要素，机制才能在实践的具体操作中发挥制导性、普施性和有效性的功能。

六、要着力提高公务员队伍的素质

任何一项行政审批权力，无论由哪一级政府行使，最终会具体落实于公务员手中。公务员素质将对权力的行使效果产生至关重要的影响。当今世界不仅是经济、技术、制度的竞争，归根结底，是人才的竞争。人才不仅是指科技、教育等领域，也应该包括公务员。公务员的素质如何，会在一个国家整体竞争力上明显地表现出来，并对其他方面产生重要影响。

我们国家的公务员不同于西方，在公务员的培养使用机制上，应该有我们自己独到的东西。多年来，我们一直在努力，成效很大，但存在的问题也不容忽视，官僚主义、腐化堕落久禁不止，暴露出公务员制度上的缺陷。

如何进一步完善公务员制度，造就一大批高素质的公务员，确实是改革中需要高度关切的大问题。因为任何的制度改革，最终要落实到人员素质上。因此，要通过公务员的考录、考核、监督、培训等机制的改革，从自律和他律的方面促使公务员持续地提高素质，逐步完善公务员制度，为提高公务员素质提供制度保障。

关于由“全国人大、国务院和全国政协联合召开《中华人民共和国民族区域自治法》颁布实施20周年纪念会”或座谈会的建议

2004年是我国人民政治生活的不平凡之年、大喜之年。今年是全国人民代表大会成立50周年、中国人民政治协商会议成立55周年，以及《中华人民共和国民族区域自治法》颁布实施20周年。前两件大事胡锦涛总书记已明确要隆重纪念。因此我们民族界的全国政协委员建议由全国人大、国务院和全国政协联合召开、国家民族事务委员会具体承办《中华人民共和国民族区域自治法》颁布实施20周年纪念会或座谈会。具体意见是：

1. 民族区域自治制度被法律规定为我国社会主义民主制度的三大形式之一。1949年9月召开的第一届中国人民政治协商会议，产生了作为新中国政治机构的中国人民政治协商会议，明确了在中国共产党领导之下实行多党合作的政治形式和组织形式。会议通过的《中国人民政治协商会议共同纲领》，确立以民族区域自治制度作为解决我国民族问题的基本政策，第一次以法的形式把它固定下来。1954年9月召开的第一次全国人民代表大会，通过了我国的第一部正式宪法和一些国家机关的组织法。明确规定国家的“一切权力属于人民”，“全国人民代表大会是最高国家权力机关”；民族“自治机关的形式可以依照实行区域自治的民族大多数人民的意愿决定”。1984年5月第六届全国人民代表大会第二次会议，根据《中华人民共和国宪法》的规定，通过了《中华人民共和国民族区域自治法》，明确规定“民族区域自治法是中国共产党运用马克思列宁主义解决我国民族问题的基本政策，是国家的一项基本政治制度”。

2. “三大基本制度”是人民行使当家作主权利、建设社会主义法治国家的“三大法宝”。党的十五大首次以党的决议的方式确认三大基本制度共同构成“有中国特色社会主义的政治”。江泽民同志在十五大报告中提出要“坚持和完善人民代表大会制度和共产党领导的多党合作、政治协商制度以及民族区域自治制度”，党的十六大再次强调要“坚持中国共产党的领导，巩固和完善人民民主专政的国体和人民代表大会制度的政体，坚

持和完善共产党领导的多党合作和政治协商制度以及民族区域自治制度”。因此，“三大基本制度”是我国当前推进政治体制改革，发展民主，健全法制，依法治国，建设社会主义法治国家，保证人民行使当家作主权利的“三大法宝”。

3. 民族区域自治制度本身具有强大的政治功能。我国的民族区域自治制度，从作为解决民族问题的基本政策，到颁布《民族区域自治法》将其以基本法的形式固定下来，再到中国共产党十五大将其与人民代表大会制度、中国共产党领导的多党合作和政治协商制度，一同表达为我国社会主义民主制度的三大形式，从政策到法律制度，表明了民族区域自治理论的发展历程、理论建树，表明民族区域自治制度在我国体制中的重要地位。进入新世纪以来，我国又进一步修正和完善了民族区域自治制度，使它更加适合我国现实政治制度发展的需要，进一步增强了它自身的政治功能。民族区域自治制度使我国 56 个民族同舟共济，为各民族人民把热爱祖国的感情与热爱自己民族的感情有机地结合起来，提供了最为恰当的政治形式。实践表明，民族区域自治制度的实行，有力地增强了中华民族的凝聚力，为中华民族的振兴创造了必要的条件。如果说在新中国成立之初，民族区域自治制度的政治功能主要体现为保障民族平等权利的话，那么，在 21 世纪民族区域自治制度在政治方面的功能，则需要从新的角度发挥和加强，尤其需要激发其促进经济文化发展的新功能。实行民族区域自治制度，如果不把少数民族、民族地区的经济搞上去，不把少数民族、民族地区的教育、科技、创新能力搞上去，从整体上和根本上提高少数民族人民的素质和生活质量，“自治”就会堕入空谈。因此，坚持和完善民族区域自治制度的根本任务，同党和国家在现阶段的根本任务是一致的，就是要解放和发展社会生产力。

4. 《中华人民共和国民族区域自治法》构成了一个完整的、独立的法律体系。它是依据 1982 年宪法关于民族区域自治的规定制定的，它是实施宪法规定的民族区域自治制度的基本法律。它吸收了中国共产党十一届三中全会以来在民族工作中拨乱反正的重大成果，尤其是在总结实行民族区域自治正反两方面经验的基础上，对新时期改革开放的特点，作出了一系列新的规定，为新时期坚持和完善民族区域自治制度提供了法律保障。实践证明它是一部促进各民族共同繁荣和维护国家长治久安的好法律。通过召开高规格的纪念会或座谈会，对于进一步坚持和完善《中华人民共和国民族区域自治法》，确保国家长治久安，加强民族团结，加速民族自治地方经济、文化的发展，建设民主、繁荣的民族自治地方具有特别重要的意义。

关于恢复党和国家领导人每年接见中央民族大学毕业生传统做法的提案

中央民族大学是中国共产党为解决国内民族问题而创立的新型高等学府，是全国民族院校中唯一一所国家重点大学，其前身是1941年10月在延安建立的民族学院。根据毛主席的指示，1950年11月24日周恩来总理主持政务院第60次会议，通过了《筹办中央民族学院试行方案》。1951年6月11日中央民族学院正式开学，朱德、董必武、李济深、李维汉等领导同志亲临祝贺。1979年中央民族学院被教育部确定为国家重点大学；1993年中央民族学院更名为中央民族大学；1999年学校通过国家“211工程”的立项审核，正式进入国家重点建设的100所大学的行列。

中央民族大学聚集着56个民族的师生员工，是我国多民族大家庭的缩影和象征，也是展示党的民族政策和我国各民族团结进步的重要窗口，在帮助党和政府处理民族问题方面有着不可替代的作用。学校上千名各民族教职工中，有的被视为本民族的在京代表，有的被视为本民族的领袖人物，在民族地区有较大影响和发言权。周恩来总理生前曾指示有关负责同志，凡民族学院来的新生都要尽可能安排他们有机会见到伟大领袖毛主席，凡是重要的国事活动一定要有民族学院的代表参加。毛主席生前曾同刘少奇、周恩来、朱德、邓小平等党和国家领导人一起先后14次接见了学校的毕业生和师生代表。1959年，毛主席在接见学校进藏参加民主改革的学生时，曾告诫他们，要好好工作，努力为各族人民服务。周恩来总理在视察学校时也曾指示，要按照毛主席的教导，认真执行党的民族政策，搞好汉族和少数民族的关系，加强各民族的团结。进入改革开放新时期以后，邓小平等党和国家领导人也多次接见了学校的各族师生代表。江泽民主席还亲笔为学校题写了校名。

党和国家领导人的亲切关怀极大地鼓舞了学校的各族师生以及各民族地区的少数民族群众。许多受到毛主席等老一辈革命家接见的毕业生至今还珍藏着同领袖合影的照片。他们无论在什么样艰苦的环境中，一想起领袖的音容笑貌，就会增添无穷的力量。这些毕业生在民族地区的现代化建设中，在维护民族团结和祖国统一的伟大事业中，发挥着极其重要的作用。

在全面建设小康社会，实现社会主义现代化的新的历史时期，民族问题依然存在，“民族、宗教无小事！”尤其值得警惕的是，国内外敌对势力总是利用民族问题对我们进行渗透、破坏和颠覆活动，因此，做好中央民族大学的工作对于解决我国的民族问题，维护祖国统一、巩固民族团结具有十分重要的意义。为此，我们建议恢复党和国家领导人每年接见中央民族大学毕业生或师生员工代表的传统做法。这样做，有利于增强国家的凝聚力和向心力，有利于调动各民族群众建设社会主义的积极性，有利于巩固和发展社会稳定、民族和睦的大好局面，也有利于树立新一代党和国家领导人立党为公、执政为民的良好形象。

关于将中央民族大学纳入“985 工程”的提案

以建设若干所世界一流大学和一批高水平大学为目标的“985 工程”建设即将启动，这无疑将对我国高等教育及经济社会发展产生深远影响。考虑到中央民族大学在整个高等教育体系中的特殊重要地位及其在少数民族地区经济社会发展中的特殊重要意义，建议将其纳入这一工程，主要理由如下：

一、中央民族大学具有特殊的政治地位，发挥着国内其他高校不可替代的重要作用。自建国以来，党中央国务院高度重视少数民族的教育问题，并在世界上首创了独具特色的民族高等教育体系。目前，这一体系包括 13 所以培养少数民族大学生为主的民族高等院校（广义地说还包括边疆民族地区的其他 100 多所大学）。中央民族大学作为其中水平最高、最有代表性的一所，在培养少数民族干部和高级专门人才，以及为党和政府处理民族问题提供决策咨询服务等方面发挥了重要作用，在民族地区和少数民族中具有很高的地位和影响，是全国广大少数民族群众心目中的最高学府，也是对外展示我国民族政策的重要窗口。

二、朱镕基同志提出“将中央民族大学建设成为世界一流的民族大学”，为学校指明了方向、作出了定位。2001 年 6 月，时任国务院总理的朱镕基同志亲临中央民族大学视察，作出“把中央民族大学建设成为世界一流民族大学”的重要指示。这一指示不仅对中央民族大学作出了基本的定位，而且成为凝聚各族师生建好中央民族大学的旗帜，并已成为中央民族大学全体师生员工努力奋斗的精神支柱。

三、国家计委、财政部、教育部、国家民委根据国务院领导同志的指示，在深入调研的基础上，向中央报送了《关于进一步办好中央民族大学的请示》。这一文件经锦涛、庆红同志圈阅和岚清同志批示后，已成为办好中央民族大学的纲领性文件。其中明确提出“将中央民族大学列入教育部重点建设的大学系列之中”。2002 年 7 月颁布的《国务院关于深化改革加快发展民族教育的决定》明确写进“重点支持办好中央民族大学”。国家民委、教育部、北京市人民政府于2002 年6 月共同签署的《关于重点共建中央民族大学的协议》再次明确“将中央民族大学列入教育部重点建设的大学”。

四、中央民族大学是全国民族院校中唯一进入国家“211 工程”的全国重点大学。中央民族大学“十五”期间“211 工程”建设，将以民族学、中国少数民族语言文学、中国少数民族地区经济发展、中国少数民族地区生态环境、中国少数民族文化 5 个重点学科建设项目为核心，加强师资队伍及管理干部队伍建设，完善校内公共服务体系和与教学科研配套的基础设施，形成一批居于国内领先水平和达到国际先进水平的重点学科和学科方向，带动学科建设、人才培养、科学研究、对外交流及精神文明建设等各方面工作的整体优化发展，将为把中央民族大学建设成为高水平的大学奠定良好基础。

五、中央民族大学有一批在国内领先、在国际有影响的优势学科和知名学者。经过 50 余年的发展，在党和国家的关怀和大力支持下，经过几代学人的不断努力，中央民族大学不仅逐渐明确了“发展是执教兴校的第一要务”和“办人民满意的教育，办学生满意的大学”的办学思想，而且具有了较强实力和较好的发展基础，学校的民族学、中国少数民族语言文学、中国民族史、中国少数民族经济、中国少数民族理论与政策、民族宗教学和中国少数民族艺术等学科具有雄厚的实力和特色优势，不仅在全国居于领先地位，而且具有较大的国际影响，还拥有一支以费孝通、王钟翰、宋蜀华、王尧、戴庆厦、张公瑾、施正一、牟钟鉴、刘秉江为代表的、学术造诣精深、蜚声海内外的知名学者。

关于进一步提升中央民族大学政治地位和规格的提案

中央民族大学是以培养少数民族人才为主的国家重点大学，学校的长远目标是建设成为世界一流的民族大学。同已列入教育部“振兴21世纪教育行动计划”的21所大学和新近批准的10所高校主要领导纳入中管干部系列的大学相比，学校目前的行政规格较低。这不仅同学校的地位不相称，也不利于学校的进一步发展。因此，我们建议在支持学校抓好各方面建设的同时，采取措施，进一步提升中央民族大学的政治地位，使之成为副部级规格的高等学校。主要理由如下：

第一，中央民族大学具有特殊的政治地位，发挥着其他院校不可替代的重要作用。

中央民族大学是中国共产党为解决国内民族问题，培养少数民族干部而专门创立的高等学校，被誉为少数民族人才的摇篮。建校52年来为少数民族和民族地区累计培养各类毕业生6万余名，其中省部级干部80多人、地厅级干部600多人、县处级干部近万人，还有一大批从事民族学科教学和科研的专家学者。它的毕业生已成为民族地区一支能够用得上、干得好、留得住的人才队伍，是加强民族团结、维护祖国统一的重要力量。

中央民族大学是国内研究民族问题的重要基地。建校以来，学校的教师参与和主持了一系列大规模的关于少数民族的调查和有关民族问题的研究，调研成果对党和国家制定民族政策、进行宏观决策起到了十分重要的作用。

中央民族大学是中华民族大家庭的缩影，是展示我国民族团结进步的重要窗口，在帮助党和政府处理民族问题方面具有特殊作用。学校是全国唯一具有56个民族的单位，在1000多名少数民族教职工中，有不少人被视为本民族在京的优秀代表，他们是党和政府联系少数民族群众的重要纽带，处理民族问题的倚重力量。建校以来学校已接待数万名外国领导人和各界人士，是我国民族高等教育对外交流、宣传我国民族政策、展示我国各民族风貌的重要窗口。

第二，中央民族大学是中国民族教育的最高学府，具有较强的实力和较大的规模。

早在1979年学校就被确定为国家重点大学，目前又是全国民族院校中唯一一所国家“211 工程”重点建设的大学。学校现有博士后流动站 2 个、博士学位授权点 17 个、硕士学位授权点 38 个、国家级重点学科 2 个、部委级重点学科 9 个、国家文科基础学科人才培养和科研基地 2 个、全国普通高校人文社会科学重点科研基地 1 个。学校设有 61 个本科专业，覆盖了 10 大学科门类。学校的民族类学科具有较高水平，在国内外有着广泛影响。民族学、少数民族语言文学在全国同类学科中实力最强，民族史、民族宗教、民族艺术、民族经济、民族教育、民族理论等在全国处于领先水平。学校每年面向全国 31 个省、市、自治区招生，各类在校生总数近 2 万人，是全国民族院校中专业设置最多、人才培养层次最高、服务范围最广、师资力量最强的学校。

第三，从历史上看，中央民族大学一直享有较高的规格。

1950 年 6 月，学校的首任院长和副院长分别由时任中央民委副主任的乌兰夫、刘格平兼任。1954 年乌兰夫同志到内蒙古工作，中央民委副主任刘格平任院长。1957 年刘格平调离学校，中央统战部副部长、中央民委副主任刘春任院长直到“文革”开始。“文革”后，1977 年宗群同志（副部长级待遇）任院党委代书记兼代院长。1982 年宗群同志改任学校顾问，原《红旗》杂志社副社长、副总编辑江云（副部长级）任院长直至 1985 年。1993 年 11 月 30 日中央民族学院更名为中央民族大学，全国人大常委会副委员长费孝通、国务委员司马义・艾买提担任学校的名誉校长。在中央民族大学 52 年的历史中，多数时间学校的主要负责人是按副部长级配备的。这对促进学校的发展，扩大学校的影响起到了十分重要的作用。因此，恢复中央民族大学在历史上的规格，不仅是党的民族政策的重要体现，也是我国 55 个少数民族的共同心愿和热切的期盼。

第四，办好中央民族大学，学校主要领导需要具备较高的政策理论水平和领导能力。

中央民族大学是全国民族成分最全的单位，也是政治上十分敏感、工作比较复杂的单位。对于这样一所特殊大学的领导干部，除了一般教育管理能力方面的要求外，还应具有较高的政治政策水平，特别是马克思主义民族理论和民族政策水平，以及应对复杂问题的能力，要兼具政治家和教育家的素质。

总之，从解决我国民族问题的战略角度和发展民族高等教育的实际需要考虑，进一步提升中央民族大学的政治地位和规格，将学校的主要领导纳入中管干部系列是十分必要的。

2004 年 2 月 10 日

关于落实党和国家主要领导人接见中央民族大学少数民族师生代表的建议方案

荣仕星等30位委员提出的《关于恢复党和国家领导人每年接见中央民族大学毕业生代表传统做法的提案》（第2627号提案），经全国政协批转国家教育部，已于2004年8月25日获得教育部令人满意的答复（见《中华人民共和国教育部建议、提案办理［2004］第225号》。对此，我们深表感谢。

教育部在答复中说，“中央民族大学凝聚着56个民族的师生员工，是我国多民族大家庭的缩影和象征，也是展示党的民族政策和我国各民族团结进步的重要窗口。因此，做好中央民族大学的工作对于解决我国的民族问题，维护祖国统一、巩固民族团结具有十分重要的意义。面对错综复杂的国内外形势，恢复党和国家领导人每年接见中央民族大学毕业生或师生员工代表的传统做法有利于增强国家的凝聚力和向心力，有利于调动各民族群众建设社会主义的积极性，有利于巩固和发展社会稳定、民族团结的大好局面。我部支持恢复党和国家领导人每年接见中央民族大学毕业生或师生员工代表的传统做法。”由于工作的难度和复杂性，这一提案至今尚未真正落实。

为了进一步落实教育部的答复意见，我们建议：

一、每年6月，中央民族大学各族优秀毕业生或师生员工代表到人民大会堂接受党和国家领导人的接见。

二、中央民族大学各族优秀毕业生或师生员工代表向党和国家领导人汇报学习和工作情况。

三、中央民族大学汇报受党中央和国务院的委托进行调查研究的情况。

关于在中央民族大学设立独立研究生院的提案

在中央和国家各部委的关怀和支持下，在全国政协和社会各界的支持和帮助下，中央民族大学已经进入国家重点建设的“985 工程”的 38 所重点大学行列，为学校的发展、为实现中央提出的“把中央民族大学建设成为世界一流的民族大学”的奋斗目标，提供了巨大机遇和良好平台。根据学校的进一步发展，考虑到中央民族大学在整个高等教育体系中的特殊地位及其在少数民族地区经济社会发展中的重要意义，考虑到中央民族人学的发展水平、发展要求和发展势头，建议在中央民族大学设立独立的研究生院。理由如下：

一、在中央民族大学设立独立研究生院的必要性

我国是个多民族国家，民族地区的发展与繁荣，是全面建设小康社会伟大战略目标的重要组成部分。要推进民族地区经济与社会发展，必须全面提升民族地区人民的素质和能力，但是目前民族地区高级人才短缺，严重影响和制约着民族地区的进一步发展。为此，需要提高中央民族大学的办学水平和办学层次，设立独立的研究生院。这将有利于适应新世纪我国高等教育改革与发展的需要，适应民族教育发展的要求，建立健全我国民族教育高层次人才培养体系，充实学校承担的“985 工程”和“211 工程”的实质内涵，填补目前我国民族院校尚无研究生院的空白，从而更好地为各少数民族和民族地区的经济建设与社会发展提供智力支持；有利于积极落实党和国家提出的“科教兴国”战略，落实党和国家的民族政策以及提出的“重点办好中央民族大学”的重要指示，落实国家民委、教育部和北京市政府关于重点共建中央民族大学的协议精神，提高民族高等教育的整体实力和办学水平。

二、在中央民族大学设立独立研究生院的基本条件

经过 50 多年的发展，中央民族大学已成为文、史、哲、经、管、法、理、工、医、教等学科齐全，具备以全日制本科教育和研究生教育为主要

形式，兼有预科和干部培训、成人教育等多学科、多层次、多形式的办学格局和办学体系的综合性研究型大学，已初步具备设立研究生院的基本条件。

1. **学科专业**。学校现有一级学科博士学位授权点 1 个、二级学科博士点 17 个，涵盖哲学、法学、文学、历史学等 4 个学科门类；二级学科硕士授权点 38 个，涵盖哲学、经济学、法学、教育学、文学、历史学、理学、管理学等 8 个学科门类，逐步形成了特色鲜明的、完整的研究生教育体系，即以人文社会科学为主体、以民族学科为特色、涵盖多个学科门类的研究生教育体系。其中民族学、中国少数民族史、人类学、宗教学、中国少数民族语言文学、中国少数民族经济、马克思主义民族理论与政策、中国少数民族艺术、中国少数民族教育等专业有较强的教学和科学研究实力，在国内外都有较大影响。

2. **导师队伍**。老一代专家学者如吴文藻、潘光旦、杨成志、傅乐焕、林耀华、翁独建、马学良、王钟翰、费孝通等为学校发展做出了极大贡献。学校目前拥有一支由国内外著名专家学者和卓有成就的中青年学科带头人组成的研究生导师队伍，其中具有正高职称的 173 人、副高职称的 269 人，教师的平均年龄为 42 岁，教授平均年龄为 53 岁、副教授平均年龄为 45. 8 岁；博士生导师 67 人、硕士生导师 247 人，40 岁以下的导师有 87 人、40—50 岁的导师 192 人，年龄结构较为合理，发展潜力相当不错。

3. **培养规模**。目前在校研究生 1402 人，其中外国留学研究生及港、澳、台籍研究生 65 人。根据学校发展规划，研究生培养规模还将不断扩大。到 2005 年，在校研究生规模将接近 2000 人。

4. **培养质量**。中央民族大学培养的研究生中，有不少是本民族的第一位硕士或第一位博士，为国家尤其是民族地区输送了大量优秀的高层次专门人才。

5. **办学条件**。近几年来，学校加大了基础设施建设力度，研究生教学条件明显得到改善。目前已竣工的研究生公寓大楼、新图书馆、留学生公寓大楼，以及正在建设的文科大楼、理科大楼等，为进一步扩大我校研究生招生规模、改善人才培养条件及提高培养质量打下了良好基础。

总之，在中央民族大学设立独立研究生院，不仅会扩大研究生的规模，而且有助于落实中央关于我校“适度发展本科生教育，大力发展研究生教育”的要求，还将提高我校研究生教育水平和整体办学实力，为国家现代化建设和少数民族地区的繁荣进步造就更多的栋梁之才。

六号楼应迁出中央民族大学校园

中国社会科学院民族研究所现在中央民族大学校园内，占地 5 亩，占用中央民族大学所属的 4800 多平方米三层楼房（即 6 号楼）为办公楼。该楼北区、南区、西区皆为学校学生宿舍，东区为学校运动场，属于中央民族大学校园内一个重要区域，造成在本来就很狭小的中央民族大学校园内存在另外一个单位的状况。这既影响了学校的发展，也不便于学校的管理，建议落实国家民委、国家计委、教育部、财政部 2001 年 39 号文件的有关精神，将中国社会科学院民族研究所迁出中央民族大学校园。理由如下：

第一，中央民族大学具有特殊的政治地位，办好这所大学是党中央、国务院确定的既定方针。

自建国以来，党中央、国务院高度重视少数民族的教育问题，并在世界上首创了独具特色的民族高等教育体系。中央民族大学作为其中水平最高、最有代表性的一所综合性研究型大学，也是全国民族院校中唯一进入国家“211 工程”和“985 工程”建设的重点大学，在培养少数民族干部和高级专门人才，以及为党和政府处理民族问题提供决策咨询服务等方面发挥了重要作用，在民族地区和少数民族中具有很高的地位和影响。办好这所大学受到党中央、国务院的高度重视，中央为学校提出“建设世界一流民族大学”的发展目标；《国务院关于进一步改革与发展民族教育的决定》和国家民委、教育部、北京市人民政府联合签署的《关于重点共建中央民族大学的协议》中，明确写入“重点办好中央民族大学”。

第二，中央民族大学现有校区面积狭小，严重制约了学校的发展。

该校全日制在校生人数已达 15000 多人，而学校教学区和学生生活区的面积仅为 362 亩。按照国家对高等学校办学条件的要求，校园土地面积的缺口很大，教室、实验室特别是体育运动场所和师生活动空间严重短缺。中国社会科学院民族研究所设在这样一个校园内，极大地增加了学校的拥挤程度，这不仅影响到少数民族学生德智体全面发展，也影响着校园的安全和稳定，与中央民族大学作为中国民族教育的最高学府和党的民族政策展示窗口的地位极不相称。

第三，中国社会科学院民族研究所设在中央民族大学校内不利于校园的管理。

中国社会科学院不仅增加了校园的拥挤，更不利于学校的管理，对学校环境改善和人才培养造成了许多负面影响。该楼的周边搭建了大量违章建筑，并有大量房间被出租用于商业经营和外来人员租住，破坏了整洁的校园环境，给校区带来严重的安全隐患，与高等学府浓郁的文化气息形成强烈反差，破坏了和谐的校园文化氛围，严重破坏了学校的整体性和学校安定、团结、和谐的育人环境，制约了学校的建设与发展。

第四，中国社会科学院所在6号楼的产权本来就属于中央民族大学。

因此，将中国社会科学院民族研究所迁出中央民族大学校园，既符合历史的状况，又符合学校发展的现实要求。

人力资源开发与管理理论在高校教师管理中的应用与探索

随着知识经济时代的到来以及由此而来的国际间竞争的加剧，随着经济全球化和政治多极化矛盾运动的展开和由此而来的各种世界性难题的凸显，随着我国社会经济发展逐渐进入全面起飞阶段和由此造成的人才缺口和人力资源压力的增大，特别是随着我国改革和发展走过将近30年历程和由此而来的矛盾与问题的出现，我国致力于高层次人才培养和重大理论及现实问题研究的高校教师的重要性逐渐显现出来。为了积极回应这些状况与趋势，为了主动应对这些矛盾与难题，中央不仅提出“科教兴国”战略和“人才强国”战略，而且实施了“211 工程”和“985 工程”，实施了哲学社会科学繁荣发展计划，这又对高校教师的素质、能力和水平提出了全新的要求。在这种背景下，如何创建一套推进我国高校优秀教师、杰出教师和大师级学者成长和涌现的环境与机制，就成为大学制度创新的任务和使命，也是高校人事管理必须面对的挑战和课题。

应当讲，认识到高校教师重要性的人是越来越多了，但从管理学和人力资源开发与管理理论角度认真研究和全面反思教师管理模式的则不多见。基于这样的认识，我想从高校教师管理模式转变的角度，分析和探讨人力资源开发与管理理论在高校教师管理领域中的应用问题，以探寻高校教师管理模式的变革之路，请大家批评指正。

一、人力资源开发与管理问题在教师管理领域中的凸显

从管理学上看，目前我国高校教师管理领域中盛行的管理模式是传统的人事管理模式。在这种模式下，教师管理被看做一项行政事务，管理的目标是理顺人事关系、建立人员流动规范、形成人事活动秩序，管理的方法主要是常规性、事务性的行政管理，而管理范围主要包括人员的招聘录用、考核奖惩、工资福利、离休退休等日常业务。

在我国高校规模较小、并主要承担教学任务的时代，这种教师管理模式的优点也十分突出，这就是垂直、秩序、高效。所谓“垂直”，是就其管理方式而言的，它是高校主要领导根据全校教学活动的需要，以行政命

令的方式对学校教师进行补充与调配；所谓“秩序”，是就其管理目标而言的，它要通过行政性的管理达到一种高度规范、高度统一、整齐划一的秩序状态；所谓“高效”，是就其管理的效果而言的，由于它把教师看做一种事务（即“人事”）进行管理，因此无须考虑教师本身的情况，而只需简单地按照学校要求（主要是教学要求）管理所有教师，因而是一种低成本的管理模式。

然而，随着我国高校规模的急剧扩大，随着我国高校的类型分化和科研分量的加重，特别是对那些致力于建设高水平研究型大学的学校而言，在传统的人事管理模式下的教师管理逐渐暴露出越来越多的矛盾与弊病。

行政式的垂直管理是学校对教师进行的单方面的管理与命令，很少考虑和关注教师方面的权利、需要、感受与诉求，即使有所考虑，在权利与义务上也是不相称、不均衡、不对等的，因而不利于调动教师的积极性和主动性。高校教师之为高校教师，有其所从事的劳动即学术劳动的特殊性，包括劳动时间的模糊性、个人需要的多样性、成果鉴定的复杂性和价值实现的间接性等。（周作宇：《高校人力资源管理的几个理论问题》，《中国高等教育》2000 年第 12 期）传统人事管理模式意在把高校教师管住、管顺，为此而不得不忽视高校教师及其劳动的特殊性，结果是在管住、管顺的同时也把高校教师“管蔫”、“管死”了。

高度整齐划一的秩序状态，表面上看是科学和效率的标志，但这是以忽视教师的特殊性、复杂性、主体性和个性为代价的，因而是对高校教师的创造力的无视与扼杀。与社会中其他人群相较而言，高校教师具有个性鲜明、自由散漫、甚至“桀骜不驯”的特点。传统的人事管理没有把高校教师的这些特点看成客观的事实，没有看到这些特点背后所蕴藏的创造力和价值，甚至把祛除这些特点、改造教师个性视为目标。结果怎样呢？我们发现，这样的管理做得越好，教师管理越是有序，教师的个性与锋芒被抹掉得越彻底，教师在变得越来越“温柔敦厚”的同时，也丧失了创造力和研究力，不要说大师级的学者出不了，就是富于创造性的专家学者也难以产生。

忽视教师主体性的人事管理所带来的低成本是以教师管理的低投入为前提和低收益为结果的，这就使以低成本为取向的传统人事管理变成一种名副其实的低效率管理模式。在我们把活生生的、充满个性和创造性的高校教师当做“物”来进行简单化的行政管理时，虽然降低了管理的成本，但由于这是以忽视、抑制甚至抹杀教师个性和创造力为条件的，因而是一种粗放式管理（这种管理由于忽视了管理对象的特殊性，因而既不到位，又未深入到过程），而且还削弱和降低了高校教师的产出能力，特别是削弱和抑制了高校教师的理论创新、技术创新和教育创新的能力。在实施“人才强校”战略和建设高水平研究型大学的今天，这种管理模式的低成本是得不偿失的，越来越成为建设一流大学的制约瓶颈。

对高校教师人事管理模式的问题与弊端，人们也并非没有认识，而是有越来越清醒的认识，但问题始终未从根本上解决，也没有取得实质性的突破和进展。从认识上讲，这与理论研究的相对滞后有关系，因为我国学术界至今尚未展开高校教师管理问题的专题性系统研究。由于理论研究的滞后，也影响了实践探索的推进，使高校教师管理水平没有得到大的提高，高校人事制度的改革仍然是在沿袭传统人事管理模式的基础上进行修修补补，没有在管理模式上获得实质性的进展。

在这种教师管理模式下，由于只注重常规性的工作，缺乏对高素质教师队伍的长远规划和机制建设，绝大多数高校还未将如何吸引人才、培养人才、聚集人才、配置人才纳入人事工作的范围，学校人才结构不合理、整体素质不高、拔尖人才奇缺、人才短缺与人才浪费并存等现象普遍存在，直接制约和影响着大学竞争力的培育和提升。

针对我国高校目前教师管理的现状与问题，特别是根据高水平研究型大学建设的趋势与要求，我想从人力资源开发与管理的角度，探讨高校教师管理的新模式，以辨明高校人事改革的新方向、新动力与新机制。

二、人力资源开发与管理理论在教师管理领域中的应用

人力资源开发与管理理论虽然是一门年轻的学问，但它不仅已经成为管理学的重要部分，而且在人类管理活动与管理实践中得到广泛的探索和应用。“人力资源”概念最早为美国著名管理学家彼得·杜拉克在《管理的实践》（1954 年）中首次提出。在杜拉克看来，人是企业里任何其他资源都不具备的“特殊能力”资源。但杜拉克的观点在当时并没引起理论界和企业界的重视。只是在进入 20 世纪 80 年代以后，特别是随着知识经济在 90 年代的兴起，由此而来是人在经济活动中相对价值的不断提高，人力资本在企业成长与发展中的重要性日益凸显，带动了人力资源理论研究的发展，在西方发达国家相继出现了人力资源管理的热潮。（范庆华：《探讨多于实践的人力资源》，《中外管理》2001 年第 10 期）

从我国的情况看，在进入 20 世纪 90 年代中期以后，人们对人力资源管理也逐渐重视起来，有的公司和企业开始探索和尝试人事管理向人力资源管理的转变。特别是在进入新世纪以后，随着我国加入 WTO，随着我国

市场经济体制的建立和经济增长模式的转变，人力资源管理理论在企业中的运用越来越广泛。但不可否认的是，还有相当一部分企业仍然在传统的“人事管理”中徘徊。企业尚且如此，高校的情况就更加严峻，人力资源开发与管理问题的理论研究和实践探索几乎没有进入考虑的范畴，根本没有得到严肃的对待，传统的人事管理模式在教师管理领域内仍然我行我素地存在着。

不过，与此形成鲜明对照的是人力资源在高校发展中的重要性和紧迫性不断凸显，突出地表现在几乎所有的大学都感到了人才的匮乏，越是顶尖的大学对人才匮乏的忧患意识就越强烈。从大环境看，这与国际间人才竞争的加剧相关；而从小环境看，这与中国大学之间竞争加剧直接相关。就前者而言，在知识经济的时代，人才竞争在国际间综合国力竞争中占据着越来越重要的地位，世界各国正在纷纷采取措施，加大培养、吸引、开发人力资源的力度，以增强国家的核心竞争力，而西方发达国家则利用自己的优势加紧了世界范围内、特别是对发展中国家优秀人才的争夺，这种竞争的压力直接从我国大学对高级人才的迫切需求中体现出来；就后者而言，在市场经济的背景下，各大学在发展目标、发展水平、办学层次、资源占有、社会地位方面出现剧烈分化，以人才竞争为核心的综合实力竞争不断加剧，各校相继提出“人才强校”的发展战略，纷纷把优质的教师资源看作第一资源和战略性资源加以开发和利用。如何在教师资源竞争中占据先机和优势，已经成为所有大学校长、特别是致力于建设高水平研究型大学的校长们最为关注的问题。

在大学人事部门落后的管理模式与大学校长们从战略高度对教师资源的关注之间存在着巨大的反差，人事部门的管理模式越来越跟不上各高校对高水平教师资源的客观需要，从而使人事管理模式变革与创新的呼声越来越高。在这种背景下，人力资源开发与管理理论在高校教师管理领域中的应用问题被提了出来。

通观近 10 年来我国学术界关于高校人力资源开发与管理问题的讨论，我们可以得出以下几点结论：

第一，我国学术界尚未认真对待高校人力资源的开发与管理问题。根据我的检索，目前还没有这方面的专著出版，发表的论文也很少，主要是一些高校人事部门的工作人员撰写的体会式论文，不仅水平不高，而且思路也不清晰，高水平、有分量的论文还没见到。这与我国高校人力资源开发与管理的要求是极不相称的。

第二，已有的研究主要集中在人力资源管理理论在教师管理领域中应用的可能性、原则环境等宏观方面，而对如何应用的特殊要求、运行机制和相关条件等具体方面则语焉不详，即使对前一方面的研究，也很不深入。

第三，对人力资源开发与管理理论在高校教师管理领域中的应用问题，我们应当有新的研究思路。首先要全面、系统地思考和研究人力资源开发与管理理论在高校教师管理领域中应用的必要性、可行性、条件、规律和机制。其次要从理论的高度进行深入系统的研究，并使这一研究体系化、专题化。在我看来，最要紧的是根据建设高水平研究型大学的需要，从管理模式上研究和探讨高校教师资源的开发与管理问题，从理论上探索和确立适合于新形势下高校教师管理的新模式，推进高校人事管理模式的转变，推进大学核心竞争力的培育和提升。这不仅有助于落实人才强国与人才强校的战略，而且将会成为人力资源开发与管理理论研究新的理论生长点。

三、提高高校教师管理水平的关键是管理模式的创新与转换

从人力资源开发与管理角度看，高校教师管理的关键是管理模式的创新与转换，即由人事管理向人力资源管理的模式转换。在我看来，为此就要解决以下几个方面的问题：

1. **指导思想与基本理念**。在人力资源管理模式下，高校教师管理应当把以下四个基本理念作为指导思想，即以人为本、以群为体、以争为机、以精为务。

所谓“以人为本”，就是以培育和提升大学核心竞争力为中心，创造尊重教师的良好氛围，尊重教师的个人尊严与自我价值，了解教师的愿望、要求、需要、意见，切实解决教师生活和工作中的困难和问题，激发教师参与学校规划、决策和管理的热情，为教师搭建施展才能的科研、教学和生活的平台，使教师融入学校发展的洪流之中。这就与传统人事管理“以事为中心”区别开来。

所谓“以群为体”，就是根据学科发展与学术平台建设的需要，把学术团队和科研群体作为高校教师资源开发与管理的基本单元，从整体上谋划教师队伍的建设，开发、配置、积聚和运用学校的教师资源。这与传统的人事管理以个人为单元的管理模式区别开来，更有利于把教师队伍建设与学校整体发展和竞争力提升融合起来。

所谓“以争为机”，就是建立优胜劣汰、奖勤罚懒的人才竞争与激励机制，激发教师的工作热情、创新精神和争先意识，提高教师的能力与素

质，优化教师资源的整体结构。通过这种机制，要使真正优秀的人才成长起来，涌现出来，发挥作用，得到承认。按照这一原则，高校教师的人力资源管理模式就与从工资福利待遇等方面考虑问题的传统人事管理模式区别开来，成为一种教师资源得到优化配置和不断升值的开发与管理模式。

所谓“以精为务”，就是务求精细、精深、到位、超前，对教师资源进行全方位、全过程、网络化、数字化的开发与管理。这种管理模式显然是一种高投入的管理模式，但同时也是一种高回报的管理模式，它所隐含的基本理念是：人力资源开发与管理方面的投资是最有价值、最有前途、收益最高的投资，这就与现行人事管理单纯追求低成本的基本理念有着原则上的不同。

2. **基本目标和主要任务**。应当讲，人力资源投资属于风险高、周期长、见效慢的投资类型，但这是一种名副其实的战略性投资，其收益往往是非经济收益所能囊括的，对大学社会声誉的提高、对大学竞争力的培育和提升都会产生深远的影响。具体而言，高校人力资源开发与管理的基本目标与主要工作包括以下两个层次：

一是教师资源的战略管理。其主要任务是根据学校发展的需要，特别是根据高水平研究型大学建设的需要，将教师资源作为学校的战略资源加以规划与部署、开发与利用、积聚与储备、调配与整合，为学校战略目标的实现准备师资和人才条件。

二是教师资源的技术管理。包含常规的人事管理和人力资源的项目管理两个部分。将教师资源当做一种战略性的人力资源进行管理，并不是要完全废止人事管理的作用，而是要在人力资源开发与管理的视野中重新定位常规的人事管理工作，使其服从于和服务于教师资源的战略管理的目标和要求。应该说，这种常规管理是教师资源战略管理的基础性工作，不可偏废。在教师管理的技术层面上，与常规的人事管理相平行的还有项目管理，就是在常规管理之外，将人力资源开发与管理工作中的重要环节和重要工作分成若干项目，按照项目管理的模式进行运作，以突出管理的重点和难点，并通过以点带面的形式提高管理的整体水平和总体质量。

3. **领导体制**。高校教师管理由人事管理向人力资源管理的模式转变，必然要求对教师管理的领导体制进行相应的创新与转变。参照企业人力资源开发与管理理论，我认为，与高校教师人力资源管理模式相适应的领导体制包括以下四个层次：

（1）校长。在传统的人事管理模式中，教师管理属于教务处下设的师资科的职责范围，不仅在校长的视野之外，甚至也在主管副校长的视野之外，主要工作是教师的进修学习。这对传统的教学型大学而言，可能影响不大，但对研究型大学、特别是高水平研究型大学的建设而言，是极不协调、极不相称、很不适应的。在人力资源管理模式下，教师管理是学校当之无愧的“一把手工程”，因为教师是高水平研究型大学赖以生存和发展的战略资源，高校教师管理决定着学校的实力与未来，唯有作为学校的“一把手工程”，教师资源的开发与管理才能动员到足够的资源。在人力资源管理模式下，校长虽然不必直接参与教师资源的开发与管理，但关于学校战略目标的确定、教师资源的战略规划、学校教师资源开发与管理中的重大决策、教师资源的积聚与动员，离开校长都是无法进行的，都需要在校长的直接领导和主持下经校领导班子集体研究决定。

（2）人力资源开发与管理中心。在执行层面上，教师资源的开发与管理应当有一个专门的机构负责，应当设立一个独立的人力资源开发与管理中心。该中心在一位主管校长的直接领导下，专门负责教师资源开发与管理工作，包括优秀教师资源的引进、培养、整合、配置、调度、利用等等。其主要任务包含两个方面：一是在充分调研的基础上，根据学校发展的战略要求和教师资源开发与管理的客观规律，在与学校各方面、特别是教师充分协商的前提下，制定相关的政策和措施，形成一整套适合学校特点和要求的教师资源开发与管理的规则体系；二是组织和实施教师资源开发与管理的重大项目，充分利用学校的现有条件整合、积聚和动员学校迫切需要和有长远影响的战略性教师资源。

（3）人事处。在教师的人力资源管理模式下，传统的人事管理并不是像有的人说的那样要加以取消，而是要在人力资源开发与管理的模式下进行重新定位，并不断加强。所谓重新定位，就是要把人事处定位在学校“人力资源开发与管理中心办公室”的地位上，使其服从于和服务于学校人力资源开发与管理的需要，成为学校人力资源开发与管理的办事机构和重要环节。

（4）相关职能部门。教师资源的开发与管理不是人事部门的事务性工作，需要学校相关职能部门的参与，主要包括科研处、教务处、“211”办、“985”办、财务处、国有资产管理处、研究生院。教师资源的开发与管理应当成为这些部门的中心工作之一，纳入统一的规划、安排和日程中。

4. 运行机制。如果说领导体制是要解决“谁来做”的问题，那么运行机制就是要解决“怎么做”的问题。根据建设高水平研究型大学的要求，为了培育和提升大学的核心竞争力，教师资源的开发与管理应当包含以下四个中心环节：

（1）高水平教师产生和涌现的机制。教师管理的目的不是要把教师管住，而是要通过我们的开发和管理活动促进高水平教师和杰出人才的成长和涌现，为学校发展准备相应的教师资源。这就需要我们建立发现人才、吸纳人才、聚集人才、产生人才、留住人才的机制，通过这一运转灵活、功能强大的机制，使我们能够以学校为中心、并在国内外的范围内整合和聚集到所需要的高层次教师资源和高素质杰出人才。

（2）教师发挥作用的平台建设。高校教师所从事的人才培养和科研活动是一种个性化很强的创造性活动，但是在知识经济的时代，根据现代知识生产方式的特征和要求，教师才能和作用的发挥并不是教师个人的事情，而是一种集体性的事业，需要搭建多种多样的学术平台，既使杰出教师能够施展才华，又能促进学术团队和科研群体的不断生长。这项工作虽然主要是科研方面的工作，但应当纳入教师管理的视野中统一谋划、安排和建设。

（3）教师的考核和评估机制。教师工作的考核与评估是教师管理的重要环节，既是教师激励的前提，又会影响教师的行为和取向，从而直接影响教师积极性、主动性和创造力的发挥。但是与一般的公司、企业或行政单位相比，高校教师主要从事自由度较大的学术活动，其劳动具有自由与创造的特征，工作时间弹性很大，成果鉴定具有复杂性，教师价值的实现具有间接性，这些特点极大地增加了对教师的工作进行监测、考核和评价的难度。因而其基本思路是建立符合学校竞争力提升的考核评估体系，有计划、有步骤、按程序组织和实施考评。

（4）教师的激励与竞争机制。在科学合理的考评基础上，根据学校发展的需要，从物质和精神两个方面对教师实施激励，以吸引、开发、整合和留住人才，激发教师的工作热情和创新能力。激励的方式不能只在工资福利和生活条件方面，而要更加注重学习与深造机会的提供、项目经费的投入、学术梯队的配备以及精神荣誉的激励等方面。只有通过科学合理的激励，才能在教师中建立积极有效的竞争机制，使优秀的教师获得充足的资源，使学校教师资源得到优化配置。

四、教师人力资源开发与管理中应当注意的几个问题

对于我国高校而言，教师人力资源的开发与管理是一项新的事业，是一个复杂的系统工程，需要深入研究和不断探索。从目前的情况看，除了从制度创新和运行机制上下工夫外，还要特别注意解决好以下几个问题：

1. **处理好常规管理与复杂性管理的关系。**

在人力资源管理视野中，虽然常规的人事管理仍然是基础性的工作，占据着不可或缺的重要地位，但从总体上看，人力资源管理是一种复杂性管理，是把学校的教师资源当做一个复杂系统来进行开发和利用的管理模式。作为一种复杂性管理，高校教师管理有几个突出的特点：

首先，教师管理是一项动态复杂的系统管理。因为它涉及人与人之间、群体与群体之间、过去与未来之间的博弈关系，因而充满了不确定性，需要带着全局和长远的研究眼光进行系统的考虑和部署。

其次，教师管理是一种预期管理，建立在对学校发展的战略目标和教师个人的未来预期之上，这也增加了教师管理的复杂性和不确定性。

再次，教师管理是一个教师资源的集成过程。从学校的角度讲，教师资源不是以个人的形式存在的，而是以有结构、有层次的学术团队和学术群体的形式存在的，这就要求我们运用钱学森开放复杂巨系统理论的综合集成法进行开发和管理，建立学校教师资源的综合集成机制。

最后，教师管理是一项具有风险性的危机管理。人们常说“十年树木，百年树人”，教师资源的开发与管理需要相应的投资，其中存在风险和不确定性，因而需要进行风险的评估和测算，严格实现风险管理，以服从于和服务于学校发展的战略目标和长远需要。

根据教师管理的这些特点，我们应当处理好教师资源的日常管理与复杂性管理的关系，使复杂性管理建立在扎实的常规化、规范化管理的集成上，同时要充分考虑到作为一项复杂的系统工程的动态性、复杂性、不确定性和风险性，探索和建立与之相适应的战略管理模式。

2. 根据学校的战略目标和发展需要，创建科学合理的教师流出机制，妥善解决学校发展过程中出现的历史包袱问题。

随着我国全面建设小康社会步伐的加快，随着国际间人才竞争的加剧，国内部分重点大学纷纷把培育和提升大学的核心竞争力，把建设高水平研究型大学作为战略选择，从而对每个教师的素质与能力，对教师资源的整体水平和结构都提出了新的更高的要求。（周建军、傅锦彬：《论高校人力资源流动信息机制的建设》，《浙江统计》2003 年第 10 期）为了适应这一要求，我们提出教师管理的模式转换，其核心是加大教师资源的开发与管理力度，建立相应的竞争机制和相关的配套措施，以优化和整合学校的教师资源。由此就引出一个怎样对待那些在竞争中被淘汰出局的教师的问题，因为既然是竞争，就有一个优胜劣汰的问题，就有一个怎样对待竞争“失败者”的问题。解决这一问题的基本思路是建立与竞争机制相匹配的人员流动机制，以解决有关人员的“出口”问题，为所有参与竞争的教师提供保障，解除他们的后顾之忧。这样做，不仅有利于学校教师资源的优化配置，有利于减轻学校发展过程中出现的历史包袱，而且能够体现公平原则，体现以人为本的管理理念，反过来又有利于促进竞争机制的建立，有利于促进学校教师积极主动地参与竞争。

3. 切实将高校教师管理模式的创新引向培育和提升大学核心竞争力的轨道上来。

从当今世界的情况看，所有高水平研究型大学都有自己的核心竞争力，这是它们获得竞争优势的能力。根据企业核心竞争力理论，核心竞争力是指企业在关键领域建立独特竞争优势的能力，包括企业专有的、不易外泄的知识、信息和能力。（鲁开银：《核心竞争力》，经济日报出版社2002年版，第25—26页）在市场经济和大学竞争的条件下，这一定义基本上适用于大学。就此而言，大学的核心竞争力是特定大学在关涉学校存亡兴衰的关键领域专有的、用于获取竞争优势的能力，它往往融汇在大学的历史、文化、制度、习惯、传统之中，不易拆解、不易分开、不易溜掉、不易模仿。就此而言，教师并不能构成一个学校的核心竞争力，因为教师本身具有流动性，一个学校可能因教师的调离而失去其优势。这就引出一个问题：如何将教师资源的投资与开发纳入培育和提升学校核心竞争力的轨道，使得学校不至于因个别重要教师的调离或去世而丧失其竞争优势。为此，要求我们从制度创新和文化建设上着手，建立开发、聚集、配置教师资源的文化与机制，造就杰出教师不断成长、涌现、发挥作用的环境与平台，使杰出的教师一旦离开这一环境就难以发挥其作用，从而使他们不愿意离开，也使学校不至于因教师的流出而丧失核心竞争力。

论领导者决策责任

领导科学是研究领导活动的一般规律及其应用的科学。其涉及的内容十分广泛，其中关于领导者决策责任的问题，居于核心地位。这一问题虽已成为领导者关心、群众关注与学者讨论的热门话题，但很少有人进行深入思考和系统研究。针对这一情况，我们打算从理论与实践的结合点上，针对领导者决策过程的各种问题与误区，深入全面地阐释领导者决策责任的问题，以推进领导科学的研究。

一、领导者决策过程的误区及剖析

什么是决策？“决策”一词是从英语（Decision Making）翻译过来的，原意是“做出决定”，后来为了文字精练和表达准确，把它译为“决策”。决策一词有广义、狭义两种解释。一般地说，决策就是作决定的意思，俗称“拍板”。领导者的决策，也就是毛泽东同志所说的“出主意”，即领导者做出计划、决议、指示、命令。就此而言，所谓决策就是人们为了解决问题而出主意、想办法、做决定的活动过程。这种把决策理解为行为方案的最后选择，是对决策的狭义解释。其实，“拍板”、“定案”不过是决策全过程的一个环节，如果没有“拍板”前的认识世界活动（准备活动），“拍板”只能是主观臆想；没有“拍板”后的改造世界活动（实施活动），“拍板”也毫无意义。所以，我们应对决策作广义的理解，把决策理解为一个过程，即发现问题、确定目标，集思广益、拟订方案，分析评估、方案选优，实施方案、反馈调节的全过程。

广大人民群众对各级领导干部所寄予的最大期望，是能够制定出符合下情、群众满意的好政策。但无可置疑的是，在人们的实际决策中，存在着许多决策误区，产生了许多决策失误。认识这些误区与失误，是解决领导决策责任问题的前提条件。归结起来，领导者在决策过程中存在以下四大误区。

一曰“想领导之所想，急领导之所急”。

这个提法，对调研工作、对秘书班子来说，是正确的、必要的。但对决策咨询工作而言，恐怕就不完全适合了，至少是远远不够的。决策咨询工作的任务，是要通过对社会现象的分析和理论概括，提出发展战略和对策建议，为重大政策出台提供理论依据，对未来发展作出规划和预测。因此可以说，决策咨询工作绝不是单纯地去附和、解释、论证领导者和政府部门的决策意图。它对领导和政府拟作的有关决策，经过调查、论证、咨询，既可同意、补充、完善，也可否定。决策咨询工作作用的大小，似乎不能仅仅以领导者和政府采纳不采纳来论定，只要咨询报告参与了决策层的选择，就产生了一定效用。咨询报告即使未被决策者采纳，若为决策者提供了取舍余地和比较方案，同样体现了其价值和作用。

由此可以认为，决策者想到的事、着急的事，咨询部门应该想、应该急；而决策者没想到的事，还没有摆上议事日程的事，咨询部门也应该想、应该急。只有超越于部门利益之上，保持相对的独立性，咨询机构才能更好地发挥智囊团的作用，这不仅体现了决策咨询工作应有的超前性、预见性，而且也突出了这项工作的独立性、客观性。

二曰“特事特办”、“现场办公”。

这是改革开放的新事物。以“特事特办”为例，它对简化办事手续，提高工作效率，树立对外开放的新形象，起了很好的作用。强调“特事特办”，谁也不会反对，问题是什么叫“特事”，怎样去“特办”。真是“特事”就该“特办”，而且越快越好。如果滥定“特事”，甚至广而论之，进而否定必要的决策程序，这就难免造成损失。科学决策，要善于运用各种手段弄清真实情况；要认真研究问题，提出切实可行的解决办法；还要遵循科学的决策程序，包括发现问题、确定目标、收集信息、制订方案、评估、优化方案和实施决策追踪、检查、反馈等程序。而现实情况是，有的领导不讲决策程序，一些建设项目连可行性研究都来不及做就开工，结果出现了“胡子工程项目”、劳民伤财项目、效益很差项目。如此草草从事，除了满足某些领导人的好大喜功、“青史留名”的动机与愿望，留下的只能是经济损失和工作被动。这也恰恰违背了“特事特办”的初衷。

三曰“原原本本传达，不折不扣落实”。

对于党的政策和上级指示，“原原本本传达，不折不扣落实”，从态度上讲完全应该如此，从实际工作来说，仅仅如此还很不够。政策和策略是党的生命，这是千真万确的真理。但是如果把执行政策和上级指示简单地理解为照章办事，不走样地落实，不管具体情况如何，上级怎么说，下面照着做，这是很大的误解。

以政策为例，它本身体现事物的本质和规律，具有高度的原则性，这是政策的灵魂。原则性遭到破坏，政策就走了样。但同时也应看到，政策不仅具有高度的原则性，而且在原则允许的限度内又有一定的灵活性，灵活性是原则性的特殊表现，两者不可割裂开来。党的政策带有全局性，具有普遍指导意义，但各地情况千差万别，如果我们只是满足于原原本本传达，不折不扣落实，而不在与本地实际结合上做文章，必然会出现事与愿违的结果。所以执行政策时，要因时、因地、因事制宜，充分发挥主观能动性，把原则性与灵活性统一起来。政策是一种手段，其目的是为了调整各方面的利益关系，最大限度地调动人的主观能动性和工作积极性，促进生产力的发展。执行政策好不好，不仅仅看是否原原本本地传达给了群众，而是看是否创造性地得到落实。

四曰“好心犯错误情有可原，没有经验交学费理所当然”。

决策是领导者的经常性工作，难免出现失误。我们要求尽量少些失误，不要有大的失误，尤其不能重犯以往的错误。但是，如果对决策失误采取无所谓的态度，以为是“好心犯错误”、“没经验交了学费”的话，那就不能“情有可原”。造成决策失误，固然有领导者个人素质低、决策不慎重等原因，但最主要的，恐怕还是因为传统的决策方式是少数人的、经验型的、一次性静态的决策。这种决策方式在当今错综复杂、瞬息万变的现代社会里，显然不可能具有较高的安全系数。因此，领导者不能仅仅停留在对传统决策方式弊端的认识上，而需要下定改革传统决策方式的决心。自己犯了错误，交了学费，要吃一堑长一智；别人吃了苦头，栽了跟头，我们也应从中吸取教训。既不能重复自己的错误，又不要跟着别人犯错误。

二、增强领导者的决策责任

要克服领导决策中存在的各种误区，使领导者切实担当起决策责任，必须从以下四个环节入手，以增强领导者的决策责任。

第一，发现问题，确定目标。

所有决策工作的步骤都是从发现问题开始的。所谓问题，就是现实的情形与理想之间的差距。应该看到，问题常常不是一目了然的，发现问题并不容易。为了能及时地发现问题从而保证有效的决策，决策者应当培养自己从资料的海洋中采集重要信息的技能，以及对于围绕着问题的各种有关因素的警觉，并学会寻找问题的方法，如例外原则、偏差记录、组织诊断等方法。问题一旦被察觉到之后，领导者需要进一步做的工作就是界定问题、确认问题。

问题发现后，就要确定解决问题所要达到的预期目标。目标是一个组织希望通过决策和该决策的实施所达到的目的和衡量目的的指标。决策目标的重要性在于：它为决策指出了方向，使决策集团内部人员的思想保持了一致，为选择方案提供了衡量标准，有利于根据目标对决策的实施进行正确的估量，并实行有效控制。大凡有效的决策目标，均具备三个条件：（1）目标成果可进行定性或定量的衡量；（2）达到目标的时间可以规定；（3）各种约束条件可以确定。我们应以这三条标准为尺度，根据需要与可能结合的原则，遵循管理中的系统原理、弹性原理等确定和规划目标。

第二，集思广益，拟制方案。

目标确定之后，就要从多方面寻求实现目标的有效途径。这一步做好了，目标的实现就有坚实的基础。因此，在拟订方案阶段，领导者一定要发扬民主作风，和研究人员、有多方面知识的人、有实践经验的人平等地、民主地讨论问题，广开思路，广开言路，充分发挥各方面人员（特别是咨询参谋人员）的作用，鼓励他们施展自己的才能，从各方面寻求通往目标的正确途径，拟订出多种可供选择的方案。只有拟订多种可供选择的方案，才能比较鉴别，以选择最佳的方案。

由于内容、作用不同，决策的可行方案可分为三种类型：一是积极方案，即从正面保证决策各项目标和指标实现的方案；二是应变方案，即在情况发生变化时使本组织适应这种变化的各项措施；三是临时方案，即当组织内问题已经发生，但是原因尚未查明时所制订的各项临时性措施。

拟订方案可根据创新原则、约束原则、时间原则、多样原则、相互排斥原则，按照先发散后收敛的思维步骤，即先大胆寻找，从各个不同方向上列举和设想各种方案，数量越大越好，然后在此基础上对各种方案精心设计、严格论证和反复推敲。在拟制备选方案过程中，要广泛地运用哥顿法、对演法等智囊技术。

第三，分析评估，方案选优。

所谓方案评估，即采用一定的方式、方法，对已经拟订的方案进行效益、危害、敏感度及风险度等方面的分析评估，以进一步认识各方案的利弊及其可行性，主要有两个方面：一是产生的后果，二是方案实施的过程。后果分析又包括效益分析和危害分析，过程分析则包括实施条件分析和敏感度分析。方案评估的任务主要由智囊团来承担，智囊团应采取经验分析法、抽象分析法、试点分析法，通过定性、定量的分析，评估各个方案的后果与得失，然后交决策者定夺。

方案选优，就是进行决断，或称“拍板”，即从各种可供选择的方案中权衡利弊，然后选取其一，或综合成一。这是领导者的决策行动，是制定科学决策、形成政策、作出决定的最后步骤，是决策工作过程中最关键的环节，也是一项极其复杂的工作。要做好方案选优，必须坚持两条原则，一是正确处理专家与领导者的关系；二是要有明确的、科学的价值准则。评估选优要采用正确的方法：一是经验判断法，二是数学模型法，三是模拟试验法。在大多数情况下要综合运用这些方法，才能对各个备选方案作出正确的综合评价，然后优选出满意的方案。

方案评估和方案选优是决策全过程的关键，二者密切相连，方案评估是方案选优的前提，方案选优是方案评估的结果。

第四，实施方案，反馈调节。

决策的目的是实现预定目标，而决策的实施则是通往预定目标的必由之路，因此是实现目标的一个关键阶段。有效的决策实施不仅取决于良好的实施方案，还取决于正确运用反馈调节的机制。

当方案选定后，根据科学态度进行局部试验以验证其可靠性，经过试验证实后，才进入全面实施阶段。这时就要有周密完备的实施计划。计划应由决策机关责成有关部门，吸收有关专家和具体工作人员共同制订。制订计划的总要求是把决策具体化，做到：周密、细致、具体而又灵活。计划一旦制订就要由决策机关向执行机构下达，通过各方面的工作，把实施计划变为广大群众的自觉行动。

在方案实施过程中，必须充分重视反馈调节的作用。由于现代决策的复杂性和决策者个人认识能力的局限性，或者是客观环境发生了变化，使得已经做出的决断不符合或不完全符合客观实际情况，这就要求决策者在进入决策实施阶段之后，必须注意追踪和监测实施的情况，根据反馈原理对决策不断地进行调节。为此，首先就应建立一种灵活有效的反馈机制；其次应对反馈回来的信息进行类型分析，确定哪些是关系全局的，哪些是仅仅影响局部的，哪些是偶然的因素，哪些是必然现象，尤其要注意区分异常现象，并作相应调节。

三、提高领导者宏观决策能力

我们正处在知识经济初见端倪的时代，在这个瞬息万变的历史转型期，要发展和完善社会主义市场经济，党员特别是领导干部要坚持正确的社会主义政治方向，取得领导三个文明建设的主动权，就要努力提高自己的宏观决策能力。这不仅是实现党所制定的长远目标的需要，也是加强和改善党的领导的迫切要求。

过去我们党对领导理论、领导方法就十分重视，再加上改革开放 20 多年的实践锻炼，从总体上看，多数领导干部的宏观决策能力在改革开放和现代化建设的实践中得到了提高。但是，也存在着不少问题。其突出表现是：有的领导同志决策不从本地区、本部门的实际情况出发，机械照搬别地、别人的经验，搞形式主义，做表面文章；有的不做深入细致的调查研究，不广泛听取各方面的意见，凭老经验和想当然，搞关门主义的决策；有的对一些全局性问题的决策瞻前顾后、举棋不定，耽误了宝贵时间，错过大好机遇；还有的领导决策缺乏战略思想和全局观念，没有长远规划，只把目光盯在眼前见效快的事情上，热衷于短平快的项目等。对领导干部决策中存在的这些问题，必须认真进行分析研究，坚决予以克服。

面对迅速发展的社会主义市场经济和不断变化的新形势，如果我们的领导干部决策不科学、同客观实际相脱离，那么，尽管在主观上想把工作做好，结果往往适得其反。有的地方经济发展缓慢，面貌变化不大，原因是多方面的，但拿不出符合本地实际的发展经济的思路，是一个重要原因。市场经济的特点告诉我们，如果领导干部不提高宏观决策能力，在市场竞争中就会处于被动。领导干部要在市场经济中争取主动，就必须改变在计划经济体制下养成的“执行型”的思维方式和“经济型”的决策习惯，不断增强宏观决策的能力。

从一些地方的经验看，搞好市场经济条件下的宏观决策，领导干部一定要站在微观与宏观结合的位置上，高屋建瓴，考虑整体，驾驭全局。具体应注意把握“五性”：一是战略性。领导干部在决策上，一定要紧紧抓住战略性问题，而不能沉湎于战术性问题。也就是说，要抓中长期问题和方向性、方针性问题的决策，而不是短期的、具体的工作计划安排。二是全面性。领导干部在决策时，一定要周密考虑，统筹兼顾，切实处理好近期与长远、局部与全局、重点与一般的关系，忌带主观性和片面性。三是准确性。决策的依据是否可靠和准确，直接关系到决策的成败。作出可靠而准确的决策，要求我们切实做到“四个吃透”，即吃透中央的方针政策和上级党委的指示精神，吃透本地的实际情况，吃透国内外的动态和信息，吃透人民群众在想什么、盼什么。只有这样，才能避免决策的随意性和盲目性，才能实现正确的决策。四是超前性。领导干部想问题，一定要想得远一点，想得深一点，善于从多变的形势中科学预测未来的发展趋势，从而制定出适应形势发展的相应的对策。五是民主性。无论提出什么样的决策方案都要充分听取广大干部群众的意见，集中群众的智慧，特别是要请专家、学者协助搞好评估和论证，反复权衡利弊，优中选优，避免决策的失误。

决策做出后，必须狠抓决策的落实，这是实现决策目标的关键。首先，要切实转变工作作风。领导干部一定要从“文山会海”、迎来送往中解放出来，把主要精力和时间用在深入基层、调查研究上，用在解决落实决策过程中出现的新问题上来，扎扎实实地做好工作，讲求实际效果。其次，要扑下身子真抓实干。群众看领导干部，不是看你说得如何，更主要的是看你干得怎么样。“喊破嗓子，不如做出样子”。因此，要使决策落到实处，领导干部必须以身作则，带头实干，用自己的实际行动为人民群众落实决策做出样子。第三，要加强督促、检查和指导。对执行决策成效显著的单位和个人，要总结他们的经验，宣传他们的先进事迹，以起到典型示范和推动决策落实的作用。对执行决策不力、甚至我行我素的单位和个人，要严肃指出他们存在的问题，并限期改正；限期不改者，要追究其责任。对执行决策中出现的带有倾向性的问题，要及时进行纠正，保证决策的顺利实施。第四，要坚持常抓不懈。抓决策的落实，不能时紧时松、忽冷忽热、虎头蛇尾，必须持之以恒、常抓不懈、始终如一。要有一种“咬定青山不放松”的狠劲，有一股不达目的不罢休的韧劲，既不为取得一点成绩而盲目自喜，也不为出现一些困难而动摇决心。只要有这样的精神，就一定能使决策目标得到实现。

四、完善决策制度

历史经验证明，坚持并不断完善民主集中制，是关系我们党和国家命运的大事。十一届三中全会以来，鉴于“文化大革命”的教训，邓小平多次强调，要坚持、完善和健全民主集中制。十四大以来，以江泽民同志为核心的党中央，在推进党的建设新的伟大工程中，始终把坚持和健全民主集中制作为一项重要任务来抓。总的看，这些年各级党组织贯彻执行民主集中制的情况有了明显进步，认识在逐步提高，制度在不断健全。但是，对于民主集中制这项根本组织制度和领导制度，在一些同志中还有一些模糊认识，实践中民主不够和集中不够的问题仍然程度不同地存在。从落实领导者决策责任看，坚持、完善和发展民主集中制，应从以下方面着手：

第一，要进一步发扬民主，充分发挥全党的积极性和创造性。民主是集中的基本和前提。没有充分的民主，就不会有正确的集中，就不会有全党的意志统一，就不会有广大党员和党组织的创造性和负责精神。因此，完善和发展民主集中制，必须努力发扬民主，离开了这个基础，整个民主集中制建设就难以搞好。发扬党内民主是多层次、多方面、多渠道的。当前，要着力提高各级党委决策的民主化程度，建立健全领导、专家、群众相结合的决策机制，逐步完善民主科学决策制度，提高决策的科学化水平。党的领导机关和领导干部要发扬民主作风，坚持群众路线，注意倾听各方面的意见，包括反面的意见。要保障党员的民主权利，疏通和拓宽党内民主渠道，使党员对党内事务有更多的了解和参与，充分发挥全党的积极性和创造性。

第二，要维护中央权威，在思想上政治上同中央保持一致。民主集中制的基本原则规定：党员个人服从党的组织，少数服从多数，下级组织服从上级组织，全党各个组织和全体党员服从党的全国代表大会和中央委员会。“四个服从”，最重要的是全党服从中央。我国是幅员辽阔、人口众多的发展中国家，我们党面临着艰巨复杂的改革和建设任务，只有维护中央的权威，才能有全党的统一意志和统一行动，增强党的凝聚力和战斗力，才能保证国家统一、民族团结和社会稳定，才能保障改革开放和现代化建设的顺利进行。这是全党和全国人民的最高利益所在。维护中央权威，最根本的就是要保证党的路线和中央的决策顺利贯彻执行，中央决定了的事情各方都要认真去办。现在党员生活在不同的利益群体中，面对错综复杂的利益关系，很容易产生片面追求局部利益、个人利益的情况。这些现象之所以有市场，既有教育不力的问题，也有制度机制不健全的问题，更重要的是对这些现象处置不力。对此，我们必须把教育党员增强党性、服从大局，有效地克服分散主义和本位主义作为长期任务来抓，认真研究解决党组织和党员如何维护共同利益、在实现共同利益前提下实现各自的合法利益的问题，防止由于本位利益驱动而损害党的统一和人民的事业。

第三，要完善党的代表大会制度，健全各级党委集体领导和个人分工负责相结合的制度，按照“三个代表”的要求加强党的组织建设。当前，干部队伍面临着又一次整体性的新老交替。我们要按照“三个代表”的要求，全面贯彻干部队伍“四化”方针和德才兼备原则，努力建设一支高素质的干部队伍；要以扩大民主和加强监督为重点，进一步深化干部人事制度改革，逐步实现干部工作的民主化、科学化、法制化，建立起一套与建设有中国特色社会主义经济、政治、文化相适应的干部人事制度，创造有利于优秀人才脱颖而出、健康成长的良好环境和机制；要进一步贯彻执行民主集中制原则，进一步发扬党内民主，拓宽发扬民主的渠道，保障党员的民主权利，实现决策的民主化、科学化，切实按照“集体领导、民主集中、个别酝酿、会议决定”的原则和程序，进一步完善党委内部的议事和决策制度，实行集体领导和个人分工负责相结合；要坚决维护中央权威，维护党和国家的集中统一，防止和纠正分散主义倾向，同时要适应新形势、新任务的要求，不断加强和改进党的基层组织建设，巩固和发展党的基础，为此还要增强党的阶级基础，扩大党的群众基础，提高党的社会影响力。

为了完善决策制度，我们必须认真贯彻《中国共产党地方委员会工作条例（试行）》，切实做到以下方面：一是坚持一切重大问题由集体讨论决定。要进一步明确和规定党委会及其常委会的职责范围、议事规则和决策程序。重大问题的决定，要充分酝酿、协商和讨论，并按照少数服从多数的原则表决，一人一票。对集体的决定，任何人都无权改变，个人有不同意见允许保留，但在行动上必须坚决执行。二是党委成员要分工负责，切实履行自己的职责。集体决定了的事情，要分头去办，各负其责。要提倡领导干部敢于负责的精神，反对遇事推诿、互相扯皮和无人负责。要建立岗位目标责任制，狠抓工作落实。党委成员之间既要有明确的分工，又要通力合作、相互支持，不断增强领导班子的团结。三是中央和地方国家机关、人民团体中的党组织或党员负责干部，要自觉接受中央和地方党委的领导。重大问题要提请党委讨论决定，并在国家机关和人民团体中同多方商量，按照法定程序或章程办事。领导干部要带头遵守民主集中制的各项规定，严守纪律，防止个人专断和各自为政，反对有令不行、有禁不止。

五、辩证地认识和处理决策过程中的谋与断关系

领导工作中一定要把握好“度”。在实际工作中，一个好的领导者应当处理好以下三个方面的辩证关系：

一是掌握好权与威。权力是组织法定授予的，不管被领导者是否愿意都必须服从，是一种强制性的支配力。以权力支配人得到的只是畏惧或消极被动的服从，权力一旦消失，这种外在的影响力就会明显减弱。威信则是领导者自身所具有的素养，表现为被领导者由不服到信服再到自愿接受，是一种自然性的影响力。威信也是领导者的模范行为使被领导者产生发自内心的尊敬、依赖和钦佩，这是一种征服人心的内在力量，能最大限度地调动被领导者的主观能动性，效果显著且持久。作为领导者，应该把着眼点放在提高自身的素养上，领导者的知识水平、思维能力、真知灼见，是赢得下级对自己角色认同的首要条件。领导者实施领导，权与威缺一不可，领导者应品格高尚，才能出众，关心下属，体贴群众，以威行权。这样，被领导者就会言听计从，倾心拥戴。

二是处理好谋与断的关系。谋与断是辩证统一的完整认识过程，谋是断的前提，断是谋的目的。只有多谋才能善断，才能避免决策的失误。领

导者必须将自己置于领导群体之中，集思广益，以求多谋。领导者还要深入基层，多谋于群众，以便兼听则明，开阔新的思路。领导者在谋断中要经过周密思考、权衡利弊后大胆果断地抓住时机，及时予以决断。如果没有主心骨，只能是人云亦云，随波逐流；如果一个领导者在做决策时，到了火候仍在左商量右研究，优柔寡断、谋而不决，就会坐失良机。

三是控制好宽与严。从领导科学理论上来说，领导者有两种功能：一种是影响整个集体完成任务、达到目标的功能；另一种是使整个集体处于良好的工作状态之中的功能。领导者正确掌握运用宽与严的尺度实施领导与管理，是实现这两种功能的有效方式和途径。宽，就是要求领导者以宽厚的品格待人、宽容的态度待人，为整个单位创造宽松的良好环境，这既是现代领导者应具有的美德，同时也是民主的伴随物。严，就是领导者要以严肃的态度、严明的纪律办事，从而创造出严谨的组织效能。这是一种原则的科学的工作作风，也是敢负责有魄力的表现。工作有目标、行为有规范，如果离开严，势必丧失原则性，失去了依据和准绳。但同时也必须看到，只有严的刚性，而离开了宽的柔性，那么工作就会缺少灵活性。因此，二者必须有机地统一起来，不能偏向哪一方。领导者若无原则地宽，则人心涣散指挥失灵，领导效能就无从谈起；若不分场合、不分动机一味地严，就容易造成领导者与被领导者之间思想“断流”，也不利于发挥大家的主观能动性。

在领导者必须面对的这三重关系中，最重要的是处理好谋略与决断之间的辩证关系。领导工作中的运筹帷幄谋划大事，一般而言审时度势是前提和基础。审时度势要做到统筹全局、抓住关键。客观事物的发展变化是辩证的，领导运筹思维也必须是辩证的。公元211年春，刘备由荆州入川，但遇曹操要攻打同刘备结盟的孙权，使刘备陷入入川还是援吴的两难之中。这时诸葛亮让刘备从西凉调出马超攻打曹操，使曹自顾不暇，刘备由两难变为两全。这类运筹就体现了从局部到全局再回到局部，以全局眼光审视局部。因此，一定要从策略到战略再回到策略，从战略高度把握策略；从内部到外部再回到内部，从内外部两面寻求提出解决问题的方略；从现时到未来再回到现时，从未来的高度和角度来认识并把握现时行动的辩证思维特征。

领导决断的原则性，是领导活动必须始终坚持的根本目标，达到目标必须坚持的基本点和必须划清的基本界限，它反映了事物存在发展变化质的规定性和基本数量界限。领导决断的灵活性，是由实际面对客观情况和主观条件决定的策略上的随机应变性，它反映了事物发展变化的复杂性和前进道路的曲折性。在实际工作中应把握好原则的坚定性和策略的灵活性，以达到有效地工作的目的。

在领导决断中可相对分为战略决断与战术决断。在领导活动中，领导者必须既敢于提早作出战略决断，又善于临机作出战术决断。毛泽东同志在解放战争中运筹帷幄，指挥千军万马作出的挺进中原、举行辽沈、平津、淮海三大战役，既有惊天动地的气魄和胆识，又有十分精心周到的指挥谋略，的确是前无古人的，为一切领导者树立了光辉典范。因此，有胆有识、多谋善断，是领导者必须具备的品格之一。要做到有胆有识、多谋善断，就必须把握事物发展的规律性、积累丰富的经验，还要抓住机遇、恰到好处，卓有成效地做好谋略与决断。

论中国行政审批制度改革

行政审批是政府对社会公共事务规范、管理与服务的一种手段。任何一个有效的政府都存在着必要的行政审批制度，但它又必须根据社会需要与时俱进地不断进行改革，成为推进经济建设和社会发展的公共管理手段。在我国，行政审批制度形成于20世纪50年代初，是计划经济体制的产物，它对于我国的经济建设曾发挥了重要作用，也存在着不少的弊端。因此，随着我国加入WTO和社会主义市场经济体制的建立与完善，改革行政审批制度已经成为当前进一步转变政府职能、改进管理方式、提高行政效率、促进全面建设小康社会的重要任务。

一、行政审批制度的概念及属性

关于行政审批制度概念的内涵和外延，学术界尚有不同理解。我们倾向于这样一种认识：行政审批制度是国家行政机关或相关组织运用国家行政权力对公民、法人和其他社会组织行使某些权利的条件进行审查，决定准予或不准予其行使这些权利的一种制度。

首先，行政审批制度处理和协调的重点，在于行政机关外部并与行政机关具有行政法律关系的相对方——公民、法人及其他社会组织。从广义角度讲，行政机关内部也存在审批行为，诸如上级机关对下级机关请示申请的审批等等，但本质上属于行政机关的内部运行机制。行政审批制度最基本最主要的内容，是使行政权力与外部关系主体之间处于合法有效的良性互动状态，以此促进社会经济、政治、文化的全面发展。这是行政审批制度存在的基础，也是行政审批制度发展变革的动因。

其二，行政审批是依法照章做出条件选择的行为。有学者认为行政审批是对禁止的解除，似可商榷。在通常情况下，行政审批所覆盖的领域，是以条件设置为前提，其做出行政决定的过程，实质上是对审批对象条件的判衡性选择。从判衡选择的结果，行政审批可分类为：①许可行为——行政机关依据法律、规章、政策所设置的条件，对特定行政法律关系相对方进行审查评判后所做出的予以许可和授权的行政活动；②否定行为——行政机关依据法律、规章、政策所设置的条件，对特定行政法律关系相对方进行审查评判后所做出的不予许可和授权的行政活动。无论许可与否，行政审批的结果必须明确，不容含混，必要时还应向关系相对方阐述清楚所做决定的理由和根据。从选择的方式分类，行政审批又可分为审批、核准、备案三种基本方式。审批具有一定的裁量权，申请者即便是达到所设置的基本条件，也未必获得许可；行政机关对若干申请者的条件需做进一步优化性判衡选择，其中条件较优者才有可能获得许可。核准排除了裁量权，申请者只要达到了所设置条件，原则上便可获得许可，实际上这是一种标准性选择，其所否定对象仅限于未达预设标准条件者。备案在条件上比之核准则更为宽松，行政机关仅就需要备案的事项、内容、方式、时间等条件予以规定，行政关系相对方按规定备案即可，是一种条件性告知行为，以利行政机关的管理、监督与服务。

其三，社会资源分配方式多种多样，行政审批制度即是其中一种。作为社会资源分配方式之一种，较之其他方式，行政审批制度的特点或其属性，概而言之有四：①行政审批制度以国家行政权力为基础，是国家行政权力的具体运作，从本质上讲，其以统治阶级的根本利益为归依，为一定阶级的政治目的服务。②行政审批作为一项重要的行政权力，直接涉及公民、法人及其他社会组织权益，必须在法律框架内活动，超越法定权限、违反法定程序的行政审批是违法的、无效的。③行政审批是一个相对稳定又不断发生变化的行为规范过程，这种动态过程，受其自身规律所决定。④行政审批制度是弥补市场机制缺陷的必不可少的有效手段。在市场经济条件下，市场规律对资源配置起基础作用，然而单纯依赖市场规律难以保障社会资源的有效配置，必须通过行政审批方式，实施宏观调控，加强经济规制，消除市场失灵。自然，政府通过行政审批方式介入市场的时机、领域、条件、方式、强度是一个非常复杂的问题，应根据客观情况，做出正确选择。

二、美国、日本行政审批制度改革的过程及经验启示

行政审批制度普遍存在于世界各国。由于历史传统、国情和社会制度的差异，其发育程度和存在状态也不尽相同，但在总体上所呈现的一些规律性东西，对于我国行政审批制度的改革和建设，不乏借鉴意义。

（一）美国、日本行政审批制度的沿革概况

在 19 世纪末之前，美国的经济基本上处于自由竞争状态，市场经济未臻成熟，主要依赖市场机制调节经济活动，客观上并不要求其他调制手段的过多介入，包括行政手段。因此，当时美国政府职能仅限于国防、外

交、社会安全等公共领域，很少介入经济领域。随着市场经济的进一步发育、产业规模的不断扩大、社会分工的越来越细密，垄断经济以及诸如此类的市场失序状态也由此相伴发生，成为经济乃至于社会发展的羁绊。市场机制的自身缺陷无法克服这些不利的障碍因素，客观上要求更为有效的手段介入社会经济领域，消除市场失灵，保障社会经济的正常发展。于是，从19世纪末开始，美国政府启动国家行政权力介入社会经济领域。

应该说，在初期，美国政府对于行政权力介入市场的态度是审慎的，既要保障市场调节机制的正常发挥，又要弥补或消除市场机制的负面影响。因此，他们首先关注的是对国民经济有重大影响的基础产业，比如铁路等等。行政权力的介入，无疑有效地调节了市场的失灵和无序，使介入领域的经济运行步入发展的快车道，取得了显而易见的经济、社会效益。这使得美国政府的信心大增，看到了行政权力对经济发展所具有的不可替代的潜在价值。于是，美国政府试图将这种权力在更宽泛的领域里加以运用，行政审批机构越设越多，行政审批的范围也越来越大。到20世纪70年代，美国政府对于公民、法人及其他社会组织的管制达到了高峰。

如同市场机制一样，行政权力介入社会经济也有其自身无法克服的弊端。当介入的力度超过临界点时，其引发的严重弊端远远超过其所带来的好处。行政机构臃肿、办事效率低下、官僚主义严重等等，使美国政府有了越来越多力不从心之感：管制越多，麻烦也越多，损伤了公民、企业的自由精神，保护了垄断者的利益，束缚了美国经济的活力。

因此，自20世纪70年代末开始，美国政府开始了大规模的放松管制改革，行政审批项目逐渐减少，行政审批程序进一步简化，在许多领域引入市场机制。这一改革也有一些消极效应，但总的来说，其效果非常显著。有人估计，美国完全取消了航空领域的管制，部分取消了汽车运输和天然气领域的管制，大量取消铁路和电信的管制，加上有线电视、经纪业等领域的改革，由此带来的收益每年在358亿至462亿美元之间，而未实现的预期收益也有200多亿美元。20世纪90年代美国经济持续高速增长，有许多原因，放松管制、改革行政审批制度，可以说是其中非常重要的因素。

美国行政制度特别是行政审批制度的历史沿革概况大致如此。日本也有着非常相似的经历。

20世纪初之前，日本经济处于自由竞争发展阶段，与此相应，日本政府对于经济干预也处于非常宽松的自发状态。经济特别是市场经济的相当发展，使市场机制逐渐显露其不足，需要另外一种力量的介入。从 20 世纪初开始，日本政府逐渐加大对经济的介入。先是在海运领域，后来逐渐覆盖其他领域。各种各样的天皇特别行政机构随之逐渐增多。二战后，日本成为战败国，经济处于崩溃边缘，日本政府更注重运用行政权力调节经济和社会秩序，以图迅速恢复和发展经济。同美国一样，最初的效益是明显的。这一明显的效益自然引发了行政审批机构越来越多，行政审批范围越来越大。以至于 20 世纪 60 年代，日本行政管制几乎渗入经济和社会生活的各个角落。行政权力过多过强地介入社会经济生活而导致的后果自然也一样：政府工作效率低下、体制僵化、官僚主义和资源浪费严重、腐败现象时有发生。

面对这样的现实，日本政府选择了改革之路。从 20 世纪 60 年开始，日本政府循序渐进地开展了 7 次较大规模的行政审批制度改革。行政审批项目大幅减少，审批程度进一步简化，在许多领域以市场机制代替行政审批。这一系列扎扎实实的改革，使日本政府工作效率大幅提高，有效抑制了官僚主义和官员腐败，激活了市场和社会机制，社会经济迅速发展，成为世界经济第二强国。

（二）美国、日本经验的启示

综上可以看出，美国和日本行政审批制度改革的具体路径不同，却有着共同的或相似的经验。这些经验概括起来，主要有以下几点：

1. 行政审批依靠的是国家行政力量，具有强制性。如何在这种强力之上设置一种更为强大的掌控力量，保障行政审批在预期的轨道中良性运作，无疑至关重要。美日两国对此给予充分强调，把行政审批制度纳入法律的严格调控范围，防止行政审批权力的过度膨胀，保障行政审批权力公正、合理、有效运用。比如两国法律对行政机关与其关系相对方之间给予明确的法律关系定位，规定行政机关与公民、法人及其他社会组织在法律上的地位是平等的，后者对行政审批结果持有异议，可以提起行政复议或行政诉讼，也可按规定获得行政赔偿；对行政审批的内容，如行政审批的范围，行政审批项目的取消、保留、增设，行政审批的程序，行政审批的执行等等，都由法律作出明确而详细的规定；相应地，行政审批制度的改革，也绝非是单纯的行政机关“自查自纠”行为，对其改革的目标、范围、力度、方式等，法律亦予以规范、调控和监督；对行政审批改革的积极成果，也以法律的形式予以明确和肯定。也就是说，行政审批制度的改革和完善，必须有相应完善的法律基础，必须从更为宽阔的法律背景去考量行政审批制度的各种要素与环节，必须从法律的视角去审视判衡行政审批制度的改革。缺失法律基础的任何行政审批制度的改革，即便是取得了阶段性的成果，最终也是短命的或者是走向混乱与无序，这是美日两国行政审批制度改革中最基本也是最重要的一条经验启示。

2. 行政审批制度的改革，同其他任何改革一样，带有实验性质，改革是否有预期效果，须经过实践检验；同时，行政审批制度改革，永远是一个与时俱进的过程，不可能是一蹴而就的行为。所以，美日两国在行政审批制度改革上，根据本国国情和客观需要，分别采取了形式不同的渐进式改革路径，力避由于大轰大嗡所带来的不易消除的负面影响。比如，美国的行政审批制度改革，不设统一步骤，也无统一要求，改革往往着眼于个量，很少考虑总量问题，成熟一件做一件，做一件是一件，扎扎实实，态度积极审慎，非常务实。这与美国市场经济制度较为成熟、法制较完善、政治上多党制、中央政府与地方政府的权力格局等具体国情直接关联。日本根据自身情况，在行政审批制度改革上，则更注重于符合实际需要和条件的阶段性，不强求一步到位，而是层层推进，环环勾联，先后进行了7次整体上关联但又阶段性目标明确的改革。

这种方式不同的渐进式改革的好处显而易见：因地因时制宜，把改革的条件和改革的目标有机结合，防止不顾实际效果的形式主义和急功近利，把每一次的具体改革与长远的制度建设特别是法制建设结合起来，消极效应比较小且较易控制，积极效应发挥较好，改革成果也较容易巩固。应该说，渐进式改革是发展的常态，符合量变质变基本原理。但也并不排斥在某种强力推行之下的激进式改革，在必要时，比如在突破为巨大惯性所控制的力量时，激进式改革往往会有一种突破作用和发力效应。重要的是，要适时地将这种激进式改革与渐进式改革有机衔接，将激进式改革的突破和发力效应转变为常态的持续效应，避免激进式改革陷入一次性行为的窠臼——轰轰烈烈一番之后，一切归旧。这是一个应该给予特别关注的问题，它直接影响改革目标的实现程度。因此，行政审批制度的改革，要有一个整体目标和整体规划，也要根据社会需求和社会条件进行切实可行的阶段性设置，理清改革所需要的过程和步骤，充分注重这些过程和步骤，使每一个过程和步骤的完成，都向总体目标扎扎实实地跟进。总结历次改革之得失，不能不说，在改革的总体目标上是明确的，之所以结果不理想，除其他原因外，步骤设置缺乏科学合理性是一个重要原因：或缺乏耐心，操之过急，追求短期效应；或步骤间缺乏彼此的有机关联，分割零碎，顾此失彼，总体失衡，难于坚持。

3. 行政审批制度改革，就其本质层面而言，就是对行政权力与市场或社会机制作用的重新界定。在某个特定的领域，行政权力与市场机制、社会机制作用的强度，一般呈现此消彼长的量能关系。这种量能关系重新界定过程，就是在寻求行政权力机制与市场机制、社会机制之间更科学更有效的匹配过程。这种匹配永远不可能有一个单纯的量化标准，因而也不可能做机械的比例分割，更不能以纯主观的预设为标准。从根本上讲，它是以社会的客观要求与社会条件为转移，是社会各种矛盾力量综合作用所要求的结果。准确地解读社会客观要求，使我们能够明确改革的目标；准确地解读社会条件，使我们能够科学合理地设置改革的步骤、方法和力度——改什么、如何改，统统以社会的客观需求和社会的承受能力为归依。在市场机制和社会机制失灵的领域及时期，就需要行政权力以某种合适的方式和力度介入，若介入超过合理临界点，或者需要介入的条件消失抑或发生改变，介入就会成为不当介入。不当的行政介入无疑会抑制市场和社会活力，阻碍社会生产力的发展。此时，就应该坚决及时地进行行政审批制度改革，调整机制运行结构。简括地讲，行政权力对市场和社会总会保持某种介入姿态——这是社会发展的本质要求；但是，行政权力介入的领域、时机、力度的最终决定者却绝不是行政权力本身，而是客观的社会需求和社会条件，这是一个历史的相对稳定又不断发生变化的动态过程，永远不可能成为某种僵化模式——这同样也是社会发展的本质要求。

下面的案例可以说明一点问题。1938 年之前，美国的航空运输业处于起步、积累和自由竞争阶段，产业规模不大，在国民经济中所占比例很少，市场机制起着主导性调节作用，美国政府基本不予干预。1938 年以后，航空运输业已发展到相当规模，在运输领域乃至国民经济中举足轻重。自然，市场的竞争也更趋激烈。过度竞争导致垄断和市场秩序紊乱，破坏了公平的市场环境，市场自发调节作用随之出现失灵。因此，美国政府开始介入航空运输业。行政权力的介入，使美国的航空运输业发展环境得以有效改善。随着时间的推移，政府管制力度渐强，至 1978 年，其力度已达过分膨胀之势。此时的美国航空市场规模扩大，管理越来越复杂，过度的政府干预，已违其初衷，成为航空业进一步发展的阻滞因素。所以，在 1978 年以后，美国政府又着手于放松管制，激活市场机制，航空业又迎来一个新的发展时期。“9・11”事件给美国的航空业以巨创，普遍亏损乃至于倒闭以及令人自危的安全隐患，使航空业界一片萧条。航空业界及有关人士又发出呼吁，希望政府及时介入，以期凭借政府力量渡过危局。美国航空运输业运行机制结构的变化，至少表明，任何一种调节手段并非万能，适时的应机调节才是最当手段，而这一切都取决于客观的实际需要及环境条件。

三、中国行政审批制度改革的历史与现状

（一）我国行政审批制度改革的进程

我国行政审批制度改革，是随着市场经济体制和行政管理体制改革的深化而渐进发展的，到目前为止，大体经历四个阶段。

1. 1979 年至 1982 年。行政审批制度改革主要围绕中央政府与地方政府之间的权力分配，表现为政府行政系统内部的放权或收权。当需要“发挥地方政府积极性”时，就放权；当经济和社会发展出现某种不规范或秩序不顺时，便又收权，重新回复原先的体制和权力格局。如此循环往复，在计划经济的审批制度圈子里徘徊。

2. 1983 年至 1988 年。行政审批制度改革着重于下放权力、减少层次，提出了转变政府职能，调整行政组织结构，精简国家机关的公务人员，国家部委内部只设司、处两级，省级厅局只设处，以减少内部的行政层次；同时把直接管理企业的职能转移出去，把直接管钱、管物的职能放下去，使政府对企业由直接管理转向间接管理。

3. 1993 年至 1997 年。行政审批制度改革侧重于经济领域。1993 年 3 月，八届全国人大一次会议提出，要按照社会主义市场经济体制的要求，加强宏观调控和监督部门，强化社会职能管理部门，减少具体行政审批事务和对企业的直接管理，要坚决把属于企业的权力下放给企业，把应由企业解决的问题，交由企业自己去解决。对于企业申办的许多项目由审批改为登记备案。

4. 1998 年至 2003 年。行政审批制度改革进入广泛而深入的发展阶段，注重进一步转变政府职能，改变管理方式，提高行政效率，实现政企、政事、政社分开，建立行为规范、运转协调、公正透明、廉洁高效的行政管理体制，要求在精简机构和人员的同时，大力改革行政审批制度。国务院各部门行政审批事项到 2002 年底已经取消或改变管理方式的项目共 1300 项，占其全部项目总数 3948 项的约 33%。地方政府的行政审批制度改革也取得了重大进展。深圳政府审批事项由 723 项减至 305 项，减幅达 57%；辽宁省的 1551 项审批事项，减少到 636 项，减幅为 50.5%；浙江对现有 1372 项审批事项，取消、下放、转移 751 项，减少了 54.7%，等等。这次改革重点是要大幅度地精简行政审批事项，规范审批程序，确定

审批时限，公开审批内容，建立一套便民为民的行政管理体制。

（二）我国行政审批制度存在的主要问题

我国行政审批制度，脱胎于战争时期的军事管理制度，形成于较为僵化的计划经济体制中，求变于改革开放、建立社会主义市场经济的当今时代。历史地看其经历的每一个阶段，都是当时的一种需要或必然。但从现代行政审批制度所应有的基本构架审视，其天然不足显而易见。这种天然不足，表现为一系列问题：观念错位、界定模糊、程序不合理、行为不规范、效率低下以及由此引发的不容忽视的寻租行为等等。对这些现象的分析，不能仅仅停留在表象层面，而应看到其更为深层的原因。

中国悠久的历史，创造了灿烂的文化，但是又有着很深的人治传统。“劳心者治人，劳力者治于人”、“朕即国家、国家即朕”的封建理念，渗透于封建社会管理制度的角角落落。尽管在 20 世纪之初封建社会寿终正寝，但其余流近百年不去，潜伏于社会意识深处，影响着人们的行为方式。检视我们行政审批制度中存在的一些问题，封建主义人治思想的影响时隐时现。

法治精神是对人治理念的彻底否定，只有用法治精神完全取代人治理念，并在此基础上构建的行政审批制度，才是为我们所需要的先进的行政审批制度。虽然我们为我国行政审批制度的构建提供了正确的马克思主义的理论指导，提供了优越的社会主义制度，但我国法制建设的不完善却也是需要面对的现实。法制建设的完善程度对于行政审批制度的建设具有更为直接的影响，行政审批制度中存在的问题，都与此息息相关。

所以，我国现行行政审批制度存在着的先天不足性，主要有二：一是历史的人治理念的惯性影响，二是现实的法制建设的不完善。这两个原因，是导致我国行政审批制度存在问题的主要因素。比如观念错位问题，用法治的精神诠释权力，权力来自于人民，是人民的公意达成和公意授权，“为人民服务”、“执政为民”是天经地义的根本要求，而人治的理念却把权力理解为少数人谋利益的特权，是完全不同的价值观取向；法治要求对事物界定的明晰、准确，不容含混模糊，但是多年来我们对行政审批的自身概念、相关概念以及内容，缺乏一个科学、统一、权威的法律界定和细化标准，以致在不同部门有不同标准，具体操作上差异很大，严重影响了行政审批的合法性、合理性，当事人的合法权益不能得到充分保障；法治特别强调程序的重要性，合法合理的程序是导致合法合理结果的前提，人治却从根本上漠视程序，从而导致结果的随意和不可预期。目前，我国行政审批制度尚无法制层面的统一程序规定，法治所要求的公正、公开、透明、便民原则无以有效体现，相当一部分行政审批是“抽屉标准”，完全属于暗箱操作，为审批人员寻租留下可乘之机；法治要求规范的行为，权责的统一，由于缺乏规范的程序，具体行为的不规范在所难免，不规范的行为，必然是权责的不对称：想怎么批就怎么批，想批给谁就批给谁，批完了事，对其后果不闻不问，更无人依法追究。这种行为损害了人民和国家利益，瓦解着行政审批的严肃性、公正性和有序性，造成一定程度的市场和社会秩序的混乱。

所以，法制建设的完善是行政审批制度建设的直接基础，法治的机制应该是行政审批的基本的制度框架。并且，按照建设常规要求，相对于行政审批制度，法制建设应有一定合理的超前度，如此，才能有效发挥法制对于行政审批制度的规范、统御、监督作用，行政审批制度也才能更好体现法治精神和法制机制，最大可能排除人治的负面影响，建立起符合实际需要的先进的行政审批制度。国内国外的经验表明，这是根治我国行政审批制度存在问题的根本之途。刚刚出台的《行政许可法》，将是我国行政审批法制建设的里程碑式的标志，对于我国行政审批制度的改革与建设，将产生深远的影响。

（三）我国行政审批制度改革的客观必然性

1. 行政审批制度改革是建立和完善社会主义市场经济体制的客观需要

社会主义的市场经济，要求政府做好政策的研究、制定和实施工作，把工作的着力点放在健全和完善市场机制，监测市场运行状况，及时清除市场机制运行障碍，创造公平竞争的市场环境，充分发挥市场对资源的配置作用和对经济的调节作用。过去相当长的时期内，我国实行计划经济，各级政府主要是依靠行政手段，用行政审批的办法来管理经济，事无巨细，统统纳入行政审批范畴，成本高昂，效率低下。改革开放以来，我国确立了社会主义市场经济体制，计划经济条件下形成的行政审批制度，已经严重不适应市场经济的发展要求，成为社会主义市场经济发展的体制性障碍。因此，必须通过改革，建立科学的行政审批制度，进一步推进政府经济管理体制的创新，才能适应进而促进社会主义市场经济的健康发展。

2. 行政审批制度改革是从源头上预防和治理腐败的重要措施

尽管腐败的产生有其历史的、社会的种种原因，但腐败的一个基本特征，是与行政权力紧密关联。缺失制约和监督的权力往往被滥用，腐败就是权力滥用的结果之一。权力的滥用，主要地表现于行政审批。从近年来查处的领导干部甚至是高级领导干部的违法违纪案件看，大多是利用了手中的行政审批权，进行以权谋私、权钱交易，最终违法犯罪。腐败并非为哪一个国家所特有，而是世界各国普遍存在的现象。腐败使公共权力的正确行使遭遇到了较为严重的障碍和考验，是一种不容忽视的阻碍社会进步的破坏力量。因而，反腐、防腐成为世界许多国家长期致力解决的难题之一。从各种反腐、防腐的经验看，改革完善行政审批制度是预防和治理腐败的治本措施。法治的、完善的、有效的行政审批制度的基本特征之一，是对行政审批权力进行了严格的规范与有力的监督，把权力滥用降到了最低程度，体现了公共权力的本质目的。因此，进行行政审批制度改革，从源头上规范权力的行使，依法对权力进行有效制约，简化和公开审批程序，是预防和治理腐败的一项十分重要的治本之策。

3. 行政审批制度改革是适应加入 WTO 新形势的迫切要求

我国已正式成为 WTO 成员。根据权利和义务平衡的原则，我们享有权利，承担义务。加入 WTO，首先是政府加入 WTO，WTO 给我国各方面所带来的挑战，首先是对政府管理体制的严峻挑战。WTO 要求在国际经济、技术交往中，要依法行政。对我国而言，依法行政就是要求改革完善行政审批制度，建立法治、公正、公开、高效的行政审批运行机制，清除不规范和暗箱操作式的审批行为；运用这种机制力量，整顿和规范市场秩序，创造公平、公正、公开竞争的市场环境；同时，通过行政审批制度改革，真正建立政企分开、权责明确、产权清晰、管理科学的现代企业制度，使企业成为真正的市场主体。也就是说，WTO 要求我国的市场与国际接轨，我国的企业制度与世界同步，而这一切的前提，是我国的行政管理特别是行政审批制度要完全摒弃计划经济体制的负面影响，建立与 WTO 保持良性互动的现代化行政审批制度。适应 WTO 要求，消除我国目前行政审批制度的种种弊端，唯有改革并无它途。

4. 行政审批制度改革是转变政府职能的根本动力

转变政府职能，是我们历次行政改革的基本目标，虽然取得了一些积极成果，但也不能盲目乐观。政府职能的转变，是牵一发而动全身的系统工程，需要做好方方面面的工作，但其突破口和关键点，在于行政审批领域。从历次改革的经验分析，那些应该取消而没有取消、应该转移而没有转移或者取消转移之后又反弹的政府职能，往往是一些行政审批项目，常常牵扯到有审批权力的部门利益。彻底解决这一难点问题，如果头疼医头、脚疼医脚，是绝难根治的，唯一的有效方式是从制度层面入手。只有下大气力，首先解决行政审批制度的自身建设问题，革除行政审批制度中的弊端，用更加完善的制度规范审批的范围、程序、方式，才能保障政府职能的成功转移，完成行政改革的基本目标，彻底解决反弹和回旧问题。可以说，行政审批制度改革若不先行到位，政府职能的转变，只能在老路子上徘徊。

四、我国深化行政审批制度改革的基本思路

行政审批制度是一个复杂系统，对其各个环节各个层面都应该进行全面、系统、深入的研究。从以上所作的初步研究来看，我们认为，我国深化行政审批制度改革的基本思路和工作方向，集中体现在以下六个方面。

（一）前提——要依法规范行政审批的范围

职能是政府存在的前提条件，政府职能的界定，直接决定着政府的构成体系、运转机制和效能；而行政审批是荷载、体现、运用政府职能的主要方式，行政审批项目构成了政府职能群中的核心内容。所以，当代中外历次行政改革，无论其所采用的方式怎样，最主要的成果，必是在行政审批范围的界定上，取得了更为契合实际需要的进展。这已经成为衡量行政改革成果的重要标志。

源于行政审批范围界定的重要性，许多国家特别是发达国家，采取了极为郑重的态度，把行政审批的设置权赋予立法机构，启动法律程序，用法律的手段规范行政审批范围。原因很简单，正如体育运动，不能把竞赛规则交与运动员自行决定，否则运动员就会有意无意地从自身需要出发设定有利于己的规则，使规则失去公正、严格的规范意义。所以，体现法治精神的审批制度，首要的基本标志和前提条件，是行政审批范围界定的法制化。

毋庸讳言，由于历史的原因，我国行政审批制度，存在着诸多与法治精神相抵的问题，在前已有论说，于此不再赘述。又由于现实的原因，我国行政审批制度改革，不得已采取了以行政节制力量为主要推动的模式，审批项目的裁撤、保留，大多依靠行政机关的“自查自纠”，让运动员做了“裁判者”甚至是规则制定者。这样的模式，不能说没有成效，但肯定不会有理想成效。过去我们进行的几次行政改革，精简机构，转变职能，结果都有不同程度的反弹；目前我们正在进行的审批项目裁消工作，正如我们看到的那样，有相当数量的审批项目应该裁消而没有裁消，以各种理由改头换面保留下来。这其中的一个重要原因是牵扯到了审批部门的某些利益，出现了“运动员”充当竞赛规则制定者的尴尬结果。所以，现在进行的行政审批制度改革路径，实属必然，而绝非应然。所谓必然，是变化中的国际国内形势，使改革行政审批制度成为当务之急，又由于法制建设

滞后，只能启动传统的行政节制力量制导和推动改革。从本质上讲，这只是一种不规范的过渡性的初级阶段方式，远没有达到合理状态。

因此，我国的行政审批制度改革，不仅是单纯的行政系统的革弊兴利之举，它还必然地要肩负起行政法制的基础性建设任务，这是我国行政审批制度改革面临的特殊的历史机遇。而后者更为重要、迫切和艰巨。只有建立起比较完善的行政法律制度才会有比较完善的行政审批制度、行政审批范围的界定方式，也才能走出不规范的过渡阶段，达到较为完善的合理状态。为此，在具体操作上，一方面按照改革的既定目标，继续下力量裁消不符合市场经济发展要求的审批项目，另一方面加快行政法制建设，把阶段性进程与总体目标有机结合，尽快把行政审批范围界定纳入法制轨道。如此，才能避免困扰我们多年的审批项目的反弹和回旧，不断把改革推向深入。

（二）重点——要公开透明行政审批的程序

行政审批程序是指行政审批的步骤、方式以及实现这些步骤、方式的时间和顺序。行政审批程序最基本的功能之一，是规范。它通过对行政审批行为的步骤、方式的规范，使行政行为有序化、公开化、效率化。

此次行政审批制度改革，把审批程序作为主要内容之一，各地方政府、各部门积极探索，勇于实践，使行政审批程序改革有了一定突破。但由于种种原因，也暴露出了一些问题。

在行政审批程序的设置上，有的不尽科学合理，繁琐而效率低下；有的把显然属于行政机关内部的流转程序，作为对外程序公布，混淆了内部与外部程序界线；有的为了应付上级检查或装饰门面，把原来不适应形势发展需要的旧有程序稍做修改，换汤不换药；有的干脆不动，还在老路子上惯性徘徊。

在行政审批方式上也有类似问题。比如社会听证制度，在一些发达国家，已经成为一种有效的行政审批程序的构成要素。在我国，虽然也开始关注并予以运用，但在实践上暴露的问题颇多。有关部门曾举办过航空运输业价格听证会，主办者的初衷很好，试图用这样一种新方式，沟通与社会的交流管道，倾听意见，以便有效解决这一社会热点问题。但是由于一般社会成员对航空运输业价格成本这一非常专业的问题不甚了解，对行业自行提供的价格成本又持怀疑态度以及其他一些原因，使听证会没有收到实质性的应有效果。听证会适用于哪一些领域（严格说来它并非适用一切领域）、什么审批项目可以或必须举行社会听证会、听证会的主办者应由谁来承当、会前、会中、会后的必需程序是什么、听证会参加人的资格条件及其构成比例、用什么样的制度保障参与人立场的客观公正和毫无顾虑地畅所欲言、对听证会的监督、听证会反映意见的公正审查与采纳等等，迄今为止，都没有很好解决，听证会只好听凭主办者的理解、能力去掌握实施，自然听证会所应发挥的效能就难以到位了。

分析这些问题产生的原因，一是在传统体制下，对程序不重视，长期的疏离，致使经验不足，实际操作起来力不从心；二是各自为政，按照自己的理解和经验去摸索实施，不科学不合理在所难免。这两个因素，实质上都牵涉到了一个问题：规范。在统一的规范要求和指导下，可以使各地方各部门在很大程度上弥补经验不足而带来的缺陷，可以为各地各部门提供一个把握标尺，使其在基本问题和基本构架上体现出应有的一致性。试想，行政程序是规范行政行为和行为方式的，程序自身都无以规范，何以规范行为及其方式?

从世界各国的经验看，制定行政程序法是规范审批程序、审批方式最有效的手段。行政程序法最完备的是美国。美国于 1946 年制定了《联邦行政程序法》，规定了行政裁决程序、规章制度等内容；继《联邦行政程序法》之后，美国又出台了《各州标准行政程序法》，以便各州在统一的基本框架要求指导下，再行制定更为适合本州情况的地方行政程序法。

我国的行政审批制度改革，如前所说，是在改革要求与改革条件存在某种失衡的背景下启动的，在这种条件下推进改革，必须寻求一种切合实际的路径。首先，由于缺乏周详可操作的实施指导，各级地方政府、各部门“摸着石头过河”，在制度创新方面进行着探索，有成功经验，也必然有失败教训，对于这些都要进行密切跟踪，及时地总结新方法、新经验，及时地对暴露的问题进行对策研究；第二，把反映事物本质规律性的研究成果，适时地转化为现实措施，如出台一些规范性指导性文件，及时坚决地调节和规范改革中出现的问题，肯定积极成果；第三，在进行上述作业时，始终从法律的高度，用法律的视角解读、研究、概括实践中的经验教训，提炼可以进入法律层面的内容，待时机成熟，制定出台具有中国特色的行政程序法典，充分发挥法律的权威、长效机制，建立适应时代要求的行政审批程序。

（三）中心——要切实加大政府职能转移与完善中介组织

政府职能的转变，简单讲，包括两层含义：一是取消，即把政府不该管、也管不好的职能从政府职能序列中取消，交由市场机制去调节；二为转移，即把政府不应承担、市场机制又难以或不能发挥有效作用的那部分职能，按照一定渠道或方式转移出去，由相应的社会组织去承担。行政审批项目是构成政府职能的核心内容，裁消行政审批项目是转变政府职能的重要步骤与方式。因此，行政审批项目的裁消，也基本按照这两条管线运行，也有取消和转移问题。

政府职能包括审批项目的转移，是一个系统工程，任何环节、任何路径的阻滞或失序，都会为职能的转移带来障碍。具体讲，至少在以下三个问题上无碍，政府职能的转移方能顺达，完成既定目标：一是职能范围的界定，即明确保留、取消和转移的职能；二是方式，即职能转移所要采取的方式和渠道，是渐进抑或其他方式；三是合适的替置主体，即政府职能向那一类承担主体转移或者转移给谁。前面两个问题我们已做过一些分析，许多专家学者也发表了很好的意见。第三个问题，较之其他，通常重视不够。随着改革特别是行政审批制度改革向纵深发展，行政职能转移后的承担主体问题，比以往任何时候都凸显其重要性。

通常把从政府序列转移出去的职能承担者，称为社会中介组织。现在对中介组织还没有一个为大家公认的定义概念，只能从某种角度进行描述。顾名思义，社会中介组织是介于政府和一般社会组织、社会成员之间的中间性社会职能角色。社会的日益多元和复杂，社会行业和领域间的分野渐强，就需要一种力量在彼此间充当调节互动的纽带和桥梁，这是社会中介组织产生存在的基础。这样的一种社会角色，决定了社会中介组织的一些基本特征。

社会中介组织的基本特征，概而言之有六：1. 非政府性，社会中介组织显然不能成为政府序列的组成部分，其来源的合法性、组织原则、人员构成、功能作用、行事方式等等，从根本上都必须有别于政府机构，它只是与政府保持某种合理的互动，履行着政府不能、不宜履行的职责，本质上为民间的社会组织；2. 非营利性，中介机构的产生和存在不是为了赢利或者主要不是为了赢利，在这一点上它区别于一般性的社会组织如企业、公司等，中介组织虽行业特点浓郁，但操守应高，自律应严，类似于公共服务机构；3. 公意性，社会中介组织的产生和存在并不依赖某种强权支撑，它完全以公意为基础，是公意聚合的结果，失去公意支持的中介组织也就失去了任何存在的可能性和必要性；4. 公正性，不同的社会中介组织服务于不同的特定行业和领域，代表着本行业本领域大多数人的利益，但同时它又肩负着更广泛的社会职责，在行业内部和行业与社会之间进行调节、平衡，促进行业内部以及行业与社会间的合理协调和互动，不谋取私利；5. 服务性，无论对行业对社会，中介组织都突显其服务宗旨，承担道义责任，不以强力作用于行业和社会，其职责的履行，主要以平等、协商和民主的方式进行；6. 规范性，出于公共利益，根据公意要求，在必要时，按照行规或惯例，对行业内的违规行为行使制裁权，以达规范目的，维护本行业和社会利益。

这就是我们通常所说的社会中介组织较为完善的形态，只有具备这些特征的中介组织才能够替置政府承当从政府序列中转移出去的那部分职能。以这样的标准，衡量我国的中介组织，问题多多——定位模糊、职能不清、自律不严、公意寡薄等等，不一而足。中央电视台曾披露，一家全国性的保健品行业协会，乱评奖项，其唯一的评比标准是看企业出钱多少。令人忧虑的是，这并非个别现象。企业界人士坦言，他们每年都会收到各种协会以及类似组织的所谓评奖函件，有时派人直接造访，开门见山，掏钱给奖。这令企业不堪其扰，老百姓对此也深恶痛绝，根本不相信什么金奖、银奖。泛滥至此，其公意之低、信誉之低、操守之低，已击穿底线，衍成公害。

政府职能包括审批职能的转移，其环链的最后一节，是成熟规范的中介组织。中介组织不成熟不规范，有如上例，只能造成我们不愿看到的两种结果：一是一些中介组织利用从政府中转移出来的职能，胡作非为，大谋私利，造成更为严重的混乱和无序；二是出于无奈，政府只能将转移出去的职能重新回收，形成反弹和回旧。这两种结果都与我们改革的初衷严重背离。所以，随着行政改革特别是审批制度改革的进一步推进，社会中介组织若没有长足发展，势必成为瓶颈，政府职能的转移就有搁浅的危险，影响我们整个行政改革的进程。

社会中介组织是社会发展到一定阶段的产物。现代中介组织是市场经济推动的结果，但中介组织又非自在自为之物，采取措施，积极应对，彻底改变目前中介组织不尽人意的状况，不仅可能，而且必需。现在已经到了非高度重视中介组织不可的时候了，否则政府职能无以转移，只能变成游戏和空喊。至于如何促进中介组织发展，是一个很大的课题，须有上下齐心、众人努力，在理论和实践两方面艰苦探索方可。在这里，把对此问题的思考摆出，实为抛砖之举，以期引起更高关注，早日解决问题，为政府职能的转移、为正在进行的行政审批制度改革铺平道路。

（四）核心——要严格履行行政审批的原则

行政审批的原则，本质上是对社会发展要求和行政审批实践的精当概括，但其价值并非仅仅囿于理论层面，更在于对实践的指向、制导与要求。中外正反两方面的经验表明，行政审批制度改革的成功结果，都需要一系列正确原则的指导与匡范。目前，我国行政审批制度改革正向纵深发展，强调原则，明确导向，匡范运作，无疑具有很强的现实意义。

1. 市场取向原则。在从计划经济中走出、初步建立起社会主义市场经济体制的过程中，行政权力与经济生活的关系经历了前所未有的深刻变革。在计划经济条件下，行政权力膨胀到了一个极不合理的程度，经济活动围绕行政权力轴心旋转。市场经济则要求从根本上扭转这种格局，正确处理政府与市场、行政审批与经济活动的关系，确立市场取向原则。市场取向原则的基本涵义，是从社会主义市场经济发展需要出发，正确界定行政审批范围，恰当设置行政审批程序，有效保障市场机制对资源配置的基础作用，以市场经济发展的要求为要求，革除一切阻碍市场经济发展的行政弊端，创造良好市场环境，进一步解放生产力。市场取向原则，是行政审批及其改革的一项基准性原则，其他原则都是这一基准性原则的进一步延展和细化要求。行政审批的改革进程以这一原则为指向，行政审批的改革措施以这一原则为定夺，行政审批改革的成果以这一原则为归宿。市场取向原则全方位地制导着行政审批改革的各个环节、各个方面。应该将市场取向原则置于突出位置，贯彻于行政审批改革的方方面面，这样才能保障改革达到理想目标。改革中，任何有悖于市场取向原则的行为，都是错误的。

2. 依法审批原则。社会主义市场经济是法制经济。法制经济要求其一切构成和参与要素必须以法律为基础为依据。具体讲，不但要求经济活动在法律的框架内进行，其他参与要素主要是行政审批也必须依法而行。这是法制经济区别于其他任何类型经济的基本特征。所以，依法审批原则，就是运用法律手段规范调节行政审批，使其以一种适应市场经济发展要求的恰当方式介入经济活动。不言而喻，计划经济的法制化程度很低，行政审批往往脱离法律框架对经济活动进行不合理的强行干预。我们是在计划经济的母体之中孕育发展市场经济的，计划经济的行政权力运作习惯的影响不容忽视，它常常成为提升经济活动法制化程度的主要障碍。从这一背景分析，对依法审批原则的强调，无疑就有了特别的意义。依法审批，不仅是法制经济的构成或参与要素，而且是经济活动法制化的重要前提。缺失依法行政、依法审批的前提条件，就不可能建立起完善的法制经济——社会主义市场经济。依法审批是社会主义市场经济时代不可或缺的行政审批原则。

3. 公平合理原则。如果说，市场取向原则、依法审批原则主要是在目标取向、作用方式、环境条件等方面提出要求，那么公平合理原则是着重于结果的描述与评价。通常情况下，前两个原则与后者表现为因果关系，即行政审批坚持了市场取向和依法进行原则，其所获致的结果应该是公平合理的——符合市场经济的发展要求，符合大多数人民群众的根本利益。但是行政审批是一个复杂行为过程，尽管其在设置来源和价值取向（市场经济）以及运行调控基础（法律）等方面有了保障，但运作过程也不可避免地受到种种因素影响，造成与预期相悖的可能结果。公平合理原则，通过对结果的强调，体现了市场经济的本质要求，即市场经济需要公平合理的发展环境，更追求公平合理的结果。同时，公平合理原则也与前两项原则形成逻辑上的补充与呼应，通过对审批结果的评价检验，能够确知在多大程度上实现了行政审批的初衷，在哪些方面还存在问题，并据此寻求进一步改革或改善的途径与措施。所以，公平合理是行政审批所要坚持的必需原则。

4. 提高效能原则。计划经济体制下的行政审批，其严重弊端之一就是效能低下。行政审批效能低下，会削弱政府对经济、社会生活的管理与服务能力，甚至引发更为严重的后果。同时，行政审批效能的高低，不仅标志政府行政能力的状态，也标志着国家的整体竞争实力。长期以来，提高效能一直是各国政府孜孜以求的目标。应该说，高效是先进行政审批制度的应有品质，是集合多元要素的系统性指标。行政审批的范围、程序、方式、运转协调、人员素质、环境条件等等要素无不对效能产生影响。经验表明，只有用系统的观点，对行政审批各个环节各种要素进行全方位的改革、调整和完善，才有可能进一步提高效能。为更好满足市场经济的发展需求，更好应对国际间的竞争，提高行政审批效能进而进一步提高政府整体行政效能，是目前的一个重要任务。

5. 坚持责任原则。市场经济、法制社会，强调责任——各类主体以完全平等的法律地位出现在社会经济生活中，享受相应权利，承担相应责任，做到权责对等。所谓各类主体，不仅仅是法人、公民、各种社会组织，也包括行政机关。行政机关在拥有行政权力的同时，也必须承担相应的行政责任。通常行政责任分为两种，一是行政机关的整体责任，二是行政机关内部具体部门、具体人员的具体行政责任。整体责任与具体责任是一般与个别的关系。没有行政机关的整体责任，就没有部门和个人的具体责任；如果仅强调整体责任，淡化具体责任，行政责任就会流于软化虚有，名存实亡。根据目前存在的问题，在强化行政机关整体责任的同时，更要强化具体的行政责任，即在明确行政机关整体责任的前提下，将整体责任分解，落实于具体部门具体人员。如是才能真正做到“谁审批谁负责”，才能够建立起有效的责任追究制度，才能从根本上提升行政机关的责任意识和责任能力，进而提高行政审批的质量和效率。

6. 强化监督原则。历史和现实的明显事实是，缺乏有效的监督机制，对于行政审批，犹如蚁穴溃堤，终会蚕食或彻底瓦解其公正、合理与有效性。完善的行政审批制度必然具有完善的监督机制。强化监督的重要性不言自明。计划经济条件下的行政审批监督机制不健全，主要表现为三点：一是其不公开性，即行政审批的范围、程序、条件、时效、责任等透明度差，暗箱操作，失去了监督的起码前提；二是监督主体的单边性，主要依靠行政机关内部的“自查自纠”，监督力量薄弱；三是不规范性，人为因素在其中发挥着重要影响，因人而异、因地位而异的事常有发生。这与市场经济发展要求大相径庭。市场经济所要求的行政监督机制是高度透明的、全方位、无差别、系统化监督。所谓高度透明，即向社会全面公开审批的范围、程序、条件、时效及责任，剔除暗箱操作的任何可能性；全方位是指监督主体不但要有行政的，还要有法律的、社会组织的、人民群众的监督，构成密实而有效的监督网络；所谓无差别，是指监督的平等性，在监督的视野里，无论资格新老、职务高低，一律平等地接受监督；系统化是对行政审批的各个环节、各个层面进行全过程监督，不但设置预防措施，展开警示教育，也要有事中、事后监督和严格的惩处措施，建立完善的行政责任追究制度以及健全的相关法律法规。这是现代先进的行政审批制度监督机制所应有的基本构架。强化监督原则，意在指示，对以上几个方面需进一步地完善，最终建立起适应进而促进市场经济发展的行政审批制度。

（五）保障——创建有效的行政审批新机制

以上我们对行政审批的几个环节或要素进行了分析。正确把握合理运用这些要素，基本的保障在于机制创新。机制的首要功用，乃为整合。机制将分割零离的环节要素结构成一个有机整体，在发挥各自功用的同时，彼此呼应、互为推动，相互制约、合发整体效应，防止顾此失彼、彼此为碍的失衡弊端；机制的第二功用为制导，对有序结构的走向做出硬性规范，使其在预设的轨道中良性运行，消除或最大程度上降低失准走偏的可能性；机制的第三功用为普施，机制在其覆盖领域，具有普遍的强制性，不允许违悖，否则将受惩处。

完善的行政审批机制对于行政审批各环节要素同样具有上述功用。我国目前的行政审批存在方方面面问题，突出问题之一，是行政审批的新机制不完善。比如，尽管有的审批项目合法合理，却缺乏相应合理的程序，运作效果难以保障，使制度的环节要素整合机制不完善；尽管审批项目和程序设置都没问题，但在具体实施中，或失准走偏，或形同虚设，使制度的制导和普施机制不完善；还有，法与权的关系错位、权与责的不对称，等等，不一而足，皆肇因于制度的不完善。所以，没有完善的行政审批新机制，尽管某些环节某些要素处于应然合理状态，却难以保障必然会有应然合理的结果。

完善的机制首先来源于构成要素的完整性。行政审批的范围、行政审批程序、行政审批原则所覆盖的内容、甚至中介组织建设等，都属于行政审批新机制的重要构成内容。这些我们在上文已做过分析。在这次行政审批改革中，一些地方政府或部门借鉴运用了一些新的机制，如设立行政审批社会听政制、积极推行政务公开、办事公开制、建立专家咨询制、大力实行联合审批制、确立便民服务制、引入司法审查和司法救济机制等。一些专家学者也在撰文论说审批证拍卖、成本效益分析等国外经验，为我国行政审批制度改革开阔了视野。

社会听证、专家咨询、联合审批等形式，在一些国家已发育得较为成熟，进入了法定审批程序即制度层面，发挥着重要作用。在我国则刚刚启动。前面我们对社会听证做了一点评述，其他方式也不同程度地存在相同或类似的问题，总体上处于初级阶段。前些日子一个全国著名风景区，经当地政府批准，在景区内修建了近百米高的悬崖观景电梯，受到社会抨击，言其破坏了景观的自然性，且对环保埋下隐患。当地有关部门组织召开专家咨询论证会，以借此平息社会舆论，但同意他们意见的（指修建电梯）则请，不同意他们意见的则不请。事实是否如此暂且不论，通过这样一个案例，可以看出社会对专家咨询论证信誉的怀疑态度。原因可能很多，但专家咨询论证的制度不健全，操作不规范，使专家咨询论证的质量难以保障、公意认可程度低，无疑是一个重要原因。

机制是在对其各种可能的构成要素不断进行开发、提炼、整合中渐臻完善的，行政审批新机制亦如此。目前的行政审批制度改革，正是这样一个过程。从这一角度看，尽管社会听证、专家咨询、联合审批等新机制在实践中出现了一些问题，但从行政审批的实践层面而言，无疑是一个突破。重要的是，不能仅仅满足于这样一种突破，如果游离于制度之外处于一种自发状态，其有效性也就非常有限。应该对其成长性给予高度关注，用机制建设的宽宏视野，去审视去要求，逐步调整、规范、完善其运作条件、运作模式，提升运作质量，就是说，不断努力开发其潜在的机制性功用，促进其尽快发育成熟，并在此基础上，将其整合为行政审批的制度要素。只有成为行政审批的制度构成要素，对实践的具体操作才具有制导性、普施性，其有效性才能获致基本的保障。

审批证拍卖制在我国基本还处于理论探讨阶段，很少应用。英美等国家对其运用获益匪浅，如美国从1933年起就开始利用其分配无线通讯的审批证，促进了无线通讯有序发展，政府也增加了巨额收入。但我国应用条件是否成熟，应该设置怎样的机制来保障，还需要进行一番探索。根据一般经验，审批证拍卖只适用于一些特殊的或稀缺的资源领域。至于有学者介绍或提倡的成本效益分析机制，我们意见，应持审慎态度。其在英美流行且效果不错，但未必适于我国。如环境保护、城市绿化、公共文化设施、国办学校等领域的行政审批，如何做成本效益分析？其本身就是不以追求经济效益为第一目标的公益型事业。至于英美在行政实践中怎样把握并解决了这一问题，我们还需做进一步考证。但一个基本事实是，英美法制较发达，各方面制度较健全配套，对成本效益分析至少做好了相关的制度应对或政策应对。我们国家还没有发展到这种程度，盲目运用，弊大于利。

总之，完善的行政审批新机制是有效行使行政审批权力的基础性保障。完善的制度建设又是一个复杂的艰难过程。放宽视野，大胆实践，正确总结，有效提炼，同时汲取国外有益经验，是行政审批制度改革和建设的应有态度。

（六）关键——要着力提高公务员队伍的素质

任何一项行政审批权力，无论由哪一级政府行使，最终会具体落实于公务员手中。公务员素质将对权力的行使效果产生至关重要的影响。很多时候，并不是政策、措施不到位，之所以发生问题，与具体执行政策、措施的公务员的思想认识、自身素质关系甚大。这次行政审批制度改革，必然对公务员制度产生影响，对公务员素质提出更高要求。如何进一步完善公务员制度，造就一大批优秀的公务员，实在是改革中需要高度关切的大问题。因为任何的制度改革，最终要落实到人员素质身上；有效提升人员素质，是体现改革成果的重要标志。所以，改革要有一个更深更宽的视野，对公务员制度建设常抓不懈，从根本上保障改革的成果和质量。

公务员素质是一个发展的概念，即公务员通过自我教育、自我修养和组织的引导、培训和激励，知识不断更新，素质结构不断调整，使其自身素质得到提高，适应日益变化发展的形势。公务员队伍的高素质，必须借助科学有效的素质提高机制才能得以实现。公务员的考录、考核、竞争、监督、培训机制要适应新形势，要进行调整和制度上的创新，从自律和他律方面促使公务员持续地提高素质，逐步完善公务员制度，为提高公务员素质提供制度保障。

1. 考录机制。这是确保高素质人才在公平、合理的竞争中进入公务员队伍的关键。首先，公务员的招录范围要面向全社会，不能用职业或身份户籍作为评判的标准或取舍的根据。其次，要确保选拔方式的科学性，提高考试的信度和效度，考试要全面、综合地考核应试人的各项素质。再次，要提高主考官员的道德水平和业务能力，减少个人主观好恶和价值取向对选拔人才的影响，真正把符合职位要求的优秀人才选拔到公务员队伍中来。最后，要完善考录竞岗制度，尽量减少委任制、调任制行政任用方式，试行委任与聘任相结合的新的任用制度，让更多的空缺职位增强竞争性，通过公开、公正的考试选拔人才。

2. 考核机制。要继续完善公务员考核方法，提高考核的科学化水平，制定科学的考核标准，建立一套完善的考核指标体系。在此基础上加强公务员考核的力度，严格规范公务员的考核、奖惩、辞职、辞退等，做到平时考核与年度考核相结合，社会公论考核与工作实绩考核相结合，量化细化考核指标，规范考核程序。加大考核结果的使用力度，将考核结果同奖惩、工资、职务升降、辞退等环节挂钩，发挥考核的导向和激励作用。对不称职公务员要依法给予辞退，并进一步实行考核末位淘汰制，这样必将催生公务员的危机感，促使他们持续保持在职压力，进而产生素质更新的强烈愿望和自觉行为。

3. 竞争机制。竞争是指在公开、公平、公正的基础上，根据客观真实的情况，择优任用公务员的手段。竞争是一种科学合理的评价尺度，是衡量人才真伪的刚性尺度。有效的竞争机制能够激发出公务员合乎其职位要求的真实动机，鼓励公务员努力学习、奋发向上、积蓄能量、更新素质。推行竞争上岗，使一大批优秀人才在公开、平等、竞争、择优中能够脱颖而出。对领导职务和“热点”职位要有计划实行轮岗回避制，对有亲属关系的公务任职和执行公务时实行回避，打破亲情关系网，为公务员创造廉洁奉公的工作环境。

4. 监督机制。监督机制要设定否定性评价后果（责任），以昂贵的成本抑制各种行政违法动机，这种机会成本会有效引导公务员行为进入激励相容的合理方向，提升激励的效果。激励与监督并举，才能催生公务员的责任感，达到提高行政效率的目标。必须建立针对公务员权力行使的制度化约束、监督机制，包括明确责任制度，加强民主监督和舆论监督等。只有致力于构建完善的权力约束监督机制、建立起完善的责任追究机制，我们才能抓住问题的关键。既要加强发挥公务员内部监督机制的作用，又要充分发挥人大、政协、社会团体和舆论监督的作用，加强公务员外部监督。

5. 培训机制。培训机制直接为提高公务员素质提供支持。第一，应建立较完善的培养、考核、使用和待遇相结合的制度，落实培养责任和义务，并为培养工作的组织管理、经费来源、培训标准、考核评估、分配使用等建立法律法规。第二，要制定充足的岗前培训计划，在公务员上岗、转岗、轮岗、调任等工作变动环节之前，以工作需求为导向加强培训，做到干什么学什么，学什么用什么。第三，培训内容要以法律规定、市场需要、岗位必需为导向来确定。培训安排要把个人动因和组织选送结合起来，变“要我培训”为“我要培训”，由政府推动转为利益驱动，形成一套有效的培训运行机制。第四，鼓励公务员主动参加多种形式的在职和脱产的继续教育，提高素质。

参考文献

[1] 黄仕红、宋小娥：《行政审批制度改革的法律思考》，载《人大研究》2002 年第 4 期，第 1－4 页。

[2] 毛寿龙：《中美行政审批制度及其改革之比较》，载《安徽决策咨询》2001 年第 5 期，第 18－19 页。

[3] 徐湘林：《行政审批制度的体制制约与制度创新》，载《国家行政学院学报》2002 年第 6 期，第 20－25 页。

[4] 周新楣：《对当前行政审批制度改革的几点思考》，载《四川行政学院学报》2002 年第 5 期，第 9－13 页。

[5] 徐晓林：《试论中国行政审批制度改革》，载《中国行政管理》2002 年第 6 期，第 6－8 页。

[6] 唐晓阳：《审批制度改革是政府机构改革的一项重要内容》，载《地方政府管理》2000 年第 4 期，第 5－7 页。

[7] 正直：《行政审批制度改革势在必行》，载《北京物价》2002 年第 10－11 期，第 12－15 页。

[8] 王健：《关于行政审批制度改革的若干思考》，载《广东行政学院学报》第 13 卷第 6 期，第 9－12 页。

[9] 朱慧涛：《日本行政审批制度的启示》，载《地方政府管理》2001 年第 5 期，第 38－39 页。

[10] 杨天宇：《中外政府行政审批制度比较研究》，载《上海经济研究》2002 年第 12 期，第 30－33 页。

[11] 寇炳灿、孔祥敬：《关于行政审批制度改革的动因和目标》，载《中国行政

管理》2002 年第 8 期，第 17 – 20 页。

［12］张兴祥：《行政审批改革思路剖析》，载《国家行政学院学报》2001 年第 1 期，第 64 – 69 页。

［13］李郁芳：《关于政府审批制度的思考》，载《管理世界》2001 年第 4 期，第 197 页。

［14］张耀东：《行政审批改革中存在的问题及对策研究》，载《中国行政管理》2001 年第 9 期，第 8 – 9 页。

［15］李堂兵、向阳：《行政审批改革的基本思路》，载《成都行政学院学报》2002 年第 1 期，第 35 – 36 页。

制度建设是政治文明的核心

——评《当代中国马克思主义政治文明论》

制度建设是当今世界和平与发展的根本问题，是一个国家兴衰成败的关键。诺贝尔经济学奖得主诺斯和他的合作者托马斯在他们的经济史研究中所获得的一个重大发现是：制度创新是“西方世界的兴起”的原因。因为西方世界在不断的探索和尝试中，找到了一种“将个人的经济努力变成私人收益率接近社会收益率的活动”的制度安排。（见诺斯、托马斯著《西方世界的兴起》，第 5 页，华夏出版社 1999 年版）回顾中国自近代以来的变迁，特别是改革开放以来的变革，我们发现，制度建设（包括体制改革与制度创新）是中国现代化的根本推动力量。反思中国自中共十一届三中全会以来的变化，我们可以说中国在最近二十余年的时间里创造了人类社会高速发展的一个“奇迹”：中国在实现经济飞速发展的同时，较有效地保持了社会的基本稳定，非常成功地解决了现代化过程中发展与稳定的矛盾与难题。我们要问：这是如何可能的？反思二十多年的历程，总结中国近现代的历史，我们可以得出的一个基本结论是：中国社会进行了全面的体制改革和制度创新。改革所创造的发展奇迹，反过来又构成一种客观的推动力量，促使我们加强制度建设，实施更系统、更深入的体制改革和制度创新，还诱发了我国学术界的制度研究成果的涌现。我们可以看到，制度建设（包括体制改革、制度创新和机制创新）是中国现代化的重要推动力量，中国崛起的重要原因是中国社会的制度建设，而邓小平和江泽民正是这场制度建设的发起者、设计者、思想者和领导者，他们的制度建设思想值得我们全面学习和认真研究。

沿着这一思路，邹吉忠撰写了《当代中国马克思主义政治文明论——邓小平江泽民制度建设思想研究》一书。应当讲，这是我国学术界第一部深入研究当代中国马克思主义政治文明论、系统阐述邓小平、江泽民制度建设思想的学术专著。虽然在关于邓小平和江泽民思想理论的研究方面已有不少成果，但至今还没有人对他们的制度建设思想进行专门研究，至今还没有一本专论邓小平和江泽民制度建设思想的著作。本书作者从研究方法上找原因，认为正是目前学术界所采用专论式或概论式的研究方法，使许多学者对邓小平和江泽民思想理论中的制度层面视而不见。作者从方法论上寻找突破口，提出邓小平和江泽民制度建设思想研究的一个新的模式，即专题性综合研究的模式，这很富有创新性和启发性。

作者从历史唯物主义的理论高度对邓小平、江泽民的制度建设进行了细致梳理、深入研究和全面阐释，同时还吸收和借鉴了当代世界的制度研究成果，较为系统而准确地刻画出制度创新的中国探索与中国气派，从制度建设这一特定层面上清晰地展示出当代中国马克思主义理论家的理论创新和理论贡献。该书既是对邓小平和江泽民制度理论和制度建设思想的体系化论述，又提出了不少具有创新性的理论观点，成一家之言：从社会主义政治文明视角探究邓小平和江泽民的制度建设思想，给人以耳目一新之感；邓小平制度建设思想是邓小平理论的核心内容，体现了邓小平的制度智慧，邓小平和江泽民的制度建设思想标志着制度理论中国学派的初步形成；邓小平和江泽民有一个完整而清晰的思考问题的制度视角，体现了一种制度思维方式和制度分析方法；制度以观念为前提，但以实践为基础，体制改革、制度创新和机制创新是制度变迁的基本路径，而如何实现个人收益率与社会收益率的一致则是制度变迁的根本动力；制度建设的主体是广大的人民群众，制度创新的“第一行动集团”是特定个人与法人集体，而主导中国社会制度建设的力量是中国共产党；制度建设存在一个文化维度，文化建设既是制度建设的补充，又是制度建设的前提和内在方面；我国的制度建设既是社会主义政治文明的核心部分，又需要推进到政治文明建设的水平上；邓小平和江泽民的政治文明观标志着当代中国马克思主义政治文明论的初具雏形。

以邓小平和江泽民的制度建设思想为中心探讨和研究当代中国马克思主义政治文明论，不仅具有重要的理论价值，而且具有较强的现实意义。从理论价值来看，这一研究有利于我们正确认识社会主义政治文明建设的本质与规律性，有利于推进我国政治学学科建设的发展，有利于促进社会主义政治文明建设及其实践经验的理论升华。从实践意义上讲，这一研究是我们发扬社会主义民主政治、利用好我国历史上前所未有的战略机遇期的迫切要求，是加强党和国家的制度建设、巩固中国共产党执政地位的客观需要，是保护我国公民权利、发挥人民群众有效参与制度创新的重要保证。

与目前学术界关于邓小平理论和“三个代表”重要思想的研究成果相比，我认为本书具有以下几个显著特点：

一是体系科学。作者按照历史和逻辑相统一的历史唯物主义原则，根据邓小平和江泽民制度建设思想的内在逻辑和中国社会制度建设与社会主义政治文明建设的实际进程，从政治文明论的视野中认真研究和全面阐述了邓小平和江泽民制度建设思想，不仅符合邓小平和江泽民制度建设思想的实际，揭示了邓小平和江泽民在制度建设问题上做出的原始性思想创新成果，而且按照专题性综合研究的研究模式，建构了一个诠释邓小平和江泽民制度建设思想的科学体系，使读者能够较为全面系统而准确地把握当代中国马克思主义者的政治文明思想。

二是创新研究。作者以其深刻的哲学思考，以其深入的理论研究，以其方法论的开拓创新，站在当今世界制度研究的理论前沿，创造性地阐明了制度、体制与机制的内在关系，阐明了制度的继承、发展和创新的相互关系，阐明了文化建设、制度建设与道德建设的辩证关系，阐明了制度建设与政治文明之间动态立体的复杂关系，客观而全貌地展示出当代中国马克思主义政治文明论的观念创新和理论创新的丰富成果，体现了创新性理论研究的基本特点，值得支持、鼓励和大力提倡。

三是实践管用。作者一直从事马克思主义哲学研究，专长是政治哲学，在学校担任了马克思主义哲学原理、马列哲学原著、西方政治思想史、制度哲学、现代西方哲学等多门课程的教学工作，具有扎实的理论功底。但是，他无论研究什么课题，都有很强的现实针对性和明确的问题意识，自觉按照“三个关心”（老百姓关心、学者关心、领导人关心）选题并进行研究，因而其研究成果具有较强的实践意义和应用价值，这也构成了本书的一个特色。对一个青年学者而言，这是非常可贵的学风。

四是论述严密。逻辑严密、论述清晰是本书的一大特点。作者充分吸收了国内学者多年来在邓小平理论和“三个代表”重要思想方面的研究成果，深入学习了胡锦涛同志关于“三个代表”重要思想的最新阐述，并在此基础上提出了自己的研究方法和研究思路，论述十分严密，表达精当准确，视野开阔，逻辑性强。

五是材料翔实。在认真阅读原著的基础上，作者对邓小平和江泽民同志关于制度建设和政治文明的论述进行了系统全面的梳理，材料翔实丰富，运用得当，较为充分地展开了原著所包含的丰富的理论内涵和实践价值。

六是语言朴实。面对当代中国马克思主义政治文明思想，作者并没有在抽象的纯理论范围内兜圈子，并不是进行从概念到概念的逻辑推演，而是结合中国社会制度建设的鲜活实践，在中国社会制度建设实践最新进展的基础上，有针对性地展开自己的论述，因此文风朴实，语言流畅，表述准确，评价到位，既通俗易晓、又说理透彻，既能深入其中、又能浅出于外，具有很强的可读性。

总之，该书是我国目前学术界研究政治文明与制度建设不可多得的佳作，是一部在我国邓小平理论和“三个代表”重要思想研究方面的力作。

（《当代中国马克思主义政治文明论——邓小平江泽民制度建设思想研究》为邹吉忠著，河南人民出版社 2003 年 12 月第 1 版，本文作者荣仕星系中央民族大学校长，博士生导师）

附录：

领导者责任研究领域的开创性著作

——评《论领导者责任》

荣仕星同志新著《论领导者责任》（人民出版社，2004 年版）是我国领导科学研究领域的最新成果，也是我国第一部系统研究领导者责任问题的学术专著。在全面建设小康社会和努力建设政治文明的今天，该书的出版具有重要的理论价值和特殊的现实意义。

一、领导者责任的专题性综合研究

领导科学是我国新时期学术研究的新兴领域。经过我国学者近 20 多年的辛勤耕耘，取得了一定的理论成果，对我国领导方式的改进、领导能力的提升、领导水平的提高、领导体制的改革、领导理论体系的形成，都产生了积极影响和重要作用。但毋庸置疑的是，在领导科学研究领域，“到目前为止，不论国内还是国外，都侧重于领导决策、领导协调、领导方法等方面的研究，而对于领导责任问题的研究则是零碎不系统的”（第 319 页）。这是作者在对领导科学的长期研究过程中得出的结论，也是作者在自己的领导实践中提出的问题。一个人之所以是领导者，不是因为他手中有权，而是因为他肩负某个部门、某个系统或某个工作的责任。基于这一认识，作者查阅了国内外领导科学研究方面的大量文献资料，发现在国内外领导科学研究领域中迄今还没有人对领导者责任问题作过系统的理论专题研究，不仅专著见不到，就是论文也发表不多。从这一意义上讲，作者对领导者责任问题所进行的专题性研究，具有填补领导科学研究理论空白的意义。

应当讲，对领导者责任的专题研究和理论思考虽不多见，但领导者责任的问题却始终存在，而且受到人们自觉不自觉的关注。这构成了《论领导者责任》一书的问题意识，它体现了一个好的选题所必备的“三个关心”，即领导者关心、老百姓关心、学者关心。在社会转型时期，在各项事业的大发展时期，对领导者责任的问题（包括领导责任的基本内涵、主要内容、实施机制、履行方法），不仅普通老百姓越来越关注，因为这是一个关系到他们能否获得、若能又在多大程度和范围上获得生存和发展空间的大问题，也越来越成为领导者的自觉，因为领导者能力和形象的标志就是对领导者责任的履行。这就向领导科学研究提出一个十分紧迫的问题：领导者作为领导者的责任是什么？有哪些？怎样履行？如何实现？于是，领导者责任的问题就成为学者关注的理论问题。对此，作者做出了令人信服的回答。

从方法论的角度看，本书之所以能对领导者责任问题作出令人信服的回答，一个根本的原因是作者在研究方法上的创新，集中体现在他的专题性综合研究之上。首先，它是对领导者责任问题进行的首次专题性理论研究。所谓“专题性”研究，不是把问题放进专门学科或专门领域内研究，而是对可能属于各门学科和所有领域的重要问题进行系统的、集中的专门研究。通过这种专题性的研究方式，作者开辟和拓展出一个独立而完整的领导者责任问题的研究空间，使之成为领导科学研究新的理论生长点。其次，它是综合性研究，即对领导者责任这一专题进行了跨学科、跨领域的综合研究，既充分吸收和运用了领导学、管理学、人才学、组织理论、战略研究、人力资源理论、政治学、经济学、法学、文化学、伦理学、哲学等学科研究的最新理论成果，也充分吸收和整合了政治、经济、文化、科技、教育、军事、外交等领域的实践智慧。就此而言，“综合”就不是得其概要的“概论式”研究，而是对领导者责任这一专题进行立体透析，从抽象规定上升到了思维中的具体。最后，这种研究方式体现了领导者责任研究的实践精神。领导者责任问题不是一个理论家“想”出来的问题，而是作者作为一个社会实践主体在“做”的过程中遭遇和发现的问题，因而不是我们按分门别类的学科所能“想”清楚的问题。有鉴于此，作者非常自觉地使自己的学术研究始终按“做”的逻辑，对相关问题进行整体把握，赋予专题性综合研究以实践的智慧和生命力。

二、体系完整的“领导者责任论”

针对领导者责任这一极具理论性和现实性的问题，通过作者认真的专题性综合研究，形成了一个逻辑严密、内容充实、结构完整的理论体系，我们可以毫不夸张地称之为“领导者责任论”。它涉及十个方面的内容，即领导者政治责任、领导者经济责任、领导者法律责任、领导者社会责任、领导者谋略责任、领导者决策责任、领导者用人责任、领导者执行责任、领导者管理责任、领导者教育责任。需要注意的是，这十个方面的内容不是无逻辑的排列，更不是任意的拼凑，而是逻辑严密、结构完整的有机整体。具体而言，它至少体现了以下四重逻辑：

第一，理论与实践的结合。作为高校领导活动的实践者，作者提出的领导者责任论不仅具有极强的现实针对性，而且包含着许多具有应用价值的观点、思路与方法，表现出高超而朴实的实践智慧，使读者感觉到言之有物、思之有得、品之有味。比如书中对领导者履行政治责任的条件和要求的论述，对强化领导者法律意识若干途径的勾勒，对领导者谋略责任的界定，对提高领导者决策责任能力的建议，对领导者用人责任的方法论原则的阐述，对领导者执行责任的论辩，无不闪烁实践的精神和智慧的光辉。但另一方面，作为长期从事领导科学研究的学者，作者提出的领导者责任论又具有很强的理论性，他对领导者责任的研究不是简单的经验总结或语录结集，而是理论的反思、提炼和升华。作者在充分吸收和整合了国内外领导学、管理学、组织理论、战略分析、公共政策学、制度经济学及其他社会科学理论成果的基础上，始终站在社会科学研究的最前沿去观察和思考问题，提出了不少有见地的思想观点，显示了作者厚实的理论功底。比如书中对“领导”和“领导者”的辨析，对领导者诸种责任的理论规定，对决策与执行、谋略与决断、领导能力与领导制度、领导与管理、领导与服务等关系的理论诠释，都有不少理论创新。作者的理论创新是由其实践精神焕发出来的，而其实践智慧因理论创新而得以凝练和升华，理论创新与实践智慧在理论与实践的结合中相得益彰。

第二，宏观与微观的统一。在领导者的十种责任中，内含着宏观与微观相统一的逻辑。大体而言，包括领导者政治责任、经济责任、法律责任、社会责任在内的前四章论述了领导者责任的宏观方面，而包括领导者谋略责任、决策责任、用人责任、执行责任、管理责任、教育责任在内的后六章阐述了领导者责任的微观方面。前者是社会赋予领导者而需要领导者承担的责任，后者则是领导者实现其领导职责所应肩负的责任；前者体现了党、国家、民族和人民对领导者的一般要求，后者则体现了领导者所在的特定领导岗位对领导者的具体要求。广而言之，宏观和微观的统一还不仅表现在领导者责任论的大体和结构方面，还体现在全书的具体论述中，其理论论述大气磅礴、视野开阔，做到了大者得其立；而其操作思路又细致入微、条分缕析，做到了小者不能夺。

第三，政治与技术的协调。西方著名经济学家熊彼特在其创新理论中严格区分了技术与市场，前者涉及人与物的关系，后者涉及人与人的关系；前者是技术性关系，需要创造，后者是政治性关系，需要创新。大约处于同一时代的著名社会学家马克斯·韦伯提出政治与学术的区分，认为政治涉及价值观，而学术则以价值无涉为原则，前者属于信念与决断的领域，后者属于技术与操作的领域。其实，在他们之前，马克思非常明确地提出人与自然和人与社会的区分，认为政治经济学之不同于计量经济学，就在于前者的研究对象是生产关系，而后者的研究对象是生产力，前者关注经济增长的社会含义（即为谁而增长）的问题，后者则只关注经济增长本身。

本书在对领导者责任的讨论中始终贯穿着政治与技术、价值观与认识论的逻辑，表现为领导与管理、决策与执行、政治责任与非政治责任、决断与谋略等诸种关系中。就前一方面，领导者应当有一种政治责任感，应当为人民而担当，为民族而担当，为国家和社会而担当，为党和国家的事业而担当。就此而言，领导者不是一般的管理者，不是普通的官员或官僚，而是政治家。作为政治家，领导者必须有担当精神、创新精神、开拓精神、敢闯敢冒、敢做决断的精神。但就后一方面，领导者应当具备冷静的态度、务实的作风、科学的精神，应当讲究技术的有效性和操作的可行性，来不得半点的急躁和冒进。正如一个负责的领导者应当同时具备高度的政治责任感和承担责任的技术和方法，一种好的领导者责任论既应上升到政治的高度、又应落实到可行可操作的实处，这正是本书的一大特点。

第四，人与制度的一致。领导科学迄今弱于对领导者责任问题的研究，一个重要原因是领导者责任本身难以从理论上加以完整而准确的界定，特别是难于在实践上落实到位。针对这一状况，作者从提高人的素质和加强制度建设两个方面入手，拓展和打开了领导者责任的理论空间和问题论域。既然“领导的本质是一种人与人之间的关系”，那么，领导责任的履行，关键在人，即领导者。因而，在认识和对待领导者责任问题上，我们必须充分重视人的因素，发挥领导者的主观能动性，转变思想观念，培养责任意识，增强责任作风，锻炼责任能力，提高责任素质，这是领导者履行责任的主体前提和根本条件。但这只是问题的一方面。在一个法治的时代，人的积极性与主动性的发挥，人的作风的转变，人的素质的提高，人的能力的发展，都离不开制度，需要有责任制的建设。对此，本书做了许多有益的思考和探索，提出了许多建设性的思路和可操作性的办法。人与制度的互动、互补、互进不仅是全书的一条内在逻辑主线，而且贯穿在每一个章节的安排和所有内容的表述中。

总之，通过这四层逻辑，十个方面的领导者责任构成了一个有机整体，形成了一个逻辑严密、结构严整、内容丰富的领导者责任论理论体系，对于提升我国领导科学的研究水平具有十分重要的理论价值和现实意义。

三、高度、深度、厚度、广度、力度的有机统一

较之国内外领导科学及领导者责任问题研究，本书有以下五个显著特征：

政治的高度。在作者看来，领导的根本特征“组织、计划、指挥、控制、协调”（第 2 页），“领导是一种变革的力量”，它严格区别于按部就班的“程序化控制”即管理工作（第 292 页）。同管理工作的战术性、当前性、操作性相比，领导工作具有战略性、超前性和政治性，具有高度的风险性（第 292—294 页）。从根本上讲，领导之不同于管理，领导工作的实质和核心，就是它的政治性。正是从政治的高度看问题，作者将政治责任作为领导者的首要责任，要求领导者从党和国家的最高利益和根本意志，从中华民族和人民的利益和愿望，去认识和对待自己的领导责任问题；正是从政治的高度看问题，作者认识到领导者不仅仅是处理日常事务的普通管理者，而应当是政治家，应当将党、国家、民族、人民的利益和意志变成自己的政治价值观，并以此去观照和看待自己的领导责任问题；正是从政治的高度看问题，作者强调领导者应当有一种积极承担责任的担当精神，在重大的关键时刻敢于作出政治决断并担负责任，应当自觉从全局的高度注重事物的宏观方面，应当具备敢冒风险的战略思想和价值理念。

理论的深度。作者由于始终站在领导科学的理论前沿，运用辩证唯物主义和历史唯物主义的分析方法，充分吸收和整合了国内外社会科学研究的最新成果，因而对现实性极强的领导者责任问题的思考、分析和阐述体现了相当的理论深度。领导者责任是任何一个领导者在其领导过程中都遇到的普遍问题，每个处于领导岗位的人都有自己的思考、想法、问题与困惑，然而，在理论研究上却难于深入和系统。为什么？——根本的原因是人们没有上升到理论的高度看问题，没有形成一套完整的理论体系，因而无法将现实问题转换成理论问题，没有使现实中随处可见的难题进入理论研究的视野。针对这一情况，作者从理论的突破入手，通过扎实的理论思考和理论研究，创造性地提出了自己的领导者责任论，从而使现实中到处碰到的领导者责任问题成为一个理论问题，获得了理论上的诠释和廓清，并形成了一系列的理论创新，实现了领导科学研究的理论突破。

经验的厚度。如果没有领导经验的不断积累，没有真实的领导经验的不断思考和反复琢磨，是写不出像《论领导者责任》这样充满实践智慧、

生活见识和理论智识的著作的。可以说，该书凝结着作者的经验和智慧。只有我们认真研读，用心细读，才会发现它真实的厚度。启发我们思考的东西、值得我们玩味的东西、需要我们体会的东西、闪现智慧光芒的东西，不仅充满全书，而且体现在所有的细节上。正是这种经验的厚度，使作者对一个看似宏大的话题的叙述表现出如此的丝丝入扣、如此的细致到位、如此的生动具体、如此的引人入胜，让你掩卷之后仍挥之不去、撵之不走。

视野的广度。应当说，《论领导者责任》一书的论题十分集中和单纯，但作者在思考、认识、阐述和展开这一论题时，视野又十分开阔和广博。就其看问题的角度而言，作者始终从当代视野中观察领导者责任问题，能够站在民族、国家和全球的高度思考和分析问题，从而达到了民族立场、国家观点和全球意识的“视界融合”，打开了领导者责任问题的观察视野和逻辑空间，这是领导者责任问题在书中获得立体透析的逻辑前提。再就其涉及的知识和学科领域而言，作者并不局限于领导科学分析和认识问题，而是以开放的态度，在跨学科的视野中，充分利用管理学、战略学、组织理论、人才学、心理学、政治学、经济学、社会学、伦理学、法学等等领域的知识成果和分析方法，对领导者责任这一专题进行了充分而系统的综合研究，在一本看似不厚的书中蕴藏着巨大的知识容量，这是领导者责任问题在作者那里获得立体透析的理论前提。

现实的力度。政治的高度、理论的深度、经验的厚度、视野的广度，最后归于和同一于现实的力度。这种力度来自于具有强烈现实针对性的问题意识，在透彻的理论解答中获得充分的展示，最终构成了实践管用的理论创新和理论成果，包括领导者责任意识的形成和培养办法、领导者责任能力与责任素质的提高思路、领导者责任的实现方式与方法、领导者责任的制度建设模式、领导者责任的履行方法与技巧等等，无不具有现实的可操作性和直接的应用价值。这在当前的学术研究中是十分可贵的，应当成为我国学术研究的基本取向。

（作者为中央民族大学哲学与宗教学系教授、哲学博士邹吉忠）